国家电网有限公司设备类物资采购标准（2018版）

智能变电站继电保护及自动装置卷

国家电网有限公司　颁布

中国电力出版社
CHINA ELECTRIC POWER PRESS

图书在版编目（CIP）数据

国家电网有限公司设备类物资采购标准：2018 版. 智能变电站继电保护及自动装置卷 / 国家电网有限公司颁布. —北京：中国电力出版社，2019.8（2019.10重印）

ISBN 978-7-5198-3576-7

Ⅰ. ①国⋯ Ⅱ. ①国⋯ Ⅲ. ①智能系统–变电所–继电保护–采购管理–标准–中国②智能系统–变电所–继电自动装置–采购管理–标准–中国 Ⅳ. ①F426.61–65

中国版本图书馆 CIP 数据核字（2019）第 171730 号

出版发行：中国电力出版社
地　　址：北京市东城区北京站西街 19 号（邮政编码 100005）
网　　址：http://www.cepp.sgcc.com.cn
责任编辑：刘丽平
责任校对：黄　蓓　太兴华　于　维
装帧设计：赵丽媛
责任印制：石　雷

印　　刷：三河市百盛印装有限公司
版　　次：2019 年 8 月第一版
印　　次：2022 年 9 月北京第八次印刷
开　　本：880 毫米×1230 毫米　16 开本
印　　张：40.75
字　　数：1262 千字
印　　数：2001—2500 册
定　　价：205.00 元

卷 目 次

ICS 29.240.01

K 45

Q/GDW

国家电网有限公司企业标准

Q/GDW 13188.1—2018

代替 Q/GDW 13188.1—2014

智能变电站 35kV 及以下线路
保 护 采 购 标 准
第 1 部分：通用技术规范

Purchasing standard for 35kV and lower voltage line
Part 1: General technical specification

2019-06-28发布　　　　　　　　　　2019-06-28实施

国家电网有限公司　　发 布

Q / GDW 13188.1—2018

目　次

前　言

为规范智能变电站 35kV 及以下线路保护的采购要求，制定本部分。

《智能变电站 35kV 及以下线路保护采购标准》分为 4 个部分：

——第 1 部分：通用技术规范；

——第 2 部分：智能变电站 35kV 及以下线路光纤差动保护专用技术规范；

——第 3 部分：智能变电站 35kV 及以下线路电流保护专用技术规范；

——第 4 部分：智能变电站 35kV 及以下线路距离保护专用技术规范。

本部分为《智能变电站 35kV 及以下线路保护采购标准》的第 1 部分。

本部分代替 Q/GDW 13188.1—2014，与 Q/GDW 13188.1—2014 相比，主要技术性差异如下：

——增加或替换自 2014 年以来新发布的国家、行业和国网企业标准与本采购规范相关的标准。

——提升设备工作温度、环境温度和大气压力要求，增加"远方操作"和"保护检修状态"硬压板及相关要求。

——依据 10kV～110kV 的已发布的最新"六统一"规范 Q/GDW 10766，修改保护功能配置要求，增加了大电流闭锁重合闸、TV 断线过流、明确三段过流带复压方向闭锁。

——增加"保护设备识别代码及出厂信息表"的要求。

——执行十八项"反措"要求修改保护屏柜绝缘相关要求。

——增加了保护柜内电压回路和多路直流电源引入的要求。

本部分由国家电网有限公司物资部提出并解释。

本部分由国家电网有限公司科技部归口。

本部分起草单位：国网江苏省电力有限公司、南瑞集团有限公司（国网电力科学研究院有限公司）。

本部分主要起草人：吴骞、梁臣、闫承志、殷垚、包亚卓、宋爽、邱涛。

本部分 2014 年 9 月首次发布，2018 年 12 月第一次修订。

本部分在执行过程中的意见或建议反馈至国家电网有限公司科技部。

智能变电站 35kV 及以下线路保护采购标准
第 1 部分：通用技术规范

1 范围

本部分规定了智能变电站 35kV 及以下线路保护招标的总则、技术参数和性能要求、试验、包装、运输、交货及工厂检验和监造的一般要求。

本部分适用于智能变电站 35kV 及以下线路保护招标。

2 规范性引用文件

下列文件对于本文件的应用是必不可少的。凡是注日期的引用文件，仅所注日期的版本适用于本文件。凡是不注日期的引用文件，其最新版本（包括所有的修改单）适用于本文件。

GB/T 191　包装储运图示标志

GB/T 2423（所有部分）　电工电子产品环境试验

GB/T 11287　电气继电器　第 21 部分：量度继电器和保护装置的振动、冲击、碰撞和地震试验　第 1 篇：振动试验（正弦）

GB/T 14285　继电保护和安全自动装置技术规程

GB/T 14537　量度继电器和保护装置的冲击与碰撞试验

GB/T 14598.3　电气继电器　第 5 部分：量度继电器和保护装置的绝缘配合要求和试验

GB/T 14598.9　量度继电器和保护装置　第 22－3 部分：电气骚扰试验　辐射电磁场抗扰度

GB/T 14598.10　量度继电器和保护装置　第 22－4 部分：电气骚扰试验　电快速瞬变/脉冲群抗扰度试验

GB/T 14598.13　电气继电器　第 22－1 部分：量度继电器和保护装置的电气骚扰试验　1MHz 脉冲群抗扰度试验

GB/T 14598.14　量度继电器和保护装置　第 22－2 部分：电气骚扰试验　静电放电试验

GB/T 14598.17　电气继电器　第 22－6 部分：量度继电器和保护装置的电气骚扰试验—射频场感应的传导骚扰的抗扰度

GB/T 14598.18　量度继电器和保护装置　第 22－5 部分：电气骚扰试验　浪涌抗扰度试验

GB/T 14598.19　电气继电器　第 22－7 部分：量度继电器和保护装置的电气骚扰试验—工频抗扰度试验

GB/T 15145　输电线路保护装置通用技术条件

GB/T 17626.8　电磁兼容　试验和测量技术　工频磁场抗扰度试验

GB/T 17626.9　电磁兼容　试验和测量技术　脉冲磁场抗扰度试验

GB/T 17626.10　电磁兼容　试验和测量技术　阻尼振荡磁场抗扰度试验

GB 18863.3　电子设备机械结构　公制系列和英制系列的试验　第 3 部分：机柜、机架和插箱的电磁屏蔽性能试验

GB/T 22386　电力系统暂态数据交换通用格式

GB/T 25931　网络测量和控制系统的精确时钟同步协议

GB/T 26864　电力系统继电保护产品动模试验

DL/T 478　继电保护及安全自动装置通用技术条件

DL/T 479　静态距离保护装置技术条件

DL 480　静态电流相位比较式纵联保护装置技术条件（继电部分）

DL 483　静态重合闸装置技术条件

DL/T 720　电力系统继电保护柜、屏通用技术条件

DL/T 769　电力系统微机继电保护技术导则

DL/T 823　微机型反时限电流保护通用技术条件

DL/T 860（所有部分）　变电站通信网络和系统

DL/T 995　继电保护和电网安全自动装置检验规程

DL/T 5136　火力发电厂、变电站二次接线设计技术规程

Q/GDW 383　智能变电站技术导则

Q/GDW 414　变电站智能化改造技术规范

Q/GDW 428　智能变电站智能终端技术规范

Q/GDW 441　智能变电站继电保护技术规范

Q/GDW 1140　交流采样测量装置运行检验管理规程

Q/GDW 1396　IEC 61850 工程继电保护应用模型

Q/GDW 1426　智能变电站合并单元技术规范

Q/GDW 1430　智能变电站智能控制柜技术规范

Q/ GDW 1808　智能变电站继电保护通用技术条件

Q/GDW 10766　10kV～110（66）kV 线路保护及辅助装置标准化设计规范

Q/GDW 11010　继电保护信息规范

Q/GDW 11768　35kV 及以下开关柜继电保护装置通用技术条件

Q/GDW 13001—2014　高海拔外绝缘配置技术规范

3　术语和定义

下列术语和定义适用于本文件。

3.1
招标人　bidder
提出招标项目，进行招标的法人或其他组织。

3.2
投标人　tenderer
响应招标、参加投标竞争的法人或者其他组织。

3.3
卖方　seller
提供本部分货物和技术服务的法人或其他组织，包括其法定的承继者。

3.4
买方　buyer
购买本部分货物和技术服务的法人或其他组织，包括其法定的承继者和经许可的受让人。

4　总则

4.1　一般性要求

4.1.1　卖方提供的智能变电站继电保护及相关设备应符合 Q/GDW 441 的要求。

4.1.2　智能变电站继电保护与站控层信息交互采用 DL/T 860，联闭锁信息可通过直接电缆连接或

GOOSE 机制传输。供方提供的继电保护及相关设备所采用的技术应遵循 Q/GDW 441 及本部分中与之对应的部分。

4.1.3 卖方提供的智能变电站继电保护及相关设备应符合 Q/GDW 10766 的要求。

4.1.4 智能变电站继电保护装置的动作信息、告警信息、状态变位信息、中间节点信息、日志记录、人机界面信息等信息输出符合 Q/GDW 11010 的要求。

4.1.5 本部分提出的是最低限度的要求，并未对一切技术细节作出规定，也未充分引述有关标准的条文，投标人应提供符合本部分和工业标准的优质产品。

4.1.6 如果投标人没有以书面形式对本部分的条文提出异议，则表示投标人提供的设备完全符合本部分的要求。如有异议，应在报价书中以"对规范书的意见和同规范书的差异"为标题的专门章节中加以详细描述。

4.1.7 本部分所使用的标准如遇与投标人所执行的标准不一致时按较高的标准执行。

4.1.8 本部分经招、投标双方确认后作为订货合同的技术附件，与合同正文具有同等效力。

4.2 供方职责

供方的工作范围应包括下列内容，但不仅仅限于此内容：

a) 提供标书内所有设备及设计说明书及制造方面的说明；

b) 提供国家或电力工业检验检测机构出具的型式试验报告和 DL/T 860 的一致性测试报告，以便确认供货设备能否满足所有的性能要求；

c) 与投标设备版本相符的安装及使用说明书；

d) 提供试验和检验的标准，包括试验报告和试验数据；

e) 提供图纸，制造和质量保证过程的一览表以及标书规定的其他资料；

f) 提供设备管理和运行所需有关资料；

g) 所提供设备应发运到规定的目的地；

h) 在更换所用的准则、标准、规程或修改技术数据时，供方应接受需方的选择；

i) 现场服务。

4.3 应满足的标准

装置至少应满足 GB/T 191、GB/T 2423（所有部分）、GB/T 11287、GB/T 14285、GB/T 14537、GB/T 14598.3、GB/T 14598.9、GB/T 14598.10、GB/T 14598.13、GB/T 14598.14、GB/T 14598.17、GB/T 14598.18、GB/T 14598.19、GB/T 15145、GB/T 17626.8、GB/T 17626.9、GB/T 17626.10、GB 18863.3、GB/T 22386、GB/T 25931、GB/T 26864、DL/T 478、DL/T 479、DL 480、DL 483、DL/T 720、DL/T 769、DL/T 823、DL/T 860、DL/T 995、DL/T 5136、Q/GDW 383、Q/GDW 414、Q/GDW 428、Q/GDW 441、Q/GDW 1140、Q/GDW 1396、Q/GDW 1426、Q/GDW 1430、Q/ GDW 1808、Q/GDW 10766、Q/GDW 11010、Q/GDW 11768、Q/GDW 13001—2014 中所列标准的最新版本要求，但不限于上述所列标准。

4.4 应满足的文件

该类设备技术标准应满足国家法律法规及国家电网有限公司标准化成果中相关条款要求。下列文件中相应的条款规定均适用于本文件，其最新版本（包括所有的修改单）适用于本文件。包括：

a) 《电力监控系统安全防护规定》；

b) 《国家电网有限公司十八项电网重大反事故措施（2018 年修订版）》；

c) 《国家电网有限公司输变电工程通用设计》；

d) 《国家电网公司关于加快推进电力监控系统网络安全管理平台建设的通知》；

e) 《国家电网继电保护柜、屏制造规范》。

5 技术参数和性能要求

5.1 使用环境条件

5.1.1 设备储存温度：−25℃～＋70℃。

5.1.2 设备工作温度：−10℃～+55℃。

5.1.3 大气压力：80kPa～106kPa。

5.1.4 相对湿度：5%～95%。

5.1.5 抗地震能力：地面水平加速度0.3g，垂直加速度0.15g，同时作用。

5.2 保护装置额定参数

5.2.1 额定直流电源：220V/110V。

5.2.2 额定交流电流：5A/1A。

5.2.3 额定交流电压：100V/$\sqrt{3}$（相电压）、100V（线电压）、300V（开口三角电压）。

5.2.4 额定频率：50Hz。

5.2.5 打印机工作电源：交流220V、50Hz。

5.3 装置功率消耗

5.3.1 装置交流消耗：交流电流回路功率消耗每相不大于0.5VA（I_N=1A）或1VA（I_N=5A），交流电压回路功率消耗（额定电压下）每相不大于1VA。供方投标时必须提供确切数值。

5.3.2 装置直流消耗：当正常工作时，不大于30W；当保护动作时，不大于50W。供方投标时必须提供确切数值。

5.4 35kV及以下线路保护总的技术要求

5.4.1 环境温度在−10℃～+55℃时，装置应能满足本部分所规定的精度。

5.4.2 在雷击过电压、一次回路操作、系统故障及其他强干扰作用下，不应误动和拒动。保护装置静电放电试验、快速瞬变干扰试验、高频干扰试验、脉冲群干扰试验、辐射电磁场干扰试验、冲击电压试验和绝缘试验应至少符合IEC标准。装置调试端口应带有光电隔离装置。

5.4.3 保护装置与其他装置之间的输入和输出回路，应采用光电耦合装置或继电器触点进行连接，不应有直接的电气联系。

5.4.4 保护装置中的插件应接触可靠，并且有良好的互换性，以便检修时能迅速更换。

5.4.5 保护装置应具有直流电源快速小开关，与保护装置安装在同一柜上。保护装置的逻辑回路应由独立的直流/直流变换器供电。直流电压消失时，保护装置不应误动作，同时应有输出触点以启动告警信号。直流回路应有监视直流回路电压消失的告警信号继电器。直流电源电压在80%～115%额定值范围内变化时，保护装置应正确工作。在直流电源恢复（包括缓慢地恢复）到80%U_N时，直流逆变电源应能自动启动。直流电源纹波系数小于或等于5%时，保护装置应正确工作。拉合直流电源以及插拔熔丝发生重复击穿火花时，保护装置不应误动作。直流电源回路出现各种异常情况（如短路、断线、接地等）时保护装置不应误动作。

5.4.6 应提供标准的试验插件及试验插头，以便对各套保护装置的输入和输出回路进行隔离或能通入电流、电压进行试验。另外，对每面柜的出口跳闸、闭锁重合闸等输入、输出回路应在柜面上有隔离措施，以便在运行中分别断开。隔离及试验部件应考虑操作的方便性，隔离压板标签栏位置应安装在隔离件本体或隔离件下部。

5.4.7 保护装置应有监视及自诊断功能来监测异常及交直流消失等现象，以便在动作后启动告警信号、远动信号、事件记录等。

5.4.8 保护装置中用于远动信号和事件记录信号的触点不应保持。

5.4.9 除出口继电器外，装置内的任一元件损坏时，装置不应误动作跳闸。

5.4.10 跳闸出口回路采用有触点继电器。跳闸出口继电器触点应有足够容量，触点的长期允许通过电流不应小于5A，在电感负荷的直流电路（τ<5ms）中的断开容量为50W。信号继电器触点的长期允许通过电流不应小于2A，在电感负荷的直流电路（τ<5ms）中的断开容量为30W。

5.4.11 对于保护装置间不经附加判据直接启动跳闸的开入量，应经抗干扰继电器重动后开入。抗干扰继电器的启动功率应大于5W，动作电压在额定直流电源电压的55%～70%范围内，额定直流电源电压下的动作时间为 10ms～35ms，应具有抗 220V 工频电压干扰的能力。

5.4.12 保护装置与站控层设备通信，标准采用 DL/T 860，应满足运行维护、监视控制及无人值班、智能电网调度等信息交互的要求。保护装置向站控层提供的信息符合 Q/GDW 1396。

5.4.13 保护装置应具备远方修改定值功能、软压板远方投/退和定值区远方切换功能和保护检修功能，具体要求如下：

　　a)　"远方操作"只设硬压板。"远方投退压板""远方切换定值区"和"远方修改定值"只设软压板，只能在装置本地操作，三者功能相互独立，分别与"远方操作"硬压板采用"与门"逻辑。当"远方操作"硬压板投入后，上述三个软压板远方功能才有效；

　　b)　"保护检修状态"只设硬压板，当该压板投入时，保护装置报文上送带品质位信息。"保护检修状态"硬压板遥信不置检修标志；保护装置应有明显显示（面板指示灯和界面显示）。参数、配置文件仅在检修压板投入时才可下装，下装时应闭锁保护。

5.4.14 保护装置宜通过 IRIG－B（DC）码对时，也可采用 GB/T 25931 进行网络对时，对时精度应满足要求。

5.4.15 测控功能要求

5.4.15.1 具有实时数据采集与处理、控制操作及信息显示等功能，对监控运行设备的信息进行采集、转换、处理和传送，通过网络传给站控层，同时接收站控层发来的控制操作命令，经过有效的判断等，最后对设备进行操作控制，也可独立完成对断路器、隔离开关的控制操作。

5.4.15.2 实时数据采集与处理

　　a)　采集信号种类

　　　　遥测量：U_a，U_b，U_c，I_a，I_b，I_c，P，Q，$\cos\varphi$，f。

　　　　遥信量：保护动作，装置故障，装置异常告警，断路器分、合闸位置，断路器机构信号，远方/就地开关位置，装置压板投退信号等。

　　b)　采集信号的处理。对所采集的输入量进行数据滤波、有效性检查、故障判断、信号触点消抖等处理、变换后，再通过网络传送。

　　c)　信号输入方式

　　　　模拟量输入：采用交流采样，计算 I、U、P、Q、f、$\cos\varphi$。

　　　　开关量输入：无源触点输入。

5.4.15.3 控制操作

　　a)　操作说明。控制方式为三级控制：就地控制、站控层控制、远方遥控。操作命令的优先级为：就地控制→站控层控制→远方遥控。同一时间只允许一种控制方式有效。对任何操作方式，应保证只有在本次操作步骤完成后，才能进行下一步操作。在屏柜上设"就地/远方"转换开关（带钥匙），任何时候只允许一种模式有效。"就地"位置，通过人工按键实现一对一的操作。所有的遥控采用选择、校核、执行方式，且在本装置内实现，并有相应的记录信息。

　　b)　控制输出的触点要求。提供 1 组合闸触点，1 组分闸触点。

5.4.15.4 事件记录

　　a)　事件顺序记录。断路器状态变位、保护动作等事件顺序记录；

　　b)　遥控操作记录。记录遥控操作命令来源、操作时间、操作内容。

5.5 35kV 及以下线路光纤差动保护装置技术要求

5.5.1 35kV 及以下线路光纤差动保护装置的要求如下：

5.5.1.1 35kV 及以下线路光纤差动保护应具备以分相电流差动为主体的快速主保护，以及由三段过电流保护构成的全套后备保护。保护装置应具有三段复压方向闭锁过流、TV 断线过流、两段零序过流、重合闸、大电流闭锁重合闸、低频减载、低压减载、TV 断线、过负荷告警功能，装置应带有跳合闸操作回路。各项功能指标应满足相关的电力行业标准或国家标准的要求。

5.5.1.2 电流差动保护两侧启动元件和本侧差动元件同时动作才允许差动保护出口。线路两侧的电流差动保护装置均应设置本侧独立的电流启动元件，必要时可用交流电压量等作为辅助启动元件，但应考虑在 TV 断线时对辅助启动元件的影响，差动电流不能作为装置的启动元件。

5.5.1.3 线路两侧电流差动保护装置应互相传输可供用户整定的通道识别码，并对通道识别码进行校验，校验出错时告警并闭锁差动保护。

5.5.1.4 电流差动保护装置应具有通道监视功能，保护装置对通道中断或判断通道数据异常的情况应有完整的记录报告并发出报警信号，并在投标文件中阐明该情况下闭锁保护的延时时间及发通道异常告警信号的延时时间。

5.5.1.5 重合闸可由保护跳闸启动或由断路器状态不一致来启动。对于线路双侧都有电源的情况，重合闸应具备检同期方式和检无压方式，并可投退。重合闸装置应有外部闭锁重合闸的输入回路，用于在手动跳闸、手动合闸、母线故障、延时段保护动作、断路器操作压力降低等情况下接入闭锁重合闸触点。当不使用用于重合闸检线路侧电压和检同期的电压元件时，线路 TV 断线不应报警。用户可自行选择重合闸检同期所采用的线路电压的相别和额定值。跳闸和重合闸信号应具备至少一组不保持触点和保持触点，保持触点可通过远方和就地复归。

5.5.1.6 三相操作板/箱应具有一组三相跳闸回路及合闸回路，跳闸应具有自保持回路。应具有手动跳闸和手动合闸输入回路。操作板/箱应具有防跳回路，防止断路器发生多次重合闸。操作板/箱的防跳回路应能够方便地取消。跳、合闸应分别具有监视回路，且分别引上端子。跳闸位置监视与合闸回路的连接应便于断开。操作板/箱应具有足够的输出触点供闭锁重合闸和发中央信号、远动信号和事件记录。

5.5.2 光纤差动保护通道设备的要求如下：

5.5.2.1 优先采用专用光纤通道。

5.5.2.2 采用复用光纤时，优先采用 2Mbit/s 数字接口，对光纤通道的误码应有可靠的防护措施，确保通道传输发生误码时不造成保护误动作。

5.5.2.3 保护室光配线柜至保护柜、通信机房光配线柜至接口柜均应使用尾缆连接。尾缆应使用 ST 或 FC 型连接器与设备连接。光缆通过光配线柜转接。

5.5.2.4 同一机柜不得安装超过 8 条线路的继电保护专用光电转换接口装置设备。线路纵联电流差动保护通道的收发时延应相同。2Mbit/s 数字接口装置与通信设备采用 75Ω 同轴电缆不平衡方式连接。

5.5.2.5 每个继电保护通信接口设备的直流电源均取自通信专业的直流电源，并与所接入通信设备的直流电源相对应。直流电源开关的报警触点引至监控系统。各光电转换装置失电、故障信号引至端子排。

5.5.2.6 保护屏和通信接口屏均应带有光纤接线盒。光电转换装置及相应的光电接线盒、尾纤、保护屏至光电转换装置之间连接用的引入光缆及敷设用穿管、光纤头熔接（包括备用纤芯）均由保护厂家同时配套提供，并负责与通信装置间的接口设计和配合。

5.6 35kV 及以下线路电流保护装置技术要求

5.6.1 装置功能要求如下：

5.6.1.1 35kV 及以下线路电流保护应具备三段复压方向闭锁过流、TV 断线过流、两段零序过流、重合闸、大电流闭锁重合闸、低频减载、低压减载、TV 断线、过负荷告警功能，装置应带有跳合闸操作回路。各项功能指标应满足相关的电力行业标准或国家标准的要求。

5.6.1.2 重合闸可由保护跳闸启动或由断路器状态不一致来启动。对于线路双侧都有电源的情况，重合闸应具备检同期方式和检无压方式，并可投退。重合闸装置应有外部闭锁重合闸的输入回路，用于在手动跳闸、手动合闸、母线故障、延时段保护动作、断路器操作压力降低等情况下接入闭锁重合闸触点。当不使用用于重合闸检线路侧电压和检同期的电压元件时，线路 TV 断线不应报警。用户可自行选择重合闸检同期所采用的线路电压的相别和额定值。

跳闸和重合闸信号应具备至少一组不保持触点和保持触点，保持触点可通过远方和就地复归。

5.6.1.3 三相操作板/箱应具有一组三相跳闸回路及合闸回路，跳闸应具有自保持回路。应具有手动跳闸和手动合闸输入回路。操作板/箱应具有防跳回路，防止断路器发生多次重合闸。操作板/箱的防跳回路应能够方便地取消。跳、合闸应分别具有监视回路，且分别引上端子。跳闸位置监视与合闸回路的连接应便于断开。操作板/箱应具有足够的输出触点供闭锁重合闸和发中央信号、远动信号和事件记录。

5.6.1.4　保护装置显示故障报告应简洁明了。

5.7　35kV 及以下线路距离装置技术要求

5.7.1　装置功能要求：

35kV 及以下线路距离保护应在 35kV 及以下线路保护基础上增加三段相间距离保护，其他要求同 35kV 及以下线路保护。

5.8　柜结构的技术要求

5.8.1　对智能控制柜，技术要求详见 Q/GDW 1430，并遵循以下要求：

5.8.1.1　控制柜应装有截面为 100mm² 的铜接地母线（不要求与柜体绝缘），接地母线末端应装好可靠的压接式端子，以备接到电站的接地网上。柜体应采用双层结构，循环通风；

5.8.1.2　同一保护柜内若有多路直流电源引入，应接入不同安装单元端子排，且每路电源正、负极之间应有端子隔开。控制柜内设备的安排及端子排的布置，应保证各套保护的独立性，在一套保护检修时不影响其他任何一套保护系统的正常运行；

5.8.1.3　控制柜应具备温度、湿度的采集、调节功能，柜内温度控制在 －10℃～＋50℃，相对湿度保持在 90%以下，并可上送温度、湿度信息；

5.8.1.4　控制柜应能满足 GB/T 18663.3 变电站户外防电磁干扰的要求。

5.8.2　对非智能普通屏柜，屏体要求详见《国家电网继电保护柜、屏制造规范》，并遵循已发布的《国家电网有限公司物资采购标准　继电保护及自动装置卷》相关部分规定。

5.8.2.1　微机保护和控制装置的屏柜下部应设有截面积不小于100mm²的铜排（不要求与保护屏绝缘）。

5.8.2.2　保护柜内电压回路每相及 N 相端子均应采用多个连接端子（不少于 3 个）。

5.8.2.3　同一保护柜内若有多路直流电源引入，应接入不同安装单元端子排。

5.8.3　屏柜内部配线、端子排、接地铜排、屏柜上安装辅助设备等应符合相关规程、标准与反事故措施的规定。

6　试验

6.1　工厂试验

卖方提供的设备试验标准应符合国家、行业及 IEC 的有关标准，并提供每一种型式产品的型式试验报告和 DL/T 860 一致性测试报告。

卖方提供的每一套设备出厂之前都应按国家和行业标准以及工厂规定的调试大纲进行出厂检查、性能试验，试验报告应随产品提供。当需做动态模拟试验或数字仿真试验时，模拟系统的接线和参数由卖方与买方在试验前协商确定，按实际系统参数进行试验。

6.2　系统联调试验

卖方应按买方需求配合完成买方组织的保护装置功能验证与系统联调试验。

6.3　现场试验

现场实际设备接入后，应按照 DL/T 995 的要求，在一次设备不带电和带电试运行时做现场试验，卖方应配合完成保护装置的现场调试及投运试验。现场投运前和试运行中发现的设备缺陷和元件损坏，卖方应及时无偿修理或更换，直至符合本部分要求。

6.4　继电保护专业检测

卖方依据国家电网公司继电保护专业检测标准参加继电保护专业检测，并提供每一种型式产品的专业检测报告。

7 技术服务、设计联络、工厂检验和监造

7.1 技术文件

7.1.1 卖方提供的技术文件应提供买方所要求的性能信息，并对其可靠性和一致性负责，卖方所提供的技术文件（包括资料和数据）将成为合同一部分。

7.1.2 卖方应随投标书一起提供一般性技术文件，并且应是与投标产品一致的最新版本，投标时应提供的技术文件如下：

    a）　产品的技术说明书；

    b）　产品的型式试验报告；

    c）　产品的用户运行证明；

    d）　产品的软件版本等。

7.1.3 卖方应在签约后 3 周内向买方提供设计用的技术文件如下：

    a）　产品的技术说明书；

    b）　产品及保护屏原理框图及说明，模件或继电器的原理接线图及其工作原理说明；

    c）　装置的 ICD（IED 装置能力描述）文件、保护装置虚端子连接图；

    d）　组屏的正面布置图、屏内设备布置图、端子排图及图例说明；

    e）　保护屏所用的辅助继电器和选择开关采用的标准；

    f）　保护屏的安装尺寸图，包括屏的尺寸和质量、基础螺栓的位置和尺寸等。

7.1.4 在收到买方最终认可图纸前，卖方所购买的材料或制造所发生的费用及其风险全由卖方单独承担；

7.1.5 生产的成品应符合合同的技术规范。买方对图纸的确认并不能解除卖方对其图纸的完善性和准确性应承担的责任；

7.1.6 设计方在收到图纸后 3 周内返回主要确认意见，并根据需要召开设计联络会。卖方在提供确认图纸时必须提供为审核该图纸所需的资料。买方有权要求卖方对其图纸中的任一装置任一部件做必要修改，在设计图纸完成之前应保留设计方对卖方图纸的其他确认权限，而买方不需承担额外费用。

7.1.7 在收到确认意见后，卖方应在规定时间内向买方提供技术文件如下：

    a）　7.1.3 所列的修改后的正式技术文件；

    b）　保护装置的内部接线图及图例说明，保护屏内部接线图及其说明（包括屏内布置及内部端子排图）；

    c）　保护装置的软件版本号和校验码；

    d）　产品的使用说明书，包括保护装置的现场调试大纲、整定值表和整定计算说明及计算算例等；

    e）　通信规约和解释文本及装置调试软件和后台分析软件，以便与计算机监控系统和继电保护故障信息系统联调。

7.1.8 设备供货时提供技术文件和资料如下：

    a）　设备的开箱资料清单；

    b）　产品的技术说明书、使用说明书和组屏图纸；

    c）　出厂调试试验报告；

    d）　产品质量检验合格证书；

    e）　合同规定的出厂验收试验报告和一致性测试报告等；

    f）　保护设备识别代码及出厂信息表。

7.1.9 技术文件格式和分送要求如下：

    a）　全部图纸应为 A4 幅面，并有完整图标，采用国标单位制；

    b）　提供的技术文件除纸质文件外，还应包括一份电子文档，并提供可供修改的最终图纸电子文件

（图形文件能够被 PC 机 AutoCAD for Windows 2000 版支持）；

c) 技术文件（图纸和资料）分送单位、套数和地址根据项目单位要求提供。

7.2 设计联络会议

7.2.1 若有必要，买方在收到卖方签字的第一批文件后 3 周内将举行设计联络会议。设计联络会议内容如下：

a) 卖方应对修改后的供确认的资料和图纸进行详细的解释，并应解答买方对这些资料和图纸所提的问题，经过共同讨论，买方给予确认，以便卖方绘制正式图纸提供给买方；

b) 卖方应介绍合同产品已有的运行经验；

c) 卖方应提供验收大纲、工程参数表；

d) 买方或设计方应确认保护装置的 GOOSE 接口及 MMS 接口的类型与数量；

e) 设计联络会应确定通信信息的具体内容。

7.2.2 会议需要签订会议纪要，该纪要将作为合同的组成部分。

7.3 工厂验收和现场验收

要求满足国家电网有限公司企业标准中关于工厂验收（现场）的规范。

7.4 质量保证

7.4.1 卖方应保证制造过程中的所有工艺、材料、试验等（包括卖方的外购件在内）均应符合本部分的规定。若买方根据运行经验指定卖方提供某种外购零部件，卖方应积极配合。卖方对所购配套部件设备质量负责，采购前向买方提供主要国产元器件报价表，采购中应进行严格的质量检验，交货时应向买方提供其产品质量合格证书及有关安装使用等技术文件资料。

7.4.2 对于采用属于引进技术的设备、元器件，卖方在采购前应向买方提供主要进口元器件报价表。引进的设备、元器件应符合引进国的技术标准或 IEC 标准，当标准与本部分有矛盾时，卖方应将处理意见书面通知买方，由买卖双方协商解决。假若卖方有更优越或更为经济的设计和材料，足以使卖方的产品更为安全、可靠、灵活、适应时，卖方可提出并经买方的认可，然而应遵循现行的国家工业标准，并且有成熟的设计和工艺要求以及工程实践经验。

7.4.3 双方签订合同后，卖方应按工程设计及施工进度分批提交技术文件和图纸，必要时，买卖双方尚应进行技术联络，以讨论合同范围内的有关技术问题。

7.4.4 卖方保证所提供的设备应为由最适宜的原材料并采用先进工艺制成且未经使用过的全新产品，保证产品的质量、规格和性能与投标文件所述一致。

7.4.5 卖方提供的保护设备运行使用寿命不应小于 15 年。

7.4.6 卖方保证所提供的设备在各个方面符合招标文件规定的质量、规格和性能。在合同规定的质量保证期内（保护设备到货后 24 个月或 SAT 后 18 个月），对由于产品设计、制造和材料、外购零部件的缺陷而造成所供设备的任何破坏、缺陷故障，当卖方收到买方的书面通知后，在 2 天内免费负责修理或更换有缺陷的设备（包括运输费、税收等），以达到本部分的要求。质量保证期以合同商务部分为准。

质量保证期后发生质量问题，卖方应提供免费维修服务，包括硬件更换和软件版本升级。

7.5 项目管理

合同签订后，卖方应指定负责本工程的项目经理，负责卖方在工程全过程的各项工作，如工程进度、设计制造、图纸文件、包装运输、现场安装、调试验收等。

7.6 现场服务

7.6.1 在设备安装调试过程中视买方工作情况卖方及时派出工程技术服务人员，以提供现场服务。卖方派出人员在现场负责技术指导，并协助买方安装、调试。同时，买方为卖方的现场派出人员提供工作和生活的便利条件；

7.6.2 当变电站内保护设备分批投运时，卖方应按合同规定及时派出工程技术人员到达现场服务；

7.6.3 根据买方的安排，卖方安排适当时间对设备的正确安装和试验给予技术培训。

7.7 售后服务

7.7.1 现场投运前和试运行中发现的设备缺陷和元件损坏，卖方应及时无偿修理或更换，直至符合规范要求。保修期内产品出现不符合功能要求和技术指标要求时，卖方应在 4h 内响应，并在 24h 内负责修理或更换。保修期外产品出现异常、设备缺陷、元件损坏或不正确动作，现场无法处理时，卖方接到买方通知后，应在 4h 内响应，并立即派出工程技术人员在 24h 内到达现场处理。

7.7.2 对反事故措施以及软件版本的升级等，卖方应提供技术服务。

7.8 备品备件、专用工具、试验仪器

7.8.1 对每套保护，卖方应提供必要的备品备件。

7.8.2 卖方应提供安装、运行、检修所需的专用工具，包括专用调试、测试设备。

———————————

ICS 29.240.01
K 45

Q/GDW

国家电网有限公司企业标准

Q/GDW 13188.2—2018
代替 Q/GDW 13188.2—2014

智能变电站 35kV 及以下线路
保 护 采 购 标 准
第 2 部分：智能变电站 35kV 及以下
线路光纤差动保护专用技术规范

Purchasing standard for 35kV and lower voltage line
protection in smart substation
Part 2: Special technical specification for 35kV and lower voltage
line pilot differential protection in smart substation

2019-06-28发布   2019-06-28实施

国家电网有限公司   发 布

目　　次

前　言

为规范智能变电站 35kV 及以下线路保护的采购要求，制定本部分。

《智能变电站 35kV 及以下线路保护采购标准》分为 4 个部分：

——第 1 部分：通用技术规范；

——第 2 部分：智能变电站 35kV 及以下线路光纤差动保护专用技术规范；

——第 3 部分：智能变电站 35kV 及以下线路电流保护专用技术规范；

——第 4 部分：智能变电站 35kV 及以下线路距离保护专用技术规范。

本部分为《智能变电站 35kV 及以下线路保护采购标准》的第 2 部分。

本部分代替 Q/GDW 13188.2—2014，与 Q/GDW 13188.2—2014 相比，主要技术性差异如下：

——表 1 增加了角度定值误差要求，细化了 $\mathrm{d}f/\mathrm{d}t$ 定值误差，$\mathrm{d}u/\mathrm{d}t$ 定值误差的要求。

本部分由国家电网有限公司物资部提出并解释。

本部分由国家电网有限公司科技部归口。

本部分起草单位：国网江苏省电力有限公司、南瑞集团有限公司（国网电力科学研究院有限公司）。

本部分主要起草人：周劭亮、梁臣、夏雨、甘云华、包亚卓、宋爽、邱涛。

本部分 2014 年 9 月首次发布，2018 年 12 月第一次修订。

本部分在执行过程中的意见或建议反馈至国家电网有限公司科技部。

智能变电站 35kV 及以下线路保护采购标准
第 2 部分：智能变电站 35kV 及以下线路
光纤差动保护专用技术规范

1 范围

本部分规定了智能变电站 35kV 及以下线路光纤差动保护招标的标准技术参数、项目需求及投标人响应的相关内容。

本部分适用于智能变电站 35kV 及以下线路光纤差动保护招标。

2 规范性引用文件

下列文件对于本文件的应用是必不可少的。凡是注日期的引用文件，仅所注日期的版本适用于本文件。凡是不注日期的引用文件，其最新版本（包括所有的修改单）适用于本文件。

Q/GDW 13188.1　智能变电站 35kV 及以下线路保护采购标准　第 1 部分：通用技术规范

3 术语和定义

下列术语和定义适用于本文件。

3.1

招标人　bidder

提出招标项目，进行招标的法人或其他组织。

3.2

投标人　tenderer

响应招标、参加投标竞争的法人或者其他组织。

3.3

卖方　seller

提供本部分货物和技术服务的法人或其他组织，包括其法定的承继者。

3.4

买方　buyer

购买本部分货物和技术服务的法人或其他组织，包括其法定的承继者和经许可的受让人。

4 标准技术参数

技术参数特性表是国家电网有限公司对采购设备的基础技术参数要求，在招投标过程中，投标人应依据招标文件，对技术参数特性表中标准参数值进行响应。智能变电站 35kV 及以下线路光纤差动保护、光纤复接通道接口装置、打印机、保护柜技术参数特性见表 1～表 4。物资必须满足 Q/GDW 13188.1 的要求。

表1 智能变电站 35kV 及以下线路光纤差动保护技术参数特性表

序号	参 数 名 称	单位	标准参数值
1	电流精工范围		测量范围下限为 $0.05I_N$，上限为（20～40）I_N。在电流为 $0.05I_N$～（20～40）I_N 时，测量误差不大于 5%（相对误差）或 $0.02I_N$（绝对误差），但在 $0.05I_N$ 以下范围用户应能整定并使用，实际故障电流超过电流上限（20～40）I_N 时，保护装置不误动、不拒动
2	电压精工范围		（0.01～1.1）U_N
3	时限定值误差	ms	≤40
4	电流定值误差		≤5%
5	电压定值误差		≤5%
6	角度定值误差	°	3
7	频率定值误差	Hz	≤0.02
8	df/dt 定值误差		不大于±10%或±0.2Hz/s
9	du/dt 定值误差		不大于±10%或±$0.1U_N$/s
10	电流量、电压量测量误差		≤0.2%
11	有功功率、无功功率测量误差		≤0.5%
12	电网频率测量误差	Hz	≤0.02
13	遥控命令输出正确率		100%
14	事件顺序记录分辨率（SOE）	ms	≤2
15	交流电流回路过负荷能力		$2I_N$，连续工作；$10I_N$，10s；$40I_N$，1s
16	交流电压回路过负荷能力		$1.2U_N$，连续工作；$1.4U_N$，10s
17	交流电压回路功率消耗（每相）	VA	≤1
18	交流电流回路功率消耗（每相）	VA	≤0.5（I_N=1A）；≤1（I_N=5A）
19	装置直流消耗	W	≤30（工作时）；≤50（动作时）
20	跳闸触点容量		长期允许通过电流不小于 5A；触点断开容量为不小于 50W
21	其他触点容量		长期允许通过电流不小于 2A；触点断开容量为不小于 30W
22	光纤接口接收灵敏度	dBm	≤－30（以太网光接口）
23	光纤接口发送功率	dBm	≥－20（以太网光接口）
24	装置工作电源		（招标人填写）
25	TA 二次额定电流	A	（招标人填写）
26	断路器跳闸线圈电流	A	（招标人填写）
27	断路器合闸线圈电流	A	（招标人填写）
28	普通柜可选技术参数		（招标人填写）

表1（续）

序号	参 数 名 称	单位	标准参数值
29	智能柜技术参数要求		（招标人填写）
30	光纤通道类型		（招标人填写）
31	小电流接地选线		（招标人填写）
32	GOOSE 接口数量		（招标人填写）
33	站控层 MMS 接口数量与类型		（招标人填写）
34	对时方式		（招标人填写）
35	其他		（招标人填写）

表2　光纤复接通道接口装置技术参数特性表

序号	参 数 名 称	单位	标准参数值
1	接口型式		2Mbit/s 数字接口； 采用 75Ω 同轴电缆不平衡方式连接

表3　打 印 机

序号	参 数 名 称	单位	标准参数值
1	工作电源	V	220 AC
2	接口型式		与保护装置配套

表4　保 护 柜

序号	参 数 名 称	单位	标准参数值
1	尺寸	mm	高度 2260，宽度 800，深度 600
2	颜色		GSB05－1426－2001，77 号，GY09 冰灰桔纹

5　组件材料配置表

组件材料配置表包括元件名称、规格形式参数、单位、数量和产地等信息，具体内容和格式根据招标项目情况编制。

6　使用环境条件表

典型智能变电站 35kV 及以下线路光纤差动保护使用环境条件见表 5。特殊环境要求根据项目情况编制。

表5　使 用 环 境 条 件 表

序号	名 称		单位	项目需求值
1	电源的频率		Hz	50
2	环境温度	日最高温度	℃	2
		日最低温度		
		日最大温差		

表 5（续）

序号	名 称		单位	项目需求值
3	湿度	日相对湿度平均值	%	≤95
		月相对湿度平均值		≤90
4	海拔		m	≤2000
5	耐受地震能力	水平加速度	m/s²	0.3g
		垂直加速度	m/s²	0.15g
6	用途		组屏/单装置	（项目单位提供）
7	安装方式		集中/分散	（项目单位提供）
注：表中"项目需求值"为正常使用条件，超出此值时为特殊使用条件，项目单位可根据工程实际使用条件进行修改。				

ICS 29.240.01
K 45

Q/GDW

国家电网有限公司企业标准

Q/GDW 13188.3—2018
代替 Q/GDW 13188.3—2014

智能变电站 35kV 及以下线路保 护 采 购 标 准
第 3 部分：智能变电站 35kV 及以下线路电流保护专用技术规范

Purchasing standard for 35kV and lower voltage line
protection in smart substation
Part 3: Special technical specification for 35kV and lower voltage
line current protection in smart substation

2019-06-28发布

2019-06-28实施

国家电网有限公司　发布

目　次

前　言

为规范智能变电站 35kV 及以下线路保护的采购要求，制定本部分。

《智能变电站 35kV 及以下线路保护采购标准》分为 4 个部分：

——第 1 部分：通用技术规范；

——第 2 部分：智能变电站 35kV 及以下线路光纤差动保护专用技术规范；

——第 3 部分：智能变电站 35kV 及以下线路电流保护专用技术规范；

——第 4 部分：智能变电站 35kV 及以下线路距离保护专用技术规范

本部分为《智能变电站 35kV 及以下线路保护采购标准》的第 3 部分。

本部分代替 Q/GDW 13188.3—2014，与 Q/GDW 13188.3—2014 相比，主要技术性差异如下：

——表 1 增加了角度定值误差要求，细化了 df/dt 定值误差，du/dt 定值误差的要求。

本部分由国家电网有限公司物资部提出并解释。

本部分由国家电网有限公司科技部归口。

本部分起草单位：国网江苏省电力有限公司、南瑞集团有限公司（国网电力科学研究院有限公司）。

本部分主要起草人：吴骞、梁臣、闫承志、殷垚、包亚卓、宋爽、邱涛。

本部分 2014 年 9 月首次发布，2018 年 12 月第一次修订。

本部分在执行过程中的意见或建议反馈至国家电网有限公司科技部。

智能变电站 35kV 及以下线路保护采购标准
第 3 部分：智能变电站 35kV 及以下
线路电流保护专用技术规范

1 范围

本部分规定了智能变电站 35kV 及以下线路电流保护招标的标准技术参数、项目需求及投标人响应的相关内容。

本部分适用于智能变电站 35kV 及以下线路电流保护招标。

2 规范性引用文件

下列文件对于本文件的应用是必不可少的。凡是注日期的引用文件，仅所注日期的版本适用于本文件。凡是不注日期的引用文件，其最新版本（包括所有的修改单）适用于本文件。

Q/GDW 13188.1　智能变电站 35kV 及以下线路保护采购标准　第 1 部分：通用技术规范

3 术语和定义

下列术语和定义适用于本文件。

3.1

招标人　bidder

提出招标项目，进行招标的法人或其他组织。

3.2

投标人　tenderer

响应招标、参加投标竞争的法人或者其他组织。

3.3

卖方　seller

提供本部分货物和技术服务的法人或其他组织，包括其法定的承继者。

3.4

买方　buyer

购买本部分货物和技术服务的法人或其他组织，包括其法定的承继者和经许可的受让人。

4 标准技术参数

技术参数特性表是国家电网有限公司对采购设备的基础技术参数要求，在招投标过程中，投标人应依据招标文件，对技术参数特性表中标准参数值进行响应。智能变电站 35kV 及以下线路电流保护打印机、保护柜技术参数特性见表 1～表 3。物资必须满足 Q/GDW 13188.1 的要求。

表 1　智能变电站 35kV 及以下线路电流保护技术参数特性表

序号	参 数 名 称	单位	标准参数值
1	交流电流回路过负荷能力		$2I_N$，连续工作；$10I_N$，10s；$40I_N$，1s
2	交流电压回路过负荷能力		$1.2U_N$，连续工作；$1.4U_N$，10s

表 1（续）

序号	参 数 名 称	单位	标准参数值
3	电流定值误差		≤5%
4	电压定值误差		≤5%
5	频率定值误差	Hz	≤0.02
6	角度定值误差	°	3
7	时限定值误差	ms	≤40
8	df/dt 定值误差		不大于±10%或±0.2Hz/s
9	du/dt 定值误差		不大于±10%或±0.1U_N/s
10	电流量、电压量测量误差		≤0.2%
11	有功功率、无功功率测量误差		≤0.5%
12	电网频率测量误差	Hz	≤0.02
13	遥控命令输出正确率		100%
14	事件顺序记录分辨率（SOE）	ms	≤2
15	交流电压回路功率消耗（每相）	VA	≤1
16	交流电流回路功率消耗（每相）	VA	≤0.5（I_N＝1A）； ≤1（I_N＝5A）
17	装置直流消耗	W	≤30（工作时）； ≤50（动作时）
18	跳闸触点容量		长期允许通过电流不小于5A； 触点断开容量为不小于50W
19	其他触点容量		长期允许通过电流不小于2A； 触点断开容量为不小于30W
20	光纤接口接收灵敏度	dBm	≤−30（以太网光接口）
21	光纤接口发送功率	dBm	≥−20（以太网光接口）
22	装置工作电源		（招标人填写）
23	TA 二次额定电流	A	（招标人填写）
24	断路器跳闸线圈电流	A	（招标人填写）
25	断路器合闸线圈电流	A	（招标人填写）
26	普通柜可选技术参数		（招标人填写）
27	智能柜技术参数要求		（招标人填写）
28	小电流接地选线		（招标人填写）
29	GOOSE 接口数量		（招标人填写）
30	29 站控层 MMS 接口数量与类型		（招标人填写）
31	对时方式		（招标人填写）
32	其他		（招标人填写）

表 2 打 印 机

序号	参 数 名 称	单位	标准参数值
1	工作电源	V	220 AC
2	接口型式		与保护装置配套

表 3 保 护 柜

序号	参 数 名 称	单位	标准参数值
1	尺寸	mm	高度 2260，宽度 800，深度 600
2	颜色		GSB05-1426—2001，77 号，GY09 冰灰桔纹

5 组件材料配置表

组件材料配置表包括元件名称、规格形式参数、单位、数量和产地等信息，具体内容和格式根据招标项目情况编制。

6 使用环境条件表

典型智能变电站 35kV 及以下线路电流保护使用环境条件见表 4。特殊环境要求根据项目情况编制。

表 4 使 用 环 境 条 件 表

序号	名 称		单位	项目需求值
1	电源的频率		Hz	50
2	环境温度	日最高温度	℃	+55
		日最低温度		−10
		日最大温差		+25
3	湿度	日相对湿度平均值	%	≤95
		月相对湿度平均值		≤90
4	海拔		m	≤2000
5	耐受地震能力	水平加速度	m/s²	0.3g
		垂直加速度	m/s²	0.15g
6	用途		组屏/单装置	（项目单位提供）
7	安装方式		集中/分散	（项目单位提供）

注：表中"项目需求值"为正常使用条件，超出此值时为特殊使用条件，项目单位可根据工程实际使用条件进行修改。

ICS 29.240.01

K 45

Q/GDW

国家电网有限公司企业标准

Q/GDW 13188.4—2018

代替 Q/GDW 13188.4—2014

智能变电站 35kV 及以下线路

保 护 采 购 标 准

第 4 部分：智能变电站 35kV 及以下

线路距离保护专用技术规范

Purchasing standard for 35kV and lower voltage line
protection in smart substation
Part 4: Special technical specification for 35kV and lower voltage
line distance protection in smart substation

2019-06-28发布

2019-06-28实施

国家电网有限公司　　发　布

Q / GDW 13188.4—2018

目　次

前　言

为规范智能变电站 35kV 及以下线路保护采购要求，制定本部分。

《智能变电站 35kV 及以下线路保护采购标准》分为 4 个部分：

——第 1 部分：通用技术规范；

——第 2 部分：智能变电站 35kV 及以下线路光纤差动保护专用技术规范；

——第 3 部分：智能变电站 35kV 及以下线路电流保护专用技术规范；

——第 4 部分：智能变电站 35kV 及以下线路距离保护专用技术规范。

本部分为《智能变电站 35kV 及以下线路保护采购标准》的第 4 部分。

本部分代替 Q/GDW 13188.4—2014，与 Q/GDW 13188.4—2014 相比，主要技术性差异如下：

——表 1 增加了角度定值误差要求，细化了 df/dt 定值误差，du/dt 定值误差的要求。

本部分由国家电网有限公司物资部提出并解释。

本部分由国家电网有限公司科技部归口。

本部分起草单位：国网江苏省电力有限公司、南瑞集团有限公司（国网电力科学研究院有限公司）。

本部分主要起草人：吴骞、梁臣、闫承志、殷垚、包亚卓、宋爽、邱涛、赵昊彤。

本部分 2014 年 9 月首次发布，2018 年 12 月第一次修订。

本部分在执行过程中的意见或建议反馈至国家电网有限公司科技部。

智能变电站 35kV 及以下线路保护采购标准
第 4 部分：智能变电站 35kV 及以下
线路距离保护专用技术规范

1 范围

本部分规定了智能变电站 35kV 及以下线路距离保护招标的标准技术参数、项目需求及投标人响应的相关内容。

本部分适用于智能变电站 35kV 及以下线路距离保护招标。

2 规范性引用文件

下列文件对于本文件的应用是必不可少的。凡是注日期的引用文件，仅所注日期的版本适用于本文件。凡是不注日期的引用文件，其最新版本（包括所有的修改单）适用于本文件。

Q/GDW 13188.1 智能变电站 35kV 及以下线路保护采购标准 第 1 部分：通用技术规范

3 术语和定义

下列术语和定义适用于本文件。

3.1

招标人 bidder

提出招标项目，进行招标的法人或其他组织。

3.2

投标人 tenderer

响应招标、参加投标竞争的法人或者其他组织。

3.3

卖方 seller

提供本部分货物和技术服务的法人或其他组织，包括其法定的承继者。

3.4

买方 buyer

购买本部分货物和技术服务的法人或其他组织，包括其法定的承继者和经许可的受让人。

4 标准技术参数

技术参数特性表是国家电网有限公司对采购设备的基础技术参数要求，在招投标过程中，投标人应依据招标文件，对技术参数特性表中标准参数值进行响应。智能变电站 35kV 及以下线路距离保护、打印机、保护柜技术参数特性见表 1～表 3。物资必须满足 Q/GDW 13188.1 的要求。

表 1　智能变电站 35kV 及以下线路距离保护技术参数特性表

序号	参 数 名 称	单位	标准参数值
1	电流精工范围		测量范围下限为 0.05I_N，上限为（20～40）I_N。在电流为 0.05I_N～（20～40）I_N 时，测量误差不大于 5%（相对误差）或 0.02I_N（绝对误差），但在 0.05I_N 以下范围用户应能整定并使用，实际故障电流超过电流上限（20～40）I_N 时，保护装置不误动、不拒动
2	电压精工范围		（0.01～1.1）U_N
3	距离 I 段暂态超越		≤5%
4	时限定值误差	ms	≤40
5	距离定值误差		≤5%
6	电流定值误差		≤5%
7	电压定值误差		≤5%
8	频率定值误差	Hz	≤0.02
9	角度定值误差	°	3
10	df/dt 定值误差		不大于±10%或±0.2Hz/s
11	du/dt 定值误差		不大于±10%或±0.1U_N/s
12	电流量、电压量测量误差		≤0.2%
13	有功功率、无功功率测量误差		≤0.5%
14	电网频率测量误差	Hz	≤0.02
15	遥控命令输出正确率		100%
16	事件顺序记录分辨率（SOE）	ms	≤2
17	交流电流回路过负荷能力		2I_N，连续工作；10I_N，10s；40I_N，1s
18	交流电压回路过负荷能力		1.2U_N，连续工作；1.4U_N，10s
19	交流电压回路功率消耗（每相）	VA	≤1
20	交流电流回路功率消耗（每相）	VA	≤0.5（I_N＝1A）；≤1（I_N＝5A）
21	装置直流消耗	W	≤30（工作时）；≤50（动作时）
22	跳闸触点容量		长期允许通过电流不小于 5A；触点断开容量为不小于 50W
23	其他触点容量		长期允许通过电流不小于 2A；触点断开容量为不小于 30W
24	光纤接口接收灵敏度	dBm	≤－30（以太网光接口）
25	光纤接口发送功率	dBm	≥－20（以太网光接口）
26	装置工作电源		（招标人填写）
27	TA 二次额定电流	A	（招标人填写）
28	断路器跳闸线圈电流	A	（招标人填写）
29	断路器合闸线圈电流	A	（招标人填写）

表1（续）

序号	参 数 名 称	单位	标准参数值
30	普通柜可选技术参数		（招标人填写）
31	智能柜技术参数要求		（招标人填写）
32	小电流接地选线		（招标人填写）
33	GOOSE 接口数量		（招标人填写）
34	站控层 MMS 接口数量与类型		（招标人填写）
35	对时方式		（招标人填写）
36	其他		（招标人填写）

表 2 打 印 机

序号	参 数 名 称	单位	标准参数值
1	工作电源	V	220 AC
2	接口型式		与保护装置配套

表 3 保 护 柜

序号	参 数 名 称	单位	标准参数值
1	尺寸	mm	高度 2260，宽度 800，深度 600
2	颜色		GSB05－1426－2001，77 号，GY09 冰灰桔纹

5 组件材料配置表

组件材料配置表包括元件名称、规格形式参数、单位、数量和产地等信息，具体内容和格式根据招标项目情况编制。

6 使用环境条件表

典型智能变电站 35kV 及以下线路距离保护使用环境条件见表 4。特殊环境要求根据项目情况编制。

表 4 使 用 环 境 条 件 表

序号	名 称		单位	项目需求值
1	电源的频率		Hz	50
2	环境温度	日最高温度	℃	＋55
		日最低温度		－10
		日最大温差		＋25
3	湿度	日相对湿度平均值	%	≤95
		月相对湿度平均值		≤90
4	海拔		m	≤2000
5	耐受地震能力	水平加速度	m/s²	0.3g
		垂直加速度	m/s²	0.15g

表 4（续）

序号	名　　称	单位	项目需求值
6	用途	组屏/单装置	（项目单位提供）
7	安装方式	集中/分散	（项目单位提供）
注：表中"项目需求值"为正常使用条件，超出此值时为特殊使用条件，项目单位可根据工程实际使用条件进行修改。			

ICS 29.240.01
K 45

Q/GDW

国家电网有限公司企业标准

Q/GDW 13189.1—2018
代替 Q/GDW 13189.1—2014

智能变电站66kV线路保护采购标准
第1部分：通用技术规范

Purchasing standard for 66kV line protection in smart substation
Part 1: General technical specification

2019-06-28发布　　　　　　　　　　　　　　2019-06-28实施

国家电网有限公司　　发　布

目　次

前　　言

为规范智能变电站 66kV 线路保护的采购要求，制定本部分。

《智能变电站 66kV 线路保护采购标准》分为 4 个部分：

——第 1 部分：通用技术规范；

——第 2 部分：智能变电站 66kV 线路光纤差动保护专用技术规范；

——第 3 部分：智能变电站 66kV 线路距离保护专用技术规范；

——第 4 部分：智能变电站 66kV 线路电流保护专用技术规范。

本部分为《智能变电站 66kV 线路保护采购标准》的第 1 部分。

本部分代替 Q/GDW 13189.1—2014，与 Q/GDW 13189.1—2014 相比，主要技术性差异如下：

——修改了 5.4.15 章节，修改了"SV 接收软压板"的要求。

——修改了 5.4.18 章节，修改了"远方操作"和"保护检修状态"硬压板的要求。

——删除了 5.4 章，保护装置就地化安装的要求。

——修改了 5.5.1 章节，修改了 66kV 光纤差动线路保护的要求，增加了"停用重合闸"功能压板的要求。

——修改了 5.6.1 章节，增加了"停用重合闸"功能压板的要求。

——修改了 5.7.1 章节，增加了"停用重合闸"功能压板的要求。

——将引用规范 Q/GDW 766 改为 Q/GDW 10766。

——将引用规范 Q/GDW 396 改为 Q/GDW 1396。

本部分由国家电网有限公司物资部提出并解释。

本部分由国家电网有限公司科技部归口。

本部分起草单位：国网江苏省电力有限公司、南瑞集团有限公司（国网电力科学研究院有限公司）。

本部分主要起草人：洪丰、陈国洲、郑小江、侯小凡、岳嵩、黄浩声。

本部分 2014 年 9 月首次发布，2018 年 12 月第一次修订。

本部分在执行过程中的意见或建议反馈至国家电网有限公司科技部。

智能变电站 66kV 线路保护采购标准

第 1 部分：通用技术规范

1 范围

本部分规定了 66kV 线路保护招标的总则、技术参数和性能要求、试验、包装、运输、交货及工厂检验和监造的一般要求。

本部分适用于 66kV 线路保护招标。

2 规范性引用文件

GB/T 191　包装储运图示标志

GB/T 2423（所有部分）　电工电子产品环境试验

GB/T 7261　继电器和继电保护装置基本试验方法

GB/T 11287　电气继电器　第 21 部分：量度继电器和保护装置的振动、冲击、碰撞和地震试验　第 1 篇：振动试验（正弦）

GB/T 14285　继电保护和安全自动装置技术规程

GB/T 14537　量度继电器和保护装置的冲击与碰撞试验

GB/T 14598.3　电气继电器　第 5 部分：量度继电器和保护装置的绝缘配合要求和试验

GB/T 14598.9　量度继电器和保护装置　第 22-3 部分：电气骚扰试验　辐射电磁场抗扰度

GB/T 14598.10　量度继电器和保护装置　第 22-4 部分：电气骚扰试验　电快速瞬变/脉冲群抗扰度试验

GB/T 14598.13　电气继电器　第 22-1 部分：量度继电器和保护装置的电气骚扰试验　1MHz 脉冲群抗扰度试验

GB/T 14598.14　量度继电器和保护装置　第 22-2 部分：电气骚扰试验　静电放电试验

GB/T 14598.17　电气继电器　第 22-6 部分：量度继电器和保护装置的电气骚扰试验——射频场感应的传导骚扰抗扰度

GB/T 14598.18　量度继电器和保护装置　第 22-5 部分：电气骚扰试验　浪涌抗扰度试验

GB/T 14598.19　电气继电器　第 22-7 部分：量度继电器和保护装置的电气骚扰试验——工频抗扰度试验

GB/T 15145　输电线路保护装置通用技术条件

GB/T 17626.1　电磁兼容　试验和测量技术　抗扰度试验总论

GB/T 17626.2　电磁兼容　试验和测量技术　静电放电抗扰度试验

GB/T 17626.3　电磁兼容　试验和测量技术　射频电磁场辐射抗扰度试验

GB/T 17626.4　电磁兼容　试验和测量技术　电快速瞬变脉冲群抗扰度试验

GB/T 17626.5　电磁兼容　试验和测量技术　浪涌（冲击）抗扰度试验

GB/T 17626.6　电磁兼容　试验和测量技术　射频场感应的传导骚扰抗扰度

GB/T 17626.8　电磁兼容　试验和测量技术　工频磁场抗扰度试验

GB/T 17626.9　电磁兼容　试验和测量技术　脉冲磁场抗扰度试验

GB/T 17626.10　电磁兼容　试验和测量技术　阻尼振荡磁场抗扰度试验

GB/T 17626.11　电磁兼容　试验和测量技术　电压暂降、短时中断和电压变化的抗扰度试验

GB/T 17626.12　电磁兼容　试验和测量技术　振荡波抗扰度试验

GB/T 18663.3　电子设备机械结构　公制系列和英制系列的试验　第3部分：机柜、机架和插箱的电磁屏蔽性能试验

GB/T 20840.8　互感器　第8部分：电子式电流互感器

GB/T 22386　电力系统暂态数据交换通用格式

GB/T 25931　网络测量和控制系统的精确时钟同步协议

GB/T 26864　电力系统继电保护产品动模试验

DL/T 478　继电保护和安全自动装置通用技术条件

DL 480　静态电流相位比较式纵联保护装置技术条件（继电部分）

DL/T 720　电力系统继电保护柜、屏通用技术条件

DL/T 769　电力系统微机继电保护技术导则

DL/T 860　变电站通信网络和系统

DL/T 860.81　变电站通信网络和系统　第8－1部分：特定通信服务映射（SCSM）对 MMS（ISO 9506－1 和 ISO 9506－2）及 ISO/IEC 8802

DL/T 860.92　变电站通信网络和系统　第9－2部分：特定通信服务映射（SCSM）映射到 ISO/IEC 8802－3 的采样值

DL/T 995　继电保护和电网安全自动装置检验规程

DL/T 5136　火力发电厂、变电站二次接线设计技术规程

Q/GDW 383　智能变电站技术导则

Q/GDW 414　变电站智能化改造技术规范

Q/GDW 428　智能变电站智能终端技术规范

Q/GDW 441　智能变电站继电保护技术规范

Q/GDW 1140　交流采样测量装置运行检验管理规程

Q/GDW 1396　IEC 61850 工程继电保护应用模型

Q/GDW 1426　智能变电站合并单元技术规范

Q/GDW 1430　智能变电站智能控制柜技术规范

Q/ GDW 1808　智能变电站继电保护通用技术条件

Q/GDW 10393　110（66）kV～220kV 智能变电站设计规范

Q/GDW 10394　330kV～750kV 智能变电站设计规范

Q/GDW 10766　10kV～110（66）kV 线路保护及辅助装置标准化设计规范

Q/GDW 11010　继电保护信息规范

Q/GDW 13001—2014　高海拔外绝缘配置技术规范

3　术语和定义

下列术语和定义适用于本文件。

3.1

招标人　bidder

提出招标项目，进行招标的法人或其他组织。

3.2

投标人　tenderer

响应招标、参加投标竞争的法人或者其他组织。

3.3

卖方　seller

提供本部分货物和技术服务的法人或其他组织，包括其法定的承继者。

3.4

买方　buyer

购买本部分货物和技术服务的法人或其他组织，包括其法定的承继者和经许可的受让人。

4　总则

4.1　一般性要求

4.1.1　卖方提供的智能变电站继电保护及相关设备应符合 Q/GDW 441 的要求。

智能变电站继电保护与站控层信息交互采用 DL/T 860，跳合闸命令和联闭锁信息可通过直接电缆连接或 GOOSE 机制传输。卖方提供的继电保护及相关设备所采用的技术应遵循 Q/GDW 441 及本部分中与之对应的部分。

4.1.2　卖方提供的变电站继电保护及相关设备应符合 Q/GDW 10766 的要求。

变电站继电保护装置的动作信息、告警信息、状态变位信息、中间节点信息、日志记录、人机界面信息等信息输出符合 Q/GDW 11010 的要求。

4.1.3　本部分提出的是最低限度的要求，并未对一切技术细节做出规定，也未充分引述有关标准的条文，投标人应提供符合本部分和工业标准的优质产品。

4.1.4　如果投标人没有以书面形式对本部分的条文提出异议，则表示投标人提供的设备完全符合本部分的要求；如有异议，应在报价书中以"对技术规范的意见和同规范的差异"为标题的专门章节中加以详细描述。

4.1.5　本部分所使用的标准如遇与投标人所执行的标准不一致按较高的标准执行。

4.1.6　本部分经招、投标双方确认后作为订货合同的技术附件，与合同正文具有同等效力。

4.2　卖方职责

卖方的工作范围应包括但不仅限于此内容：

a)　提供标书内所有设备及设计说明书及制造方面的说明；

b)　提供国家或电力行业级检验检测机构出具的型式试验报告、动模试验报告和 DL/T 860 的一致性测试报告，以便确认供货设备能否满足所有的性能要求；

c)　提供与投标设备版本相符的安装及使用的说明书；

d)　提供试验和检验的标准，包括试验报告和试验数据；

e)　提供图纸，制造和质量保证过程的一览表以及标书规定的其他资料；

f)　提供设备管理和运行所需有关资料；

g)　所提供设备应发运到规定的目的地；

h)　在更换所用的准则、标准、规程或修改设备技术数据时，卖方应接受买方的选择；

i)　现场服务。

4.3　应满足的标准

装置至少应满足 GB/T 191、GB/T 2423（所有部分）、GB/T 7261、GB/T 11287、GB/T 14285、GB/T 14537、GB/T 14598.3、GB/T 14598.9、GB/T 14598.10、GB/T 14598.13、GB/T 14598.14、GB/T 14598.17、GB/T 14598.18、GB/T 14598.19、GB/T 15145、GB/T 17626.1、GB/T 17626.2、GB/T 17626.3、GB/T 17626.4、GB/T 17626.5、GB/T 17626.6、GB/T 17626.8、GB/T 17626.9、GB/T 17626.10、GB/T 17626.11、GB/T 17626.12、GB/T 18663.3、GB/T 20840.8、GB/T 22386、GB/T 25931、GB/T 26864、DL/T 478、DL 480、DL/T 720、DL/T 769、DL/T 860.81、DL/T 860.92、DL/T 995、DL/T 5136、Q/GDW 383、Q/GDW 414、Q/GDW 428、Q/GDW 441、Q/GDW 1140、Q/GDW 1396、Q/GDW 1426、Q/GDW 1430、Q/ GDW 1808、

Q/GDW10393、Q/GDW 10394、Q/GDW 10766、Q/GDW 11010、Q/GDW 13001—2014 中所列标准，但不限于上述所列标准。

4.4 应满足的文件

该类设备技术标准应满足国家法律法规及国家电网有限公司标准化成果中相关条款要求。下列文件中相应的条款规定均适用于本文件，其最新版本（包括所有的修改单）适用于本文件。包括：

a) 《电力监控系统安全防护规定》；

b) 《国家电网有限公司十八项电网重大反事故措施（2018 年修订版）》；

c) 《国家电网有限公司输变电工程通用设计》；

d) 《国家电网公司关于加快推进电力监控系统网络安全管理平台建设的通知》；

e) 《国家电网继电保护柜、屏制造规范》。

5 技术参数和性能要求

5.1 使用环境条件

5.1.1 设备储存温度：−25℃～+70℃。

5.1.2 设备工作温度：−10℃～+55℃。

5.1.3 大气压力：80kPa～106kPa。

5.1.4 相对湿度：5%～95%。

5.1.5 抗地震能力：地面水平加速度 0.3g，垂直加速度 0.15g，同时作用。

5.2 保护装置额定参数

5.2.1 额定直流电源：220V/110V。

5.2.2 模拟量输入：额定交流电流，5A/1A；额定交流电压，100V/$\sqrt{3}$（相电压）、100V（线电压）、300V（开口三角电压）。

5.2.3 数字量输入：额定电流，01CFH 或 00E7H；额定电压，2D41H。

5.2.4 额定频率：50Hz。

5.2.5 打印机工作电源：交流 220V，50Hz。

5.3 装置功率消耗

5.3.1 装置交流消耗：交流电流回路功率消耗每相不大于 0.5VA（I_n=1A）或 1VA（I_n=5A），交流电压回路功率消耗（额定电压下）每相不大于 1VA，卖方投标时应提供确切数值。

5.3.2 装置直流消耗：当正常工作时，不大于 50W；当保护动作时，不大于 80W。卖方投标时必须提供确切数值。

5.4 66kV 线路保护总的技术要求

5.4.1 本节规定了跳合闸命令和联闭锁信息通过 GOOSE 机制传输和（或）电压、电流量通过电子式互感器及 MU 采集的保护设备的技术要求。

通过传统互感器、电缆直接采样的装置，保护装置交流采样及交流二次回路的技术要求，应符合已有的相应规范和标准以及《国家电网有限公司物资采购标准　继电保护及自动装置卷》相关部分要求。

通过电缆直接跳闸装置，装置跳合闸及二次回路的技术要求，应符合已有的相应规范和标准以及《国家电网有限公司物资采购标准　继电保护及自动装置卷》相关部分要求。

5.4.2 环境温度在−10℃～+55℃时，保护装置应能满足本部分所规定的精度。

5.4.3 除出口继电器外，装置内的任一元件损坏时，装置不应误动作跳闸。

5.4.4 保护装置不应依赖于外部对时系统实现其保护功能。

5.4.5 66kV 及以上电压等级的过程层 SV 与 GOOSE 共网，过程层网络和站控层网络应完全独立。

5.4.6 继电保护设备与本间隔智能终端之间通信应采用 GOOSE 点对点通信方式；继电保护之间的联闭锁信息、失灵启动等信息宜采用 GOOSE 网络传输方式。

5.4.7 双母线电压切换功能由合并单元实现。

5.4.8 保护装置宜独立分散、就地安装，保护装置安装运行环境应满足相关标准技术要求。

5.4.9 66kV 电压等级保护就地安装时，保护装置宜集成智能终端等功能。

5.4.10 线路保护直接采样，直接跳断路器。

5.4.11 工程项目中，若常规互感器和电子式互感器混合使用，线路差动保护应能适应。

5.4.12 保护装置采样同步应由保护装置实现，装置 SV 采样值接口支持 GB/T 20840.8 或 DL/T 860.92 协议，在工程应用时应能灵活配置。

5.4.13 保护装置应自动补偿电子式互感器的采样响应延迟，当响应延时发生变化时应闭锁采自不同 MU 且有采样同步要求的保护。保护装置的采样输入接口数据的采样频率宜为 4000Hz。

5.4.14 保护装置的交流量信息应具备自描述功能。

5.4.15 保护装置应处理 MU 上送的数据品质位（无效、检修等），及时准确提供告警信息。在异常状态下，利用 MU 的信息合理地进行保护功能的退出和保留，瞬时闭锁可能误动的保护，延时告警，并在数据恢复正常之后尽快恢复被闭锁的保护功能，不闭锁与该异常采样数据无关的保护功能。接入两个及以上 MU 的保护装置应按 MU 设置"SV 接收"软压板。

5.4.16 当采用电子式互感器时，保护装置应针对电子式互感器特点优化相关保护算法，提高保护性能。

5.4.17 保护装置应采取措施，防止输入的双 A/D 数据之一异常时误动作。

5.4.18 保护装置只设"远方操作"和"保护检修状态"硬压板，保护功能投退不设硬压板，如下：110kV 线路光纤差动保护装置具体要求。

   a) "远方操作"只设硬压板。"远方投退压板""远方切换定值区"和"远方修改定值"只设软压板，只能在装置本地操作，三者功能相互独立，分别与"远方操作"硬压板采用"与门"逻辑。当"远方操作"硬压板投入后，上述三个软压板远方功能才有效；

   b) "保护检修状态"只设硬压板，当该压板投入时，保护装置报文上送带品质位信息。"保护检修状态"硬压板遥信不置检修标志；保护装置应有明显显示（面板指示灯和界面显示）。参数、配置文件仅在检修压板投入时才可下装，下装时应闭锁。

5.4.19 保护装置应同时支持 GOOSE 点对点和网络方式传输，传输协议遵循 DL/T 860.81。

5.4.20 保护装置应具备 MMS 接口与站控层设备通信。保护装置向站控层提供的信息符合 Q/GDW 1396。

5.4.21 保护装置的交流电流、交流电压及保护设备参数的显示、打印、整定应能支持一次值，上送信息应采用一次值。

5.4.22 保护装置内部 MMS 接口、GOOSE 接口、SV 接口应采用相互独立的数据接口控制器接入网络。

5.4.23 保护装置应具备通信中断、异常等状态的检测和告警功能。装置应提供装置故障（含失电）无源触点输出。

5.4.24 保护装置宜通过 IRIG－B（DC）码对时，也可采用 GB/T 25931 进行网络对时，对时精度应满足要求。

5.4.25 对保护装置 ICD 文件与 CID 文件的要求如下：

   a) ICD、CID 文件符合统一的模型要求，适用于通用的配置工具和静态检测、分析软件；

   b) ICD 文件应完整描述 IED 提供的数据模型及服务，采用模块化设计，包含版本信息；

   c) CID 文件应完整描述 IED 的实例化信息，应包含版本信息。

5.4.26 保护装置信息交互要求如下：

   a) 智能变电站继电保护应满足运行维护、监视控制及无人值班、智能电网调度等信息交互的要求。

   b) 继电保护设备应该支持在线和离线获取模型，离线获取和在线召唤的模型应保持一致。定值模型应包含描述、定值单位、定值上限、定值下限等信息。

   c) 继电保护设备应将检修压板状态上送站控层。当继电保护设备检修压板投入时，上送报文中信号的品质 q 的"Test 位"应置位。

  d) 继电保护设备应支持取代服务，取代数据的上送报文中，信号的品质 q 的"取代位"应置位。

  e) 继电保护设备应能够支持不小于 16 个客户端的 TCP/IP 访问连接，应能够支持 10 个报告实例。

5.4.27 保护装置交互信息内容如下：

  a) 继电保护设备应支持上送采样值、开关量、压板状态、设备参数、定值区号及定值、自检信息、异常告警信息、保护动作事件及参数（故障相别、跳闸相别和测距）、录波报告信息、装置硬件信息、装置软件版本信息、装置日志信息等数据；

  b) 继电保护设备主动上送的信息应包括开关量变位信息、异常告警信息和保护动作事件信息等；

  c) 继电保护设备应支持远方投退压板、修改定值、切换定值区、设备复归功能，并具备权限管理功能；

  d) 继电保护设备的自检信息应包括硬件损坏、功能异常、与过程层设备通信状况等；

  e) 继电保护设备应支持远方召唤至少最近 8 次录波报告的功能。

5.4.28 在雷击过电压、一次回路操作、系统故障及其他强干扰作用下，不应误动和拒动。保护装置静电放电试验、快速瞬变干扰试验、脉冲群干扰试验、高频干扰试验、辐射电磁场干扰试验、冲击电压试验和绝缘试验应至少符合 IEC 标准。保护装置调试端口应带有光电隔离装置。

5.4.29 保护柜中的插件应接触可靠，并且有良好的互换性，以便检修时能迅速更换。

5.4.30 保护装置应具有直流电源快速小开关，与保护装置安装在同一柜上。保护装置的逻辑回路应由独立的直流/直流变换器供电。直流电压消失时，保护装置不应误动作。直流电源电压在 80%～115%额定值范围内变化时，保护装置应正确工作。在直流电源恢复（包括缓慢地恢复）到 80%U_N 时，直流逆变电源应能自动启动。直流电源纹波系数小于或等于 5%时，保护装置应正确工作。拉合直流电源以及插拔熔丝发生重复击穿火花时，保护装置不应误动作。直流电源回路出现各种异常情况（如短路、断线、接地等）时保护装置不应误动作。

5.4.31 所提供保护设备的软件版本及校验码应与买方进行确认，并提供配套的使用说明书和相关的定值清单。

5.5 66kV 线路光纤差动保护装置具体要求

5.5.1 66kV 线路保护功能的要求如下：

  a) 66kV 线路光纤差动保护应具备以分相电流差动和零序电流差动为主体的快速主保护，以及由三段相间和接地距离保护、四段零序方向过电流保护构成的全套后备保护。保护装置应具有三相一次重合闸功能。TV 断线、TA 断线、过负荷告警功能。各项功能指标应满足相关的电力行业标准或国家标准的要求。

  b) 电流差动保护两侧启动元件和本侧差动元件同时动作才允许差动保护出口。线路两侧的电流差动保护装置均应设置本侧独立的电流启动元件，必要时可用交流电压量和跳闸位置触点等作为辅助启动元件，但应考虑在 TV 断线时对辅助启动元件的影响，差动电流不能作为装置的启动元件。

  c) 线路两侧电流差动保护装置应互相传输可供用户整定的通道识别码，并对通道识别码进行校验，校验出错时告警并闭锁差动保护。

  d) 电流差动保护装置应具有通道监视功能，保护装置对通道中断或判断通道数据异常的情况应有完整的记录报告并发出报警信号，并在投标文件中阐明该情况下闭锁保护的延时时间及发通道异常告警信号的延时时间。

  e) 纵联电流差动保护两侧差动保护压板不一致时发告警信号；

  f) "TA 断线闭锁差动"控制字投入后，纵联电流差动保护只闭锁断线相。

  g) 自动重合闸由主保护和后备保护跳闸启动，并可由断路器位置不对应来启动。自动重合闸由三相跳闸启动回路启动。三相自动重合闸应有同期检查和无电压检查。重合闸装置应有外部闭锁重合闸的输入回路，用于在手动跳闸、手动合闸、母线故障、延时段保护动作、断路器操作压力降低等情况下接入闭锁重合闸触点。当不使用用于重合闸检线路侧电压和检同期的电压元件时，线路 TV 断线不应报警；检同期重合闸所采用的线路电压应是自适应的，用户可自行选择任意相间或相电压。自动重合闸仅设置"停用重合闸"功能压板。"停用重合闸"控制字、软压板、硬压板三者为"或"门逻辑。

5.5.2 光纤差动保护通道设备的要求

    a）优先采用专用光纤通道。

    b）采用复用光纤时，优先采用 2Mbit/s 数字接口，对光纤通道的误码应有可靠的防护措施，确保通道传输发生误码时，不造成保护误动。

    c）保护室光配线柜至保护柜、通信机房光配线柜至接口柜均应使用尾缆连接。尾缆应使用 ST 或 FC 型连接器与设备连接。光缆通过光配线柜转接。

    d）同一机柜不得安装超过 8 台继电保护通信接口装置。线路纵联电流差动保护通道的收发时延应相同。2Mbit/s 数字接口装置与通信设备采用 75Ω 同轴电缆不平衡方式连接。

    e）每个继电保护通信接口装置的直流电源均取自通信专业的直流电源，并与所接入通信设备的直流电源相对应。直流电源开关的报警触点引至监控系统。各继电保护通信接口装置失电、故障信号引至端子排。

    f）保护屏和通信接口屏均应带有光纤接线盒。继电保护通信接口装置及相应的光电接线盒、尾纤、保护屏至继电保护通信接口装置之间连接用的引入光缆、2M 通信接口装置至通信柜同轴电缆及敷设用穿管、光纤头熔接（包括备用纤芯）均由保护厂家同时配套提供，并负责与通信装置间的接口设计和配合。

5.5.3 装置 MMS、SV、GOOSE 接口要求

    a）装置应具备站控层 MMS 接口至少 2 个；

    b）对采用 MU 数字量输入装置，应具备 SV（采样值）点对点接口至少 1 个；

    c）对采用过程层 GOOSE 的装置，应具备 GOOSE 组网接口至少 1 个、点对点接口至少 1 个；

    d）装置具体接口数量，招标人在专用技术规范中明确。

5.6 66kV 线路距离保护装置具体要求

5.6.1 装置功能要求：

    a）66kV 线路距离保护应具备由三段相间距离保护、三段过电流保护构成的全套保护。装置应具有三相一次重合闸功能，TV 断线、TA 断线、过负荷告警功能，装置应带有跳合闸操作回路。各项功能指标应满足相关的电力行业标准或国家标准的要求。

    b）重合闸可由保护跳闸启动或由断路器状态不一致来启动。对于线路双侧都有电源的情况，重合闸应具备检同期方式和检无压方式，并可投退。自动重合闸仅设置"停用重合闸"功能压板。重合闸装置应有外部闭锁重合闸的输入回路，用于在手动跳闸、手动合闸、母线故障、延时段保护动作、断路器操作压力降低等情况下接入闭锁重合闸触点。当不使用用于重合闸检线路侧电压和检同期的电压元件时，线路 TV 断线不应报警。用户可自行选择重合闸检同期所采用的线路电压的相别和额定值。跳闸和重合闸信号应具备至少一组不保持触点和保持触点，保持触点可通过远方和就地复归。

5.6.2 装置 MMS、SV、GOOSE 接口要求

    a）装置应具备站控层 MMS 接口至少 2 个；

    b）对采用 MU 数字量输入装置，应具备 SV（采样值）点对点接口至少 1 个；

    c）对采用过程层 GOOSE 的装置，应具备 GOOSE 组网接口至少 1 个、点对点接口至少 1 个；

    d）装置具体接口数量，招标人在专用技术规范中明确。

5.7 66kV 线路电流保护装置具体要求

5.7.1 装置功能要求：

    a) 66kV 线路电流保护应具备由三段相电流过电流保护构成的全套保护，对于小电阻接地系统应需具备两段零序电流过电流保护。装置应具有三相一次重合闸功能，TV 断线、过负荷告警功能，装置应带有跳合闸操作回路。各项功能指标应满足相关的电力行业标准或国家标准的要求。

    b) 重合闸可由保护跳闸启动或由断路器状态不一致来启动。对于线路双侧都有电源的情况，重合闸应具备检同期方式和检无压方式，并可投退。自动重合闸仅设置"停用重合闸"功能压板。重合闸装置应有外部闭锁重合闸的输入回路，用于在手动跳闸、手动合闸、母线故障、延时段保护动作、断路器操作压力降低等情况下接入闭锁重合闸触点。当不使用用于重合闸检线路侧电压和检同期的电压元件时，线路 TV 断线不应报警。用户可自行选择重合闸检同期所采用的线路电压的相别和额定值。跳闸和重合闸信号应具备至少一组不保持触点和保持触点，保持触点可通过远方和就地复归。

5.7.2 装置 MMS、SV、GOOSE 接口要求

    a) 装置应具备站控层 MMS 接口至少 2 个；

    b) 对采用 MU 数字量输入装置，应具备 SV（采样值）点对点接口至少 1 个；

    c) 对采用过程层 GOOSE 的装置，应具备 GOOSE 组网接口至少 1 个、点对点接口至少 1 个；

    d) 装置具体接口数量，招标人在专用技术规范中明确。

5.8 柜结构的技术要求

5.8.1 对智能控制柜，技术要求详见 Q/GDW 430，并遵循以下要求。

5.8.1.1 控制柜应装有截面为 100mm² 的铜接地母线（不要求与柜体绝缘），接地母线末端应装好可靠的压接式端子，以备接到电站的接地网上。柜体应采用双层结构，循环通风。

5.8.1.2 同一保护柜内若有多路直流电源引入，应接入不同安装单元端子排，且每路电源正、负极之间应有端子隔开。控制柜内设备的安排及端子排的布置，应保证各套保护的独立性，在一套保护检修时不影响其他任何一套保护系统的正常运行。

5.8.1.3 控制柜应具备温度、湿度的采集、调节功能，柜内温度控制在 −10℃～＋50℃，相对湿度保持在 90%以下，并可通过智能终端 GOOSE 接口上送温度、湿度信息。

5.8.2 对非智能普通屏柜，屏体要求详见《国家电网继电保护柜、屏制造规范》，并遵循已发布的《国家电网有限公司物资采购标准 继电保护及自动装置卷》相关部分规定。

5.8.2.1 微机保护和控制装置的屏柜下部应设有截面积不小于 100mm² 的铜排（不要求与保护屏绝缘）。

5.8.2.2 保护柜内电压回路每相及 N 相端子均应采用多个连接端子（不少于 3 个）。

5.8.2.3 同一保护柜内若有多路直流电源引入，应接入不同安装单元端子排。

5.8.3 屏柜内部配线、端子排、接地铜排、屏柜上安装辅助设备等应符合相关规程、标准与反事故措施的规定。

6 试验

6.1 工厂试验

    卖方卖方提供的设备试验标准应符合国家、行业及 IEC 的有关标准，并提供每一种型式产品的动模试验报告、型式试验报告和 DL/T 860 一致性测试报告。

    卖方提供的每一套设备出厂之前都应按国家和行业标准以及工厂规定的调试大纲进行出厂检查、性能试验，试验报告应随产品提供。当需做动态模拟试验或数字仿真试验时，模拟系统的接线和参数由卖方与买方在试验前协商确定，按实际系统参数进行试验。

6.2 系统联调试验

    卖方应按买方需求配合完成买方组织的保护装置功能验证与系统联调试验。

6.3 现场试验

现场实际设备接入后，应按照 DL/T 995 的要求，在一次设备不带电和带电试运行时做现场试验，卖方应配合完成保护装置的现场调试及投运试验。现场投运前和试运行中发现的设备缺陷和元件损坏，卖方应及时无偿修理或更换，直至符合本部分要求。

6.4 继电保护专业检测

卖方依据国家电网有限公司继电保护专业检测标准参加继电保护专业检测，并提供每一种型式产品的专业检测报告。

7 技术服务、设计联络、工厂检验和监造

7.1 技术文件

7.1.1 卖方提供的技术文件应提供买方所要求的性能信息，并对其可靠性和一致性负责，卖方所提供的技术文件（包括资料和数据）将成为合同一部分。

7.1.2 卖方应随投标书一起提供一般性技术文件，并且应是与投标产品一致的最新版本：

a) 产品的技术说明书；

b) 产品的型式试验报告和动模试验报告；

c) 产品的用户运行证明；

d) 产品的软件版本等。

7.1.3 卖方应在签约后 2 周内向买方提供设计用的技术文件：

a) 产品的技术说明书；

b) 产品及保护屏原理框图及说明，模件或继电器的原理接线图及其工作原理说明；

c) 装置的 ICD（IED 装置能力描述）文件、保护装置虚端子连接图；

d) 组屏的正面布置图、屏内设备布置图、端子排图及图例说明；

e) 保护屏所用的辅助继电器和选择开关采用的标准；

f) 保护屏的安装尺寸图，包括屏的尺寸和重量、基础螺栓的位置和尺寸等。

7.1.4 签约后双方遵循的原则如下：

a) 在收到买方最终认可图纸前，卖方所购买的材料或制造所发生的费用及其风险全由卖方单独承担；

b) 生产的成品应符合合同的技术规范。买方对图纸的确认并不能解除卖方对其图纸的完善性和准确性应承担的责任；

c) 设计方在收到图纸后 3 周内返回主要确认意见，并根据需要召开设计联络会。卖方在提供确认图纸时必须提供为审核该图纸所需的资料。买方有权要求卖方对其图纸中的任一装置任一部件做必要修改，在设计图纸完成之前应保留设计方对卖方图纸的其他确认权限，而买方不需承担额外费用。

7.1.5 在收到确认意见后，卖方应在规定时间内向买方提供技术文件如下：

a) 7.1.3 所列的修改后的正式技术文件；

b) 保护装置的内部接线图及图例说明，保护屏内部接线图及其说明（包括屏内布置及内部端子排图）；

c) 保护装置的软件版本号和校验码；

d) 产品的使用说明书，包括保护装置的现场调试大纲、整定值表和整定计算说明及计算算例等；

e) 通信规约和解释文本及装置调试软件和后台分析软件，以便与计算机监控系统和继电保护故障信息系统联调。

7.1.6 设备供货时提供技术文件和资料如下：

a) 设备的开箱资料清单；

    b)   产品的技术说明书、使用说明书和组屏图纸；

    c)   出厂调试试验报告；

    d)   产品质量检验合格证书；

    e)   合同规定的出厂验收试验报告和动模试验报告和一致性测试报告等；

    f)   保护设备识别代码及出厂信息表。

7.1.7　技术文件的格式和分送要求如下：

    a)   全部图纸应为 A4 幅面，并有完整图标，采用国标单位制；

    b)   提供的技术文件除纸质文件外，还应包括一份电子文档，并提供可供修改的最终图纸电子文件（图形文件能够被 PC 机 AutoCAD for Windows 2000 版支持）。

    c)   技术文件（图纸和资料）分送单位、套数和地址根据项目单位要求提供。

7.2　设计联络会议

7.2.1　若有必要，买方在收到卖方签字的第一批文件后的 3 周内将举行设计联络会议。设计联络会议内容如下：

    a)   卖方应对修改后的供确认的资料和图纸进行详细的解释，并应解答买方对这些资料和图纸所提的问题，经过共同讨论，买方给予确认，以便卖方绘制正式图纸提供给买方；

    b)   卖方应介绍合同产品已有的运行经验；

    c)   卖方应提供验收大纲，工程参数表。

    d)   买方或设计方应确认保护装置的 SV 采样值接口、GOOSE 接口及 MMS 接口的类型与数量；

    e)   设计联络会应确定通信信息的具体内容。

7.2.2　会议应签订会议纪要，该纪要将作为合同的组成部分。

7.3　工厂验收和现场验收

要求满足国家电网有限公司企业标准中关于工厂验收（现场）的规范。

7.4　质量保证

7.4.1　卖方应保证制造过程中的所有工艺、材料、试验等（包括卖方的外购零部件在内）均应符合本部分的规定。若买方根据运行经验指定卖方提供某种外购零部件，卖方应积极配合。卖方对所购配套部件设备质量负责，采购前向买方提供主要国产元器件报价表，采购中应进行严格的质量检验，交货时应向买方提供其产品质量合格证书及有关安装使用说明书等技术文件资料。

7.4.2　对于采用属于引进技术的设备、元器件，卖方在采购前应向买方提供主要进口元器件报价表。引进的设备、元器件应符合引进国的技术标准或 IEC 标准，当标准与本部分有矛盾时，卖方应将处理意见书面通知买方，由买卖双方协商解决。假若卖方有更优越或更为经济的设计和材料，足以使卖方的产品更为安全、可靠、灵活、适应时，卖方可提出并经买方的认可，然而应遵循现行的国家工业标准，并且有成熟的设计和工艺要求以及工程实践经验。

7.4.3　双方签订合同后，卖方应按工程设计及施工进度分批提交技术文件和图纸，必要时，买卖双方应进行技术联络，以讨论合同范围内的有关技术问题。

7.4.4　卖方保证所提供的设备应为由最适宜的原材料并采用先进工艺制成、且未经使用过的全新产品；保证产品的质量、规格和性能与投标文件所述一致。

7.4.5　卖方提供的保护设备运行使用寿命不应小于 15 年。

7.4.6　卖方保证所提供的设备在各个方面符合招标文件规定的质量、规格和性能。在合同规定的质量保证期内（保护设备到货后 24 个月或 SAT 后 18 个月），卖方对由于产品设计、制造和材料、外购零部件的缺陷而造成所供设备的任何破坏、缺陷故障，当卖方收到买方的书面通知后，卖方在 2 天内免费负责修理或更换有缺陷的设备（包括运输费、税收等），以达到本部分的要求。质保期以合同商务部分为准。

7.4.7　质保期后发生质量问题，卖方应提供免费维修服务，包括硬件更换和软件版本升级。

7.5 项目管理

合同签订后，卖方应指定负责本工程的项目经理，负责卖方在工程全过程的各项工作，如工程进度、设计制造、图纸文件、包装运输、现场安装、调试验收等。

7.6 现场服务

a) 在设备安装调试过程中视买方工作情况卖方及时派出工程技术服务人员，以提供现场服务。卖方派出人员在现场负责技术指导，并协助买方安装、调试。同时，买方为卖方的现场派出人员提供工作和生活的便利条件。

b) 当变电站内保护设备分批投运时，卖方应按合同规定及时派工程技术人员到达现场服务。

c) 根据买方的安排，卖方安排适当时间对设备的正确安装和试验给予技术培训。

7.7 售后服务

7.7.1 现场投运前和试运行中发现的设备缺陷和元件损坏，卖方应及时无偿修理或更换，直至符合规范要求。保修期内产品出现不符合功能要求和技术指标要求，卖方应在 4h 内响应，并在 24h 内负责修理或更换。保修期外产品出现异常、设备缺陷、元件损坏或不正确动作，现场无法处理时，卖方接到买方通知后，也应在 4h 内响应，并立即派出工程技术人员在 24h 内到达现场处理。

7.7.2 对反事故措施以及软件版本的升级等，应提供技术服务。

7.8 备品备件、专用工具、试验仪器

7.8.1 对每套保护，卖方应提供必要的备品备件。

7.8.2 卖方应提供安装、运行、检修所需的专用工具，包括专用调试、测试设备。

ICS 29.240

Q/GDW

国家电网公司企业标准

Q/GDW 13189.2 — 2014

智能变电站 66kV 线路保护采购标准 第 2 部分：智能变电站 66kV 线路 光纤差动保护专用技术规范

Purchasing standard for 66kV line protection in smart substation
Part 2: Special technical specification for 66kV line pilot
differential protection in smart substation

2014-09-30发布   2014-09-30实施

国家电网公司   发 布

目　次

前　言

《智能变电站 66kV 线路保护采购标准》分为 4 个部分：
——第 1 部分：通用技术规范；
——第 2 部分：智能变电站 66kV 线路光纤差动保护专用技术规范；
——第 3 部分：智能变电站 66kV 线路距离保护专用技术规范；
——第 4 部分：智能变电站 66kV 线路电流保护专用技术规范。

本部分为《智能变电站 66kV 线路保护采购标准》的第 2 部分。

本部分由国家电网公司物资部提出并解释。

本部分由国家电网公司科技部归口。

本部分起草单位：南瑞集团有限公司（国网电力科学研究院）。

本部分主要起草人：任建锋、姚成、曹团结、周劲亮、彭和平、张青杰、杨朝菁、代攀、陆奕、伍小刚。

本部分首次发布。

本部分在执行过程中的意见或建议反馈至国家电网公司科技部。

智能变电站66kV线路保护采购标准
第2部分：智能变电站66kV线路光纤
差动保护专用技术规范

1 范围

本部分规定了智能变电站66kV线路光纤差动保护招标的标准技术参数、项目需求及投标人响应的相关内容。

本部分适用于智能变电站66kV线路光纤差动保护招标。

2 规范性引用文件

下列文件对于本文件的应用是必不可少的。凡是注日期的引用文件，仅所注日期的版本适用于本文件。凡是不注日期的引用文件，其最新版本（包括所有的修改单）适用于本文件。

Q/GDW 13189.1 智能变电站66kV线路保护采购标准 第1部分：通用技术规范

3 术语和定义

下列术语和定义适用于本文件。

3.1

招标人 bidder

提出招标项目，进行招标的法人或其他组织。

3.2

投标人 tenderer

响应招标、参加投标竞争的法人或者其他组织。

3.3

卖方 seller

提供本部分货物和技术服务的法人或其他组织，包括其法定的承继者。

3.4

买方 buyer

购买本部分货物和技术服务的法人或其他组织，包括其法定的承继者和经许可的受让人。

4 标准技术参数

技术参数特性表是国家电网公司对采购设备的基础技术参数要求，在招投标过程中，投标人应依据招标文件，对技术参数特性表中标准参数值进行响应。智能变电站66kV线路光纤差动保护光纤复接通道接口装置、打印机、保护柜技术参数特性见表1～表4。物资必须满足Q/GDW 13189.1的要求。

表1 智能变电站66kV线路光纤差动保护技术参数特性表

序号	参 数 名 称	单位	标准参数值
1	电流差动动作时间	ms	≤30（不包括通道延时）
2	距离I段暂态超越		≤5%

表1（续）

序号	参 数 名 称	单位	标准参数值
3	整组动作时间	ms	≤30
4	光纤接口接收灵敏度	dBm	≤－20（串行光接口）； ≤－30（以太网光接口）
5	光纤接口发送功率	dBm	≥－10（串行光接口）； ≥－20（以太网光接口）
6	装置工作电源		（招标人填写）
7	SV（采样值）点对点接口类型 （IEC 60044－8 接口；IEC 61850－9－2 接口； 常规模拟量输入）		（招标人填写）
8	SV（采样值）点对点接口数量		（招标人填写）
9	过程层 GOOSE 组网接口数量		（招标人填写）
10	过程层 GOOSE 点对点接口数量		（招标人填写）
11	站控层 MMS 接口数量与类型		（招标人填写）
12	对时方式		（招标人填写）
13	普通柜可选技术参数		（招标人填写）
14	智能柜技术参数要求		（招标人填写）
15	其他 1		（招标人填写）
16	其他 2		（招标人填写）

表2　光纤复接通道接口装置技术参数特性表

序号	参 数 名 称	单位	标准参数值
1	接口型式		2Mbit/s 数字接口；采用 75Ω同轴电缆 不平衡方式连接

表3　打印机技术参数特性表

序号	参 数 名 称	单位	标准参数值
1	工作电源	V	220 AC
2	接口型式		与保护装置配套

表4　保护柜（非智能控制柜）技术参数特性表

序号	参 数 名 称	单位	标准参数值
1	尺寸	mm	高度：2260； 宽度：800； 深度：600
2	颜色		GSB05－1426－2001，77 号，GY09 冰灰橘纹

5　组件材料配置表

组件材料配置表包括元件名称、规格形式参数、单位、数量和产地等信息，具体内容和格式根据招

标项目情况编制。

6 使用环境条件表

典型智能变电站66kV线路光纤差动保护使用环境条件见表5。特殊环境要求根据项目情况编制。

表 5 使 用 环 境 条 件 表

项目单位：				项目名称：
序号	名 称 项 目		单位	标准参数值
1	电源的频率		Hz	50
2	温度	最高气温	℃	+45
		最低气温	℃	－5
		最大日温差	K	+25
3	湿度	日相对湿度平均值	%	≤95
		月相对湿度平均值	%	≤90
4	海拔		m	≤2000
5	耐受地震能力	水平加速度	m/s²	0.3g
		垂直加速度	m/s²	0.15g
6	保护装置是否组屏		组屏/单装置	（项目单位提供）
7	安装方式		集中/分散	（项目单位提供）
注：标准参数值为正常使用条件，超出此值时为特殊使用条件。				

ICS 29.240

Q/GDW

国家电网公司企业标准

Q/GDW 13189.3—2014

智能变电站 66kV 线路保护采购标准
第 3 部分：智能变电站 66kV 线路
距离保护专用技术规范

Purchasing standard for 66kV line protection in smart substation
Part 3: Special technical specification for 66kV line
distance protection in smart substation

2014-09-30发布

2014-09-30实施

国家电网公司　发布

目　　次

前　　言

《智能变电站 66kV 线路保护采购标准》分为 4 个部分：
——第 1 部分：通用技术规范；
——第 2 部分：智能变电站 66kV 线路光纤差动保护专用技术规范；
——第 3 部分：智能变电站 66kV 线路距离保护专用技术规范；
——第 4 部分：智能变电站 66kV 线路电流保护专用技术规范。
本部分为《智能变电站 66kV 线路保护采购标准》的第 3 部分。
本部分由国家电网公司物资部提出并解释。
本部分由国家电网公司科技部归口。
本部分起草单位：南瑞集团有限公司（国网电力科学研究院）。
本部分主要起草人：任建锋、姚成、曹团结、周劲亮、彭和平、张青杰、杨朝菁、代攀、陆奕、伍小刚。
本部分首次发布。
本部分在执行过程中的意见或建议反馈至国家电网公司科技部。

智能变电站 66kV 线路保护采购标准
第 3 部分：智能变电站 66kV 线路
距离保护专用技术规范

1 范围

本部分规定了智能变电站 66kV 线路距离保护招标的标准技术参数、项目需求及投标人响应的相关内容。

本部分适用于智能变电站 66kV 线路距离保护招标。

2 规范性引用文件

下列文件对于本文件的应用是必不可少的。凡是注日期的引用文件，仅所注日期的版本适用于本文件。凡是不注日期的引用文件，其最新版本（包括所有的修改单）适用于本文件。

Q/GDW 13189.1 智能变电站 66kV 线路保护采购标准 第 1 部分：通用技术规范

3 术语和定义

下列术语和定义适用于本文件。

3.1

招标人 bidder

提出招标项目，进行招标的法人或其他组织。

3.2

投标人 tenderer

响应招标、参加投标竞争的法人或者其他组织。

3.3

卖方 seller

提供本部分货物和技术服务的法人或其他组织，包括其法定的承继者。

3.4

买方 buyer

购买本部分货物和技术服务的法人或其他组织，包括其法定的承继者和经许可的受让人。

4 标准技术参数

技术参数特性表是国家电网公司对采购设备的基础技术参数要求，在招投标过程中，投标人应依据招标文件，对技术参数特性表中标准参数值进行响应。智能变电站 66kV 线路距离保护、打印机、保护柜技术参数特性见表 1～表 3。物资必须满足 Q/GDW 13189.1 的要求。

表1 智能变电站 66kV 线路距离保护技术参数特性表

序号	参 数 名 称	单位	标准参数值
1	距离 I 段暂态超越		≤5%
2	整组动作时间	ms	故障不大于 30ms

表1（续）

序号	参　数　名　称	单位	标准参数值
3	装置工作电源		（招标人填写）
4	光纤接口接收灵敏度	dBm	≤－20（串行光接口）； ≤－30（以太网光接口）
5	光纤接口发送功率	dBm	≥－10（串行光接口）； ≥－20（以太网光接口）
6	SV（采样值）点对点接口类型 （IEC 60044－8接口；IEC 61850－9－2接口； 常规模拟量输入）		（招标人填写）
7	SV（采样值）点对点接口数量		（招标人填写）
8	过程层GOOSE组网接口数量		（招标人填写）
9	过程层GOOSE点对点接口数量		（招标人填写）
10	站控层MMS接口数量与类型		（招标人填写）
11	对时方式		（招标人填写）
12	普通柜可选技术参数		（招标人填写）
13	智能柜技术参数要求		（招标人填写）
14	其他1		（招标人填写）
15	其他2		（招标人填写）

表2　打印机技术参数特性表

序号	参　数　名　称	单位	标准参数值
1	工作电源	V	220AC
2	接口型式		与保护装置配套

表3　保护柜（非智能控制柜）技术参数特性表

序号	参　数　名　称	单位	标准参数值
1	尺寸	mm	高度：2260； 宽度：800； 深度：600
2	颜色		GSB05－1426－2001，77号， GY09 冰灰橘纹

5　组件材料配置表

组件材料配置表包括元件名称、规格形式参数、单位、数量和产地等信息，具体内容和格式根据招标项目情况编制。

6　使用环境条件表

典型智能变电站66kV线路距离保护使用环境条件见表4。特殊环境要求根据项目情况编制。

表 4　使 用 环 境 条 件 表

项目单位：				项目名称：
序号	名　称　项　目		单位	标准参数值
1	电源的频率		Hz	50
2	温度	最高气温	℃	+45
		最低气温	℃	−5
		最大日温差	K	+25
3	湿度	日相对湿度平均值	%	≤95
		月相对湿度平均值	%	≤90
4	海拔		m	≤2000
5	耐受地震能力	水平加速度	m/s^2	0.3g
		垂直加速度	m/s^2	0.15g
6	保护装置是否组屏		组屏/单装置	（项目单位提供）
7	安装方式		集中/分散	（项目单位提供）
注：标准参数值为正常使用条件，超出此值时为特殊使用条件。				

ICS 29.240

Q/GDW

国家电网公司企业标准

Q/GDW 13189.4 — 2014

智能变电站 66kV 线路保护采购标准 第 4 部分：智能变电站 66kV 线路 电流保护专用技术规范

Purchasing standard for 66kV line protection in smart substation
Part 4: Special technical specification for 66kV line
current protection in smart substation

2014-09-30发布　　　　　　　　　　　　　　　　2014-09-30实施

国家电网公司　　发　布

目　次

前　　言

《智能变电站 66kV 线路保护采购标准》分为 4 个部分：

——第 1 部分：通用技术规范；

——第 2 部分：智能变电站 66kV 线路光纤差动保护专用技术规范；

——第 3 部分：智能变电站 66kV 线路距离保护专用技术规范；

——第 4 部分：智能变电站 66kV 线路电流保护专用技术规范。

本部分为《智能变电站 66kV 线路保护采购标准》的第 4 部分。

本部分由国家电网公司物资部提出并解释。

本部分由国家电网公司科技部归口。

本部分起草单位：南瑞集团有限公司（国网电力科学研究院）。

本部分主要起草人：任建锋、姚成、曹团结、周劢亮、彭和平、张青杰、杨朝菁、代攀、陆奕、伍小刚。

本部分首次发布。

本部分在执行过程中的意见或建议反馈至国家电网公司科技部。

智能变电站66kV线路保护采购标准
第4部分：智能变电站66kV线路
电流保护专用技术规范

1 范围

本部分规定了智能变电站66kV线路电流保护招标的标准技术参数、项目需求及投标人响应的相关内容。

本部分适用于智能变电站66kV线路电流保护招标。

2 规范性引用文件

下列文件对于本文件的应用是必不可少的。凡是注日期的引用文件，仅所注日期的版本适用于本文件。凡是不注日期的引用文件，其最新版本（包括所有的修改单）适用于本文件。

Q/GDW 13189.1 智能变电站66kV线路保护采购标准 第1部分：通用技术规范

3 术语和定义

下列术语和定义适用于本文件。

3.1
招标人 bidder
提出招标项目，进行招标的法人或其他组织。

3.2
投标人 tenderer
响应招标、参加投标竞争的法人或者其他组织。

3.3
卖方 seller
提供本部分货物和技术服务的法人或其他组织，包括其法定的承继者。

3.4
买方 buyer
购买本部分货物和技术服务的法人或其他组织，包括其法定的承继者和经许可的受让人。

4 标准技术参数

技术参数特性表是国家电网公司对采购设备的基础技术参数要求，在招投标过程中，投标人应依据招标文件，对技术参数特性表中标准参数值进行响应。智能变电站66kV线路电流保护、打印机、保护柜技术参数特性见表1～表3。物资必须满足Q/GDW 13189.1的要求。

表1 智能变电站66kV线路电流保护技术参数特性表

序号	参 数 名 称	单位	标准参数值
1	电流Ⅰ段保护动作时间	ms	≤25（1.2倍整定值）

表1（续）

序号	参数名称	单位	标准参数值
2	光纤接口接收灵敏度	dBm	≤−20（串行光接口）； ≤−30（以太网光接口）
3	光纤接口发送功率	dBm	≥−10（串行光接口）； ≥−20（以太网光接口）
4	装置工作电源		（招标人填写）
5	SV（采样值）点对点接口类型 （IEC 60044−8 接口；IEC 61850−9−2 接口； 常规模拟量输入）		（招标人填写）
6	SV（采样值）点对点接口数量		（招标人填写）
7	过程层 GOOSE 组网接口数量		（招标人填写）
8	过程层 GOOSE 点对点接口数量		（招标人填写）
9	站控层 MMS 接口数量与类型		（招标人填写）
10	对时方式		（招标人填写）
11	普通柜可选技术参数		（招标人填写）
12	智能柜技术参数要求		（招标人填写）
13	其他 1		（招标人填写）
14	其他 2		（招标人填写）

表2 打印机技术参数特性表

序号	参数名称	单位	标准参数值
1	工作电源	V	220 AC
2	接口型式		与保护装置配套

表3 保护柜（非智能控制柜）技术参数特性表

序号	参数名称	单位	标准参数值
1	尺寸	mm	高度：2260； 宽度：800； 深度：600
2	颜色		GSB05−1426−2001，77 号， GY09 冰灰橘纹

5 组件材料配置表

组件材料配置表包括元件名称、规格形式参数、单位、数量和产地等信息，具体内容和格式根据招标项目情况编制。

6 使用环境条件表

典型智能变电站 66kV 线路电流保护使用环境条件见表4。特殊环境要求根据项目情况编制。

表 4 使 用 环 境 条 件 表

项目单位:			项目名称:	
序号	名 称 项 目		单位	标准参数值
1	电源的频率		Hz	50
2	温度	最高气温	℃	+45
		最低气温	℃	−5
		最大日温差	K	+25
3	湿度	日相对湿度平均值	%	≤95
		月相对湿度平均值	%	≤90
4	海拔		m	≤2000
5	耐受地震能力	水平加速度	m/s²	0.3g
		垂直加速度	m/s²	0.15g
6	保护装置是否组屏		组屏/单装置	（项目单位提供）
7	安装方式		集中/分散	（项目单位提供）
注：标准参数值为正常使用条件，超出此值时为特殊使用条件。				

ICS 29.240.01
K 45

Q/GDW

国家电网有限公司企业标准

Q／GDW 13190.1—2018
代替 Q／GDW 13190.1—2014

智能变电站 110kV 线路保护采购标准
第 1 部分：通用技术规范

Purchasing standard for 110kV line protection in smart substation
Part 1: General technical specification

2019-06-28发布　　　　　　　　　　　　　　　　2019-06-28实施

国家电网有限公司　　发　布

目　　次

前　　言

为规范智能变电站 110kV 线路保护的采购要求，制定本部分

《智能变电站 110kV 线路保护采购标准》分为 5 个部分：

——第 1 部分：通用技术规范；

——第 2 部分：智能变电站 110kV 线路光纤差动保护专用技术规范；

——第 3 部分：智能变电站 110kV 线路纵联距离保护专用技术规范；

——第 4 部分：智能变电站 110kV 线路距离保护专用技术规范；

——第 5 部分：智能变电站 110kV 线路电流保护专用技术规范。

本部分为《智能变电站 110kV 线路保护采购标准》的第 1 部分。

本部分代替 Q/GDW 13190.1—2014，与 Q/GDW 13190.1—2014 相比，主要技术性差异如下：

——修改了 5.4.16 章节，修改了"SV 接收软压板"的要求。

——修改了 5.4.19 章节，修改了"远方操作"和"保护检修状态"硬压板的要求。

——删除了 5.4 章，保护装置就地化安装的要求。

——修改了 5.5.1 章节，修改了 110kV 光纤差动线路保护的要求，增加了"停用重合闸"功能压板
　　的要求。

——修改了 5.6.1 章节，增加了"停用重合闸"功能压板的要求。

——修改了 5.7.1 章节，增加了"停用重合闸"功能压板的要求。

——修改了 5.8.1 章节，增加了"停用重合闸"功能压板的要求。

——修改了 7.1.6 章节，增加了"f) 保护设备识别代码及出厂信息表"的要求。

——将引用规范 Q/GDW 161 改为 Q/GDW 1161。

——将引用规范 Q/GDW 396 改为 Q/GDW 1396。

本部分由国家电网有限公司物资部提出并解释。

本部分由国家电网有限公司科技部归口。

本部分起草单位：国网江苏省电力有限公司、南瑞集团有限公司（国网电力科学研究院有限公司）。

本部分主要起草人：洪丰、陈国洲、郑小江、侯小凡、包亚卓、宋爽、邱涛。

本部分 2014 年 9 月首次发布，2018 年 12 月第一次修订。

本部分在执行过程中的意见或建议反馈至国家电网有限公司科技部。

智能变电站110kV线路保护采购标准
第1部分：通用技术规范

1 范围

本部分规定了110kV线路保护招标的总则、技术参数和性能要求、试验、包装、运输、交货及工厂检验和监造的一般要求。

本部分适用于110kV线路保护招标。

2 规范性引用文件

GB/T 191　包装储运图示标志

GB/T 2423（所有部分）　电工电子产品环境试验

GB/T 7261　继电器和继电保护装置基本试验方法

GB/T 11287　电气继电器　第21部分：量度继电器和保护装置的振动、冲击、碰撞和地震试验　第1篇：振动试验（正弦）

GB/T 14285　继电保护和安全自动装置技术规程

GB/T 14537　量度继电器和保护装置的冲击与碰撞试验

GB/T 14598.9　量度继电器和保护装置　第22-3部分：电气骚扰试验　辐射电磁场抗扰度

GB/T 14598.10　量度继电器和保护装置　第22-4部分：电气骚扰试验　电快速瞬变/脉冲群抗扰度试验

GB/T 14598.13　电气继电器　第22-1部分：量度继电器和保护装置的电气骚扰试验　1MHz脉冲群抗扰度试验

GB/T 14598.14　量度继电器和保护装置　第22-2部分：电气骚扰试验　静电放电试验

GB/T 14598.17　电气继电器　第22-6部分：量度继电器和保护装置的电气骚扰试验——射频场感应的传导骚扰抗扰度

GB/T 14598.18　量度继电器和保护装置　第22-5部分：电气骚扰试验　浪涌抗扰度试验

GB/T 14598.19　电气继电器　第22-7部分：量度继电器和保护装置的电气骚扰试验——工频抗扰度试验

GB/T 15145　输电线路保护装置通用技术条件

GB/T 17626.1　电磁兼容　试验和测量技术　抗扰度试验总论

GB/T 17626.2　电磁兼容　试验和测量技术　静电放电抗扰度试验

GB/T 17626.3　电磁兼容　试验和测量技术　射频电磁场辐射抗扰度试验

GB/T 17626.4　电磁兼容　试验和测量技术　电快速瞬变脉冲群抗扰度试验

GB/T 17626.5　电磁兼容　试验和测量技术　浪涌（冲击）抗扰度试验

GB/T 17626.6　电磁兼容　试验和测量技术　射频场感应的传导骚扰抗扰度

GB/T 17626.8　电磁兼容　试验和测量技术　工频磁场抗扰度试验

GB/T 17626.9　电磁兼容　试验和测量技术　脉冲磁场抗扰度试验

GB/T 17626.10　电磁兼容　试验和测量技术　阻尼振荡磁场抗扰度试验

GB/T 17626.11　电磁兼容　试验和测量技术　电压暂降、短时中断和电压变化的抗扰度试验

GB/T 17626.12　电磁兼容　试验和测量技术　振荡波抗扰度试验

GB/T 18663.3　电子设备机械结构　公制系列和英制系列的试验　第 3 部分：机柜、机架和插箱的电磁屏蔽性能试验

GB/T 20840.8　互感器　第 8 部分：电子式电流互感器

GB/T 22386　电力系统暂态数据交换通用格式

GB/T 25931　网络测量和控制系统的精确时钟同步协议

GB/T 26864　电力系统继电保护产品动模试验

DL/T 478　继电保护和安全自动装置通用技术条件

DL 480　静态电流相位比较式纵联保护装置技术条件（继电部分）

DL/T 720　电力系统继电保护柜、屏通用技术条件

DL/T 769　电力系统微机继电保护技术导则

DL/T 860　变电站通信网络和系统

DL/T 860.81　变电站通信网络和系统　第 8－1 部分：特定通信服务映射（SCSM）对 MMS（ISO 9506－1 和 ISO 9506－2）及 ISO/IEC 8802

DL/T 860.92　变电站通信网络和系统　第 9－2 部分：特定通信服务映射（SCSM）映射到 ISO/IEC 8802－3 的采样值

DL/T 995　继电保护和电网安全自动装置检验规程

DL/T 5136　火力发电厂、变电站二次接线设计技术规程

Q/GDW 383　智能变电站技术导则

Q/GDW 414　变电站智能化改造技术规范

Q/GDW 428　智能变电站智能终端技术规范

Q/GDW 441　智能变电站继电保护技术规范

Q/GDW 1140　交流采样测量装置运行检验管理规程

Q/GDW 1396　IEC 61850 工程继电保护应用模型

Q/GDW 1426　智能变电站合并单元技术规范

Q/GDW 1430　智能变电站智能控制柜技术规范

Q/ GDW 1808　智能变电站继电保护通用技术条件

Q/GDW 10393　110（66）kV～220kV 智能变电站设计规范

Q/GDW 10394　330kV～750kV 智能变电站设计规范

Q/GDW 10766　10kV～110（66）kV 线路保护及辅助装置标准化设计规范

Q/GDW 11010　继电保护信息规范

Q/GDW 13001—2014　高海拔外绝缘配置技术规范

3　术语和定义

下列术语和定义适用于本文件。

3.1

招标人　bidder

提出招标项目，进行招标的法人或其他组织。

3.2

投标人　tenderer

响应招标、参加投标竞争的法人或者其他组织。

3.3

卖方　seller

提供本部分货物和技术服务的法人或其他组织，包括其法定的承继者。

3.4

买方 buyer

购买本部分货物和技术服务的法人或其他组织，包括其法定的承继者和经许可的受让人。

4 总则

4.1 一般性要求

4.1.1 卖方提供的智能变电站继电保护及相关设备应符合 Q/GDW 441 的要求。

智能变电站继电保护与站控层信息交互采用 DL/T 860，跳合闸命令和联闭锁信息可通过直接电缆连接或 GOOSE 机制传输。卖方提供的继电保护及相关设备所采用的技术应遵循 Q/GDW 441 及本部分中与之对应的部分。

4.1.2 卖方提供的变电站继电保护及相关设备应符合 Q/GDW 10766 的要求。

变电站继电保护装置的动作信息、告警信息、状态变位信息、中间节点信息、日志记录、人机界面信息等信息输出符合 Q/GDW 11010 的要求。

4.1.3 本部分提出的是最低限度的要求，并未对一切技术细节做出规定，也未充分引述有关标准的条文，投标人应提供符合本部分和工业标准的优质产品。

4.1.4 如果投标人没有以书面形式对本部分的条文提出异议，则表示投标人提供的设备完全符合本部分的要求；如有异议，应在报价书中以"对技术规范的意见和同规范的差异"为标题的专门章节中加以详细描述。

4.1.5 本部分所使用的标准如遇与投标人所执行的标准不一致按较高的标准执行。

4.1.6 本部分经招、投标双方确认后作为订货合同的技术附件，与合同正文具有同等效力。

4.2 卖方职责

卖方的工作范围应包括但不仅限于此内容：

a) 提供标书内所有设备及设计说明书及制造方面的说明；

b) 提供国家或电力行业级检验检测机构出具的型式试验报告，以便确认供货设备能否满足所有的性能要求；

c) 提供与投标设备版本相符的安装及使用的说明书；

d) 提供试验和检验的标准，包括试验报告和试验数据；

e) 提供图纸，制造和质量保证过程的一览表以及标书规定的其他资料；

f) 提供设备管理和运行所需有关资料；

g) 所提供设备应发运到规定的目的地；

h) 在更换所用的准则、标准、规程或修改设备技术数据时，卖方应接受买方的选择；

i) 现场服务。

4.3 应满足的标准

装置至少应满足 GB/T 191、GB/T 2423（所有部分）、GB/T 7261、GB/T 11287、GB/T 14285、GB/T 14537、GB/T 14598.3、GB/T 14598.9、GB/T 14598.10、GB/T 14598.13、GB/T 14598.14、GB/T 14598.17、GB/T 14598.18、GB/T 14598.19、GB/T 15145、GB/T 17626.1、GB/T 17626.2、GB/T 17626.3、GB/T 17626.4、GB/T 17626.5、GB/T 17626.6、GB/T 17626.8、GB/T 17626.9、GB/T 17626.10、GB/T 17626.11、GB/T 17626.12、GB/T 18663.3、GB/T 20840.8、GB/T 22386、GB/T 25931、GB/T 26864、DL/T 478、DL 480、DL/T 720、DL/T 769、DL/T 860.81、DL/T 860.92、DL/T 995、DL/T 5136、Q/GDW 383、Q/GDW 414、Q/GDW 428、Q/GDW 441、Q/GDW 1140、Q/GDW 1396、Q/GDW 1426、Q/GDW 1430、Q/ GDW 1808、Q/GDW10393、Q/GDW 10394、Q/GDW 10766、Q/GDW 11010、Q/GDW 13001—2014 中所列标准，但不限于上述所列标准。

4.4 应满足的文件

该类设备技术标准应满足国家法律法规及国家电网有限公司标准化成果中相关条款要求。下列文件中相应的条款规定均适用于本文件，其最新版本（包括所有的修改单）适用于本文件。包括：

 a）《电力监控系统安全防护规定》；

 b）《国家电网有限公司十八项电网重大反事故措施（2018 年修订版）》；

 c）《国家电网有限公司输变电工程通用设计》；

 d）《国家电网公司关于加快推进电力监控系统网络安全管理平台建设的通知》；

 e）《国家电网继电保护柜、屏制造规范》。

5 技术参数和性能要求

5.1 使用环境条件

5.1.1 设备储存温度：−25℃～+70℃。

5.1.2 设备工作温度：−10℃～+55℃。

5.1.3 大气压力：80kPa～106kPa。

5.1.4 相对湿度：5%～95%。

5.1.5 抗地震能力：地面水平加速度 $0.3g$，垂直加速度 $0.15g$，同时作用。

5.2 保护装置额定参数

5.2.1 额定直流电源：220V/110V。

5.2.2 模拟量输入：额定交流电流，5A/1A；额定交流电压，100V/$\sqrt{3}$（相电压）、100V（线电压）、300V（开口三角电压）。

5.2.3 数字量输入：额定电流，01CFH 或 00E7H；额定电压，2D41H。

5.2.4 额定频率：50Hz。

5.2.5 打印机工作电源：交流 220V，50Hz。

5.3 装置功率消耗

5.3.1 装置交流消耗：交流电流回路功率消耗每相不大于 0.5VA（I_n=1A）或 1VA（I_n=5A），交流电压回路功率消耗（额定电压下）每相不大于 1VA，卖方投标时应提供确切数值。

5.3.2 装置直流消耗：当正常工作时，不大于 50W；当保护动作时，不大于 80W。卖方投标时必须提供确切数值。

5.4 110kV 线路保护总的技术要求

5.4.1 本节规定了跳合闸命令和联闭锁信息通过 GOOSE 机制传输和（或）电压、电流量通过电子式互感器及 MU 采集的保护设备的技术要求。

 通过传统互感器、电缆直接采样的装置，保护装置交流采样及交流二次回路的技术要求，应符合已有的相应规范和标准以及《国家电网有限公司物资采购标准　继电保护及自动装置卷》相关部分要求。

 通过电缆直接跳闸装置，装置跳合闸及二次回路的技术要求，应符合已有的相应规范和标准以及《国家电网有限公司物资采购标准　继电保护及自动装置卷》相关部分要求。

5.4.2 环境温度在−10℃～+55℃时，保护装置应能满足本部分所规定的精度。

5.4.3 除出口继电器外，装置内的任一元件损坏时，装置不应误动作跳闸。

5.4.4 保护装置不应依赖于外部对时系统实现其保护功能。

5.4.5 110kV 及以上电压等级的过程层 SV 与 GOOSE 共网，过程层网络和站控层网络应完全独立。保护装置接入不同网络时，应采用相互独立的数据接口控制器。

5.4.6 继电保护设备与本间隔智能终端之间通信应采用 GOOSE 点对点通信方式；继电保护之间的联闭锁信息、失灵启动等信息宜采用 GOOSE 网络传输方式。

5.4.7 110kV 电压等级应采用保护测控集成装置。

5.4.8 双母线电压切换功能由合并单元实现。

5.4.9 保护装置宜独立分散、就地安装，保护装置安装运行环境应满足相关标准技术要求。

5.4.10 110kV 电压等级保护就地安装时，保护装置宜集成智能终端等功能。

5.4.11 线路保护直接采样，直接跳断路器；经 GOOSE 网络启动断路器失灵。

5.4.12 保护装置采样同步应由保护装置实现，装置 SV 采样值接口支持 GB/T 20840.8 或 DL/T 860.92 协议，在工程应用时应能灵活配置。

5.4.13 保护装置应自动补偿电子式互感器的采样响应延迟，当响应延时发生变化时应闭锁采自不同 MU 且有采样同步要求的保护。保护装置的采样输入接口数据的采样频率宜为 4000Hz。

5.4.14 保护装置的交流量信息应具备自描述功能。

5.4.15 保护装置应处理 MU 上送的数据品质位（无效、检修等），及时准确提供告警信息。在异常状态下，利用 MU 的信息合理地进行保护功能的退出和保留，瞬时闭锁可能误动的保护，延时告警，并在数据恢复正常之后尽快恢复被闭锁的保护功能，不闭锁与该异常采样数据无关的保护功能。接入两个及以上 MU 的保护装置应按 MU 设置"SV 接收"软压板。

5.4.16 当采用电子式互感器时，保护装置应针对电子式互感器特点优化相关保护算法，提高保护性能。

5.4.17 保护装置应采取措施，防止输入的双 A/D 数据之一异常时误动作。

5.4.18 保护装置只设"远方操作"和"保护检修状态"硬压板，保护功能投退不设硬压板，如下：110kV 线路光纤差动保护装置具体要求。

    a）"远方操作"只设硬压板。"远方投退压板""远方切换定值区"和"远方修改定值"只设软压板，只能在装置本地操作，三者功能相互独立，分别与"远方操作"硬压板采用"与门"逻辑。当"远方操作"硬压板投入后，上述三个软压板远方功能才有效；

    b）"保护检修状态"只设硬压板，当该压板投入时，保护装置报文上送带品质位信息。"保护检修状态"硬压板遥信不置检修标志；保护装置应有明显显示（面板指示灯和界面显示）。参数、配置文件仅在检修压板投入时才可下装，下装时应闭锁。

5.4.19 保护装置应同时支持 GOOSE 点对点和网络方式传输，传输协议遵循 DL/T 860.81。

5.4.20 保护装置采样值接口和 GOOSE 接口数量应满足工程的需要。

5.4.21 保护装置应具备 MMS 接口与站控层设备通信。保护装置向站控层提供的信息符合 Q/GDW 1396。

5.4.22 保护装置的交流电流、交流电压及保护设备参数的显示、打印、整定应能支持一次值，上送信息应采用一次值。

5.4.23 保护装置内部 MMS 接口、GOOSE 接口、SV 接口应采用相互独立的数据接口控制器接入网络。

5.4.24 保护装置应具备通信中断、异常等状态的检测和告警功能。装置应提供装置故障（含失电）无源触点输出。

5.4.25 保护装置宜通过 IRIG－B（DC）码对时，也可采用 GB/T 25931 进行网络对时，对时精度应满足要求。

5.4.26 对保护装置 ICD 文件与 CID 文件的要求如下：

    a）ICD、CID 文件符合统一的模型要求，适用于通用的配置工具和静态检测、分析软件；

    b）ICD 文件应完整描述 IED 提供的数据模型及服务，采用模块化设计，包含版本信息；

    c）CID 文件应完整描述 IED 的实例化信息，应包含版本信息。

5.4.27 保护装置信息交互要求如下：

    a）智能变电站继电保护应满足运行维护、监视控制及无人值班、智能电网调度等信息交互的要求。

    b）继电保护设备应该支持在线和离线获取模型，离线获取和在线召唤的模型应保持一致。定值模型应包含描述、定值单位、定值上限、定值下限等信息。

    c）继电保护设备应将检修压板状态上送站控层。当继电保护设备检修压板投入时，上送报文中信号的品质 q 的"Test 位"应置位。

 d) 继电保护设备应支持取代服务，取代数据的上送报文中，信号的品质 q 的"取代位"应置位。

 e) 继电保护设备应能够支持不小于 16 个客户端的 TCP/IP 访问连接，应能够支持 10 个报告实例。

5.4.28 保护装置交互信息内容如下：

 a) 继电保护设备应支持上送采样值、开关量、压板状态、设备参数、定值区号及定值、自检信息、异常告警信息、保护动作事件及参数（故障相别、跳闸相别和测距）、录波报告信息、装置硬件信息、装置软件版本信息、装置日志信息等数据；

 b) 继电保护设备主动上送的信息应包括开关量变位信息、异常告警信息和保护动作事件信息等；

 c) 继电保护设备应支持远方投退压板、修改定值、切换定值区、设备复归功能，并具备权限管理功能；

 d) 继电保护设备的自检信息应包括硬件损坏、功能异常、与过程层设备通信状况等；

 e) 继电保护设备应支持远方召唤至少最近 8 次录波报告的功能。

5.4.29 在雷击过电压、一次回路操作、系统故障及其他强干扰作用下，不应误动和拒动。保护装置静电放电试验、快速瞬变干扰试验、脉冲群干扰试验、高频干扰试验、辐射电磁场干扰试验、冲击电压试验和绝缘试验应至少符合 IEC 标准。保护装置调试端口应带有光电隔离装置。

5.4.30 保护柜中的插件应接触可靠，并且有良好的互换性，以便检修时能迅速更换。

5.4.31 保护装置应具有直流电源快速小开关，与保护装置安装在同一柜上。保护装置的逻辑回路应由独立的直流/直流变换器供电。直流电压消失时，保护装置不应误动作。直流电源电压在 80%～115%额定值范围内变化时，保护装置应正确工作。在直流电源恢复（包括缓慢地恢复）到 $80\%U_N$ 时，直流逆变电源应能自动启动。直流电源纹波系数小于或等于 5%时，保护装置应正确工作。拉合直流电源以及插拔熔丝发生重复击穿火花时，保护装置不应误动作。直流电源回路出现各种异常情况（如短路、断线、接地等）时保护装置不应误动作。

5.4.32 所提供保护设备的软件版本及校验码应与买方进行确认，并提供配套的使用说明书和相关的定值清单。

5.4.33 测控功能要求。对集成测控功能的装置，还应满足以下功能要求。

5.4.33.1 具有实时数据采集与处理、控制操作及信息显示等功能，对监控运行设备的信息进行采集、转换、处理和传送，通过网络传给站控层，同时接收站控层发来的控制操作命令，经过有效的判断等，最后对设备进行操作控制，也可独立完成对断路器、隔离开关的控制操作。

5.4.33.2 实时数据采集与处理

 a) 采集信号种类

  遥测量：U_a，U_b，U_c，I_a，I_b，I_c，P，Q，f，$\cos\varphi$。

  遥信量：保护动作，装置故障，装置异常告警，断路器分、合闸位置，断路器机构信号，远方/就地开关位置，装置压板投退信号等。

 b) 采集信号的处理。对所采集的输入量进行数据滤波、有效性检查、故障判断、信号接点消抖等处理、变换后，再通过网络传送。

 c) 信号输入方式

  交流量输入：模拟量或数字量，计算 I、U、P、Q、f、$\cos\varphi$。

  开关量输入：无源接点输入或数字量。

5.4.33.3 控制操作

  控制方式为三级控制：就地控制、站控层控制、远方遥控。操作命令的优先级为：就地控制→站控层控制→远方遥控。同一时间只允许一种控制方式有效。对任何操作方式，应保证只有在本次操作步骤完成后，才能进行下一步操作。

  在屏柜上设"就地/远方"转换开关，任何时候只允许一种模式有效。"就地"位置，通过人工按键实现一对一的操作。

所有的遥控采用选择、校核、执行方式，且在本装置内实现，并有相应的记录信息。

5.4.33.4 事件记录：

a) 事件顺序记录。断路器状态变位、保护动作等事件顺序记录。

b) 遥控操作记录。记录遥控操作命令来源、操作时间、操作内容。

5.4.33.5 技术指标要求：

a) 电流量、电压量测量误差：≤0.2%。有功功率、无功功率测量误差：≤0.5%；

b) 电网频率测量误差：≤0.01Hz；

c) 模拟量越死区传送整定最小值：≥0.1%（额定值），并逐点可调；

d) 事件顺序记录分辨率（SOE）：≤1ms；

e) 模拟量越死区传送时间（至站控层）：≤2s；

f) 状态量变位传送时间（至站控层）：≤1s；

g) 模拟量信息响应时间（从 I/O 输入端至远动通信设备出口）：≤3s；

h) 状态量变化响应时间（从 I/O 输入端至远动通信设备出口）：≤2s；

i) 控制执行命令从生成到输出的时间：≤1s；

j) 控制操作正确率：100%；

k) 装置平均无故障间隔时间：≥30 000h；

l) 模数转换分辨率：≥14 位。

5.4.33.6 其他要求。MU 数字量接入的保护测控集成装置，其保护、测控功能应由独立板卡分别实现。

5.5 110kV 线路光纤差动保护装置具体要求

5.5.1 110kV 线路保护功能的要求如下：

a) 110kV 线路光纤差动保护应具备以分相电流差动和零序电流差动为主体的快速主保护，以及由三段相间和接地距离保护、四段零序方向过电流保护构成的全套后备保护。保护装置应具有三相一次重合闸功能。TV 断线、TA 断线、过负荷告警功能。各项功能指标应满足相关的电力行业标准或国家标准的要求。

b) 电流差动保护两侧启动元件和本侧差动元件同时动作才允许差动保护出口。线路两侧的电流差动保护装置均应设置本侧独立的电流启动元件，必要时可用交流电压量和跳闸位置触点等作为辅助启动元件，但应考虑在 TV 断线时对辅助启动元件的影响，差动电流不能作为装置的启动元件。

c) 线路两侧电流差动保护装置应互相传输可供用户整定的通道识别码，并对通道识别码进行校验，校验出错时告警并闭锁差动保护。

d) 电流差动保护装置应具有通道监视功能，保护装置对通道中断或判断通道数据异常的情况应有完整的记录报告并发出报警信号，并在投标文件中阐明该情况下闭锁保护的延时时间及发通道异常告警信号的延时时间。

e) 线路差动保护控制字及软、硬压板投入状态下，差动保护因其他原因退出后，两侧均应有相关告警。

f) 纵联电流差动保护在任何弱馈情况下，应正确动作；

g) 纵联电流差动保护两侧差动保护压板不一致时发告警信号；

h) "TA 断线闭锁差动"控制字投入后，纵联电流差动保护只闭锁断线相。

i) 自动重合闸由主保护和后备保护跳闸启动，并可由断路器位置不对应来启动。自动重合闸由三相跳闸启动回路启动。三相自动重合闸应有同期检查和无电压检查。重合闸装置应有外部闭锁重合闸的输入回路，用于在手动跳闸、手动合闸、母线故障、延时段保护动作、断路器操作压力降低等情况下接入闭锁重合闸触点。当不使用用于重合闸检线路侧电压和检同期的电压元件时，线路 TV 断线不应报警；检同期重合闸所采用的线路电压应是自适应的，用户可自行选择任意间或相电压。自动重合闸仅设置"停用重合闸"功能压板。"停用重合闸"控制字、软压板、硬压板三者为"或"门逻辑。

5.5.2 光纤差动保护通道设备的要求

a) 优先采用专用光纤通道。

b) 采用复用光纤时，优先采用 2Mbit/s 数字接口，对光纤通道的误码应有可靠的防护措施，确保通道传输发生误码时，不造成保护误动。

c) 保护室光配线柜至保护柜、通信机房光配线柜至接口柜均应使用尾缆连接。尾缆应使用 ST 或 FC 型连接器与设备连接。光缆通过光配线柜转接。

d) 同一机柜不得安装超过 8 台继电保护通信接口装置。线路纵联电流差动保护通道的收发时延应相同。2Mbit/s 数字接口装置与通信设备采用 75Ω同轴电缆不平衡方式连接。

e) 每个继电保护通信接口装置的直流电源均取自通信专业的直流电源，并与所接入通信设备的直流电源相对应。直流电源开关的报警触点引至监控系统。各继电保护通信接口装置失电、故障信号引至端子排。

f) 保护屏和通信接口屏均应带有光纤接线盒。继电保护通信接口装置及相应的光电接线盒、尾纤、保护屏至继电保护通信接口装置之间连接用的引入光缆、2M 通信接口装置至通信柜同轴电缆及敷设用穿管、光纤头熔接（包括备用纤芯）均由保护厂家同时配套提供，并负责与通信装置间的接口设计和配合。

5.5.3 装置 MMS、SV、GOOSE 接口要求

装置应具备站控层 MMS 接口至少 2 个；对采用 MU 数字量输入装置，应具备 SV（采样值）点对点接口至少 1 个；对采用过程层 GOOSE 的装置，应具备 GOOSE 组网接口至少 1 个、点对点接口至少 1 个。装置具体接口数量，买方在设计联络阶段确认。

5.6 110kV 线路纵联距离保护装置具体要求

5.6.1 装置功能要求：

a) 110kV 线路纵联距离保护应具备以闭锁式（或允许式）距离和零序方向为快速主保护，由三段相间和接地距离保护、四段零序方向过流保护构成的全套后备保护。保护装置应配有三相一次重合闸功能，TV 断线、TA 断线、过负荷告警功能，装置还带有跳合闸操作回路以及交流电压切换回路。各项功能指标应满足相关的电力行业标准或国家标准的要求。对于高频通道保护装置，应满足无人值班要求，具备定时自动交换通道信息的功能，并将交换结果上传至监控中心，至少应包括通道异常告警信号。

b) 自动重合闸由主保护和后备保护跳闸启动，并可由断路器位置不对应来启动。三相自动重合闸应有同期检查和无电压检查。重合闸装置应有外部闭锁重合闸的输入回路，用于在手动跳闸、手动合闸、母线故障、延时段保护动作、断路器操作压力降低等情况下接入闭锁重合闸触点。当不使用用于重合闸检线路侧电压和检同期的电压元件时，TV 断线不应报警；检同期重合闸所采用的线路电压应是自适应的，用户可自行选择任意间或相电压。自动重合闸仅设置"停用重合闸"功能压板。"停用重合闸"控制字、软压板、硬压板三者为"或"门逻辑。

5.6.2 装置 MMS、SV、GOOSE 接口要求

装置应具备站控层 MMS 接口至少 2 个；对采用 MU 数字量输入装置，应具备 SV（采样值）点对点接口至少 1 个；对采用过程层 GOOSE 的装置，应具备 GOOSE 组网接口至少 1 个、点对点接口至少 1 个。装置具体接口数量，买方在设计联络阶段确认。

5.7 110kV 线路距离保护装置具体要求

5.7.1 装置功能要求：

a) 110kV 线路距离保护应具备由三段相间和接地距离保护、四段零序方向过流保护构成的全套保

护。保护装置应配有三相一次重合闸功能、低频减载/解列功能，TV 断线、TA 断线、过负荷告警功能，装置还带有跳合闸操作回路以及交流电压切换回路。各项功能指标应满足相关的电力行业标准或国家标准的要求。

b） 自动重合闸由主保护和后备保护跳闸启动，并可由断路器位置不对应来启动。三相自动重合闸应有同期检查和无电压检查。重合闸装置应有外部闭锁重合闸的输入回路，用于在手动跳闸、手动合闸、母线故障、延时段保护动作、断路器操作压力降低等情况下接入闭锁重合闸触点；当不使用用于重合闸检线路侧电压和检同期的电压元件时，线路 TV 断线不应报警；检同期重合闸所采用的线路电压应是自适应的，用户可自行选择任意相间或相电压。

5.7.2 装置 MMS、SV、GOOSE 接口要求。

装置应具备站控层 MMS 接口至少 2 个；对采用 MU 数字量输入装置，应具备 SV（采样值）点对点接口至少 1 个；对采用过程层 GOOSE 的装置，应具备 GOOSE 组网接口至少 1 个、点对点接口至少 1 个。装置具体接口数量，买方在设计联络阶段确认。

5.8 110kV 线路电流保护装置具体要求

5.8.1 装置功能要求：

a） 110kV 线路电流保护应具备三段式相电流、零序电流保护构成的全套保护。保护装置应配有三相一次重合闸功能、低频减载/解列功能，TV 断线、过负荷告警功能，装置还带有跳合闸操作回路以及交流电压切换回路。各项功能指标应满足相关的电力行业标准或国家标准的要求。

b） 自动重合闸由主保护和后备保护跳闸启动，并可由断路器位置不对应来启动。三相自动重合闸应有同期检查和无电压检查。重合闸装置应有外部闭锁重合闸的输入回路，用于在手动跳闸、手动合闸、母线故障、延时段保护动作、断路器操作压力降低等情况下接入闭锁重合闸触点；当不使用用于重合闸检线路侧电压和检同期的电压元件时，线路 TV 断线不应报警；检同期重合闸所采用的线路电压应是自适应的，用户可自行选择任意相间或相电压。重合闸应有足够信号触点，启动中央信号、事件记录和远动信号。自动重合闸仅设置"停用重合闸"功能压板。"停用重合闸"控制字、软压板、硬压板三者为"或"门逻辑。

5.8.2 装置 MMS、SV、GOOSE 接口要求

装置应具备站控层 MMS 接口至少 2 个；对采用 MU 数字量输入装置，应具备 SV（采样值）点对点接口至少 1 个；对采用过程层 GOOSE 的装置，应具备 GOOSE 组网接口至少 1 个、点对点接口至少 1 个。装置具体接口数量，买方在设计联络阶段确认。

5.9 柜结构的技术要求

5.9.1 对智能控制柜，技术要求详见 Q/GDW 430，并遵循以下要求。

5.9.1.1 控制柜应装有截面为 100mm² 的铜接地母线（不要求与柜体绝缘），接地母线末端应装好可靠的压接式端子，以备接到电站的接地网上。柜体应采用双层结构，循环通风。

5.9.1.2 同一保护柜内若有多路直流电源引入，应接入不同安装单元端子排，且每路电源正、负极之间应有端子隔开。控制柜内设备的安排及端子排的布置，应保证各套保护的独立性，在一套保护检修时不影响其他任何一套保护系统的正常运行。

5.9.1.3 控制柜应具备温度、湿度的采集、调节功能，柜内温度控制在－10℃～＋50℃，相对湿度保持在 90%以下，并可通过智能终端 GOOSE 接口上送温度、湿度信息。

5.9.1.4 控制柜应能满足 GB/T 18663.3 变电站户外防电磁干扰的要求。

5.9.2 对非智能普通屏柜，屏体要求详见《国家电网继电保护柜、屏制造规范》，并遵循已发布的《国家电网有限公司物资采购标准 继电保护及自动装置卷》相关部分规定。

5.9.2.1 微机保护和控制装置的屏柜下部应设有截面积不小于 100mm² 的铜排（不要求与保护屏绝缘）。

5.9.2.2 保护柜内电压回路每相及 N 相端子均应采用多个连接端子（不少于 3 个）。

5.9.2.3 同一保护柜内若有多路直流电源引入，应接入不同安装单元端子排。

5.9.3　屏柜内部配线、端子排、接地铜排、屏柜上安装辅助设备等应符合相关规程、标准与反事故措施的规定。

6　试验

6.1　工厂试验

卖方卖方提供的设备试验标准应符合国家、行业及 IEC 的有关标准，并提供每一种型式产品的动模试验报告、型式试验报告和 DL/T 860 一致性测试报告。

卖方提供的每一套设备出厂之前都应按国家和行业标准以及工厂规定的调试大纲进行出厂检查、性能试验，试验报告应随产品提供。当需做动态模拟试验或数字仿真试验时，模拟系统的接线和参数由卖方与买方在试验前协商确定，按实际系统参数进行试验。

6.2　系统联调试验

卖方应按买方需求配合完成买方组织的保护装置功能验证与系统联调试验。

6.3　现场试验

现场实际设备接入后，应按照 DL/T 995 的要求，在一次设备不带电和带电试运行时做现场试验，卖方应配合完成保护装置的现场调试及投运试验。现场投运前和试运行中发现的设备缺陷和元件损坏，卖方应及时无偿修理或更换，直至符合本部分要求。

6.4　继电保护专业检测

卖方依据国家电网有限公司继电保护专业检测标准参加继电保护专业检测，并提供每一种型式产品的专业检测报告。

7　技术服务、设计联络、工厂检验和监造

7.1　技术文件

7.1.1　卖方提供的技术文件应提供买方所要求的性能信息，并对其可靠性和一致性负责，卖方所提供的技术文件（包括资料和数据）将成为合同一部分。

7.1.2　卖方应随投标书一起提供一般性技术文件，并且应是与投标产品一致的最新版本：

　　a）　产品的技术说明书；

　　b）　产品的型式试验报告和动模试验报告；

　　c）　产品的鉴定证书和（或）生产许可证；

　　d）　产品的用户运行证明；

　　e）　产品的软件版本等。

7.1.3　卖方应在签约后 2 周内向买方提供设计用的技术文件：

　　a）　产品的技术说明书；

　　b）　产品及保护屏原理框图及说明，模件或继电器的原理接线图及其工作原理说明；

　　c）　装置的 ICD（IED 装置能力描述）文件、保护装置虚端子连接图；

　　d）　组屏的正面布置图、屏内设备布置图、端子排图及图例说明；

　　e）　保护屏所用的辅助继电器和选择开关采用的标准；

　　f）　保护屏的安装尺寸图，包括屏的尺寸和重量、基础螺栓的位置和尺寸等。

7.1.4　签约后双方遵循的原则如下：

　　a）　在收到买方最终认可图纸前，卖方所购买的材料或制造所发生的费用及其风险全由卖方单独承担；

　　b）　生产的成品应符合合同的技术规范。买方对图纸的确认并不能解除卖方对其图纸的完善性和准确性应承担的责任；

　　c）　设计方在收到图纸后 3 周内返回主要确认意见，并根据需要召开设计联络会。卖方在提供确认

图纸时必须提供为审核该图纸所需的资料。买方有权要求卖方对其图纸中的任一装置任一部件做必要修改，在设计图纸完成之前应保留设计方对卖方图纸的其他确认权限，而买方不需承担额外费用。

7.1.5 在收到确认意见后，卖方应在规定时间内向买方提供技术文件如下：

a) 7.1.3 所列的修改后的正式技术文件；

b) 保护装置的内部接线图及图例说明，保护屏内部接线图及其说明（包括屏内布置及内部端子排图）；

c) 保护装置的软件版本号和校验码；

d) 产品的使用说明书，包括保护装置的现场调试大纲、整定值表和整定计算说明及计算算例等；

e) 通信规约和解释文本及装置调试软件和后台分析软件，以便与计算机监控系统和继电保护故障信息系统联调。

7.1.6 设备供货时提供技术文件和资料如下：

a) 设备的开箱资料清单；

b) 产品的技术说明书、使用说明书和组屏图纸；

c) 出厂调试试验报告；

d) 产品质量检验合格证书；

e) 合同规定的出厂验收试验报告和动模试验报告和一致性测试报告等；

f) 保护设备识别代码及出厂信息表。

7.1.7 技术文件的格式和分送要求如下：

a) 全部图纸应为 A4 幅面，并有完整图标，采用国标单位制；

b) 提供的技术文件除纸质文件外，还应包括一份电子文档，并提供可供修改的最终图纸电子文件（图形文件能够被 PC 机 AutoCAD for Windows 2000 版支持）。

c) 技术文件（图纸和资料）分送单位、套数和地址根据项目单位要求提供。

7.2 设计联络会议

7.2.1 若有必要，买方在收到卖方签字的第一批文件后的 3 周内将举行设计联络会议。设计联络会议内容如下：

a) 卖方应对修改后的供确认的资料和图纸进行详细的解释，并应解答买方对这些资料和图纸所提的问题，经过共同讨论，买方给予确认，以便卖方绘制正式图纸提供给买方；

b) 卖方应介绍合同产品已有的运行经验；

c) 卖方应提供验收大纲，工程参数表。

d) 买方或设计方应确认保护装置的 SV 采样值接口、GOOSE 接口及 MMS 接口的类型与数量；

e) 设计联络会应确定通信信息的具体内容。

7.2.2 会议应签订会议纪要，该纪要将作为合同的组成部分。

7.3 工厂验收和现场验收

要求满足国家电网有限公司企业标准中关于工厂验收（现场）的规范。

7.4 质量保证

7.4.1 卖方应保证制造过程中的所有工艺、材料、试验等（包括卖方的外购零部件在内）均应符合本部分的规定。若买方根据运行经验指定卖方提供某种外购零部件，卖方应积极配合。卖方对所购配套部件设备质量负责，采购前向买方提供主要国产元器件报价表，采购中应进行严格的质量检验，交货时应向买方提供其产品质量合格证书及有关安装使用说明书等技术文件资料。

7.4.2 对于采用属于引进技术的设备、元器件，卖方在采购前应向买方提供主要进口元器件报价表。引进的设备、元器件应符合引进国的技术标准或 IEC 标准，当标准与本部分有矛盾时，卖方应将处理意见书面通知买方，由买卖双方协商解决。假若卖方有更优越或更为经济的设计和材料，足以使卖方的产品更为安全、可靠、灵活、适应时，卖方可提出并经买方的认可，然而应遵循现行的国家工业标准，并且有成熟的设计和工艺要求以及工程实践经验。

7.4.3　双方签订合同后，卖方应按工程设计及施工进度分批提交技术文件和图纸，必要时，买卖双方应进行技术联络，以讨论合同范围内的有关技术问题。

7.4.4　卖方保证所提供的设备应为由最适宜的原材料并采用先进工艺制成、且未经使用过的全新产品；保证产品的质量、规格和性能与投标文件所述一致。

7.4.5　卖方提供的保护设备运行使用寿命不应小于 15 年。

7.4.6　卖方保证所提供的设备在各个方面符合招标文件规定的质量、规格和性能。在合同规定的质量保证期内（保护设备到货后 24 个月或 SAT 后 18 个月），卖方对由于产品设计、制造和材料、外购零部件的缺陷而造成所供设备的任何破坏、缺陷故障，当卖方收到买方的书面通知后，卖方在 2 天内免费负责修理或更换有缺陷的设备（包括运输费、税收等），以达到本部分的要求。质保期以合同商务部分为准。

7.4.7　质保期后发生质量问题，卖方应提供免费维修服务，包括硬件更换和软件版本升级。

7.5　项目管理

合同签订后，卖方应指定负责本工程的项目经理，负责卖方在工程全过程的各项工作，如工程进度、设计制造、图纸文件、包装运输、现场安装、调试验收等。

7.6　现场服务

a)　在设备安装调试过程中视买方工作情况卖方及时派出工程技术服务人员，以提供现场服务。卖方派出人员在现场负责技术指导，并协助买方安装、调试。同时，买方为卖方的现场派出人员提供工作和生活的便利条件。

b)　当变电站内保护设备分批投运时，卖方应按合同规定及时派工程技术人员到达现场服务。

c)　根据买方的安排，卖方安排适当时间对设备的正确安装和试验给予技术培训。

7.7　售后服务

7.7.1　现场投运前和试运行中发现的设备缺陷和元件损坏，卖方应及时无偿修理或更换，直至符合规范要求。保修期内产品出现不符合功能要求和技术指标要求，卖方应在 4h 内响应，并在 24h 内负责修理或更换。保修期外产品出现异常、设备缺陷、元件损坏或不正确动作，现场无法处理时，卖方接到买方通知后，也应在 4h 内响应，并立即派出工程技术人员在 24h 内到达现场处理。

7.7.2　对反事故措施以及软件版本的升级等，应提供技术服务。

7.8　备品备件、专用工具、试验仪器

7.8.1　对每套保护，卖方应提供必要的备品备件。

7.8.2　卖方应提供安装、运行、检修所需的专用工具，包括专用调试、测试设备。

―――――――

ICS 29.240

Q/GDW

国家电网公司企业标准

Q/GDW 13190.2—2014

智能变电站 110kV 线路保护采购标准
第 2 部分：智能变电站 110kV 线路
光纤差动保护专用技术规范

Purchasing standard for 110kV line protection in smart substation
Part 2: Special technical specification for 110kV line pilot
differential protection in smart substation

2014-09-30发布   2014-09-30实施

国家电网公司   发 布

目　　次

前　言

《智能变电站110kV线路保护采购标准》分为5个部分：

——第1部分：通用技术规范；

——第2部分：智能变电站110kV线路光纤差动保护专用技术规范；

——第3部分：智能变电站110kV线路纵联距离保护专用技术规范；

——第4部分：智能变电站110kV线路距离保护专用技术规范；

——第5部分：智能变电站110kV线路电流保护专用技术规范。

本部分为《智能变电站110kV线路保护采购标准》的第2部分。

本部分由国家电网公司物资部提出并解释。

本部分由国家电网公司科技部归口。

本部分起草单位：南瑞集团有限公司（国网电力科学研究院）。

本部分主要起草人：曹团结、姚成、吴通华、陆奕、代攀、龙锋、刘小宝、李成龙、姚刚、宋艳。

本部分首次发布。

本部分在执行过程中的意见或建议反馈至国家电网公司科技部。

智能变电站 110kV 线路保护采购标准
第 2 部分：智能变电站 110kV 线路
光纤差动保护专用技术规范

1 范围

本部分规定了智能变电站 110kV 线路光纤差动保护招标的标准技术参数、项目需求及投标人响应的相关内容。

本部分适用于智能变电站 110kV 线路光纤差动保护招标。

2 规范性引用文件

下列文件对于本文件的应用是必不可少的。凡是注日期的引用文件，仅注日期的版本适用于本文件。凡是不注日期的引用文件，其最新版本（包括所有的修改单）适用于本文件。

Q/GDW 13190.1　智能变电站 110kV 线路保护采购标准　第 1 部分：通用技术规范

3 术语和定义

下列术语和定义适用于本文件。

3.1

招标人　bidder

提出招标项目，进行招标的法人或其他组织。

3.2

投标人　tenderer

响应招标、参加投标竞争的法人或者其他组织。

3.3

卖方　seller

提供本部分货物和技术服务的法人或其他组织，包括其法定的承继者。

3.4

买方　buyer

购买本部分货物和技术服务的法人或其他组织，包括其法定的承继者和经许可的受让人。

4 标准技术参数

技术参数特性表是国家电网公司对采购设备的基础技术参数要求，在招投标过程中，投标人应依据招标文件，对技术参数特性表中标准参数值进行响应。智能变电站 110kV 线路光纤差动保护光纤复接通道接口装置、打印机、保护柜技术参数特性见表 1～表 4。物资必须满足 Q/GDW 13190.1 的要求。

表 1　智能站 110kV 线路光纤差动保护技术参数特性表

序号	参 数 名 称	单位	标准参数值
1	电流差动动作时间	ms	≤30（不包括通道延时）
2	距离 I 段暂态超越		≤5%

表1（续）

序号	参 数 名 称	单位	标准参数值
3	相间距离Ⅰ段动作时间	ms	≤30（0.7倍整定值）
4	接地距离Ⅰ段动作时间	ms	≤30（0.7倍整定值）
5	电流Ⅰ段保护动作时间	ms	≤25（1.2倍整定值）
6	零序过电流Ⅰ段动作时间	ms	≤25（1.2倍整定值）
7	整组动作时间	ms	≤30（不包括通道延时）
8	测量电流、电压量误差		≤0.2%
9	有功功率、无功功率测量误差		≤0.5%
10	电网频率测量误差	Hz	≤0.01
11	事件顺序记录（SOE）分辨率	ms	≤1
12	状态量变位传送时间（至站控层）	s	≤1
13	控制执行命令从生成到输出的时间	s	≤1
14	光纤接口接收灵敏度	dBm	≤−20（串行光接口）； ≤−30（以太网光接口）
15	光纤接口发送功率	dBm	≥−10（串行光接口）； ≥−20（以太网光接口）
16	装置工作电源		（招标人填写）
17	SV（采样值）点对点接口类型 （IEC 60044−8接口；IEC 61850−9−2接口； 模拟量输入）		（招标人填写）
18	SV（采样值）点对点接口数量		（招标人填写）
19	过程层GOOSE组网接口数量		（招标人填写）
20	过程层GOOSE点对点接口数量		（招标人填写）
21	站控层MMS接口数量与类型		（招标人填写）
22	对时方式		（招标人填写）
23	普通柜可选技术参数		（招标人填写）
24	智能柜技术参数要求		（招标人填写）
25	纵联光纤通道类型		（招标人填写）
26	其他1		（招标人填写）
27	其他2		（招标人填写）

表2　光纤复接通道接口装置技术参数特性表

序号	参 数 名 称	单位	标准参数值
1	接口型式		2Mbit/s数字接口；采用75Ω同轴电缆 不平衡方式连接

表3　打印机技术参数特性表

序号	参 数 名 称	单位	标准参数值
1	工作电源	V	220 AC
2	接口型式		与保护装置配套

表4　保护柜（非智能控制柜）技术参数特性表

序号	参 数 名 称	单位	标准参数值
1	尺寸	mm	高度：2260；宽度：800；深度：600
2	颜色		GSB05－1426－2001，77 号，GY09 冰灰橘纹

5　组件材料配置表

组件材料配置表包括元件名称、规格形式参数、单位、数量和产地等信息，具体内容和格式根据招标项目情况编制。

6　使用环境条件表

典型智能变电站110kV线路光纤差动保护使用环境条件见表5。特殊环境要求根据项目情况编制。

表5　使 用 环 境 条 件 表

项目单位：				项目名称：
序号	名 称 项 目		单位	标准参数值
1	电源的频率		Hz	50
2	温度	最高气温	℃	＋45
		最低气温	℃	－5
		最大日温差	K	＋25
3	湿度	日相对湿度平均值	%	≤95
		月相对湿度平均值	%	≤90
4	海拔		m	≤2000
5	耐受地震能力	水平加速度	m/s²	0.3g
		垂直加速度	m/s²	0.15g
6	保护装置是否组屏		组屏/单装置	（项目单位提供）
7	安装方式		集中/分散	（项目单位提供）
注：标准参数值为正常使用条件，超出此值时为特殊使用条件。				

ICS 29.240

Q/GDW

国家电网公司企业标准

Q/GDW 13190.3 — 2014

智能变电站110kV线路保护采购标准 第3部分：智能变电站110kV线路 纵联距离保护专用技术规范

Purchasing standard for 110kV line protection in smart substation
Part 3: Special technical specification for 110kV line pilot
distance protection in smart substation

2014-09-30发布 2014-09-30实施

国家电网公司 发 布

目　次

前　言

《智能变电站 110kV 线路保护采购标准》分为 5 个部分：
——第 1 部分：通用技术规范；
——第 2 部分：智能变电站 110kV 线路光纤差动保护专用技术规范；
——第 3 部分：智能变电站 110kV 线路纵联距离保护专用技术规范；
——第 4 部分：智能变电站 110kV 线路距离保护专用技术规范；
——第 5 部分：智能变电站 110kV 线路电流保护专用技术规范。
本部分为《智能变电站 110kV 线路保护采购标准》的第 3 部分。
本部分由国家电网公司物资部提出并解释。
本部分由国家电网公司科技部归口。
本部分起草单位：南瑞集团有限公司（国网电力科学研究院）。
本部分主要起草人：曹团结、姚成、吴通华、陆奕、代攀、龙锋、刘小宝、李成龙、姚刚、宋艳。
本部分首次发布。
本部分在执行过程中的意见或建议反馈至国家电网公司科技部。

智能变电站110kV线路保护采购标准

第3部分：智能变电站110kV线路

纵联距离保护专用技术规范

1 范围

本部分规定了智能变电站110kV线路纵联距离保护专用技术规范招标的标准技术参数、项目需求及投标人响应的相关内容。

本部分适用于智能变电站110kV线路纵联距离保护专用技术规范专用技术规范招标。

2 规范性引用文件

下列文件对于本文件的应用是必不可少的。凡是注日期的引用文件，仅注日期的版本适用于本文件。凡是不注日期的引用文件，其最新版本（包括所有的修改单）适用于本文件。

Q/GDW 13190.1 智能变电站110kV线路保护采购标准 第1部分：通用技术规范

3 术语和定义

下列术语和定义适用于本文件。

3.1

招标人 bidder

提出招标项目，进行招标的法人或其他组织。

3.2

投标人 tenderer

响应招标、参加投标竞争的法人或者其他组织。

3.3

卖方 seller

提供本部分货物和技术服务的法人或其他组织，包括其法定的承继者。

3.4

买方 buyer

购买本部分货物和技术服务的法人或其他组织，包括其法定的承继者和经许可的受让人。

4 标准技术参数

技术参数特性表是国家电网公司对采购设备的基础技术参数要求，在招投标过程中，投标人应依据招标文件，对技术参数特性表中标准参数值进行响应。智能变电站110kV线路纵联距离保护（测控）装置打印机、保护柜技术参数特性见表1～表3。物资必须满足Q/GDW 13190.1的要求。

表1 智能变电站110kV线路纵联距离保护（测控）装置技术参数特性表

序号	参 数 名 称	单位	标准参数值
1	纵联保护动作时间	ms	不大于30（不包括通道延时）
2	距离Ⅰ段暂态超越		≤5%

表1（续）

序号	参 数 名 称	单位	标准参数值
3	相间距离Ⅰ段动作时间	ms	不大于30（0.7倍整定值）
4	接地距离Ⅰ段动作时间	ms	不大于30（0.7倍整定值）
5	电流Ⅰ段保护动作时间	ms	不大于25（1.2倍整定值）
6	零序过电流Ⅰ段动作时间	ms	不大于25（1.2倍整定值）
7	整组动作时间	ms	不大于30（不包括通道延时）
8	测量电流、电压量误差		≤0.2%
9	有功功率、无功功率测量误差		≤0.5%
10	电网频率测量误差	Hz	≤0.01
11	事件顺序记录（SOE）分辨率	ms	≤1
12	状态量变位传送时间（至站控层）	s	≤1
13	控制执行命令从生成到输出的时间	s	≤1
14	光纤接口接收灵敏度	dBm	≤－20（串行光接口）； ≤－30（以太网光接口）
15	光纤接口发送功率	dBm	≥－10（串行光接口）； ≥－20（以太网光接口）
16	装置工作电源		（招标人填写）
17	SV（采样值）点对点接口类型 （IEC 60044－8接口；IEC 61850－9－2接口； 常规模拟量输入）		（招标人填写）
18	SV（采样值）点对点接口数量		（招标人填写）
19	过程层GOOSE组网接口数量		（招标人填写）
20	过程层GOOSE点对点接口数量		（招标人填写）
21	站控层MMS接口数量与类型		（招标人填写）
22	对时方式		（招标人填写）
23	普通柜可选技术参数		（招标人填写）
24	智能柜技术参数要求		（招标人填写）
25	其他1		（招标人填写）
26	其他2		（招标人填写）

表2 打印机技术参数特性表

序号	参 数 名 称	单位	标准参数值
1	工作电源	V	220AC
2	接口型式		与保护装置配套

表3 保护柜（非智能控制柜）技术参数特性表

序号	参 数 名 称	单位	标准参数值
1	尺寸	mm	高度：2260； 宽度：800； 深度：600
2	颜色		GSB05－1426－2001，77号， GY09冰灰橘纹

5 组件材料配置表

组件材料配置表包括元件名称、规格形式参数、单位、数量和产地等信息，具体内容和格式根据招标项目情况编制。

6 使用环境条件表

典型智能变电站 110kV 线路纵联距离保护使用环境条件见表 4。特殊环境要求根据项目情况 1 编制。

表 4 使 用 环 境 条 件 表

项目单位：				项目名称：
序号	名 称 项 目		单位	标准参数值
1	电源的频率		Hz	50
2	温度	最高气温	℃	+45
		最低气温	℃	−5
		最大日温差	K	+25
3	湿度	日相对湿度平均值	%	≤95
		月相对湿度平均值	%	≤90
4	海拔		m	≤2000
5	耐受地震能力	水平加速度	m/s^2	0.3g
		垂直加速度	m/s^2	0.15g
6	保护装置是否组屏		组屏/单装置	（项目单位提供）
7	安装方式		集中/分散	（项目单位提供）
注：标准参数值为正常使用条件，超出此值时为特殊使用条件。				

ICS 29.240

Q/GDW

国家电网公司企业标准

Q/GDW 13190.4—2014

智能变电站110kV线路保护采购标准 第4部分：智能变电站110kV线路 距离保护专用技术规范

Purchasing standard for 110kV line protection in smart substation
Part 4: Special technical specification for 110kV line
distance protection in smart substation

2014-09-30发布 2014-09-30实施

国家电网公司 发布

目　次

前　　言

《智能变电站 110kV 线路保护采购标准》分为 5 个部分：

——第 1 部分：通用技术规范；

——第 2 部分：智能变电站 110kV 线路光纤差动保护专用技术规范；

——第 3 部分：智能变电站 110kV 线路纵联距离保护专用技术规范；

——第 4 部分：智能变电站 110kV 线路距离保护专用技术规范；

——第 5 部分：智能变电站 110kV 线路电流保护专用技术规范。

本部分为《智能变电站 110kV 线路保护采购标准》的第 4 部分。

本部分由国家电网公司物资部提出并解释。

本部分由国家电网公司科技部归口。

本部分起草单位：南瑞集团有限公司（国网电力科学研究院）。

本部分主要起草人：曹团结、姚成、吴通华、陆奕、代攀、龙锋、刘小宝、李成龙、姚刚、宋艳。

本部分首次发布。

本部分在执行过程中的意见或建议反馈至国家电网公司科技部。

智能变电站 110kV 线路保护采购标准
第 4 部分：智能变电站 110kV 线路
距离保护专用技术规范

1 范围

本部分规定了智能变电站 110kV 线路距离保护招标的标准技术参数、项目需求及投标人响应的相关内容。

本部分适用于智能变电站 110kV 线路距离保护招标。

2 规范性引用文件

下列文件对于本文件的应用是必不可少的。凡是注日期的引用文件，仅注日期的版本适用于本文件。凡是不注日期的引用文件，其最新版本（包括所有的修改单）适用于本文件。

Q/GDW 13190.1　智能变电站 110kV 线路保护采购标准　第 1 部分：通用技术规范

3 术语和定义

下列术语和定义适用于本文件。

3.1

招标人　bidder

提出招标项目，进行招标的法人或其他组织。

3.2

投标人　tenderer

响应招标、参加投标竞争的法人或者其他组织。

3.3

卖方　seller

提供本部分货物和技术服务的法人或其他组织，包括其法定的承继者。

3.4

买方　buyer

购买本部分货物和技术服务的法人或其他组织，包括其法定的承继者和经许可的受让人。

4 标准技术参数

技术参数特性表是国家电网公司对采购设备的基础技术参数要求，在招投标过程中，投标人应依据招标文件，对技术参数特性表中标准参数值进行响应。智能变电站 110kV 线路距离保护打印机、保护柜技术参数特性见表 1～表 3。物资必须满足 Q/GDW 13190.1 的要求。

表 1　智能站 110kV 线路距离保护技术参数特性表

序号	参 数 名 称	单位	标准参数值
1	距离 I 段暂态超越		≤5%
2	相间距离 I 段动作时间	ms	≤30（0.7 倍整定值）

表 1（续）

序号	参 数 名 称	单位	标准参数值
3	接地距离Ⅰ段动作时间	ms	≤30（0.7 倍整定值）
4	电流Ⅰ段保护动作时间	ms	≤25（1.2 倍整定值）
5	零序过电流Ⅰ段动作时间	ms	≤25（1.2 倍整定值）
6	整组动作时间	ms	≤30
7	测量电流、电压量误差		≤0.2%
8	有功功率、无功功率测量误差		≤0.5%
9	电网频率测量误差	Hz	≤0.01
10	事件顺序记录（SOE）分辨率	ms	≤1
11	状态量变位传送时间（至站控层）	s	≤1
12	控制执行命令从生成到输出的时间	s	≤1
13	光纤接口接收灵敏度	dBm	≤－20（串行光接口）； ≤－30（以太网光接口）
14	光纤接口发送功率	dBm	≥－10（串行光接口）； ≥－20（以太网光接口）
15	装置工作电源		（招标人填写）
16	SV（采样值）点对点接口类型 （IEC 60044－8 接口；IEC 61850－9－2 接口； 常规模拟量输入）		（招标人填写）
17	SV（采样值）点对点接口数量		（招标人填写）
18	过程层 GOOSE 组网接口数量		（招标人填写）
19	过程层 GOOSE 点对点接口数量		（招标人填写）
20	站控层 MMS 接口数量与类型		（招标人填写）
21	对时方式		（招标人填写）
22	普通柜可选技术参数		（招标人填写）
23	智能柜技术参数要求		（招标人填写）
24	其他 1		（招标人填写）
25	其他 2		（招标人填写）

表 2　打印机技术参数特性表

序号	参 数 名 称	单位	标准参数值
1	工作电源	V	220AC
2	接口型式		与保护装置配套

表 3　保护柜（非智能控制柜）技术参数特性表

序号	参 数 名 称	单位	标准参数值
1	尺寸	mm	高度：2260； 宽度：800； 深度：600
2	颜色		GSB05－1426－2001，77 号， GY09 冰灰橘纹

5 组件材料配置表

组件材料配置表包括元件名称、规格形式参数、单位、数量和产地等信息，具体内容和格式根据招标项目情况编制。

6 使用环境条件表

典型智能变电站 110kV 线路距离保护使用环境条件见表 4。特殊环境要求根据项目情况编制。

表 4 使 用 环 境 条 件 表

项目单位：				项目名称：
序号	名 称 项 目		单位	标准参数值
1	电源的频率		Hz	50
2	温度	最高气温	℃	+45
		最低气温	℃	−5
		最大日温差	K	+25
3	湿度	日相对湿度平均值	%	≤95
		月相对湿度平均值	%	≤90
4	海拔		m	≤2000
5	耐受地震能力	水平加速度	m/s^2	0.3g
		垂直加速度	m/s^2	0.15g
6	保护装置是否组屏		组屏/单装置	（项目单位提供）
7	安装方式		集中/分散	（项目单位提供）
注：标准参数值为正常使用条件，超出此值时为特殊使用条件。				

ICS 29.240

Q/GDW

国家电网公司企业标准

Q/GDW 13190.5—2014

智能变电站 110kV 线路保护采购标准

第 5 部分：智能变电站 110kV 线路

电流保护专用技术规范

Purchasing standard for 110kV line protection in smart substation

Part 5: Special technical specification for 110kV line

current protection in smart substation

2014-09-30发布 2014-09-30实施

国家电网公司　发 布

目　次

前　言

《智能变电站 110kV 线路保护采购标准》分为 5 个部分：

——第 1 部分：通用技术规范；

——第 2 部分：智能变电站 110kV 线路光纤差动保护专用技术规范；

——第 3 部分：智能变电站 110kV 线路纵联距离保护专用技术规范；

——第 4 部分：智能变电站 110kV 线路距离保护专用技术规范；

——第 5 部分：智能变电站 110kV 线路电流保护专用技术规范。

本部分为《智能变电站 110kV 线路保护采购标准》的第 5 部分。

本部分由国家电网公司物资部提出并解释。

本部分由国家电网公司科技部归口。

本部分起草单位：南瑞集团有限公司（国网电力科学研究院）。

本部分主要起草人：曹团结、姚成、吴通华、陆奕、代攀、龙锋、刘小宝、李成龙、姚刚、宋艳。

本部分首次发布。

本部分在执行过程中的意见或建议反馈至国家电网公司科技部。

智能变电站 110kV 线路保护采购标准
第 5 部分：智能变电站 110kV 线路
电流保护专用技术规范

1 范围

本部分规定了智能变电站 110kV 线路电流保护招标的标准技术参数、项目需求及投标人响应的相关内容。

本部分适用于智能变电站 110kV 线路电流保护招标。

2 规范性引用文件

下列文件对于本文件的应用是必不可少的。凡是注日期的引用文件，仅注日期的版本适用于本文件。凡是不注日期的引用文件，其最新版本（包括所有的修改单）适用于本文件。

Q/GDW 13190.1 智能变电站 110kV 线路保护采购标准 第 1 部分：通用技术规范

3 术语和定义

下列术语和定义适用于本文件。

3.1
招标人 bidder
提出招标项目，进行招标的法人或其他组织。

3.2
投标人 tenderer
响应招标、参加投标竞争的法人或者其他组织。

3.3
卖方 seller
提供本部分货物和技术服务的法人或其他组织，包括其法定的承继者。

3.4
买方 buyer
购买本部分货物和技术服务的法人或其他组织，包括其法定的承继者和经许可的受让人。

4 标准技术参数

技术参数特性表是国家电网公司对采购设备的基础技术参数要求，在招投标过程中，投标人应依据招标文件，对技术参数特性表中标准参数值进行响应。智能变电站 110kV 线路电流保护打印机、保护柜技术参数特性见表 1～表 3。物资必须满足 Q/GDW 13190.1 的要求。

表 1 智能站 110kV 线路电流保护技术参数特性表

序号	参 数 名 称	单位	标准参数值
1	电流 I 段保护动作时间	ms	≤25（1.2 倍整定值）
2	测量电流、电压量误差		≤0.2%

表 1（续）

序号	参 数 名 称	单位	标准参数值
3	有功功率、无功功率测量误差		≤0.5%
4	电网频率测量误差	Hz	≤0.01
5	事件顺序记录（SOE）分辨率	ms	≤1
6	状态量变位传送时间（至站控层）	s	≤1
7	控制执行命令从生成到输出的时间	s	≤1
8	光纤接口接收灵敏度	dBm	≤-20（串行光接口）； ≤-30（以太网光接口）
9	光纤接口发送功率	dBm	≥-10（串行光接口）； ≥-20（以太网光接口）
10	装置工作电源		（招标人填写）
11	SV（采样值）点对点接口类型 （IEC 60044-8接口；IEC 61850-9-2接口； 模拟量输入）		（招标人填写）
12	SV（采样值）点对点接口数量		（招标人填写）
13	过程层GOOSE组网接口数量		（招标人填写）
14	过程层GOOSE点对点接口数量		（招标人填写）
15	站控层MMS接口数量与类型		（招标人填写）
16	对时方式		（招标人填写）
17	普通柜可选技术参数		（招标人填写）
18	智能柜技术参数要求		（招标人填写）
19	其他1		（招标人填写）
20	其他2		（招标人填写）
21	其他3		（招标人填写）

表2 打印机技术参数特性表

序号	参 数 名 称	单位	标准参数值
1	工作电源	V	220AC
2	接口型式		与保护装置配套

表3 保护柜（非智能控制柜）技术参数特性表

序号	参 数 名 称	单位	标准参数值
1	尺寸	mm	高度：2260； 宽度：800； 深度：600
2	颜色		GSB05-1426-2001，77号， GY09冰灰橘纹

5 组件材料配置表

组件材料配置表包括元件名称、规格形式参数、单位、数量和产地等信息，具体内容和格式根据招

标项目情况编制。

6 使用环境条件表

典型智能变电站 110kV 线路电流保护使用环境条件见表 4。特殊环境要求根据项目情况编制。

表 4 使 用 环 境 条 件 表

项目单位：				项目名称：
序号	名 称 项 目		单位	标准参数值
1	电源的频率		Hz	50
2	温度	最高气温	℃	+45
		最低气温	℃	−5
		最大日温差	K	+25
3	湿度	日相对湿度平均值	%	≤95
		月相对湿度平均值	%	≤90
4	海拔		m	≤2000
5	耐受地震能力	水平加速度	m/s^2	0.3g
		垂直加速度	m/s^2	0.15g
6	保护装置是否组屏		组屏/单装置	（项目单位提供）
7	安装方式		集中/分散	（项目单位提供）
注：标准参数值为正常使用条件，超出此值时为特殊使用条件。				

ICS 29.240.01
K 45

Q/GDW

国家电网有限公司企业标准

Q/GDW 13191.1—2018
代替 Q/GDW 13191.1—2014

智能变电站 220kV～750kV 线路
保 护 采 购 标 准
第 1 部分：通用技术规范

Purchasing standard for 220kV～750kV line protection in smart substation
Part 1: General technical specification

2019-06-28发布 2019-06-28实施

国家电网有限公司 发 布

目　次

前　言

为规范智能变电站 220kV～750kV 线路保护的采购要求，制定本部分

《智能变电站 220kV～750kV 线路保护采购标准》分为 7 个部分：

——第 1 部分：通用技术规范；

——第 2 部分：智能变电站 220kV 线路光纤差动保护专用技术规范；

——第 3 部分：智能变电站 220kV 线路纵联距离（方向）保护专用技术规范；

——第 4 部分：智能变电站 500kV（330kV）线路光纤差动保护专用技术规范；

——第 5 部分：智能变电站 500kV（330kV）线路纵联距离（方向）保护专用技术规范；

——第 6 部分：智能变电站 750kV 线路光纤差动保护专用技术规范；

——第 7 部分：智能变电站 750kV 线路纵联距离（方向）保护专用技术规范。

本部分为《智能变电站 220kV～750kV 线路保护采购标准》的第 1 部分。

本部分代替 Q/GDW 13119.1—2014，与 Q/GDW 131119.1—2014 相比，主要技术性差异如下：

——修改了 5.4.16 章节，修改了 "SV 接收软压板" 的要求。

——修改了 5.4.19 章节，修改了 "远方操作" 和 "保护检修状态" 硬压板的要求。

——删除了 5.4 章，保护装置就地化安装的要求。

——修改了 5.5.1 章节，修改了线路保护光纤差动的要求：反时限零序保护修改为可选配。增加了
　　两种基础型号和选配功能的明细。

——修改了 5.5.3 章节，修改了纵联电流差动保护的技术原则、保护装置输出信号的触点要求。

——修改了 5.5.4 章节，修改了重合闸的技术要求。

——修改了 5.5 章节，删除了远方跳闸保护的技术要求。

——修改了 5.5 章节，删除了过电压保护的技术要求。

——修改了 5.6.2 章节，修改了纵联距离（方向）保护的技术原则、保护装置输出信号的触点要求，
　　列出了三种基础型号和选配功能的明细。

——修改了 5.6.3 章节，修改了重合闸的技术要求。

——修改了 5.6 章节，删除了远方跳闸保护的技术要求。

——修改了 5.6 章节，删除了过电压保护的技术要求。

——修改了 7.1.6 章节，增加了 "f）保护设备识别代码及出厂信息表" 的要求。

——将引用规范 Q/GDW 161 改为 Q/GDW 1161。

——将引用规范 Q/GDW 396 改为 Q/GDW 1396。

本部分由国家电网有限公司物资部提出并解释。

本部分由国家电网有限公司科技部归口。

本部分起草单位：国网江苏省电力有限公司、南瑞集团有限公司（国网电力科学研究院有限公司）。

本部分主要起草人：姚刚、陈国洲、吴通华、郑小江、侯小凡、岳嵩、黄浩声。

本部分 2014 年 9 月首次发布，2018 年 12 月第一次修订。

本部分在执行过程中的意见或建议反馈至国家电网有限公司科技部。

智能变电站220kV～750kV线路保护采购标准
第1部分：通用技术规范

1 范围

本部分规定了智能变电站220kV～750kV线路保护采购标准招标的总则、技术参数和性能要求、试验、包装、运输、交货及工厂检验和监造的一般要求。

本部分适用于智能变电站220kV～750kV线路保护招标。

2 规范性引用文件

下列文件对于本文件的应用是必不可少的。凡是注日期的引用文件，仅注日期的版本适用于本文件。凡是不注日期的引用文件，其最新版本（包括所有的修改单）适用于本文件。

GB/T 191 包装储运图示标志

GB/T 2423（所有部分）电工电子产品环境试验

GB/T 7261 继电保护和安全自动装置基本试验方法

GB/T 11287 电气继电器 第21部分：量度继电器和保护装置的振动、冲击、碰撞和地震试验 第1篇：振动试验（正弦）

GB/T 14285 继电保护和安全自动装置技术规程

GB/T 14537 量度继电器和保护装置的冲击与碰撞试验

GB/T 14598.3 电气继电器 第5部分：量度继电器和保护装置的绝缘配合要求和试验

GB/T 14598.9 量度继电器和保护装置 第22-3部分：电气骚扰试验 辐射电磁场抗扰度

GB/T 14598.10 量度继电器和保护装置 第22-4部分：电气骚扰试验 电快速瞬变/脉冲群抗扰度试验

GB/T 14598.13 电气继电器 第22-1部分：量度继电器和保护装置的电气骚扰试验 1MHz脉冲群抗扰度试验

GB/T 14598.14 量度继电器和保护装置 第22-2部分：电气骚扰试验 静电放电试验

GB/T 14598.17 电气继电器 第22-6部分：量度继电器和保护装置的电气骚扰试验——射频场感应的传导骚扰抗扰度

GB/T 14598.18 量度继电器和保护装置 第22-5部分：电气骚扰试验 浪涌抗扰度试验

GB/T 14598.19 电气继电器 第22-7部分：量度继电器和保护装置的电气骚扰试验——工频抗扰度试验

GB/T 15145 输电线路保护装置通用技术条件

GB/T 17626.1 电磁兼容 试验和测量技术 抗扰度试验总论

GB/T 17626.2 电磁兼容 试验和测量技术 静电放电抗扰度试验

GB/T 17626.3 电磁兼容 试验和测量技术 射频电磁场辐射抗扰度试验

GB/T 17626.4 电磁兼容 试验和测量技术 电快速瞬变脉冲群抗扰度试验

GB/T 17626.5 电磁兼容 试验和测量技术 浪涌（冲击）抗扰度试验

GB/T 17626.6 电磁兼容 试验和测量技术 射频场感应的传导骚扰抗扰度

GB/T 17626.8 电磁兼容 试验和测量技术 工频磁场抗扰度试验

GB/T 17626.9　电磁兼容　试验和测量技术　脉冲磁场抗扰度试验

GB/T 17626.10　电磁兼容　试验和测量技术　阻尼振荡磁场抗扰度试验

GB/T 17626.11　电磁兼容　试验和测量技术　电压暂降、短时中断和电压变化的抗扰度试验

GB/T 17626.12　电磁兼容　试验和测量技术　振荡波抗扰度试验

GB/T 18663.3　电子设备机械结构　公制系列和英制系列的试验　第3部分：机柜、机架和插箱的电磁屏蔽性能试验

GB/T 20840.8　互感器　第8部分：电子式电流互感器

GB/T 22386　电力系统暂态数据交换通用格式

GB/T 25931　网络测量和控制系统的精确时钟同步协议

GB/T 26864　电力系统继电保护产品动模试验

DL/T 478　继电保护及安全自动装置通用技术条件

DL/T 559　220kV～750kV 电网继电保护装置运行整定规程

DL/T 587　微机继电保护装置运行管理规程

DL/T 713　500kV 变电所保护与控制设备抗扰度要求

DL/T 720　电力系统继电保护柜、屏通用技术条件

DL/T 769　电力系统微机继电保护技术导则

DL/T 860（所有部分）　变电站通信网络和系统

DL/T 860.81　变电站通信网络和系统　第8-1部分：特定通信服务映射（SCSM）对 MMS（ISO 9506-1 和 ISO 9506-2）及 ISO/IEC 8802

DL/T 860.92　变电站通信网络和系统　第9-2部分：特定通信服务映射（SCSM）映射到 ISO/IEC 8802-3 的采样值

DL/T 871　电力系统继电保护产品动模试验

DL/T 886　750kV 电力系统继电保护

DL/T 995　继电保护和电网安全自动装置检验规程

DL/T 5136　火力发电厂、变电站二次接线设计技术规程

DL/T 5218　220kV～500kV 变电所设计技术规程

Q/GDW 383　智能变电站技术导则

Q/GDW 414　变电站智能化改造技术规范

Q/GDW 428　智能变电站智能终端技术规范

Q/GDW 441　智能变电站继电保护技术规范

Q/GDW 1140　交流采样测量装置运行检验管理规程

Q/GDW 1161　线路保护及辅助装置标准化设计规范

Q/GDW 1396　IEC 61850 工程继电保护应用模型

Q/GDW 1426　智能变电站合并单元技术规范

Q/GDW 1430　智能变电站智能控制柜技术规范

Q/ GDW 1808　智能变电站继电保护通用技术条件

Q/GDW 10393　110（66）kV～220kV 智能变电站设计规范

Q/GDW 10394　330kV～750kV 智能变电站设计规范

Q/GDW 11010　继电保护信息规范

Q/GDW 13001—2014　高海拔外绝缘配置技术规范

3　术语和定义

下列术语和定义适用于本文件。

3.1

招标人　bidder

提出招标项目，进行招标的法人或其他组织。

3.2

投标人　tenderer

响应招标、参加投标竞争的法人或者其他组织。

3.3

卖方　seller

提供本部分货物和技术服务的法人或其他组织，包括其法定的承继者。

3.4

买方　buyer

购买本部分货物和技术服务的法人或其他组织，包括其法定的承继者和经许可的受让人。

4　总则

4.1　一般性要求

4.1.1　卖方提供的智能变电站继电保护及相关设备应符合 Q/GDW 441 的要求。

智能变电站继电保护与站控层信息交互采用 DL/T 860，跳合闸命令和联闭锁信息可通过直接电缆连接或 GOOSE 机制传输。卖方提供的继电保护及相关设备所采用的技术应遵循 Q/GDW 441 及本部分中与之对应的部分。

4.1.2　卖方提供的变电站继电保护及相关设备应符合 Q/GDW 1161 的要求。

变电站继电保护装置的动作信息、告警信息、状态变位信息、中间节点信息、日志记录、人机界面信息等信息输出符合 Q/GDW 11010 的要求。

4.1.3　本部分提出的是最低限度的要求，并未对一切技术细节作出规定，也未充分引述有关标准的条文，投标人应提供符合本部分和工业标准的优质产品。

4.1.4　如果投标人没有以书面形式对本部分的条文提出异议，则表示投标人提供的设备完全符合本部分的要求。如有异议，应在报价书中以"对规范书的意见和同规范书的差异"为标题的专门章节中加以详细描述。

4.1.5　本部分所使用的标准如遇与投标人所执行的标准不一致按较高的标准执行。

4.1.6　本部分经招、投标双方确认后作为订货合同的技术附件，与合同正文具有同等效力。

4.2　卖方职责

卖方的工作范围应包括下列内容，但不仅仅限于此内容：

a）　提供标书内所有设备及设计说明书及制造方面的说明；

b）　提供国家或电力行业级检验检测机构出具的型式试验报告、动模试验报告和 DL/T 860 的一致性测试报告，以便确认供货设备能否满足所有的性能要求；

c）　提供与投标设备版本相符的安装及使用说明书；

d）　提供试验和检验的标准，包括试验报告和试验数据；

e）　提供图纸，制造和质量保证过程的一览表以及标书规定的其他资料；

f）　提供设备管理和运行所需有关资料；

g）　所提供设备应发运到规定的目的地；

h）　在更换所用的准则、标准、规程或修改设备技术数据时，卖方应接受买方的选择；

i）　现场服务。

4.3　应满足的标准

装置至少应满足 GB/T 191、GB/T 2423（所有部分）、GB/T 7261、GB/T 11287、GB/T 14285、GB/T

14537、GB/T 14598.3、GB/T 14598.9、GB/T 14598.10、GB/T 14598.13、GB/T 14598.14、GB/T 14598.17、GB/T 14598.18、GB/T 14598.19、GB/T 18663.3、GB/T 20840.8、GB/T 15145、GB/T 17626.1、GB/T 17626.2、GB/T 17626.3、GB/T 17626.4、GB/T 17626.5、GB/T 17626.6、GB/T 17626.8、GB/T 17626.9、GB/T 17626.10、GB/T 17626.11、GB/T 17626.12、GB/T 22386、GB/T 25931、GB/T 26864、DL/T 478、DL/T 559、DL/T 587、DL/T 713、DL/T 720、DL/T 769、DL/T 860（所有部分）、DL/T 860.81、DL/T 860.92、DL/T 871、DL/T 886、DL/T 995、DL/T 5136、DL/T 5218、Q/GDW 383 、Q/GDW 414、Q/GDW 428、Q/GDW 441、Q/GDW 1140、Q/GDW 1161、Q/GDW 1396、Q/GDW 1426、Q/GDW 1430、Q/ GDW 1808、Q/GDW10393、Q/GDW 10394、Q/GDW 11010、Q/GDW 13001—2014 中所列标准的最新版本要求，但不限于上述所列标准。

4.4 应满足的文件

该类设备技术标准应满足国家法律法规及国家电网有限公司标准化成果中相关条款要求。下列文件中相应的条款规定均适用于本文件，其最新版本（包括所有的修改单）适用于本文件。包括：

a) 《电力监控系统安全防护规定》；

b) 《国家电网有限公司十八项电网重大反事故措施（2018 年修订版）》；

c) 《国家电网有限公司输变电工程通用设计》；

d) 《国家电网公司关于加快推进电力监控系统网络安全管理平台建设的通知》；

e) 《国家电网继电保护柜、屏制造规范》。

5 技术参数和性能要求

5.1 使用环境条件环境参数要求

5.1.1 设备储存温度：－25℃～＋70℃。

5.1.2 设备工作温度：－10℃～＋55℃。

5.1.3 大气压力：80kPa～106kPa。

5.1.4 相对湿度：5%～95%。

5.1.5 抗地震能力：地面水平加速度 0.3g，垂直加速度 0.15g，同时作用。

5.2 保护装置额定参数

5.2.1 额定直流电源：220V/110V。

5.2.2 模拟量输入：额定交流电流，5A/1A；额定交流电压，100V/$\sqrt{3}$（相电压）、100V（线电压）、300V（开口三角电压）。

5.2.3 数字量输入：额定电流，01CFH 或 00E7H；额定电压，2D41H。

5.2.4 额定频率：50Hz。

5.2.5 打印机工作电源：交流 220V、50Hz。

5.3 装置功率消耗

5.3.1 装置交流消耗：交流电流回路功率消耗每相不大于 0.5VA（I_N=1A）或 1VA（I_N=5A），交流电压回路功率消耗（额定电压下）每相不大于 0.5VA。卖方投标时必须提供确切数值。

5.3.2 装置直流消耗：当正常工作时，不大于 50W；当保护动作时，不大于 80W。卖方投标时必须提供确切数值。

5.4 220kV～750kV 线路保护总的技术要求

5.4.1 本节规定了跳合闸命令和联闭锁信息通过 GOOSE 机制传输和（或）电压、电流量通过电子式互感器及 MU 采集的保护设备的技术要求。

通过传统互感器、电缆直接采样的装置，保护装置交流采样及交流二次回路的技术要求，应符合已有的相应规范和标准以及《国家电网有限公司物资采购标准 继电保护及自动装置卷》相关部分要求。

通过电缆直接跳闸装置，装置跳合闸及二次回路的技术要求，应符合已有的相应规范和标准以及《国家电网有限公司物资采购标准 继电保护及自动装置卷》相关部分要求。

5.4.2 环境温度在－10℃～＋55℃时，装置应能满足本部分所规定的精度。

5.4.3 220kV 及以上电压等级线路保护系统应遵循双重化配置原则，每套保护系统装置功能独立完备、安全可靠，具体要求如下：

a) 每套完整、独立的保护装置应能处理可能发生的所有类型的故障。两套保护之间不应有任何电气联系，当一套保护异常或退出时不应影响另一套保护的运行。

b) 两套保护的电压（电流）采样值应分别取自相互独立的 MU。

c) 双重化配置保护使用的 GOOSE 网络应遵循相互独立的原则，当一个网络异常或退出时不应影响另一个网络的运行。

d) 两套保护的跳闸回路应与两个智能终端分别一一对应；两个智能终端应与断路器的两个跳闸线圈分别一一对应。

e) 双重化的两套保护及其相关设备（电子式互感器、MU、智能终端、网络设备、跳闸线圈等）的直流电源应一一对应。

f) 双重化配置的保护应使用主、后一体化的保护装置。

5.4.4 除出口继电器外，装置内的任一元件损坏时，装置不应误动作跳闸。

5.4.5 保护装置不应依赖于外部对时系统实现其保护功能。

5.4.6 330kV 及以上电压等级过程层 GOOSE 网络、站控层 MMS 网络应完全独立，220kV 电压等级过程层 SV 与 GOOSE 共网，过程层网络和站控层网络应完全独立。

5.4.7 保护装置、智能终端等智能电子设备间的相互启动、相互闭锁、位置状态等交换信息通过 GOOSE 网络传输，双重化配置的保护之间不直接交换信息。

5.4.8 双母线电压切换功能可由合并单元分别实现。

5.4.9 3/2 断路器接线形式，2 个断路器的电流 MU 分别接入保护装置，电压 MU 单独接入保护装置。

5.4.10 220kV 及以上线路按双重化配置保护装置，每套保护包含完整的主、后备保护功能。

5.4.11 线路过电压及远跳就地判别功能应集成在线路保护装置中，站内其他装置启动远跳经 GOOSE 网络启动。

5.4.12 线路保护直接采样，直接跳断路器；经 GOOSE 网络启动断路器失灵、重合闸。

5.4.13 保护装置采样同步应由保护装置实现，装置 SV 采样值接口在工程应用时应能灵活配置。

5.4.14 保护装置应自动补偿电子式互感器的采样响应延迟，当响应延时发生变化时应闭锁采自不同 MU 且有采样同步要求的保护。保护装置的采样输入接口数据的采样频率宜为 4000Hz。

5.4.15 保护装置的交流量信息应具备自描述功能。

5.4.16 保护装置应处理 MU 上送的数据品质位（无效、检修等），及时准确提供告警信息。在异常状态下，利用 MU 的信息合理地进行保护功能的退出和保留，瞬时闭锁可能误动的保护，延时告警，并在数据恢复正常之后尽快恢复被闭锁的保护功能，不闭锁与该异常采样数据无关的保护功能。接入两个及以上 MU 的保护装置应按 MU 设置"SV 接收"软压板。

5.4.17 当采用电子式互感器时，保护装置应针对电子式互感器特点优化相关保护算法，提高保护性能。

5.4.18 保护装置应采取措施，防止输入的双 A/D 数据之一异常时误动作。

5.4.19 保护装置只设"远方操作"和"保护检修状态"硬压板，保护功能投退不设硬压板，如下：

a) "远方操作"只设硬压板。"远方投退压板""远方切换定值区"和"远方修改定值"只设软压板，只能在装置本地操作，三者功能相互独立，分别与"远方操作"硬压板采用"与门"逻辑。当"远方操作"硬压板投入后，上述三个软压板远方功能才有效；

b) "保护检修状态"只设硬压板，当该压板投入时，保护装置报文上送带品质位信息。"保护检修状态"硬压板遥信不置检修标志；保护装置应有明显显示（面板指示灯和界面显示）。参数、配置文件仅在检修压板投入时才可下装，下装时应闭锁保护。

5.4.20 保护装置应同时支持 GOOSE 点对点和网络方式传输，传输协议遵循 DL/T 860.81。

5.4.21 保护装置采样值接口和 GOOSE 接口数量应满足工程的需要。

5.4.22 保护装置应具备 MMS 接口与站控层设备通信。保护装置向站控层提供的信息符合 Q/GDW 1396。

5.4.23 保护装置的交流电流、交流电压及保护设备参数的显示、打印、整定可支持一次值，上送信息应采用一次值。

5.4.24 保护装置内部 MMS 接口、GOOSE 接口、SV 接口应采用相互独立的数据接口控制器接入网络。

5.4.25 保护装置应具备通信中断、异常等状态的检测和告警功能。装置应提供装置故障（含失电）无源触点输出。

5.4.26 保护装置宜通过 IRIG－B（DC）码对时，也可采用 GB/T 25931 进行网络对时，对时精度应满足要求。

5.4.27 对保护装置 ICD 文件与 CID 文件的要求如下：
a) ICD、CID 文件符合统一的模型要求，适用于通用的配置工具和静态检测、分析软件；
b) ICD 文件应完整描述 IED 提供的数据模型及服务，采用模块化设计，包含版本信息；
c) CID 文件应完整描述本 IED 的实例化信息，应包含版本信息。

5.4.28 保护装置信息交互要求如下：
a) 智能变电站继电保护应满足运行维护、监视控制及无人值班、智能电网调度等信息交互的要求。
b) 继电保护设备应该支持在线和离线获取模型，离线获取和在线召唤的模型应保持一致。定值模型应包含描述、定值单位、定值上限、定值下限等信息。
c) 继电保护设备应将检修压板状态上送站控层。当继电保护设备检修压板投入时，上送报文中信号的品质 q 的"Test 位"应置位。
d) 继电保护设备应支持取代服务，取代数据的上送报文中，信号的品质 q 的"取代位"应置位。
e) 继电保护设备应能够支持不小于 16 个客户端的 TCP/IP 访问连接，应能够支持 10 个报告实例。

5.4.29 保护装置交互信息内容如下：
a) 继电保护设备应支持上送采样值、开关量、压板状态、设备参数、定值区号及定值、自检信息、异常告警信息、保护动作事件及参数（故障相别、跳闸相别和测距）、录波报告信息、装置硬件信息、装置软件版本信息、装置日志信息等数据；
b) 继电保护设备主动上送的信息应包括开关量变位信息、异常告警信息和保护动作事件信息等；
c) 继电保护设备应支持远方投退压板、修改定值、切换定值区、设备复归功能，并具备权限管理功能；
d) 继电保护设备的自检信息应包括硬件损坏、功能异常、与过程层设备通信状况等；
e) 继电保护设备应支持远方召唤至少最近 8 次录波报告的功能。

5.4.30 雷击过电压、一次回路操作、系统故障及其他强干扰作用下，不应误动和拒动。保护装置静电放电试验、快速瞬变干扰试验、高频干扰试验、脉冲群干扰试验、辐射电磁场干扰试验、冲击电压试验和绝缘试验应符合本部分的相关标准。装置调试端口应带有光电隔离装置。

5.4.31 保护柜中的插件应接触可靠，并且有良好的互换性，以便检修时能迅速更换。

5.4.32 保护装置应具有直流电源快速小开关，与保护装置安装在同一柜上。保护装置的逻辑回路应由独立的直流/直流变换器供电。直流电压消失时，保护装置不应误动作。直流电源电压在 80%～115%额定值范围内变化时，保护装置应正确工作。在直流电源恢复（包括缓慢地恢复）到 80%U_N 时，直流逆变电源应能自动启动。直流电源纹波系数小于或等于 5%时，保护装置应正确工作。拉合直流电源以及插拔熔丝发生重复击穿火花时，保护装置不应误动作。直流电源回路出现各种异常情况（如短路、断线、接地等）时保护装置不应误动作。

5.4.33 所提供保护设备的软件版本及校验码应与买方进行确认，并提供配套的使用说明书和相关的定值清单。

5.5 线路光纤差动保护装置具体要求

5.5.1 线路光纤差动保护装置的保护配置

5.5.1.1 保护装置应是微机型的，光纤电流差动的电流、电压采样频率不应小于 20 点/周波并具有打印机接口及液晶显示器。保护装置具有检查自身故障的功能及人机对话的功能。

5.5.1.2 每面光纤分相电流差动保护屏含一套光纤分相电流差动主保护，并配置三段式相间距离保护、三段式接地距离保护、二段式零序保护、可选配一段零序反时限过流保护、三相不一致保护、过流过负荷功能和过电压及远方跳闸保护作为后备保护，可选择适用于电铁钢厂等冲击性负荷的线路，可选择适用于 3/2 断路器接线方式。具有选相功能的零差保护作为后备保护，以保证高电阻接地故障时能可靠地有选择地切除故障。优先采用主保护、后备保护一体化的微机型继电保护装置，保护应能反映被保护设备的各种故障及异常状态。

5.5.2 光纤差动保护通道设备的要求

5.5.2.1 保护装置信号传输采用光纤通道，采用光纤通道时，短线、支线优先采用专用光纤。采用复用光纤时，优先采用 2Mbit/s 数字接口。对光纤通道的误码应有可靠的防护措施，确保通道传输发生误码时（误码率低于 10^{-6}），保护应能正常工作。保护室光配线柜至保护柜、通信机房光配线柜至接口柜均应使用尾缆连接。尾缆应使用 ST 或 FC 型连接器与设备连接。光缆通过光配线柜转接。

5.5.2.2 当同一线路的两套光纤电流差动保护均复用通信 2Mbit/s 光纤数字通道时，在通信室至少应配置 2 面光电转换接口屏，同一线路的两套保护的通信接口装置应安装在不同屏上；同一机柜不得安装超过 8 条线路的继电保护专用光电转换接口装置设备。线路纵联电流差动保护通道的收发时延应相同。双重化配置的远方跳闸保护，其通信通道应相互独立；线路纵联保护采用数字通道的，远方跳闸命令宜经线路纵联保护传输。2Mbit/s 数字接口装置与通信设备采用 75Ω 同轴电缆不平衡方式连接。

5.5.2.3 安装在通信机房的每个继电保护通信接口设备的直流电源均取自通信专业的直流电源，并与所接入通信设备的直流电源相对应，采用 −48V 电源，该电源的正端应连接至通信机房的接地铜排。

5.5.2.4 保护屏和通信接口屏均应带有光纤接线盒。

5.5.2.5 保护与光电转换及数字接口的连接要求采用单模光纤连接，光纤的结构应适合于电缆沟道敷设，应具有非金属、防水、阻燃、防鼠咬等的功能。

5.5.3 线路光纤差动保护装置的保护功能

5.5.3.1 线路两侧纵联电流差动保护装置应互相传输可供用户整定的通道识别码，并对通道识别码进行校验，校验出错时告警并闭锁差动保护。

5.5.3.2 纵联电流差动保护装置应具有通道监视功能，如实时记录并累计丢帧、错误帧等通道状态数据，通道严重故障时告警，且不引起保护误动。

5.5.3.3 纵联电流差动保护装置宜具有监视光纤接口接收信号强度功能。

5.5.3.4 纵联电流差动保护两侧差动保护压板不一致时发告警信号。

5.5.3.5 纵联电流差动保护两侧启动元件和本侧差动元件同时动作才允许差动保护出口。线路两侧的纵联电流差动保护装置均应设置本侧独立的电流启动元件，必要时可用交流电压量和跳闸位置触点等作为辅助启动元件，但应考虑在 TV 断线时对辅助启动元件的影响，差动电流不能作为装置的启动元件。

5.5.3.6 线路在空负荷、轻负荷、满负荷条件下，在保护范围内发生金属性或非金属性的各种故障（包括单相接地、两相接地、相间短路、三相短路、非全相运行故障及转移故障）时，主保护应能无时限可靠快速动作，并能适应平行线路。

5.5.3.7 保护应带有完善的反应相间故障及接地故障的后备保护，后备保护应分别配置三段式相间距离保护、三段式接地距离保护、二段式零序电流保护和可选配的一段零序反时限过流保护。还应配置可选配的三相不一致保护、过流过负荷功能和过电压及远方跳闸保护，可选择适用于电铁钢厂等冲击性负荷的线路，可选择适用于 3/2 断路器接线方式。

5.5.3.8 线路保护装置需考虑线路分布电容、并联电抗器、变压器（励磁涌流）等所产生的暂态及稳态过程的谐波分量和直流分量的影响，有抑制这些分量的措施。

5.5.3.9 对重负荷、长距离的联络线路，保护应考虑振荡、长线路充电电容效应、并联电抗器电磁暂态特性等因素的影响。

5.5.3.10 振荡闭锁要求如下：

　　a）　系统发生全相或非全相振荡，振荡中又有区外故障，保护装置不应误动作跳闸；

　　b）　系统在全相或非全相振荡过程中，被保护线路如发生各种类型的不对称故障，保护装置应有选择性地动作跳闸，纵联保护仍应快速动作；

　　c）　系统在全相振荡过程中发生三相故障（不考虑故障在振荡中心），保护装置应可靠动作跳闸，并允许带短延时。

5.5.3.11 断路器动作时的反应。当手动合闸或自动重合于故障线路时，保护应加速三相跳闸，且不再重合；合于无故障线路上时，保护应可靠不动作。对于线—线串接线方式，中间断路器合闸时，仅加速合闸线路，不加速正常运行线路，此加速功能由线路保护不借助外部信号下实现。

5.5.3.12 保护装置在各种工作环境下，应能耐受雷击过电压、一次回路操作、开关场故障及其他电磁干扰作用，不应误动或拒动。

5.5.3.13 选择故障相的功能。主保护应有独立的选相功能，选相元件应保证在各种故障条件下正确选择故障相，非故障相选相元件不应误动。

5.5.3.14 装置应具有单相和三相跳闸逻辑回路，线路一相跳开后，再故障应跳三相。3/2断路器接线的断路器重合闸，先合闸断路器合于永久性故障，线路保护均加速动作，发三相跳闸（永跳）命令。

5.5.3.15 线路保护对于线路两侧电流互感器的特性及变比不完全一致的情况，电流差动保护应考虑相应的解决措施。在电流互感器饱和时，区内故障不应导致电流差动保护拒动，区外故障不应导致电流差动保护误动。

5.5.3.16 对保护范围外故障的反应。在保护范围外部故障时，保护不应误动。外部故障切除、外部故障转换、故障功率倒向及系统操作等情况下，保护不应误动。

5.5.3.17 被保护线路在各种运行条件下进行各种正常的倒闸操作时，保护装置不得误发跳闸命令。

5.5.3.18 接地后备保护应保证在接地电阻不大于下列数值时，有尽可能强的选相能力，并能正确动作跳闸：220kV线路，100Ω；330kV线路，150Ω；500kV线路，300Ω；750kV线路，400Ω。

5.5.3.19 距离保护的超越问题。距离保护应具有速动段，它在各种故障情况下的暂态和稳态超越应小于5%整定值。

5.5.3.20 距离保护的测量元件。距离继电器各段相间和接地故障均有不同的测量元件，并能同时进行测量。

5.5.3.21 距离继电器的记忆时间。距离继电器的记忆时间应大于100ms，以保证在发生内部故障或出口反向故障时能正确动作。

5.5.3.22 电流差动保护系统应能为相间故障、接地故障及其混合性故障提供完整的保护。电流差动保护应符合作为快速主保护的要求。

5.5.3.23 本线或相邻线路装有串联补偿电容时，应考虑串补电容对保护的影响。

5.5.3.24 弱馈线路的保护。保护装置应具有弱馈线路保护功能。

5.5.3.25 线路保护装置不应由于互感器的暂态影响而误动作。

5.5.3.26 电流互感器的监视回路。当一相或两相交流电流断线时，应能告警，并可通过保护内部控制字的设置决定是否跳闸。"TA断线闭锁差动"控制字投入后，纵联电流差动保护只闭锁断线相。

5.5.3.27 电压互感器的监视回路。保护装置应设有电压互感器监视回路，以防止保护在电压互感器二次回路断开、短路、电压自动空气开关断开等引起误动作。在电压输入回路故障时，应闭锁会误动作的保护并发出告警信号。

5.5.3.28　测距功能。主保护装置应带有故障测距的功能，测量误差应小于线路全长的3%（金属性故障）。

5.5.3.29　保护装置输出触点应满足控制2台断路器的要求。保护装置输出触点要求如下：

  a)　智能化装置GOOSE保护出口

   1)　分相跳闸；

   2)　分相启动失灵（3/2断路器接线时，同时启动重合闸）；

   3)　永跳（若有4)项时、无此项）；

   4)　闭锁重合闸（若有3)项时、无此项）；

   5)　三相不一致跳闸（适用于集成三相不一致功能，可选）；

   6)　重合闸（适用于集成重合闸功能，可选）。

  b)　智能化装置GOOSE信号输出

   1)　远传1开出；

   2)　远传2开出；

   3)　过电压远跳发信；

   4)　保护动作；

   5)　通道一告警；

   6)　通道二告警；

   7)　通道故障；

   8)　过负荷告警。

  c)　智能化装置信号触点输出

   1)　运行异常（含TV、TA断线等，至少1组不保持）

   2)　装置故障告警（至少1组不保持）。

5.5.4　重合闸的技术要求

5.5.4.1　自动重合闸的要求

自动重合闸由保护启动，也可由位置不对应启动。

自动重合闸由分相和三相跳闸启动回路启动。三相自动重合闸应有同期检查和无电压检查。

5.5.4.2　重合闸闭锁方式

重合闸应有外部闭锁重合闸的输入回路，用于在手动跳闸、手动合闸、母线故障、断路器失灵、延时段保护动作、断路器操作压力降低等情况下接入闭锁重合闸接点（或GOOSE信号）。

三相重合闸元件启动后，应闭锁单相重合闸时间元件。

5.5.4.3　重合闸方式要求如下：

  a)　当不使用用于重合闸检线路侧电压和检同期的电压元件时，TV断线不应报警；

  b)　检同期重合闸所采用的线路电压应该是自适应的，用户可自行选择任意相间或相电压；

  c)　不设置"重合闸方式转换开关"，自动重合闸仅设置"停用重合闸"功能压板，重合闸方式通过控制字实现，其定义见表1

表1　重合闸方式

重合闸方式	整定方式	备　　注
单相重合闸	0，1	单相跳闸单相重合闸方式
三相重合闸	0，1	含有条件的特殊重合方式
禁止重合闸	0，1	仅放电，禁止本装置重合，不沟通三跳
停用重合闸	0，1	既放电，又闭锁重合闸，并沟通三跳

  d)　单相重合闸、三相重合闸、禁止重合闸和停用重合闸有且只能有一项置"1"，如不满足此要求，

保护装置应报警并按停用重合闸处理。

5.5.4.4 重合闸时间

单相重合闸和三相重合闸时间，应可分别调整，时间范围为 0.1s～10s，级差为 0.1s（或更小）。

重合闸动作后，在整组复归前，应保持送给保护准备三跳的信号。

5.5.5 装置 MMS、SV、GOOSE 接口要求

装置应具备站控层 MMS 接口至少 2 个；对采用 MU 数字量输入装置，应具备 SV（采样值）点对点接口至少 3 个；对采用过程层 GOOSE 的装置，应具备 GOOSE 组网接口至少 1 个，点对点接口至少 2 个。装置具体接口数量，买方在设计联络阶段确认。

5.6 线路纵联距离（方向）保护装置具体要求

5.6.1 线路纵联距离（方向）保护配置

5.6.1.1 保护装置应是微机型的，纵联距离（方向）的电流、电压采样频率不应小于 20 点/周波并具有打印机接口及液晶显示器。保护装置具有检查自身故障的功能及人机对话的功能。每面纵联距离（方向）屏含一套纵联距离（方向）作为主保护，并配置三段式相间距离保护、三段式接地距离保护、二段式零序保护，和可选配的一段零序反时限过流保护、三相不一致保护、过流过负荷功能和过电压及远方跳闸保护作为后备保护，并可选择适用于电铁钢厂等冲击性负荷的线路，可选择适用于 3/2 断路器接线方式。

5.6.1.2 保护应能适应各种保护通道，保护信号能可靠传送到对侧。通道形式如下：

a) 专用收发信机（以下简称收发信机）。高频收发信机技术指标满足《继电保护专用电力线载波收发信机技术条件》的要求。收发信机应设有远方启动发信的回路。具体要求如下：

1) 收发信机应有远方启动发信的回路，并能手动复归。

2) 收发信机应有外部控制发信或停信回路，以便于本侧其他保护动作后使对端保护加速跳开断路器。

3) 收发信机应有开环和闭环进行通道检查的回路和相应的逻辑回路，并具有自检回路及装置异常告警回路。

4) 高频保护收发信机的高频录波量不允许直接并接在高频通道上，设有收信输出至故障录波的引出端，并与故障录波相匹配。收发信机具有供录波使用的收信输出触点。

5) 在收发信机的功率放大、电源、高频通道输入等回路不设置过负荷、过电压等保护性措施，以防止系统异常、故障时，收发信机不能正常工作。

6) 高频保护收发信机包括远切发信机的直流电压输入必须经过抗干扰滤波器。

7) 对高频闭锁距离（方向）保护，"其他保护停信"回路应直接接入保护装置，而不应接入收发信机。保护与收发信机的配合宜采用单接点启信方式。

b) 光纤通道。光纤距离（方向）保护的信号交换宜采用允许式。短线、支线优先采用专用光纤。采用复用光纤时，优先采用 2Mbit/s 数字接口。对光纤通道的误码应有可靠的防护措施，确保通道传输发生误码时（误码率低于 10^{-6}），保护应能正常工作。保护室光配线柜至保护柜、通信机房光配线柜至接口柜均应使用尾缆连接。尾缆应使用 ST 或 FC 型连接器与设备连接。光缆通过光配线柜转接。

当同一线路的两套纵联距离（方向）保护均复用通信 2Mbit/s 光纤数字通道时，在通信室至少应配置 2 面光电转换接口屏，同一线路的两套保护的通信接口装置应安装在不同屏上；同一机柜不得安装超过 8 条线路的继电保护专用光电转换接口装置设备。双重化配置的远方跳闸保护，其通信通道应相互独立；线路纵联保护采用数字通道的，远方跳闸命令宜经线路纵联保护传输。2Mbit/s 数字接口装置与通信设备采用 75Ω 同轴电缆不平衡方式连接。

安装在通信机房的每个继电保护通信接口设备的直流电源均取自通信专业的直流电源，并与所接入通信设备的直流电源相对应，采用 -48V 电源，该电源的正端应连接至通信机房的接

地铜排。

通信机房的光电转换接口柜尺寸为 2260mm×600mm×600mm，光电转换接口屏内每个光电转换装置分别引入 1 路蓄电池通信直流电源，直流电源开关的报警触点引至监控系统。各光电接线盒失电、故障信号引至端子排。保护屏和通信接口屏均应带有光纤接线盒。

5.6.2 线路纵联距离（方向）保护功能

5.6.2.1 保护装置中的零序功率方向元件应采用自产零序电压。纵联零序方向保护不应受零序电压大小的影响，在零序电压较低的情况下应保证方向元件的正确性。

5.6.2.2 在平行双回或多回有零序互感关联的线路发生接地故障时，应防止非故障线路零序方向保护误动作。

5.6.2.3 纵联距离（方向）保护应具备弱馈功能，在正、负序阻抗过大，或两侧零序阻抗差别过大的情况下，允许纵续动作。

5.6.2.4 线路在空负荷、轻负荷、满负荷条件下，在保护范围内发生金属性或非金属性的各种故障（包括单相接地、两相接地、相间短路、三相短路、非全相运行故障及转移故障）时，主保护应能无时限可靠快速动作，并能适应平行线路。

5.6.2.5 保护应带有完善的反应相间故障及接地故障的后备保护，后备保护应分别配置三段式相间距离保护、三段式接地距离保护和二段式零序电流保护及可选配的一段零序反时限过流保护。还应配置可选配的三相不一致保护、过流过负荷功能和过电压及远方跳闸保护，并可选择适用于电铁钢厂等冲击性负荷的线路，可选择适用于 3/2 断路器接线方式。

5.6.2.6 线路保护装置需考虑线路分布电容、并联电抗器、变压器（励磁涌流）等所产生的暂态及稳态过程的谐波分量和直流分量的影响，有抑制这些分量的措施。

5.6.2.7 对重负荷、长距离的联络线路，保护应考虑振荡、长线路充电电容效应、并联电抗器电磁暂态特性等因素的影响。

5.6.2.8 振荡闭锁要求如下：

a) 系统发生全相或非全相振荡，振荡中又有区外故障，保护装置不应误动作跳闸；

b) 系统在全相或非全相振荡过程中，被保护线路如发生各种类型的不对称故障，保护装置应有选择性地动作跳闸，纵联保护仍应快速动作；

c) 系统在全相振荡过程中发生三相故障（不考虑故障在振荡中心），保护装置应可靠动作跳闸，并允许带短延时。

5.6.2.9 断路器动作时的反应。当手动合闸或自动重合于故障线路时，保护应加速三相跳闸，且不再重合；合于无故障线路上时，保护应可靠不动作。对于线—线串接线方式，中间断路器合闸时，仅加速合闸线路，不加速正常运行线路，此加速功能由线路保护在不借助外部信号下实现。

5.6.2.10 保护装置在各种工作环境下，应能耐受雷击过电压、一次回路操作、开关场故障及其他电磁干扰作用，不应误动或拒动。

5.6.2.11 选择故障相的功能。主保护应有独立的选相功能，选相元件应保证在各种故障条件下正确选择故障相，非故障相选相元件不应误动。

5.6.2.12 对装有串联补偿电容的线路，应考虑串补电容对保护的影响。

5.6.2.13 装置应具有单相和三相跳闸逻辑回路，线路一相跳开后，再故障应跳三相。3/2 断路器接线的断路器重合闸，先合闸断路器合于永久性故障，线路保护均加速动作，发三相跳闸（永跳）命令。5.6.2.13 对保护范围外故障的反应。在保护范围外部故障时，保护不应误动。外部故障切除、外部故障转换、故障功率倒向及系统操作等情况下，保护不应误动。

5.6.2.14 被保护线路在各种运行条件下进行各种正常的倒闸操作时，保护装置不得误发跳闸命令。

5.6.2.15 接地后备保护应保证在接地电阻不大于下列数值时，有尽可能强的选相能力，并能正确动作跳闸：220kV 线路，100Ω；330kV 线路，150Ω；500kV 线路，300Ω；750kV 线路，400Ω。

5.6.2.16 距离保护的超越问题。距离保护应具有速动段，它在各种故障情况下的暂态和稳态超越应小于 5%整定值。

5.6.2.17 距离保护的测量元件。距离继电器各段相间和接地故障均有不同的测量元件，并能同时进行测量。

5.6.2.18 距离继电器的记忆时间。距离继电器的记忆时间应大于 100ms，以保证在发生内部故障或出口反向故障时能正确动作。

5.6.2.19 弱馈线路的保护。保护装置应具有弱馈线路保护功能。

5.6.2.20 线路保护装置不应由于互感器的暂态影响而误动作。

5.6.2.21 测距功能。主保护装置应带有故障测距的功能，测量误差应小于线路全长的 3%（金属性故障）。

5.6.2.22 保护装置输出触点应满足控制 2 台断路器的要求。保护装置输出触点要求如下：

a) 智能化装置 GOOSE 保护出口

1) 分相跳闸；

2) 分相启动失灵（3/2 断路器接线时，同时启动重合闸）；

3) 永跳（若有 4）项时、无此项）；

4) 闭锁重合闸（若有 3）项时、无此项）；

5) 三相不一致跳闸（适用于集成三相不一致功能，可选）；

6) 重合闸（适用于集成重合闸功能，可选）。

b) 智能化装置 GOOSE 信号输出

1) 远传 1 开出；

2) 远传 2 开出；

3) 过电压远跳发信；

4) 保护动作；

5) 通道一告警；

6) 通道二告警；

7) 通道故障；

8) 过负荷告警。

c) 智能化装置信号触点输出

1) 发信或分相发信；

2) 过电压远跳发信（适用于载波通道并集成过电压及远方跳闸保护，可选）；

3) 运行异常（含 TV、TA 断线等，至少 1 组不保持）；

4) 装置故障告警（至少 1 组不保持）。

5.6.3 重合闸的技术要求

5.6.3.1 自动重合闸的要求。自动重合闸由保护启动，也可由位置不对应启动。自动重合闸由分相和三相跳闸启动回路启动。三相自动重合闸应有同期检查和无电压检查。

5.6.3.2 重合闸闭锁方式。重合闸应有外部闭锁重合闸的输入回路，用于在手动跳闸、手动合闸、母线故障、断路器失灵、延时段保护动作、断路器操作压力降低等情况下接入闭锁重合闸接点（或 GOOSE 信号）。三相重合闸元件启动后，应闭锁单相重合闸时间元件。

5.6.3.3 重合闸方式要求如下：

a) 当不使用用于重合闸检线路侧电压和检同期的电压元件时，TV 断线不应报警；

b) 检同期重合闸所采用的线路电压应该是自适应的，用户可自行选择任意相间或相电压；

c) 不设置"重合闸方式转换开关"，自动重合闸仅设置"停用重合闸"功能压板，重合闸方式通过控制字实现，其定义见表 2。

表 2 重 合 闸 方 式

重合闸方式	整定方式	备 注
单相重合闸	0，1	单相跳闸单相重合闸方式
三相重合闸	0，1	含有条件的特殊重合方式
禁止重合闸	0，1	仅放电，禁止本装置重合，不沟通三跳
停用重合闸	0，1	既放电，又闭锁重合闸，并沟通三跳

    d）单相重合闸、三相重合闸、禁止重合闸和停用重合闸有且只能有一项置"1"，如不满足此要求，保护装置应报警并按停用重合闸处理。

5.6.3.4 重合闸的合闸脉冲应有足够的宽度（80ms～120ms），以保证断路器可靠合闸，不会使断路器产生二次重合闸或跳跃现象。

5.6.3.5 重合闸时间。单相重合闸和三相重合闸时间，应可分别调整，时间范围为 0.1s～10s，级差为0.1s（或更小）。重合闸动作后，在整组复归前，应保持送给保护准备三跳的信号。

5.6.4 装置 MMS、SV、GOOSE 接口要求

    装置应具备站控层 MMS 接口至少 2 个；对采用 MU 数字量输入装置，应具备 SV（采样值）点对点接口至少 3 个；对采用过程层 GOOSE 的装置，应具备 GOOSE 组网接口至少 1 个，点对点接口至少2 个。装置具体接口数量，买方在设计联络阶段确认。

5.7 柜结构的技术要求

5.7.1 对智能控制柜，技术要求详见 Q/GDW 430，并遵循以下要求：

    a）控制柜应装有截面为 $100mm^2$ 的铜接地母线，并与柜体绝缘，接地母线末端应装好可靠的压接式端子，以备接到电站的接地网上。柜体应采用双层结构，循环通风；

    b）控制柜内设备的安排及端子排的布置，应保证各套保护的独立性，在一套保护检修时不影响其他任何一套保护系统的正常运行；

    c）控制柜应具备温度、湿度的采集、调节功能，柜内温度控制在－10℃～＋50℃，相对湿度保持在 90%以下，并可上送温度、湿度信息；

    d）控制柜应能满足 GB/T 18663.3 变电站户外防电磁干扰的要求。

5.7.2 对非智能普通屏柜，屏体要求详见《国家电网继电保护柜、屏制造规范》，并遵循已发布的《国家电网有限公司物资采购标准 继电保护及自动装置卷》相关部分规定。

5.7.2.1 微机保护和控制装置的屏柜下部应设有截面积不小于 $100mm^2$ 的铜排（不要求与保护屏绝缘）。

5.7.2.2 保护柜内电压回路每相及 N 相端子均应采用多个连接端子（不少于 3 个）。

5.7.2.3 同一保护柜内若有多路直流电源引入，应接入不同安装单元端子排。

5.7.3 屏柜内部配线、端子排、接地铜排、屏柜上安装辅助设备等应符合相关规程、标准与反事故措施的规定。

6 试验

6.1 工厂试验

    卖方提供的设备试验标准应符合国家、行业及 IEC 的有关标准，并提供每一种型式产品的动模试验报告、型式试验报告和 DL/T 860 一致性测试报告。

    卖方提供的每一套设备出厂之前都应按国家和行业标准以及工厂规定的调试大纲进行出厂检查、性能试验，试验报告应随产品提供。当需做动态模拟试验或数字仿真试验时，模拟系统的接线和参数由卖方与买方在试验前协商确定，按实际系统参数进行试验。

6.2 系统联调试验

卖方应按买方需求配合完成买方组织的保护装置功能验证与系统联调试验。

6.3 现场试验

现场实际设备接入后，应按照DL/T 995的要求，在一次设备不带电和带电试运行时做现场试验，卖方应配合完成保护装置的现场调试及投运试验。现场投运前和试运行中发现的设备缺陷和元件损坏，卖方应及时无偿修理或更换，直至符合本部分要求。

6.4 继电保护专业检测

卖方依据国家电网有限公司继电保护专业检测标准参加继电保护专业检测，并提供每一种型式产品的专业检测报告。

7 技术服务、设计联络、工厂检验和监造

7.1 技术文件

7.1.1 卖方提供的技术文件应提供买方所要求的性能信息，并对其可靠性和一致性负责，卖方所提供的技术文件（包括资料和数据）将成为合同一部分。

7.1.2 卖方应随投标书一起提供一般性技术文件，并且应是与投标产品一致的最新版本，投标时应提供的技术文件如下：

a) 产品的技术说明书；
b) 产品的型式试验报告和动模试验报告；
c) 产品的用户运行证明；
d) 产品的软件版本等。

7.1.3 卖方应在签约后3周内向买方提供设计用的技术文件如下：

a) 产品的技术说明书；
b) 产品及保护屏原理框图及说明，模件或继电器的原理接线图及其工作原理说明；
c) 装置的ICD（IED装置能力描述）文件、保护装置虚端子连接图；
d) 组屏的正面布置图、屏内设备布置图、端子排图及图例说明；
e) 保护屏所用的辅助继电器和选择开关采用的标准；
f) 保护屏的安装尺寸图，包括屏的尺寸和质量、基础螺栓的位置和尺寸等。

7.1.4 签约后双方遵循的原则如下：

a) 在收到买方最终认可图纸前，卖方所购买的材料或制造所发生的费用及其风险全由卖方单独承担；
b) 生产的成品应符合合同的技术规范。买方对图纸的确认并不能解除卖方对其图纸的完善性和准确性应承担的责任；
c) 设计方在收到图纸后3周内返回主要确认意见，并根据需要召开设计联络会。卖方在提供确认图纸时必须提供为审核该图纸所需的资料。买方有权要求卖方对其图纸中的任一装置任一部件作必要修改，在设计图纸完成之前应保留设计方对卖方图纸的其他确认权限，而买方不需承担额外费用。

7.1.5 在收到确认意见后，卖方应在规定时间内向买方提供技术文件如下：

a) 7.1.3所列的修改后的正式技术文件；
b) 保护装置的内部接线图及图例说明，保护屏内部接线图及其说明（包括屏内布置及内部端子排图）；
c) 保护装置的软件版本号和校验码；
d) 产品的使用说明书，包括保护装置的现场调试大纲、整定值表和整定计算说明及计算算例等；
e) 通信规约和解释文本及装置调试软件和后台分析软件，以便与计算机监控系统和继电保护故障

信息系统联调。

7.1.6 设备供货时提供技术文件和资料如下：

    a）　设备的开箱资料清单；

    b）　产品的技术说明书、使用说明书和组屏图纸；

    c）　出厂调试试验报告；

    d）　产品质量检验合格证书；

    e）　合同规定的出厂验收试验报告和动模试验报告和一致性测试报告等；

    f）　保护设备识别代码及出厂信息表。

7.1.7 技术文件的格式和分送要求如下：

    a）　全部图纸应为 A4 幅面，并有完整图标，采用国标单位制；

    b）　提供的技术文件除纸质文件外，还应包括一份电子文档，并提供可供修改的最终图纸电子文件（图形文件能够被 PC 机 AutoCAD for Windows 2000 版支持）。

    c）　技术文件（图纸和资料）分送单位、套数和地址根据项目单位要求提供。

7.2　设计联络会议

7.2.1 若有必要，买方在收到卖方签字的第一批文件后 3 周内将举行设计联络会议。设计联络会议内容如下：

    a）　卖方应对修改后的供确认的资料和图纸进行详细的解释，并应解答买方对这些资料和图纸所提的问题，经过共同讨论，买方给予确认，以便卖方绘制正式图纸提供给买方；

    b）　卖方应介绍合同产品已有的运行经验；

    c）　卖方应提供验收大纲、工程参数表；

    d）　买方或设计方应确认保护装置的 SV 采样值接口、GOOSE 接口及 MMS 接口的类型与数量；

    e）　设计联络会应确定通信信息的具体内容。

7.2.2 会议需要签订会议纪要，该纪要将作为合同的组成部分。

7.3　工厂验收和现场验收

要求满足国家电网有限公司企业标准中关于工厂验收（现场）的规范。

7.4　质量保证

7.4.1 卖方应保证制造过程中的所有工艺、材料、试验等（包括卖方的外购件在内）均应符合本部分的规定。若买方根据运行经验指定卖方提供某种外购零部件，卖方应积极配合。卖方对所购配套部件设备质量负责，采购前向买方提供主要国产元器件报价表，采购中应进行严格的质量检验，交货时应向买方提供其产品质量合格证书及有关安装使用等技术文件资料。

7.4.2 对于采用属于引进技术的设备、元器件，卖方在采购前应向买方提供主要进口元器件报价表。引进的设备、元器件应符合引进国的技术标准或 IEC 标准，当标准与本部分有矛盾时，卖方应将处理意见书面通知买方，由买卖双方协商解决。假若卖方有更优越或更为经济的设计和材料，足以使卖方的产品更为安全、可靠、灵活、适应时，卖方可提出并经买方的认可，然而应遵循现行的国家工业标准，并且有成熟的设计和工艺要求以及工程实践经验。

7.4.3 双方签订合同后，卖方应按工程设计及施工进度分批提交技术文件和图纸，必要时，买卖双方尚应进行技术联络，以讨论合同范围内的有关技术问题。

7.4.4 卖方保证所提供的设备应为由最适宜的原材料并采用先进工艺制成且未经使用过的全新产品，保证产品的质量、规格和性能与投标文件所述一致。

7.4.5 卖方提供的保护设备运行使用寿命不应小于 15 年。

7.4.6 卖方保证所提供的设备在各个方面符合招标文件规定的质量、规格和性能。在合同规定的质量保证期内（保护设备到货后 24 个月或 SAT 后 18 个月），对由于产品设计、制造和材料、外购零部件的缺陷而造成所供设备的任何破坏、缺陷故障，当卖方收到买方的书面通知后，在 2 天内免费负责修理或更换有缺陷的设备（包括运输费、税收等），以达到本部分的要求。质量保证期以合同商务部分为准。

质量保证期后发生质量问题，卖方应提供免费维修服务，包括硬件更换和软件版本升级。

7.5 项目管理

合同签订后，卖方应指定负责本工程的项目经理，负责卖方在工程全过程的各项工作，如工程进度、设计制造、图纸文件、包装运输、现场安装、调试验收等。

7.6 现场服务

现场服务内容如下：

a) 在设备安装调试过程中视买方工作情况卖方及时派出工程技术服务人员，以提供现场服务。卖方派出人员在现场负责技术指导，并协助买方安装、调试。同时，买方为卖方的现场派出人员提供工作和生活的便利条件。

b) 当变电站内保护设备分批投运时，卖方应按合同规定及时派出工程技术人员到达现场服务。

c) 根据买方的安排，卖方安排适当时间对设备的正确安装和试验给予技术培训。

7.7 售后服务

7.7.1 现场投运前和试运行中发现的设备缺陷和元件损坏，卖方应及时无偿修理或更换，直至符合规范要求。保修期内产品出现不符合功能要求和技术指标要求时，卖方应在 4h 内响应，并在 24h 内负责修理或更换。保修期外产品出现异常、设备缺陷、元件损坏或不正确动作，现场无法处理时，卖方接到买方通知后，应在 4h 内响应，并立即派出工程技术人员在 24h 内到达现场处理。

7.7.2 对反事故措施以及软件版本的升级等，卖方应提供技术服务。

7.8 备品备件、专用工具、试验仪器

7.8.1 对每套保护，卖方应提供必要的备品备件。

7.8.2 卖方应提供安装、运行、检修所需的专用工具，包括专用调试、测试设备。

———————————

ICS 29.240

Q/GDW

国家电网公司企业标准

Q/GDW 13191.2—2014

智能变电站 220kV～750kV 线路
保 护 采 购 标 准
第 2 部分：智能变电站 220kV 线路
光纤差动保护专用技术规范

Purchasing standard for 220kV～750kV line protection in smart substation
Part 2: Special technical specification for 220kV line pilot
differential protection in smart substation

2014-09-30发布   2014-09-30实施

国家电网公司   发 布

目　次

前　　言

《智能变电站 220kV～750kV 线路保护采购标准》分为 7 个部分：

——第 1 部分：通用技术规范；

——第 2 部分：智能变电站 220kV 线路光纤差动保护专用技术规范；

——第 3 部分：智能变电站 220kV 线路纵联距离（方向）保护专用技术规范；

——第 4 部分：智能变电站 500kV（330kV）线路光纤差动保护专用技术规范；

——第 5 部分：智能变电站 500kV（330kV）线路纵联距离（方向）保护专用技术规范；

——第 6 部分：智能变电站 750kV 线路光纤差动保护专用技术规范；

——第 7 部分：智能变电站 750kV 线路纵联距离（方向）保护专用技术规范。

本部分为《智能变电站 220kV～750kV 线路保护采购标准》的第 2 部分。

本部分由国家电网公司物资部提出并解释。

本部分由国家电网公司科技部归口。

本部分起草单位：南瑞集团有限公司（国网电力科学研究院）。

本部分主要起草人：曹团结、姚成、吴通华、苏理、龙锋、刘小宝、余洪、彭和平、宋艳、石卫军。

本部分首次发布。

本部分在执行过程中的意见或建议反馈至国家电网公司科技部。

智能变电站220kV～750kV线路保护采购标准
第2部分：智能变电站220kV线路
光纤差动保护专用技术规范

1 范围

本部分规定了智能变电站220kV线路光纤差动保护招标的标准技术参数、项目需求及投标人响应的相关内容。

本部分适用于智能变电站220kV线路光纤差动保护招标。

2 规范性引用文件

下列文件对于本文件的应用是必不可少的。凡是注日期的引用文件，仅注日期的版本适用于本文件。凡是不注日期的引用文件，其最新版本（包括所有的修改单）适用于本文件。

Q/GDW 13191.1 智能变电站220kV～750kV线路保护采购标准 第1部分：通用技术规范

3 术语和定义

下列术语和定义适用于本文件。

3.1

招标人 bidder

提出招标项目，进行招标的法人或其他组织。

3.2

投标人 tenderer

响应招标、参加投标竞争的法人或者其他组织。

3.3

卖方 seller

提供本部分货物和技术服务的法人或其他组织，包括其法定的承继者。

3.4

买方 buyer

购买本部分货物和技术服务的法人或其他组织，包括其法定的承继者和经许可的受让人。

4 标准技术参数

技术参数特性表是国家电网公司对采购设备的基础技术参数要求，在招投标过程中，投标人应依据招标文件，对技术参数特性表中标准参数值进行响应。智能变电站220kV线路光纤差动保护、光纤复接通道接口装置、打印机、保护柜技术参数特性见表1～表4。物资必须满足Q/GDW 13191.1的要求。

表1 智能变电站220kV线路光纤差动保护技术参数特性表

序号	参 数 名 称	单位	标准参数值
1	电流差动动作时间	ms	≤30（不包括纵联通道传输时间）
2	距离I段暂态超越		≤5%

表1（续）

序号	参 数 名 称	单位	标准参数值
3	整组动作时间	ms	≤30（不包括纵联通道传输时间）
4	光纤接口接收灵敏度	dBm	≤－20（串行光接口）； ≤－30（以太网光接口）
5	光纤接口发送功率	dBm	≥－10（串行光接口）； ≥－20（以太网光接口）
6	装置工作电源		（招标人填写）
7	站控层 MMS 接口数量与类型		（招标人填写）
8	SV（采样值）点对点接口类型（IEC 60044－8 接口； IEC 61850－9－2 接口；常规模拟量输入）		（招标人填写）
9	SV（采样值）点对点接口数量		（招标人填写）
10	过程层 GOOSE 组网接口数量		（招标人填写）
11	过程层 GOOSE 点对点接口数量		（招标人填写）
12	对时方式		（招标人填写）
13	普通柜可选技术参数		（招标人填写）
14	智能柜技术参数要求		（招标人填写）
15	光纤通道类型		（招标人填写）
16	其他		（招标人填写）

表2　光纤复接通道接口装置技术参数特性表

序号	参 数 名 称	单位	标准参数值
1	接口型式		2Mbit/s 数字接口；采用 75Ω同轴电缆 不平衡方式连接

表3　打印机技术参数特性表

序号	参 数 名 称	单位	标准参数值
1	工作电源	V	220AC
2	接口型式		与保护装置配套

表4　保护柜（非智能控制柜）技术参数特性表

序号	参 数 名 称	单位	标准参数值
1	尺寸	mm	高度：2260； 宽度：800； 深度：600
2	颜色		GSB05－1426－2001，77 号， GY09 冰灰橘纹

5　组件材料配置表

　　组件材料配置表包括元件名称、规格形式参数、单位、数量和产地等信息，具体内容和格式根据招标项目情况编制。

6 使用环境条件表

典型智能变电站 220kV 线路光纤差动保护使用环境条件见表 5。特殊环境要求根据项目情况编制。

表 5 使 用 环 境 条 件 表

项目单位：			项目名称：	
序号	名 称 项 目		单位	标准参数值
1	电源的频率		Hz	50
2	温度	最高气温	℃	+45
		最低气温	℃	−5
		最大日温差	K	+25
3	湿度	日相对湿度平均值	%	≤95
		月相对湿度平均值	%	≤90
4	海拔		m	≤2000
5	耐受地震能力	水平加速度	m/s²	0.3g
		垂直加速度	m/s²	0.15g
6	保护装置是否组屏		组屏/单装置	（项目单位提供）
7	安装方式		集中/分散	（项目单位提供）
注：标准参数值为正常使用条件，超出此值时为特殊使用条件。				

ICS 29.240

Q/GDW

国家电网公司企业标准

Q/GDW 13191.3—2014

智能变电站 220kV～750kV 线路保 护 采 购 标 准

第 3 部分：智能变电站 220kV 线路纵联距离（方向）保护专用技术规范

Purchasing standard for 220kV～750kV line protection in smart substation
Part 3: Special technical specification for 220kV line pilot
distance (directional) protection in smart substation

2014-09-30发布   2014-09-30实施

国家电网公司   发 布

目　次

前　言

《智能变电站 220kV～750kV 线路保护采购标准》分为 7 个部分：

——第 1 部分：通用技术规范；

——第 2 部分：智能变电站 220kV 线路光纤差动保护专用技术规范；

——第 3 部分：智能变电站 220kV 线路纵联距离（方向）保护专用技术规范；

——第 4 部分：智能变电站 500kV（330kV）线路光纤差动保护专用技术规范；

——第 5 部分：智能变电站 500kV（330kV）线路纵联距离（方向）保护专用技术规范；

——第 6 部分：智能变电站 750kV 线路光纤差动保护专用技术规范；

——第 7 部分：智能变电站 750kV 线路纵联距离（方向）保护专用技术规范。

本部分为《智能变电站 220kV～750kV 线路保护采购标准》的第 3 部分。

本部分由国家电网公司物资部提出并解释。

本部分由国家电网公司科技部归口。

本部分起草单位：南瑞集团有限公司（国网电力科学研究院）。

本部分主要起草人：曹团结、姚成、吴通华、苏理、龙锋、刘小宝、余洪、彭和平、宋艳、石卫军。

本部分首次发布。

本部分在执行过程中的意见或建议反馈至国家电网公司科技部。

智能变电站220kV～750kV线路保护采购标准
第3部分：智能变电站220kV线路纵联
距离（方向）保护专用技术规范

1 范围

本部分规定了智能变电站220kV线路纵联距离（方向）保护专用技术规范招标的标准技术参数、项目需求及投标人响应的相关内容。

本部分适用于智能变电站220kV线路纵联距离（方向）保护专用技术规范专用技术规范招标。

2 规范性引用文件

下列文件对于本文件的应用是必不可少的。凡是注日期的引用文件，仅注日期的版本适用于本文件。凡是不注日期的引用文件，其最新版本（包括所有的修改单）适用于本文件。

Q/GDW 13191.1 智能变电站220V～750kV线路保护采购标准 第1部分：通用技术规范

3 术语和定义

下列术语和定义适用于本文件。

3.1

招标人 bidder

提出招标项目，进行招标的法人或其他组织。

3.2

投标人 tenderer

响应招标、参加投标竞争的法人或者其他组织。

3.3

卖方 seller

提供本部分货物和技术服务的法人或其他组织，包括其法定的承继者。

3.4

买方 buyer

购买本部分货物和技术服务的法人或其他组织，包括其法定的承继者和经许可的受让人。

4 标准技术参数

技术参数特性表是国家电网公司对采购设备的基础技术参数要求，在招投标过程中，投标人应依据招标文件，对技术参数特性表中标准参数值进行响应。智能变电站220kV线路纵联距离（方向）保护、光纤复接通道接口装置、打印机、保护柜技术参数特性见表1～表4。物资必须满足Q/GDW 13191.1的要求。

表1 智能变电站220kV线路纵联距离（方向）保护技术参数特性表

序号	参 数 名 称	单位	标准参数值
1	纵联保护动作时间	ms	≤30（不包括通道传输时间）

表 1（续）

序号	参数名称	单位	标准参数值
2	距离 I 段暂态超越		≤5%
3	整组动作时间	ms	≤30（不包括通道传输时间）
4	光纤接口接收灵敏度	dBm	≤−20（串行光接口）； ≤−30（以太网光接口）
5	光纤接口发送功率	dBm	≥−10（串行光接口）； ≥−20（以太网光接口）
6	装置工作电源		（招标人填写）
7	站控层 MMS 接口数量与类型		（招标人填写）
8	SV（采样值）点对点接口类型（IEC 60044−8 接口； IEC 61850−9−2 接口；常规模拟量输入）		（招标人填写）
9	SV（采样值）点对点接口数量		（招标人填写）
10	过程层 GOOSE 组网接口数量		（招标人填写）
11	过程层 GOOSE 点对点接口数量		（招标人填写）
12	对时方式		（招标人填写）
13	普通柜可选技术参数		（招标人填写）
14	智能柜技术参数要求		（招标人填写）
15	通道类型		（招标人填写）
16	其他		（招标人填写）

表 2 光纤复接通道接口装置技术参数特性表

序号	参数名称	单位	标准参数值
1	接口型式		2Mbit/s 数字接口；采用 75Ω 同轴电缆不平衡方式连接

表 3 打印机技术参数特性表

序号	参数名称	单位	标准参数值
1	工作电源	V	220AC
2	接口型式		与保护装置配套

表 4 保护柜（非智能控制柜）技术参数特性表

序号	参数名称	单位	标准参数值
1	尺寸	mm	高度：2260； 宽度：800； 深度：600
2	颜色		GSB05−1426−2001，77 号， GY09 冰灰橘纹

5 组件材料配置表

组件材料配置表包括元件名称、规格形式参数、单位、数量和产地等信息，具体内容和格式根据招

标项目情况编制。

6 使用环境条件表

典型智能变电站220kV线路纵联距离（方向）保护使用环境条件见表5。特殊环境要求根据项目情况编制。

表5 使 用 环 境 条 件 表

项目单位：				项目名称：
序号	名 称 项 目		单位	标准参数值
1	电源的频率		Hz	50
2	温度	最高气温	℃	＋45
		最低气温	℃	－5
		最大日温差	K	＋25
3	湿度	日相对湿度平均值	％	≤95
		月相对湿度平均值	％	≤90
4	海拔		m	≤2000
5	耐受地震能力	水平加速度	m/s²	0.3g
		垂直加速度	m/s²	0.15g
6	保护装置是否组屏		组屏/单装置	（项目单位提供）
7	安装方式		集中/分散	（项目单位提供）
注：标准参数值为正常使用条件，超出此值时为特殊使用条件。				

ICS 29.240

Q/GDW

国家电网公司企业标准

Q/GDW 13191.4—2014

智能变电站 220kV～750kV 线路
保 护 采 购 标 准
第 4 部分：智能变电站 500kV（330kV）
线路光纤差动保护专用技术规范

Purchasing standard for 220kV～750kV line protection in smart substation

Part 4: Special technical specification for 500kV (330kV) line pilot differential protection in smart substation

2014-09-30发布   2014-09-30实施

国家电网公司   发 布

目　次

前　　言

《智能变电站 220kV～750kV 线路保护采购标准》分为 7 个部分：
——第 1 部分：通用技术规范；
——第 2 部分：智能变电站 220kV 线路光纤差动保护专用技术规范；
——第 3 部分：智能变电站 220kV 线路纵联距离（方向）保护专用技术规范；
——第 4 部分：智能变电站 500kV（330kV）线路光纤差动保护专用技术规范；
——第 5 部分：智能变电站 500kV（330kV）线路纵联距离（方向）保护专用技术规范；
——第 6 部分：智能变电站 750kV 线路光纤差动保护专用技术规范；
——第 7 部分：智能变电站 750kV 线路纵联距离（方向）保护专用技术规范。
本部分为《智能变电站 220kV～750kV 线路保护采购标准》的第 4 部分。
本部分由国家电网公司物资部提出并解释。
本部分由国家电网公司科技部归口。
本部分起草单位：南瑞集团有限公司（国网电力科学研究院）。
本部分主要起草人：曹团结、姚成、吴通华、苏理、龙锋、刘小宝、余洪、彭和平、宋艳、石卫军。
本部分首次发布。
本部分在执行过程中的意见或建议反馈至国家电网公司科技部。

智能变电站220kV～750kV线路保护采购标准
第4部分：智能变电站500kV（330kV）
线路光纤差动保护专用技术规范

1 范围

本部分规定了智能变电站500kV（330kV）线路光纤差动保护招标的标准技术参数、项目需求及投标人响应的相关内容。

本部分适用于智能变电站500kV（330kV）线路光纤差动保护招标。

2 规范性引用文件

下列文件对于本文件的应用是必不可少的。凡是注日期的引用文件，仅注日期的版本适用于本文件。凡是不注日期的引用文件，其最新版本（包括所有的修改单）适用于本文件。

Q/GDW 13191.1 智能变电站220kV～750kV线路保护采购标准 第1部分：通用技术规范

3 术语和定义

下列术语和定义适用于本文件。

3.1

招标人 bidder

提出招标项目，进行招标的法人或其他组织。

3.2

投标人 tenderer

响应招标、参加投标竞争的法人或者其他组织。

3.3

卖方 seller

提供本部分货物和技术服务的法人或其他组织，包括其法定的承继者。

3.4

买方 buyer

购买本部分货物和技术服务的法人或其他组织，包括其法定的承继者和经许可的受让人。

4 标准技术参数

技术参数特性表是国家电网公司对采购设备的基础技术参数要求，在招投标过程中，投标人应依据招标文件，对技术参数特性表中标准参数值进行响应。智能变电站500kV（330kV）线路光纤差动保护、光纤复接通道接口装置、打印机、保护柜技术参数特性见表1～表4。物资必须满足Q/GDW 13191.1的要求。

表1 智能变电站500kV（330kV）线路光纤差动保护技术参数特性表

序号	参 数 名 称	单位	标准参数值
1	电流差动动作时间	ms	≤30（不包括通道传输时间）

表1（续）

序号	参 数 名 称	单位	标准参数值
2	距离Ⅰ段暂态超越		≤5%
3	整组动作时间	ms	≤30（不包括通道传输时间）
4	光纤接口接收灵敏度	dBm	≤－20（串行光接口）； ≤－30（以太网光接口）
5	光纤接口发送功率	dBm	≥－10（串行光接口）； ≥－20（以太网光接口）
6	装置工作电源		（招标人填写）
7	SV（采样值）点对点接口类型（IEC 60044－8接口； IEC 61850－9－2接口；常规模拟量输入）		（招标人填写）
8	SV（采样值）点对点接口数量		（招标人填写）
9	过程层GOOSE组网接口数量		（招标人填写）
10	过程层GOOSE点对点接口数量		（招标人填写）
11	站控层MMS接口数量与类型		（招标人填写）
12	对时方式		（招标人填写）
13	普通柜可选技术参数		（招标人填写）
14	智能柜技术参数要求		（招标人填写）
15	光纤通道类型		（招标人填写）
16	其他1		（招标人填写）
17	其他2		（招标人填写）

表2　光纤复接通道接口装置技术参数特性表

序号	参 数 名 称	单位	标准参数值
1	接口型式		2Mbit/s数字接口；采用75Ω同轴电缆 不平衡方式连接

表3　打印机技术参数特性表

序号	参 数 名 称	单位	标准参数值
1	工作电源	V	220AC
2	接口型式		与保护装置配套

表4　保护柜（非智能控制柜）技术参数特性表

序号	参 数 名 称	单位	标准参数值
1	尺寸	mm	高度：2260； 宽度：800； 深度：600
2	颜色		GSB05－1426－2001，77号， GY09冰灰橘纹

5　组件材料配置表

组件材料配置表包括元件名称、规格形式参数、单位、数量和产地等信息，具体内容和格式根据招

标项目情况编制。

6 使用环境条件表

典型智能变电站 500kV（330kV）线路光纤差动保护使用环境条件见表 5。特殊环境要求根据项目情况编制。

表 5 使 用 环 境 条 件 表

项目单位：				项目名称：
序号	名 称 项 目		单位	标准参数值
1	电源的频率		Hz	50
2	温度	最高气温	℃	+45
		最低气温	℃	−5
		最大日温差	K	+25
3	湿度	日相对湿度平均值	%	≤95
		月相对湿度平均值	%	≤90
4	海拔		m	≤2000
5	耐受地震能力	水平加速度	m/s²	0.3g
		垂直加速度	m/s²	0.15g
6	保护装置是否组屏		组屏/单装置	（项目单位提供）
7	安装方式		集中/分散	（项目单位提供）
注：标准参数值为正常使用条件，超出此值时为特殊使用条件。				

ICS 29.240

Q/GDW

Q/GDW 13191.5—2014

国家电网公司企业标准

智能变电站 220kV～750kV 线路
保 护 采 购 标 准
第 5 部分：智能变电站 500kV（330kV）
线路纵联距离（方向）保护专用技术规范

Purchasing standard for 220kV～750kV line protection in smart substation
Part 5: Special technical specification for 500kV (330kV) line pilot
distance (directional) protection in smart substation

2014-09-30发布   2014-09-30实施

国家电网公司   发 布

目　次

前　言

《智能变电站 220kV～750kV 线路保护采购标准》分为 7 个部分：

——第 1 部分：通用技术规范；

——第 2 部分：智能变电站 220kV 线路光纤差动保护专用技术规范；

——第 3 部分：智能变电站 220kV 线路纵联距离（方向）保护专用技术规范；

——第 4 部分：智能变电站 500kV（330kV）线路光纤差动保护专用技术规范；

——第 5 部分：智能变电站 500kV（330kV）线路纵联距离（方向）保护专用技术规范；

——第 6 部分：智能变电站 750kV 线路光纤差动保护专用技术规范；

——第 7 部分：智能变电站 750kV 线路纵联距离（方向）保护专用技术规范。

本部分为《智能变电站 220kV～750kV 线路保护采购标准》的第 5 部分。

本部分由国家电网公司物资部提出并解释。

本部分由国家电网公司科技部归口。

本部分起草单位：南瑞集团有限公司（国网电力科学研究院）。

本部分主要起草人：曹团结、姚成、吴通华、苏理、龙锋、刘小宝、余洪、彭和平、宋艳、石卫军。

本部分首次发布。

本部分在执行过程中的意见或建议反馈至国家电网公司科技部。

智能变电站 220kV～750kV 线路保护采购标准
第 5 部分：智能变电站 500kV（330kV）线路
纵联距离（方向）保护专用技术规范

1 范围

本部分规定了智能变电站 500kV（330kV）线路纵联距离（方向）保护招标的标准技术参数、项目需求及投标人响应的相关内容。

本部分适用于智能变电站 500kV（330kV）线路纵联距离（方向）保护招标。

2 规范性引用文件

下列文件对于本文件的应用是必不可少的。凡是注日期的引用文件，仅注日期的版本适用于本文件。凡是不注日期的引用文件，其最新版本（包括所有的修改单）适用于本文件。

Q/GDW 13191.1　智能变电站 220kV～750kV 线路保护采购标准　第 1 部分：通用技术规范

3 术语和定义

下列术语和定义适用于本文件。

3.1

招标人　bidder

提出招标项目，进行招标的法人或其他组织。

3.2

投标人　tenderer

响应招标、参加投标竞争的法人或者其他组织。

3.3

卖方　seller

提供本部分货物和技术服务的法人或其他组织，包括其法定的承继者。

3.4

买方　buyer

购买本部分货物和技术服务的法人或其他组织，包括其法定的承继者和经许可的受让人。

4 标准技术参数

技术参数特性表是国家电网公司对采购设备的基础技术参数要求，在招投标过程中，投标人应依据招标文件，对技术参数特性表中标准参数值进行响应。智能变电站 500kV（330kV）线路纵联距离（方向）保护、光纤复接通道接口装置、打印机、保护柜技术参数特性见表 1～表 4。物资必须满足 Q/GDW 13191.1 的要求。

表 1　智能变电站 500kV（330kV）线路纵联距离（方向）保护技术参数特性表

序号	参　数　名　称	单位	标准参数值
1	纵联保护动作时间	ms	≤30（不包括通道传输时间）

表 1（续）

序号	参 数 名 称	单位	标准参数值
2	距离 I 段暂态超越		≤5%
3	整组动作时间	ms	≤30（不包括通道传输时间）
4	光纤接口接收灵敏度	dBm	≤－20（串行光接口）； ≤－30（以太网光接口）
5	光纤接口发送功率	dBm	≥－10（串行光接口）； ≥－20（以太网光接口）
6	装置工作电源		（招标人填写）
7	SV（采样值）点对点接口类型 （IEC 61850－9－2 接口；常规模拟量输入）		（招标人填写）
8	SV（采样值）点对点接口数量		（招标人填写）
9	过程层 GOOSE 组网接口数量		（招标人填写）
10	过程层 GOOSE 点对点接口数量		（招标人填写）
11	站控层 MMS 接口数量与类型		（招标人填写）
12	普通柜可选技术参数		（招标人填写）
13	智能柜技术参数要求		（招标人填写）
14	纵联通道类型		（招标人填写）
15	其他 1		（招标人填写）
16	其他 2		（招标人填写）

表 2　光纤复接通道接口装置技术参数特性表

序号	参 数 名 称	单位	标准参数值
1	接口型式		2Mbit/s 数字接口；采用 75Ω 同轴电缆不平衡方式连接

表 3　打印机技术参数特性表

序号	参 数 名 称	单位	标准参数值
1	工作电源	V	220AC
2	接口型式		与保护装置配套

表 4　保护柜（非智能控制柜）技术参数特性表

序号	参 数 名 称	单位	标准参数值
1	尺寸	mm	高度：2260； 宽度：800； 深度：600
2	颜色		GSB05－1426－2001，77 号， GY09 冰灰橘纹

5　组件材料配置表

组件材料配置表包括元件名称、规格形式参数、单位、数量和产地等信息，具体内容和格式根据招

标项目情况编制。

6 使用环境条件表

典型智能变电站 500kV（330kV）线路纵联距离（方向）保护使用环境条件见表 5。特殊环境要求根据项目情况编制。

表 5 使 用 环 境 条 件 表

项目单位：			项目名称：	
序号	名 称 项 目		单位	标准参数值
1	电源的频率		Hz	50
2	温度	最高气温	℃	+45
		最低气温	℃	−5
		最大日温差	K	+25
3	湿度	日相对湿度平均值	%	≤95
		月相对湿度平均值	%	≤90
4	海拔		m	≤2000
5	耐受地震能力	水平加速度	m/s²	0.3g
		垂直加速度	m/s²	0.15g
6	保护装置是否组屏		组屏/单装置	（项目单位提供）
7	安装方式		集中/分散	（项目单位提供）
注：标准参数值为正常使用条件，超出此值时为特殊使用条件。				

ICS 29.240

Q/GDW

国家电网公司企业标准

Q/GDW 13191.6—2014

智能变电站 220kV～750kV 线路
保 护 采 购 标 准
第 6 部分：智能变电站 750kV 线路
光纤差动保护专用技术规范

Purchasing standard for 220kV～750kV line protection in smart substation
Part 6: Special technical specification for 750kV line pilot
differential protection in smart substation

2014-09-30发布   2014-09-30实施

国家电网公司   发 布

目　次

前　　言

《智能变电站 220kV～750kV 线路保护采购标准》分为 7 个部分：

——第 1 部分：通用技术规范；

——第 2 部分：智能变电站 220kV 线路光纤差动保护专用技术规范；

——第 3 部分：智能变电站 220kV 线路纵联距离（方向）保护专用技术规范；

——第 4 部分：智能变电站 500kV（330kV）线路光纤差动保护专用技术规范；

——第 5 部分：智能变电站 500kV（330kV）线路纵联距离（方向）保护专用技术规范；

——第 6 部分：智能变电站 750kV 线路光纤差动保护专用技术规范；

——第 7 部分：智能变电站 750kV 线路纵联距离（方向）保护专用技术规范。

本部分为《智能变电站 220kV～750kV 线路保护采购标准》的第 6 部分。

本部分由国家电网公司物资部提出并解释。

本部分由国家电网公司科技部归口。

本部分起草单位：南瑞集团有限公司（国网电力科学研究院）。

本部分主要起草人：曹团结、姚成、吴通华、苏理、龙锋、刘小宝、余洪、彭和平、宋艳、石卫军。

本部分首次发布。

本部分在执行过程中的意见或建议反馈至国家电网公司科技部。

智能变电站 220kV～750kV 线路保护采购标准
第 6 部分：智能变电站 750kV 线路
光纤差动保护专用技术规范

1 范围

本部分规定了智能变电站 750kV 线路光纤差动保护招标的标准技术参数、项目需求及投标人响应的相关内容。

本部分适用于智能变电站 750kV 线路光纤差动保护招标。

2 规范性引用文件

下列文件对于本文件的应用是必不可少的。凡是注日期的引用文件，仅注日期的版本适用于本文件。凡是不注日期的引用文件，其最新版本（包括所有的修改单）适用于本文件。

Q/GDW 13191.1　智能变电站 220kV～750kV 线路保护采购标准　第 1 部分：通用技术规范

3 术语和定义

下列术语和定义适用于本文件。

3.1

招标人　bidder

提出招标项目，进行招标的法人或其他组织。

3.2

投标人　tenderer

响应招标、参加投标竞争的法人或者其他组织。

3.3

卖方　seller

提供本部分货物和技术服务的法人或其他组织，包括其法定的承继者。

3.4

买方　buyer

购买本部分货物和技术服务的法人或其他组织，包括其法定的承继者和经许可的受让人。

4 标准技术参数

技术参数特性表是国家电网公司对采购设备的基础技术参数要求，在招投标过程中，投标人应依据招标文件，对技术参数特性表中标准参数值进行响应。智能变电站 750kV 线路光纤差动保护、光纤复接通道接口装置、打印机、保护柜技术参数特性见表 1～表 4。物资必须满足 Q/GDW 13191.1 的要求。

表 1　智能变电站 750kV 线路光纤差动保护技术参数特性表

序号	参　数　名　称	单位	标准参数值
1	电流差动动作时间	ms	≤25（不包括纵联通道传输时间）
2	距离 I 段暂态超越		≤5%

表1（续）

序号	参 数 名 称	单位	标准参数值
3	整组动作时间	ms	≤25（不包括纵联通道传输时间）
4	光纤接口接收灵敏度	dBm	≤－20（串行光接口）； ≤－30（以太网光接口）
5	光纤接口发送功率	dBm	≥－10（串行光接口）； ≥－20（以太网光接口）
6	装置工作电源		（招标人填写）
7	SV（采样值）点对点接口类型（IEC 60044－8 接口； IEC 61850－9－2 接口；常规模拟量输入）		（招标人填写）
8	SV（采样值）点对点接口数量		（招标人填写）
9	过程层 GOOSE 组网接口数量		（招标人填写）
10	过程层 GOOSE 点对点接口数量		（招标人填写）
11	站控层 MMS 接口数量与类型		（招标人填写）
12	对时方式		（招标人填写）
13	普通柜可选技术参数		（招标人填写）
14	智能柜技术参数要求		（招标人填写）
15	纵联通道类型		（招标人填写）
16	其他 1		（招标人填写）
17	其他 2		（招标人填写）

表2　光纤复接通道接口装置技术参数特性表

序号	参 数 名 称	单位	标准参数值
1	接口型式		2Mbit/s 数字接口；采用 75Ω 同轴电缆 不平衡方式连接

表3　打印机技术参数特性表

序号	参 数 名 称	单位	标准参数值
1	工作电源	V	220AC
2	接口型式		与保护装置配套

表4　保护柜（非智能控制柜）技术参数特性表

序号	参 数 名 称	单位	标准参数值
1	尺寸	mm	高度：2260； 宽度：800； 深度：600
2	颜色		GSB05－1426－2001，77 号， GY09 冰灰橘纹

5　组件材料配置表

组件材料配置表包括元件名称、规格形式参数、单位、数量和产地等信息，具体内容和格式根据招

标项目情况编制。

6　使用环境条件表

典型智能变电站 750kV 线路光纤差动保护使用环境条件见表5。特殊环境要求根据项目情况编制。

表5　使用环境条件表

项目单位：				项目名称：
序号	名　称　项　目		单位	标准参数值
1	电源的频率		Hz	50
2	温度	最高气温	℃	+45
		最低气温	℃	−5
		最大日温差	K	+25
3	湿度	日相对湿度平均值	%	≤95
		月相对湿度平均值	%	≤90
4	海拔		m	≤2000
5	耐受地震能力	水平加速度	m/s²	0.3g
		垂直加速度	m/s²	0.15g
6	保护装置是否组屏		组屏/单装置	（项目单位提供）
7	安装方式		集中/分散	（项目单位提供）
注：标准参数值为正常使用条件，超出此值时为特殊使用条件。				

ICS 29.240

Q/GDW

国家电网公司企业标准

Q/GDW 13191.7—2014

智能变电站 220kV～750kV 线路
保 护 采 购 标 准
第 7 部分：智能变电站 750kV 线路纵联
距离（方向）保护专用技术规范

Purchasing standard for 220kV～750kV line protection in smart substation
Part 7: Special technical specification for 750kV line pilot
distance (directional) protection in smart substation

2014-09-30发布　　　　　　　　　　　　　　2014-09-30实施

国家电网公司　发 布

目　次

前　　言

《智能变电站 220kV～750kV 线路保护采购标准》分为 7 个部分：

——第 1 部分：通用技术规范；

——第 2 部分：智能变电站 220kV 线路光纤差动保护专用技术规范；

——第 3 部分：智能变电站 220kV 线路纵联距离（方向）保护专用技术规范；

——第 4 部分：智能变电站 500kV（330kV）线路光纤差动保护专用技术规范；

——第 5 部分：智能变电站 500kV（330kV）线路纵联距离（方向）保护专用技术规范；

——第 6 部分：智能变电站 750kV 线路光纤差动保护专用技术规范；

——第 7 部分：智能变电站 750kV 线路纵联距离（方向）保护专用技术规范。

本部分为《智能变电站 220kV～750kV 线路保护采购标准》的第 7 部分。

本部分由国家电网公司物资部提出并解释。

本部分由国家电网公司科技部归口。

本部分起草单位：南瑞集团有限公司（国网电力科学研究院）。

本部分主要起草人：曹团结、姚成、吴通华、苏理、龙锋、刘小宝、余洪、彭和平、宋艳、石卫军。

本部分首次发布。

本部分在执行过程中的意见或建议反馈至国家电网公司科技部。

智能变电站 220kV～750kV 线路保护采购标准
第 7 部分：智能变电站 750kV 线路纵联
距离（方向）保护专用技术规范

1　范围

本部分规定了智能变电站 750kV 线路纵联距离（方向）保护招标的标准技术参数、项目需求及投标人响应的相关内容。

本部分适用于智能变电站 750kV 线路纵联距离（方向）保护招标。

2　规范性引用文件

下列文件对于本文件的应用是必不可少的。凡是注日期的引用文件，仅注日期的版本适用于本文件。凡是不注日期的引用文件，其最新版本（包括所有的修改单）适用于本文件。

Q/GDW 13191.1　智能变电站 220kV～750kV 线路保护采购标准　第 1 部分：通用技术规范

3　术语和定义

下列术语和定义适用于本文件。

3.1

招标人　bidder

提出招标项目，进行招标的法人或其他组织。

3.2

投标人　tenderer

响应招标、参加投标竞争的法人或者其他组织。

3.3

卖方　seller

提供本部分货物和技术服务的法人或其他组织，包括其法定的承继者。

3.4

买方　buyer

购买本部分货物和技术服务的法人或其他组织，包括其法定的承继者和经许可的受让人。

4　标准技术参数

技术参数特性表是国家电网公司对采购设备的基础技术参数要求，在招投标过程中，投标人应依据招标文件，对技术参数特性表中标准参数值进行响应。智能变电站 750kV 线路纵联距离（方向）保护、光纤复接通道接口装置、打印机、保护柜技术参数特性见表 1～表 4。物资必须满足 Q/GDW 13191.1 的要求。

表 1　智能变电站 750kV 线路纵联距离（方向）保护技术参数特性表

序号	参　数　名　称	单位	标准参数值
1	纵联保护动作时间	ms	≤25（不包括纵联通道传输时间）

表1（续）

序号	参 数 名 称	单位	标准参数值
2	距离Ⅰ段暂态超越		≤5%
3	整组动作时间	ms	≤25（不包括纵联通道传输时间）
4	光纤接口接收灵敏度	dBm	≤－20（串行光接口）； ≤－30（以太网光接口）
5	光纤接口发送功率	dBm	≥－10（串行光接口）； ≥－20（以太网光接口）
6	装置工作电源		（招标人填写）
7	SV（采样值）点对点接口类型 （IEC 60044－8 接口；IEC 61850－9－2 接口；常规模拟量输入）		（招标人填写）
8	SV（采样值）点对点接口数量		（招标人填写）
9	过程层 GOOSE 组网接口数量		（招标人填写）
10	过程层 GOOSE 点对点接口数量		（招标人填写）
11	站控层 MMS 接口数量与类型		（招标人填写）
12	普通柜可选技术参数		（招标人填写）
13	智能柜技术参数要求		（招标人填写）
14	纵联通道类型		（招标人填写）
15	其他 1		（招标人填写）
16	其他 2		（招标人填写）

表2　光纤复接通道接口装置技术参数特性表

序号	参 数 名 称	单位	标准参数值
1	接口型式		2Mbit/s 数字接口；采用 75Ω 同轴电缆不平衡方式连接

表3　打印机技术参数特性表

序号	参 数 名 称	单位	标准参数值
1	工作电源	V	220AC
2	接口型式		与保护装置配套

表4　保护柜（非智能控制柜）技术参数特性表

序号	参 数 名 称	单位	标准参数值
1	尺寸	mm	高度：2260； 宽度：800； 深度：600
2	颜色		GSB05－1426－2001，77 号，GY09 冰灰橘纹

5　组件材料配置表

组件材料配置表包括元件名称、规格形式参数、单位、数量和产地等信息，具体内容和格式根据招

标项目情况编制。

6 使用环境条件表

典型智能变电站 750kV 线路纵联距离（方向）保护使用环境条件见表 5。特殊环境要求根据项目情况编制。

表5 使 用 环 境 条 件 表

项目单位：				项目名称：
序号	名 称 项 目		单位	标准参数值
1	电源的频率		Hz	50
2	温度	最高气温	℃	+45
		最低气温	℃	−5
		最大日温差	K	+25
3	湿度	日相对湿度平均值	%	≤95
		月相对湿度平均值	%	≤90
4	海拔		m	≤2000
5	耐受地震能力	水平加速度	m/s²	0.3g
		垂直加速度	m/s²	0.15g
6	保护装置是否组屏		组屏/单装置	（项目单位提供）
7	安装方式		集中/分散	（项目单位提供）
注：标准参数值为正常使用条件，超出此值时为特殊使用条件。				

ICS 29.240.01
K 45

Q/GDW

国家电网有限公司企业标准

Q／GDW 13192.1—2018
代替 Q／GDW 13192.1—2014

智能变电站 35kV 及以下母线
保 护 采 购 标 准
第 1 部分：通用技术规范

Purchasing standard for 35kV and lower voltage busbar
protection in smart substation
Part 1: General technical specification

2019-06-28发布   2019-06-28实施

国家电网有限公司   发布

目　次

前　　言

为规范智能变电站 35kV 及以下母线保护采购要求，制定本部分。

《智能变电站 35kV 及以下母线保护采购标准》分为 2 个部分：

——第 1 部分：通用技术规范；

——第 2 部分：专用技术规范。

本部分为《智能变电站 35kV 及以下母线保护采购标准》的第 1 部分。

本部分代替 Q/GDW 13192.1—2014，与 Q/GDW 13192.1—2014 相比，主要技术性差异如下：

——增加或替换自 2014 年以来新发布的国家、行业和国网企业标准与本采购规范相关的标准。

——提升设备工作温度、环境温度和大气压力要求。

——依据最新规范 Q/GDW 10767 完善修改保护装置相关功能要求。

——细化差动保护出口经电压闭锁的技术要求；修改刀闸辅助触点相关描述。

——增加"保护设备识别代码及出厂信息表"的要求。

——执行十八项反措要求修改保护屏柜绝缘相关要求。

本部分由国家电网有限公司物资部提出并解释。

本部分由国家电网有限公司科技部归口。

本部分起草单位：国网江苏省电力有限公司、南瑞集团有限公司（国网电力科学研究院有限公司）。

本部分主要起草人：戴魏、姚刚、朱翔、李志坚、包亚卓、宋爽、邱涛。

本部分 2014 年 9 月首次发布，2018 年 12 月第一次修订。

本部分在执行过程中的意见或建议反馈至国家电网有限公司科技部。

智能变电站 35kV 及以下母线保护采购标准

第 1 部分：通用技术规范

1 范围

本部分规定了智能变电站 35kV 及以下母线保护招标的总则、技术参数和性能要求、试验、包装、运输、交货及工厂检验和监造的一般要求。

本部分适用于智能变电站 35kV 及以下母线保护招标。

2 规范性引用文件

下列文件对于本文件的应用是必不可少的。凡是注日期的引用文件，仅注日期的版本适用于本文件。凡是不注日期的引用文件，其最新版本（包括所有的修改单）适用于本文件。

GB/T 191　包装储运图示标志

GB/T 2423（所有部分）　电工电子产品环境试验

GB/T 7261　继电保护和安全自动装置基本试验方法

GB/T 11287　电气继电器　第 21 部分：量度继电器和保护装置的振动、冲击、碰撞和地震试验　第 1 篇：振动试验（正弦）

GB/T 14285　继电保护和安全自动装置技术规程

GB/T 14537　量度继电器和保护装置的冲击与碰撞试验

GB/T 14598.3　电气继电器　第 5 部分：量度继电器和保护装置的绝缘配合要求和试验

GB/T 14598.9　量度继电器和保护装置　第 22－3 部分：电气骚扰试验　辐射电磁场抗扰度

GB/T 14598.10　量度继电器和保护装置　第 22－4 部分：电气骚扰试验　电快速瞬变/脉冲群抗扰度试验

GB/T 14598.13　电气继电器　第 22－1 部分：量度继电器和保护装置的电气骚扰试验　1MHz 脉冲群抗扰度试验

GB/T 14598.14　量度继电器和保护装置电气骚扰试验　第 22－2 部分：静电放电试验

GB/T 14598.17　电气继电器　第 22－6 部分：量度继电器和保护装置的电气骚扰试验——射频场感应的传导骚扰的抗扰度

GB/T 14598.18　量度继电器和保护装置　第 22－5 部分：电气骚扰试验——浪涌抗扰度试验

GB/T 14598.19　电气继电器　第 22－7 部分：量度继电器和保护装置的电气骚扰试验——工频抗扰度试验

GB/T 17626.8　电磁兼容　试验和测量技术　工频磁场抗扰度试验

GB/T 17626.9　电磁兼容　试验和测量技术　脉冲磁场抗扰度试验

GB/T 17626.10　电磁兼容　试验和测量技术　阻尼振荡磁场抗扰度试验

GB 18663.3　电子设备机械结构　公制系列和英制系列的试验　第 3 部分：机柜、机架和插箱的电磁屏蔽性能试验

GB/T 22386　电力系统暂态数据交换通用格式 GB/T 25931　网络测量和控制系统的精确时钟同步协议

GB/T 26864　电力系统继电保护产品动模试验 DL/T 478　继电保护及安全自动装置通用技术条件

DL 480　静态电流相位比较式纵联保护装置技术条件（继电部分）

DL/T 670　微机母线保护装置通用技术条件

DL/T 720　电力系统继电保护柜、屏通用技术条件

DL/T 769　电力系统微机继电保护技术导则

DL/T 860　变电站通信网络和系统

DL/T 995　继电保护和电网安全自动装置检验规程

DL/T 5103　35kV～110kV 无人值班变电所设计规程

DL/T 5136　火力发电厂、变电站二次接线设计技术规程

Q/GDW 383　智能变电站技术导则

Q/GDW 414　变电站智能化改造技术规范

Q/GDW 428　智能变电站智能终端技术规范

Q/GDW 441　智能变电站继电保护技术规范

Q/GDW 1140　交流采样测量装置运行检验管理规程

Q/GDW 1396　IEC 61850 工程继电保护应用模型

Q/GDW 1426　智能变电站合并单元技术规范

Q/GDW 1430　智能变电站智能控制柜技术规范

Q/ GDW 1808　智能变电站继电保护通用技术条件

Q/GDW 10393　110（66）kV～220kV 智能变电站设计规范

Q/GDW 10394　330kV～750kV 智能变电站设计规范

Q/GDW 10767　10kV～110（66）kV 元件保护及辅助装置标准化设计规范

Q/GDW 11010　继电保护信息规范

Q/GDW 11768　35kV 及以下开关柜继电保护装置通用技术条件

Q/GDW 13001—2014　高海拔外绝缘配置技术规范

3　术语和定义

下列术语和定义适用于本文件。

3.1

招标人　bidder

提出招标项目，进行招标的法人或其他组织。

3.2

投标人　tenderer

响应招标、参加投标竞争的法人或者其他组织。

3.3

卖方　seller

提供本部分货物和技术服务的法人或其他组织，包括其法定的承继者。

3.4

买方　buyer

购买本部分货物和技术服务的法人或其他组织，包括其法定的承继者和经许可的受让人。

4　总则

4.1　一般性要求

4.1.1　卖方提供的智能变电站继电保护及相关设备应符合 Q/GDW 441 的要求。

智能变电站继电保护与站控层信息交互采用 DL/T 860 标准，跳合闸命令和联闭锁信息可通过直接

电缆连接或 GOOSE 机制传输。卖方提供的继电保护及相关设备所采用的技术应遵循 Q/GDW 441 及本部分中与之对应的部分。

4.1.2 卖方提供的变电站继电保护及相关设备应符合 Q/GDW 10767 的要求。

变电站继电保护装置的动作信息、告警信息、状态变位信息、中间节点信息、日志记录、人机界面信息等信息输出符合 Q/GDW 11010 的要求。

4.1.3 本部分提出的是最低限度的要求，并未对一切技术细节作出规定，也未充分引述有关标准的条文，投标人应提供符合本部分和工业标准的优质产品。

4.1.4 如果投标人没有以书面形式对本部分的条文提出异议，则表示投标人提供的设备完全符合本部分的要求。如有异议，应在报价书中以"对规范书的意见和同规范书的差异"为标题的专门章节中加以详细描述。

4.1.5 本部分所使用的标准如遇与投标人所执行的标准不一致按较高的标准执行。

4.1.6 本部分经招、投标双方确认后作为订货合同的技术附件，与合同正文具有同等效力。

4.2 卖方职责

卖方的工作范围应包括但不仅限于下列内容：

a) 提供标书内所有设备及设计说明书及制造方面的说明；

b) 提供国家或电力行业级检验检测机构出具的动模试验报告、型式试验报告和 DL/T 860 的一致性测试报告，以便确认供货设备能否满足所有的性能要求；

c) 提供与投标设备版本相符的安装及使用说明书；

d) 提供试验和检验的标准，包括试验报告和试验数据；

e) 提供图纸，制造和质量保证过程的一览表以及标书规定的其他资料；

f) 提供设备管理和运行所需有关资料；

g) 所提供设备应发运到规定的目的地；

h) 在更换所用的准则、标准、规程或修改设备技术数据时，卖方应接受买方的选择；

i) 现场服务。

4.3 应满足的标准

装置至少应满足 GB/T 191、GB/T 2423（所有部分）、GB/T 7261、GB/T 11287、GB/T 14285、GB/T 14537、GB/T 14598.3、GB/T 14598.9、GB/T 14598.10、GB/T 14598.13、GB/T 14598.14、GB/T 14598.17、GB/T 14598.18、GB/T 14598.19、GB/T 14598.300、GB/T 17626.8、GB/T 17626.9、GB/T 17626.10、GB 18663.3、GB/T 22386、GB/T 25931、GB/T 26864、DL/T 478、DL 480、DL/T 670、DL/T 720、DL/T 769、DL/T 860、DL/T 995、DL/T 5103、DL/T 5136、Q/GDW 383、Q/GDW 414、Q/GDW 428、Q/GDW 441、Q/GDW 1140、Q/GDW 1396、Q/GDW 1426、Q/GDW 1430、Q/ GDW 1808、Q/GDW10393、Q/GDW 10394、Q/GDW 10767、Q/GDW 11010、Q/GDW 11768、Q/GDW 13001—2014 中所列标准的最新版本要求，但不限于上述所列标准。

4.4 应满足的文件

该类设备技术标准应满足国家法律法规及国家电网有限公司标准化成果中相关条款要求。下列文件中相应的条款规定均适用于本文件，其最新版本（包括所有的修改单）适用于本文件。包括：

a) 《电力监控系统安全防护规定》；

b) 《国家电网有限公司十八项电网重大反事故措施（2018 年修订版）》；

c) 《国家电网有限公司输变电工程通用设计》；

d) 《国家电网公司关于加快推进电力监控系统网络安全管理平台建设的通知》；

e) 《国家电网继电保护柜、屏制造规范》。

5 技术参数和性能要求

5.1 使用环境条件

5.1.1 设备储存温度：$-25℃\sim+70℃$。

5.1.2 设备工作温度：$-10℃\sim+55℃$。

5.1.3 大气压力：80kPa～106kPa。

5.1.4 相对湿度：5%～95%。

5.1.5 抗地震能力：地面水平加速度 $0.3g$，垂直加速度 $0.15g$，同时作用。

5.2 保护装置额定参数

5.2.1 额定直流电源：220V/110V。

5.2.2 额定交流电流：5A/1A。

5.2.3 额定交流电压：$100V/\sqrt{3}$（相电压），100V（线电压）。

5.2.4 额定频率：50Hz。

5.2.5 打印机工作电源：交流 220V、50Hz。

5.3 装置功率消耗

5.3.1 装置交流消耗：交流电流回路功率消耗每相不大于 0.5VA（$I_N=1A$）或 1VA（$I_N=5A$），交流电压回路功率消耗（额定电压下）每相不大于 1VA。卖方投标时必须提供确切数值。

5.3.2 装置直流消耗：当正常工作时，不大于 100W；当保护动作时，不大于 120W。卖方投标时必须提供确切数值。

5.4 35kV 及以下母线保护总的技术要求

5.4.1 环境温度在 $-10℃\sim+55℃$ 时，装置应能满足本部分所规定的精度。

5.4.2 在雷击过电压、一次回路操作、系统故障及其他强干扰作用下，不应误动和拒动。保护装置静电放电试验、快速瞬变干扰试验、高频干扰试验、脉冲群干扰试验、辐射电磁场干扰试验、冲击电压试验和绝缘试验应至少符合 IEC 标准。装置调试端口应带有光电隔离装置。

5.4.3 保护装置与其他装置之间的输入和输出回路，应采用光电耦合装置或继电器触点进行连接，不应有直接的电气联系。

5.4.4 保护装置中的插件应接触可靠，并且有良好的互换性，以便检修时能迅速更换。

5.4.5 保护装置应具有直流电源快速小开关，与保护装置安装在同一柜上。保护装置的逻辑回路应由独立的直流/直流变换器供电。直流电压消失时，保护装置不应误动作，同时应有输出触点以启动告警信号。直流回路应有监视直流回路电压消失的告警信号继电器。直流电源电压在 80%～115%额定值范围内变化时，保护装置应正确工作。在直流电源恢复（包括缓慢地恢复）到 $80\%U_N$ 时，直流逆变电源应能自动启动。直流电源纹波系数小于或等于 5%时，保护装置应正确工作。拉合直流电源以及插拔熔丝发生重复击穿火花时，保护装置不应误动作。直流电源回路出现各种异常情况（如短路、断线、接地等）时保护装置不应误动作。

5.4.6 应提供标准的试验插件及试验插头，以便对各套保护装置的输入和输出回路进行隔离或能通入电流、电压进行试验。另外，对每面柜的出口跳闸、闭锁信号等输入、输出回路应在柜面上有隔离措施，以便在运行中分别断开。隔离及试验部件应考虑操作的方便性，隔离压板标签栏位置应安装在隔离件本体或隔离件下部。

5.4.7 保护装置应有监视及自诊断功能来监测异常及交直流消失等现象，以便在动作后启动告警信号、远动信号、事件记录等。

5.4.8 保护装置中跳闸出口回路动作信号及启动中央信号的触点应自保持，在直流电源消失后应能维持原有状态，只有当人工复归后，信号才能复归。复归按钮装在屏上的适当位置，以便于操作，并应有远方复归功能。用于远动信号和事件记录信号的触点不应保持。

5.4.9 除出口继电器外，装置内的任一元件损坏时，装置不应误动作跳闸。

5.4.10 跳闸出口回路采用有触点继电器。跳闸出口继电器触点应有足够容量，触点的长期允许通过电流不应小于 5A，在电感负荷的直流电路（$\tau < 5ms$）中的断开容量为 50W。信号继电器触点的长期允许通过电流不应小于 2A，在电感负荷的直流电路（$\tau < 5ms$）中的断开容量为 30W。

5.4.11 对于保护装置间不经附加判据直接启动跳闸的开入量，应经抗干扰继电器重动后开入。抗干扰继电器的启动功率应大于 5W，动作电压在额定直流电源电压的 55%～70%范围内，额定直流电源电压下动作时间为 10ms～35ms，应具有抗 220V 工频电压干扰的能力。

5.4.12 保护装置与站控层设备通信，标准采用 DL/T 860，应满足运行维护、监视控制及无人值班、智能电网调度等信息交互的要求。保护装置向站控层提供的信息符合 Q/GDW 396 的要求。

5.4.13 保护装置应具备远方修改定值功能、软压板远方投退和定值区远方切换功能，其软压板远方投退功能不允许通过修改定值实现。

5.4.14 保护装置宜通过 IRIG－B（DC）码对时，也可采用 GB/T 25931 进行网络对时，对时精度应满足要求。

5.5 35kV 及以下母线保护装置技术要求

5.5.1 35kV 及以下母线配置一套微机型母线差动保护。母线差动保护装置应设复合电压闭锁元件，母线保护屏不设置独立的复合电压闭锁装置。保护出口应有复合电压闭锁措施。

5.5.2 母线保护应具有可靠的 TA 饱和判别功能，区外故障 TA 饱和时不应误动。

5.5.3 母线保护应能快速切除区外转区内的故障。

5.5.4 母线保护应允许使用不同变比的 TA，并通过软件自动校正。

5.5.5 具有 TA 断线告警功能，除母联、分段（双母双分接线的分段除外）TA 断线不闭锁差动保护外，其余支路 TA 断线后闭锁断线相大差以及所在母线的小差。

5.5.6 双母线接线的差动保护应设有大差元件和小差元件。大差用于判别母线区内和区外故障，小差用于故障母线的选择。

5.5.7 对构成环路的各种母线，保护不应因母线故障时电流流出的影响而拒动。

5.5.8 双母线接线的母线保护，在母线分列运行，发生死区故障时，应能有选择地切除故障母线。

5.5.9 母线保护应能自动识别母联（分段）的充电状态，合闸于死区故障时，应瞬时跳母联（分段），不应误切除运行母线。

5.5.10 双母线接线的母线保护，应设电压闭锁元件。差动保护出口经本段电压元件闭锁，除双母双分段以外的母联和分段经两段母线电压"或门"闭锁，双母双分段断路器不经电压闭锁。

5.5.11 双母线接线的母线 TV 断线时，允许母线保护解除该段母线电压闭锁。

5.5.12 双母线接线的母线保护，通过隔离刀闸辅助触点自动识别母线运行方式时，应对刀闸辅助触点进行自检，且具有开入电源掉电记忆功能。当与实际位置不符时，发"刀闸位置异常"告警信号，智能站通过"刀闸强制软压板"校正刀闸位置。当仅有一个支路隔离刀闸辅助触点异常，且该支路有电流时，保护装置仍应具有选择故障母线的功能。

5.5.13 双母线接线的母线保护应具备电压闭锁元件启动后的告警功能。

5.5.14 应设置独立于母联跳闸位置、分段跳闸位置的母联、分段分列运行压板。

5.6 柜结构的技术要求

5.6.1 对智能控制柜，技术要求详见 Q/GDW 430，并遵循以下要求：

 a) 控制柜应装有截面为 100mm² 的铜接地母线（不要求与柜体绝缘），接地母线末端应装好可靠的压接式端子，以备接到电站的接地网上。柜体应采用双层结构，循环通风；

 b) 控制柜内设备的安排及端子排的布置，应保证各套保护的独立性，在一套保护检修时不影响其他任何一套保护系统的正常运行；

 c) 控制柜应具备温度、湿度的采集、调节功能，柜内温度控制在－10℃～＋50℃，相对湿度保持在 90%以下，并可上送温度、湿度信息；

  d） 控制柜应能满足 GB/T 18663.3 变电站户外防电磁干扰的要求。

5.6.2 对非智能普通屏柜，屏体要求详见《国家电网继电保护柜、屏制造规范》，并遵循已发布的《国家电网有限公司物资采购标准 继电保护及自动装置卷》相关部分规定。

  a） 微机保护和控制装置的屏柜下部应设有截面积不小于 $100mm^2$ 的铜排（不要求与保护屏绝缘）。

  b） 保护柜内电压回路每相及 N 相端子均应采用多个连接端子（不少于 3 个）。

  c） 同一保护柜内若有多路直流电源引入，应接入不同安装单元端子排。

5.6.3 屏柜内部配线、端子排、接地铜排、屏柜上安装辅助设备等应符合相关规程、标准与反事故措施的规定。

6 试验

6.1 工厂试验

  卖方提供的设备试验标准应符合国家、行业及 IEC 的有关标准，并提供每一种型式产品的动模试验报告、型式试验报告和 DL/T 860 一致性测试报告。

  卖方提供的每一套设备出厂之前都应按国家和行业标准以及工厂规定的调试大纲进行出厂检查、性能试验，试验报告应随产品提供。当需做动态模拟试验或数字仿真试验时，模拟系统的接线和参数由卖方与买方在试验前协商确定，按实际系统参数进行试验。

6.2 系统联调试验

  卖方应按买方需求配合完成买方组织的保护装置功能验证与系统联调试验。

6.3 现场试验

  现场实际设备接入后，应按照 DL/T 995 在一次设备不带电和带电试运行时做现场试验，卖方应配合完成保护装置的现场调试及投运试验。现场投运前和试运行中发现的设备缺陷和元件损坏，卖方应及时无偿修理或更换，直至符合本部分要求。

6.4 继电保护专业检测

  卖方依据国家电网有限公司继电保护专业检测标准参加继电保护专业检测，并提供每一种型式产品的专业检测报告。

7 技术服务、设计联络、工厂检验和监造

7.1 技术文件

7.1.1 卖方提供的技术文件应提供买方所要求的性能信息，并对其可靠性和一致性负责，卖方所提供的技术文件（包括资料和数据）将成为合同一部分。

7.1.2 卖方应随投标书一起提供一般性技术文件，并且应是与投标产品一致的最新版本，投标时应提供的技术文件如下：

  a） 产品的技术说明书；

  b） 产品的型式试验报告、动模试验报告和一致性测试报告；

  c） 产品的用户运行证明；

  d） 产品的软件版本等。

7.1.3 卖方应在签约后 3 周内向买方提供设计用的技术文件如下：

  a） 产品的技术说明书；

  b） 产品及保护屏原理框图及说明，模件或继电器的原理接线图及其工作原理说明；

  c） 装置的 ICD（IED 装置能力描述）文件、保护装置虚端子连接图；

  d） 组屏的正面布置图、屏内设备布置图、端子排图及图例说明；

  e） 保护屏所用的辅助继电器和选择开关采用的标准；

f）　保护屏的安装尺寸图，包括屏的尺寸和质量、基础螺栓的位置和尺寸等。

7.1.4　签约后双方遵循的原则如下：

a）　在收到买方最终认可图纸前，卖方所购买的材料或制造所发生的费用及其风险全由卖方单独承担；

b）　生产的成品应符合合同的技术规范。买方对图纸的确认并不能解除卖方对其图纸的完善性和准确性应承担的责任；

c）　设计方在收到图纸后 3 周内返回主要确认意见，并根据需要召开设计联络会。卖方在提供确认图纸时必须提供为审核该图纸所需的资料。买方有权要求卖方对其图纸中的任一装置任一部件做必要修改，在设计图纸完成之前应保留设计方对卖方图纸的其他确认权限，而买方不需承担额外费用。

7.1.5　在收到确认意见后，卖方应在规定时间内向买方提供的技术文件如下：

a）　7.1.3 所列的修改后的正式技术文件；

b）　保护装置的内部接线图及图例说明，保护屏内部接线图及其说明（包括屏内布置及内部端子排图）；

c）　保护装置的软件版本号和校验码；

d）　产品的使用说明书，包括保护装置的现场调试大纲、整定值表和整定计算说明及计算算例等；

e）　通信规约和解释文本及装置调试软件和后台分析软件，以便与计算机监控系统和继电保护故障信息系统联调。

7.1.6　设备供货时提供的技术文件和资料如下：

a）　设备的开箱资料清单；

b）　产品的技术说明书、使用说明书和组屏图纸；

c）　出厂调试试验报告；

d）　产品质量检验合格证书；

e）　合同规定的出厂验收试验报告和动模试验报告和一致性测试报告等；

f）　保护设备识别代码及出厂信息表。

7.1.7　技术文件的格式和分送要求如下：

a）　全部图纸应为 A4 幅面，并有完整图标，采用国标单位制；

b）　提供的技术文件除纸质文件外，还应包括一份电子文档，并提供可供修改的最终图纸电子文件（图形文件能够被 PC 机 AutoCAD for Windows 2000 版支持）；

c）　技术文件（图纸和资料）分送单位、套数和地址根据项目单位要求提供。

7.2　设计联络会议

7.2.1　若有必要，买方在收到卖方签字的第一批文件后 3 周内将举行设计联络会议。设计联络会议内容如下：

a）　卖方应对修改后的供确认的资料和图纸进行详细的解释，并应解答买方对这些资料和图纸所提的问题，经过共同讨论，买方给予确认，以便卖方绘制正式图纸提供给买方；

b）　卖方应介绍合同产品已有的运行经验；

c）　卖方应提供验收大纲、工程参数表；

d）　买方或设计方应确认保护装置的 SV 采样值接口、GOOSE 接口及 MMS 接口的类型与数量；

e）　设计联络会应确定通信信息的具体内容。

7.2.2　会议应签订会议纪要，并作为合同的组成部分。

7.3　工厂验收和现场验收

要求满足国家电网有限公司企业标准中关于工厂验收（现场）的规范。

7.4　质量保证

7.4.1　卖方应保证制造过程中的所有工艺、材料、试验等（包括卖方的外购件在内）均应符合本部分的规定。若买方根据运行经验指定卖方提供某种外购零部件，卖方应积极配合。卖方对所购配套部件设备质量负责，采购前向买方提供主要国产元器件报价表，采购中应进行严格的质量检验，交货时应向买方提供其产品质量合格证书及有关安装使用等技术文件资料。

7.4.2 对于采用属于引进技术的设备、元器件，卖方在采购前应向买方提供主要进口元器件报价表。引进的设备、元器件应符合引进国的技术标准或 IEC 标准，当标准与本部分有矛盾时，卖方应将处理意见书面通知买方，由买卖双方协商解决。假若卖方有更优越或更为经济的设计和材料，足以使卖方的产品更为安全、可靠、灵活、适应时，卖方可提出并经买方的认可，然而应遵循现行的国家工业标准，并且有成熟的设计和工艺要求以及工程实践经验。

7.4.3 双方签订合同后，卖方应按工程设计及施工进度分批提交技术文件和图纸，必要时，买卖双方应进行技术联络，以讨论合同范围内的有关技术问题。

7.4.4 卖方保证所提供的设备应为由最适宜的原材料并采用先进工艺制成且未经使用过的全新产品，保证产品的质量、规格和性能与投标文件所述一致。

7.4.5 卖方提供的保护设备运行使用寿命不应小于 15 年。

7.4.6 卖方保证所提供的设备在各个方面符合招标文件规定的质量、规格和性能。在合同规定的质量保证期内（保护设备到货后 24 个月或 SAT 后 18 个月），对由于产品设计、制造和材料、外购零部件的缺陷而造成所供设备的任何破坏、缺陷故障，当卖方收到买方的书面通知后，在 2 天内免费负责修理或更换有缺陷的设备（包括运输费、税收等），以达到本部分的要求。质量保证期以合同商务部分为准。

质量保证期后发生质量问题，卖方应提供免费维修服务，包括硬件更换和软件版本升级。

7.5 项目管理

合同签订后，卖方应指定负责本工程的项目经理，负责卖方在工程全过程的各项工作，如工程进度、设计制造、图纸文件、包装运输、现场安装、调试验收等。

7.6 现场服务

现场服务内容如下：

a) 在设备安装调试过程中视买方工作情况卖方及时派出工程技术服务人员，以提供现场服务。卖方派出人员在现场负责技术指导，并协助买方安装、调试。同时，买方为卖方的现场派出人员提供工作和生活的便利条件；

b) 当变电站内保护设备分批投运时，卖方应按合同规定及时派出工程技术人员到达现场服务；

c) 根据买方的安排，卖方安排适当时间对设备的正确安装和试验给予技术培训。

7.7 售后服务

7.7.1 现场投运前和试运行中发现的设备缺陷和元件损坏，卖方应及时无偿修理或更换，直至符合规范要求。保修期内产品出现不符合功能要求和技术指标要求时，卖方应在 4h 内响应，并在 24h 内负责修理或更换。保修期外产品出现异常、设备缺陷、元件损坏或不正确动作，现场无法处理时，卖方接到买方通知后，应在 4h 内响应，并立即派出工程技术人员在 24h 内到达现场处理。

7.7.2 对反事故措施以及软件版本的升级等，卖方应提供技术服务。

7.8 备品备件、专用工具、试验仪器

7.8.1 对每套保护，卖方应提供必要的备品备件。

7.8.2 卖方应提供安装、运行、检修所需的专用工具，包括专用调试、测试设备。

ICS 29.240.01
K 45

Q/GDW

国家电网有限公司企业标准

Q/GDW 13192.2－2018
代替 Q/GDW 13192.2－2014

智能变电站 35kV 及以下母线
保 护 采 购 标 准
第 2 部分：专用技术规范

Purchasing standard for 35kV and lower voltage busbar
protection in smart substation
Part 2: Special technical specification

2019-06-28发布   2019-06-28实施

国家电网有限公司   发 布

目　次

前　言

为智能变电站 35kV 及以下母线保护采购要求，制定本部分。

《智能变电站 35kV 及以下母线保护采购标准》分为 2 个部分：

——第 1 部分：通用技术规范；

——第 2 部分：专用技术规范。

本部分为《智能变电站 35kV 及以下母线保护采购标准》的第 2 部分。

本部分代替 Q/GDW 13120.3—2014，与 Q/GDW 13120.3—2014 相比，主要技术性差异如下：

——增加保护装置采样频率技术参数。

本部分由国家电网有限公司物资部提出并解释。

本部分由国家电网有限公司科技部归口。

本部分起草单位：国网江苏省电力有限公司、南瑞集团有限公司（国网电力科学研究院有限公司）。

本部分主要起草人：戴魏、姚刚、朱翔、李志坚、包亚卓、宋爽、邱涛。

本部分 2014 年 9 月首次发布，2018 年 12 月第一次修订。

本部分在执行过程中的意见或建议反馈至国家电网有限公司科技部。

智能变电站 35kV 及以下母线保护采购标准
第 2 部分：专用技术规范

1 范围

本部分规定了智能变电站 35kV 及以下母线保护招标的标准技术参数、项目需求及投标人响应的相关内容。

本部分适用于智能变电站 35kV 及以下母线保护招标。

2 规范性引用文件

下列文件对于本文件的应用是必不可少的。凡是注日期的引用文件，仅注日期的版本适用于本文件。凡是不注日期的引用文件，其最新版本（包括所有的修改单）适用于本文件。

Q/GDW 13192.1　智能变电站 35kV 及以下母线保护采购标准　第 1 部分：通用技术规范

3 术语和定义

下列术语和定义适用于本文件。

3.1

招标人　bidder

提出招标项目，进行招标的法人或其他组织。

3.2

投标人　tenderer

响应招标、参加投标竞争的法人或者其他组织。

3.3

卖方　seller

提供本部分货物和技术服务的法人或其他组织，包括其法定的承继者。

3.4

买方　buyer

购买本部分货物和技术服务的法人或其他组织，包括其法定的承继者和经许可的受让人。

4 标准技术参数

技术参数特性表是国家电网有限公司对采购设备的基础技术参数要求，在招投标过程中，投标人应依据招标文件，对技术参数特性表中标准参数值进行响应。智能变电站 35kV 及以下母线保护、打印机、保护柜技术参数特性见表 1～表 3。物资必须满足 Q/GDW 13192.1 的要求。

表 1　智能站 35kV 及以下母线保护技术参数特性表

序号	参 数 名 称	单位	标准参数值
1	电流定值误差		不超过±5%
2	电压定值误差		不超过±5%
3	保护动作精度误差		≤5%

表 1（续）

序号	参 数 名 称	单位	标准参数值
4	时间继电器的动作精度误差		≤最大整定值的 1%
5	整组动作时间	ms	在 2 倍整定值下整组动作时间不大于 30ms
6	整组返回时间	ms	在 20 倍额定值下整组返回时间不大于 60ms
7	交流电压回路过负荷能力		$1.2I_N$，连续工作；$1.4I_N$，10s
8	交流电流回路过负荷能力		$2I_N$，连续工作；$10I_N$，10s；$40I_N$，1s
9	交流电压回路功率消耗（每相）	VA	≤1
10	交流电流回路功率消耗（每相）	VA	≤0.5（I_N＝1A）； ≤1（I_N＝5A）
11	装置直流消耗	W	≤100（工作时）； ≤120（动作时）
12	跳闸触点容量		长期允许通过电流不小于 5A； 触点断开容量为不小于 50W
13	其他触点容量		长期允许通过电流不小于 2A； 触点断开容量为不小于 30W
14	光纤接口接收灵敏度	dBm	≤－30（以太网光接口）
15	光纤接口发送功率	dBm	≥－20（以太网光接口）
16	保护装置采样频率		不低于 1000Hz
17	装置工作电源	V	（招标人填写）
18	TA 二次额定电流	A	（招标人填写）
19	断路器跳闸线圈电流	A	（招标人填写）
20	断路器合闸线圈电流	A	（招标人填写）
21	普通柜可选技术参数		（招标人填写）
22	智能柜技术参数要求		（招标人填写）
23	GOOSE 接口数量		（招标人填写）
24	站控层 MMS 接口数量与类型		（招标人填写）
25	对时方式		（招标人填写）
26	其他		（招标人填写）

表 2　打印机技术参数特性表

序号	参 数 名 称	单位	标准参数值
1	工作电源	V	220V AC
2	接口型式		与保护装置配套

表 3　保护柜（非智能控制柜）技术参数特性表

序号	参 数 名 称	单位	标准参数值
1	尺寸	mm	高度：2260； 宽度：800； 深度：600
2	颜色		GSB05－1426－2001，77 号，GY09 冰灰橘纹

5 组件材料配置表

组件材料配置表包括元件名称、规格形式参数、单位、数量和产地等信息，具体内容和格式根据招标项目情况进行编制。

6 使用环境条件表

典型智能变电站35kV及以下母线保护使用环境条件见表4。特殊环境要求根据项目情况编制。

表4 使用环境条件表

序号	名称		单位	项目需求值
1	电源的频率		Hz	50
2	环境温度	日最高温度	℃	+55
		日最低温度		−10
		日最大温差		+25
3	湿度	日相对湿度平均值	%	≤95
		月相对湿度平均值		≤90
4	海拔		m	≤2000
5	耐受地震能力	水平加速度	m/s²	0.3g
		垂直加速度	m/s²	0.15g
6	用途		组屏/单装置	（项目单位提供）
7	安装方式		集中/分散	（项目单位提供）
注：标准参数值为正常使用条件，超出此值时为特殊使用条件。				

ICS 29.240.01
K 45

Q/GDW

国家电网有限公司企业标准

Q/GDW 13193.1—2018
代替 Q/GDW 13193.1—2014

智能变电站 66kV 母线保护采购标准
第 1 部分：通用技术规范

Purchasing standard for 66kV busbar protection in smart substation
Part 1: General technical specification

2019-06-28发布　　　　　　　　　　　　　　2019-06-28实施

国家电网有限公司　　发　布

目　次

前　言

为规范智能变电站 66kV 母线保护的采购要求，制定本部分。

《智能变电站 66kV 母线保护采购标准》分为 2 个部分：

——第 1 部分：通用技术规范；

——第 2 部分：专用技术规范。

本部分为《智能变电站 66kV 母线保护采购标准》的第 1 部分。

本部分代替 Q/GDW 13193.1—2014，与 Q/GDW 13193.1—2014 相比，主要技术性差异如下：

——增加或替换自 2014 年以来新发布的国家、行业和国网企业标准与本采购规范相关的标准。

——提升设备工作温度、环境温度和大气压力要求，

——依据最新规范 Q/GDW 10767 完善修改保护装置相关功能要求。

——修改刀闸辅助触点相关描述、过程层 GOOSE 接口技术要求。

——增加"保护设备识别代码及出厂信息表"的要求。

——执行十八项"反措"要求修改保护屏柜绝缘相关要求。

——删除了保护装置就地化安装的要求。

本部分由国家电网有限公司物资部提出并解释。

本部分由国家电网有限公司科技部归口。

本部分起草单位：国网江苏省电力有限公司、南瑞集团有限公司（国网电力科学研究院有限公司）。

本部分主要起草人：姚刚、王寅丞、吴崇昊、朱翔、李志坚、陈石通、岳嵩、赵昊彤、黄浩声。

本部分 2014 年 9 月首次发布，2018 年 12 月第一次修订。

本部分在执行过程中的意见或建议反馈至国家电网有限公司科技部。

智能变电站 66kV 母线保护采购标准
第 1 部分：通用技术规范

1 范围

本部分规定了智能变电站 66kV 母线保护招标的总则、技术参数和性能要求、试验、包装、运输、交货及工厂检验和监造的一般要求。

本部分适用于智能变电站 66kV 母线保护招标。

2 规范性引用文件

下列文件对于本文件的应用是必不可少的。凡是注日期的引用文件，仅注日期的版本适用于本文件。凡是不注日期的引用文件，其最新版本（包括所有的修改单）适用于本文件。

GB/T 191　包装储运图示标志

GB/T 2423（所有部分）　电工电子产品环境试验

GB/T 7261　继电保护和安全自动装置基本试验方法

GB/T 11287　电气继电器　第 21 部分：量度继电器和保护装置的振动、冲击、碰撞和地震试验　第 1 篇：振动试验（正弦）

GB/T 14285　继电保护和安全自动装置技术规程

GB/T 14537　量度继电器和保护装置的冲击与碰撞试验

GB/T 14598.3　电气继电器　第 5 部分：量度继电器和保护装置的绝缘配合要求和试验

GB/T 14598.9　量度继电器和保护装置　第 22－3 部分：电气骚扰试验　辐射电磁场抗扰度

GB/T 14598.10　量度继电器和保护装置　第 22－4 部分：电气骚扰试验　电快速瞬变/脉冲群抗扰度试验

GB/T 14598.13　电气继电器　第 22－1 部分：量度继电器和保护装置的电气骚扰试验　1MHz 脉冲群抗扰度试验

GB/T 14598.14　量度继电器和保护装置　第 22－2 部分：电气骚扰试验　静电放电试验

GB/T 14598.17　电气继电器　第 22－6 部分：量度继电器和保护装置的电气骚扰试验——射频场感应的传导骚扰的抗扰度

GB/T 14598.18　量度继电器和保护装置　第 22－5 部分：电气骚扰试验　浪涌抗扰度试验

GB/T 14598.19　电气继电器　第 22－7 部分：量度继电器和保护装置的电气骚扰试验——工频抗扰度试验

GB/T 17626.1　电磁兼容　试验和测量技术　抗扰度试验总论

GB/T 17626.2　电磁兼容　试验和测量技术　静电放电抗扰度试验

GB/T 17626.3　电磁兼容　试验和测量技术　射频电磁场辐射抗扰度试验

GB/T 17626.4　电磁兼容　试验和测量技术　电快速瞬变脉冲群抗扰度试验

GB/T 17626.5　电磁兼容　试验和测量技术　浪涌（冲击）抗扰度试验

GB/T 17626.6　电磁兼容　试验和测量技术　射频场感应的传导骚扰抗扰度

GB/T 17626.8　电磁兼容　试验和测量技术　工频磁场抗扰度试验

GB/T 17626.9　电磁兼容　试验和测量技术　脉冲磁场抗扰度试验

GB/T 17626.10　电磁兼容　试验和测量技术　阻尼振荡磁场抗扰度试验

GB/T 17626.11　电磁兼容　试验和测量技术　电压暂降、短时中断和电压变化的抗扰度试验

GB/T 17626.12　电磁兼容　试验和测量技术　振荡波抗扰度试验

GB 18663.3　电子设备机械结构　公制系列和英制系列的试验　第3部分：机柜、机架和插箱的电磁屏蔽性能试验

GB/T 20840.8　互感器　第8部分：电子式电流互感器

GB/T 22386　电力系统暂态数据交换通用格式 GB/T 25931　网络测量和控制系统的精确时钟同步协议

GB/T 26864　电力系统继电保护产品动模试验

DL/T 478　继电保护及安全自动装置通用技术条件

DL 480　静态电流相位比较式纵联保护装置技术条件（继电部分）

DL/T 670　微机母线保护装置通用技术条件

DL/T 720　电力系统继电保护柜、屏通用技术条件

DL/T 769　电力系统微机继电保护技术导则

DL/T 860（所有部分）　变电站通信网络和系统

DL/T 860.81　变电站通信网络和系统　第8－1部分：特定通信服务映射（SCSM）对 MMS（ISO 9506－1 和 ISO 9506－2）及 ISO/IEC 8802

DL/T 860.92　变电站通信网络和系统　第9－2部分：特定通信服务映射（SCSM）映射到 ISO/IEC 8802－3 的采样值

DL/T 995　继电保护和电网安全自动装置检验规程

DL/T 5103　35kV～110kV 无人值班变电所设计规程

DL/T 5136　火力发电厂、变电站二次接线设计技术规程

Q/GDW 383　智能变电站技术导则

Q/GDW 414　变电站智能化改造技术规范

Q/GDW 428　智能变电站智能终端技术规范

Q/GDW 441　智能变电站继电保护技术规范

Q/GDW 1140　交流采样测量装置运行检验管理规程

Q/GDW 1396　IEC 61850 工程继电保护应用模型

Q/GDW 1426　智能变电站合并单元技术规范

Q/GDW 1430　智能变电站智能控制柜技术规范

Q/ GDW 1808　智能变电站继电保护通用技术条件

Q/GDW 10393　110（66）kV～220kV 智能变电站设计规范

Q/GDW 10394　330kV～750kV 智能变电站设计规范

Q/GDW 10767　10kV～110（66）kV 元件保护及辅助装置标准化设计规范

Q/GDW 11010　继电保护信息规范

Q/GDW 13001—2014　高海拔外绝缘配置技术规范

3　术语和定义

下列术语和定义适用于本文件。

3.1

招标人　bidder
提出招标项目，进行招标的法人或其他组织。

3.2

投标人　tenderer

响应招标、参加投标竞争的法人或者其他组织。

3.3

卖方　seller

提供本部分货物和技术服务的法人或其他组织，包括其法定的承继者。

3.4

买方　buyer

购买本部分货物和技术服务的法人或其他组织，包括其法定的承继者和经许可的受让人。

4　总则

4.1　一般性要求

4.1.1　卖方提供的智能变电站继电保护及相关设备应符合 Q/GDW 441 的要求。

4.1.2　智能变电站继电保护与站控层信息交互采用 DL/T 860 标准，跳合闸命令和联闭锁信息可通过直接电缆连接或 GOOSE 机制传输。卖方提供的继电保护及相关设备所采用的技术应遵循 Q/GDW 441 及本部分中与之对应的部分。

4.1.3　卖方提供的变电站继电保护及相关设备应符合 Q/GDW 10767 的要求。

4.1.4　变电站继电保护装置的动作信息、告警信息、状态变位信息、中间节点信息、日志记录、人机界面信息等信息输出符合 Q/GDW 11010 的要求。

4.1.5　本部分提出的是最低限度的要求，并未对一切技术细节作出规定，也未充分引述有关标准的条文，投标人应提供符合本部分和工业标准的优质产品。

4.1.6　如果投标人没有以书面形式对本部分的条文提出异议，则表示投标人提供的设备完全符合本部分的要求。如有异议，应在报价书中以"对规范书的意见和同规范书的差异"为标题的专门章节中加以详细描述。

4.1.7　本部分所使用的标准如遇与投标人所执行的标准不一致按较高的标准执行。

4.1.8　本部分经招、投标双方确认后作为订货合同的技术附件，与合同正文具有同等效力。

4.2　卖方职责

卖方的工作范围应包括但不仅限于下列内容：

a)　提供标书内所有设备及设计说明书及制造方面的说明；

b)　提供国家或电力行业级检验检测机构出具的动模试验报告、型式试验报告和 DL/T 860 的一致性测试报告，以便确认供货设备能否满足所有的性能要求；

c)　提供与投标设备版本相符的安装及使用说明书；

d)　提供试验和检验的标准，包括试验报告和试验数据；

e)　提供图纸，制造和质量保证过程的一览表以及标书规定的其他资料；

f)　提供设备管理和运行所需有关资料；

g)　所提供设备应发运到规定的目的地；

h)　在更换所用的准则、标准、规程或修改设备技术数据时，卖方应接受买方的选择；

i)　现场服务。

4.3　应满足的标准

装置至少应满足 GB/T 191、GB/T 2423（所有部分）、GB/T 7261、GB/T 11287、GB/T 14285、GB/T 14537、GB/T 14598.3、GB/T 14598.9、GB/T 14598.10、GB/T 14598.13、GB/T 14598.14、GB/T 14598.17、GB/T 14598.18、GB/T 14598.19、GB/T 14598.300、GB/T 17626.1、GB/T 17626.2、GB/T 17626.3、GB/T 17626.4、GB/T 17626.5、GB/T 17626.6、GB/T 17626.8、GB/T 17626.9、GB/T 17626.10、GB/T 17626.11、

GB/T 17626.12、GB 18663.3、GB/T 20840.8、GB/T 22386、GB/T 25931、GB/T 26864、DL/T 478、DL 480、
DL/T 670、DL/T 720、DL/T 769、DL/T 860.81、DL/T 860.92、DL/T 995、DL/T 5103、DL/T 5136、Q/GDW
383、Q/GDW 414、Q/GDW 428、Q/GDW 441、Q/GDW 1140、Q/GDW 1396、Q/GDW 1426、Q/GDW 1430、
Q/ GDW 1808、Q/GDW10393、Q/GDW 10394、Q/GDW 10767、Q/GDW 11010、Q/GDW 13001—2014
中所列标准的最新版本要求，但不限于上述所列标准。

4.4 应满足的文件

该类设备技术标准应满足国家法律法规及国家电网有限公司标准化成果中相关条款要求。下列文件
中相应的条款规定均适用于本文件，其最新版本（包括所有的修改单）适用于本文件。包括：

a) 《电力监控系统安全防护规定》；

b) 《国家电网有限公司十八项电网重大反事故措施（2018年修订版）》；

c) 《国家电网有限公司输变电工程通用设计》；

d) 《国家电网公司关于加快推进电力监控系统网络安全管理平台建设的通知》；

e) 《国家电网继电保护柜、屏制造规范》。

5 技术参数和性能要求

5.1 使用环境条件

5.1.1 设备储存温度：－25℃～＋70℃。

5.1.2 设备工作温度：－10℃～＋55℃。

5.1.3 大气压力：80kPa～106kPa。

5.1.4 相对湿度：5%～95%。

5.1.5 抗地震能力：地面水平加速度0.3g，垂直加速度0.15g，同时作用。

5.2 保护装置额定参数

5.2.1 额定直流电源：220V/110V。

5.2.2 模拟量输入：额定交流电流，5A/1A；额定交流电压，100V/（相电压）、100V（线电压）。

5.2.3 数字量输入：额定电流，01CFH 或 00E7H；额定电压，2D41H。

5.2.4 额定频率：50Hz。

5.2.5 打印机工作电源：交流220V、50Hz。

5.3 装置功率消耗

5.3.1 装置交流消耗：交流电流回路功率消耗每相不大于 0.5VA（I_N=1A）或 1VA（I_N=5A），交流电压回路功率消耗（额定电压下）每相不大于1VA。卖方投标时必须提供确切数值。

5.3.2 装置直流消耗：当正常工作时，不大于100W；当保护动作时，不大于120W。卖方投标时必须提供确切数值。

5.4 66kV 母线保护总的技术要求

5.4.1 本节规定了跳合闸命令和联闭锁信息通过 GOOSE 机制传输和（或）电压、电流量通过电子式互感器及 MU 采集的保护装置的技术要求。

通过传统互感器、电缆直接采样的装置，交流采样及交流二次回路的技术要求应符合已有的相应规范和标准以及《国家电网有限公司物资采购标准　继电保护及自动装置卷》相关部分要求。

通过电缆直接跳闸的装置，跳合闸及二次回路的技术要求应符合已有的相应规范和标准以及《国家电网有限公司物资采购标准　继电保护及自动装置卷》相关部分要求。

5.4.2 环境温度在－10℃～＋55℃时，装置应能满足本部分所规定的精度。

5.4.3 母线保护直接采样、直接跳闸，如确有必要采用其他跳闸方式，相关设备应满足保护对可靠性和快速性的要求；当接入元件数较多时，可采用分布式母线保护，分布式保护由主单元和若干个子单元组成。

5.4.4 除出口继电器外，装置内的任一元件损坏时，装置不应误动作跳闸。

5.4.5 保护装置不应依赖于外部对时系统实现其保护功能。

5.4.6 66kV 电压等级的过程层 SV 与 GOOSE 共网，过程层网络和站控层网络应完全独立。

5.4.7 保护装置、智能终端等智能电子设备间的相互启动、相互闭锁、位置状态等交换信息通过 GOOSE 网络传输。

5.4.8 保护装置采样同步应由保护装置实现，装置 SV 采样值接口支持 GB/T 20840.8 或 DL/T 860.92 协议，在工程应用时应能灵活配置。

5.4.9 保护装置应自动补偿电子式互感器的采样响应延迟，当响应延时发生变化时应闭锁采自不同 MU 且有采样同步要求的保护。保护装置的采样输入接口数据的采样频率宜为 4000Hz。

5.4.10 保护装置的交流量信息应具备自描述功能。

5.4.11 保护装置应处理 MU 上送的数据品质位（无效、检修等），及时准确提供告警信息。在异常状态下，利用 MU 的信息合理地进行保护功能的退出和保留，瞬时闭锁可能误动的保护，延时告警，并在数据恢复正常之后尽快恢复被闭锁的保护功能，不闭锁与该异常采样数据无关的保护功能。接入两个及以上 MU 的保护装置应按 "SV 接收" 软压板或 "间隔接收" 软压板。

5.4.12 当采用电子式互感器时，保护装置应针对电子式互感器特点优化相关保护算法，提高保护性能。

5.4.13 保护装置应采取措施，防止输入的双 A/D 数据之一异常时误动作。

5.4.14 除检修、远方操作压板可采用硬压板外，保护装置应采用软压板，满足远方操作的要求。检修压板投入时，上送带品质位信息，保护装置应有明显显示（面板指示灯和界面显示）。参数、配置文件仅在检修压板投入时才可下装，下装时应闭锁保护。

5.4.15 保护装置应同时支持 GOOSE 点对点和网络方式传输，传输协议遵循 DL/T 860.81。

5.4.16 保护装置应具备 MMS 接口与站控层设备通信。保护装置向站控层提供的信息符合 Q/GDW 1396。

5.4.17 保护装置的交流电流、交流电压及保护设备参数的显示、打印、整定应能支持一次值，上送信息应采用一次值。

5.4.18 保护装置内部 MMS 接口、GOOSE 接口、SV 接口应采用相互独立的数据接口控制器接入网络。

5.4.19 保护装置应具备通信中断、异常等状态的检测和告警功能。装置应提供装置故障（含失电）硬接点输出。

5.4.20 保护装置宜通过 IRIG–B（DC）码对时，也可采用 GB/T 25931 进行网络对时，对时精度应满足要求。

5.4.21 对保护装置 ICD 文件与 CID 文件的要求如下：

 a） ICD、CID 文件符合统一的模型要求，适用于通用的配置工具和静态检测、分析软件；

 b） ICD 文件应完整描述 IED 提供的数据模型及服务，采用模块化设计，包含版本信息；

 c） CID 文件应完整描述本 IED 的实例化信息，应包含版本信息。

5.4.22 保护装置信息交互要求如下：

 a） 智能变电站继电保护应满足运行维护、监视控制及无人值班、智能电网调度等信息交互的要求。

 b） 继电保护设备应该支持在线和离线获取模型，离线获取和在线召唤的模型应保持一致。定值模型应包含描述、定值单位、定值上限、定值下限等信息。

 c） 继电保护设备应将检修压板状态上送站控层。当继电保护设备检修压板投入时，上送报文中信号的品质 q 的 "Test 位" 应置位。

 d） 继电保护设备应支持取代服务，取代数据的上送报文中，信号的品质 q 的 "取代位" 应置位。

 e） 继电保护设备应能够支持不小于 16 个客户端的 TCP/IP 访问连接，应能够支持 10 个报告实例。

5.4.23 保护装置交互信息内容如下：

 a） 变电站配置信息应包括 ICD 文件、SSD 文件、SCD 文件和 CID 文件；

b）继电保护设备应支持上送采样值、开关量、压板状态、设备参数、定值区号及定值、自检信息、异常告警信息、保护动作事件及参数（故障相别、跳闸相别和测距）、录波报告信息、装置硬件信息、装置软件版本信息、装置日志信息、保护功能闭锁信息、中间节点信息数据；

c）继电保护设备主动上送的信息应包括开关量变位信息、异常告警信息和保护动作事件信息等；

d）继电保护设备应支持远方投退压板、修改定值、切换定值区、设备复归功能，并具备权限管理功能；

e）继电保护设备的自检信息应包括硬件损坏、功能异常、与过程层设备通信状况等；

f）继电保护设备应支持远方召唤至少最近 8 次录波报告的功能。

5.4.24 在雷击过电压、一次回路操作、系统故障及其他强干扰作用下，不应误动和拒动。保护装置静电放电试验、快速瞬变干扰试验、高频干扰试验、脉冲群干扰试验、辐射电磁场干扰试验、冲击电压试验和绝缘试验应至少符合本部分的相关标准。保护装置调试端口应带有光电隔离装置。

5.4.25 保护柜中的插件应接触可靠，并且有良好的互换性，以便检修时能迅速更换。

5.4.26 保护装置应具有直流电源快速小开关，与保护装置安装在同一柜上。保护装置的逻辑回路应由独立的直流/直流变换器供电。直流电压消失时，保护装置不应误动作。直流电源电压在 80%～115%额定值范围内变化时，保护装置应正确工作。在直流电源恢复（包括缓慢地恢复）到 80%U_N 时，直流逆变电源应能自动启动。直流电源纹波系数小于或等于 5%时，保护装置应正确工作。拉合直流电源以及插拔熔丝发生重复击穿火花时，保护装置不应误动作。直流电源回路出现各种异常情况（如短路、断线、接地等）时保护装置不应误动作。

5.4.27 所提供保护设备的软件版本及校验码应与买方进行确认，并提供配套的使用说明书和相关的定值清单。

5.5 66kV 母线保护装置具体要求

5.5.1 66kV 母线配置一套微机型母线差动保护，母线差动保护装置应设复合电压闭锁元件，母线保护屏不设置独立的复合电压闭锁装置。保护出口应有复合电压闭锁措施。

5.5.2 母线保护应具有可靠的 TA 饱和判别功能，区外故障 TA 饱和时不应误动。

5.5.3 母线保护应能快速切除区外转区内的故障。

5.5.4 母线保护应允许使用不同变比的 TA，并通过软件自动校正。

5.5.5 具有 TA 断线告警功能，除母联、分段（双母双分接线的分段除外）TA 断线不闭锁差动保护外，其余支路 TA 断线后闭锁断线相大差以及所在母线的小差。

5.5.6 双母线接线的差动保护应设有大差元件和小差元件。大差用于判别母线区内和区外故障，小差用于故障母线的选择。

5.5.7 对构成环路的各种母线，保护不应因母线故障时电流流出的影响而拒动。

5.5.8 双母线接线的母线保护，在母线分列运行，发生死区故障时，应能有选择地切除故障母线。

5.5.9 母线保护应能自动识别母联（分段）的充电状态，合闸于死区故障时，应瞬时跳母联（分段），不应误切除运行母线。

5.5.10 双母线接线的母线保护，应设电压闭锁元件。差动保护出口经本段电压元件闭锁，除双母双分段以外的母联和分段经两段母线电压"或门"闭锁，双母双分段断路器不经电压闭锁。

5.5.11 双母线接线的母线 TV 断线时，允许母线保护解除该段母线电压闭锁。

5.5.12 双母线接线的母线保护，通过隔离刀闸辅助触点自动识别母线运行方式时，应对刀闸辅助触点进行自检。当与实际位置不符时，发"刀闸位置异常"告警信号，智能站通过"刀闸强制软压板"校正刀闸位置。当仅有一个支路隔离刀闸辅助触点异常，且该支路有电流时，保护装置仍应具有选择故障母线的功能。

5.5.13 母线保护应具备电压闭锁元件启动后的告警功能。

5.5.14 宜设置独立于母联跳闸位置、分段跳闸位置的母联、分段分列运行压板。

5.5.15 装置 MMS、SV、GOOSE 接口要求。装置应具备站控层 MMS 接口至少 2 个；对采用 MU 数字量输入装置，SV（采样值）点对点接口数量按连接元件与母线数确定，并有留有适量备用；对采用过程层 GOOSE 的装置，应至少具备 GOOSE 组网接口 1 个，点对点接口按连接元件与母线数确定，并有留有适量备用。装置具体接口数量，招标人在专用技术规范中明确。

5.6 柜结构的技术要求

5.6.1 对智能控制柜，技术要求详见 Q/GDW 430，并遵循以下要求：

a) 控制柜应装有截面为 100mm² 的铜接地母线（不要求与柜体绝缘），接地母线末端应装好可靠的压接式端子，以备接到电站的接地网上。柜体应采用双层结构，循环通风；

b) 控制柜内设备的安排及端子排的布置，应保证各套保护的独立性，在一套保护检修时不影响其他任何一套保护系统的正常运行；

c) 控制柜应具备温度、湿度的采集、调节功能，柜内温度控制在 −10℃～+50℃，相对湿度保持在 90% 以下，并可上送温度、湿度信息；

d) 控制柜应能满足 GB/T 18663.3 变电站户外防电磁干扰的要求。

5.6.2 对非智能普通屏柜，屏体要求详见《国家电网继电保护柜、屏制造规范》，并遵循已发布的《国家电网有限公司物资采购标准 继电保护及自动装置卷》相关部分规定。

a) 微机保护和控制装置的屏柜下部应设有截面积不小于 100mm² 的铜排（不要求与保护屏绝缘）。

b) 保护柜内电压回路每相及 N 相端子均应采用多个连接端子（不少于 3 个）。

c) 同一保护柜内若有多路直流电源引入，应接入不同安装单元端子排。

5.6.3 屏柜内部配线、端子排、接地铜排、屏柜上安装辅助设备等应符合相关规程、标准与反事故措施的规定。

6 试验

6.1 工厂试验

卖方提供的设备试验标准应符合国家、行业及 IEC 的有关标准，并提供每一种型式产品的动模试验报告、型式试验报告和 DL/T 860 一致性测试报告。

卖方提供的每一套设备出厂之前都应按国家和行业标准以及工厂规定的调试大纲进行出厂检查、性能试验，试验报告应随产品提供。当需做动态模拟试验或数字仿真试验时，模拟系统的接线和参数由卖方与买方在试验前协商确定，按实际系统参数进行试验。

6.2 系统联调试验

卖方应按买方需求配合完成买方组织的保护装置功能验证与系统联调试验。

6.3 现场试验

现场实际设备接入后，应按照 DL/T 995 在一次设备不带电和带电试运行时做现场试验，卖方应配合完成保护装置的现场调试及投运试验。现场投运前和试运行中发现的设备缺陷和元件损坏，卖方应及时无偿修理或更换，直至符合本部分要求。

6.4 继电保护专业检测

卖方依据国家电网有限公司继电保护专业检测标准参加继电保护专业检测，并提供每一种型式产品的专业检测报告。

7 技术服务、设计联络、工厂检验和监造

7.1 技术文件

7.1.1 卖方提供的技术文件应提供买方所要求的性能信息，并对其可靠性和一致性负责，卖方所提供的技术文件（包括资料和数据）将成为合同一部分。

7.1.2 卖方应随投标书一起提供一般性技术文件，并且应是与投标产品一致的最新版本，投标时应提供

的技术文件如下：

    a） 产品的技术说明书；

    b） 产品的型式试验报告、动模试验报告和一致性测试报告；

    c） 产品的用户运行证明；

    d） 产品的软件版本等。

7.1.3 卖方应在签约后 3 周内向买方提供设计用的技术文件如下：

    a） 产品的技术说明书；

    b） 产品及保护屏原理框图及说明，模件或继电器的原理接线图及其工作原理说明；

    c） 装置的 ICD（IED 装置能力描述）文件、保护装置虚端子连接图；

    d） 组屏的正面布置图、屏内设备布置图、端子排图及图例说明；

    e） 保护屏所用的辅助继电器和选择开关采用的标准；

    f） 保护屏的安装尺寸图，包括屏的尺寸和质量、基础螺栓的位置和尺寸等。

7.1.4 签约后双方遵循的原则如下：

    a） 在收到买方最终认可图纸前，卖方所购买的材料或制造所发生的费用及其风险全由卖方单独承担；

    b） 生产的成品应符合合同的技术规范。买方对图纸的确认并不能解除卖方对其图纸的完善性和准确性应承担的责任；

    c） 设计方在收到图纸后 3 周内返回主要确认意见，并根据需要召开设计联络会。卖方在提供确认图纸时必须提供为审核该图纸所需的资料。买方有权要求卖方对其图纸中的任一装置任一部件做必要修改，在设计图纸完成之前应保留设计方对卖方图纸的其他确认权限，而买方不需承担额外费用。

7.1.5 在收到确认意见后，卖方应在规定时间内向买方提供的技术文件如下：

    a） 7.1.3 所列的修改后的正式技术文件；

    b） 保护装置的内部接线图及图例说明，保护屏内部接线图及其说明（包括屏内布置及内部端子排图）；

    c） 保护装置的软件版本号和校验码；

    d） 产品的使用说明书，包括保护装置的现场调试大纲、整定值表和整定计算说明及计算算例等；

    e） 通信规约和解释文本及装置调试软件和后台分析软件，以便与计算机监控系统和继电保护故障信息系统联调。

7.1.6 设备供货时提供的技术文件和资料如下：

    a） 设备的开箱资料清单；

    b） 产品的技术说明书、使用说明书和组屏图纸；

    c） 出厂调试试验报告；

    d） 产品质量检验合格证书；

    e） 合同规定的出厂验收试验报告和动模试验报告和一致性测试报告等；

    f） 保护设备识别代码及出厂信息表。

7.1.7 技术文件的格式和分送要求如下：

    a） 全部图纸应为 A4 幅面，并有完整图标，采用国标单位制；

    b） 提供的技术文件除纸质文件外，还应包括一份电子文档，并提供可供修改的最终图纸电子文件（图形文件能够被 PC 机 AutoCAD for Windows 2000 版支持）；

    c） 技术文件（图纸和资料）分送单位、套数和地址根据项目单位要求提供。

7.2　设计联络会议

7.2.1 若有必要，买方在收到卖方签字的第一批文件后 3 周内将举行设计联络会议。设计联络会议内容

如下：

a) 卖方应对修改后的供确认的资料和图纸进行详细的解释，并应解答买方对这些资料和图纸所提的问题，经过共同讨论，买方给予确认，以便卖方绘制正式图纸提供给买方；

b) 卖方应介绍合同产品已有的运行经验；

c) 卖方应提供验收大纲、工程参数表；

d) 买方或设计方应确认保护装置的 SV 采样值接口、GOOSE 接口及 MMS 接口的类型与数量；

e) 设计联络会应确定通信信息的具体内容。

7.2.2 会议应签订会议纪要，并作为合同的组成部分。

7.3 工厂验收和现场验收

要求满足国家电网有限公司企业标准中关于工厂验收（现场）的规范。

7.4 质量保证

7.4.1 卖方应保证制造过程中的所有工艺、材料、试验等（包括卖方的外购件在内）均应符合本部分的规定。若买方根据运行经验指定卖方提供某种外购零部件，卖方应积极配合。卖方对所购配套部件设备质量负责，采购前向买方提供主要国产元器件报价表，采购中应进行严格的质量检验，交货时应向买方提供其产品质量合格证书及有关安装使用等技术文件资料。

7.4.2 对于采用属于引进技术的设备、元器件，卖方在采购前应向买方提供主要进口元器件报价表。引进的设备、元器件应符合引进国的技术标准或 IEC 标准，当标准与本部分有矛盾时，卖方应将处理意见书面通知买方，由买卖双方协商解决。假若卖方有更优越或更为经济的设计和材料，足以使卖方的产品更为安全、可靠、灵活、适应时，卖方可提出并经买方的认可，然而应遵循现行的国家工业标准，并且有成熟的设计和工艺要求以及工程实践经验。

7.4.3 双方签订合同后，卖方应按工程设计及施工进度分批提交技术文件和图纸，必要时，买卖双方应进行技术联络，以讨论合同范围内的有关技术问题。

7.4.4 卖方保证所提供的设备应为由最适宜的原材料并采用先进工艺制成且未经使用过的全新产品，保证产品的质量、规格和性能与投标文件所述一致。

7.4.5 卖方提供的保护设备运行使用寿命不应小于 15 年。

7.4.6 卖方保证所提供的设备在各个方面符合招标文件规定的质量、规格和性能。在合同规定的质量保证期内（保护设备到货后 24 个月或 SAT 后 18 个月），对由于产品设计、制造和材料、外购零部件的缺陷而造成所供设备的任何破坏、缺陷故障，当卖方收到买方的书面通知后，在 2 天内免费负责修理或更换有缺陷的设备（包括运输费、税收等），以达到本部分的要求。质量保证期以合同商务部分为准。

7.4.7 质量保证期后发生质量问题，卖方应提供免费维修服务，包括硬件更换和软件版本升级。

7.5 项目管理

合同签订后，卖方应指定负责本工程的项目经理，负责卖方在工程全过程的各项工作，如工程进度、设计制造、图纸文件、包装运输、现场安装、调试验收等。

7.6 现场服务

现场服务内容如下：

a) 在设备安装调试过程中视买方工作情况卖方及时派出工程技术服务人员，以提供现场服务。卖方派出人员在现场负责技术指导，并协助买方安装、调试。同时，买方为卖方的现场派出人员提供工作和生活的便利条件；

b) 当变电站内保护设备分批投运时，卖方应按合同规定及时派出工程技术人员到达现场服务；

c) 根据买方的安排，卖方安排适当时间对设备的正确安装和试验给予技术培训。

7.7 售后服务

7.7.1 现场投运前和试运行中发现的设备缺陷和元件损坏，卖方应及时无偿修理或更换，直至符合规范要求。保修期内产品出现不符合功能要求和技术指标要求时，卖方应在 4h 内响应，并在 24h 内负责修

理或更换。保修期外产品出现异常、设备缺陷、元件损坏或不正确动作，现场无法处理时，卖方接到买方通知后，应在 4h 内响应，并立即派出工程技术人员在 24h 内到达现场处理。

7.7.2 对反事故措施以及软件版本的升级等，卖方应提供技术服务。

7.8 备品备件、专用工具、试验仪器

7.8.1 对每套保护，卖方应提供必要的备品备件。

7.8.2 卖方应提供安装、运行、检修所需的专用工具，包括专用调试、测试设备。

———————

ICS 29.240.01

K 45

Q/GDW

国家电网有限公司企业标准

Q／GDW 13193.2－2018

代替 Q／GDW 13193.2－2014

智能变电站 66kV 母线保护采购标准
第 2 部分：专用技术规范

Purchasing standard for 66kV busbar protection in smart substation
Part 2: Special technical specification

2019-06-28发布   2019-06-28实施

国家电网有限公司   发 布

目 次

前　言

为规范智能变电站 66kV 母线保护的采购要求，制定本部分。

《智能变电站 66kV 母线保护采购标准》分为 2 个部分：

——第 1 部分：通用技术规范；

——第 2 部分：专用技术规范。

本部分为《智能变电站 66kV 母线保护采购标准》的第 2 部分

本部分代替 Q/GDW 13193.2—2014，与 Q/GDW 13193.2—2014 相比，主要技术性差异如下：

——增加保护装置采样频率技术参数。

本部分由国家电网有限公司物资部提出并解释。

本部分由国家电网有限公司科技部归口。

本部分起草单位：国网江苏省电力有限公司、南瑞集团有限公司（国网电力科学研究院有限公司）。

本部分主要起草人：姚刚、王寅丞、吴崇昊、朱翔、李志坚、岳嵩、黄浩声。

本部分 2014 年 9 月首次发布，2018 年 12 月第一次修订。

本部分在执行过程中的意见或建议反馈至国家电网有限公司科技部。

智能变电站 66kV 母线保护采购标准
第 2 部分：专用技术规范

1 范围

本部分规定了智能变电站 66kV 母线保护保护招标的标准技术参数、项目需求及投标人响应的相关内容。

本部分适用于智能变电站 66kV 母线保护保护招标。

2 规范性引用文件

下列文件对于本文件的应用是必不可少的。凡是注日期的引用文件，仅所注日期的版本适用于本文件。凡是不注日期的引用文件，其最新版本（包括所有的修改单）适用于本文件。

Q/GDW 13193.1　智能变电站 66kV 母线保护采购标准　第 1 部分：通用技术规范

3 术语和定义

下列术语和定义适用于本文件。

3.1

招标人　bidder

提出招标项目，进行招标的法人或其他组织。

3.2

投标人　tenderer

响应招标、参加投标竞争的法人或者其他组织。

3.3

卖方　seller

提供本部分货物和技术服务的法人或其他组织，包括其法定的承继者。

3.4

买方　buyer

购买本部分货物和技术服务的法人或其他组织，包括其法定的承继者和经许可的受让人。

4 标准技术参数

技术参数特性表是国家电网有限公司对采购设备的基础技术参数要求，在招投标过程中，投标人应依据招标文件，对技术参数特性表中标准参数值进行响应。智能变电站 66kV 母线保护、光纤复接通道接口装置、打印机、保护柜技术参数特性见表 1～表 3。物资必须满足 Q/GDW 13193.1 的要求。

表 1　智能变电站 66kV 母线保护技术参数特性表

序号	参 数 名 称	单位	标准参数值
1	定值误差		不超过±5%
2	母差整组动作时间	ms	≤20（2 倍整定值）
3	失灵保护的启动回路在故障切除后的返回时间	ms	＜20

表 1（续）

序号		参 数 名 称	单位	标准参数值
4		光纤接口接收灵敏度	dBm	≤－20（串行光接口）； ≤－30（以太网光接口）
5		光纤接口发送功率	dBm	≥－10（串行光接口）； ≥－20（以太网光接口）
6		保护装置采样频率		不低于 1000Hz
7	集中式方案	装置工作电源	V	（招标人填写）
8		站控层 MMS 接口数量与类型		（招标人填写）
9		SV（采样值）点对点接口类型 （IEC 60044－8 接口；IEC 61850－9－2 接口； 常规模拟量输入）		（招标人填写）
10		SV（采样值）点对点接口数量		（招标人填写）
11		过程层 GOOSE 接口组网接口数量		（招标人填写）
12		过程层 GOOSE 点对点接口数量		（招标人填写）
13		对时方式		（招标人填写）
14		普通柜可选技术参数		（招标人填写）
15		智能柜技术参数要求		（招标人填写）
16		其他		（招标人填写）
17	分布式方案	装置工作电源	V	（招标人填写）
18		主单元站控层 MMS 接口数量与类型		（招标人填写）
19		主单元 SV（采样值）点对点接口类型 （IEC 60044－8 接口；IEC 61850－9－2 接口； 常规模拟量输入）		（招标人填写）
20		主单元 SV（采样值）点对点接口数量		（招标人填写）
21		主单元过程层 GOOSE 组网接口数量		（招标人填写）
22		主单元过程层 GOOSE 接口数量		（招标人填写）
23		子单元 SV（采样值）点对点接口类型 （IEC 60044－8 接口；IEC 61850－9－2 接口； 常规模拟量输入）		（招标人填写）
24		子单元 SV（采样值）点对点接口数量		（招标人填写）
25		子单元过程层 GOOSE 组网接口数量		（招标人填写）
26		对时方式		（招标人填写）
27		普通柜可选技术参数		（招标人填写）
28		智能柜技术参数要求		（招标人填写）
29		对时方式		（招标人填写）
30		其他		（招标人填写）

表2　打印机技术参数特性表

序号	参 数 名 称	单位	标准参数值
1	工作电源	V	220V AC
2	接口型式		与保护装置配套

表3　保护柜（非智能控制柜）技术参数特性表

序号	参 数 名 称	单位	标准参数值
1	尺寸	mm	高度：2260； 宽度：800； 深度：600
2	颜色		GSB05－1426－2001，77 号， GY09 冰灰橘纹

5　组件材料配置表

组件材料配置表包括元件名称、规格形式参数、单位、数量和产地等信息，具体内容和格式根据招标项目情况进行编制。

6　使用环境条件表

典型智能变电站 66kV 母线保护保护使用环境条件见表4。特殊环境要求根据项目情况编制。

表4　使 用 环 境 条 件 表

序号	名 称		单位	项目需求值
1	电源的频率		Hz	50
2	环境温度	日最高温度	℃	＋55
		日最低温度		－10
		日最大温差		＋25
3	湿度	日相对湿度平均值	%	≤95
		月相对湿度平均值		≤90
4	海拔		m	≤2000
5	耐受地震能力	水平加速度	m/s²	0.3g
		垂直加速度	m/s²	0.15g
6	用途		组屏/单装置	（项目单位提供）
7	安装方式		集中/分散	（项目单位提供）
注：标准参数值为正常使用条件，超出此值时为特殊使用条件，可根据工程实际使用条件进行修改。				

ICS 29.240.01
K 45

Q/GDW

国家电网有限公司企业标准

Q/GDW 13194.1 — 2018
代替 Q/GDW 13194.1 — 2014

智能变电站 110kV 母线保护采购标准
第 1 部分：通用技术规范

Purchasing standard for 110kV busbar protection in smart substation
Part 1: General technical specification

2019-06-28发布　　　　　　　　　　　　　　　2019-06-28实施

国家电网有限公司　　发　布

目　次

前　言

为规范智能变电站 110kV 母线保护的采购要求，制定本部分。

《智能变电站 110kV 母线保护采购标准》分为 2 个部分：

——第 1 部分：通用技术规范；

——第 2 部分：专用技术规范。

本部分为《智能变电站 110kV 母线保护采购标准》的第 1 部分。

本部分代替 Q/GDW 13194.1—2014，与 Q/GDW 13194.1—2014 相比，主要技术性差异如下：

——增加或替换自 2014 年以来新发布的国家、行业和国网企业标准与本采购规范相关的标准。

——提升设备工作温度、环境温度和大气压力要求。

——修改为"110kV 电压等级的过程层 SV 与 GOOSE 共网，站控层 MMS 网络应完全独立"。

——依据最新规范 Q/GDW 10767 完善修改保护装置相关功能要求。

——细化差动保护出口经电压闭锁的技术要求；增加智能站保护在刀闸辅助触点与实际位置不符时的刀闸位置校正方式和失灵保护的具体技术要求。

——增加"保护设备识别代码及出厂信息表"的要求。

——执行十八项反措要求修改保护屏柜绝缘相关要求。

——删除了保护装置就地化安装的要求。

本部分由国家电网有限公司物资部提出并解释。

本部分由国家电网有限公司科技部归口。

本部分起草单位：国网江苏省电力有限公司、南瑞集团有限公司（国网电力科学研究院有限公司）。

本部分主要起草人：戴魏、王寅丞、李志坚、朱翔、包亚卓、宋爽、邱涛、梁俊媛。

本部分 2014 年 9 月首次发布，2018 年 12 月第一次修订。

本部分在执行过程中的意见或建议反馈至国家电网有限公司科技部。

智能变电站 110kV 母线保护采购标准
第 1 部分：通用技术规范

1 范围

本部分规定了智能变电站 110kV 母线保护招标的总则、技术参数和性能要求、试验、包装、运输、交货及工厂检验和监造的一般要求。

本部分适用于智能变电站 110kV 母线保护招标。

2 规范性引用文件

下列文件对于本文件的应用是必不可少的。凡是注日期的引用文件，仅所注日期的版本适用于本文件。凡是不注日期的引用文件，其最新版本（包括所有的修改单）适用于本文件。

GB/T 191　包装储运图示标志

GB/T 2423（所有部分）　电工电子产品环境试验

GB/T 7261　继电保护和安全自动装置基本试验方法

GB/T 11287　电气继电器　第 21 部分：量度继电器和保护装置的振动、冲击、碰撞和地震试验　第 1 篇：振动试验（正弦）

GB/T 14285　继电保护和安全自动装置技术规程

GB/T 14537　量度继电器和保护装置的冲击与碰撞试验

GB/T 14598.3　电气继电器　第 5 部分：量度继电器和保护装置的绝缘配合要求和试验

GB/T 14598.9　量度继电器和保护装置　第 22－3 部分：电气骚扰试验　辐射电磁场抗扰度

GB/T 14598.10　量度继电器和保护装置　第 22－4 部分：电气骚扰试验　快速瞬变/脉冲群抗扰度试验

GB/T 14598.13　电气继电器　第 22－1 部分：量度继电器和保护装置的电气骚扰试验　1MHz 脉冲群干扰试验

GB/T 14598.14　量度继电器和保护装置　第 22－2 部分：电气骚扰试验　静电放电试验

GB/T 14598.17　电气继电器　第 22－6 部分：量度继电器和保护装置的电气骚扰试验——射频场感应的传导骚扰抗扰度

GB/T 14598.18　量度继电器和保护装置　第 22－5 部分：电气骚扰试验　浪涌抗扰度试验

GB/T 14598.19　电气继电器　第 22－7 部分：量度继电器和保护装置的电气骚扰试验——工频抗扰度试验

GB/T 15145　微机线路保护装置通用技术条件

GB/T 17626.1　电磁兼容　试验和测量技术　抗扰度试验总论

GB/T 17626.2　电磁兼容　试验和测量技术　静电放电抗扰度试验

GB/T 17626.3　电磁兼容　试验和测量技术　射频电磁场辐射抗扰度试验

GB/T 17626.4　电磁兼容　试验和测量技术　电快速瞬变脉冲群抗扰度试验

GB/T 17626.5　电磁兼容　试验和测量技术　浪涌（冲击）抗扰度试验

GB/T 17626.6　电磁兼容　试验和测量技术　射频场感应的传导骚扰抗扰度

GB/T 17626.8　电磁兼容　试验和测量技术　工频磁场抗扰度试验

GB/T 17626.9 电磁兼容 试验和测量技术 脉冲磁场抗扰度试验

GB/T 17626.10 电磁兼容 试验和测量技术 阻尼振荡磁场抗扰度试验

GB/T 17626.11 电磁兼容 试验和测量技术 电压暂降、短时中断和电压变化的抗扰度试验

GB/T 17626.12 电磁兼容 试验和测量技术 振荡波抗扰度试验

GB/T 181103.3 电子设备机械结构 公制系列和英制系列的试验 第 3 部分：机柜、机架和插箱的电磁屏蔽性能试验

GB/T 20840.8 互感器 第 8 部分：电子式电流互感器

GB/T 22386 电力系统暂态数据交换通用格式

GB/T 25931 网络测量和控制系统的精确时钟同步协议

GB/T 26864 电力系统继电保护产品动模试验

DL/T 478 静态继电保护及安全自动装置通用技术条件

DL 480 静态电流相位比较式纵联保护装置技术条件（继电部分）

DL/T 670 微机母线保护装置通用技术条件 DL/T 720 电力系统继电保护柜、屏通用技术条件

DL/T 720 电力系统继电保护柜、屏通用技术条件

DL/T 769 电力系统微机继电保护技术导则

DL/T 860（所有部分）变电站通信网络和系统 DL/T 860.81 变电站通信网络和系统 第 8－1 部分：特定通信服务映射（SCSM）对 MMS（ISO 9506－1 和 ISO 9506－2）及 ISO/IEC 8802

DL/T 860.92 变电站通信网络和系统 第 9－2 部分：特定通信服务映射（SCSM）映射到 ISO/IEC 8802－3 的采样值

DL/T 995 继电保护和电网安全自动装置检验规程

DL/T 1107 远动设备及系统 第 5 部分：传输规约 第 103 篇：继电保护设备信息接口配套标准

DL/T 5103 35kV～110kV 无人值班变电所设计规程

DL/T 5136 火力发电厂、变电站二次接线设计技术规程

Q/GDW 383 智能变电站技术导则

Q/GDW 414 变电站智能化改造技术规范

Q/GDW 428 智能变电站智能终端技术规范

Q/GDW 441 智能变电站继电保护技术规范

Q/GDW 1140 交流采样测量装置运行检验管理规程

Q/GDW 1396 IEC 61850 工程继电保护应用模型

Q/GDW 1426 智能变电站合并单元技术规范

Q/GDW 1430 智能变电站智能控制柜技术规范

Q/ GDW 1808 智能变电站继电保护通用技术条件

Q/GDW 10393 110（66）kV～220kV 智能变电站设计规范

Q/GDW 10394 330kV～750kV 智能变电站设计规范

Q/GDW 10767 10kV～110（66）kV 元件保护及辅助装置标准化设计规范

Q/GDW 11010 继电保护信息规范

Q/GDW 13001—2014 高海拔外绝缘配置技术规范

3 术语和定义

下列术语和定义适用于本文件。

3.1

招标人 bidder
提出招标项目，进行招标的法人或其他组织。

3.2

投标人   tenderer

响应招标、参加投标竞争的法人或者其他组织。

3.3

卖方   seller

提供本部分货物和技术服务的法人或其他组织，包括其法定的承继者。

3.4

买方   buyer

购买本部分货物和技术服务的法人或其他组织，包括其法定的承继者和经许可的受让人。

4 总则

4.1 一般性要求

4.1.1 卖方提供的智能变电站继电保护及相关设备应符合 Q/GDW 441 的要求。

智能变电站继电保护与站控层信息交互采用 DL/T 860 标准，跳合闸命令和联闭锁信息可通过直接电缆连接或 GOOSE 机制传输。卖方提供的继电保护及相关设备所采用的技术应遵循 Q/GDW 441 及本部分中与之对应的部分。

4.1.2 卖方提供的变电站继电保护及相关设备应符合 Q/GDW 10767 的要求。

变电站继电保护装置的动作信息、告警信息、状态变位信息、中间节点信息、日志记录、人机界面信息等信息输出符合 Q/GDW 11010 的要求。

4.1.3 本部分提出的是最低限度的要求，并未对一切技术细节作出规定，也未充分引述有关标准的条文，投标人应提供符合本部分和工业标准的优质产品。

4.1.4 如果投标人没有以书面形式对本部分的条文提出异议，则表示投标人提供的设备完全符合本部分的要求。如有异议，应在报价书中以"对规范书的意见和同规范书的差异"为标题的专门章节中加以详细描述。

4.1.5 本部分所使用的标准如遇与投标人所执行的标准不一致按较高的标准执行。

4.1.6 本部分经招、投标双方确认后作为订货合同的技术附件，与合同正文具有同等效力。

4.2 卖方职责

卖方的工作范围应包括但不仅限于下列内容：

a) 提供标书内所有设备及设计说明书及制造方面的说明；

b) 提供国家或电力行业级检验检测机构出具的动模试验报告、型式试验报告和 DL/T 860 的一致性测试报告，以便确认供货设备能否满足所有的性能要求；

c) 提供与投标设备版本相符的安装及使用说明书；

d) 提供试验和检验的标准，包括试验报告和试验数据；

e) 提供图纸，制造和质量保证过程的一览表以及标书规定的其他资料；

f) 提供设备管理和运行所需有关资料；

g) 所提供设备应发运到规定的目的地；

h) 在更换所用的准则、标准、规程或修改设备技术数据时，卖方应接受买方的选择；

i) 现场服务。

4.3 应满足的标准

装置至少应满足 GB/T 191、GB/T 2423（所有部分）、GB/T 7261、GB/T 11287、GB/T 14285、GB/T 14537、GB/T 14598.3、GB/T 14598.9、GB/T 14598.10、GB/T 14598.13、GB/T 14598.14、GB/T 14598.17、GB/T 14598.18、GB/T 14598.19、GB/T 15145、GB/T 17626.1、GB/T 17626.2、GB/T 17626.3、GB/T 17626.4、GB/T 17626.5、GB/T 17626.6、GB/T 17626.8、GB/T 17626.9、GB/T 17626.10、GB/T 17626.11、GB/T

17626.12、GB/T 181103.3、GB/T 20840.8、GB/T 22386、GB/T 25931、GB/T 26864、DL/T 478、DL 480、DL/T 670、DL/T 720、DL/T 769、DL/T 860.81、DL/T 860.92、DL/T 995、DL/T 1107、DL/T 5103、DL/T 5136、Q/GDW 383、Q/GDW 414、Q/GDW 428、Q/GDW 441、Q/GDW 1140、Q/GDW 1396、Q/GDW 1426、Q/GDW 1430、Q/ GDW 1808、Q/GDW10393、Q/GDW 10394、Q/GDW 10767、Q/GDW 11010、Q/GDW 13001—2014 中所列标准的最新版本要求，但不限于上述所列标准。

4.4 应满足的文件

该类设备技术标准应满足国家法律法规及国家电网有限公司标准化成果中相关条款要求。下列文件中相应的条款规定均适用于本文件，其最新版本（包括所有的修改单）适用于本文件。包括：

a）《电力监控系统安全防护规定》；

b）《国家电网有限公司十八项电网重大反事故措施（2018 年修订版）》；

c）《国家电网有限公司输变电工程通用设计》；

d）《国家电网公司关于加快推进电力监控系统网络安全管理平台建设的通知》；

e）《国家电网继电保护柜、屏制造规范》。

5 技术参数和性能要求

5.1 使用环境条件

5.1.1 设备储存温度：−25℃～+70℃。

5.1.2 设备工作温度：−0℃～+55℃。

5.1.3 大气压力：80kPa～106kPa。

5.1.4 相对湿度：5%～95%。

5.1.5 抗地震能力：地面水平加速度 0.3g，垂直加速度 0.15g，同时作用。

5.2 保护装置额定参数

5.2.1 额定直流电源：220V/110V。

5.2.2 模拟量输入：额定交流电流，5A/1A；额定交流电压，100V/（相电压）、100V（线电压）。

5.2.3 数字量输入：额定电流，01CFH 或 00E7H；额定电压，2D41H。

5.2.4 额定频率：50Hz。

5.2.5 打印机工作电源：交流 220V、50Hz。

5.3 装置功率消耗

5.3.1 装置交流消耗：交流电流回路功率消耗每相不大于 0.5VA（I_N=1A）或 1VA（I_N=5A），交流电压回路功率消耗（额定电压下）每相不大于 1VA。卖方投标时必须提供确切数值。

5.3.2 装置直流消耗：当正常工作时，不大于 100W；当保护动作时，不大于 120W。卖方投标时必须提供确切数值。

5.4 110kV 母线保护装置总的技术要求

5.4.1 本节规定了跳合闸命令和联闭锁信息通过 GOOSE 机制传输和（或）电压、电流量通过电子式互感器及 MU 采集的保护装置的技术要求。

通过传统互感器、电缆直接采样的装置，保护装置交流采样及交流二次回路的技术要求，应符合已有的相应规范和标准以及《国家电网有限公司物资采购标准　继电保护及自动装置卷》相关部分要求。

通过电缆直接跳闸装置，装置跳合闸及二次回路的技术要求，应符合已有的相应规范和标准以及《国家电网有限公司物资采购标准　继电保护及自动装置卷》相关部分要求。

5.4.2 环境温度在 −10℃～+55℃时，保护装置应能满足本部分所规定的精度。

5.4.3 母线保护直接采样、直接跳闸，当接入元件数较多时，可采用分布式母线保护。

5.4.4 除出口继电器外，装置内的任一元件损坏时，装置不应误动作跳闸。

5.4.5 保护装置不应依赖于外部对时系统实现其保护功能。

5.4.6 110kV 电压等级的过程层 SV 与 GOOSE 共网，过程层网络和站控层网络应完全独立。

5.4.7 保护装置、智能终端等智能电子设备间的相互启动、相互闭锁、位置状态等交换信息通过 GOOSE 网络传输。

5.4.8 母线保护应直接采样，宜直接跳闸。如确有必要采用其他跳闸方式，相关设备应满足保护对可靠性和快速性的要求。

5.4.9 母线保护可采用分布式保护。分布式保护由主单元和若干个子单元组成。

5.4.10 保护装置采样同步应由保护装置实现，装置 SV 采样值接口支持 GB/T 20840.8 或 DL/T 860.92 协议，在工程应用时应能灵活配置。

5.4.11 保护装置应自动补偿电子式互感器的采样响应延迟，当响应延时发生变化时应闭锁采自不同 MU 且有采样同步要求的保护。保护装置的采样输入接口数据的采样频率宜为 4000Hz。

5.4.12 保护装置的交流量信息应具备自描述功能。

5.4.13 保护装置应处理 MU 上送的数据品质位（无效、检修等），及时准确提供告警信息。在异常状态下，利用 MU 的信息合理地进行保护功能的退出和保留，瞬时闭锁可能误动的保护，延时告警，并在数据恢复正常之后尽快恢复被闭锁的保护功能，不闭锁与该异常采样数据无关的保护功能。接入两个及以上 MU 的保护装置应按 "SV 接收" 软压板或 "间隔接收" 软压板。

5.4.14 当采用电子式互感器时，保护装置应针对电子式互感器特点优化相关保护算法，提高保护性能。

5.4.15 保护装置应采取措施，防止输入的双 A/D 数据之一异常时误动作。

5.4.16 除检修、远方操作压板可采用硬压板外，保护装置应采用软压板，满足远方操作的要求。检修压板投入时，上送带品质位信息，保护装置应有明显显示（面板指示灯和界面显示）。参数、配置文件仅在检修压板投入时才可下装，下装时应闭锁保护。

5.4.17 保护装置应同时支持 GOOSE 点对点和网络方式传输，传输协议遵循 DL/T 860.81。

5.4.18 保护装置采样值接口和 GOOSE 接口数量应满足工程的需要。

5.4.19 保护装置应具备 MMS 接口与站控层设备通信。保护装置向站控层提供的信息符合 Q/GDW 1396。

5.4.20 保护装置的交流电流、交流电压及保护设备参数的显示、打印、整定应能支持一次值，上送信息应采用一次值。

5.4.21 保护装置内部 MMS 接口、GOOSE 接口、SV 接口应采用相互独立的数据接口控制器接入网络。

5.4.22 保护装置应具备通信中断、异常等状态的检测和告警功能。装置应提供装置故障（含失电）硬接点输出。

5.4.23 保护装置宜通过 IRIG－B（DC）码对时，也可采用 GB/T 25931 进行网络对时，对时精度应满足要求。

5.4.24 对保护装置 ICD 文件与 CID 文件的要求如下：

　　a) ICD、CID 文件符合统一的模型要求，适用于通用的配置工具和静态检测、分析软件；

　　b) ICD 文件应完整描述 IED 提供的数据模型及服务，采用模块化设计，包含版本信息；

　　c) CID 文件应完整描述本 IED 的实例化信息，应包含版本信息。

5.4.25 保护装置信息交互要求如下：

　　a) 智能变电站继电保护应满足运行维护、监视控制及无人值班、智能电网调度等信息交互的要求。

　　b) 继电保护设备应该支持在线和离线获取模型，离线获取和在线召唤的模型应保持一致。定值模型应包含描述、定值单位、定值上限、定值下限等信息。

　　c) 继电保护设备应将检修压板状态上送站控层。当继电保护设备检修压板投入时，上送报文中信号的品质 q 的 "Test 位" 应置位。

　　d) 继电保护设备应支持取代服务，取代数据的上送报文中，信号的品质 q 的 "取代位" 应置位。

　　e) 继电保护设备应能够支持不小于 16 个客户端的 TCP/IP 访问连接，应能够支持 10 个报告实例。

5.4.26 保护装置交互信息内容如下：

    a) 变电站配置信息应包括 ICD 文件、SSD 文件、SCD 文件和 CID 文件；

    b) 继电保护设备应支持上送采样值、开关量、压板状态、设备参数、定值区号及定值、自检信息、异常告警信息、保护动作事件及参数（故障相别、跳闸相别和测距）、录波报告信息、装置硬件信息、装置软件版本信息、装置日志信息、保护功能闭锁信息、中间节点信息数据；

    c) 故障录波器应支持上送故障录波简报、录波文件列表、录波文件、录波器工作状态信息及录波器定值等；

    d) 继电保护设备主动上送的信息应包括开关量变位信息、异常告警信息和保护动作事件信息等；

    e) 继电保护设备应支持远方投退压板、修改定值、切换定值区、设备复归功能，并具备权限管理功能；

    f) 继电保护设备的自检信息应包括硬件损坏、功能异常、与过程层设备通信状况等；

    g) 继电保护设备应支持远方召唤至少最近 8 次录波报告的功能。

5.4.27 在雷击过电压、一次回路操作、系统故障及其他强干扰作用下，不应误动和拒动。保护装置静电放电试验、快速瞬变干扰试验、高频干扰试验、脉冲群干扰试验、辐射电磁场干扰试验、冲击电压试验和绝缘试验应至少符合本部分的相关标准。保护装置调试端口应带有光电隔离装置。

5.4.28 保护柜中的插件应接触可靠，并且有良好的互换性，以便检修时能迅速更换。

5.4.29 保护装置应具有直流电源快速小开关，与保护装置安装在同一柜上。保护装置的逻辑回路应由独立的直流/直流变换器供电。直流电压消失时，保护装置不应误动作。直流电源电压在 80%～115%额定值范围内变化时，保护装置应正确工作。在直流电源恢复（包括缓慢地恢复）到 80%U_N 时，直流逆变电源应能自动启动。直流电源纹波系数小于或等于 5%时，保护装置应正确工作。拉合直流电源以及插拔熔丝发生重复击穿火花时，保护装置不应误动作。直流电源回路出现各种异常情况（如短路、断线、接地等）时保护装置不应误动作。

5.4.30 所提供保护设备的软件版本及校验码应与买方进行确认，并提供配套的使用说明书和相关的定值清单。

5.5 110kV 母线保护装置具体要求

5.5.1 110kV 母线配置一套微机型母线差动保护。母线差动保护装置应设复合电压闭锁元件，母线保护屏不设置独立的复合电压闭锁装置。保护出口应有复合电压闭锁措施。

5.5.2 母线保护应具有可靠的 TA 饱和判别功能，区外故障 TA 饱和时不应误动。

5.5.3 母线保护应能快速切除区外转区内的故障。

5.5.4 母线保护应允许使用不同变比的 TA，并通过软件自动校正。

5.5.5 具有 TA 断线告警功能，除母联、分段（双母双分接线的分段除外）TA 断线不闭锁差动保护外，其余支路 TA 断线后闭锁断线相大差以及所在母线的小差。

5.5.6 双母线接线的差动保护应设有大差元件和小差元件。大差用于判别母线区内和区外故障，小差用于故障母线的选择。

5.5.7 对构成环路的各种母线，保护不应因母线故障时电流流出的影响而拒动。

5.5.8 双母线接线的母线保护，在母线分列运行，发生死区故障时，应能有选择地切除故障母线。

5.5.9 母线保护应能自动识别母联（分段）的充电状态，合闸于死区故障时，应瞬时跳母联（分段），不应误切除运行母线。

5.5.10 双母线接线的母线保护，应设电压闭锁元件。差动保护出口经本段电压元件闭锁，除双母双分段以外的母联和分段经两段母线电压"或门"闭锁，双母双分段断路器不经电压闭锁。

5.5.11 双母线接线的母线 TV 断线时，允许母线保护解除该段母线电压闭锁。

5.5.12 双母线接线的母线保护，通过隔离刀闸辅助触点自动识别母线运行方式时，应对刀闸辅助触点进行自检，且具有开入电源掉电记忆功能。当与实际位置不符时，发"刀闸位置异常"告警信号，智能站通过"刀闸强制软压板"校正刀闸位置。当仅有一个支路隔离刀闸辅助触点异常，且该支路有电流时，保护装置仍应具有选择故障母线的功能。

5.5.13 双母线接线的母线保护应具备电压闭锁元件启动后的告警功能。

5.5.14 应设置独立于母联跳闸位置、分段跳闸位置的母联、分段分列运行压板。

5.5.15 双母线接线的断路器失灵保护具体要求如下：

a) 断路器失灵保护应与母差保护共用出口；

b) 应采用母线保护装置内部的失灵电流判别功能；各线路支路共用电流定值，各变压器支路共用电流定值；线路支路采用相电流（任意一相有流）、零序电流（或负序电流）"与"逻辑，三相故障三相失灵情况下采用不需整定的电流判据（应增加突变量电流展宽或低功率因数条件）；变压器支路采用相电流、零序电流、负序电流"或"逻辑；

c) 线路和变压器支路应设置保护跳闸启动失灵开入回路；

d) "启动失灵"、"解除失灵保护电压闭锁"开入异常时应告警；

e) 母差保护和独立于母线保护的充电过流保护应启动母联（分段）失灵保护；

f) 为缩短失灵保护切除故障的时间，失灵保护宜同时跳母联（分段）和相邻断路器；

g) 为解决某些故障情况下，断路器失灵保护电压闭锁元件灵敏度不足的问题：对于智能站，母线保护变压器支路收到变压器保护"启动失灵"GOOSE 命令的同时启动失灵和解除电压闭锁；

h) 含母线故障变压器断路器失灵联跳变压器各侧断路器的功能。母线故障，变压器断路器失灵时，除应跳开失灵断路器相邻的全部断路器外，还应跳开该变压器连接其他电源侧的断路器。

5.5.16 装置 MMS、SV、GOOSE 接口要求。装置应具备站控层 MMS 接口至少 2 个；对采用 MU 数字量输入装置，SV（采样值）点对点接口数量按连接元件与母线数确定，并有留有适量备用；对采用过程层 GOOSE 的装置，应具备 GOOSE 组网接口至少 1 个，点对点接口按连接元件与母线数确定，并有留有适量备用。装置具体接口数量，买方在设计联络阶段确认。

5.6 柜结构的技术要求

5.6.1 智能控制柜，技术要求详见 Q/GDW 430，并遵循以下要求：

a) 控制柜应装有截面为 100mm² 的铜接地母线（不要求与柜体绝缘），接地母线末端应装好可靠的压接式端子，以备接到电站的接地网上。柜体应采用双层结构，循环通风；

b) 控制柜内设备的安排及端子排的布置，应保证各套保护的独立性，在一套保护检修时不影响其他任何一套保护系统的正常运行；

c) 控制柜应具备温度、湿度的采集、调节功能，柜内温度控制在 －10℃～＋50℃，相对湿度保持在 90% 以下，并可上送温度、湿度信息；

d) 控制柜应能满足 GB/T 18663.3 变电站户外防电磁干扰的要求。

5.6.2 对非智能普通屏柜，屏体要求详见《国家电网继电保护柜、屏制造规范》，并遵循已发布的《国家电网有限公司物资采购标准 继电保护及自动装置卷》相关部分规定。

a) 微机保护和控制装置的屏柜下部应设有截面积不小于 100mm² 的铜排（不要求与保护屏绝缘）。

b) 保护柜内电压回路每相及 N 相端子均应采用多个连接端子（不少于 3 个）。

c) 同一保护柜内若有多路直流电源引入，应接入不同安装单元端子排。

5.6.3 屏柜内部配线、端子排、接地铜排、屏柜上安装辅助设备等应符合相关规程、标准与反事故措施的规定。

6 试验

6.1 工厂试验

卖方提供的设备试验标准应符合国家、行业及 IEC 的有关标准，并提供每一种型式产品的动模试验报告、型式试验报告和 DL/T 860 一致性测试报告。

卖方提供的每一套设备出厂之前都应按国家和行业标准以及工厂规定的调试大纲进行出厂检查、性能试验，试验报告应随产品提供。当需做动态模拟试验或数字仿真试验时，模拟系统的接线和参数由卖方与买方在试验前协商确定，按实际系统参数进行试验。

6.2 系统联调试验

卖方应按买方需求配合完成买方组织的保护装置功能验证与系统联调试验。

6.3 现场试验

现场实际设备接入后，应按照 DL/T 995 在一次设备不带电和带电试运行时做现场试验，卖方应配合完成保护装置的现场调试及投运试验。现场投运前和试运行中发现的设备缺陷和元件损坏，卖方应及时无偿修理或更换，直至符合本部分要求。

6.4 继电保护专业检测

卖方依据国家电网有限公司继电保护专业检测标准参加继电保护专业检测，并提供每一种型式产品的专业检测报告。

7 技术服务、设计联络、工厂检验和监造

7.1 技术文件

7.1.1 卖方提供的技术文件应提供买方所要求的性能信息，并对其可靠性和一致性负责，卖方所提供的技术文件（包括资料和数据）将成为合同一部分。

7.1.2 卖方应随投标书一起提供一般性技术文件，并且应是与投标产品一致的最新版本，投标时应提供的技术文件如下：

    a）产品的技术说明书；

    b）产品的型式试验报告、动模试验报告和一致性测试报告；

    c）产品的用户运行证明；

    d）产品的软件版本等。

7.1.3 卖方应在签约后 3 周内向买方提供设计用的技术文件如下：

    a）产品的技术说明书；

    b）产品及保护屏原理框图及说明，模件或继电器的原理接线图及其工作原理说明；

    c）装置的 ICD（IED 装置能力描述）文件、保护装置虚端子连接图；

    d）组屏的正面布置图、屏内设备布置图、端子排图及图例说明；

    e）保护屏所用的辅助继电器和选择开关采用的标准；

    f）保护屏的安装尺寸图，包括屏的尺寸和质量、基础螺栓的位置和尺寸等。

7.1.4 签约后双方遵循的原则如下：

    a）在收到买方最终认可图纸前，卖方所购买的材料或制造所发生的费用及其风险全由卖方单独承担；

    b）生产的成品应符合合同的技术规范。买方对图纸的确认并不能解除卖方对其图纸的完善性和准确性应承担的责任；

    c）设计方在收到图纸后 3 周内返回主要确认意见，并根据需要召开设计联络会。卖方在提供确认图纸时必须提供为审核该图纸所需的资料。买方有权要求卖方对其图纸中的任一装置任一部件做必要修改，在设计图纸完成之前应保留设计方对卖方图纸的其他确认权限，而买方不需承担额外费用。

7.1.5 在收到确认意见后，卖方应在规定时间内向买方提供的技术文件如下：

    a）7.1.3 所列的修改后的正式技术文件；

    b）保护装置的内部接线图及图例说明，保护屏内部接线图及其说明（包括屏内布置及内部端子排图）；

c） 保护装置的软件版本号和校验码；

d） 产品的使用说明书，包括保护装置的现场调试大纲、整定值表和整定计算说明及计算算例等；

e） 通信规约和解释文本及装置调试软件和后台分析软件，以便与计算机监控系统和继电保护故障信息系统联调。

7.1.6 设备供货时提供的技术文件和资料如下：

a） 设备的开箱资料清单；

b） 产品的技术说明书、使用说明书和组屏图纸；

c） 出厂调试试验报告；

d） 产品质量检验合格证书；

e） 合同规定的出厂验收试验报告和动模试验报告和一致性测试报告等；

f） 保护设备识别代码及出厂信息表。

7.1.7 技术文件的格式和分送要求如下：

a） 全部图纸应为 A4 幅面，并有完整图标，采用国标单位制；

b） 提供的技术文件除纸质文件外，还应包括一份电子文档，并提供可供修改的最终图纸电子文件（图形文件能够被 PC 机 AutoCAD for Windows 2000 版支持）；

c） 技术文件（图纸和资料）分送单位、套数和地址根据项目单位要求提供。

7.2 设计联络会议

7.2.1 若有必要，买方在收到卖方签字的第一批文件后 3 周内将举行设计联络会议。设计联络会议内容如下：

a） 卖方应对修改后的供确认的资料和图纸进行详细的解释，并应解答买方对这些资料和图纸所提的问题，经过共同讨论，买方给予确认，以便卖方绘制正式图纸提供给买方；

b） 卖方应介绍合同产品已有的运行经验；

c） 卖方应提供验收大纲、工程参数表；

d） 买方或设计方应确认保护装置的 SV 采样值接口、GOOSE 接口及 MMS 接口的类型与数量；

e） 设计联络会应确定通信信息的具体内容。

7.2.2 会议应签订会议纪要，并作为合同的组成部分。

7.3 工厂验收和现场验收

要求满足国家电网有限公司企业标准中关于工厂验收（现场）的规范。

7.4 质量保证

7.4.1 卖方应保证制造过程中的所有工艺、材料、试验等（包括卖方的外购件在内）均应符合本部分的规定。若买方根据运行经验指定卖方提供某种外购零部件，卖方应积极配合。卖方对所购配套部件设备质量负责，采购前向买方提供主要国产元器件报价表，采购中应进行严格的质量检验，交货时应向买方提供其产品质量合格证书及有关安装使用等技术文件资料。

7.4.2 对于采用属于引进技术的设备、元器件，卖方在采购前应向买方提供主要进口元器件报价表。引进的设备、元器件应符合引进国的技术标准或 IEC 标准，当标准与本部分有矛盾时，卖方应将处理意见书面通知买方，由买卖双方协商解决。假若卖方有更优越或更为经济的设计和材料，足以使卖方的产品更为安全、可靠、灵活、适应时，卖方可提出并经买方的认可，然而应遵循现行的国家工业标准，并且有成熟的设计和工艺要求以及工程实践经验。

7.4.3 双方签订合同后，卖方应按工程设计及施工进度分批提交技术文件和图纸，必要时，买卖双方应进行技术联络，以讨论合同范围内的有关技术问题。

7.4.4 卖方保证所提供的设备应为由最适宜的原材料并采用先进工艺制成且未经使用过的全新产品，保证产品的质量、规格和性能与投标文件所述一致。

7.4.5 卖方提供的保护设备运行使用寿命不应小于 15 年。

7.4.6 卖方保证所提供的设备在各个方面符合招标文件规定的质量、规格和性能。在合同规定的质量保证期内（保护设备到货后24个月或SAT后18个月），对由于产品设计、制造和材料、外购零部件的缺陷而造成所供设备的任何破坏、缺陷故障，当卖方收到买方的书面通知后，在2天内免费负责修理或更换有缺陷的设备（包括运输费、税收等），以达到本部分的要求。质量保证期以合同商务部分为准。

7.4.7 质量保证期后发生质量问题，卖方应提供免费维修服务，包括硬件更换和软件版本升级。

7.5 项目管理

合同签订后，卖方应指定负责本工程的项目经理，负责卖方在工程全过程的各项工作，如工程进度、设计制造、图纸文件、包装运输、现场安装、调试验收等。

7.6 现场服务

现场服务内容如下：

a) 在设备安装调试过程中视买方工作情况卖方及时派出工程技术服务人员，以提供现场服务。卖方派出人员在现场负责技术指导，并协助买方安装、调试。同时，买方为卖方的现场派出人员提供工作和生活的便利条件；

b) 当变电站内保护设备分批投运时，卖方应按合同规定及时派出工程技术人员到达现场服务；

c) 根据买方的安排，卖方安排适当时间对设备的正确安装和试验给予技术培训。

7.7 售后服务

7.7.1 现场投运前和试运行中发现的设备缺陷和元件损坏，卖方应及时无偿修理或更换，直至符合规范要求。保修期内产品出现不符合功能要求和技术指标要求时，卖方应在4h内响应，并在24h内负责修理或更换。保修期外产品出现异常、设备缺陷、元件损坏或不正确动作，现场无法处理时，卖方接到买方通知后，应在4h内响应，并立即派出工程技术人员在24h内到达现场处理。

7.7.2 对反事故措施以及软件版本的升级等，卖方应提供技术服务。

7.8 备品备件、专用工具、试验仪器

7.8.1 对每套保护，卖方应提供必要的备品备件。

7.8.2 卖方应提供安装、运行、检修所需的专用工具，包括专用调试、测试设备。

ICS 29.240.01
K 45

Q/GDW

国家电网有限公司企业标准

Q/GDW 13194.2—2018
代替 Q/GDW 13194.2—2014

智能变电站110kV母线保护采购标准
第2部分：专用技术规范

Purchasing standard for 110kV busbar protection in smart substation
Part 2: Special technical specification

2019-06-28发布
2019-06-28实施

国家电网有限公司 发布

目　次

前　言

为规范智能变电站 110kV 母线保护的采购要求，制定本部分。

《智能变电站 110kV 母线保护采购标准》分为 2 个部分：

——第 1 部分：通用技术规范；

——第 2 部分：专用技术规范。

本部分为《智能变电站 110kV 母线保护采购标准》的第 2 部分

本部分代替 Q/GDW 13194.2—2014，与 Q/GDW 13194.2—2014 相比，主要技术性差异如下：

——增加保护装置采样频率技术参数。

本部分由国家电网有限公司物资部提出并解释。

本部分由国家电网有限公司科技部归口。

本部分起草单位：国网江苏省电力有限公司、国网电力科学研究院有限公司。

本部分主要起草人：戴魏、王寅丞、李志坚、朱翔、包亚卓、宋爽、邱涛。

本部分 2014 年 9 月首次发布，2018 年 12 月第一次修订。

本部分在执行过程中的意见或建议反馈至国家电网有限公司科技部。

智能变电站 110kV 母线保护采购标准
第 2 部分：专用技术规范

1 范围

本部分规定了智能变电站 110kV 母线保护保护招标的标准技术参数、项目需求及投标人响应的相关内容。

本部分适用于智能变电站 110kV 母线保护保护招标。

2 规范性引用文件

下列文件对于本文件的应用是必不可少的。凡是注日期的引用文件，仅所注日期的版本适用于本文件。凡是不注日期的引用文件，其最新版本（包括所有的修改单）适用于本文件。

Q/GDW 13194.1 智能变电站 110kV 母线保护采购标准 第 1 部分：通用技术规范

3 术语和定义

下列术语和定义适用于本文件。

3.1

招标人 bidder

提出招标项目，进行招标的法人或其他组织。

3.2

投标人 tenderer

响应招标、参加投标竞争的法人或者其他组织。

3.3

卖方 seller

提供本部分货物和技术服务的法人或其他组织，包括其法定的承继者。

3.4

买方 buyer

购买本部分货物和技术服务的法人或其他组织，包括其法定的承继者和经许可的受让人。

4 标准技术参数

技术参数特性表是国家电网有限公司对采购设备的基础技术参数要求，在招投标过程中，投标人应依据招标文件，对技术参数特性表中标准参数值进行响应。智能变电站 110kV 母线保护、打印机、保护柜技术参数特性见表 1～表 3。物资必须满足 Q/GDW 13194.1 的要求。

表 1 智能变电站 110kV 母线保护技术参数特性表

序号	参 数 名 称	单位	标准参数值
1	定值误差		不超过±5%
2	母差整组动作时间	ms	≤20（2 倍整定值）
3	失灵保护的启动回路在故障切除后的返回时间	ms	＜20

表 1（续）

序号	参　数　名　称		单位	标准参数值
4	光纤接口接收灵敏度		dBm	≤－20（串行光接口）； ≤－30（以太网光接口）
5	光纤接口发送功率		dBm	≥－10（串行光接口）； ≥－20（以太网光接口）
6	保护装置采样频率			不低于 1000Hz
7	集中式方案	装置工作电源	V	（招标人填写）
8		站控层 MMS 接口数量与类型		（招标人填写）
9		SV（采样值）点对点接口类型 （IEC 60044－8 接口；IEC 61850－9－2 接口； 常规模拟量输入）		（招标人填写）
10		SV（采样值）点对点接口数量		（招标人填写）
11		过程层 GOOSE 接口组网接口数量		（招标人填写）
12		过程层 GOOSE 点对点接口数量		（招标人填写）
13		对时方式		（招标人填写）
14		普通柜可选技术参数		（招标人填写）
15		智能柜技术参数要求		（招标人填写）
16		其他		（招标人填写）
17	分布式方案	装置工作电源	V	（招标人填写）
18		主单元站控层 MMS 接口数量与类型		（招标人填写）
19		主单元 SV（采样值）点对点接口类型 （IEC 60044－8 接口；IEC 61850－9－2 接口； 常规模拟量输入）		（招标人填写）
20		主单元 SV（采样值）点对点接口数量		（招标人填写）
21		主单元过程层 GOOSE 组网接口数量		（招标人填写）
22		主单元过程层 GOOSE 接口数量		（招标人填写）
23		子单元 SV（采样值）点对点接口类型 （IEC 60044－8 接口；IEC 61850－9－2 接口； 常规模拟量输入）		（招标人填写）
24		子单元 SV（采样值）点对点接口数量		（招标人填写）
25		子单元过程层 GOOSE 组网接口数量		（招标人填写）
26		子单元过程层 GOOSE 接口数量		（招标人填写）
27		对时方式		（招标人填写）
28		普通柜可选技术参数		（招标人填写）
29		智能柜技术参数要求		（招标人填写）
30		其他		（招标人填写）

表2 打印机技术参数特性表

序号	参 数 名 称	单位	标准参数值
1	工作电源	V	220V AC
2	接口型式		与保护装置配套

表3 保护柜（非智能控制柜）技术参数特性表

序号	参 数 名 称	单位	标准参数值
1	尺寸	mm	高度：2260；宽度：800；深度：600
2	颜色		GSB05－1426－2001，77号，GY09 冰灰橘纹

5 组件材料配置表

组件材料配置表包括元件名称、规格形式参数、单位、数量和产地等信息，具体内容和格式根据招标项目情况进行编制。

6 使用环境条件表

典型智能变电站110kV母线保护保护使用环境条件见表4。特殊环境要求根据项目情况编制。

表4 使 用 环 境 条 件 表

序号	名 称		单位	项目需求值
1	电源的频率		Hz	50
2	环境温度	日最高温度	℃	+55
		日最低温度		－10
		日最大温差		+25
3	湿度	日相对湿度平均值	%	≤95
		月相对湿度平均值		≤90
4	海拔		m	≤2000
5	耐受地震能力	水平加速度	m/s²	0.3g
		垂直加速度	m/s²	0.15g
6	用途		组屏/单装置	（项目单位提供）
7	安装方式		集中/分散	（项目单位提供）

ICS 29.240.01
K 45

Q/GDW

国家电网有限公司企业标准

Q/GDW 13195.1—2018
代替 Q/GDW 13195.1—2014

智能变电站 220kV～750kV 母线
保 护 采 购 标 准
第 1 部分：通用技术规范

Purchasing standard for 220kV～750kV busbar protection in smart substation
Part 1: General technical specification

2019-06-28发布　　　　　　　　　　　　　　　2019-06-28实施

国家电网有限公司　　发 布

目　次

前　言

为规范智能变电站 220kV～750kV 母线保护的采购要求，制定本部分。

《智能变电站 220kV～750kV 母线保护采购标准》分为 3 个部分：

——第 1 部分：通用技术规范；

——第 2 部分：智能变电站 220kV～500kV 双母线接线的母线保护专用技术规范；

——第 3 部分：智能变电站 220kV～750kV 3/2 断路器接线的母线保护专用技术规范。

本部分为《智能变电站 220kV～750kV 母线保护采购标准》的第 1 部分。

本部分代替 Q/GDW 13195.1—2014，与 Q/GDW 13195.1—2014 相比，主要技术性差异如下：

——增加或替换自 2014 年以来新发布的国家、行业和国网企业标准与本采购规范相关的标准。

——提升设备工作温度、环境温度和大气压力要求。

——依据最新规范 Q/GDW 1175 完善修改保护装置相关功能要求。

——220kV～500kV 双母线接线的母线保护装置

细化差动保护出口经电压闭锁的技术要求；修改 TA 变比整定范围；增加失灵保护的具体技术要求。

——增加"保护设备识别代码及出厂信息表"的要求。

——执行十八项反措要求修改保护屏柜绝缘相关要求。

——增加多路直流电源引入的要求。

——删除保护装置就地化安装的要求。

本部分由国家电网有限公司物资部提出并解释。

本部分由国家电网有限公司科技部归口。

本部分起草单位：国网江苏省电力有限公司、南瑞集团有限公司（国网电力科学研究院有限公司）。

本部分主要起草人：戴魏、王寅丞、吴通华、吴崇昊、朱翔、李志坚、岳嵩、黄浩声。

本部分 2014 年 9 月首次发布，2018 年 12 月第一次修订。

本部分在执行过程中的意见或建议反馈至国家电网有限公司科技部。

智能变电站220kV～750kV母线保护采购标准
第1部分：通用技术规范

1 范围

本部分规定了智能变电站220kV～750kV母线保护招标的总则、技术参数和性能要求、试验、包装、运输、交货及工厂检验和监造的一般要求。

本部分适用于智能变电站220kV～750kV母线保护招标。

2 规范性引用文件

下列文件对于本文件的应用是必不可少的。凡是注日期的引用文件，仅所注日期的版本适用于本文件。凡是不注日期的引用文件，其最新版本（包括所有的修改单）适用于本文件。

GB/T 191 包装储运图示标志

GB/T 2423（所有部分） 电工电子产品环境试验

GB/T 7261 继电保护和安全自动装置基本试验方法

GB/T 11287 电气继电器 第21部分：量度继电器和保护装置的振动、冲击、碰撞和地震试验 第1篇：振动试验（正弦）

GB/T 14285 继电保护和安全自动装置技术规程

GB/T 14537 量度继电器和保护装置的冲击与碰撞试验

GB/T 14598.3 电气继电器 第5部分：量度继电器和保护装置的绝缘配合要求和试验

GB/T 14598.9 量度继电器和保护装置 第22-3部分：电气骚扰试验 辐射电磁场抗扰度

GB/T 14598.10 量度继电器和保护装置 第22-4部分：电气骚扰试验 电快速瞬变/脉冲群抗扰度试验

GB/T 14598.13 电气继电器 第22-1部分：量度继电器和保护装置的电气骚扰试验 1MHz脉冲群抗扰度试验

GB/T 14598.14 量度继电器和保护装置电气骚扰试验 第22-2部分：静电放电试验

GB/T 14598.17 电气继电器 第22-6部分：量度继电器和保护装置的电气骚扰试验——射频场感应的传导骚扰抗扰度

GB/T 14598.18 量度继电器和保护装置 第22-5部分：电气骚扰试验 浪涌抗扰度试验

GB/T 14598.19 电气继电器 第22-7部分：量度继电器和保护装置的电气骚扰试验——工频抗扰度试验 GB/T 18663.3 电子设备机械结构 公制系列和英制系列的试验 第3部分：机柜、机架和插箱的电磁屏蔽性能试验

GB/T 20840.8 互感器 第8部分：电子式电流互感器（IEC 60044-8，IDT）

GB/T 22386 电力系统暂态数据交换通用格式（GB/T 22386—2008，IEC 60255-24：2001，IDT）

GB/T 25931 网络测量和控制系统的精确时钟同步协议

GB/T 26864 电力系统继电保护产品动模试验

DL/T 478 继电保护及安全自动装置通用技术条件

DL/T 559 220kV～750kV电网继电保护装置运行整定规程

DL/T 587 微机继电保护装置运行管理规程

DL/T 670 微机母线保护装置通用技术条件

DL/T 769 电力系统微机继电保护技术导则

DL/Z 713 500kV 变电所保护和控制设备抗扰度要求

DL/T 720 电力系统继电保护柜、屏通用技术条件

DL/T 860（所有部分） 变电站通信网络和系统

DL/T 860.81 变电站通信网络和系统 第 8－1 部分：特定通信服务映射（SCSM）对 MMS（ISO 9506－1 和 ISO 9506－2）及 ISO/IEC 8802

DL/T 860.92 变电站通信网络和系统 第 9－2 部分：特定通信服务映射（SCSM）映射到 ISO/IEC 8802－3 的采样值

DL/T 886 750kV 电力系统继电保护

DL/T 871 电力系统继电保护产品动模试验

DL/T 995 继电保护和电网安全自动装置检验规程

DL/T 5136 火力发电厂、变电站二次接线设计技术规程

DL/T 5218 220kV～500kV 变电所设计技术规程

Q/GDW 383 智能变电站技术导则

Q/GDW 414 变电站智能化改造技术规范

Q/GDW 428 智能变电站智能终端技术规范

Q/GDW 441 智能变电站继电保护技术规范

Q/GDW 1161 线路保护及辅助装置标准化设计规范

Q/GDW 1175 变压器、高压并联电抗器和母线保护及辅助装置标准化设计规范

Q/GDW 1396 IEC 61850 工程继电保护应用模型

Q/GDW 1430 智能变电站智能控制柜技术规范

Q/GDW 1808 智能变电站继电保护通用技术条件

Q/GDW 10393 110（66）kV～220kV 智能变电站设计规范

Q/GDW 10394 330kV～750kV 智能变电站设计规范

Q/GDW 11010 继电保护信息规范

Q/GDW 13001—2014 高海拔外绝缘配置技术规范

3 术语和定义

下列术语和定义适用于本文件。

3.1

招标人 bidder

提出招标项目，进行招标的法人或其他组织。

3.2

投标人 tenderer

响应招标、参加投标竞争的法人或者其他组织。

3.3

卖方 seller

提供本部分货物和技术服务的法人或其他组织，包括其法定的承继者。

3.4

买方 buyer

购买本部分货物和技术服务的法人或其他组织，包括其法定的承继者和经许可的受让人。

4 总则

4.1 一般性要求

4.1.1 卖方提供的智能变电站继电保护及相关设备应符合 Q/GDW 441 的要求。

智能变电站继电保护与站控层信息交互采用 DL/T 860 标准，跳合闸命令和联闭锁信息可通过直接电缆连接或 GOOSE 机制传输。卖方提供的继电保护及相关设备所采用的技术应遵循 Q/GDW 441 及本部分中与之对应的部分。

4.1.2 卖方提供的变电站继电保护及相关设备应符合 Q/GDW 1175 的要求。

变电站继电保护装置的动作信息、告警信息、状态变位信息、中间节点信息、日志记录、人机界面信息等信息输出符合 Q/GDW 11010 的要求。

4.1.3 本部分提出的是最低限度的要求，并未对一切技术细节作出规定，也未充分引述有关标准的条文，投标人应提供符合本部分和工业标准的优质产品。

4.1.4 如果投标人没有以书面形式对本部分的条文提出异议，则表示投标人提供的设备完全符合本部分的要求。如有异议，应在报价书中以"对规范书的意见和同规范书的差异"为标题的专门章节中加以详细描述。

4.1.5 本部分所使用的标准如遇与投标人所执行的标准不一致按较高的标准执行。

4.1.6 本部分经招、投标双方确认后作为订货合同的技术附件，与合同正文具有同等效力。

4.2 卖方职责

卖方的工作范围应包括但不仅限于下列内容：

a) 提供标书内所有设备及设计说明书及制造方面的说明；

b) 提供国家或电力行业级检验检测机构出具的动模试验报告、型式试验报告和 DL/T 860 的一致性测试报告，以便确认供货设备能否满足所有的性能要求；

c) 提供与投标设备版本相符的安装及使用说明书；

d) 提供试验和检验的标准，包括试验报告和试验数据；

e) 提供图纸，制造和质量保证过程的一览表以及标书规定的其他资料；

f) 提供设备管理和运行所需有关资料；

g) 所提供设备应发运到规定的目的地；

h) 在更换所用的准则、标准、规程或修改设备技术数据时，卖方应接受买方的选择；

i) 现场服务。

4.3 应满足的标准

装置至少应满足 GB/T 191、GB/T 2423（所有部分）、GB/T 7261、GB/T 11287、GB/T 14285、GB/T 14537、GB/T 14598.3、GB/T 14598.9、GB/T 14598.10、GB/T 14598.13、GB/T 14598.14、GB/T 14598.17、GB/T 14598.18、GB/T 14598.19、GB/T 18663.3、GB/T 20840.8、GB/T 22386、GB/T 25931、GB/T 26864、DL/T 478、DL 559、DL/T 587、DL/T 670、DL/T 769、DL/Z 713、DL/T 720、DL/T 860（所有部分）、DL/T 860.81、DL/T 860.92、DL/T 886、DL/T 871、DL/T 995、DL/T 5136、DL/T 5218、Q/GDW 1161、Q/GDW 1175、Q/GDW 383、Q/GDW 10393、Q/GDW 10394、Q/GDW 1396、Q/GDW 414、Q/GDW 428、Q/GDW 1430、Q/GDW 441、Q/GDW 1808、Q/GDW 11010、Q/GDW 13001—2014 中所列标准的最新版本要求，但不限于上述所列标准。

4.4 应满足的文件

该类设备技术标准应满足国家法律法规及国家电网有限公司标准化成果中相关条款要求。下列文件中相应的条款规定均适用于本文件，其最新版本（包括所有的修改单）适用于本文件。包括：

a) 《电力监控系统安全防护规定》；

b) 《国家电网有限公司十八项电网重大反事故措施（2018 年修订版）》；

c) 《国家电网有限公司输变电工程通用设计》；

d) 《国家电网公司关于加快推进电力监控系统网络安全管理平台建设的通知》；

e) 《国家电网继电保护柜、屏制造规范》。

5 技术参数和性能要求

5.1 使用环境条件

5.1.1 设备储存温度：−25℃～+70℃。

5.1.2 设备工作温度：−10℃～+55℃。

5.1.3 大气压力：80kPa～106kPa。

5.1.4 相对湿度：5%～95%。

5.1.5 抗地震能力：地面水平加速度 0.3g，垂直加速度 0.15g，同时作用。

5.2 保护装置额定参数

5.2.1 额定直流电源：220V/110V。

5.2.2 模拟量输入：额定交流电流，5A/1A；额定交流电压，100V/（相电压）、100V（线电压）。

5.2.3 数字量输入：额定电流，01CFH 或 00E7H；额定电压，2D41H。

5.2.4 额定频率：50Hz。

5.2.5 打印机工作电源：交流 220V、50Hz。

5.3 装置功率消耗

5.3.1 装置交流消耗：交流电流回路功率消耗每相不大于 0.5VA（I_N=1A）或 1VA（I_N=5A），交流电压回路功率消耗（额定电压下）每相不大于 1VA。卖方投标时必须提供确切数值。

5.3.2 装置直流消耗：当正常工作时，不大于 100W；当保护动作时，不大于 120W。卖方投标时必须提供确切数值。

5.4 220kV～750kV 母线保护总的技术要求

5.4.1 本节规定了跳合闸命令和联闭锁信息通过 GOOSE 机制传输和（或）电压、电流量通过电子式互感器及 MU 采集的保护设备的技术要求。

通过传统互感器、电缆直接采样的装置，保护装置交流采样及交流二次回路的技术要求，应符合已有的相应规范和标准以及《国家电网有限公司物资采购标准 继电保护及自动装置卷》相关部分要求。

通过电缆直接跳闸装置，装置跳合闸及二次回路的技术要求，应符合已有的相应规范和标准以及《国家电网有限公司物资采购标准 继电保护及自动装置卷》相关部分要求。

5.4.2 环境温度在 −10℃～+55℃时，保护装置应能满足本部分所规定的精度。

5.4.3 220kV 及以上电压等级母线保护系统应遵循双重化配置原则，每套保护系统装置功能独立完备、安全可靠，具体要求如下：

a) 每套完整、独立的保护装置应能处理可能发生的所有类型的故障。两套保护之间不应有任何电气联系，当一套保护异常或退出时不应影响另一套保护的运行。

b) 两套保护的电压（电流）采样值应分别取自相互独立的 MU。

c) 双重化配置保护使用的 GOOSE 网络应遵循相互独立的原则，当一个网络异常或退出时不应影响另一个网络的运行。

d) 两套保护的跳闸回路应与两个智能终端分别一一对应；两个智能终端应与断路器的两个跳闸线圈分别一一对应。

e) 双重化的两套保护及其相关设备（电子式互感器、MU、智能终端、网络设备、跳闸线圈等）的直流电源应一一对应。

f) 双重化配置的保护应使用主、后一体化的保护装置。

5.4.4 除出口继电器外，装置内的任一元件损坏时，装置不应误动作跳闸。

5.4.5 保护装置不应依赖于外部对时系统实现其保护功能。

5.4.6 330kV 及以上电压等级过程层 GOOSE 网络、站控层 MMS 网络应完全独立，220kV 电压等级过程层 SV 与 GOOSE 共网，过程层网络和站控层网络应完全独立。

5.4.7 保护装置、智能终端等智能电子设备间的相互启动、相互闭锁、位置状态等交换信息通过 GOOSE 网络传输，双重化配置的保护之间不直接交换信息。

5.4.8 220kV 及以上电压等级母线按双重化配置母线保护。

5.4.9 母线保护直接采样、直接跳闸，当接入元件数较多时，可采用分布式母线保护。

5.4.10 保护装置采样同步应由保护装置实现，装置 SV 采样值接口支持 GB/T 20840.8 或 DL/T 860.92 协议，在工程应用时应能灵活配置。

5.4.11 保护装置应自动补偿电子式互感器的采样响应延迟，当响应延时发生变化时应闭锁采自不同 MU 且有采样同步要求的保护。保护装置的采样输入接口数据的采样频率宜为 4000Hz。

5.4.12 保护装置的交流量信息应具备自描述功能。

5.4.13 保护装置应处理 MU 上送的数据品质位（无效、检修等），及时准确提供告警信息。在异常状态下，利用 MU 的信息合理地进行保护功能的退出和保留，瞬时闭锁可能误动的保护，延时告警，并在数据恢复正常之后尽快恢复被闭锁的保护功能，不闭锁与该异常采样数据无关的保护功能。接入两个及以上 MU 的保护装置应按 "SV 接收" 软压板或 "间隔接收" 软压板。

5.4.14 当采用电子式互感器时，保护装置应针对电子式互感器特点优化相关保护算法，提高保护性能。

5.4.15 保护装置应采取措施，防止输入的双 A/D 数据之一异常时误动作。

5.4.16 除检修、远方操作压板可采用硬压板外，保护装置应采用软压板，满足远方操作的要求。检修压板投入时，上送带品质位信息，保护装置应有明显显示（面板指示灯和界面显示）。参数、配置文件仅在检修压板投入时才可下装，下装时应闭锁保护。

5.4.17 保护装置应同时支持 GOOSE 点对点和网络方式传输，传输协议遵循 DL/T 860.81。

5.4.18 保护装置采样值接口和 GOOSE 接口数量应满足工程的需要。

5.4.19 保护装置应具备 MMS 接口与站控层设备通信。保护装置向站控层提供的信息符合 Q/GDW 1396。

5.4.20 保护装置的交流电流、交流电压及保护设备参数的显示、打印、整定应能支持一次值，上送信息应采用一次值。

5.4.21 保护装置内部 MMS 接口、GOOSE 接口、SV 接口应采用相互独立的数据接口控制器接入网络。

5.4.22 保护装置应具备通信中断、异常等状态的检测和告警功能。装置应提供装置故障（含失电）硬接点输出。

5.4.23 保护装置宜通过 IRIG－B（DC）码对时，也可采用 GB/T 25931 进行网络对时，对时精度应满足要求。

5.4.24 对保护装置 ICD 文件与 CID 文件的要求如下：

　　a）　ICD、CID 文件符合统一的模型要求，适用于通用的配置工具和静态检测、分析软件；

　　b）　ICD 文件应完整描述 IED 提供的数据模型及服务，采用模块化设计，包含版本信息；

　　c）　CID 文件应完整描述本 IED 的实例化信息，应包含版本信息。

5.4.25 保护装置信息交互要求如下：

　　a）　智能变电站继电保护应满足运行维护、监视控制及无人值班、智能电网调度等信息交互的要求。

　　b）　继电保护设备应该支持在线和离线获取模型，离线获取和在线召唤的模型应保持一致。定值模型应包含描述、定值单位、定值上限、定值下限等信息。

　　c）　继电保护设备应将检修压板状态上送站控层。当继电保护设备检修压板投入时，上送报文中信号的品质 q 的 "Test 位" 应置位。

d) 继电保护设备应支持取代服务，取代数据的上送报文中，信号的品质 q 的"取代位"应置位。

e) 继电保护设备应能够支持不小于 16 个客户端的 TCP/IP 访问连接，应能够支持 10 个报告实例。

5.4.26 保护装置交互信息内容如下：

a) 继电保护设备应支持上送采样值、开关量、压板状态、设备参数、定值区号及定值、自检信息、异常告警信息、保护动作事件及参数（故障相别、跳闸相别和测距）、录波报告信息、装置硬件信息、装置软件版本信息、装置日志信息、保护功能闭锁信息、中间节点信息数据；

b) 继电保护设备主动上送的信息应包括开关量变位信息、异常告警信息和保护动作事件信息等；

c) 继电保护设备应支持远方投退压板、修改定值、切换定值区、设备复归功能，并具备权限管理功能；

d) 继电保护设备的自检信息应包括硬件损坏、功能异常、与过程层设备通信状况等；

e) 继电保护设备应支持远方召唤至少最近 8 次录波报告的功能。

5.4.27 雷击过电压、一次回路操作、系统故障及其他强干扰作用下，不应误动和拒动。静电放电试验、快速瞬变干扰试验、脉冲群干扰试验、高频干扰试验、辐射电磁场干扰试验、冲击电压试验和绝缘试验应符合本部分的相关标准。装置调试端口应带有光电隔离装置。

5.4.28 保护柜中的插件应接触可靠，并且有良好的互换性，以便检修时能迅速更换。

5.4.29 保护装置应具有直流电源快速小开关，与保护装置安装在同一柜上。保护装置的逻辑回路应由独立的直流/直流变换器供电。直流电压消失时，保护装置不应误动作。直流电源电压在 80%～115%额定值范围内变化时，保护装置应正确工作。在直流电源恢复（包括缓慢地恢复）到 80%UN 时，直流逆变电源应能自动启动。直流电源纹波系数小于或等于 5%时，保护装置应正确工作。拉合直流电源以及插拔熔丝发生重复击穿火花时，保护装置不应误动作。直流电源回路出现各种异常情况（如短路、断线、接地等）时保护装置不应误动作。

5.4.30 所提供保护设备的软件版本及校验码应与买方进行确认，并提供配套的使用说明书和相关的定值清单。

5.5　220kV～750kV 3/2 断路器接线的母线保护装置具体要求

5.5.1　3/2 断路器接线的母线保护装置配置要求如下：

a) 3/2 断路器接线的母线保护装置，母线保护不设电压闭锁元件；

b) 母线保护装置应具备差动保护，边断路器失灵经母线保护跳闸功能，TA 断线判别功能；

c) 每套母线保护只作用于断路器的一组跳闸线圈；

d) 母线保护应设置灵敏的、不需整定的电流元件并带 50ms 的固定延时，以提高边断路器失灵保护动作后经母线保护跳闸的可靠性。

5.5.2　3/2 断路器接线的母线保护装置技术要求如下：

a) 装置应能在母线区内发生各种故障时正确动作，区外故障时装置不误动；

b) 母线保护应具有可靠的 TA 饱和判别功能，区外故障 TA 饱和时不应误动；

c) 母线保护应能快速切除区外转区内的故障；

d) 母线保护应允许使用不同变比的 TA，并通过软件自动校正；

e) 具有 TA 断线告警和 TA 断线闭锁功能；

f) 对构成环路的各种母线，保护不应因母线故障时电流流出的影响而拒动；

g) 母线保护应具有比率制动特性，以提高安全性。

5.5.3　装置 MMS、SV、GOOSE 接口要求

装置应具备站控层 MMS 接口至少 2 个；对采用 MU 数字量输入装置，应具备 SV（采样值）点对点接口，具体个数按连接元件与母线数确定；对采用过程层 GOOSE 的装置，应具备 GOOSE 组网接口至少 1 个，点对点接口个数按连接元件与母线数确定。装置具体接口数量，买方在设计联络阶段确认。

5.6 220kV～500kV 双母线接线的母线保护装置具体要求

5.6.1 双母线接线的母线保护装置配置如下：

a) 双母线接线的母线保护装置应具备差动保护、失灵保护、母联（分段）失灵保护、母联（分段）死区保护、TA 断线判别、TV 断线判别功能。

b) 双母线接线的母线保护，应设电压闭锁元件。差动保护出口经本段电压元件闭锁，除双母双分段分段以外的母联和分段经两段母线电压"或门"闭锁，双母双分段分段断路器不经电压闭锁。母联（分段）失灵保护、母联（分段）死区保护均应经电压闭锁元件控制。双母线接线的母线 TV 断线时，允许母线保护解除该段母线电压闭锁，还应具备电压闭锁元件启动后的告警功能。

c) 双母线接线的差动保护应设有大差元件和小差元件。大差用于判别母线区内和区外故障，小差用于故障母线的选择。

d) 每套母线保护只作用于断路器的一组跳闸线圈。

e) 每套线路保护及元件保护各启动一套失灵保护，母差和失灵保护应能分别停用，并且可以分别整定。

5.6.2 双母线接线的母线保护装置技术要求如下：

a) 装置应能在母线区内发生各种故障时正确动作，区外故障时装置不误动；

b) 母线保护应具有可靠的 TA 饱和判别功能，区外故障 TA 饱和时不应误动；

c) 母线保护应能快速切除区外转区内的故障；

d) 母线保护应允许使用不同变比的 TA，并通过软件自动校正；

e) 对构成环路的各种母线，保护不应因母线故障时电流流出的影响而拒动；

f) 母线保护应具有比率制动特性，以提高安全性；

g) 具有 TA 断线告警功能，除母联（分段）TA 断线不闭锁差动保护外，其余支路 TA 断线后固定闭锁差动保护；

h) 双母线接线的母线保护，在母线分列运行，发生死区故障时，应能有选择地切除故障母线；

i) 母线保护应能自动识别母联（分段）的充电状态，合闸于死区故障时，应瞬时跳母联（分段），不应误切除运行母线。

5.6.3 双母线接线的断路器失灵保护技术原则如下：

a) 断路器失灵保护应与母差保护共用出口；

b) 应采用母线保护装置内部的失灵电流判别功能；各线路支路共用电流定值，各变压器支路共用电流定值；线路支路采用相电流、零序电流（或负序电流）"与门"逻辑；变压器支路采用相电流、零序电流、负序电流 "或门"逻辑；

c) 线路支路应设置分相和三相跳闸启动失灵开入回路，变压器支路应设置三相跳闸启动失灵开入回路；

d) "启动失灵""解除失灵保护电压闭锁"开入异常时应告警；

e) 母差保护和独立于母线保护的充电过流保护应启动母联（分段）失灵保护；

f) 为缩短失灵保护切除故障的时间，失灵保护宜同时跳母联（分段）和相邻断路器；

g) 为解决某些故障情况下，断路器失灵保护电压闭锁元件灵敏度不足的问题：对于智能站，母线保护变压器支路收到变压器保护"启动失灵"GOOSE 命令的同时启动失灵和解除电压闭锁；

h) 含母线故障变压器断路器失灵联跳变压器各侧断路器的功能。母线故障，变压器断路器失灵时，除应跳开失灵断路器相邻的全部断路器外，还应跳开该变压器连接其它电源侧的断路器，失灵电流再判别元件应由母线保护实现。

5.6.4 装置 MMS、SV、GOOSE 接口要求

装置应具备站控层 MMS 接口至少 2 个；对采用 MU 数字量输入装置，应具备 SV（采样值）点对点接口，具体个数按连接元件与母线数确定；对采用过程层 GOOSE 的装置，应具备 GOOSE 组网接口至少 1 个，点对点接口个数按连接元件与母线数确定。装置具体接口数量，买方在设计联络阶段确认。

5.7 柜结构的技术要求

5.7.1 对智能控制柜，技术要求详见 Q/GDW 430，并遵循以下要求：

 a) 控制柜应装有截面为 100mm² 的铜接地母线（不要求与柜体绝缘），接地母线末端应装好可靠的压接式端子，以备接到电站的接地网上。柜体应采用双层结构，循环通风；

 b) 控制柜内设备的安排及端子排的布置，应保证各套保护的独立性，在一套保护检修时不影响其他任何一套保护系统的正常运行；

 c) 控制柜应具备温度、湿度的采集、调节功能，柜内温度控制在 −10℃～+50℃，相对湿度保持在 90% 以下，并可上送温度、湿度信息；

 d) 控制柜应能满足 GB/T 18663.3 变电站户外防电磁干扰的要求。

5.7.2 对非智能普通屏柜，屏体要求详见《国家电网继电保护柜、屏制造规范》，并遵循已发布的《国家电网有限公司物资采购标准 继电保护及自动装置卷》相关部分规定。

 a) 微机保护和控制装置的屏柜下部应设有截面积不小于 100mm² 的铜排（不要求与保护屏绝缘）。

 f) 保护柜内电压回路每相及 N 相端子均应采用多个连接端子（不少于 3 个）。

 g) 同一保护柜内若有多路直流电源引入，应接入不同安装单元端子排。

5.7.3 屏柜内部配线、端子排、接地铜排、屏柜上安装辅助设备等应符合相关规程、标准与反事故措施的规定。

6 试验

6.1 工厂试验

卖方提供的设备试验应符合国家、行业及 IEC 的有关标准，并提供每一种型式产品的动模试验报告、型式试验报告和 IEC 61850 一致性测试报告。

卖方提供的每一套设备出厂之前都应按国家和行业标准以及工厂规定的调试大纲进行出厂检查、性能试验，试验报告应随产品提供。当需做动态模拟试验或数字仿真试验时，模拟系统的接线和参数由卖方与买方在试验前协商确定，按实际系统参数进行试验。

6.2 系统联调试验

卖方应按买方需求配合完成买方组织的保护装置功能验证与系统联调试验。

6.3 现场试验

现场实际设备接入后，应按照 DL/T 995 在一次设备不带电和带电试运行时做现场试验，卖方应配合完成保护装置的现场调试及投运试验。现场投运前和试运行中发现的设备缺陷和元件损坏，卖方应及时无偿修理或更换，直至符合本部分要求。

6.4 继电保护专业检测

卖方依据国家电网有限公司继电保护专业检测标准参加继电保护专业检测，并提供每一种型式产品的专业检测报告。

7 技术服务、设计联络、工厂检验和监造

7.1 技术文件

7.1.1 卖方提供的技术文件应提供买方所要求的性能信息，并对其可靠性和一致性负责，卖方所提供的技术文件（包括资料和数据）将成为合同一部分。

7.1.2 卖方应随投标书一起提供一般性技术文件，并且应是与投标产品一致的最新版本，投标时应提供

的技术文件如下：

    a） 产品的技术说明书；

    b） 产品的型式试验报告、动模试验报告和一致性测试报告；

    c） 产品的用户运行证明；

    d） 产品的软件版本等。

7.1.3 卖方应在签约后 3 周内向买方提供设计用的技术文件如下：

    a） 产品的技术说明书；

    b） 产品及保护屏原理框图及说明，模件或继电器的原理接线图及其工作原理说明；

    c） 装置的 ICD（IED 装置能力描述）文件、保护装置虚端子连接图；

    d） 组屏的正面布置图、屏内设备布置图、端子排图及图例说明；

    e） 保护屏所用的辅助继电器和选择开关采用的标准；

    f） 保护屏的安装尺寸图，包括屏的尺寸和质量、基础螺栓的位置和尺寸等。

7.1.4 签约后双方遵循的原则如下：

    a） 在收到买方最终认可图纸前，卖方所购买的材料或制造所发生的费用及其风险全由卖方单独承担；

    b） 生产的成品应符合合同的技术规范。买方对图纸的确认并不能解除卖方对其图纸的完善性和准确性应承担的责任；

    c） 设计方在收到图纸后 3 周内返回主要确认意见，并根据需要召开设计联络会。卖方在提供确认图纸时必须提供为审核该图纸所需的资料。买方有权要求卖方对其图纸中的任一装置任一部件做必要修改，在设计图纸完成之前应保留设计方对卖方图纸的其他确认权限，而买方不需承担额外费用。

7.1.5 在收到确认意见后，卖方应在规定时间内向买方提供的技术文件如下：

    a） 7.1.3 所列的修改后的正式技术文件；

    b） 保护装置的内部接线图及图例说明，保护屏内部接线图及其说明（包括屏内布置及内部端子排图）；

    c） 保护装置的软件版本号和校验码；

    d） 产品的使用说明书，包括保护装置的现场调试大纲、整定值表和整定计算说明及计算算例等；

    e） 通信规约和解释文本及装置调试软件和后台分析软件，以便与计算机监控系统和继电保护故障信息系统联调。

7.1.6 设备供货时提供的技术文件和资料如下：

    a） 设备的开箱资料清单；

    b） 产品的技术说明书、使用说明书和组屏图纸；

    c） 出厂调试试验报告；

    d） 产品质量检验合格证书；

    e） 合同规定的出厂验收试验报告和动模试验报告和一致性测试报告等；

    f） 保护设备识别代码及出厂信息表。

7.1.7 技术文件的格式和分送要求如下：

    a） 全部图纸应为 A4 幅面，并有完整图标，采用国标单位制；

    b） 提供的技术文件除纸质文件外，还应包括一份电子文档，并提供可供修改的最终图纸电子文件（图形文件能够被 PC 机 AutoCAD for Windows 2000 版支持）；

    c） 技术文件（图纸和资料）分送单位、套数和地址根据项目单位要求提供。

7.2 设计联络会议

7.2.1 若有必要，买方在收到卖方签字的第一批文件后 3 周内将举行设计联络会议。设计联络会议内容

如下：

    a） 卖方应对修改后的供确认的资料和图纸进行详细的解释，并应解答买方对这些资料和图纸所提的问题，经过共同讨论，买方给予确认，以便卖方绘制正式图纸提供给买方；

    b） 卖方应介绍合同产品已有的运行经验；

    c） 卖方应提供验收大纲、工程参数表；

    d） 买方或设计方应确认保护装置的 SV 采样值接口、GOOSE 接口及 MMS 接口的类型与数量；

    e） 设计联络会应确定通信信息的具体内容。

7.2.2　会议应签订会议纪要，并作为合同的组成部分。

7.3　工厂验收和现场验收

要求满足国家电网有限公司企业标准中关于工厂验收（现场）的规范。

7.4　质量保证

7.4.1　卖方应保证制造过程中的所有工艺、材料、试验等（包括卖方的外购件在内）均应符合本部分的规定。若买方根据运行经验指定卖方提供某种外购零部件，卖方应积极配合。卖方对所购配套部件设备质量负责，采购前向买方提供主要国产元器件报价表，采购中应进行严格的质量检验，交货时应向买方提供其产品质量合格证书及有关安装使用等技术文件资料。

7.4.2　对于采用属于引进技术的设备、元器件，卖方在采购前应向买方提供主要进口元器件报价表。引进的设备、元器件应符合引进国的技术标准或 IEC 标准，当标准与本部分有矛盾时，卖方应将处理意见书面通知买方，由买卖双方协商解决。假若卖方有更优越或更为经济的设计和材料，足以使卖方的产品更为安全、可靠、灵活、适应时，卖方可提出并经买方的认可，然而应遵循现行的国家工业标准，并且有成熟的设计和工艺要求以及工程实践经验。

7.4.3　双方签订合同后，卖方应按工程设计及施工进度分批提交技术文件和图纸，必要时，买卖双方应进行技术联络，以讨论合同范围内的有关技术问题。

7.4.4　卖方保证所提供的设备应为由最适宜的原材料并采用先进工艺制成且未经使用过的全新产品，保证产品的质量、规格和性能与投标文件所述一致。

7.4.5　卖方提供的保护设备运行使用寿命不应小于 15 年。

7.4.6　卖方保证所提供的设备在各个方面符合招标文件规定的质量、规格和性能。在合同规定的质量保证期内（保护设备到货后 24 个月或 SAT 后 18 个月），对由于产品设计、制造和材料、外购零部件的缺陷而造成所供设备的任何破坏、缺陷故障，当卖方收到买方的书面通知后，在 2 天内免费负责修理或更换有缺陷的设备（包括运输费、税收等），以达到本部分的要求。质量保证期以合同商务部分为准。

7.4.7　质量保证期后发生质量问题，卖方应提供免费维修服务，包括硬件更换和软件版本升级。

7.5　项目管理

合同签订后，卖方应指定负责本工程的项目经理，负责卖方在工程全过程的各项工作，如工程进度、设计制造、图纸文件、包装运输、现场安装、调试验收等。

7.6　现场服务

现场服务内容如下：

    a） 在设备安装调试过程中视买方工作情况卖方及时派出工程技术服务人员，以提供现场服务。卖方派出人员在现场负责技术指导，并协助买方安装、调试。同时，买方为卖方的现场派出人员提供工作和生活的便利条件；

    b） 当变电站内保护设备分批投运时，卖方应按合同规定及时派出工程技术人员到达现场服务；

    c） 根据买方的安排，卖方安排适当时间对设备的正确安装和试验给予技术培训。

7.7　售后服务

7.7.1　现场投运前和试运行中发现的设备缺陷和元件损坏，卖方应及时无偿修理或更换，直至符合规范要求。保修期内产品出现不符合功能要求和技术指标要求时，卖方应在 4h 内响应，并在 24h 内负责修理或更换。保修期外产品出现异常、设备缺陷、元件损坏或不正确动作，现场无法处理时，卖方接到买方通知后，应在 4h 内响应，并立即派出工程技术人员在 24h 内到达现场处理。

7.7.2 对反事故措施以及软件版本的升级等，卖方应提供技术服务。

7.8 备品备件、专用工具、试验仪器

7.8.1 对每套保护，卖方应提供必要的备品备件。

7.8.2 卖方应提供安装、运行、检修所需的专用工具，包括专用调试、测试设备。

ICS 29.240.01
K 45

Q/GDW

国家电网有限公司企业标准

Q/GDW 13195.2—2018
代替 Q/GDW 13195.2—2014

智能变电站 220kV～750kV 母线保护采购标准

第 2 部分：智能变电站 220kV～500kV双母线接线的母线保护专用技术规范

Purchasing standard for 220kV～750kV busbar protection in smart substation
Part 2: Special technical specification for 220kV～750kV busbar protection
with connection of double busbar in smart substation

2019-06-28发布

2019-06-28实施

国家电网有限公司   发 布

目　次

前　言

为规范智能变电站 220kV～750kV 母线保护的采购要求，制定本部分。

《智能变电站 220kV～750kV 母线保护采购标准》分为 3 个部分：

——第 1 部分：通用技术规范；

——第 2 部分：智能变电站 220kV～500kV 双母线接线的母线保护专用技术规范；

——第 3 部分：智能变电站 220kV～750kV 3/2 断路器接线的母线保护专用技术规范。

本部分为《智能变电站 220kV～750kV 母线保护采购标准》的第 2 部分。

本部分代替 Q/GDW 13194.2—2014，与 Q/GDW 13194.2—2014 相比，主要技术性差异如下：

——增加保护装置采样频率技术参数。

本部分由国家电网有限公司物资部提出并解释。

本部分由国家电网有限公司科技部归口。

本部分起草单位：国网江苏省电力有限公司、南瑞集团有限公司（国网电力科学研究院有限公司）。

本部分主要起草人：戴魏、王寅丞、吴通华、吴崇昊、朱翔、李志坚、岳嵩、黄浩声。

本部分 2014 年 9 月首次发布，2018 年 12 月第一次修订。

本部分在执行过程中的意见或建议反馈至国家电网有限公司科技部。

智能变电站220kV～750kV母线保护采购标准
第2部分：智能变电站220kV～500kV
双母线接线的母线保护专用技术规范

1 范围

本部分规定了智能变电站220kV～750kV母线保护保护招标的标准技术参数、项目需求及投标人响应的相关内容。

本部分适用于智能变电站220kV～750kV母线保护保护招标。

2 规范性引用文件

下列文件对于本文件的应用是必不可少的。凡是注日期的引用文件，仅所注日期的版本适用于本文件。凡是不注日期的引用文件，其最新版本（包括所有的修改单）适用于本文件。

Q/GDW 13195.1 智能变电站220kV～750kV母线保护采购标准 第1部分：通用技术规范

3 术语和定义

下列术语和定义适用于本文件。

3.1

招标人 bidder

提出招标项目，进行招标的法人或其他组织。

3.2

投标人 tenderer

响应招标、参加投标竞争的法人或者其他组织。

3.3

卖方 seller

提供本部分货物和技术服务的法人或其他组织，包括其法定的承继者。

3.4

买方 buyer

购买本部分货物和技术服务的法人或其他组织，包括其法定的承继者和经许可的受让人。

4 标准技术参数

技术参数特性表是国家电网有限公司对采购设备的基础技术参数要求，在招投标过程中，投标人应依据招标文件，对技术参数特性表中标准参数值进行响应。智能变电站220kV～750kV母线保护、打印机、保护柜技术参数特性见表1～表3。物资应满足Q/GDW 13195.1的要求。

表1 智能变电站220kV～750kV母线保护技术参数特性表

序号	参 数 名 称	单位	标准参数值
1	定值误差		不超过±5%
2	母线差动整组动作时间	ms	≤20（2倍整定值）

表1（续）

序号	参 数 名 称		单位	标准参数值
3	失灵保护的启动回路在故障切除后的返回时间		ms	＜20
4	光纤接口接收灵敏度		dBm	≤－20（串行光接口）； ≤－30（以太网光接口）
5	光纤接口发送功率		dBm	≥－10（串行光接口）； ≥－20（以太网光接口）
6	保护装置采样频率			不低于1000Hz
7	集中式方案	装置工作电源	V	（招标人填写）
8		站控层MMS接口数量与类型		（招标人填写）
9		SV（采样值）点对点接口类型 （IEC 60044－8接口；IEC 61850－9－2接口； 常规模拟量输入）		（招标人填写）
10		SV（采样值）点对点接口数量		（招标人填写）
11		过程层GOOSE接口组网接口数量		（招标人填写）
12		过程层GOOSE点对点接口数量		（招标人填写）
13		对时方式		（招标人填写）
14		普通柜可选技术参数		（招标人填写）
15		智能柜技术参数要求		（招标人填写）
16		其他1		（招标人填写）
17		其他2		（招标人填写）
18		其他3		（招标人填写）
19	分布式方案	装置工作电源	V	（招标人填写）
20		主单元站控层MMS接口数量与类型		（招标人填写）
21		主单元SV（采样值）点对点接口类型 （IEC 60044－8接口；IEC 61850－9－2接口； 常规模拟量输入）		（招标人填写）
22		主单元SV（采样值）点对点接口数量		（招标人填写）
23		主单元过程层GOOSE组网接口数量		（招标人填写）
24		主单元过程层GOOSE点对点接口数量		（招标人填写）
25		子单元SV（采样值）点对点接口类型 （IEC 60044－8接口；IEC 61850－9－2接口； 常规模拟量输入）		（招标人填写）
26		子单元SV（采样值）点对点接口数量		（招标人填写）
27		子单元过程层GOOSE组网接口数量		（招标人填写）
28		子单元过程层GOOSE点对点接口数量		（招标人填写）
29		对时方式		（招标人填写）
30		普通柜可选技术参数		（招标人填写）
31		智能柜技术参数要求		（招标人填写）
32		其他1		（招标人填写）
33		其他2		（招标人填写）

表2　打印机技术参数特性表

序号	参　数　名　称	单位	标准参数值
1	工作电源	V	220V AC
2	接口型式		与保护装置配套

表3　保护柜（非智能控制柜）技术参数特性表

序号	参　数　名　称	单位	标准参数值
1	尺寸	mm	高度：2260； 宽度：800； 深度：600
2	颜色		GSB05－1426－2001，77号， GY09 冰灰橘纹

5　组件材料配置表

组件材料配置表包括元件名称、规格形式参数、单位、数量和产地等信息，具体内容和格式根据招标项目情况进行编制。

6　使用环境条件表

典型智能变电站 220kV～750kV 母线保护保护使用环境条件见表4。特殊环境要求根据项目情况编制。

表4　使　用　环　境　条　件　表

序号	名　　　称		单位	项目需求值
1	电源的频率		Hz	50
2	环境温度	日最高温度	℃	＋55
		日最低温度		－10
		日最大温差		＋25
3	湿度	日相对湿度平均值	%	≤95
		月相对湿度平均值		≤90
4	海拔		m	≤2000
5	耐受地震能力	水平加速度	m/s²	0.3g
		垂直加速度	m/s²	0.15g
6	用途		组屏/单装置	（项目单位提供）
7	安装方式		集中/分散	（项目单位提供）

注：标准参数值为正常使用条件，超出此值时为特殊使用条件。

ICS 29.240.01
K 45

Q/GDW

国家电网有限公司企业标准

Q/GDW 13195.3—2018
代替 Q/GDW 13195.3—2014

智能变电站 220kV～750kV 母线
保 护 采 购 标 准
第 3 部分：智能变电站 220kV～750kV
3/2 断路器接线的母线保护专用技术规范

Purchasing standard for 220kV～750kV busbar protection in smart substation
Part 3: Special technical specification for 220kV～750kV busbar protection
with connection of one-and-a-half breaker in smart substation

2019-06-28发布   2019-06-28实施

国家电网有限公司   发 布

目　　次

前　言

为规范智能变电站 220kV～750kV 母线保护的采购要求，制定本部分。

《智能变电站 220kV～750kV 母线保护采购标准》分为 3 个部分：

——第 1 部分：通用技术规范；

——第 2 部分：智能变电站 220kV～500kV 双母线接线的母线保护专用技术规范；

——第 3 部分：智能变电站 220kV～750kV 3/2 断路器接线的母线保护专用技术规范。

本部分为《智能变电站 220kV～750kV 母线保护采购标准》的第 3 部分。

本部分代替 Q/GDW 13194.3—2014，与 Q/GDW 13194.3—2014 相比，主要技术性差异如下：

——增加保护装置采样频率技术参数。

本部分由国家电网有限公司物资部提出并解释。

本部分由国家电网有限公司科技部归口。

本部分起草单位：国网江苏省电力有限公司、国网电力科学研究院有限公司。

本部分主要起草人：戴魏、王寅丞、吴通华、吴崇昊、朱翔、李志坚、岳嵩、黄浩声、杨子彤。

本部分 2014 年 9 月首次发布，2018 年 12 月第一次修订。

本部分在执行过程中的意见或建议反馈至国家电网有限公司科技部。

智能变电站 220kV～750kV 母线保护采购标准
第 3 部分：智能变电站 220kV～750kV
3/2 断路器接线的母线保护专用技术规范

1 范围

本部分规定了智能变电站 220kV～750kV 母线保护保护招标的标准技术参数、项目需求及投标人响应的相关内容。

本部分适用于智能变电站 220kV～750kV 母线保护保护招标。

2 规范性引用文件

下列文件对于本文件的应用是必不可少的。凡是注日期的引用文件，仅所注日期的版本适用于本文件。凡是不注日期的引用文件，其最新版本（包括所有的修改单）适用于本文件。

Q/GDW 13195.1　智能变电站 220kV～750kV 母线保护采购标准　第 1 部分：通用技术规范

3 术语和定义

下列术语和定义适用于本文件。

3.1
招标人　bidder
提出招标项目，进行招标的法人或其他组织。

3.2
投标人　tenderer
响应招标、参加投标竞争的法人或者其他组织。

3.3
卖方　seller
提供本部分货物和技术服务的法人或其他组织，包括其法定的承继者。

3.4
买方　buyer
购买本部分货物和技术服务的法人或其他组织，包括其法定的承继者和经许可的受让人。

4 标准技术参数

技术参数特性表是国家电网有限公司对采购设备的基础技术参数要求，在招投标过程中，投标人应依据招标文件，对技术参数特性表中标准参数值进行响应。智能变电站 220kV～750kV 母线保护、打印机、保护柜技术参数特性见表 1～表 3。物资应满足 Q/GDW 13195.1 的要求。

表 1　智能变电站 220kV～750kV 母线保护技术参数特性表

序号	参　数　名　称	单位	标准参数值
1	定值误差		不超过±5%
2	母线差动整组动作时间	ms	≤20（2 倍整定值）

表1（续）

序号	参 数 名 称		单位	标准参数值
3		光纤接口接收灵敏度	dBm	≤−20（串行光接口）； ≤−30（以太网光接口）
4		光纤接口发送功率	dBm	≥−10（串行光接口）； ≥−20（以太网光接口）
5		保护装置采样频率		不低于1000Hz
6	集中式方案	装置工作电源	V	（招标人填写）
7		站控层MMS接口数量与类型		（招标人填写）
8		SV（采样值）点对点接口类型 （IEC 60044−8接口；IEC 61850−9−2接口； 常规模拟量输入）		（招标人填写）
9		SV（采样值）点对点接口数量		（招标人填写）
10		过程层GOOSE接口组网接口数量		（招标人填写）
11		过程层GOOSE点对点接口数量		（招标人填写）
12		对时方式		（招标人填写）
13		普通柜可选技术参数		（招标人填写）
14		智能柜技术参数要求		（招标人填写）
15		其他1		（招标人填写）
16		其他2		（招标人填写）
17		其他3		（招标人填写）
18	分布式方案	装置工作电源	V	（招标人填写）
19		主单元站控层MMS接口数量与类型		（招标人填写）
20		主单元SV（采样值）点对点接口类型 （IEC 60044−8接口；IEC 61850−9−2接口； 常规模拟量输入）		（招标人填写）
21		主单元SV（采样值）点对点接口数量		（招标人填写）
22		主单元过程层GOOSE组网接口数量		（招标人填写）
23		主单元过程层GOOSE点对点接口数量		（招标人填写）
24		子单元SV（采样值）点对点接口类型 （IEC 60044−8接口；IEC 61850−9−2接口； 常规模拟量输入）		（招标人填写）
25		子单元SV（采样值）点对点接口数量		（招标人填写）
26		子单元过程层GOOSE组网接口数量		（招标人填写）
27		子单元过程层GOOSE点对点接口数量		（招标人填写）
28		对时方式		（招标人填写）
29		普通柜可选技术参数		（招标人填写）
30		智能柜技术参数要求		（招标人填写）
31		其他1		（招标人填写）
32		其他2		（招标人填写）
33		其他3		（招标人填写）

表2 打印机技术参数特性表

序号	参 数 名 称	单位	标准参数值
1	工作电源	V	220V AC
2	接口型式		与保护装置配套

表3 保护柜（非智能控制柜）技术参数特性表

序号	参 数 名 称	单位	标准参数值
1	尺寸	mm	高度：2260； 宽度：800； 深度：600
2	颜色		GSB05－1426－2001，77号， GY09 冰灰橘纹

5 组件材料配置表

组件材料配置表包括元件名称、规格形式参数、单位、数量和产地等信息，具体内容和格式根据招标项目情况进行编制。

6 使用环境条件表

典型智能变电站 220kV～750kV 母线保护保护使用环境条件见表4。特殊环境要求根据项目情况编制。

表4 使 用 环 境 条 件 表

序号	名 称		单位	项目需求值
1	电源的频率		Hz	50
2	环境温度	日最高温度	℃	＋55
3	环境温度	日最低温度	℃	－10
		日最大温差		＋25
4	湿度	日相对湿度平均值	％	≤95
		月相对湿度平均值		≤90
5	海拔		m	≤2000
6	耐受地震能力	水平加速度	m/s²	0.3g
		垂直加速度	m/s²	0.15g
7	用途		组屏/单装置	（项目单位提供）
8	安装方式		集中/分散	（项目单位提供）
注：标准参数值为正常使用条件，超出此值时为特殊使用条件。				

ICS 29.240.01

K 45

Q/GDW

国家电网有限公司企业标准

Q/GDW 13196.1—2018
代替 Q/GDW 13196.1—2014

智能变电站 35kV 及以下变压器
保 护 采 购 标 准
第 1 部分：通用技术规范

Purchasing standard for 35kV and lower voltage transformer
protection in smart substation
Part 1: General technical specification

2019-06-28发布   2019-06-28实施

国家电网有限公司   发 布

目　次

前　言

为规范智能变电站 35kV 及以下变压器保护的采购要求，制定本标准。

《智能变电站 35kV 及以下变压器保护采购标准》分为 3 个部分：

——第 1 部分：通用技术规范；

——第 2 部分：智能变电站 35kV 及以下变压器保护专用技术规范（主后合一）；

——第 3 部分：智能变电站 35kV 及以下变压器保护专用技术规范（主后分置）。

本部分为《智能变电站 35kV 及以下变压器保护采购标准》的第 1 部分。

本部分代替 Q/GDW 13196.1—2014，与 Q/GDW 13196.1—2014 相比，主要技术性差异如下：

——增加了暂态数据交换通用格式对 GB/T 22386 的引用；

——增加了保护装置标准化设计规范对 Q/GDW 10767 的引用；

——增加了信息规范要求对 Q/GDW 11010 的引用；

——增加了智能变电站继电保护通用技术要求对 Q/GDW 1808 的引用；

——修改了定值组数量要求；

——修改了告警信号数量要求；

——修改了后备保护配置的功能要求；

——修改保护装置工作的环境温度和大气压力范围；

——增加设备供货时应提供的技术文件和资料。

本部分由国家电网有限公司物资部提出并解释。

本部分由国家电网有限公司科技部归口。

本部分起草单位：国网江苏省电力有限公司、南瑞集团有限公司（国网电力科学研究院有限公司）。

本部分主要起草人：杨平怡、刘小宝、侯喆、赵瑞辰、吴崇昊、王中浪、包亚卓、宋爽、邱涛。

本部分 2014 年 9 月首次发布，2018 年 12 月第一次修订。

本部分在执行过程中的意见或建议反馈至国家电网有限公司科技部。

智能变电站35kV及以下变压器保护采购标准
第1部分：通用技术规范

1 范围

本部分规定了智能变电站35kV及以下变压器保护采购标准招标的总则、技术参数和性能要求、试验、包装、运输、交货及工厂检验和监造的一般要求。

本部分适用于智能变电站35kV及以下变压器保护招标。

2 规范性引用文件

下列文件对于本文件的应用是必不可少的。凡是注日期的引用文件，仅所注日期的版本适用于本文件。凡是不注日期的引用文件，其最新版本（包括所有的修改单）适用于本文件。

GB/T 191　包装储运图示标志

GB/T 2423（所有部分）　电工电子产品环境试验

GB/T 7261　继电保护和安全自动装置基本试验方法

GB/T 11287　电气继电器　第21部分：量度继电器和保护装置的振动、冲击、碰撞和地震试验　第1篇：振动试验（正弦）

GB/T 14285　继电保护和安全自动装置技术规程

GB/T 14537　量度继电器和保护装置的冲击和碰撞试验

GB/T 14598.3　电气继电器　第5部分：量度继电器和保护装置的绝缘配合要求和试验

GB/T 14598.9　量度继电器和保护装置　第22-3部分：电气骚扰试验　辐射电磁场抗试度

GB/T 14598.10　量度继电器和保护装置　第22-4部分：电气骚扰试验　电快速瞬变/脉冲群抗扰度试验

GB/T 14598.13　量度继电器和保护装置　第22-1部分：电气骚扰试验　1MHz脉冲群抗扰度试验

GB/T 14598.14　量度继电器和保护装置　第22-2部分：电气骚扰试验　静电放电试验

GB/T 14598.17　电气继电器　第22-6部分：量度继电器和保护装置的电气骚扰试验——射频场感应的传导骚扰的抗扰度

GB/T 14598.18　量度继电器和保护装置　第22-5部分：电气骚扰试验　浪涌抗扰度试验

GB/T 14598.19　电气继电器　第22-7部分：量度继电器和保护装置的电气骚扰试验——工频抗扰度试验

GB/T 17626.8　电磁兼容　试验和测量技术　工频磁场抗扰度试验

GB/T 17626.9　电磁兼容　试验和测量技术　脉冲磁场抗扰度试验

GB/T 17626.10　电磁兼容　试验和测量技术　阻尼振荡磁场抗扰度试验

GB/T 18663.3　电子设备机械结构　公制系列和英制系列的试验　第3部分：机柜、机架和插箱的电磁屏蔽性能试验

GB/T 22386　电力系统暂态数据交换通用格式

GB/T 25931　网络测量和控制系统的精确时钟同步协议

GB/T 26864　电力系统继电保护产品动模试验

DL/T 478　继电保护及安全自动装置通用技术条件

DL/T 720   电力系统继电保护柜、屏通用技术条件

DL/T 770   微机变压器保护装置通用技术条件

DL/T 860   变电站通信网络和系统

DL/T 995   继电保护和电网安全自动装置检验规程

DL/T 5103   35kV～110kV 无人值班变电所设计规程

DL/T 5136   火力发电厂、变电站二次接线设计技术规程

Q/GDW 383   智能变电站技术导则

Q/GDW 414   变电站智能化改造技术规范

Q/GDW 441   智能变电站继电保护技术规范

Q/GDW 1396   IEC 61850 工程继电保护应用模型

Q/GDW 1430   智能变电站智能控制柜技术规范

Q/GDW 10393   110（66）kV～220kV 智能变电站设计规范

Q/GDW 10767   10kV～110（66）kV 元件保护及辅助装置标准化设计规范 Q/GDW 1808 智能变电站继电保护通用技术条件

Q/GDW 11010   继电保护信息规范

Q/GDW 13001—2014   高海拔外绝缘配置技术规范

3 术语和定义

下列术语和定义适用于本文件。

3.1

招标人 bidder

提出招标项目，进行招标的法人或其他组织。

3.2

投标人 tenderer

响应招标、参加投标竞争的法人或者其他组织。

3.3

卖方 seller

提供本部分货物和技术服务的法人或其他组织，包括其法定的承继者。

3.4

买方 buyer

购买本部分货物和技术服务的法人或其他组织，包括其法定的承继者和经许可的受让人。

4 总则

4.1 一般性要求

4.1.1   卖方提供的智能变电站继电保护及相关设备应符合 Q/GDW 441 的要求。

智能变电站继电保护与站控层信息交互采用 DL/T 860 标准，跳合闸命令和联闭锁信息可通过直接电缆连接或 GOOSE 机制传输。卖方提供的继电保护及相关设备所采用的技术应遵循 Q/GDW 441 及本部分中与之对应的部分。

4.1.2   卖方提供的智能变电站继电保护及相关设备应符合 Q/GDW 10767 的要求。

智能变电站继电保护装置的动作信息、告警信息、状态变位信息、中间节点信息、日志记录、人机界面信息等信息输出符合 Q/GDW 11010 的要求。

4.1.3   本部分提出的是最低限度的要求，并未对一切技术细节作出规定，也未充分引述有关标准的条文，投标人应提供符合本部分和工业标准的优质产品。

4.1.4 如果投标人没有以书面形式对本部分的条文提出异议，则表示投标人提供的设备完全符合本部分的要求；如有异议，应在报价书中以"对规范书的意见和同规范书的差异"为标题的专门章节中加以详细描述。

4.1.5 本部分所使用的标准如遇与投标人所执行的标准不一致时按较高的标准执行。

4.1.6 本部分经招、投标双方确认后作为订货合同的技术附件，与合同正文具有同等效力。

4.2 卖方职责

卖方的工作范围将包括下列内容，但不仅仅限于此内容：

a) 提供标书内所有设备及设计说明书及制造方面的说明；

b) 提供国家或电力工业检验检测机构出具的型式试验报告和 IEC 61850 的一致性测试报告，以便确认供货设备能否满足所有的性能要求；

c) 提供与投标设备版本相符的安装、使用说明书；

d) 提供试验和检验的标准，包括试验报告和试验数据；

e) 提供图纸，制造和质量保证过程的一览表以及标书规定的其他资料；

f) 提供设备管理和运行所需有关资料；

g) 所提供设备应发运到规定的目的地；

h) 在更换所用的准则、标准规程或修改设备技术数据时，卖方应接受买方的选择；

i) 现场服务。

4.3 应满足的标准

装置至少应满足 GB/T 191、GB/T 2423（所有部分）、GB/T 7261、GB/T 11287、GB/T 14285、GB/T 14537、GB/T 14598.3、GB/T 14598.9、GB/T 14598.10、GB/T 14598.13、GB/T 14598.14、GB/T 14598.17、GB/T 14598.18、GB/T 14598.19、GB/T 17626.8、GB/T 17626.9、GB/T 17626.10、GB/T 18663.3、GB/T 22386、GB/T 25931、GB/T 26864、DL/T 478、DL/T 720、DL/T 770、DL/T 860、DL/T 995、DL/T 5136、DL/T 5103、Q/GDW 383、Q/GDW 10393、Q/GDW 1396、Q/GDW 414、Q/GDW 1430、Q/GDW 441、Q/GDW 10767、Q/GDW 1808、Q/GDW 11010、Q/GDW 13001—2014 中所列标准的最新版本要求，但不限于上述所列标准。

4.4 应满足的文件

该类设备技术标准应满足国家法律法规及国家电网有限公司标准化成果中相关条款要求。下列文件中相应的条款规定均适用于本文件，其最新版本（包括所有的修改单）适用于本文件。包括：

a) 《电力监控系统安全防护规定》；

b) 《国家电网有限公司十八项电网重大反事故措施（2018 修订版）》；

c) 《国家电网有限公司输变电工程通用设计》；

d) 《国家电网公司关于加快推进电力监控系统网络安全管理平台建设的通知》；

e) 《国家电网继电保护柜、屏制造规范》。

5 技术参数和性能要求

5.1 使用环境条件

5.1.1 设备储存温度：−25℃～+70℃。

5.1.2 设备工作温度：−10℃～+55℃。

5.1.3 大气压力：80kPa～106kPa。

5.1.4 相对湿度：5%～95%。

5.1.5 抗地震能力：地面水平加速度 0.3g，垂直加速度 0.15g，同时作用。

5.2 工作条件及系统概况

5.2.1 额定电压：高压 35kV，低压 10kV（20kV 或 6kV）。

5.2.2 系统频率：50Hz。

5.2.3 中性点接地方式：35kV、20kV、10kV、6kV 不接地系统或经消弧线圈或经电阻接地系统。

5.3 保护装置额定参数

5.3.1 额定直流电源：220V（110V）。

5.3.2 额定交流电流：5A（1A）。

5.3.3 额定交流电压：100V/$\sqrt{3}$（相电压），100V（线电压），300V（开口三角电压）。

5.3.4 额定频率：50Hz。

5.3.5 打印机工作电源：交流 220V，50Hz。

5.4 装置功率消耗

5.4.1 装置交流消耗：交流电流回路功率消耗每相不大于 0.5VA（I_N＝1A）或 1VA（I_N＝5A），交流电压回路功率消耗（额定电压下）每相不大于 1VA。卖方投标时必须提供确切数值。

5.4.2 装置直流消耗：当正常工作时，不大于 50W；当保护动作时，不大于 80W。卖方投标时必须提供确切数值。

5.5 35kV 及以下变压器保护总的技术要求

5.5.1 环境温度在－10℃～＋55℃时，装置应能正常工作并且满足本部分所规定的精度。

5.5.2 在雷击过电压、一次回路操作、系统故障及其他强干扰作用下，不应误动和拒动。保护装置静电放电试验、快速瞬变干扰试验、脉冲群干扰试验、辐射电磁场干扰试验、冲击电压试验和绝缘试验应至少符合 IEC 标准。装置调试端口应带有光电隔离装置。

5.5.3 所有保护方式在谐波、直流分量、励磁涌流以及穿越性短路电流稳态和瞬态影响下，不应误动作。保护应该考虑瞬态时 TA 饱和的影响，即使在严重的穿越性短路故障情况下也不误动。

5.5.4 各保护装置（包括操作箱、非电量保护等）均应具有独立的直流电源快速小开关，与保护装置安装在同一面屏（柜）上。应对保护柜上的各个直流电压回路进行监视，在直流电源消失时应发告警信号，当在该直流回路中任何一处发生断线、短路或接地时，保护装置不应误动作。直流电源电压在80%～115%额定值范围内变化时，保护装置应正确工作。直流电源纹波系数小于或等于 5%时，保护装置应正确工作。各保护装置的逻辑回路应由独立的直流/直流逆变器供电，在直流电源恢复（包括缓慢恢复）至额定电压的 80%时，保护装置的直流逆变电源应能自动恢复。拉合直流电源以及插拔熔丝发生重复击穿火花时，保护装置不应误动作。

5.5.5 对于保护装置间不经附加判据直接启动跳闸的开入量，应经抗干扰继电器重动后开入。抗干扰继电器的启动功率应大于 5W，动作电压在额定直流电源电压的 55%～70%范围内，额定直流电源电压下动作时间为 10ms～35ms，应具有抗 220V 工频电压干扰的能力。

5.5.6 保护装置应能在保护装置面板上方便地进行参数设定但不影响设备的正常运行，且可在保护装置内储存不少于 5 组定值。当直流电源失去时，这些设定值不应丢失。

5.5.7 保护装置与站控层设备通信，标准采用 DL/T 860，应满足运行维护、监视控制及无人值班、智能电网调度等信息交互的要求。保护装置向站控层提供的信息符合 Q/GDW 1396。

5.5.8 保护装置应具备远方修改定值功能、软压板远方投退和定值区远方切换功能，其软压板远方投退功能不允许通过修改定值实现。保护装置只设"远方操作"和"保护检修状态"硬压板，保护功能投退不设硬压板，如下：

    a）"远方操作"只设硬压板。"远方投退压板"、"远方切换定值区"和"远方修改定值"只设软压板，只能在装置本地操作，三者功能相互独立，分别与"远方操作"硬压板采用"与门"逻辑。当"远方操作"硬压板投入后，上述三个软压板远方功能才有效；

    b）"保护检修状态"只设硬压板，当该压板投入时，保护装置报文上送带品质位信息。"保护检修状态"硬压板遥信不置检修标志；保护装置应有明显显示（面板指示灯和界面显示）。参数、配置文件仅在检修压板投入时才可下装，下装时应闭锁保护。

5.5.9 保护装置宜通过 IRIG－B（DC）码对时，也可采用 GB/T 25931 进行网络对时，对时精度应满足要求。

5.5.10 非电量保护设一套出口，对于主后合一的变压器保护，每套变压器差动保护和后备保护设一套出口，对于主后分置的变压器保护，变压器差动保护和后备保护单独设置出口。设置保护强电跳闸出口压板和每套保护功能投退压板。

5.5.11 每套保护的出口继电器应提供不少于 4 组触点。对微机继电保护装置信号触点的要求为：跳闸信号，1 组保持触点、2 组不保持触点；过负荷、保护运行异常和保护装置故障等告警信号，至少 1 组不保持触点。

5.5.12 跳闸出口继电器触点的长期允许通过电流不应小于 5A，在电感负荷的直流电路（τ＜5ms）中的断开容量为 50W。信号继电器触点的长期允许通过电流不应小于 2A，在电感负荷的直流电路（τ＜5ms）中的断开容量为 30W。

5.5.13 保护装置中跳闸出口回路动作信号应自保持，在直流电源消失后，应能维持原有状态，只有当人工复归后，信号才能复归。复归按钮装在屏上的适当位置，以便于操作，并应同时具有远方复归功能。

5.5.14 保护柜中的插件应接触可靠，并且具有良好的互换性，以便检修时能迅速更换。

5.5.15 TV 回路应装设 TV 专用额定电流为 1A 的低压降快速自动空气开关，并带动断辅助触点监视。

5.5.16 应提供标准的试验插件及试验插头，以便对各套保护装置的输入和输出回路进行隔离或能通入电流、电压进行试验。另外，对保护投入、出口跳闸、合闸等输入、输出回路应在屏（柜）面上有隔离措施，以便在运行中可分别断开。隔离及试验部件应考虑操作的方便性，隔离压板标签栏位置应安装在隔离件本体或隔离件下部。

5.5.17 各套装置应有监视及自诊断功能来监测出口电路、主要电路、装置异常及交直流消失等，除保护装置本身有 LED 指示外，应提供告警触点给用户的报警装置。

5.5.18 除出口继电器外，装置内的任一元件损坏时，装置不应误动作跳闸。

5.5.19 本技术规范所列的任何保护动作以后，除特别指明外，应包括以下内容：

 a） 独立跳闸触点闭合去出口跳闸；

 b） 继电器本身的动作（掉牌）指示；

 c） 提供用户报警装置的触点闭合（包括中央信号、远动、事件记录信号）。

5.5.20 测控功能要求（主后合一）。

5.5.20.1 具有实时数据采集与处理、控制操作及信息显示等功能，对监控运行设备的信息进行采集、转换、处理和传送，通过网络传给站控层，同时接收站控层发来的控制操作命令，经过有效的判断等，最后对设备进行操作控制，也可独立完成对断路器、隔离开关的控制操作。

5.5.20.2 实时数据采集与处理

 a） 采集信号种类

  遥测量。高压侧：U_a，U_b，U_c，I_a，I_b，I_c，P，Q，f，$\cos\varphi$；低压侧：U_a，U_b，U_c，I_a，I_b，I_c，P，Q，f，$\cos\varphi$。

  遥信量。保护动作，装置故障，装置异常告警，断路器分、合闸位置，断路器机构信号，远方/就地开关位置，装置压板投退信号等。

 b） 采集信号的处理。对所采集的输入量进行数据滤波、有效性检查、故障判断、信号触点消抖等处理、变换后，再通过网络传送。

 c） 信号输入方式

  模拟量输入：采用交流采样，计算 I、U、P、Q、f、$\cos\varphi$。

  开关量输入：无源触点输入。

5.5.20.3 控制操作

 a） 操作说明。控制方式为三级控制：就地控制、站控层控制、远方遥控。操作命令的优先级为：

就地控制→站控层控制→远方遥控。同一时间只允许一种控制方式有效。对任何操作方式，应保证只有在本次操作步骤完成后，才能进行下一步操作。

在屏柜上设"就地／远方"转换开关，任何时候只允许一种模式有效。"就地"位置，通过人工按键实现一对一的操作。

所有的遥控采用选择、校核、执行方式，且在本装置内实现，并有相应的记录信息。

b) 控制输出的触点要求。提供至少 1 组合触触点和 1 组分闸触点。

5.5.20.4 事件记录

a) 事件顺序记录。断路器状态变位、保护动作等事件顺序记录；

b) 遥控操作记录。记录遥控操作命令来源、操作时间、操作内容。

5.6 35kV 及以下变压器保护装置的技术要求

5.6.1 保护装置采用微机保护。变压器差动保护和非电量保护应分开且独立。主后合一的变压器保护装置不允许与测控装置集成。具备 TA 断线识别和闭锁功能。显示故障报告应汉化，简洁明了。

5.6.2 应配置经一定延时不经任何闭锁的跳变压器各侧的过电流保护和零序电流保护。

5.6.3 对因限制低压侧短路电流水平在 20kA 以内而选用高阻抗变压器的情况（高低压侧阻抗值＞0.27Ω），在近低压侧区内各故障形式下，卖方提供的变压器差动保护应保证灵敏度。

5.6.4 35kV 微机变压器保护的主保护配置方案。

5.6.4.1 比率差动及差动速断保护，应满足工程中制动侧数的要求，跳各侧开关，并提供 3 组同步触点输出。

5.6.4.2 非电量保护：包括本体重瓦斯、本体轻瓦斯、油温、油位异常、压力释放等。非电量保护（除需经保护装置延时的信号外）直接启动装置跳闸回路，且保护动作应自动记录。并提供 3 组同步触点输出。

5.6.5 35kV 及以下微机变压器保护的后备保护配置方案（适用于双绕组变压器，因系统运行要求的特殊配置方案在专用部分规定）。

5.6.5.1 高压侧复合电压闭锁过电流保护：设置三段，Ⅰ、Ⅱ段 3 个时限；Ⅲ段 2 个时限。

5.6.5.2 低压侧复合电压闭锁过电流保护：设置三段，Ⅰ、Ⅱ段 3 个时限；Ⅲ段 2 个时限。低压侧为小电阻接地系统时，配置低压侧零序过电流保护，设置一段 3 时限。低压侧中性点零序过流保护，设置一段 3 时限。

5.6.5.3 过负荷发信。

5.6.6 对操作箱的要求（在配置操作箱的情况下）。

5.6.6.1 操作箱应设有断路器合闸位置、跳闸位置和电源指示灯。操作箱的防跳功能应方便退出，跳闸位置监视与合闸回路的连接应便于断开，端子按跳闸位置监视与合闸回路依次排列。

操作箱应具备以下功能：

a) 手合、手跳回路；

b) 保护跳闸回路；

c) 断路器压力闭锁回路；

d) 断路器防跳回路；

e) 与相关保护配合的断路器位置等；

f) 跳闸及合闸位置监视回路；

g) 跳合闸信号；

h) 控制回路断线信号；

i) 备用中间继电器；

j) 直流电源监视功能。

5.6.6.2 操作箱应具有足够的输出触点用于安全自动装置。

5.6.7 保护装置应具有故障录波功能来记录变压器各侧电流、电压等模拟量及相应开关量的波形及报文，并且能以 COMTRADE 数据格式输出上传保护及故障信息管理子站。应记录至少 8 次事件记录。其分辨率应能满足故障分析判断的要求，卖方应随系统提供故障分析软件及详细说明文件。

5.7 柜结构的技术要求

5.7.1 对智能控制柜，技术要求详见 Q/GDW 430，并遵循以下要求：

5.7.1.1 控制柜应装有截面为 100mm² 的铜接地母线（不要求与柜体绝缘），接地母线末端应装好可靠的压接式端子，以备接到电站的接地网上。柜体应采用双层结构，循环通风；

5.7.1.2 同一保护柜内若有多路直流电源引入，应接入不同安装单元端子排，且每路电源正、负极之间应有端子隔开。控制柜内设备的安排及端子排的布置，应保证各套保护的独立性，在一套保护检修时不影响其他任何一套保护系统的正常运行；

5.7.1.3 控制柜应具备温度、湿度的采集、调节功能，柜内温度控制在 −10℃～+50℃，相对湿度保持在 90% 以下，并可上送温度、湿度信息；

5.7.1.4 控制柜应能满足 GB/T 18663.3 变电站户外防电磁干扰的要求。

5.7.2 对非智能普通屏柜，屏体要求详见《国家电网继电保护柜、屏制造规范》，并遵循已发布的《国家电网有限公司物资采购标准 继电保护及自动装置卷》相关部分规定。

5.7.2.1 微机保护和控制装置的屏柜下部应设有截面积不小于 100mm² 的铜排（不要求与保护屏绝缘）。

5.7.2.2 保护柜内电压回路每相及 N 相端子均应采用多个连接端子（不少于 3 个）。

5.7.2.3 同一保护柜内若有多路直流电源引入，应接入不同安装单元端子排。

5.7.3 屏柜内部配线、端子排、接地铜排、屏柜上安装辅助设备等应符合相关规程、标准与反事故措施的规定。

6 试验

6.1 工厂试验

卖方提供的设备试验标准应符合国家、行业及 IEC 的有关标准，并提供每一种型式产品的型式试验报告和 IEC 61850 一致性测试报告。

卖方提供的每一套设备出厂之前都应按国家和行业标准以及工厂规定的调试大纲进行出厂检查、性能试验，试验报告应随产品提供。当需做动态模拟试验或数字仿真试验时，模拟系统的接线和参数由卖方与买方在试验前协商确定，按实际系统参数进行试验。

6.2 系统联调试验

卖方应按买方需求配合完成买方组织的保护装置功能验证与系统联调试验。

6.3 现场试验

现场实际设备接入后，应按照 DL/T 995 的要求，在一次设备不带电和带电试运行时做现场试验，卖方应配合完成保护装置的现场调试及投运试验。现场投运前和试运行中发现的设备缺陷和元件损坏，卖方应及时无偿修理或更换，直至符合本部分要求。

6.4 继电保护专业检测

卖方依据国家电网有限公司继电保护专业检测标准参加继电保护专业检测，并提供每一种型式产品的专业检测报告。

7 技术服务、设计联络、工厂检验和监造

7.1 技术文件

7.1.1 卖方提供的技术文件应提供买方所要求的性能信息，并对其可靠性和一致性负责，卖方所提供的技术文件（包括资料和数据）将成为合同一部分。

7.1.2 卖方应随投标书一起提供一般性技术文件，并且应是与投标产品一致的最新版本，投标时应提供

的技术文件如下：

    a） 产品的技术说明书；

    b） 产品的型式试验报告和动模试验报告；

    c） 产品的用户运行证明；

    d） 产品的软件版本等。

7.1.3 卖方应在签约后 3 周内向买方提供设计用的技术文件如下：

    a） 产品的技术说明书；

    b） 产品及保护屏原理框图及说明，模件或继电器的原理接线图及其工作原理说明；

    c） 装置的 ICD（IED 装置能力描述）文件、保护装置虚端子连接图；

    d） 组屏的正面布置图、屏内设备布置图、端子排图及图例说明；

    e） 保护屏所用的辅助继电器和选择开关采用的标准；

    f） 保护屏的安装尺寸图，包括屏的尺寸和质量、基础螺栓的位置和尺寸等。

7.1.4 签约后双方遵循的原则如下：

    a） 在收到买方最终认可图纸前，卖方所购买的材料或制造所发生的费用及其风险全由卖方单独承担；

    b） 生产的成品应符合合同的技术规范。买方对图纸的确认并不能解除卖方对其图纸的完善性和准确性应承担的责任；

    c） 设计方在收到图纸后 3 周内返回主要确认意见，并根据需要召开设计联络会。卖方在提供确认图纸时必须提供为审核该图纸所需的资料。买方有权要求卖方对其图纸中的任一装置任一部件做必要修改，在设计图纸完成之前应保留设计方对卖方图纸的其他确认权限，而买方不需承担额外费用。

7.1.5 在收到确认意见后，卖方应在规定时间内向买方提供技术文件如下：

    a） 7.1.3 所列的修改后的正式技术文件；

    b） 保护装置的内部接线图及图例说明，保护屏内部接线图及其说明（包括屏内布置及内部端子排图）；

    c） 保护装置的软件版本号和校验码；

    d） 产品的使用说明书，包括保护装置的现场调试大纲、整定值表和整定计算说明及计算算例等；

    e） 通信规约和解释文本及装置调试软件和后台分析软件，以便与计算机监控系统和继电保护故障信息系统联调。

7.1.6 设备供货时提供技术文件和资料如下：

    a） 设备的开箱资料清单；

    b） 产品的技术说明书、使用说明书和组屏图纸；

    c） 出厂调试试验报告；

    d） 产品质量检验合格证书；

    e） 合同规定的出厂验收试验报告和动模试验报告和一致性测试报告；

    f） 保护设备识别代码及出厂信息表等。

7.1.7 技术文件的格式和分送要求如下：

    a） 全部图纸应为 A4 幅面，并有完整图标，采用国标单位制；

    b） 提供的技术文件除纸质文件外，还应包括一份电子文档，并提供可供修改的最终图纸电子文件（图形文件能够被 PC 机 AutoCAD for Windows 2000 版支持）。

    c） 技术文件（图纸和资料）分送单位、套数和地址根据项目单位要求提供。

7.2 设计联络会议

7.2.1 若有必要，买方在收到卖方签字的第一批文件后 3 周内将举行设计联络会议。设计联络会议内容

如下：

- a) 卖方应对修改后的供确认的资料和图纸进行详细的解释，并应解答买方对这些资料和图纸所提的问题，经过共同讨论，买方给予确认，以便卖方绘制正式图纸提供给买方；
- b) 卖方应介绍合同产品已有的运行经验；
- c) 卖方应提供验收大纲、工程参数表；
- d) 买方或设计方应确认保护装置的 SV 采样值接口、GOOSE 接口及 MMS 接口的类型与数量；
- e) 设计联络会应确定通信信息的具体内容。

7.2.2 会议需要签订会议纪要，该纪要将作为合同的组成部分。

7.3 工厂验收和现场验收

要求满足国家电网有限公司企业标准中关于工厂验收（现场）的规范。

7.4 质量保证

7.4.1 卖方应保证制造过程中的所有工艺、材料、试验等（包括卖方的外购件在内）均应符合本部分的规定。若买方根据运行经验指定卖方提供某种外购零部件，卖方应积极配合。卖方对所购配套部件设备质量负责，采购前向买方提供主要国产元器件报价表，采购中应进行严格的质量检验，交货时应向买方提供其产品质量合格证书及有关安装使用等技术文件资料。

7.4.2 对于采用属于引进技术的设备、元器件，卖方在采购前应向买方提供主要进口元器件报价表。引进的设备、元器件应符合引进国的技术标准或 IEC 标准，当标准与本部分有矛盾时，卖方应将处理意见书面通知买方，由买卖双方协商解决。假若卖方有更优越或更为经济的设计和材料，足以使卖方的产品更为安全、可靠、灵活、适应时，卖方可提出并经买方的认可，然而应遵循现行的国家工业标准，并且有成熟的设计和工艺要求以及工程实践经验。

7.4.3 双方签订合同后，卖方应按工程设计及施工进度分批提交技术文件和图纸，必要时，买卖双方尚应进行技术联络，以讨论合同范围内的有关技术问题。

7.4.4 卖方保证所提供的设备应为由最适宜的原材料并采用先进工艺制成且未经使用过的全新产品，保证产品的质量、规格和性能与投标文件所述一致。

7.4.5 卖方提供的保护设备运行使用寿命不应小于 15 年。

7.4.6 卖方保证所提供的设备在各个方面符合招标文件规定的质量、规格和性能。在合同规定的质量保证期内（保护设备到货后 24 个月或 SAT 后 18 个月），对由于产品设计、制造和材料、外购零部件的缺陷而造成所供设备的任何破坏、缺陷故障，当卖方收到买方的书面通知后，在 2 天内免费负责修理或更换有缺陷的设备（包括运输费、税收等），以达到本部分的要求。质保期以合同商务部分为准。

质保期后发生质量问题，卖方应提供免费维修服务，包括硬件更换和软件版本升级。

7.5 项目管理

合同签订后，卖方应指定负责本工程的项目经理，负责卖方在工程全过程的各项工作，如工程进度、设计制造、图纸文件、包装运输、现场安装、调试验收等。

7.6 现场服务

现场服务内容如下：

- a) 在设备安装调试过程中视买方工作情况卖方及时派出工程技术服务人员，以提供现场服务。卖方派出人员在现场负责技术指导，并协助买方安装、调试。同时，买方为卖方的现场派出人员提供工作和生活的便利条件。
- b) 当变电站内保护设备分批投运时，卖方应按合同规定及时派出工程技术人员到达现场服务。
- c) 根据买方的安排，卖方安排适当时间对设备的正确安装和试验给予技术培训。

7.7 售后服务

7.7.1 现场投运前和试运行中发现的设备缺陷和元件损坏，卖方应及时无偿修理或更换，直至符合规范要求。保修期内产品出现不符合功能要求和技术指标要求时，卖方应在 4h 内响应，并在 24h 内负责修

理或更换。保修期外产品出现异常、设备缺陷、元件损坏或不正确动作，现场无法处理时，卖方接到买方通知后，应在 4h 内响应，并立即派出工程技术人员在 24h 内到达现场处理。

7.7.2　对反事故措施以及软件版本的升级等，卖方应提供技术服务。

7.8　备品备件、专用工具、试验仪器

7.8.1　对每套保护，卖方应提供必要的备品备件。

7.8.2　卖方应提供安装、运行、检修所需的专用工具，包括专用调试、测试设备。

ICS 29.240

Q/GDW

国家电网公司企业标准

Q/GDW 13196.2—2014

智能变电站 35kV 及以下变压器保 护 采 购 标 准

第 2 部分：智能变电站 35kV 及以下变压器保护专用技术规范（主后合一）

Purchasing standard for 35kV and lower voltage transformer
protection in smart substation
Part 2: Special technical specification for 35kV and lower voltage
transformer protection in smart substation
(differential and backup protection in one device)

2014-09-30发布　　　　　　　　　　　　　　2014-09-30实施

国家电网公司　发布

目　次

前　　言

《智能变电站 35kV 及以下变压器保护采购标准》分为 3 个部分：
——第 1 部分：通用技术规范；
——第 2 部分：智能变电站 35kV 及以下变压器保护专用技术规范（主后合一）；
——第 3 部分：智能变电站 35kV 及以下变压器保护专用技术规范（主后分置）。
本部分为《智能变电站 35kV 及以下变压器保护采购标准》的第 2 部分。
本部分由国家电网公司物资部提出并解释。
本部分由国家电网公司科技部归口。
本部分起草单位：南瑞集团有限公司（国网电力科学研究院）。
本部分主要起草人：姚成、曹团结、沈健、周劭亮、陆奕、蒋雷海、宋艳、赵安国、代攀、伍小刚。
本部分首次发布。
本部分在执行过程中的意见或建议反馈至国家电网公司科技部。

智能变电站 35kV 及以下变压器保护采购标准
第 2 部分：智能变电站 35kV 及以下变压器
保护专用技术规范（主后合一）

1 范围

本部分规定了智能变电站 35kV 及以下变压器保护（主后合一）招标的标准技术参数、项目需求及投标人响应的相关内容。

本部分适用于智能变电站 35kV 及以下变压器保护（主后合一）招标。

2 规范性引用文件

下列文件对于本文件的应用是必不可少的。凡是注日期的引用文件，仅所注日期的版本适用于本文件。凡是不注日期的引用文件，其最新版本（包括所有的修改单）适用于本文件。

Q/GDW 13196.1　智能变电站 35kV 及以下变压器保护采购标准　第 1 部分：通用技术规范

3 术语和定义

下列术语和定义适用于本文件。

3.1

招标人　bidder

提出招标项目，进行招标的法人或其他组织。

3.2

投标人　tenderer

响应招标、参加投标竞争的法人或者其他组织。

3.3

卖方　seller

提供本部分货物和技术服务的法人或其他组织，包括其法定的承继者。

3.4

买方　buyer

购买本部分货物和技术服务的法人或其他组织，包括其法定的承继者和经许可的受让人。

4 标准技术参数

技术参数特性表是国家电网公司对采购设备的基础技术参数要求，在招投标过程中，投标人应依据招标文件，对技术参数特性表中标准参数值进行响应。智能变电站 35kV 及以下变压器保护（主后合一）、智能变电站 35kV 及以下非电量保护、打印机、保护柜技术参数特性见表 1～表 4。物资必须满足 Q/GDW 13196.1 的要求。

表 1　智能变电站 35kV 及以下变压器保护（主后合一）技术参数特性表

序号	参 数 名 称	单位	标准参数值
1	差动速断时限定值误差	ms	≤20（1.5 倍整定值）

表 1（续）

序号	参　数　名　称	单位	标准参数值
2	比率差动时限定值误差	ms	≤30（2 倍整定值）
3	电流定值误差		≤5%
4	制动系数定值误差		≤5%
5	后备保护电流定值误差		≤5%
6	后备保护电压定值误差		≤5%
7	后备保护时限定值误差		≤5%
8	后备保护方向元件动作范围边界误差		≤5°
9	交流电压回路功率消耗（每相）	VA	≤1
10	交流电流回路功率消耗（每相）	VA	≤0.5（I_N＝1A）； ≤1（I_N＝5A）
11	装置直流消耗	W	≤50（工作时）； ≤80（动作时）
12	非电量保护装置是否与智能终端功能集成，及对智能终端的要求		
13	光纤接口接收灵敏度	dBm	≤−30（以太网光接口）
14	光纤接口发送功率	dBm	≥−20（以太网光接口）
15	装置工作电源	V	（招标人填写）
16	TA 二次额定电流	A	（招标人填写）
17	差动保护制动侧数		（招标人填写）
18	配置后备保护的侧数		（招标人填写）
19	断路器跳闸线圈电流	A	（招标人填写）
20	断路器合闸线圈电流	A	（招标人填写）
21	电阻接地的变压器保护要求		（招标人填写）
22	普通柜可选技术参数		（招标人填写）
23	智能柜技术参数要求		（招标人填写）
24	GOOSE 接口数量		（招标人填写）
25	其他		（招标人填写）
26	站控层 MMS 接口数量与型式		（招标人填写）
27	对时方式		（招标人填写）

表 2　智能变电站 35kV 及以下非电量保护技术参数特性表

序号	参　数　名　称	单位	标准参数值
1	非电量启动功率	W	＞5
2	启动电压		直流操作电压的 55%～70%
3	动作时间	ms	10～35（额定直流电源电压下）

表3 打印机技术参数特性表

序号	参 数 名 称	单位	标准参数值
1	工作电源	V	220AC
2	接口型式		与保护装置配套

表4 保护柜（非智能控制柜）技术参数特性表

序号	参 数 名 称	单位	标准参数值
1	尺寸	mm	高度：2260； 宽度：800； 深度：600
2	颜色		GSB05－1426－2001，77号， GY09 冰灰橘纹

5 组件材料配置表

组件材料配置表包括元件名称、规格形式参数、单位、数量和产地等信息，具体内容和格式根据招标项目情况编制。

6 使用环境条件表

典型智能变电站 35kV 及以下变压器保护（主后合一）使用环境条件见表 5。特殊环境要求根据项目情况编制。

表5 使 用 环 境 条 件 表

项目单位：				项目名称：
序号	名 称 项 目		单位	标准参数值
1	电源的频率		Hz	50
2	温度	最高气温	℃	＋45
		最低气温	℃	－5
		最大日温差	K	＋25
3	湿度	日相对湿度平均值	%	≤95
		月相对湿度平均值	%	≤90
4	海拔		m	≤2000
5	耐受地震能力	水平加速度	m/s^2	0.3g
		垂直加速度	m/s^2	0.15g
6	保护装置是否组屏		组屏/单装置	（项目单位提供）
7	安装方式		集中/分散	（项目单位提供）
注：标准参数值为正常使用条件，超出此值时为特殊使用条件，可根据工程实际使用条件进行修改。				

ICS 29.240

Q/GDW

国家电网公司企业标准

Q/GDW 13196.3 — 2014

智能变电站 35kV 及以下变压器
保 护 采 购 标 准
第 3 部分：智能变电站 35kV 及以下
变压器保护专用技术规范（主后分置）

Purchasing standard for 35kV and lower voltage transformer
protection in smart substation
Part 3: Special technical specification for 35kV and lower voltage
transformer protection in smart substation
(differential and backup protection in two device)

2014-09-30发布   2014-09-30实施

国家电网公司   发 布

目　次

前　言

《智能变电站 35kV 及以下变压器保护采购标准》分为 3 个部分：

——第 1 部分：通用技术规范；

——第 2 部分：智能变电站 35kV 及以下变压器保护专用技术规范（主后合一）；

——第 3 部分：智能变电站 35kV 及以下变压器保护专用技术规范（主后分置）。

本部分为《智能变电站 35kV 及以下变压器保护采购标准》的第 3 部分。

本部分由国家电网公司物资部提出并解释。

本部分由国家电网公司科技部归口。

本部分起草单位：南瑞集团有限公司（国网电力科学研究院）。

本部分主要起草人：姚成、曹团结、沈健、周劭亮、陆奕、蒋雷海、宋艳、赵安国、代攀、伍小刚。

本部分首次发布。

本部分在执行过程中的意见或建议反馈至国家电网公司科技部。

智能变电站 35kV 及以下变压器保护采购标准

第 3 部分：智能变电站 35kV 及以下

变压器保护专用技术规范（主后分置）

1 范围

本部分规定了智能变电站 35kV 及以下变压器保护（主后分置）招标的标准技术参数、项目需求及投标人响应的相关内容。

本部分适用于智能变电站 35kV 及以下变压器保护（主后分置）招标。

2 规范性引用文件

下列文件对于本文件的应用是必不可少的。凡是注日期的引用文件，仅所注日期的版本适用于本文件。凡是不注日期的引用文件，其最新版本（包括所有的修改单）适用于本文件。

Q/GDW 13196.1 智能变电站 35kV 及以下变压器保护采购标准 第 1 部分：通用技术规范

3 术语和定义

下列术语和定义适用于本文件。

3.1

招标人 bidder

提出招标项目，进行招标的法人或其他组织。

3.2

投标人 tenderer

响应招标、参加投标竞争的法人或者其他组织。

3.3

卖方 seller

提供本部分货物和技术服务的法人或其他组织，包括其法定的承继者。

3.4

买方 buyer

购买本部分货物和技术服务的法人或其他组织，包括其法定的承继者和经许可的受让人。

4 标准技术参数

技术参数特性表是国家电网公司对采购设备的基础技术参数要求，在招投标过程中，投标人应依据招标文件，对技术参数特性表中标准参数值进行响应。智能变电站 35kV 及以下变压器保护（主后分置）、智能变电站 35kV 及以下变压器后备保护（测控）、智能变电站 35kV 及以下非电量保护、打印机、保护柜技术参数特性见表 1～表 5。物资必须满足 Q/GDW 13196.1 的要求。

表 1 智能变电站 35kV 及以下变压器保护（主后分置）技术参数特性表

序号	参 数 名 称	单位	标准参数值
1	差动速断时限定值误差	ms	≤20（1.5 倍整定值）

表1（续）

序号	参　数　名　称	单位	标准参数值
2	比率差动时限定值误差	ms	≤30（2 倍整定值）
3	电流定值误差		≤5%
4	制动系数定值误差		≤5%
5	交流电流回路功率消耗（每相）	VA	≤0.5（$I_N = 1A$）； ≤1（$I_N = 5A$）
6	装置直流消耗	W	≤50（工作时）； ≤80（动作时）
7	光纤接口接收灵敏度	dBm	≤－30（以太网光接口）
8	光纤接口发送功率	dBm	≥－20（以太网光接口）
9	装置工作电源	V	（招标人填写）
10	TA 二次额定电流	A	（招标人填写）
11	差动保护制动侧数		（招标人填写）
12	断路器跳闸线圈电流	A	（招标人填写）
13	断路器合闸线圈电流	A	（招标人填写）
14	电阻接地的变压器保护要求		（招标人填写）
15	屏柜颜色		（招标人填写）
16	普通柜可选技术参数		（招标人填写）
17	智能柜技术参数要求		（招标人填写）
18	GOOSE 接口数量		（招标人填写）
19	其他		（招标人填写）
20	站控层 MMS 接口数量与类型		（招标人填写）
21	对时方式		（招标人填写）

表2　智能变电站 35KV 及以下变压器后备保护（测控）技术参数特性表

序号	参　数　名　称	单位	标准参数值
1	后备保护电流定值误差		≤5%
2	后备保护电压定值误差		≤5%
3	后备保护时限定值误差		≤5%
4	后备保护方向元件动作范围边界误差		≤5°
5	电流量、电压量测量误差	%	≤0.2
6	有功功率、无功功率测量误差	%	≤0.5
7	电网频率测量误差	Hz	≤0.02
8	遥控命令输出正确率		100%
9	事件顺序记录分辨率（SOE）	ms	≤2
10	配置后备保护的侧数		（招标人填写）

表 2（续）

序号	参 数 名 称	单位	标准参数值
11	后备保护测控功能要求		（招标人填写）
12	交流电压回路功率消耗（每相）	VA	≤ 1
13	交流电流回路功率消耗（每相）	VA	≤ 0.5（$I_N = 1A$）； ≤ 1（$I_N = 5A$）
14	装置直流消耗	W	≤ 50（工作时）； ≤ 80（动作时）
15	光纤接口接收灵敏度	dBm	≤ -30（以太网光接口）
16	光纤接口发送功率	dBm	≥ -20（以太网光接口）

表 3　智能变电站 35kV 及以下非电量保护技术参数特性表

序号	参 数 名 称	单位	标准参数值
1	非电量启动功率	W	> 5
2	启动电压		直流操作电压的 55%～70%
3	动作时间	ms	10～35（额定直流电源电压下）

表 4　打印机技术参数特性表

序号	参 数 名 称	单位	标准参数值
1	工作电源	V	220AC
2	接口型式		与保护装置配套

表 5　保护柜（非智能控制柜）技术参数特性表

序号	参 数 名 称	单位	标准参数值
1	尺寸	mm	高度：2260； 宽度：800； 深度：600
2	颜色		GSB05－1426－2001，77 号， GY09 冰灰橘纹

5 组件材料配置表

组件材料配置表包括元件名称、规格形式参数、单位、数量和产地等信息，具体内容和格式根据招标项目情况编制。

6 使用环境条件表

典型智能变电站 35kV 及以下变压器保护（主后分置）使用环境条件见表 6。特殊环境要求根据项目情况编制。

表6 使 用 环 境 条 件 表

项目单位：				项目名称：
序号	名 称 项 目		单位	标准参数值
1	电源的频率		Hz	50
2	温度	最高气温	℃	+45
		最低气温	℃	−5
		最大日温差	K	+25
3	湿度	日相对湿度平均值	%	≤95
		月相对湿度平均值	%	≤90
4	海拔		m	≤2000
5	耐受地震能力	水平加速度	m/s²	0.3g
		垂直加速度	m/s²	0.15g
6	保护装置是否组屏		组屏/单装置	（项目单位提供）
7	安装方式		集中/分散	（项目单位提供）
注：标准参数值为正常使用条件，超出此值时为特殊使用条件，可根据工程实际使用条件进行修改。				

ICS 29.240.01
K 45

Q/GDW

国家电网有限公司企业标准

Q/GDW 13197.1—2018
代替 Q/GDW 13197.1—2014

智能变电站 66kV 变压器保护采购标准
第 1 部分：通用技术规范

Purchasing standard for 66kV transformer protection in smart substation
Part 1: General technical specification

2019-06-28发布   2019-06-28实施

国家电网有限公司   发 布

目　　次

前　言

为规范智能变电站 66kV 变压器保护的采购要求，制定本部分。

《智能变电站 66kV 变压器保护采购标准》分为 3 个部分：

——第 1 部分：通用技术规范；

——第 2 部分：智能变电站 66kV 变压器保护专用技术规范（主后合一）；

——第 3 部分：智能变电站 66kV 变压器保护专用技术规范（主后分置）。

本部分为《智能变电站 66kV 变压器保护采购标准》的第 1 部分。

本部分代替 Q/GDW 13197.1—2014，与 Q/GDW 13197.1—2014 相比，主要技术性差异如下：

——删除了对 Q/GDW 175 的引用；

——增加了暂态数据交换通用格式对 GB/T 22386 的引用；

——增加了保护装置标准化设计规范对 Q/GDW 10767 的引用；

——增加了信息规范要求对 Q/GDW 11010 的引用；

——增加了智能变电站继电保护通用技术要求对 Q/GDW 1808 的引用；

——修改了过程层网络和站控层网络组网方式的要求；

——修改了后备保护配置的功能要求；

——修改保护装置工作的环境温度和大气压力范围；

——增加设备供货时应提供的技术文件和资料。

——删除了保护装置就地化安装的要求。

本部分由国家电网有限公司物资部提出并解释。

本部分由国家电网有限公司科技部归口。

本部分起草单位：国网江苏省电力有限公司、南瑞集团有限公司（国网电力科学研究院有限公司）。

本部分主要起草人：杨平怡、龙锋、刘小宝、吴崇昊、陈石通、赵瑞辰、侯喆、王中浪、岳嵩、黄浩声、毛永健。

本部分 2014 年 9 月首次发布，2018 年 12 月第一次修订。

本部分在执行过程中的意见或建议反馈至国家电网有限公司科技部。

Q／GDW 13197.1－2018

智能变电站 **66kV** 变压器保护采购标准
第 **1** 部分：通用技术规范

1 范围

本部分规定了智能变电站 66kV 变压器保护采购标准招标的总则、技术参数和性能要求、试验、包装、运输、交货及工厂检验和监造的一般要求。

本部分适用于智能变电站 66kV 变压器保护招标。

2 规范性引用文件

下列文件对于本文件的应用是必不可少的。凡是注日期的引用文件，仅所注日期的版本适用于本文件。凡是不注日期的引用文件，其最新版本（包括所有的修改单）适用于本文件。

GB/T 191　包装储运图示标志

GB/T 2423（所有部分）　电工电子产品环境试验

GB/T 7261　继电保护和安全自动装置基本试验方法

GB/T 11287　量电气继电器　第 21 部分：量度继电器和保护装置的振动、冲击、碰撞和地震试验
第 1 篇：振动试验（正弦）

GB/T 14285　继电保护和安全自动装置技术规程

GB/T 14537　量度继电器和保护装置的冲击与碰撞试验

GB/T 14598.3　电气继电器　第 5 部分：量度继电器和保护装置的绝缘配合要求和试验

GB/T 14598.9　量度继电器和保护装置　第 22－3 部分：电气骚扰试验　辐射电磁场抗扰度

GB/T 14598.10　量度继电器和保护装置　第 22－4 部分：电气骚扰试验　电快速瞬变/脉冲群抗扰度试验

GB/T 14598.13　电气继电器　第 22－1 部分：量度继电器和保护装置的电气骚扰试验　1MHz 脉冲群抗扰度试验

GB/T 14598.14　量度继电器和保护装置　第 22－2 部分：电气骚扰试验　静电放电试验

GB/T 14598.17　电气继电器　第 22－6 部分：量度继电器和保护装置的电气骚扰试验——射频场感应的传导骚扰抗扰度

GB/T 14598.18　量度继电器和保护装置　第 22－5 部分：电气骚扰试验　浪涌抗扰度试验

GB/T 14598.19　电气继电器　第 22－7 部分：量度继电器和保护装置的电气骚扰试验——工频抗扰度试验

GB/T 18663.3　电子设备机械结构　公制系列和英制系列的试验　第 3 部分：机柜、机架和插箱的电磁屏蔽性能试验

GB/T 20840.8　互感器　第 8 部分：电子式电流互感器

GB/T 22386　电力系统暂态数据交换通用格式

GB/T 25931　网络测量和控制系统的精确时钟同步协议

GB/T 26864　电力系统继电保护产品动模试验

DL/T 478　继电保护及安全自动装置通用技术条件

DL/T 559　220kV～750kV 电网继电保护装置运行整定规程

DL/T 587　微机继电保护装置运行管理规程

DL/Z 713　500kV 变电所保护和控制设备抗扰度要求

DL/T 720　电力系统继电保护柜、屏通用技术条件

DL/T 769　电力系统微机继电保护技术导则

DL/T 860（所有部分）　变电站通信网络和系统

DL/T 860.81　变电站通信网络和系统　第 8－1 部分：特定通信服务映射（SCSM）对 MMS（ISO 9506－1 和 ISO 9506－2）及 ISO/IEC 8802

DL/T 860.92　变电站通信网络和系统　第 9－2 部分：特定通信服务映射（SCSM）映射到 ISO/IEC 8802－3 的采样值

DL/T 995　继电保护和电网安全自动装置检验规程

DL/T 5103　35kV～110kV 无人值班变电所设计规程

DL/T 5136　火力发电厂、变电站二次接线设计技术规程

DL/T 5218　220kV～500kV 变电所设计技术规程

Q/GDW 383　智能变电站技术导则

Q/GDW 414　变电站智能化改造技术规范

Q/GDW 428　智能变电站智能终端技术规范

Q/GDW 441　智能变电站继电保护技术规范

Q/GDW 1396　IEC 61850 工程继电保护应用模型

Q/GDW 1426　智能变电站合并单元技术规范

Q/GDW 1430　智能变电站智能控制柜技术规范

Q/GDW 1808　智能变电站继电保护通用技术条件

Q/GDW 10393　110（66）kV～220kV 智能变电站设计规范

Q/GDW 10394　330kV～750kV 智能变电站设计规范

Q/GDW 10767　10kV～110（66）kV 元件保护及辅助装置标准化设计规范

Q/GDW 11010　继电保护信息规范

Q/GDW 13001—2014　高海拔外绝缘配置技术规范

3　术语和定义

下列术语和定义适用于本文件。

3.1

招标人　bidder

提出招标项目，进行招标的法人或其他组织。

3.2

投标人　tenderer

响应招标、参加投标竞争的法人或者其他组织。

3.3

卖方　seller

提供本部分货物和技术服务的法人或其他组织，包括其法定的承继者。

3.4

买方　buyer

购买本部分货物和技术服务的法人或其他组织，包括其法定的承继者和经许可的受让人。

4　总则

4.1　一般性要求

4.1.1　卖方提供的智能变电站继电保护及相关设备应符合 Q/GDW 441 的要求。

智能变电站继电保护与站控层信息交互采用 DL/T 860 标准，跳合闸命令和联闭锁信息可通过直接电缆连接或 GOOSE 机制传输。卖方提供的继电保护及相关设备所采用的技术应遵循 Q/GDW 441 标准及本部分中与之对应的部分。

4.1.2 卖方提供的智能变电站继电保护及相关设备应符合 Q/GDW 10767 的要求。

智能变电站继电保护装置的动作信息、告警信息、状态变位信息、中间节点信息、日志记录、人机界面信息等信息输出符合 Q/GDW 11010 的要求。

4.1.3 本部分提出的是最低限度的要求，并未对一切技术细节作出规定，也未充分引述有关标准的条文，投标人应提供符合本部分和工业标准的优质产品。

4.1.4 如果投标人没有以书面形式对本部分的条文提出异议，则表示投标人提供的设备完全符合本部分的要求；如有异议，应在报价书中以"对规范书的意见和同规范书的差异"为标题的专门章节中加以详细描述。

4.1.5 本部分所使用的标准如遇与投标人所执行的标准不一致按较高的标准执行。

4.1.6 本部分经招、投标双方确认后作为订货合同的技术附件，与合同正文具有同等效力。

4.2 卖方职责

卖方的工作范围应包括下列内容，但不仅仅限于此内容：

a) 提供标书内所有设备及设计说明书及制造方面的说明；

b) 提供国家或电力行业级检验检测机构出具的型式试验报告、动模试验报告和 IEC61850 的一致性测试报告，以便确认供货设备能否满足所有的性能要求；

c) 提供与投标设备版本相符的安装及使用说明书；

d) 提供试验和检验的标准，包括试验报告和试验数据；

e) 提供图纸，制造和质量保证过程的一览表以及标书规定的其他资料；

f) 提供设备管理和运行所需有关资料；

g) 所提供设备应发运到规定的目的地；

h) 在更换所用的准则、标准、规程或修改设备技术数据时，卖方应接受买方的选择；

i) 现场服务。

4.3 应满足的标准

装置至少应满足 GB/T 191、GB/T 2423（所有部分）、GB/T 7261、GB/T 11287、GB/T 14285、GB/T 14537、GB/T 14598.3、GB/T 14598.9、GB/T 14598.10、GB/T 14598.13、GB/T 14598.14、GB/T 14598.17、GB/T 14598.18、GB/T 14598.19、GB/T 18663.3、GB/T 26864、GB/T 20840.8、GB/T 22386、GB/T 25931、DL/T 478、DL/T 559、DL/T 587、DL/Z 713、DL/T 720、DL/T 769、DL/T 860（所有部分）、DL/T 860.81、DL/T 860.92、DL/T 995、DL/T 5136、DL/T 5218、DL/T 5103、Q/GDW 10767、Q/GDW 11010、Q/GDW 383、Q/GDW 10393、Q/GDW10394、Q/GDW 1396、Q/GDW 414、Q/GDW 1426、Q/GDW 428、Q/GDW 1430、Q/GDW 441、Q/GDW 1808、Q/GDW 13001—2014 中所列标准的最新版本要求，但不限于上述所列标准。

4.4 应满足的文件

该类设备技术标准应满足国家法律法规及国家电网有限公司标准化成果中相关条款要求。下列文件中相应的条款规定均适用于本文件，其最新版本（包括所有的修改单）适用于本文件。包括：

a) 《电力监控系统安全防护规定》；

b) 《国家电网有限公司十八项电网重大反事故措施（2018 年修订版）》；

c) 《国家电网有限公司输变电工程通用设计》；

d) 《国家电网公司关于加快推进电力监控系统网络安全管理平台建设的通知》；

e) 《国家电网继电保护柜、屏制造规范》。

5 技术参数和性能要求

5.1 使用环境条件

5.1.1 设备储存温度：-25℃～+70℃。

5.1.2 设备工作温度：-10℃～+55℃。

5.1.3 大气压力：80kPa～106kPa。

5.1.4 相对湿度：5%～95%。

5.1.5 抗地震能力：地面水平加速度0.3g，垂直加速度0.15g，同时作用。

5.2 工作条件及系统概况

5.2.1 额定电压：

  双绕组变压器：高压66kV；

        低压10kV（20kV或6kV）。

  三绕组变压器：高压66kV；

        中压20kV（10kV）；

        低压10kV（6kV）。

5.2.2 系统频率：50Hz。

5.2.3 中性点接地方式：66kV中性点不接地系统或经消弧线圈或经电阻接地系统；20kV、10kV、6kV不接地系统或经消弧线圈或经电阻接地系统。

5.3 保护装置额定参数

5.3.1 额定直流电源：220V（110V）。

5.3.2 额定交流电流：5A（1A）。

5.3.3 额定交流电压：100V/$\sqrt{3}$（相电压），100V（线电压），300V（开口三角电压）。

5.3.4 数字量输入额定电流：01CFH或00E7H；额定电压：2D41H。

5.3.5 额定频率：50Hz。

5.3.6 打印机工作电源：交流220V，50Hz。

5.4 装置功率消耗

5.4.1 装置交流消耗：交流电流回路功率消耗每相不大于0.5VA（I_N=1A）或1VA（I_N=5A），交流电压回路功率消耗（额定电压下）每相不大于1VA。卖方投标时必须提供确切数值。

5.4.2 装置直流消耗：当正常工作时，不大于50W；当保护动作时，不大于80W。卖方投标时必须提供确切数值。

5.5 66kV主变压器保护总的技术要求

5.5.1 本节规定了跳合闸命令和联闭锁信息通过GOOSE机制传输和（或）电压电流量通过电子式互感器及MU采集的保护设备的技术要求。

  通过传统互感器、电缆直接采样的装置，交流采样及交流二次回路的技术要求应符合已有的相应规范和标准以及《国家电网有限公司物资采购标准 继电保护及自动装置卷》相关部分要求。

  通过电缆直接跳闸的装置，跳合闸及二次回路的技术要求应符合已有的相应规范和标准以及《国家电网有限公司物资采购标准 继电保护及自动装置卷》相关部分要求。

5.5.2 环境温度在-10℃～+55℃时，装置应能正常工作并且满足本部分所规定的精度。

5.5.3 除出口继电器外，装置内的任一元件损坏时，装置不应误动作跳闸。

5.5.4 保护装置不应依赖于外部对时系统实现其保护功能。

5.5.5 66kV电压等级的过程层SV与GOOSE共网，过程层网络和站控层网络应完全独立。

5.5.6 保护装置、智能终端等智能电子设备间的相互启动、相互闭锁、位置状态等交换信息通过GOOSE网络传输，双重化配置的保护之间不直接交换信息。

5.5.7 双母线电压切换功能由合并单元分别实现。

5.5.8 变压器保护直接采样，直接跳各侧断路器；变压器保护跳母联、分段断路器及闭锁备自投等可采用 GOOSE 网络传输。

5.5.9 变压器保护可采用分布式保护。分布式保护由主单元和若干个子单元组成，子单元不应跨电压等级。

5.5.10 变压器非电量保护采用就地直接电缆跳闸，信息通过本体智能终端上送过程层 GOOSE 网。

5.5.11 保护装置采样同步应由保护装置实现，装置 SV 采样值接口支持 GB/T 20840.8 或 DL/T 860.92 协议，在工程应用时应能灵活配置。

5.5.12 保护装置应自动补偿电子式互感器的采样响应延迟，当响应延时发生变化时应闭锁采自不同 MU 且有采样同步要求的保护。保护装置的采样输入接口数据的采样频率宜为 4000Hz。

5.5.13 保护装置的交流量信息应具备自描述功能。

5.5.14 保护装置应处理 MU 上送的数据品质位（无效、检修等），及时准确提供告警信息。在异常状态下，利用 MU 的信息合理地进行保护功能的退出和保留，瞬时闭锁可能误动的保护，延时告警，并在数据恢复正常之后尽快恢复被闭锁的保护功能，不闭锁与该异常采样数据无关的保护功能。接入两个及以上 MU 的保护装置应按 MU 设置"MU 投入"软压板。

5.5.15 当采用电子式互感器时，保护装置应针对电子式互感器特点优化相关保护算法、提高保护性能。

5.5.16 装置应采取措施，防止输入的双 A/D 数据之一异常时误动作。

5.5.17 保护装置应具备远方修改定值功能、软压板远方投退和定值区远方切换功能，其软压板远方投退功能不允许通过修改定值实现。保护装置只设"远方操作"和"保护检修状态"硬压板，保护功能投退不设硬压板，如下：

    a）"远方操作"只设硬压板。"远方投退压板""远方切换定值区"和"远方修改定值"只设软压板，只能在装置本地操作，三者功能相互独立，分别与"远方操作"硬压板采用"与门"逻辑。当"远方操作"硬压板投入后，上述三个软压板远方功能才有效；

    b）"保护检修状态"只设硬压板，当该压板投入时，保护装置报文上送带品质位信息。"保护检修状态"硬压板遥信不置检修标志；保护装置应有明显显示（面板指示灯和界面显示）。参数、配置文件仅在检修压板投入时才可下装，下装时应闭锁保护。

5.5.18 保护装置应同时支持 GOOSE 点对点和网络方式传输，传输协议遵循 DL/T 860.81。

5.5.19 保护装置应具备 MMS 接口与站控层设备通信。保护装置向站控层提供的信息符合 Q/GDW 1396 的要求。

5.5.20 保护装置的交流电流、交流电压及保护设备参数的显示、打印、整定应能支持一次值，上送信息应采用一次值。

5.5.21 保护装置内部 MMS 接口、GOOSE 接口、SV 接口应采用相互独立的数据接口控制器接入网络。

5.5.22 保护装置应具备通信中断、异常等状态的检测和告警功能。装置应提供装置故障（含失电）无源触点输出。

5.5.23 保护装置宜通过 IRIG－B（DC）码对时，也可采用 GB/T 25931 标准进行网络对时，对时精度应满足要求。

5.5.24 对保护装置 ICD 文件与 CID 文件的要求如下：

    a）ICD、CID 文件符合统一的模型要求，适用于通用的配置工具和静态检测、分析软件；

    b）ICD 文件应完整描述 IED 提供的数据模型及服务，采用模块化设计，包含版本信息；

    c）CID 文件应完整描述本 IED 的实例化信息，应包含版本信息。

5.5.25 保护装置信息交互要求如下：

    a）智能变电站继电保护应满足运行维护、监视控制及无人值班、智能电网调度等信息交互的要求。

    b）继电保护设备应该支持在线和离线获取模型，离线获取和在线召唤的模型应保持一致。定值模型应包含描述、定值单位、定值上限、定值下限等信息。

c） 继电保护设备应将检修压板状态上送站控层；当继电保护设备检修压板投入时，上送报文中信号的品质 q 的 "Test 位" 应置位。

d） 继电保护设备应支持取代服务，取代数据的上送报文中，信号的品质 q 的 "取代位" 应置位。

e） 继电保护设备应能够支持不小于 16 个客户端的 TCP/IP 访问连接；应能够支持 10 个报告实例。

5.5.26 保护装置交互信息内容如下：

a） 继电保护设备应支持上送采样值、开关量、压板状态、设备参数、定值区号及定值、自检信息、异常告警信息、保护动作事件及参数（故障相别、跳闸相别和测距）、录波报告信息、装置硬件信息、装置软件版本信息、装置日志信息等数据；

b） 继电保护设备主动上送的信息应包括开关量变位信息、异常告警信息和保护动作事件信息等；

c） 继电保护设备应支持远方投退压板、修改定值、切换定值区、设备复归功能，并具备权限管理功能；

d） 继电保护设备的自检信息应包括硬件损坏、功能异常、与过程层设备通信状况等；

e） 继电保护设备应支持远方召唤至少最近 8 次录波报告的功能。

5.5.27 雷击过电压、一次回路操作、系统故障及其他强干扰作用下，不应误动和拒动。保护装置静电放电试验、快速瞬变干扰试验、高频干扰试验、脉冲群干扰试验、辐射电磁场干扰试验、冲击电压试验和绝缘试验应至少符合本部分的相关标准。装置调试端口应带有光电隔离。

5.5.28 保护柜中的插件应接触可靠，并且有良好的互换性，以便检修时能迅速更换。

5.5.29 保护装置应具有直流电源快速小开关，与保护装置安装在同一柜上。保护装置的逻辑回路应由独立的直流/直流变换器供电。直流电压消失时，装置不应误动。直流电源电压在 80%～115%额定值范围内变化时，保护装置应正确工作。在直流电源恢复（包括缓慢地恢复）到 80%UN 时，直流逆变电源应能自动启动。直流电源纹波系数≤5%时，保护装置应正确工作。拉合直流电源以及插拔熔丝发生重复击穿火花时，保护装置不应误动作。直流电源回路出现各种异常情况（如短路、断线、接地等）时保护装置不应误动作。

5.5.30 所提供保护设备的软件版本及校验码应与买方进行确认，并提供配套的使用说明书和相关的定值清单。

5.6 66kV 主变压器保护装置具体要求

5.6.1 变压器保护配置：变压器差动保护和非电量保护必须分开且独立。具备 TA 断线识别和闭锁功能。显示故障报告应汉化，简洁明了。必须配置经一定延时不经任何闭锁的跳变压器各侧的过电流保护。对因限制低压侧短路电流水平在 20kA 以内而选用高阻抗变压器的情况（高低压侧阻抗值＞0.27Ω），在近低压侧区内各故障形式下，卖方提供的变压器差动保护应保证灵敏度。

5.6.1.1 主保护配置要求如下：

a） 配置比率差动及差动速断保护；

b） 应满足工程中制动侧数的要求，跳各侧断路器。

5.6.1.2 后备保护要求如下：

a） 高压侧复合电压闭锁过电流保护，设置三段，Ⅰ、Ⅱ段复压可投退，方向可投退，方向指向可整定，每段设 3 个时限；Ⅲ段复压可投退，不带方向，设 2 个时限；

b） 高压侧间隙零流、零压保护，一段二时限；

c） 高压侧零序过流保护，设置三段，Ⅰ、Ⅱ段方向可投退，方向指向可整定，每段设 3 个时限；Ⅲ段不带方向，设 2 个时限；

d） 高压侧失灵联跳功能，一段 1 时限，跳各侧断路器；

e） 中压侧复合电压闭锁过电流保护，设置三段，Ⅰ、Ⅱ段复压可投退，方向可投退，方向指向可整定，每段设 3 个时限；Ⅲ段复压可投退，不带方向，设 2 个时限；

f) 中压侧零序过流保护，设置二段，每段设 3 个时限；

g) 低压侧复合电压闭锁过电流保护，设置三段，Ⅰ、Ⅱ段复压可投退，方向可投退，方向指向可整定，每段设 3 个时限；Ⅲ段复压可投退，不带方向，设 2 个时限；

h) 低压侧系统采用电阻接地时，配置零序过电流保护，设置一段 3 时限。低压侧中性点零序过流保护，设置一段 3 时限；

i) 中、低压侧零序过压告警，一段 1 时限；

j) 高压侧过负荷发信，过电流闭锁有载调压，启动风冷保护；

k) 中压、低压侧过负荷发信。

5.6.1.3 变压器非电量保护包括本体重瓦斯、本体轻瓦斯、油温、油位异常、压力释放、冷却器全停等。其主要功能和技术要求如下：

a) 变压器非电量保护采用就地直接电缆跳闸，动作信息通过本体智能终端上送过程层 GOOSE 网；

b) 作用于跳闸的非电量保护，启动功率应大于 5W，动作电压在额定直流电源电压的 55%～70%范围内，额定直流电源电压下动作时间为 10ms～35ms，应具有抗 220V 工频干扰电压的能力。

5.6.2 装置 MMS、SV、GOOSE 接口要求：装置应至少具备 2 个站控层 MMS 接口；对采用 MU 数字量输入装置，应具备 SV（采样值）点对点接口 4～6 个；对采用过程层 GOOSE 的装置，应具备 GOOSE 组网接口 2 个或 3 个、点对点接口至少 4 个～6 个。装置具体接口数量，招标人在专用技术规范中明确。

5.7 柜结构的技术要求

5.7.1 对智能控制柜，技术要求详见 Q/GDW 430，并遵循以下要求：

5.7.1.1 控制柜应装有 100mm² 截面的铜接地母线（不要求与柜体绝缘），接地母线末端应装好可靠的压接式端子，以备接到电站的接地网上。柜体应采用双层结构，循环通风；

5.7.1.2 同一保护柜内若有多路直流电源引入，应接入不同安装单元端子排，且每路电源正、负极之间应有端子隔开。控制柜内设备的安排及端子排的布置，应保证各套保护的独立性，在一套保护检修时不影响其他保护系统的正常运行；

5.7.1.3 控制柜应具备温度、湿度的采集、调节功能，柜内温度控制在 –10℃～50℃，湿度保持在 90% 以下，并可上送温度、湿度信息；

5.7.1.4 控制柜应能满足 GB/T 18663.3 变电站户外防电磁干扰的要求。

5.7.2 对非智能普通屏柜，屏体要求详见《国家电网继电保护柜、屏制造规范》，并遵循已发布的《国家电网有限公司物资采购标准 继电保护及自动装置卷》相关部分规定。

5.7.2.1 微机保护和控制装置的屏柜下部应设有截面积不小于 100mm² 的铜排（不要求与保护屏绝缘）。

5.7.2.2 保护柜内电压回路每相及 N 相端子均应采用多个连接端子（不少于 3 个）。

5.7.2.3 同一保护柜内若有多路直流电源引入，应接入不同安装单元端子排。

5.7.3 屏柜内部配线、端子排、接地铜排、屏柜上安装辅助设备等应符合相关规程、标准与反措的规定。

6 试验

6.1 工厂试验

卖方提供的设备试验标准应符合国家、行业及 IEC 的有关标准，并提供每一种型式产品的型式试验报告和 IEC 61850 一致性测试报告。

卖方提供的每一套设备出厂之前都应按国家和行业标准以及工厂规定的调试大纲进行出厂检查、性能试验，试验报告应随产品提供。当需做动态模拟试验或数字仿真试验时，模拟系统的接线和参数由卖方与买方在试验前协商确定，按实际系统参数进行试验。

6.2 系统联调试验

卖方应按买方需求配合完成买方组织的保护装置功能验证与系统联调试验。

6.3 现场试验

现场实际设备接入后，应按照 DL/T 995 的要求，在一次设备不带电和带电试运行时做现场试验，卖方应配合完成保护装置的现场调试及投运试验。现场投运前和试运行中发现的设备缺陷和元件损坏，卖方应及时无偿修理或更换，直至符合本部分要求。

6.4 继电保护专业检测

卖方依据国家电网有限公司继电保护专业检测标准参加继电保护专业检测，并提供每一种型式产品的专业检测报告。

7 技术服务、设计联络、工厂检验和监造

7.1 技术文件

7.1.1 卖方提供的技术文件应提供买方所要求的性能信息，并对其可靠性和一致性负责，卖方所提供的技术文件（包括资料和数据）将成为合同一部分。

7.1.2 卖方应随投标书一起提供一般性技术文件，并且应是与投标产品一致的最新版本，投标时应提供的技术文件如下：

    a) 产品的技术说明书；
    b) 产品的型式试验报告和动模试验报告；
    c) 产品的用户运行证明；
    d) 产品的软件版本等。

7.1.3 卖方应在签约后 3 周内向买方提供设计用的技术文件如下：

    a) 产品的技术说明书；
    b) 产品及保护屏原理框图及说明，模件或继电器的原理接线图及其工作原理说明；
    c) 装置的 ICD（IED 装置能力描述）文件、保护装置虚端子连接图；
    d) 组屏的正面布置图、屏内设备布置图、端子排图及图例说明；
    e) 保护屏所用的辅助继电器和选择开关采用的标准；
    f) 保护屏的安装尺寸图，包括屏的尺寸和质量、基础螺栓的位置和尺寸等。

7.1.4 签约后双方遵循的原则如下：

    a) 在收到买方最终认可图纸前，卖方所购买的材料或制造所发生的费用及其风险全由卖方单独承担；
    b) 生产的成品应符合合同的技术规范。买方对图纸的确认并不能解除卖方对其图纸的完善性和准确性应承担的责任；
    c) 设计方在收到图纸后 3 周内返回主要确认意见，并根据需要召开设计联络会。卖方在提供确认图纸时必须提供为审核该图纸所需的资料。买方有权要求卖方对其图纸中的任一装置任一部件做必要修改，在设计图纸完成之前应保留设计方对卖方图纸的其他确认权限，而买方不需承担额外费用。

7.1.5 在收到确认意见后，卖方应在规定时间内向买方提供技术文件如下：

    a) 7.1.3 所列的修改后的正式技术文件；
    b) 保护装置的内部接线图及图例说明，保护屏内部接线图及其说明（包括屏内布置及内部端子排图）；
    c) 保护装置的软件版本号和校验码；
    d) 产品的使用说明书，包括保护装置的现场调试大纲、整定值表和整定计算说明及计算算例等；
    e) 通信规约和解释文本及装置调试软件和后台分析软件，以便与计算机监控系统和继电保护故障信息系统联调。

7.1.6 设备供货时提供技术文件和资料如下：

a）设备的开箱资料清单；

b）产品的技术说明书、使用说明书和组屏图纸；

c）出厂调试试验报告；

d）产品质量检验合格证书；

e）合同规定的出厂验收试验报告和动模试验报告和一致性测试报告；

f）保护设备识别代码及出厂信息表等。

7.1.7 技术文件的格式和分送要求如下：

a）全部图纸应为 A4 幅面，并有完整图标，采用国标单位制；

b）提供的技术文件除纸质文件外，还应包括一份电子文档，并提供可供修改的最终图纸电子文件（图形文件能够被 PC 机 AutoCAD for Windows 2000 版支持）。

c）技术文件（图纸和资料）分送单位、套数和地址根据项目单位要求提供。

7.2 设计联络会议

7.2.1 若有必要，买方在收到卖方签字的第一批文件后 3 周内将举行设计联络会议。设计联络会议内容如下：

a）卖方应对修改后的供确认的资料和图纸进行详细的解释，并应解答买方对这些资料和图纸所提的问题，经过共同讨论，买方给予确认，以便卖方绘制正式图纸提供给买方；

b）卖方应介绍合同产品已有的运行经验；

c）卖方应提供验收大纲、工程参数表；

d）买方或设计方应确认保护装置的 SV 采样值接口、GOOSE 接口及 MMS 接口的类型与数量；

e）设计联络会应确定通信信息的具体内容。

7.2.2 会议需要签订会议纪要，该纪要将作为合同的组成部分。

7.3 工厂验收和现场验收

要求满足国家电网有限公司企业标准中关于工厂验收（现场）的规范。

7.4 质量保证

7.4.1 卖方应保证制造过程中的所有工艺、材料、试验等（包括卖方的外购件在内）均应符合本部分的规定。若买方根据运行经验指定卖方提供某种外购零部件，卖方应积极配合。卖方对所购配套部件设备质量负责，采购前向买方提供主要国产元器件报价表，采购中应进行严格的质量检验，交货时应向买方提供其产品质量合格证书及有关安装使用等技术文件资料。

7.4.2 对于采用属于引进技术的设备、元器件，卖方在采购前应向买方提供主要进口元器件报价表。引进的设备、元器件应符合引进国的技术标准或 IEC 标准，当标准与本部分有矛盾时，卖方应将处理意见书面通知买方，由买卖双方协商解决。假若卖方有更优越或更为经济的设计和材料，足以使卖方的产品更为安全、可靠、灵活、适应时，卖方可提出并经买方的认可，然而应遵循现行的国家工业标准，并且有成熟的设计和工艺要求以及工程实践经验。

7.4.3 双方签订合同后，卖方应按工程设计及施工进度分批提交技术文件和图纸，必要时，买卖双方尚应进行技术联络，以讨论合同范围内的有关技术问题。

7.4.4 卖方保证所提供的设备应为由最适宜的原材料并采用先进工艺制成且未经使用过的全新产品，保证产品的质量、规格和性能与投标文件所述一致。

7.4.5 卖方提供的保护设备运行使用寿命不应小于 15 年。

7.4.6 卖方保证所提供的设备在各个方面符合招标文件规定的质量、规格和性能。在合同规定的质量保证期内（保护设备到货后 24 个月或 SAT 后 18 个月），对由于产品设计、制造和材料、外购零部件的缺陷而造成所供设备的任何破坏、缺陷故障，当卖方收到买方的书面通知后，在 2 天内免费负责修理或更换有缺陷的设备（包括运输费、税收等），以达到本部分的要求。质保期以合同商务部分为准。

质保期后发生质量问题，卖方应提供免费维修服务，包括硬件更换和软件版本升级。

7.5 项目管理

合同签订后，卖方应指定负责本工程的项目经理，负责卖方在工程全过程的各项工作，如工程进度、设计制造、图纸文件、包装运输、现场安装、调试验收等。

7.6 现场服务

现场服务内容如下：

a) 在设备安装调试过程中视买方工作情况卖方及时派出工程技术服务人员，以提供现场服务。卖方派出人员在现场负责技术指导，并协助买方安装、调试。同时，买方为卖方的现场派出人员提供工作和生活的便利条件。

b) 当变电站内保护设备分批投运时，卖方应按合同规定及时派出工程技术人员到达现场服务。

c) 根据买方的安排，卖方安排适当时间对设备的正确安装和试验给予技术培训。

7.7 售后服务

7.7.1 现场投运前和试运行中发现的设备缺陷和元件损坏，卖方应及时无偿修理或更换，直至符合规范要求。保修期内产品出现不符合功能要求和技术指标要求时，卖方应在 4h 内响应，并在 24h 内负责修理或更换。保修期外产品出现异常、设备缺陷、元件损坏或不正确动作，现场无法处理时，卖方接到买方通知后，应在 4h 内响应，并立即派出工程技术人员在 24h 内到达现场处理。

7.7.2 对反事故措施以及软件版本的升级等，卖方应提供技术服务。

7.8 备品备件、专用工具、试验仪器

7.8.1 对每套保护，卖方应提供必要的备品备件。

7.8.2 卖方应提供安装、运行、检修所需的专用工具，包括专用调试、测试设备。

―――――――――

ICS 29.240

Q/GDW

国家电网公司企业标准

Q/GDW 13197.2—2014

智能变电站 66kV 变压器保护采购标准
第 2 部分：智能变电站 66kV 变压器
保护专用技术规范（主后合一）

Purchasing standard for 66kV transformer protection in smart substation
Part 2: Special technical specification for 66kV transformer protection in
smart substation (differential and backup protection in one device)

2014-09-30发布   2014-09-30实施

国家电网公司   发布

目　次

前　言

《智能变电站 66kV 变压器保护采购标准》分为 3 个部分：

——第 1 部分：通用技术规范；

——第 2 部分：智能变电站 66kV 变压器保护专用技术规范（主后合一）；

——第 3 部分：智能变电站 66kV 变压器保护专用技术规范（主后分置）。

本部分为《智能变电站 66kV 变压器保护采购标准》的第 2 部分。

本部分由国家电网公司物资部提出并解释。

本部分由国家电网公司科技部归口。

本部分起草单位：南瑞集团有限公司（国网电力科学研究院）。

本部分主要起草人：姚成、曹团结、沈健、周劭亮、陆奕、蒋雷海、潘书燕、刘小宝、代攀、伍小刚。

本部分首次发布。

本部分在执行过程中的意见或建议反馈至国家电网公司科技部。

智能变电站66kV变压器保护采购标准
第2部分：智能变电站66kV变压器
保护专用技术规范（主后合一）

1 范围

本部分规定了智能变电站66kV变压器保护（主后合一）招标的标准技术参数、项目需求及投标人响应的相关内容。

本部分适用于智能变电站66kV变压器保护（主后合一）招标。

2 规范性引用文件

下列文件对于本文件的应用是必不可少的。凡是注日期的引用文件，仅所注日期的版本适用于本文件。凡是不注日期的引用文件，其最新版本（包括所有的修改单）适用于本文件。

Q/GDW 13197.1 智能变电站66kV变压器保护采购标准 第1部分：通用技术规范

3 术语和定义

下列术语和定义适用于本文件。

3.1

招标人 bidder
提出招标项目，进行招标的法人或其他组织。

3.2

投标人 tenderer
响应招标、参加投标竞争的法人或者其他组织。

3.3

卖方 seller
提供本部分货物和技术服务的法人或其他组织，包括其法定的承继者。

3.4

买方 buyer
购买本部分货物和技术服务的法人或其他组织，包括其法定的承继者和经许可的受让人。

4 标准技术参数

技术参数特性表是国家电网公司对采购设备的基础技术参数要求，在招投标过程中，投标人应依据招标文件，对技术参数特性表中标准参数值进行响应。智能变电站66kV变压器保护（主后合一）、智能66kV非电量保护、打印机、保护柜技术参数特性见表1～表4。物资必须满足Q/GDW 13197.1的要求。

表1 智能变电站66kV变压器保护技术参数特性表

序号	参 数 名 称	单位	标准参数值
1	差动速断动作时间	ms	≤20（1.5倍整定值）
2	比率差动动作时间	ms	≤30（2倍整定值）

表1（续）

序号	参 数 名 称	单位	标准参数值
3	光纤接口接收灵敏度	DBm	≤－20（串行光接口） ≤－30（以太网光接口）
4	光纤接口发送功率	DBm	≥－10（串行光接口） ≥－20（以太网光接口）
5	保护装置工作电源		（招标人填写）
6	电气主接线型式		（招标人填写）
7	变压器接线方式		（招标人填写）
8	配置后备保护功能的侧数		（招标人填写）
9	电阻接地的变压器保护要求		（招标人填写）
10	站控层 MMS 接口数量与类型		（招标人填写）
11	SV（采样值）点对点接口类型 （IEC60044－8 接口；IEC61850－9－2 接口； 常规模拟量输入）		（招标人填写）
12	SV（采样值）点对点接口数量		（招标人填写）
13	过程层 GOOSE 组网接口数量		（招标人填写）
14	过程层 GOOSE 点对点接口数量		（招标人填写）
15	对时方式		（招标人填写）
16	普通柜可选技术参数		（招标人填写）
17	智能柜技术参数要求		（招标人填写）
18	其他 1		（招标人填写）
19	其他 2		（招标人填写）
20	其他 3		（招标人填写）

表2 智能变电站 66kV 非电量保护技术参数特性表

序号	参 数 名 称	单位	标准参数值
1	动作于跳闸的非电量保护启动功率	W	＞5
2	启动电压	V	直流操作电压的 55%～70%
3	动作时间	ms	10～35（额定直流电源电压下）

表3 打印机技术参数特性表

序号	参 数 名 称	单位	标准参数值
1	工作电源	V	220AC
2	接口型式		与保护装置配套

表4 保护柜（非智能控制柜）技术参数特性表

序号	参 数 名 称	单位	标准参数值
1	尺寸	mm	高度：2260； 宽度：800； 深度：600
2	颜色		GSB05－1426－2001，77 号， GY09 冰灰桔纹

5 组件材料配置表

组件材料配置表包括元件名称、规格形式参数、单位、数量和产地等信息，具体内容和格式根据招标项目情况编制。

6 使用环境条件表

典型智能变电站 66kV 变压器保护（主后合一）使用环境条件见表 5。特殊环境要求根据项目情况编制。

表 5 使 用 环 境 条 件 表

项目单位：				项目名称：
序号	名 称 项 目		单位	标准参数值
1	电源的频率		Hz	50
2	温度	最高气温	℃	+45
		最低气温	℃	−5
		最大日温差	K	+25
3	湿度	日相对湿度平均值	%	≤95
		月相对湿度平均值	%	≤90
4	海拔		m	≤2000
5	耐受地震能力	水平加速度	m/s²	0.3g
		垂直加速度	m/s²	0.15g
6	保护装置是否组屏		组屏/单装置	（项目单位提供）
7	安装方式		集中/分散	（项目单位提供）
注：标准参数值为正常使用条件，超出此值时为特殊使用条件，可根据工程实际使用条件进行修改。				

ICS 29.240

Q/GDW

国家电网公司企业标准

Q/GDW 13197.3—2014

智能变电站 66kV 变压器保护采购标准
第 3 部分：智能变电站 66kV 变压器
保护专用技术规范（主后分置）

Purchasing standard for 66kV transformer protection in smart substation
Part 3: Special technical specification for 66kV transformer protection in
smart substation (differential and backup protection in two device)

2014-09-30发布   2014-09-30实施

国家电网公司   发 布

目　　次

前　　言

《智能变电站 66kV 变压器保护采购标准》分为 3 个部分：
——第 1 部分：通用技术规范；
——第 2 部分：智能变电站 66kV 变压器保护专用技术规范（主后合一）；
——第 3 部分：智能变电站 66kV 变压器保护专用技术规范（主后分置）。
本部分为《智能变电站 66kV 变压器保护采购标准》的第 3 部分。
本部分由国家电网公司物资部提出并解释。
本部分由国家电网公司科技部归口。
本部分起草单位：南瑞集团有限公司（国网电力科学研究院）。
本部分主要起草人：姚成、曹团结、沈健、周劭亮、陆奕、蒋雷海、潘书燕、刘小宝、代攀、伍小刚。
本部分首次发布。
本部分在执行过程中的意见或建议反馈至国家电网公司科技部。

智能变电站 66kV 变压器保护采购标准
第 3 部分：智能变电站 66kV 变压器
保护专用技术规范（主后分置）

1 范围

本部分规定了智能变电站 66kV 变压器保护（主后分置）招标的标准技术参数、项目需求及投标人响应的相关内容。

本部分适用于智能变电站 66kV 变压器保护（主后分置）招标。

2 规范性引用文件

下列文件对于本文件的应用是必不可少的。凡是注日期的引用文件，仅所注日期的版本适用于本文件。凡是不注日期的引用文件，其最新版本（包括所有的修改单）适用于本文件。

Q/GDW 13197.1　智能变电站 66kV 变压器保护采购标准　第 1 部分：通用技术规范

3 术语和定义

下列术语和定义适用于本文件。

3.1

招标人　bidder

提出招标项目，进行招标的法人或其他组织。

3.2

投标人　tenderer

响应招标、参加投标竞争的法人或者其他组织。

3.3

卖方　seller

提供本部分货物和技术服务的法人或其他组织，包括其法定的承继者。

3.4

买方　buyer

购买本部分货物和技术服务的法人或其他组织，包括其法定的承继者和经许可的受让人。

4 标准技术参数

技术参数特性表是国家电网公司对采购设备的基础技术参数要求，在招投标过程中，投标人应依据招标文件，对技术参数特性表中标准参数值进行响应。智能变电站 66kV 变压器保护（主后分置）、智能变电站 66kV 变压器保护后备保护、智能变电站 66kV 非电量保护、打印机、保护柜技术参数特性见表 1～表 5。物资必须满足 Q/GDW 13197.1 的要求。

表 1　66kV 变压器保护差动保护技术参数特性表

序号	参　数　名　称	单位	标准参数值
1	差动速断动作时间	ms	≤20（1.5 倍整定值）

表1（续）

序号	参 数 名 称	单位	标准参数值
2	比率差动动作时间	ms	≤30（2 倍整定值）
3	光纤接口接收灵敏度	dBm	≤－20（串行光接口） ≤－30（以太网光接口）
4	光纤接口发送功率	dBm	≥－10（串行光接口） ≥－20（以太网光接口）
5	保护装置工作电源		（招标人填写）
6	电气主接线型式		（招标人填写）
7	变压器接线方式		（招标人填写）
8	站控层 MMS 接口数量与类型		（招标人填写）
9	SV（采样值）点对点接口类型 （IEC600044－8；IEC61850－9－2；常规模拟量输入）		（招标人填写）
10	SV（采样值）点对点接口数量		（招标人填写）
11	过程层 GOOSE 组网接口数量		（招标人填写）
12	过程层 GOOSE 点对点接口数量		（招标人填写）
13	对时方式		（招标人填写）
14	普通柜可选技术参数		（招标人填写）
15	智能柜技术参数要求		（招标人填写）
16	其他 1		（招标人填写）
17	其他 2		（招标人填写）

表 2　智能变电站 66kV 变压器保护后备保护技术参数特性表

序号	参 数 名 称	单位	标准参数值
1	后备保护电流定值误差		不大于±5%
2	后备保护电压定值误差		不大于±5%
3	后备保护时间定值误差		当延时时间为 0.1s～1s 时，不应超过±25ms，延时时间＞1s 时不超过±2.5%
4	后备保护方向元件动作范围边界误差		不大于±3°
5	配置后备保护功能的侧数		（招标人填写）
6	光纤接口接收灵敏度	DBm	≤－20（串行光接口） ≤－30（以太网光接口）
7	光纤接口发送功率	DBm	≥－10（串行光接口） ≥－20（以太网光接口）

表 3　智能变电站 66kV 非电量保护技术参数特性表

序号	参 数 名 称	单位	标准参数值
1	动作于跳闸的非电量保护启动功率	W	＞5
2	启动电压	V	直流操作电压的 55%～70%
3	动作时间	ms	10～35（额定直流电源电压下）

表4 打印机技术参数特性表

序号	参 数 名 称	单位	标准参数值
1	工作电源	V	220AC
2	接口型式		与保护装置配套

表5 保护柜（非智能控制柜）技术参数特性表

序号	参 数 名 称	单位	标准参数值
1	尺寸	mm	高度：2260； 宽度：800； 深度：600
2	颜色		GSB05－1426－2001，77 号， GY09 冰灰橘纹

5 组件材料配置表

组件材料配置表包括元件名称、规格形式参数、单位、数量和产地等信息，具体内容和格式根据招标项目情况编制。

6 使用环境条件表

典型智能变电站 66kV 变压器保护（主后分置）使用环境条件见表 6。特殊环境要求根据项目情况编制。

表6 使 用 环 境 条 件 表

项目单位：				项目名称：
序号	名 称 项 目		单位	标准参数值
1	电源的频率		Hz	50
2	温度	最高气温	℃	+45
		最低气温	℃	－5
		最大日温差	K	+25
3	湿度	日相对湿度平均值	%	≤95
		月相对湿度平均值	%	≤90
4	海拔		m	≤2000
5	耐受地震能力	水平加速度	m/s^2	0.3g
		垂直加速度	m/s^2	0.15g
6	保护装置是否组屏		组屏/单装置	（项目单位提供）
7	安装方式		集中/分散	（项目单位提供）
注：标准参数值为正常使用条件，超出此值时为特殊使用条件，项目单位可根据工程实际使用条件进行修改。				

ICS 29.240.01

K 45

Q/GDW

国家电网有限公司企业标准

Q／GDW 13198.1—2018

代替 Q／GDW 13198.1—2014

智能变电站 110kV 变压器保护采购标准
第 1 部分：通用技术规范

Purchasing standard for 110kV transformer protection in smart substation

Part 1: General technical specification

2019-06-28发布 2019-06-28实施

国家电网有限公司 发 布

目　次

前　　言

为规范智能变电站 110kV 变压器保护的采购要求，制定本部分。

《智能变电站 110kV 变压器保护采购标准》分为 3 个部分：

——第 1 部分：通用技术规范；

——第 2 部分：智能变电站 110kV 变压器保护专用技术规范（主后合一）；

——第 3 部分：智能变电站 110kV 变压器保护专用技术规范（主后分置）。

本部分为《智能变电站 110kV 变压器保护采购标准》的第 1 部分。

本部分代替 Q/GDW 13198.1—2014，与 Q/GDW 13198.1—2014 相比，主要技术性差异如下：

——删除了对 Q/GDW 175 的引用；

——增加了暂态数据交换通用格式对 GB/T 22386 的引用；

——增加了信息规范要求对 Q/GDW 11010 的引用；

——增加了智能变电站继电保护通用技术要求对 Q/GDW 1808 的引用；

——修改了后备保护配置的功能要求；

——修改保护装置工作的环境温度和大气压力范围；

——增加设备供货时应提供的技术文件和资料。

——删除了保护装置就地化安装的要求。

本部分由国家电网有限公司物资部提出并解释。

本部分由国家电网有限公司科技部归口。

本部分起草单位：国网江苏省电力有限公司、南瑞集团有限公司（国网电力科学研究院有限公司）。

本部分主要起草人：杨平怡、侯喆、龙锋、刘小宝、吴崇昊、万洛飞、王中浪、包亚卓、宋爽、邱涛。

本部分 2014 年 9 月首次发布，2018 年 12 月第一次修订。

本部分在执行过程中的意见或建议反馈至国家电网有限公司科技部。

智能变电站 110kV 变压器保护采购标准
第 1 部分：通用技术规范

1 范围

本部分规定了智能变电站 110kV 变压器保护采购标准招标的总则、技术参数和性能要求、试验、包装、运输、交货及工厂检验和监造的一般要求。

本部分适用于智能变电站 110kV 变压器保护招标。

2 规范性引用文件

下列文件对于本文件的应用是必不可少的。凡是注日期的引用文件，仅所注日期的版本适用于本文件。凡是不注日期的引用文件，其最新版本（包括所有的修改单）适用于本文件。

GB/T 191 包装储运图示标志

GB/T 2423（所有部分） 电工电子产品环境试验

GB/T 7261 继电保护和安全自动装置基本试验方法

GB/T 11287 量度继电器和保护装置的振动、冲击、碰撞和地震试验

GB/T 14285 继电保护和安全自动装置技术规程

GB/T 14537 量度继电器和保护装置的冲击和碰撞试验

GB/T 14598.3 电气继电器 第 5 部分：量度继电器和保护装置的绝缘配合要求和试验

GB/T 14598.9 量度继电器和保护装置 第 22－3 部分：电气骚扰试验 辐射电磁场抗扰度

GB/T 14598.10 量度继电器和保护装置 第 22－4 部分：电气骚扰试验 电快速瞬变/脉冲群抗扰度试验

GB/T 14598.13 量度继电器和保护装置 第 22－1 部分：电气骚扰试验 1MHz 脉冲群抗扰度试验

GB/T 14598.14 量度继电器和保护装置的电气干扰试验 第 2 部分：静电放电试验

GB/T 14598.17 电气继电器 第 22－6 部分：量度继电器和保护装置的电气骚扰试验——射频场感应的传导骚扰抗扰度

GB/T 14598.18 电气继电器 第 22－5 部分：量度继电器和保护装置的电气骚扰试验——浪涌抗扰度试验

GB/T 14598.19 电气继电器 第 22－7 部分：量度继电器和保护装置的电气骚扰试验——工频抗扰度试验

GB/T 18663.3 电子设备机械结构 公制系列和英制系列的试验 第 3 部分：机柜、机架和插箱的电磁屏蔽性能试验

GB/T 20840.8 互感器 第 8 部分：电子式电流互感器

GB/T 22386 电力系统暂态数据交换通用格式

GB/T 25931 网络测量和控制系统的精确时钟同步协议

GB/T 26864 电力系统继电保护产品动模试验

DL/T 478 继电保护及安全自动装置通用技术条件

DL/T 559 220kV～750kV 电网继电保护装置运行整定规程

DL/T 587 微机继电保护装置运行管理规程

DL/Z 713 500kV 变电所保护和控制设备抗扰度要求

DL/T 720 电力系统继电保护柜、屏通用技术条件

DL/T 769 电力系统微机继电保护技术导则

DL/T 860（所有部分） 变电站通信网络和系统

DL/T 860.81 变电站通信网络和系统 第 8－1 部分：特定通信服务映射（SCSM）对 MMS（ISO 9506－1 和 ISO 9506－2）及 ISO/IEC 8802

DL/T 860.92 变电站通信网络和系统 第 9－2 部分：特定通信服务映射（SCSM）映射到 ISO/IEC 8802－3 的采样值

DL/T 886 750kV 电力系统继电保护

DL/T 995 继电保护和电网安全自动装置检验规程

DL/T 5103 35kV～110kV 无人值班变电所设计规程

DL/T 5136 火力发电厂、变电站二次接线设计技术规程

DL/T 5218 220kV～500kV 变电所设计技术规程

Q/GDW 383 智能变电站技术导则

Q/GDW 414 变电站智能化改造技术规范

Q/GDW 428 智能变电站智能终端技术规范

Q/GDW 441 智能变电站继电保护技术规范

Q/GDW 1396 IEC 61850 工程继电保护应用模型

Q/GDW 1426 智能变电站合并单元技术规范

Q/GDW 1430 智能变电站智能控制柜技术规范

Q/GDW 1808 智能变电站继电保护通用技术条件

Q/GDW 10393 110（66）kV～220kV 智能变电站设计规范

Q/GDW 10394 330kV～750kV 智能变电站设计规范

Q/GDW 10767 10kV～110（66）kV 元件保护及辅助装置标准化设计规范

Q/GDW 11010 继电保护信息规范

Q/GDW 13001—2014 高海拔外绝缘配置技术规范

3 术语和定义

下列术语和定义适用于本文件。

3.1
招标人 bidder
提出招标项目，进行招标的法人或其他组织。

3.2
投标人 tenderer
响应招标、参加投标竞争的法人或者其他组织。

3.3
卖方 seller
提供本部分货物和技术服务的法人或其他组织，包括其法定的承继者。

3.4
买方 buyer
购买本部分货物和技术服务的法人或其他组织，包括其法定的承继者和经许可的受让人。

4 总则

4.1 一般性要求
4.1.1 卖方提供的智能变电站继电保护及相关设备应符合 Q/GDW 441 的要求。

智能变电站继电保护与站控层信息交互采用 DL/T 860 标准，跳合闸命令和联闭锁信息可通过直接电缆连接或 GOOSE 机制传输。卖方提供的继电保护及相关设备所采用的技术应遵循 Q/GDW 441 及本部分中与之对应的部分。

4.1.2 卖方提供的智能变电站继电保护及相关设备应符合 Q/GDW 10767 的要求。

智能变电站继电保护装置的动作信息、告警信息、状态变位信息、中间节点信息、日志记录、人机界面信息等信息输出符合 Q/GDW 11010 的要求。

4.1.3 本部分提出的是最低限度的要求，并未对一切技术细节作出规定，也未充分引述有关标准的条文，投标人应提供符合本部分和工业标准的优质产品。

4.1.4 如果投标人没有以书面形式对本部分的条文提出异议，则表示投标人提供的设备完全符合本部分的要求。如有异议，应在报价书中以"对规范书的意见和同规范书的差异"为标题的专门章节中加以详细描述。

4.1.5 本部分所使用的标准如遇与投标人所执行的标准不一致按较高的标准执行。

4.1.6 本部分经招、投标双方确认后作为订货合同的技术附件，与合同正文具有同等效力。

4.2 卖方职责

卖方的工作范围将包括下列内容，但不仅仅限于此内容：

a) 提供标书内所有设备及设计说明书及制造方面的说明；

b) 提供国家或电力行业级检验检测机构出具的动模试验报告、型式试验报告和 IEC 61850 的一致性测试报告，以便确认供货设备能否满足所有的性能要求；

c) 提供与投标设备版本相符的安装及使用说明书；

d) 提供试验和检验的标准，包括试验报告和试验数据；

e) 提供图纸，制造和质量保证过程的一览表以及标书规定的其他资料；

f) 提供设备管理和运行所需有关资料；

g) 所提供设备应发运到规定的目的地；

h) 在更换所用的准则、标准、规程或修改设备技术数据时，卖方应接受买方的选择；

i) 现场服务。

4.3 应满足的标准

装置至少应满足 GB/T 191、GB/T 2423（所有部分）、GB/T 7261、GB/T 11287、GB/T 14285、GB/T 14537、GB/T 14598.3、GB/T 14598.9、GB/T 14598.10、GB/T 14598.13、GB/T 14598.14、GB/T 14598.17、GB/T 14598.18、GB/T 14598.19、GB/T 18663.3、GB/T 20840.8、GB/T 22386 、GB/T 25931、GB/T 26864、DL/T 478、DL/T 559、DL/T 587、DL/Z 713、DL/T 720、DL/T 769、DL/T 860（所有部分）、DL/T 860.81、DL/T 860.92、DL/T 886、DL/T 995、DL/T 5136、DL/T 5218、DL/T 5103、Q/GDW 10767、Q/GDW 11010、Q/GDW 383、Q/GDW 10393、Q/GDW 10394、Q/GDW 1396、Q/GDW 414、Q/GDW 1426、Q/GDW 428、Q/GDW 1430、Q/GDW 441、Q/GDW 1808、Q/GDW 13001—2014 中所列标准的最新版本要求，但不限于上述所列标准。

4.4 应满足的文件

该类设备技术标准应满足国家法律法规及国家电网有限公司标准化成果中相关条款要求。下列文件中相应的条款规定均适用于本文件，其最新版本（包括所有的修改单）适用于本文件。包括：

a) 《电力监控系统安全防护规定》；

b) 《国家电网有限公司十八项电网重大反事故措施（2018 年修订版）》；

c) 《国家电网有限公司输变电工程通用设计》；

d) 《国家电网公司关于加快推进电力监控系统网络安全管理平台建设的通知》；

e) 《国家电网继电保护柜、屏制造规范》。

5 技术参数和性能要求

5.1 使用环境条件

5.1.1 设备储存温度：$-25℃\sim+70℃$。

5.1.2 设备工作温度：$-10℃\sim+55℃$。

5.1.3 大气压力：80kPa～106kPa。

5.1.4 相对湿度：5%～95%。

5.1.5 抗地震能力：地面水平加速度0.3g，垂直加速度0.15g，同时作用。

5.2 工作条件及系统概况

5.2.1 额定电压：

双绕组变压器：高压110kV；

低压10kV（20kV或6kV）。

三绕组变压器：高压110kV；

中压35kV；

低压10kV（20kV）。

5.2.2 系统频率：50Hz。

5.2.3 中性点接地方式：110kV中性点直接接地或经间隙接地；35kV、20 kV、10 kV、6kV不接地系统或经消弧线圈或经电阻接地系统。

5.3 保护装置额定参数

5.3.1 额定直流电源：220V（110V）。

5.3.2 额定交流电流：5A（1A）。

5.3.3 额定交流电压：100V/$\sqrt{3}$（相电压），100V（线电压），300V（开口三角电压）。

5.3.4 数字量输入额定电流：01CFH或00E7H；额定电压：2D41H。

5.3.5 额定频率：50Hz。

5.3.6 打印机工作电源：交流220V，50Hz。

5.4 装置功率消耗

5.4.1 装置交流消耗：交流电流回路功率消耗每相不大于0.5VA，交流电压回路功率消耗（额定电压下）每相不大于0.5VA。卖方投标时必须提供确切数值。

5.4.2 装置直流消耗：当正常工作时，不大于50W；当保护动作时，不大于80W。卖方投标时必须提供确切数值。

5.5 110kV主变压器保护总的技术要求

5.5.1 本节规定了跳合闸命令和联闭锁信息通过GOOSE机制传输和（或）电压、电流量通过电子式互感器及MU采集的保护设备的技术要求。

通过传统互感器、电缆直接采样的装置，保护装置交流采样及交流二次回路的技术要求，应符合已有的相应规范和标准以及《国家电网有限公司物资采购标准 继电保护及自动装置卷》相关部分要求。

通过电缆直接跳闸装置，装置跳合闸及二次回路的技术要求，应符合已有的相应规范和标准以及《国家电网有限公司物资采购标准 继电保护及自动装置卷》相关部分要求。

5.5.2 环境温度在$-10℃\sim+55℃$时，保护装置应能满足本部分所规定的精度。

5.5.3 110kV变压器电量保护宜按双套配置，双套配置时应采用主、后备保护一体化配置，也可采用主、后备保护分开配置。

5.5.4 110kV变压器各侧MU按双套配置，中性点电流、间隙电流并入相应侧MU。

5.5.5 除出口继电器外，装置内的任一元件损坏时，装置不应误动作跳闸。

5.5.6 保护装置不应依赖于外部对时系统实现其保护功能。

5.5.7　110kV 电压等级的过程层 SV 与 GOOSE 共网，过程层网络和站控层网络应完全独立，变压器保护装置接入不同网络时，应采用相互独立的数据接口控制器。

5.5.8　保护装置、智能终端等智能电子设备间的相互启动、相互闭锁、位置状态等交换信息通过 GOOSE 网络传输，双重化配置的保护之间不直接交换信息。

5.5.9　双母线电压切换功能由合并单元实现。

5.5.10　变压器保护直接采样，直接跳各侧断路器；变压器保护跳母联、分段断路器及闭锁备自投、启动失灵等可采用 GOOSE 网络传输。变压器保护可通过 GOOSE 网络接收失灵保护跳闸命令，并实现失灵跳变压器各侧断路器。

5.5.11　变压器保护可采用分布式保护。分布式保护由主单元和若干个子单元组成，子单元不应跨电压等级。

5.5.12　变压器非电量保护采用就地直接电缆跳闸，信息通过本体智能终端上送过程层 GOOSE 网。

5.5.13　保护装置采样同步应由保护装置实现，装置 SV 采样值接口支持 GB/T 20840.8 或 DL/T 860.92 协议，在工程应用时应能灵活配置。

5.5.14　保护装置应自动补偿电子式互感器的采样响应延迟，当响应延时发生变化时应闭锁采自不同 MU 且有采样同步要求的保护。保护装置的采样输入接口数据的采样频率宜为 4000Hz。

5.5.15　保护装置的交流量信息应具备自描述功能。

5.5.16　保护装置应处理 MU 上送的数据品质位（无效、检修等），及时准确提供告警信息。在异常状态下，利用 MU 的信息合理地进行保护功能的退出和保留，瞬时闭锁可能误动的保护，延时告警，并在数据恢复正常之后尽快恢复被闭锁的保护功能，不闭锁与该异常采样数据无关的保护功能。接入两个及以上 MU 的保护装置应按 MU 设置"MU 投入"软压板。

5.5.17　当采用电子式互感器时，保护装置应针对电子式互感器特点优化相关保护算法，提高保护性能。

5.5.18　保护装置应采取措施，防止输入的双 A/D 数据之一异常时误动作。

5.5.19　除检修压板可采用硬压板外，保护装置应采用软压板，满足远方操作的要求。检修压板投入时，上送带品质位信息，保护装置应有明显显示（面板指示灯和界面显示）。参数、配置文件仅在检修压板投入时才可下装，下装时应闭锁保护。

5.5.20　保护装置应同时支持 GOOSE 点对点和网络方式传输，传输协议遵循 DL/T 860.81。

5.5.21　保护装置采样值接口和 GOOSE 接口数量应满足工程的需要。

5.5.22　保护装置应具备 MMS 接口与站控层设备通信。保护装置向站控层提供的信息符合 Q/GDW 396。

5.5.23　保护装置的交流电流、交流电压及保护设备参数的显示、打印、整定应能支持一次值，上送信息应采用一次值。

5.5.24　保护装置内部 MMS 接口、GOOSE 接口、SV 接口应采用相互独立的数据接口控制器接入网络。

5.5.25　保护装置应具备通信中断、异常等状态的检测和告警功能。装置应提供装置故障（含失电）无源触点输出。

5.5.26　保护装置宜通过 IRIG－B（DC）码对时，也可采用 GB/T 25931 进行网络对时，对时精度应满足要求。

5.5.27　对保护装置 ICD 文件与 CID 文件的要求如下：

　　a）　ICD、CID 文件符合统一的模型要求，适用于通用的配置工具和静态检测、分析软件；

　　b）　ICD 文件应完整描述 IED 提供的数据模型及服务，采用模块化设计，包含版本信息；

　　c）　CID 文件应完整描述本 IED 的实例化信息，应包含版本信息。

5.5.28　保护装置信息交互要求如下：

　　a）　智能变电站继电保护应满足运行维护、监视控制及无人值班、智能电网调度等信息交互的要求。

　　b）　继电保护设备应该支持在线和离线获取模型，离线获取和在线召唤的模型应保持一致。定值模型应包含描述、定值单位、定值上限、定值下限等信息。

c) 继电保护设备应将检修压板状态上送站控层。当继电保护设备检修压板投入时，上送报文中信号的品质 q 的"Test 位"应置位。

d) 继电保护设备应支持取代服务，取代数据的上送报文中，信号的品质 q 的"取代位"应置位。

e) 继电保护设备应能够支持不小于 16 个客户端的 TCP/IP 访问连接；应能够支持 10 个报告实例。

5.5.29 保护装置交互信息内容如下：

a) 继电保护设备应支持上送采样值、开关量、压板状态、设备参数、定值区号及定值、自检信息、异常告警信息、保护动作事件及参数（故障相别、跳闸相别和测距）、录波报告信息、装置硬件信息、装置软件版本信息、装置日志信息等数据；

b) 继电保护设备主动上送的信息应包括开关量变位信息、异常告警信息和保护动作事件信息等；

c) 继电保护设备应支持远方投退压板、修改定值、切换定值区、设备复归功能，并具备权限管理功能；

d) 继电保护设备的自检信息应包括硬件损坏、功能异常、与过程层设备通信状况等；

e) 继电保护设备应支持远方召唤至少最近 8 次录波报告的功能。

5.5.30 雷击过电压、一次回路操作、系统故障及其他强干扰作用下，不应误动和拒动。装置静电放电试验、快速瞬变干扰试验、高频干扰试验，辐射电磁场干扰试验、冲击电压试验和绝缘试验应符合本部分的相关标准。装置调试端口应带有光电隔离装置。

5.5.31 保护柜中的插件应接触可靠，并且有良好的互换性，以便检修时能迅速更换。

5.5.32 保护装置应具有直流电源快速小开关，与保护装置安装在同一柜上。保护装置的逻辑回路应由独立的直流/直流变换器供电。直流电压消失时，保护装置不应误动作。直流电源电压在 80%～115%额定值范围内变化时，保护装置应正确工作。在直流电源恢复（包括缓慢地恢复）到 80%UN 时，直流逆变电源应能自动启动。直流电源纹波系数小于或等于 5%时，保护装置应正确工作。拉合直流电源以及插拔熔丝发生重复击穿火花时，保护装置不应误动作。直流电源回路出现各种异常情况（如短路、断线、接地等）时保护装置不应误动作。

5.5.33 所提供保护设备的软件版本及校验码应与买方进行确认，并提供配套的使用说明书和相关的定值清单。

5.6 110kV 主变压器保护装置具体要求

5.6.1 变压器保护配置总则：变压器差动保护和非电量保护必须分开且独立。110kV 变压器电量保护宜按双套配置，双套配置时应采用主、后备保护一体化配置。也可采用主、后备保护分开配置。保护装置具备 TA 断线识别和闭锁功能。显示故障报告应汉化，简洁明了。必须配置经一定延时不经任何闭锁的跳变压器各侧的过电流保护和零序电流保护。对因限制低压侧短路电流水平在 20kA 以内而选用高阻抗变压器的情况（高低压侧阻抗值大于 0.27Ω），在近低压侧区内各故障形式下，卖方提供的变压器差动保护应保证灵敏度。

5.6.1.1 主保护配置要求如下：

a) 配置比率差动及差动速断保护；

b) 可配置不需整定的零序分量、负序分量或变化量等反映轻微故障的故障分量差动保护；

c) 应满足工程中制动侧数的要求，跳各侧断路器。

5.6.1.2 后备保护要求如下：

a) 高压侧复合电压闭锁过电流保护，设置三段，Ⅰ、Ⅱ 段复压可投退，方向可投退，方向指向可整定，每段设 3 个时限；Ⅲ段复压可投退，不带方向，设 2 个时限；

b) 高压侧间隙零流、零压保护，一段二时限；

c) 高压侧零序过流保护，设置三段，Ⅰ、Ⅱ 段方向可投退，方向指向可整定，每段设 3 个时限；Ⅲ段不带方向，设 2 个时限；

d) 高压侧失灵联跳功能，一段 1 时限，跳各侧断路器；

e）　中压侧复合电压闭锁过电流保护，设置三段，Ⅰ、Ⅱ段复压可投退，方向可投退，方向指向可整定，每段设 3 个时限；Ⅲ段复压可投退，不带方向，设 2 个时限；

f）　中压侧零序过流保护，设置二段，每段设 3 个时限；

g）　低压侧复合电压闭锁过电流保护，设置三段，Ⅰ、Ⅱ段复压可投退，方向可投退，方向指向可整定，每段设 3 个时限；Ⅲ段复压可投退，不带方向，设 2 个时限；

h）　低压侧系统采用电阻接地时，配置零序过电流保护，设置一段 3 时限。低压侧中性点零序过流保护，设置一段 3 时限；

i）　中、低压侧零序过压告警，一段 1 时限；

j）　高压侧过负荷发信，过电流闭锁有载调压，启动风冷保护；

k）　中压、低压侧过负荷发信。

5.6.1.3　变压器非电量保护：包括本体重瓦斯、本体轻瓦斯、油温、油位异常、压力释放、冷却器全停等。

其主要功能和技术要求如下：

a）　变压器非电量保护采用就地直接电缆跳闸，动作信息通过本体智能终端上送过程层 GOOSE 网；

b）　作用于跳闸的非电量保护，启动功率应大于 5W，动作电压在额定直流电源电压的 55%～70% 范围内，额定直流电源电压下动作时间为 10ms～35ms，应具有抗 220V 工频干扰电压的能力。

5.6.2　装置 MMS、SV、GOOSE 接口要求

装置应具备站控层 MMS 接口至少 2 个；对采用 MU 数字量输入装置，应具备 SV（采样值）点对点接口 4～6 个；对采用过程层 GOOSE 的装置，应具备 GOOSE 组网接口 2～3 个，点对点接口至少 4～6 个。装置具体接口数量，买方在设计联络阶段确认。

5.7　柜结构的技术要求

5.7.1　对智能控制柜，技术要求详见 Q/GDW 430，并遵循以下要求：

5.7.1.1　控制柜应装有截面为 100mm² 的铜接地母线（不要求与柜体绝缘），接地母线末端应装好可靠的压接式端子，以备接到电站的接地网上。柜体应采用双层结构，循环通风；

5.7.1.2　同一保护柜内若有多路直流电源引入，应接入不同安装单元端子排，且每路电源正、负极之间应有端子隔开。控制柜内设备的安排及端子排的布置，应保证各套保护的独立性，在一套保护检修时不影响其他任何一套保护系统的正常运行；

5.7.1.3　控制柜应具备温度、湿度的采集、调节功能，柜内温度控制在 −10℃～+50℃，相对湿度保持在 90% 以下，并可上送温度、湿度信息；

5.7.1.4　控制柜应能满足 GB/T 18663.3 变电站户外防电磁干扰的要求。

5.7.2　对非智能普通屏柜，屏体要求详见《国家电网继电保护柜、屏制造规范》，并遵循已发布的《国家电网有限公司物资采购标准　继电保护及自动装置卷》相关部分规定。

5.7.2.1　微机保护和控制装置的屏柜下部应设有截面积不小于 100mm² 的铜排（不要求与保护屏绝缘）。

5.7.2.2　保护柜内电压回路每相及 N 相端子均应采用多个连接端子（不少于 3 个）。

5.7.2.3　同一保护柜内若有多路直流电源引入，应接入不同安装单元端子排。

5.7.3　屏柜内部配线、端子排、接地铜排、屏柜上安装辅助设备等应符合相关规程、标准与反事故措施的规定。

6　试验

6.1　工厂试验

卖方提供的设备试验标准应符合国家、行业及 IEC 的有关标准，并提供每一种型式产品的型式试验报告和 IEC 61850 一致性测试报告。

卖方提供的每一套设备出厂之前都应按国家和行业标准以及工厂规定的调试大纲进行出厂检查、性

能试验，试验报告应随产品提供。当需做动态模拟试验或数字仿真试验时，模拟系统的接线和参数由卖方与买方在试验前协商确定，按实际系统参数进行试验。

6.2 系统联调试验

卖方应按买方需求配合完成买方组织的保护装置功能验证与系统联调试验。

6.3 现场试验

现场实际设备接入后，应按照 DL/T 995 的要求，在一次设备不带电和带电试运行时做现场试验，卖方应配合完成保护装置的现场调试及投运试验。现场投运前和试运行中发现的设备缺陷和元件损坏，卖方应及时无偿修理或更换，直至符合本部分要求。

6.4 继电保护专业检测

卖方依据国家电网有限公司继电保护专业检测标准参加继电保护专业检测，并提供每一种型式产品的专业检测报告。

7 技术服务、设计联络、工厂检验和监造

7.1 技术文件

7.1.1 卖方提供的技术文件应提供买方所要求的性能信息，并对其可靠性和一致性负责，卖方所提供的技术文件（包括资料和数据）将成为合同一部分。

7.1.2 卖方应随投标书一起提供一般性技术文件，并且应是与投标产品一致的最新版本，投标时应提供的技术文件如下：

    a) 产品的技术说明书；

    b) 产品的型式试验报告和动模试验报告；

    c) 产品的用户运行证明；

    d) 产品的软件版本等。

7.1.3 卖方应在签约后 3 周内向买方提供设计用的技术文件如下：

    a) 产品的技术说明书；

    b) 产品及保护屏原理框图及说明，模件或继电器的原理接线图及其工作原理说明；

    c) 装置的 ICD（IED 装置能力描述）文件、保护装置虚端子连接图；

    d) 组屏的正面布置图、屏内设备布置图、端子排图及图例说明；

    e) 保护屏所用的辅助继电器和选择开关采用的标准；

    f) 保护屏的安装尺寸图，包括屏的尺寸和质量、基础螺栓的位置和尺寸等。

7.1.4 签约后双方遵循的原则如下：

    a) 在收到买方最终认可图纸前，卖方所购买的材料或制造所发生的费用及其风险全由卖方单独承担；

    b) 生产的成品应符合合同的技术规范。买方对图纸的确认并不能解除卖方对其图纸的完善性和准确性应承担的责任；

    c) 设计方在收到图纸后 3 周内返回主要确认意见，并根据需要召开设计联络会。卖方在提供确认图纸时必须提供为审核该图纸所需的资料。买方有权要求卖方对其图纸中的任一装置任一部件做必要修改，在设计图纸完成之前应保留设计方对卖方图纸的其他确认权限，而买方不需承担额外费用。

7.1.5 在收到确认意见后，卖方应在规定时间内向买方提供技术文件如下：

    a) 7.1.3 所列的修改后的正式技术文件；

    b) 保护装置的内部接线图及图例说明，保护屏内部接线图及其说明（包括屏内布置及内部端子排图）；

    c) 保护装置的软件版本号和校验码；

d） 产品的使用说明书，包括保护装置的现场调试大纲、整定值表和整定计算说明及计算算例等；

e） 通信规约和解释文本及装置调试软件和后台分析软件，以便与计算机监控系统和继电保护故障信息系统联调。

7.1.6 设备供货时提供技术文件和资料如下：

a） 设备的开箱资料清单；

b） 产品的技术说明书、使用说明书和组屏图纸；

c） 出厂调试试验报告；

d） 产品质量检验合格证书；

e） 合同规定的出厂验收试验报告和动模试验报告和一致性测试报告；

f） 保护设备识别代码及出厂信息表等。

7.1.7 技术文件的格式和分送要求如下：

a） 全部图纸应为 A4 幅面，并有完整图标，采用国标单位制；

b） 提供的技术文件除纸质文件外，还应包括一份电子文档，并提供可供修改的最终图纸电子文件（图形文件能够被 PC 机 AutoCAD for Windows 2000 版支持）；

c） 技术文件（图纸和资料）分送单位、套数和地址根据项目单位要求提供。

7.2 设计联络会议

7.2.1 若有必要，买方在收到卖方签字的第一批文件后 3 周内将举行设计联络会议。设计联络会议内容如下：

a） 卖方应对修改后的供确认的资料和图纸进行详细的解释，并应解答买方对这些资料和图纸所提的问题，经过共同讨论，买方给予确认，以便卖方绘制正式图纸提供给买方；

b） 卖方应介绍合同产品已有的运行经验；

c） 卖方应提供验收大纲、工程参数表；

d） 买方或设计方应确认保护装置的 SV 采样值接口、GOOSE 接口及 MMS 接口的类型与数量；

e） 设计联络会应确定通信信息的具体内容。

7.2.2 会议需要签订会议纪要，该纪要将作为合同的组成部分。

7.3 工厂验收和现场验收

要求满足国家电网有限公司企业标准中关于工厂验收（现场）的规范。

7.4 质量保证

7.4.1 卖方应保证制造过程中的所有工艺、材料、试验等（包括卖方的外购件在内）均应符合本部分的规定。若买方根据运行经验指定卖方提供某种外购零部件，卖方应积极配合。卖方对所购配套部件设备质量负责，采购前向买方提供主要国产元器件报价表，采购中应进行严格的质量检验，交货时应向买方提供其产品质量合格证书及有关安装使用等技术文件资料。

7.4.2 对于采用属于引进技术的设备、元器件，卖方在采购前应向买方提供主要进口元器件报价表。引进的设备、元器件应符合引进国的技术标准或 IEC 标准，当标准与本部分有矛盾时，卖方应将处理意见书面通知买方，由买卖双方协商解决。假若卖方有更优越或更为经济的设计和材料，足以使卖方的产品更为安全、可靠、灵活、适应时，卖方可提出并经买方的认可，然而应遵循现行的国家工业标准，并且有成熟的设计和工艺要求以及工程实践经验。

7.4.3 双方签订合同后，卖方应按工程设计及施工进度分批提交技术文件和图纸，必要时，买卖双方尚应进行技术联络，以讨论合同范围内的有关技术问题。

7.4.4 卖方保证所提供的设备应为由最适宜的原材料并采用先进工艺制成且未经使用过的全新产品，保证产品的质量、规格和性能与投标文件所述一致。

7.4.5 卖方提供的保护设备运行使用寿命不应小于 15 年。

7.4.6 卖方保证所提供的设备在各个方面符合招标文件规定的质量、规格和性能。在合同规定的质量保证期内（保护设备到货后 24 个月或 SAT 后 18 个月），对由于产品设计、制造和材料、外购零部件的缺陷而造成所供设备的任何破坏、缺陷故障，当卖方收到买方的书面通知后，在 2 天内免费负责修理或更换有缺陷的设备（包括运输费、税收等），以达到本部分的要求。质保期以合同商务部分为准。

质保期后发生质量问题，卖方应提供免费维修服务，包括硬件更换和软件版本升级。

7.5 项目管理

合同签订后，卖方应指定负责本工程的项目经理，负责卖方在工程全过程的各项工作，如工程进度、设计制造、图纸文件、包装运输、现场安装、调试验收等。

7.6 现场服务

现场服务内容如下：

a) 在设备安装调试过程中视买方工作情况卖方及时派出工程技术服务人员，以提供现场服务。卖方派出人员在现场负责技术指导，并协助买方安装、调试。同时，买方为卖方的现场派出人员提供工作和生活的便利条件。

b) 当变电站内保护设备分批投运时，卖方应按合同规定及时派出工程技术人员到达现场服务。

c) 根据买方的安排，卖方安排适当时间对设备的正确安装和试验给予技术培训。

7.7 售后服务

7.7.1 现场投运前和试运行中发现的设备缺陷和元件损坏，卖方应及时无偿修理或更换，直至符合规范要求。保修期内产品出现不符合功能要求和技术指标要求时，卖方应在 4h 内响应，并在 24h 内负责修理或更换。保修期外产品出现异常、设备缺陷、元件损坏或不正确动作，现场无法处理时，卖方接到买方通知后，应在 4h 内响应，并立即派出工程技术人员在 24h 内到达现场处理。

7.7.2 对反事故措施以及软件版本的升级等，卖方应提供技术服务。

7.8 备品备件、专用工具、试验仪器

7.8.1 对每套保护，卖方应提供必要的备品备件。

7.8.2 卖方应提供安装、运行、检修所需的专用工具，包括专用调试、测试设备。

ICS 29.240

Q/GDW

国家电网公司企业标准

Q/GDW 13198.2—2014

智能变电站 110kV 变压器保护采购标准 第 2 部分：智能变电站 110kV 变压器 保护专用技术规范（主后合一）

Purchasing standard for 110kV transformer protection in smart substation
Part 2: Special technical specification for 110kV transformer protection in smart substation (differential and backup protection in one device)

2014-09-30发布   2014-09-30实施

国家电网公司   发布

目　　次

前　言

《智能变电站 110kV 变压器保护采购标准》分为 3 个部分：
——第 1 部分：通用技术规范；
——第 2 部分：智能变电站 110kV 变压器保护专用技术规范（主后合一）；
——第 3 部分：智能变电站 110kV 变压器保护专用技术规范（主后分置）。

本部分为《智能变电站 110kV 变压器保护采购标准》的第 2 部分。

本部分由国家电网公司物资部提出并解释。

本部分由国家电网公司科技部归口。

本部分起草单位：南瑞集团有限公司（国网电力科学研究院）。

本部分主要起草人：姚成、曹团结、沈健、周劲亮、陆奕、蒋雷海、潘书燕、刘小宝、代攀、伍小刚、李宇春。

本部分首次发布。

本部分在执行过程中的意见或建议反馈至国家电网公司科技部。

智能变电站 110kV 变压器保护采购标准
第 2 部分：智能变电站 110kV 变压器
保护专用技术规范（主后合一）

1 范围

本部分规定了智能变电站 110kV 变压器保护（主后合一）招标的标准技术参数、项目需求及投标人响应的相关内容。

本部分适用于智能变电站 110kV 变压器保护（主后合一）招标。

2 规范性引用文件

下列文件对于本文件的应用是必不可少的。凡是注日期的引用文件，仅所注日期的版本适用于本文件。凡是不注日期的引用文件，其最新版本（包括所有的修改单）适用于本文件。

Q/GDW 13198.1　智能变电站 110kV 变压器保护采购标准　第 1 部分：通用技术规范

3 术语和定义

下列术语和定义适用于本文件。

3.1

招标人　bidder

提出招标项目，进行招标的法人或其他组织。

3.2

投标人　tenderer

响应招标、参加投标竞争的法人或者其他组织。

3.3

卖方　seller

提供本部分货物和技术服务的法人或其他组织，包括其法定的承继者。

3.4

买方　buyer

购买本部分货物和技术服务的法人或其他组织，包括其法定的承继者和经许可的受让人。

4 标准技术参数

技术参数特性表是国家电网公司对采购设备的基础技术参数要求，在招投标过程中，投标人应依据招标文件，对技术参数特性表中标准参数值进行响应。智能变电站 110kV 变压器保护（主后合一）、智能变电站 110kV 非电量保护、打印机、保护柜技术参数特性见表 1～表 4。物资必须满足 Q/GDW 13198.1 的要求。

表 1　智能变电站 110kV 变压器保护（主后合一）技术参数表

序号	参　数　名　称	单位	标准参数值
1	差动速断动作时间	ms	≤20（1.5 倍整定值）

表1（续）

序号	参 数 名 称	单位	标准参数值
2	比率差动动作时间	ms	≤30（2倍整定值）
3	光纤接口接收灵敏度	dBm	≤－20（串行光接口）； ≤－30（以太网光接口）
4	光纤接口发送功率	dBm	≥－10（串行光接口）； ≥－20（以太网光接口）
5	保护装置工作电源		（招标人填写）
6	电气主接线型式		（招标人填写）
7	变压器接线方式		（招标人填写）
8	配置后备保护功能的侧数		（招标人填写）
9	电阻接地的变压器保护要求		（招标人填写）
10	站控层 MMS 接口数量与类型		（招标人填写）
11	SV（采样值）点对点接口类型 （IEC 60044－8 接口；IEC 61850－9－2 接口； 常规模拟量输入）		（招标人填写）
12	SV（采样值）点对点接口数量		（招标人填写）
13	过程层 GOOSE 组网接口数量		（招标人填写）
14	过程层 GOOSE 点对点接口数量		（招标人填写）
15	对时方式		（招标人填写）
16	非电量保护装置是否与智能终端功能集成， 及对智能终端功能的要求		（招标人填写）
17	普通柜可选技术参数		（招标人填写）
18	智能柜技术参数要求		（招标人填写）
19	其他 1		（招标人填写）
20	其他 2		（招标人填写）
21	其他 3		（招标人填写）

表2 智能变电站 110kV 非电量保护技术参数特性表

序号	参 数 名 称	单位	标准参数值
1	动作于跳闸的非电量保护启动功率	W	＞5
2	启动电压	V	直流操作电压的 55%～70%
3	动作时间	ms	10～35（额定直流电源电压下）

表3 打印机技术参数特性表

序号	参 数 名 称	单位	标准参数值
1	工作电源	V	220AC
2	接口型式		与保护装置配套

表 4　保护柜（非智能控制柜）技术参数特性表

序号	参　数　名　称	单位	标准参数值
1	尺寸	mm	高度：2260； 宽度：800； 深度：600
2	颜色		GSB05－1426－2001，77 号， GY09 冰灰橘纹

5　组件材料配置表

组件材料配置表包括元件名称、规格形式参数、单位、数量和产地等信息，具体内容和格式根据招标项目情况编制。

6　使用环境条件表

典型智能变电站 110kV 变压器保护（主后合一）使用环境条件见表 5。特殊环境要求根据项目情况编制。

表 5　使 用 环 境 条 件 表

项目单位：			项目名称：	
序号	名　称　项　目		单位	标准参数值
1	电源的频率		Hz	50
2	温度	最高气温	℃	+45
		最低气温	℃	−5
		最大日温差	K	+25
3	湿度	日相对湿度平均值	%	≤95
		月相对湿度平均值	%	≤90
4	海拔		m	≤2000
5	耐受地震能力	水平加速度	m/s²	0.3g
		垂直加速度	m/s²	0.15g
6	保护装置是否组屏		组屏/单装置	（项目单位提供）
7	安装方式		集中/分散	（项目单位提供）

注：标准参数值为正常使用条件，超出此值时为特殊使用条件，可根据工程实际使用条件进行修改。

ICS 29.240

Q/GDW

国家电网公司企业标准

Q/GDW 13198.3—2014

智能变电站 110kV 变压器保护采购标准
第 3 部分：智能变电站 110kV 变压器
保护专用技术规范（主后分置）

Purchasing standard for 110kV transformer protection in smart substation
Part 3: Special technical specification for 110kV transformer protection in smart substation (differential and backup protection in two device)

2014-09-30发布   2014-09-30实施

国家电网公司   发 布

目　次

前　言

《智能变电站 110kV 变压器保护采购标准》分为 3 个部分：

——第 1 部分：通用技术规范；

——第 2 部分：智能变电站 110kV 变压器保护专用技术规范（主后合一）；

——第 3 部分：智能变电站 110kV 变压器保护专用技术规范（主后分置）。

本部分为《智能变电站 110kV 变压器保护采购标准》的第 3 部分。

本部分由国家电网公司物资部提出并解释。

本部分由国家电网公司科技部归口。

本部分起草单位：南瑞集团有限公司（国网电力科学研究院）。

本部分主要起草人：姚成、曹团结、沈健、周劲亮、陆奕、蒋雷海、潘书燕、刘小宝、代攀、伍小刚。

本部分首次发布。

本部分在执行过程中的意见或建议反馈至国家电网公司科技部。

智能变电站 110kV 变压器保护采购标准
第 3 部分：智能变电站 110kV 变压器
保护专用技术规范（主后分置）

1 范围

本部分规定了智能变电站 110kV 变压器保护（主后分置）招标的标准技术参数、项目需求及投标人响应的相关内容。

本部分适用于智能变电站 110kV 变压器保护（主后分置）招标。

2 规范性引用文件

下列文件对于本文件的应用是必不可少的。凡是注日期的引用文件，仅所注日期的版本适用于本文件。凡是不注日期的引用文件，其最新版本（包括所有的修改单）适用于本文件。

Q/GDW 13198.1　智能变电站 110kV 变压器保护采购标准　第 1 部分：通用技术规范

3 术语和定义

下列术语和定义适用于本文件。

3.1

招标人　bidder

提出招标项目，进行招标的法人或其他组织。

3.2

投标人　tenderer

响应招标、参加投标竞争的法人或者其他组织。

3.3

卖方　seller

提供本部分货物和技术服务的法人或其他组织，包括其法定的承继者。

3.4

买方　buyer

购买本部分货物和技术服务的法人或其他组织，包括其法定的承继者和经许可的受让人。

4 标准技术参数

技术参数特性表是国家电网公司对采购设备的基础技术参数要求，在招投标过程中，投标人应依据招标文件，对技术参数特性表中标准参数值进行响应。智能变电站 110kV 变压器保护（主后分置）、智能变电站 110kV 变压器差动保护、智能变电站 110kV 变压器后备保护（测控）、智能变电站 110kV 非电量保护、打印机、保护柜技术参数特性见表 1～表 5。物资必须满足 Q/GDW 13198.1 的要求。

表 1　智能变电站 110kV 变压器保护装置（主后分置）差动保护技术参数特性表

序号	参　数　名　称	单位	标准参数值
1	差动速断动作时间	ms	≤20（1.5 倍整定值）

表1（续）

序号	参 数 名 称	单位	标准参数值
2	比率差动动作时间	ms	≤30（2 倍整定值）
3	光纤接口接收灵敏度	dBm	≤－20（串行光接口）； ≤－30（以太网光接口）
4	光纤接口发送功率	dBm	≥－10（串行光接口）； ≥－20（以太网光接口）
5	保护装置工作电源		（招标人填写）
6	电气主接线型式		（招标人填写）
7	变压器接线方式		（招标人填写）
8	站控层 MMS 接口数量与类型		（招标人填写）
9	SV（采样值）点对点接口类型 （IEC 60044－8；IEC 61850－9－2； 常规模拟量输入）		（招标人填写）
10	SV（采样值）点对点接口数量		（招标人填写）
11	过程层 GOOSE 组网接口数量		（招标人填写）
12	过程层 GOOSE 点对点接口数量		（招标人填写）
13	对时方式		（招标人填写）
14	非电量保护装置是否集成智能终端功能， 及对智能终端的要求		（招标人填写）
15	普通柜可选技术参数		（招标人填写）
16	智能柜技术参数要求		（招标人填写）
17	其他 1		（招标人填写）
18	其他 2		（招标人填写）

表2　智能变电站 110kV 变压器保护（主后分置）后备保护（测控）技术参数特性表

序号	参 数 名 称	单位	标准参数值
1	后备保护电流定值误差		不大于±5%
2	后备保护电压定值误差		不大于±5%
3	后备保护时间定值误差		当延时时间为 0.1s～1s 时， 不应超过±25ms；延时时间大于 1s 时， 不超过±2.5%
4	后备保护方向元件动作范围边界误差		不大于±3°
5	测量电流、电压量误差		≤0.2%
6	有功功率、无功功率测量误差		≤0.5%
7	电网频率测量误差	Hz	≤0.01
8	事件顺序记录（SOE）分辨率	ms	≤1
9	状态量变位传送时间（至站控层）	s	≤1

表2（续）

序号	参 数 名 称	单位	标准参数值
10	控制执行命令从生成到输出的时间	s	≤1
11	配置后备保护功能的侧数		（招标人填写）
12	保护装置测控功能要求		（招标人填写）
13	后备保护、测控功能由两个处理器分别实现		（招标人填写）
14	光纤接口接收灵敏度	dBm	≤−20（串行光接口）； ≤−30（以太网光接口）
15	光纤接口发送功率	dBm	≥−10（串行光接口）； ≥−20（以太网光接口）

表3　智能变电站110kV非电量保护技术参数特性表

序号	参 数 名 称	单位	标准参数值
1	动作于跳闸的非电量保护启动功率	W	>5
2	启动电压	V	直流操作电压的55%～70%
3	动作时间	ms	10～35（额定直流电源电压下）

表4　打印机技术参数特性表

序号	参 数 名 称	单位	标准参数值
1	工作电源	V	220AC
2	接口型式		与保护装置配套

表5　保护柜（非智能控制柜）技术参数特性表

序号	参 数 名 称	单位	标准参数值
1	尺寸	mm	高度：2260； 宽度：800； 深度：600
2	颜色		GSB05−1426−2001，77号， GY09冰灰橘纹

5 组件材料配置表

组件材料配置表包括元件名称、规格形式参数、单位、数量和产地等信息，具体内容和格式根据招标项目情况编制。

6 使用环境条件表

典型智能变电站110kV变压器保护（主后分置）使用环境条件见表6。特殊环境要求根据项目情况编制。

表6 使用环境条件表

项目单位：			项目名称：	
序号	名　称　项　目		单位	标准参数值
1	电源的频率		Hz	50
2	温度	最高气温	℃	+45
		最低气温	℃	−5
		最大日温差	K	+25
3	湿度	日相对湿度平均值	％	≤95
		月相对湿度平均值	％	≤90
4	海拔		m	≤2000
5	耐受地震能力	水平加速度	m/s²	0.3g
		垂直加速度	m/s²	0.15g
6	保护装置是否组屏		组屏/单装置	（项目单位提供）
7	安装方式		集中/分散	（项目单位提供）
注：标准参数值为正常使用条件，超出此值时为特殊使用条件，可根据工程实际使用条件进行修改。				

ICS 29.240.01
K 45

Q/GDW

国家电网有限公司企业标准

Q/GDW 13199.1—2018
代替 Q/GDW 13199.1—2014

智能变电站 220kV～750kV 变压器保护采购标准

第1部分：通用技术规范

Purchasing standard for 220kV～750kV transformer
protection in smart substation
Part 1: General technical specification

2019-06-28发布 2019-06-28实施

国家电网有限公司 发 布

目　次

前　言

为规范智能变电站 220kV～750kV 变压器保护的采购要求，制定本部分。

《智能变电站 220kV～750kV 变压器保护采购标准》分为 4 个部分：

——第 1 部分：通用技术规范；

——第 2 部分：智能变电站 220kV 变压器保护专用技术规范；

——第 3 部分：智能变电站 500kV（330kV）变压器保护专用技术规范；

——第 4 部分：智能变电站 750kV 变压器保护专用技术规范。

本部分为《智能变电站 220kV～750kV 变压器保护采购标准》的第 1 部分。

本部分代替 Q/GDW 13199.1—2014，与 Q/GDW 13199.1—2014 相比，主要技术性差异如下：

——增加或替换自 2014 年以来新发布的国家、行业和国网企业标准与本采购规范相关的标准。

——提升设备工作温度、环境温度和大气压力要求，增加"远方操作"和"保护检修状态"硬压板及相关要求。

——依据最新规范 Q/GDW 10767 要求修改了后备保护配置的功能要求。

——增加"保护设备识别代码及出厂信息表"的要求。

——执行十八项反措要求修改保护屏柜绝缘相关要求。

——增加多路直流电源引入的要求。

——删除保护装置就地化安装的要求。

本部分由国家电网有限公司物资部提出并解释。

本部分由国家电网有限公司科技部归口。

本部分起草单位：国网江苏省电力有限公司、南瑞集团有限公司（国网电力科学研究院有限公司）。

本部分主要起草人：王中浪、潘书燕、吴通华、李志坚、吴崇昊、侯喆、刘小宝、龙锋、岳嵩、黄浩声。

本部分 2014 年 9 月首次发布，2018 年 12 月第一次修订。

本部分在执行过程中的意见或建议反馈至国家电网有限公司科技部。

智能变电站220kV～750kV变压器保护采购标准
第1部分：通用技术规范

1 范围

本部分规定了智能变电站220kV～750kV变压器保护采购标准招标的总则、技术参数和性能要求、试验、包装、运输、交货及工厂检验和监造的一般要求。

本部分适用于智能变电站220kV～750kV变压器保护招标。

2 规范性引用文件

下列文件对于本文件的应用是必不可少的。凡是注日期的引用文件，仅所注日期的版本适用于本文件。凡是不注日期的引用文件，其最新版本（包括所有的修改单）适用于本文件。

GB/T 191 包装储运图示标志

GB/T 2423（所有部分） 电工电子产品环境试验

GB/T 7261 继电保护和安全自动装置基本试验方法

GB/T 11287 电气继电器 第21部分：量度继电器和保护装置的振动、冲击、碰撞和地震试验 第1篇：振动试验（正弦）

GB/T 14285 继电保护和安全自动装置技术规程

GB/T 14537 量度继电器和保护装置的冲击和碰撞试验

GB/T 14598.3 电气继电器 第5部分：量度继电器和保护装置的绝缘配合要求和试验

GB/T 14598.9 量度继电器和保护装置 第22-3部分：电气骚扰试验 辐射电磁场骚扰试验

GB/T 14598.10 量度继电器和保护装置 第22-4部分：电气骚扰试验——电快速瞬变/脉冲群抗扰度试验

GB/T 14598.13 量度继电器和保护装置 第22-1部分：电气骚扰试验 1MHz脉冲群抗扰度试验

GB/T 14598.14 量度继电器和保护装置的电气干扰试验 第2部分：静电放电试验

GB/T 14598.17 电气继电器 第22-6部分：量度继电器和保护装置的电气骚扰试验——射频场感应的传导骚扰抗扰度

GB/T 14598.18 电气继电器 第22-5部分：量度继电器和保护装置的电气骚扰试验——浪涌抗扰度试验

GB/T 14598.19 电气继电器 第22-7部分：量度继电器和保护装置的电气骚扰试验——工频抗扰度试验

GB/T 18663.3 电子设备机械结构 公制系列和英制系列的试验 第3部分：机柜、机架和插箱的电磁屏蔽性能试验

GB/T 20840.8 互感器 第8部分：电子式电流互感器

GB/T 22386 电力系统暂态数据交换通用格式

GB/T 25931 网络测量和控制系统的精确时钟同步协议

GB/T 26864 电力系统继电保护产品动模试验

DL/T 478 静态继电保护及安全自动装置通用技术条件

DL/T 559 220kV～750kV电网继电保护装置运行整定规程

DL/T 587　微机继电保护装置运行管理规程

DL/Z 713　500kV 变电所保护和控制设备抗扰度要求

DL/T 720　电力系统继电保护柜、屏通用技术条件

DL/T 769　电力系统微机继电保护技术导则

DL/T 860（所有部分）　变电站通信网络和系统

DL/T 860.81　变电站通信网络和系统　第 8-1 部分：特定通信服务映射（SCSM）对 MMS（ISO 9506-1 和 ISO 9506-2）及 ISO/IEC 8802

DL/T 860.92　变电站通信网络和系统　第 9-2 部分：特定通信服务映射（SCSM）映射到 ISO/IEC 8802-3 的采样值

DL/T 886　750kV 电力系统继电保护

DL/T 995　继电保护和电网安全自动装置检验规程

DL/T 5136　火力发电厂、变电所二次接线设计技术规程

DL/T 5218　220kV～500kV 变电所设计技术规程

Q/GDW 383　智能变电站技术导则

Q/GDW 414　变电站智能化改造技术规范

Q/GDW 428　智能变电站智能终端技术规范

Q/GDW 441　智能变电站继电保护技术规范

Q/GDW 1175　变压器、高压并联电抗器和母线保护及辅助装置标准化设计规范

Q/GDW 1396　IEC 61850 工程继电保护应用模型

Q/GDW 1426　智能变电站合并单元技术规范

Q/GDW 1430　智能变电站智能控制柜技术规范

Q/GDW 1808　智能变电站继电保护通用技术条件

Q/GDW 10393　110（66）kV～220kV 智能变电站设计规范

Q/GDW 10394　330kV～750kV 智能变电站设计规范

Q/GDW 11010　继电保护信息规范

Q/GDW 13001—2014　高海拔外绝缘配置技术规范

3　术语和定义

下列术语和定义适用于本文件。

3.1

招标人　bidder

提出招标项目，进行招标的法人或其他组织。

3.2

投标人　tenderer

响应招标、参加投标竞争的法人或者其他组织。

3.3

卖方　seller

提供本部分货物和技术服务的法人或其他组织，包括其法定的承继者。

3.4

买方　buyer

购买本部分货物和技术服务的法人或其他组织，包括其法定的承继者和经许可的受让人。

4 总则

4.1 一般性要求

4.1.1 卖方提供的智能变电站继电保护及相关设备应符合 Q/GDW 441 的要求。

智能变电站继电保护与站控层信息交互采用 DL/T 860 标准，跳合闸命令和联闭锁信息可通过直接电缆连接或 GOOSE 机制传输。卖方提供的继电保护及相关设备所采用的技术应遵循 Q/GDW 441 及本部分中与之对应的部分。

4.1.2 卖方提供的智能变电站继电保护及相关设备应符合 Q/GDW 1175 的要求。

智能变电站继电保护装置的动作信息、告警信息、状态变位信息、中间节点信息、日志记录、人机界面信息等信息输出符合 Q/GDW 11010 的要求。

4.1.3 本部分提出的是最低限度的要求，并未对一切技术细节作出规定，也未充分引述有关标准的条文，投标人应提供符合本部分和工业标准的优质产品。

4.1.4 如果投标人没有以书面形式对本部分的条文提出异议，则表示投标人提供的设备完全符合本部分的要求；如有异议，应在报价书中以"对规范书的意见和同规范书的差异"为标题的专门章节中加以详细描述。

4.1.5 本部分所使用的标准如遇与投标人所执行的标准不一致按较高的标准执行。

4.1.6 本部分经招、投标双方确认后作为订货合同的技术附件，与合同正文具有同等效力。

4.2 卖方职责

卖方的工作范围将包括下列内容，但不仅仅限于此内容：

a) 提供标书内所有设备及设计说明书及制造方面的说明；

b) 提供国家或电力行业级检验检测机构出具的动模试验报告、型式试验报告和 IEC 61850 的一致性测试报告，以便确认供货设备能否满足所有的性能要求；

c) 提供与投标设备版本相符的安装及使用说明书；

d) 提供试验和检验的标准，包括试验报告和试验数据；

e) 提供图纸，制造和质量保证过程的一览表以及标书规定的其他资料；

f) 提供设备管理和运行所需有关资料；

g) 所提供设备应发运到规定的目的地；

h) 在更换所用的准则、标准、规程或修改设备技术数据时，卖方应接受需方的选择；

i) 现场服务。

4.3 应满足的标准

装置至少应满足 GB/T 191、GB/T 2423（所有部分）、GB/T 7261、GB/T 11287、GB/T 14285、GB/T 14537、GB/T 14598.3、GB/T 14598.9、GB/T 14598.10、GB/T 14598.13、GB/T 14598.14、GB/T 14598.17、GB/T 14598.18、GB/T 14598.19、GB/T 18663.3、GB/T 20840.8、GB/T 22386、GB/T 25931、GB/T 26864、DL/T 478、DL/T 559、DL/T 587、DL/Z 713、DL/T 720、DL/T 769、DL/T 860、DL/T 860.81、DL/T 860.92、DL/T 886、DL/T 995、DL/T 5136、DL/T 5218、Q/ GDW 1808、Q/GDW 11010、Q/GDW 1175、Q/GDW 383、Q/GDW 10393、Q/GDW 10394、Q/GDW 1396、Q/GDW 414、Q/GDW 1426、Q/GDW 428、Q/GDW 1430、Q/GDW 441、Q/GDW 13001—2014 中所列标准的最新版本要求，但不限于上述所列标准。

4.4 应满足的文件

该类设备技术标准应满足国家法律法规及国家电网有限公司标准化成果中相关条款要求。下列文件中相应的条款规定均适用于本文件，其最新版本（包括所有的修改单）适用于本文件。包括：

a) 《电力监控系统安全防护规定》；

b) 《国家电网有限公司十八项电网重大反事故措施（2018 年修订版）》；

c) 《国家电网有限公司输变电工程通用设备 35kV～750kV 变电站分册（2018 年版）》；

d）《国家电网有限公司输变电工程通用设计》；

e）《国家电网公司关于加快推进电力监控系统网络安全管理平台建设的通知》；

f）《国家电网继电保护柜、屏制造规范》。

5 技术参数和性能要求

5.1 使用环境条件

5.1.1 设备储存温度：$-25℃\sim+70℃$。

5.1.2 设备工作温度：$-10℃\sim+55℃$。

5.1.3 大气压力：$80kPa\sim106kPa$。

5.1.4 相对湿度：$5\%\sim95\%$。

5.1.5 抗地震能力：地面水平加速度 $0.3g$，垂直加速度 $0.15g$，同时作用。

5.2 保护装置额定参数

5.2.1 额定直流电源：220V（110V）。

5.2.2 额定交流电流：5A（1A）。

5.2.3 额定交流电压：$100V/\sqrt{3}$（相电压），100V（线电压），300V（开口三角电压）。

5.2.4 数字量输入额定电流：01CFH 或 00E7H；额定电压：2D41H。

5.2.5 额定频率：50Hz。

5.2.6 打印机工作电源：交流 220V，50Hz。

5.3 装置功率消耗

5.3.1 装置交流消耗：交流电流回路功率消耗每相不大于 0.5VA（$I_N=1A$）或 1VA（$I_N=5A$）；交流电压回路功率消耗（额定电压下）每相不大于 0.5VA。卖方投标时必须提供确切数值。

5.3.2 装置直流消耗：当正常工作时，不大于 50W；当保护动作时，不大于 80W。卖方投标时必须提供确切数值。

5.4 220kV～750kV 主变压器保护总的技术要求

5.4.1 本节规定了跳合闸命令和联闭锁信息通过 GOOSE 机制传输和（或）电压、电流量通过电子式互感器及 MU 采集的保护设备的技术要求。

通过传统互感器、电缆直接采样的装置，保护装置交流采样及交流二次回路的技术要求，应符合已有的相应规范和标准以及《国家电网有限公司物资采购标准 继电保护及自动装置卷》相关部分要求。

通过电缆直接跳闸装置，装置跳合闸及二次回路的技术要求，应符合已有的相应规范和标准以及《国家电网有限公司物资采购标准 继电保护及自动装置卷》相关部分要求。

5.4.2 环境温度在 $-10℃\sim+55℃$ 时，保护装置应能满足本部分所规定的精度。

5.4.3 220kV 及以上电压等级变压器保护系统应遵循双重化配置原则，每套保护系统装置功能独立完备、安全可靠，具体要求如下：

　　a）每套完整、独立的保护装置应能处理可能发生的所有类型的故障。两套保护之间不应有任何电气联系，当一套保护异常或退出时不应影响另一套保护的运行。

　　b）两套保护的电压（电流）采样值应分别取自相互独立的 MU。

　　c）双重化配置保护使用的 GOOSE 网络应遵循相互独立的原则，当一个网络异常或退出时不应影响另一个网络的运行。

　　d）两套保护的跳闸回路应与两个智能终端分别一一对应；两个智能终端应与断路器的两个跳闸线圈分别一一对应。

　　e）双重化的两套保护及其相关设备（电子式互感器、MU、智能终端、网络设备、跳闸线圈等）的直流电源应一一对应。

　　f）双重化配置的保护应使用主、后一体化的保护装置。

5.4.4　除出口继电器外，装置内的任一元件损坏时，装置不应误动作跳闸。

5.4.5　保护装置不应依赖于外部对时系统实现其保护功能。

5.4.6　330kV 及以上电压等级过程层 GOOSE 网络、站控层 MMS 网络应完全独立，220kV 电压等级过程层 SV 与 GOOSE 共网，过程层网络和站控层网络应完全独立，变压器保护装置接入不同网络时，应采用相互独立的数据接口控制器。

5.4.7　保护装置、智能终端等智能电子设备间的相互启动、相互闭锁、位置状态等交换信息通过 GOOSE 网络传输，双重化配置的保护之间不直接交换信息。

5.4.8　330kV 及以上电压等级双母线电压切换功能由电压切换箱实现，220kV 电压等级双母线电压切换功能由合并单元实现。

5.4.9　3/2 断路器接线形式，两个断路器的电流 MU 分别接入保护装置，电压 MU 单独接入保护装置。

5.4.10　变压器保护直接采样，直接跳各侧断路器；变压器保护跳母联、分段断路器及闭锁备自投、启动失灵等可采用 GOOSE 网络传输。变压器保护可通过 GOOSE 网络接收失灵保护跳闸命令，并实现失灵跳变压器各侧断路器。

5.4.11　变压器保护可采用分布式保护。分布式保护由主单元和若干个子单元组成，子单元不应跨电压等级。

5.4.12　变压器非电量保护采用就地直接电缆跳闸，信息通过本体智能终端上送过程层 GOOSE 网。

5.4.13　保护装置采样同步应由保护装置实现，装置 SV 采样值接口支持 GB/T 20840.8 或 DL/T 860.92 协议，在工程应用时应能灵活配置。

5.4.14　保护装置应自动补偿电子式互感器的采样响应延迟，当响应延时发生变化时应闭锁采自不同 MU 且有采样同步要求的保护。保护装置的采样输入接口数据的采样频率宜为 4000Hz。

5.4.15　保护装置的交流量信息应具备自描述功能。

5.4.16　保护装置应处理 MU 上送的数据品质位（无效、检修等），及时准确提供告警信息。在异常状态下，利用 MU 的信息合理地进行保护功能的退出和保留，瞬时闭锁可能误动的保护，延时告警，并在数据恢复正常之后尽快恢复被闭锁的保护功能，不闭锁与该异常采样数据无关的保护功能。接入两个及以上 MU 的保护装置应按 MU 设置"MU 投入"软压板。

5.4.17　当采用电子式互感器时，保护装置应针对电子式互感器特点优化相关保护算法，提高保护性能。

5.4.18　保护装置应采取措施，防止输入的双 A/D 数据之一异常时误动作。

5.4.19　保护装置应具备远方修改定值功能、软压板远方投退和定值区远方切换功能，其软压板远方投退功能不允许通过修改定值实现。保护装置只设"远方操作"和"保护检修状态"硬压板，保护功能投退不设硬压板，如下：

　　a)　"远方操作"只设硬压板。"远方投退压板""远方切换定值区"和"远方修改定值"只设软压板，只能在装置本地操作，三者功能相互独立，分别与"远方操作"硬压板采用"与门"逻辑。当"远方操作"硬压板投入后，上述三个软压板远方功能才有效；

　　g)　"保护检修状态"只设硬压板，当该压板投入时，保护装置报文上送带品质位信息。"保护检修状态"硬压板遥信不置检修标志；保护装置应有明显显示（面板指示灯和界面显示）。参数、配置文件仅在检修压板投入时才可下装，下装时应闭锁保护。

5.4.20　保护装置应同时支持 GOOSE 点对点和网络方式传输，传输协议遵循 DL/T 860.81。

5.4.21　保护装置采样值接口和 GOOSE 接口数量应满足工程的需要。

5.4.22　保护装置应具备 MMS 接口与站控层设备通信。保护装置向站控层提供的信息符合 Q/GDW 1396。

5.4.23　保护装置的交流电流、交流电压及保护设备参数的显示、打印、整定应能支持一次值，上送信息应采用一次值。

5.4.24　保护装置内部 MMS 接口、GOOSE 接口、SV 接口应采用相互独立的数据接口控制器接入网络。

5.4.25 保护装置应具备通信中断、异常等状态的检测和告警功能。装置应提供装置故障（含失电）无源触点输出。

5.4.26 保护装置宜通过 IRIG－B（DC）码对时，也可采用 GB/T 25931 进行网络对时，对时精度应满足要求。

5.4.27 对保护装置 ICD 文件与 CID 文件的要求如下：
a） ICD、CID 文件符合统一的模型要求，适用于通用的配置工具和静态检测、分析软件；
b） ICD 文件应完整描述 IED 提供的数据模型及服务，采用模块化设计，包含版本信息；
c） CID 文件应完整描述本 IED 的实例化信息，应包含版本信息。

5.4.28 保护装置信息交互要求如下：
a） 智能变电站继电保护应满足运行维护、监视控制及无人值班、智能电网调度等信息交互的要求。
b） 继电保护设备应该支持在线和离线获取模型，离线获取和在线召唤的模型应保持一致。定值模型应包含描述、定值单位、定值上限、定值下限等信息。
c） 继电保护设备应将检修压板状态上送站控层。当继电保护设备检修压板投入时，上送报文中信号的品质 q 的"Test 位"应置位。
d） 继电保护设备应支持取代服务，取代数据的上送报文中，信号的品质 q 的"取代位"应置位。
e） 继电保护设备应能够支持不小于 16 个客户端的 TCP/IP 访问连接，应能够支持 10 个报告实例。

5.4.29 保护装置交互信息内容如下：
a） 继电保护设备应支持上送采样值、开关量、压板状态、设备参数、定值区号及定值、自检信息、异常告警信息、保护动作事件及参数（故障相别、跳闸相别和测距）、录波报告信息、装置硬件信息、装置软件版本信息、装置日志信息等数据；
b） 继电保护设备主动上送的信息应包括开关量变位信息、异常告警信息和保护动作事件信息等；
c） 继电保护设备应支持远方投退压板、修改定值、切换定值区、设备复归功能，并具备权限管理功能；
d） 继电保护设备的自检信息应包括硬件损坏、功能异常、与过程层设备通信状况等；
e） 继电保护设备应支持远方召唤至少最近 8 次录波报告的功能。

5.4.30 雷击过电压、一次回路操作、系统故障及其他强干扰作用下，不应误动和拒动。装置静电放电试验、快速瞬变干扰试验、高频干扰试验、辐射电磁场干扰试验、冲击电压试验和绝缘试验应符合本部分的相关标准。保护装置调试端口应带有光电隔离装置。

5.4.31 保护柜中的插件应接触可靠，并且有良好的互换性，以便检修时能迅速更换。

5.4.32 保护装置应具有直流电源快速小开关，与保护装置安装在同一柜上。保护装置的逻辑回路应由独立的直流/直流变换器供电。直流电压消失时，保护装置不应误动作。直流电源电压在 80%～115%额定值范围内变化时，保护装置应正确工作。在直流电源恢复（包括缓慢地恢复）到 80%UN 时，直流逆变电源应能自动启动。直流电源纹波系数小于或等于 5%时，保护装置应正确工作。拉合直流电源以及插拔熔丝发生重复击穿火花时，保护装置不应误动作。直流电源回路出现各种异常情况（如短路、断线、接地等）时保护装置不应误动作。

5.4.33 所提供保护设备的软件版本及校验码应与买方进行确认，并提供配套的使用说明书和相关的定值清单。

5.4.34 差动保护技术原则：
a） 具有防止励磁涌流引起保护误动的功能；
b） 具有防止区外故障保护误动的制动特性；
c） 具有差动速断功能；
d） 330kV 及以上电压等级变压器保护，应具有防止过励磁引起误动的功能；
e） 电流采用"Y 形接线"接入保护装置，其相位和电流补偿应由保护装置软件实现；

f） 3/2 断路器接线或桥接线的两组 TA 应分别接入保护装置；

g） 具有 TA 断线告警功能，可通过控制字选择是否闭锁差动保护。

5.5 220kV 主变压器保护装置具体要求

220kV 主变压器以高中压侧双母线接线、低压侧双分支单母分段接线的三绕组变压器为典型设计要求考虑。其他主变压器或主接线形式不同的变压器保护配置方案在技术规范专用部分中规定。

5.5.1 变压器保护配置

配置双重化的主、后备保护一体变压器电气量保护和一套非电量保护。各种保护的要求如下：

5.5.1.1 主保护配置要求如下：

a） 配置纵差保护、差动速断保护；

b） 可配置不需整定的零序分量、负序分量或变化量等反映轻微故障的故障分量差动保护。

5.5.1.2 高压侧后备保护要求如下：

a） 复压过流保护，设置三段，如下：

　1） Ⅰ 段带方向，方向可投退，指向可整定，复压可投退，设 3 个时限；

　2） Ⅱ 段带方向，方向可投退，指向可整定，复压可投退，设 3 个时限；

　3） Ⅲ 段不带方向，复压可投退，设 2 个时限。

b） 零序过流保护，设置三段，如下：

　1） Ⅰ 段带方向，方向可投退，指向可整定，过流元件可选择自产或外接，设 3 个时限；

　4） Ⅱ 段带方向，方向可投退，指向可整定，过流元件可选择自产或外接，设 3 个时限；

　5） Ⅲ 段不带方向，过流元件可选择自产或外接，设 2 个时限。

c） 间隙过流保护，设置一段 1 时限，间隙过流和零序过压二者构成"或"逻辑，延时跳开变压器各侧断路器；

d） 零序过压保护，设置一段 1 时限，零序电压可选自产或外接。零序电压选外接时固定为 180V、选自产时固定为 120V，延时跳开变压器各侧断路器；

e） 失灵联跳功能，设置一段 1 时限。变压器高压侧断路器失灵保护动作后经变压器保护跳各侧断路器功能。变压器高压侧断路器失灵保护动作开入后，应经灵敏的、不需整定的电流元件并带 50 ms 延时后跳开变压器各侧断路器；

f） 过负荷保护，设置一段 1 时限，定值固定为本侧额定电流的 1.1 倍，延时 10s，动作于信号。

5.5.1.3 中压侧后备保护要求如下：

a） 复压过流保护，设置三段，如下：

　1） Ⅰ 段带方向，方向可投退，指向可整定，复压可投退，设 3 个时限；

　2） Ⅱ 段带方向，方向可投退，指向可整定，复压可投退，设 3 个时限；

　3） Ⅲ 段不带方向，复压可投退，设 2 个时限。

b） 零序过流保护，设置三段，如下：

　1） Ⅰ 段带方向，方向可投退，指向可整定，过流元件可选择自产或外接，设 3 个时限；

　2） Ⅱ 段带方向，方向可投退，指向可整定，过流元件可选择自产或外接，设 3 个时限；

　3） Ⅲ 段不带方向，过流元件可选择自产或外接，设 2 个时限。

c） 间隙过流保护，设置一段 2 时限，间隙过流和零序过压二者构成"或"逻辑。1 时限跳开小电源，2 时限跳开变压器各侧；

d） 零序过压保护，设置一段 2 时限，零序电压可选自产或外接。零序电压选外接时固定为 180V、选自产时固定为 120V，1 时限跳开小电源，2 时限跳开变压器各侧；

e） 失灵联跳功能，设置一段 1 时限。变压器中压侧断路器失灵保护动作后经变压器保护跳各侧断路器功能。变压器中压侧断路器失灵保护动作开入后，应经灵敏的、不需整定的电流元件并带 50 ms 延时后跳开变压器各侧断路器；

f) 过负荷保护，设置一段 1 时限，定值固定为本侧额定电流的 1.1 倍，延时 10s，动作于信号。

5.5.1.4 低压 1 分支后备保护配置如下：

a) 复压过流保护，设置两段，如下：

1) Ⅰ段带方向，方向可投退，指向可整定，复压可投退，设 3 个时限；

2) Ⅱ段不带方向，复压可投退，设 3 个时限。

b) 零序过压告警，设置一段 1 时限，固定取自产零序电压，定值固定 70V，延时 10s，动作于信号；

c) 过负荷保护，设置一段 1 时限，采用低压 1 分支、2 分支和电流，定值固定为本侧额定电流的 1.1 倍，延时 10s，动作于信号。

5.5.1.5 低压 2 分支后备保护配置如下：

a) 复压过流保护，设置两段，如下：

1) Ⅰ段带方向，方向可投退，指向可整定，复压可投退，设 3 个时限；

2) Ⅱ段不带方向，复压可投退，设 3 个时限。

b) 零序过压告警，设置一段 1 时限，固定取自产零序电压，定值固定 70V，延时 10s，动作于信号。

5.5.1.6 高、中压侧相间和接地阻抗保护（选配），如下：

a) 带偏移特性的阻抗保护，如下：

1) 指向变压器的阻抗不伸出对侧母线，作为变压器部分绕组故障的后备保护。

2) 指向母线的阻抗作为本侧母线故障的后备保护。

b) 阻抗保护按时限判别是否经振荡闭锁；大于 1.5s 时，则该时限不经振荡闭锁，否则经振荡闭锁；

c) 设置一段 3 时限。

5.5.1.7 低压侧小电阻接地零序过流保护，接地变后备保护（选配），如下：

a) 低压每分支分别设置零序过流保护一段 2 时限，固定取自产零序电流，第 1 时限跳开本分支分段，第 2 时限跳开本分支断路器。

b) 接地变后备保护，如下：

1) 速断过流一段 1 时限，时间固定为 0s，跳开本分支断路器；

2) 过流保护一段 1 时限，延时跳开本分支断路器；

3) 零序过流保护两段，Ⅰ段 3 时限，第 1 时限跳开本分支分段，第 2 时限跳开本分支断路器，第 3 时限跳开变压器各侧断路器。Ⅱ段 1 时限，延时跳开本分支断路器。

5.5.1.8 低压侧电抗器后备保护（选配），如下：

a) 复压过流，设置一段 2 时限；

b) 当低压侧仅配置 1 台电抗器时，低压侧电抗器复压取低压两分支电压，第 1 时限跳开两分支断路器，第 2 时限跳开变压器各侧断路器；

c) 当低压侧按分支分别配置电抗器时，复压取本分支电压，第 1 时限跳开本分支断路器，第 2 时限跳开变压器各侧断路器。

5.5.1.9 公共绕组后备保护（选配），如下：

a) 零序过流保护，设置一段 1 时限，采用自产零序电流和外接零序电流"或门"判断，跳闸或告警可选；保护定值按照公共绕组 TA 变比整定，保护装置根据公共绕组零序 TA 变比自动折算；

b) 过负荷保护，设置一段 1 时限，定值固定为本侧额定电流的 1.1 倍，延时 10s，动作于信号。

5.5.1.10 变压器非电量保护

非电量保护跳闸不启动 220kV 失灵保护。其主要功能和技术要求如下：

a) 非电量保护动作信息通过本体智能终端上送过程层 GOOSE 网；

b) 重瓦斯保护作用于跳闸，其余非电量保护宜作用于信号；

c) 作用于跳闸的非电量保护，启动功率应大于 5W，动作电压在额定直流电源电压的 55%～70%
范围内，额定直流电源电压下动作时间为 10ms～35ms，应具有抗 220V 工频干扰电压的能力；

d) 用于三相变压器的非电量保护装置的输入量不少于 14 路。

5.5.2 装置 MMS、SV、GOOSE 接口要求

装置应具备站控层 MMS 接口至少 2 个；对采用 MU 数字量输入装置，应具备 SV（采样值）点对
点接口 6～8 个；对采用过程层 GOOSE 的装置，应具备 GOOSE 组网接口 2～3 个、点对点接口至少 3～
5 个。装置具体接口数量，买方在设计联络阶段确认。

5.6　330kV 主变压器保护装置具体要求

330kV 主变压器以高压侧 3/2 断路器接线、中压侧双母双分段接线、低压侧单母接线，变压器低压
侧有总断路器的分相自耦变压器为典型设计要求考虑。其他主变压器或主接线形式不同的变压器保护配
置方案在专用技术规范规定。

5.6.1　变压器保护配置

配置双重化的主、后备保护一体变压器电气量保护和一套非电量保护。各种保护的要求如下。

5.6.1.1 主保护配置要求如下：

a) 配置纵差保护；

b) 为提高切除自耦变压器内部单相接地短路故障的可靠性，可配置由高、中压侧和公共绕组 TA
构成的分侧差动保护；

c) 可配置不需整定的零序分量、负序分量或变化量等反映轻微故障的故障分量差动保护。

注 1：纵差保护是指由变压器各侧外附 TA 构成的差动保护，该保护能反映变压器各侧的各类故障。

注 2：零序分量、负序分量或变化量等反映轻微故障的差动保护称为故障分量差动保护。

5.6.1.2 高压侧后备保护配置如下：

a) 带偏移特性的阻抗保护，如下：

 1) 指向变压器的阻抗不伸出中压侧母线，作为变压器部分绕组故障的后备保护；

 2) 指向母线的阻抗作为本侧母线故障的后备保护；

 3) 阻抗保护按时限判别是否经振荡闭锁；大于 1.5s 时，则该时限不经振荡闭锁，否则经振荡
 闭锁；

 4) 设置一段 4 时限，当为双母双分段主接线时，第 1 时限跳开分段，第 2 时限跳开母联，第
 3 时限跳开本侧断路器，第 4 时限跳开变压器各侧断路器。

b) 复压过流保护，设置一段 2 时限，第 1 时限跳开本侧断路器，第 2 时限跳开变压器各侧断路器；

c) 零序电流保护，设置两段，如下：

 1) Ⅰ段经方向闭锁，固定指向母线，过流元件固定取自产。设置 4 时限，当为双母双分段主
 接线时，第 1 时限跳开分段，第 2 时限跳开母联，第 3 时限跳开本侧断路器，第 4 时限跳
 开变压器各侧断路器；

 2) Ⅱ段不经方向闭锁，过流元件可选择取自产或外接，设置 2 时限，第 1 时限跳开本侧断路
 器，第 2 时限跳开变压器各侧断路器。

d) 过励磁保护，应能实现定时限告警和反时限跳闸或告警功能，反时限曲线应与变压器过励磁特
性匹配；

e) 失灵联跳功能，设置一段 1 时限。高压侧断路器失灵保护动作后跳变压器各侧断路器功能。高
压侧断路器失灵保护动作开入后，应经灵敏的、不需整定的电流元件并带 50 ms 延时后跳变压
器各侧断路器；

f) 间隙过流保护，设置一段 1 时限，间隙过流和零序过压二者构成"或"逻辑，延时跳开变压器
各侧断路器；

g) 零序过压保护，设置一段 1 时限，零序电压可选自产或外接。零序电压选外接时固定为 180V、

选自产时固定为 120V，延时跳开变压器各侧断路器；

h) 过负荷保护，设置一段 1 时限，定值固定为本侧额定电流的 1.1 倍，延时 10s，动作于信号。

5.6.1.3 中压侧后备保护，配置如下：

a) 带偏移特性的阻抗保护，如下：

1) 指向变压器的阻抗不伸出高压侧母线，作为变压器部分绕组故障的后备保护；

2) 指向母线的阻抗作为本侧母线故障的后备保护；

3) 阻抗保护按时限判别是否经振荡闭锁；大于 1.5s 时，则该时限不经振荡闭锁，否则经振荡闭锁；

4) 设置两段，Ⅰ段 4 时限，第 1 时限跳开分段，第 2 时限跳开母联，第 3 时限跳开本侧断路器，第 4 时限跳开变压器各侧断路器；Ⅱ段 4 时限，第 1 时限跳开分段，第 2 时限跳开母联，第 3 时限跳开本侧断路器，第 4 时限跳开变压器各侧断路器。

b) 复压过流保护，设置一段 2 时限，第 1 时限跳开本侧断路器，第 2 时限跳开变压器各侧断路器。

c) 零序电流保护，设置两段，如下：

1) Ⅰ段带方向，固定指向母线，过流元件固定取自产，设 4 个时限，第 1 时限跳开分段，第 2 时限跳开母联，第 3 时限跳开本侧断路器。第 4 时限跳开变压器各侧断路器；

2) Ⅱ段不带方向，过流元件可选择自产或外接，设 4 个时限，第 1 时限跳开分段，第 2 时限跳开母联，第 3 时限跳开本侧断路器。第 4 时限跳开变压器各侧断路器；

d) 间隙过流保护，设置一段 2 时限，间隙过流和零序过压二者构成"或"逻辑。1 时限跳开小电源，2 时限跳开变压器各侧断路器；

e) 零序过压保护，设置一段 2 时限，零序电压可选自产或外接。零序电压选外接时固定为 180V、选自产时固定 120V，1 时限跳小电源，2 时限跳各侧；

f) 失灵联跳功能，设置一段 1 时限，变压器中压侧断路器失灵保护动作后跳变压器各侧断路器功能。变压器中压侧断路器失灵保护动作开入后，应经灵敏的、不需整定的电流元件并带 50 ms 延时后跳变压器各侧断路器；

g) 过负荷保护，设置一段 1 时限，定值固定为本侧额定电流的 1.1 倍，延时 10s，动作于信号。

5.6.1.4 低压侧后备保护配置如下：

a) 过流保护，设置一段 2 时限，第 1 时限跳开本侧断路器，第 2 时限跳开变压器各侧断路器；

b) 复压过流保护，设置一段 2 时限，第 1 时限跳开本侧断路器，第 2 时限跳开变压器各侧断路器；

c) 过负荷保护，设置一段 1 时限，定值固定为本侧额定电流的 1.1 倍，延时 10s，动作于信号；

d) 零序过压告警，设置一段 1 时限，固定取自产零序电压，定值固定 70V，延时 10s，动作于信号。

5.6.1.5 公共绕组后备保护配置如下：

a) 零序过流保护，设置一段 2 时限，采用自产零序电流和外接零序电流"或门"判断，跳闸或告警可选；保护定值按照公共绕组 TA 变比整定，保护装置根据公共绕组零序 TA 变比自动折算；

b) 过负荷保护，设置一段 1 时限，定值固定为本侧额定电流的 1.1 倍，延时 10s，动作于信号。

5.6.2 装置 MMS、SV、GOOSE 接口要求

装置应具备站控层 MMS 接口至少 2 个；对采用 MU 数字量输入装置，应具备 SV（采样值）点对点接口 6～8 个；对采用过程层 GOOSE 的装置，应具备 GOOSE 组网接口 2～3 个、点对点接口至少 3～5 个。装置具体接口数量，买方在设计联络阶段确认。

5.7 500kV 主变压器保护装置具体要求

500kV 主变压器以高压侧 3/2 断路器接线、中压侧 3/2 断路器接线、变压器低压侧有总断路器的分相自耦变压器为典型设计要求考虑。其他主变压器或主接线形式不同的变压器保护配置方案在专用技术规范规定。

5.7.1 变压器保护配置

配置双重化的主、后备保护一体变压器电气量保护和一套非电量保护。各种保护的要求如下。

5.7.1.1 主保护配置要求如下：

a) 配置纵差保护或分相差动保护；若仅配置分相差动保护，在低压侧有外附 TA 时，需配置不需整定的低压侧小区差动保护；

b) 为提高切除自耦变压器内部单相接地短路故障的可靠性，可配置由高、中压侧和公共绕组 TA 构成的分侧差动保护；

c) 可配置不需整定的零序分量、负序分量或变化量等反映轻微故障的故障分量差动保护。

注 1： 分相差动保护是指将变压器的各相绕组分别作为被保护对象，由每相绕组的各侧 TA 构成的差动保护，该保护能反映变压器某一相各侧全部故障；低压侧小区差动保护是由低压侧三角形两相绕组内部 TA 和一个反映两相绕组差电流的外附 TA 构成的差动保护。本规范中分相差动保护是指由变压器高、中压侧外附 TA 和低压侧三角内部套管（绕组）TA 构成的差动保护。

注 2： 分侧差动保护是指将变压器的各侧绕组分别作为被保护对象，由各侧绕组的首末端 TA 按相构成的差动保护，该保护不能反映变压器各侧绕组的全部故障。本规范中高中压和公共绕组分侧差动保护指由自耦变压器高、中压侧外附 TA 和公共绕组 TA 构成的差动保护。

注 3： 零序分量、负序分量或变化量等反映轻微故障的差动保护称为故障分量差动保护。

5.7.1.2 高压侧后备保护要求如下：

a) 带偏移特性的阻抗保护，如下：
1) 指向变压器的阻抗不伸出中压侧母线，作为变压器部分绕组故障的后备保护；
2) 指向母线的阻抗作为本侧母线故障的后备保护；
3) 阻抗保护按时限判别是否经振荡闭锁；大于 1.5s 时，则该时限不经振荡闭锁，否则经振荡闭锁；
4) 设置一段 2 时限，第 1 时限跳开本侧断路器，第 2 时限跳开变压器各侧断路器。

b) 复压过流保护，设置一段 1 时限，延时跳开变压器各侧断路器；

c) 零序电流保护，设置三段，方向元件和过流元件均取自产零序电流，如下：
1) Ⅰ段带方向，方向可投退，指向可整定。设置 2 时限；
2) Ⅱ段带方向，方向可投退，指向可整定。设置 2 时限；
3) Ⅲ段不带方向，设置 1 时限，延时跳开变压器各侧断路器。

d) 过励磁保护，应能实现定时限告警和反时限跳闸或告警功能，反时限曲线应与变压器过励磁特性匹配；

e) 失灵联跳功能，设置一段 1 时限，变压器高压侧断路器失灵保护动作后跳变压器各侧断路器功能。变压器高压侧断路器失灵保护动作开入后，应经灵敏的、不需整定的电流元件并带 50 ms 延时后跳变压器各侧断路器；

f) 过负荷保护，设置一段 1 时限，固定为本侧额定电流的 1.1 倍，延时 10s，动作于信号。

5.7.1.3 中压侧后备保护要求如下：

a) 带偏移特性的阻抗保护，如下：
1) 指向变压器的阻抗不伸出高压侧母线，作为变压器部分绕组故障的后备保护；
2) 指向母线的阻抗作为本侧母线故障的后备保护；
3) 阻抗保护按时限判别是否经振荡闭锁；大于 1.5s 时，则该时限不经振荡闭锁，否则经振荡闭锁；
4) 设置一段 4 时限，第 1 时限跳开分段，第 2 时限跳开母联，第 3 时限跳开本侧断路器，第 4 时限跳开变压器各侧断路器。

b) 复压过流保护，设置一段 1 时限，延时跳开变压器各侧断路器；

c) 零序电流保护，设置三段，方向元件和过流元件取自产零序电流，如下：
1) Ⅰ段带方向，方向可投退，指向可整定；设置 3 时限；
2) Ⅱ段带方向，方向可投退，指向可整定；设置 3 时限；
3) Ⅲ段不带方向，设置 1 时限，延时跳开变压器各侧断路器。
d) 失灵联跳功能，设置一段 1 时限。变压器中压侧断路器失灵保护动作后跳变压器各侧断路器功能。变压器中压侧断路器失灵保护动作开入后，应经灵敏的、不需整定的电流元件并带 50 ms 延时后跳变压器各侧断路器；
e) 过负荷保护，设置一段 1 时限，定值固定为本侧额定电流的 1.1 倍，延时 10s，动作于信号。

5.7.1.4 低压绕组后备保护配置如下：
a) 过流保护，设置一段 2 时限，第 1 时限跳开本侧断路器，第 2 时限跳开变压器各侧断路器；
b) 复压过流保护，设置一段 2 时限，第 1 时限跳开本侧断路器，第 2 时限跳开变压器各侧断路器；
c) 过负荷保护，设置一段 1 时限，定值固定为本侧额定电流的 1.1 倍，延时 10s，动作于信号。

5.7.1.5 低压侧后备保护配置如下：
a) 过流保护，设置一段 2 时限，第 1 时限跳开本侧断路器，第 2 时限跳开变压器各侧断路器；
b) 复压过流保护，设置一段 2 时限，第 1 时限跳开本侧断路器，第 2 时限跳开变压器各侧断路器；
c) 过负荷保护，设置一段 1 时限，定值固定为本侧额定电流的 1.1 倍，延时 10s，动作于信号；
d) 零序过压告警，设置一段 1 时限，固定取自产零序电压，定值固定 70V，延时 10s，动作于信号。

5.7.1.6 公共绕组后备保护配置如下：
a) 零序过流保护，设置一段 1 时限，采用自产零序电流和外接零序电流"或门"判断，跳闸或告警可选；保护定值按照公共绕组 TA 变比整定，保护装置根据公共绕组零序 TA 变比自动折算；
b) 过负荷保护，设置一段 1 时限，定值固定为本侧额定电流的 1.1 倍，延时 10s，动作于信号。

5.7.1.7 变压器非电量保护
非电量保护跳闸不启动 500kV 及 220kV 失灵保护。其主要功能和技术要求如下：
a) 非电量保护动作信息通过本体智能终端上送过程层 GOOSE 网；
b) 重瓦斯保护作用于跳闸，其余非电量保护宜作用于信号；
c) 作用于跳闸的非电量保护，启动功率应大于 5W，动作电压在额定直流电源电压的 55%～70% 范围内，额定直流电源电压下动作时间为 10ms～35ms，应具有抗 220V 工频干扰电压的能力；
d) 分相变压器 A、B、C 相非电量分相输入，作用于跳闸的非电量保护三相共用一个功能压板；
e) 用于分相变压器的非电量保护装置的输入量每相不少于 14 路，用于三相变压器的非电量保护装置的输入量不少于 14 路。

5.7.2 装置 MMS、SV、GOOSE 接口要求
装置应具备站控层 MMS 接口至少 2 个；对采用 MU 数字量输入装置，应具备 SV（采样值）点对点接口 6～8 个；对采用过程层 GOOSE 的装置，应具备 GOOSE 组网接口 2～3 个、点对点接口至少 3～5 个。装置具体接口数量，买方在设计联络阶段确认。

5.8 750kV 主变压器保护装置具体要求
750kV 主变压器以高压侧 3/2 断路器接线、中压侧 3/2 断路器接线、变压器低压侧有总断路器的分相自耦变压器为典型设计要求考虑。其他主变压器或主接线形式不同的变压器保护配置方案在专用技术规范规定。

5.8.1 变压器保护配置
配置双重化的主、后备保护一体变压器电气量保护和一套非电量保护。各种保护的要求如下。

5.8.1.1 主保护配置如下：
a) 配置纵差保护或分相差动保护；若仅配置分相差动保护，在低压侧有外附 TA 时，需配置不需

整定的低压侧小区差动保护；

b）为提高切除自耦变压器内部单相接地短路故障的可靠性，可配置由高、中压侧和公共绕组 TA 构成的分侧差动保护；

c）可配置不需整定的零序分量、负序分量或变化量等反映轻微故障的故障分量差动保护。

5.8.1.2 高压侧后备保护配置如下：

a）带偏移特性的阻抗保护，如下：

1）指向变压器的阻抗不伸出中压侧母线，作为变压器部分绕组故障的后备保护；

2）指向母线的阻抗作为本侧母线故障的后备保护；

3）阻抗保护按时限判别是否经振荡闭锁；大于 1.5s 时，则该时限不经振荡闭锁，否则经振荡闭锁；

4）设置一段 2 时限，第 1 时限跳开本侧断路器，第 2 时限跳开变压器各侧断路器。

b）复压过流保护，设置一段 1 时限，延时跳开变压器各侧断路器；

c）零序电流保护，设置两段，方向元件和过流元件取自产零序电流，如下：

1）Ⅰ段带方向，方向指向母线，设置 1 时限，延时跳开变压器各侧断路器；

2）Ⅱ段不带方向，设置 1 时限，延时跳开变压器各侧断路器。

d）过励磁保护，应能实现定时限告警和反时限跳闸或告警功能，反时限曲线应与变压器过励磁特性匹配；

e）失灵联跳功能，设置一段 1 时限。变压器高压侧断路器失灵保护动作后跳变压器各侧断路器功能。变压器高压侧断路器失灵保护动作开入后，应经灵敏的、不需整定的电流元件并带 50 ms 延时后跳变压器各侧断路器；

f）过负荷保护，设置一段 1 时限，定值固定为本侧额定电流的 1.1 倍，延时 10s，动作于信号。

5.8.1.3 中压侧后备保护配置如下：

a）带偏移特性的阻抗保护，如下：

1）指向变压器的阻抗不伸出高压侧母线，作为变压器部分绕组故障的后备保护；

2）指向母线的阻抗作为本侧母线故障的后备保护；

3）阻抗保护按时限判别是否经振荡闭锁；大于 1.5s 时，则该时限不经振荡闭锁，否则经振荡闭锁；

4）设置一段 4 时限，第 1 时限跳开分段，第 2 时限跳开母联，第 3 时限跳开本侧断路器，第 4 时限跳开变压器各侧断路器。

b）复压过流保护，设置一段 1 时限，延时跳开变压器各侧断路器；

c）零序电流保护，设置两段，方向元件和过流元件取自产零序电流，如下：

1）Ⅰ段带方向，方向指向母线。设置 4 时限，第 1 时限跳开分段，第 2 时限跳开母联，第 3 时限跳开本侧断路器，第 4 时限跳开变压器各侧断路器；

2）Ⅱ段不带方向，设置 4 时限，第 1 时限跳开分段，第 2 时限跳开母联，第 3 时限跳开本侧断路器，第 4 时限跳开变压器各侧断路器。

d）失灵联跳功能，设置一段 1 时限。变压器中压侧断路器失灵保护动作后跳变压器各侧断路器功能。变压器中压侧断路器失灵保护动作开入后，应经灵敏的、不需整定的电流元件并带 50 ms 延时后跳变压器各侧断路器；

e）过负荷保护，设置一段 1 时限，定值固定本侧额定电流的 1.1 倍，延时 10s，动作于信号。

5.8.1.4 低压侧绕组后备保护配置如下：

a）过流保护，设置一段 2 时限。第一时限跳开本侧断路器，第二时限跳开变压器各侧断路器；

b）复压过流保护，设置一段 2 时限。第一时限跳开本侧断路器，第二时限跳开变压器各侧断路器；

c）过负荷保护，定值固定为本侧额定电流的 1.1 倍，延时 10s，动作于信号。

5.8.1.5 低压 1 分支后备保护配置如下：

a) 过流保护，设置一段 2 时限，第 1 时限跳开本侧断路器，第 2 时限跳开变压器各侧断路器；

b) 复压过流保护。设置一段 2 时限，第 1 时限跳开本侧断路器，第 2 时限跳开变压器各侧断路器；

c) 零序过压告警，设置一段 1 时限，固定取自产零序电压，定值固定 70V，延时 10s，动作于信号；

d) 过负荷保护，设置一段 1 时限，采用低压 1 分支、2 分支和电流，定值固定为本侧额定电流的 1.1 倍，延时 10s，动作于信号。

5.8.1.6 低压 2 分支后备保护配置如下：

a) 过流保护。设置一段 2 时限，第 1 时限跳开本侧断路器，第 2 时限跳开变压器各侧断路器；

b) 复压过流保护。设置一段 2 时限，第 1 时限跳开本侧断路器，第 2 时限跳开变压器各侧断路器；

c) 零序过压告警，设置一段 1 时限，固定取自产零序电压，定值固定 70V，延时 10s，动作于信号。

5.8.1.7 公共绕组后备保护配置如下：

a) 零序过流保护，设置一段 1 时限，采用自产零序电流和外接零序电流"或门"判断，跳闸或告警可选；保护定值按照公共绕组 TA 变比整定，保护装置根据公共绕组零序 TA 变比自动折算；

b) 过负荷保护，设置一段 1 时限，定值固定本侧额定电流的 1.1 倍，延时 10s，动作于信号。

5.8.1.8 变压器非电量保护

非电量保护跳闸不启动 750kV 及 330kV 失灵保护。其主要功能和技术要求如下：

a) 非电量保护动作信息通过本体智能终端上送过程层 GOOSE 网；

b) 重瓦斯保护作用于跳闸，其余非电量保护宜作用于信号；

c) 作用于跳闸的非电量保护，启动功率应大于 5W，动作电压在额定直流电源电压的 55%～70% 范围内，额定直流电源电压下动作时间为 10ms～35ms，应具有抗 220V 工频干扰电压的能力；

d) 分相变压器 A、B、C 相非电量分相输入，作用于跳闸的非电量保护三相共用一个功能压板；

e) 用于分相变压器的非电量保护装置的输入量每相不少于 14 路，用于三相变压器的非电量保护装置的输入量不少于 14 路。

5.8.2 装置 MMS、SV、GOOSE 接口要求

装置应具备站控层 MMS 接口至少 2 个；对采用 MU 数字量输入装置，应具备 SV（采样值）点对点接口 6～8 个；对采用过程层 GOOSE 的装置，应具备 GOOSE 组网接口 2～3 个、点对点接口至少 3～5 个。装置具体接口数量，买方在设计联络阶段确认。

5.9 柜结构的技术要求

5.9.1 对智能控制柜，技术要求详见 Q/GDW 430，并遵循以下要求：

5.9.1.1 控制柜应装有截面为 100mm² 的铜接地母线（不要求与柜体绝缘），接地母线末端应装好可靠的压接式端子，以备接到电站的接地网上。柜体应采用双层结构，循环通风。

5.9.1.2 同一保护柜内若有多路直流电源引入，应接入不同安装单元端子排，且每路电源正、负极之间应有端子隔开。控制柜内设备的安排及端子排的布置，应保证各套保护的独立性，在一套保护检修时不影响其他任何一套保护系统的正常运行；

5.9.1.3 控制柜应具备温度、湿度的采集、调节功能，柜内温度控制在 −10℃～+50℃，相对湿度保持在 90%以下，并可上送温度、湿度信息；

5.9.1.4 控制柜应能满足 GB/T 18663.3 变电站户外防电磁干扰的要求。

5.9.2 对非智能普通屏柜，屏体要求详见《国家电网继电保护柜、屏制造规范》，并遵循已发布的《国家电网有限公司物资采购标准 继电保护及自动装置卷》相关部分规定。

5.9.2.1 微机保护和控制装置的屏柜下部应设有截面积不小于 100mm² 的铜排（不要求与保护屏绝缘）。

5.9.2.2 5.9.2.2 保护柜内电压回路每相及 N 相端子均应采用多个连接端子（不少于 3 个）。

5.9.2.3 同一保护柜内若有多路直流电源引入，应接入不同安装单元端子排。

5.9.3 屏柜内部配线、端子排、接地铜排、屏柜上安装辅助设备等应符合相关规程、标准与反事故措施的规定。

6 试验

6.1 工厂试验

卖方提供的设备试验标准应符合国家、行业及 IEC 的有关标准，并提供每一种型式产品的型式试验报告和 IEC 61850 一致性测试报告。

卖方提供的每一套设备出厂之前都应按国家和行业标准以及工厂规定的调试大纲进行出厂检查、性能试验，试验报告应随产品提供。当需做动态模拟试验或数字仿真试验时，模拟系统的接线和参数由卖方与买方在试验前协商确定，按实际系统参数进行试验。

6.2 系统联调试验

卖方应按买方需求配合完成买方组织的保护装置功能验证与系统联调试验。

6.3 现场试验

现场实际设备接入后，应按照 DL/T 995 的要求，在一次设备不带电和带电试运行时做现场试验，卖方应配合完成保护装置的现场调试及投运试验。现场投运前和试运行中发现的设备缺陷和元件损坏，卖方应及时无偿修理或更换，直至符合本部分要求。

6.4 继电保护专业检测

卖方依据国家电网有限公司继电保护专业检测标准参加继电保护专业检测，并提供每一种型式产品的专业检测报告。

7 技术服务、设计联络、工厂检验和监造

7.1 技术文件

7.1.1 卖方提供的技术文件应提供买方所要求的性能信息，并对其可靠性和一致性负责，卖方所提供的技术文件（包括资料和数据）将成为合同一部分。

7.1.2 卖方应随投标书一起提供一般性技术文件，并且应是与投标产品一致的最新版本，投标时应提供的技术文件如下：

    a) 产品的技术说明书；

    b) 产品的型式试验报告和动模试验报告；

    c) 产品的用户运行证明；

    d) 产品的软件版本等。

7.1.3 卖方应在签约后 3 周内向买方提供设计用的技术文件如下：

    a) 产品的技术说明书；

    b) 产品及保护屏原理框图及说明，模件或继电器的原理接线图及其工作原理说明；

    c) 装置的 ICD（IED 装置能力描述）文件、保护装置虚端子连接图；

    d) 组屏的正面布置图、屏内设备布置图、端子排图及图例说明；

    e) 保护屏所用的辅助继电器和选择开关采用的标准；

    f) 保护屏的安装尺寸图，包括屏的尺寸和质量、基础螺栓的位置和尺寸等。

7.1.4 签约后双方遵循的原则如下：

    a) 在收到买方最终认可图纸前，卖方所购买的材料或制造所发生的费用及其风险全由卖方单独承担；

    b) 生产的成品应符合合同的技术规范。买方对图纸的确认并不能解除卖方对其图纸的完善性和准确性应承担的责任；

c) 设计方在收到图纸后 3 周内返回主要确认意见，并根据需要召开设计联络会。卖方在提供确认图纸时必须提供为审核该图纸所需的资料。买方有权要求卖方对其图纸中的任一装置任一部件作必要修改，在设计图纸完成之前应保留设计方对卖方图纸的其他确认权限，而买方不需承担额外费用。

7.1.5 在收到确认意见后，卖方应在规定时间内向买方提供技术文件如下：

a) 7.1.3 所列的修改后的正式技术文件；

b) 保护装置的内部接线图及图例说明，保护屏内部接线图及其说明（包括屏内布置及内部端子排图）；

c) 保护装置的软件版本号和校验码；

d) 产品的使用说明书，包括保护装置的现场调试大纲、整定值表和整定计算说明及计算算例等；

e) 通信规约和解释文本及装置调试软件和后台分析软件，以便与计算机监控系统和继电保护故障信息系统联调。

7.1.6 设备供货时提供技术文件和资料如下：

a) 设备的开箱资料清单；

b) 产品的技术说明书、使用说明书和组屏图纸；

c) 出厂调试试验报告；

d) 产品质量检验合格证书；

e) 合同规定的出厂验收试验报告和动模试验报告和一致性测试报告；

f) 保护设备识别代码及出厂信息表等。

7.1.7 技术文件的格式和分送要求如下：

a) 全部图纸应为 A4 幅面，并有完整图标，采用国标单位制；

b) 提供的技术文件除纸质文件外，还应包括一份电子文档，并提供可供修改的最终图纸电子文件（图形文件能够被 PC 机 AutoCAD for Windows 2000 版支持）。

c) 技术文件（图纸和资料）分送单位、套数和地址根据项目单位要求提供。

7.2 设计联络会议

7.2.1 若有必要，买方在收到卖方签字的第一批文件后 3 周内将举行设计联络会议。设计联络会议内容如下：

a) 卖方应对修改后的供确认的资料和图纸进行详细的解释，并应解答买方对这些资料和图纸所提的问题，经过共同讨论，买方给予确认，以便卖方绘制正式图纸提供给买方；

b) 卖方应介绍合同产品已有的运行经验；

c) 卖方应提供验收大纲、工程参数表；

d) 买方或设计方应确认保护装置的 SV 采样值接口、GOOSE 接口及 MMS 接口的类型与数量；

e) 设计联络会应确定通信信息的具体内容。

7.2.2 会议需要签订会议纪要，该纪要将作为合同的组成部分。

7.3 工厂验收和现场验收

要求满足国家电网有限公司企业标准中关于工厂验收（现场）的规范。

7.4 质量保证

7.4.1 卖方应保证制造过程中的所有工艺、材料、试验等（包括卖方的外购件在内）均应符合本部分的规定。若买方根据运行经验指定卖方提供某种外购零部件，卖方应积极配合。卖方对所购配套部件设备质量负责，采购前向买方提供主要国产元器件报价表，采购中应进行严格的质量检验，交货时应向买方提供其产品质量合格证书及有关安装使用等技术文件资料。

7.4.2 对于采用属于引进技术的设备、元器件，卖方在采购前应向买方提供主要进口元器件报价表。引进的设备、元器件应符合引进国的技术标准或 IEC 标准，当标准与本部分有矛盾时，卖方应将处理意见书面通知买方，由买卖双方协商解决。假若卖方有更优越或更为经济的设计和材料，足以使卖方的产品更为安全、可靠、灵活、适应时，卖方可提出并经买方的认可，然而应遵循现行的国家工业标准，并且有成熟的设计和工艺要求以及工程实践经验。

7.4.3 双方签订合同后，卖方应按工程设计及施工进度分批提交技术文件和图纸，必要时，买卖双方尚应进行技术联络，以讨论合同范围内的有关技术问题。

7.4.4 卖方保证所提供的设备应为由最适宜的原材料并采用先进工艺制成且未经使用过的全新产品，保证产品的质量、规格和性能与投标文件所述一致。

7.4.5 卖方提供的保护设备运行使用寿命不应小于15年。

7.4.6 卖方保证所提供的设备在各个方面符合招标文件规定的质量、规格和性能。在合同规定的质量保证期内（保护设备到货后24个月或SAT后18个月），对由于产品设计、制造和材料、外购零部件的缺陷而造成所供设备的任何破坏、缺陷故障，当卖方收到买方的书面通知后，在2天内免费负责修理或更换有缺陷的设备（包括运输费、税收等），以达到本部分的要求。质保期以合同商务部分为准。

质保期后发生质量问题，卖方应提供免费维修服务，包括硬件更换和软件版本升级。

7.5 项目管理

合同签订后，卖方应指定负责本工程的项目经理，负责卖方在工程全过程的各项工作，如工程进度、设计制造、图纸文件、包装运输、现场安装、调试验收等。

7.6 现场服务

现场服务内容如下：

a) 在设备安装调试过程中视买方工作情况卖方及时派出工程技术服务人员，以提供现场服务。卖方派出人员在现场负责技术指导，并协助买方安装、调试。同时，买方为卖方的现场派出人员提供工作和生活的便利条件。

b) 当变电站内保护设备分批投运时，卖方应按合同规定及时派出工程技术人员到达现场服务。

c) 根据买方的安排，卖方安排适当时间对设备的正确安装和试验给予技术培训。

7.7 售后服务

7.7.1 现场投运前和试运行中发现的设备缺陷和元件损坏，卖方应及时无偿修理或更换，直至符合规范要求。保修期内产品出现不符合功能要求和技术指标要求时，卖方应在4h内响应，并在24h内负责修理或更换。保修期外产品出现异常、设备缺陷、元件损坏或不正确动作，现场无法处理时，卖方接到买方通知后，应在4h内响应，并立即派出工程技术人员在24h内到达现场处理。

7.7.2 对反事故措施以及软件版本的升级等，卖方应提供技术服务。

7.8 备品备件、专用工具、试验仪器

7.8.1 对每套保护，卖方应提供必要的备品备件。

7.8.2 卖方应提供安装、运行、检修所需的专用工具，包括专用调试、测试设备。

ICS 29.240

Q/GDW

国家电网公司企业标准

Q/GDW 13199.2—2014

智能变电站 220kV～750kV 变压器

保 护 采 购 标 准

第 2 部分：智能变电站 220kV 变压器

保护专用技术规范

Purchasing standard for 220kV～750kV transformer

protection in smart substation

Part 2: Special technical specification for 220kV transformer

protection in smart substation

2014-09-30发布   2014-09-30实施

国家电网公司   发 布

目　　次

前　　言

《智能变电站 220kV～750kV 变压器保护采购标准》分为 4 个部分：

——第 1 部分：通用技术规范；

——第 2 部分：智能变电站 220kV 变压器保护专用技术规范；

——第 3 部分：智能变电站 500kV（330kV）变压器保护专用技术规范；

——第 4 部分：智能变电站 750kV 变压器保护专用技术规范。

本部分为《智能变电站 220kV～750kV 变压器保护采购标准》的第 2 部分。

本部分由国家电网公司物资部提出并解释。

本部分由国家电网公司科技部归口。

本部分起草单位：南瑞集团有限公司（国网电力科学研究院）。

本部分主要起草人：曹团结、姚成、潘书燕、苏理、龙锋、刘小宝、余洪、彭和平、李成龙、赵景涛。

本部分首次发布。

本部分在执行过程中的意见或建议反馈至国家电网公司科技部。

智能变电站220kV～750kV变压器保护采购标准
第2部分：智能变电站220kV变压器
保护专用技术规范

1 范围

本部分规定了智能变电站220kV变压器保护招标的标准技术参数、项目需求及投标人响应的相关内容。

本部分适用于智能变电站220kV变压器保护招标。

2 规范性引用文件

下列文件对于本文件的应用是必不可少的。凡是注日期的引用文件，仅所注日期的版本适用于本文件。凡是不注日期的引用文件，其最新版本（包括所有的修改单）适用于本文件。

Q/GDW 13199.1 智能变电站220kV～750kV变压器保护采购标准 第1部分：通用技术规范

3 术语和定义

下列术语和定义适用于本文件。

3.1

招标人 bidder
提出招标项目，进行招标的法人或其他组织。

3.2

投标人 tenderer
响应招标、参加投标竞争的法人或者其他组织。

3.3

卖方 seller
提供本部分货物和技术服务的法人或其他组织，包括其法定的承继者。

3.4

买方 buyer
购买本部分货物和技术服务的法人或其他组织，包括其法定的承继者和经许可的受让人。

4 标准技术参数

技术参数特性表是国家电网公司对采购设备的基础技术参数要求，在招投标过程中，投标人应依据招标文件，对技术参数特性表中标准参数值进行响应。智能变电站220kV变压器保护、智能变电站220kV非电量保护、打印机、保护柜技术参数特性见表1～表4。物资必须满足Q/GDW 13199.1的要求。

表1 智能变电站220kV变压器保护技术参数特性表

序号	参 数 名 称	单位	标准参数值
1	差动速断动作时间	ms	≤20（1.5倍整定值）

表1（续）

序号	参 数 名 称	单位	标准参数值
2	比率差动动作时间	ms	≤30（2 倍整定值）
3	差动速断动作精度误差		不超过±5%
4	后备保护电流定值误差		不超过±5%
5	后备保护电压定值误差		不超过±5%
6	后备保护时间定值误差		当延时时间为 0.1s～1s 时，不应超过 ±25ms；延时时间大于 1s 时，不超过±2.5%
7	后备保护方向元件动作范围边界误差	°	不超过±3
8	光纤接口接收灵敏度	dBm	≤－20（串行光接口）； ≤－30（以太网光接口）
9	光纤接口发送功率	dBm	≥－10（串行光接口）； ≥－20（以太网光接口）
10	保护装置工作电源		（招标人填写）
11	电气主接线型式		（招标人填写）
12	变压器接线方式		（招标人填写）
13	配置后备保护功能的侧数		（招标人填写）
14	站控层 MMS 接口数量与类型		（招标人填写）
15	SV（采样值）点对点接口类型 （IEC 60044－8 接口；IEC 61850－9－2 接口； 常规模拟量输入）		（招标人填写）
16	SV（采样值）点对点接口数量		（招标人填写）
17	过程层 GOOSE 组网接口数量		（招标人填写）
18	过程层 GOOSE 点对点接口数量		（招标人填写）
19	对时方式		（招标人填写）
20	非电量保护装置是否与智能终端功能集成， 及对智能终端功能的要求		（招标人填写）
21	普通柜可选技术参数		（招标人填写）
22	智能柜技术参数要求		（招标人填写）
23	其他 1		（招标人填写）
24	其他 2		（招标人填写）

表2　智能变电站 220kV 非电量保护技术参数特性表

序号	参 数 名 称	单位	标准参数值
1	动作于跳闸的非电量保护启动功率	W	＞5
2	启动电压	V	直流操作电压的 55%～70%
3	动作时间	ms	10～35（额定直流电源电压下）

表 3　打印机技术参数特性表

序号	参　数　名　称	单位	标准参数值
1	工作电源	V	220AC
2	接口型式		与保护装置配套

表 4　保护柜（非智能控制柜）技术参数特性表

序号	参　数　名　称	单位	标准参数值
1	尺寸	mm	高度：2260； 宽度：800； 深度：600
2	颜色		GSB05-1426-2001，77 号， GY09 冰灰橘纹

5　组件材料配置表

组件材料配置表包括元件名称、规格形式参数、单位、数量和产地等信息，具体内容和格式根据招标项目情况编制。

6　使用环境条件表

典型智能变电站 220kV 变压器保护使用环境条件见表 5。特殊环境要求根据项目情况编制。

表 5　使　用　环　境　条　件　表

项目单位：				项目名称：
序号	名　称　项　目		单位	标准参数值
1	电源的频率		Hz	50
2	温度	最高气温	℃	+45
		最低气温	℃	-5
		最大日温差	K	+25
3	湿度	日相对湿度平均值	%	≤95
		月相对湿度平均值	%	≤90
4	海拔		m	≤2000
5	耐受地震能力	水平加速度	m/s²	0.3g
		垂直加速度	m/s²	0.15g
6	保护装置是否组屏		组屏/单装置	（项目单位提供）
7	安装方式		集中/分散	（项目单位提供）
注：标准参数值为正常使用条件，超出此值时为特殊使用条件，可根据工程实际使用条件进行修改。				

ICS 29.240

Q/GDW

国家电网公司企业标准

Q/GDW 13199.3—2014

智能变电站 220kV～750kV 变压器保护采购标准

第 3 部分：智能变电站 500kV（330kV）变压器保护专用技术规范

Purchasing standard for 220kV～750kV transformer
protection in smart substation
Part 3: Special technical specification for 500kV (330kV)
transformer protection in smart substation

2014-09-30发布　　　　　　　　　　　　　　2014-09-30实施

国家电网公司　发布

目　次

前　言

《智能变电站 220kV～750kV 变压器保护采购标准》分为 4 个部分：

——第 1 部分：通用技术规范；

——第 2 部分：智能变电站 220kV 变压器保护专用技术规范；

——第 3 部分：智能变电站 500kV（330kV）变压器保护专用技术规范；

——第 4 部分：智能变电站 750kV 变压器保护专用技术规范。

本部分为《智能变电站 220kV～750kV 变压器保护采购标准》的第 3 部分。

本部分由国家电网公司物资部提出并解释。

本部分由国家电网公司科技部归口。

本部分起草单位：南瑞集团有限公司（国网电力科学研究院）。

本部分主要起草人：曹团结、姚成、潘书燕、苏理、龙锋、刘小宝、余洪、彭和平、谢金涛、李成龙、赵景涛。

本部分首次发布。

本部分在执行过程中的意见或建议反馈至国家电网公司科技部。

智能变电站 220kV～750kV 变压器保护采购标准
第 3 部分：智能变电站 500kV（330kV）
变压器保护专用技术规范

1 范围

本部分规定了智能变电站 500kV（330kV）变压器保护招标的标准技术参数、项目需求及投标人响应的相关内容。

本部分适用于智能变电站 500kV（330kV）变压器保护招标。

2 规范性引用文件

下列文件对于本文件的应用是必不可少的。凡是注日期的引用文件，仅所注日期的版本适用于本文件。凡是不注日期的引用文件，其最新版本（包括所有的修改单）适用于本文件。

Q/GDW 13199.1　智能变电站 220kV～750kV 变压器保护采购标准　第 1 部分：通用技术规范

3 术语和定义

下列术语和定义适用于本文件。

3.1

招标人　bidder

提出招标项目，进行招标的法人或其他组织。

3.2

投标人　tenderer

响应招标、参加投标竞争的法人或者其他组织。

3.3

卖方　seller

提供本部分货物和技术服务的法人或其他组织，包括其法定的承继者。

3.4

买方　buyer

购买本部分货物和技术服务的法人或其他组织，包括其法定的承继者和经许可的受让人。

4 标准技术参数

技术参数特性表是国家电网公司对采购设备的基础技术参数要求，在招投标过程中，投标人应依据招标文件，对技术参数特性表中标准参数值进行响应。智能变电站 500kV（330kV）变压器保护、智能变电站 500kV（330kV）非电量保护、打印机、保护柜技术参数特性见表 1～表 4。物资必须满足 Q/GDW 13199.1 的要求。

表 1　智能变电站 500kV（330kV）变压器保护技术参数特性表

序号	参 数 名 称	单位	标准参数值
1	差动速断动作时间	ms	≤20（1.5 倍整定值）

表 1（续）

序号	参 数 名 称	单位	标准参数值
2	比率差动动作时间	ms	≤30（2 倍整定值）
3	分侧差动动作时间	ms	≤30（2 倍整定值）
4	零序差动动作时间	ms	≤30（2 倍整定值）
5	差动速断动作精度误差		不超过±5
6	阻抗定值误差		不超过±5%或±0.1Ω
7	后备保护电流定值误差		不超过±5%
8	后备保护电压定值误差		不超过±5%
9	后备保护时间定值误差		当延时时间为 0.1s～1s 时，不应超过±25ms；延时时间大于 1s 时，不超过±2.5%
10	后备保护方向元件动作范围边界误差	°	不超过±3
11	光纤接口接收灵敏度	dBm	≤－20（串行光接口）；≤－30（以太网光接口）
12	光纤接口发送功率	dBm	≥－10（串行光接口）；≥－20（以太网光接口）
13	保护装置工作电源	V	（招标人填写）
14	电气主接线型式		（招标人填写）
15	变压器接线方式		（招标人填写）
16	配置后备保护功能的侧数		（招标人填写）
17	站控层 MMS 接口数量与类型		（招标人填写）
18	SV（采样值）点对点接口类型（IEC 60044－8 接口；IEC 61850－9－2 接口；常规模拟量输入）		（招标人填写）
19	SV（采样值）点对点接口数量		（招标人填写）
20	过程层 GOOSE 组网接口数量		（招标人填写）
21	过程层 GOOSE 点对点接口数量		（招标人填写）
22	对时方式		（招标人填写）
23	非电量保护装置是否与智能终端功能集成，及对智能终端功能的要求		（招标人填写）
24	普通柜可选技术参数		（招标人填写）
25	智能柜技术参数要求		（招标人填写）
26	其他 1		（招标人填写）
27	其他 2		（招标人填写）
28	其他 3		（招标人填写）

表 2 智能变电站 500kV（330kV）非电量保护技术参数特性表

序号	参 数 名 称	单位	标准参数值
1	动作于跳闸的非电量保护启动功率	W	＞5
2	启动电压	V	直流操作电压的 55%～70%

表2（续）

序号	参 数 名 称	单位	标准参数值
3	动作时间	ms	10～35（额定直流电源电压下）

表3 打印机技术参数特性表

序号	参 数 名 称	单位	标准参数值
1	工作电源	V	220AC
2	接口型式		与保护装置配套

表4 保护柜（非智能控制柜）技术参数特性表

序号	参 数 名 称	单位	标准参数值
1	尺寸	mm	高度：2260； 宽度：800； 深度：600
2	颜色		GSB05－1426－2001，77号，GY09冰灰橘纹

5 组件材料配置表

组件材料配置表包括元件名称、规格形式参数、单位、数量和产地等信息，具体内容和格式根据招标项目情况编制。

6 使用环境条件表

典型智能变电站500kV（330kV）变压器保护使用环境条件见表5。特殊环境要求根据项目情况编制。

表5 使 用 环 境 条 件 表

项目单位：				项目名称：
序号	名 称 项 目		单位	标准参数值
1	电源的频率		Hz	50
2	温度	最高气温	℃	＋45
		最低气温	℃	－5
		最大日温差	K	＋25
3	湿度	日相对湿度平均值	％	≤95
		月相对湿度平均值	％	≤90
4	海拔		m	≤2000
5	耐受地震能力	水平加速度	m/s²	0.3g
		垂直加速度	m/s²	0.15g
6	保护装置是否组屏		组屏/单装置	（项目单位提供）
7	安装方式		集中/分散	（项目单位提供）
注：标准参数值为正常使用条件，超出此值时为特殊使用条件，可根据工程实际使用条件进行修改。				

ICS 29.240

Q/GDW

国家电网公司企业标准

Q/GDW 13199.4—2014

智能变电站 220kV～750kV 变压器保护采购标准

第 4 部分：智能变电站 750kV 变压器保护专用技术规范

Purchasing standard for 220kV～750kV transformer protection in smart substation

Part 4: Special technical specification for 750kV transformer protection in smart substation

2014-09-30发布　　　　　　　　　　　　　　　　2014-09-30实施

国家电网公司　发布

目 次

前　　言

《智能变电站220kV～750kV变压器保护采购标准》分为4个部分：

——第1部分：通用技术规范；

——第2部分：智能变电站220kV变压器保护专用技术规范；

——第3部分：智能变电站500kV（330kV）变压器保护专用技术规范；

——第4部分：智能变电站750kV变压器保护专用技术规范。

本部分为《智能变电站220kV～750kV变压器保护采购标准》的第4部分。

本部分由国家电网公司物资部提出并解释。

本部分由国家电网公司科技部归口。

本部分起草单位：南瑞集团有限公司（国网电力科学研究院）。

本部分主要起草人：曹团结、姚成、潘书燕、苏理、龙锋、刘小宝、余洪、彭和平、谢金涛、李成龙、赵景涛。

本部分首次发布。

本部分在执行过程中的意见或建议反馈至国家电网公司科技部。

智能变电站 220kV～750kV 变压器保护采购标准
第 4 部分：智能变电站 750kV 变压器
保护专用技术规范

1 范围

本部分规定了智能变电站 750kV 变压器保护招标的标准技术参数、项目需求及投标人响应的相关内容。

本部分适用于智能变电站 750kV 变压器保护招标。

2 规范性引用文件

下列文件对于本文件的应用是必不可少的。凡是注日期的引用文件，仅所注日期的版本适用于本文件。凡是不注日期的引用文件，其最新版本（包括所有的修改单）适用于本文件。

Q/GDW 13199.1 智能变电站 220kV～750kV 变压器保护采购标准 第 1 部分：通用技术规范

3 术语和定义

下列术语和定义适用于本文件。

3.1

招标人 bidder

提出招标项目，进行招标的法人或其他组织。

3.2

投标人 tenderer

响应招标、参加投标竞争的法人或者其他组织。

3.3

卖方 seller

提供本部分货物和技术服务的法人或其他组织，包括其法定的承继者。

3.4

买方 buyer

购买本部分货物和技术服务的法人或其他组织，包括其法定的承继者和经许可的受让人。

4 标准技术参数

技术参数特性表是国家电网公司对采购设备的基础技术参数要求，在招投标过程中，投标人应依据招标文件，对技术参数特性表中标准参数值进行响应。智能变电站 750kV 变压器保护、智能变电站 750kV 非电量保护、打印机、保护柜技术参数特性见表 1～表 4。物资必须满足 Q/GDW 13199.1 的要求。

表 1 智能变电站 750kV 变压器保护技术参数特性表

序号	参 数 名 称	单位	标准参数值
1	差动速断动作时间	ms	≤20（1.5 倍整定值）
2	比率差动动作时间	ms	≤30（2 倍整定值）

表 1（续）

序号	参 数 名 称	单位	标准参数值
3	分侧差动动作时间	ms	≤30（2 倍整定值）
4	零序差动动作时间	ms	≤30（2 倍整定值）
5	差动速断动作精度误差		不超过±5
6	阻抗定值误差		不超过±5%或±0.1Ω
7	后备保护电流定值误差		不超过±5%
8	后备保护电压定值误差		不超过±5%
9	后备保护时间定值误差		当延时时间为 0.1s～1s 时，不应超过±25ms； 延时时间大于 1s 时，不超过±2.5%
10	后备保护方向元件动作范围边界误差	°	不超过±3
11	光纤接口接收灵敏度	dBm	≤－20（串行光接口）； ≤－30（以太网光接口）
12	光纤接口发送功率	dBm	≥－10（串行光接口）； ≥－20（以太网光接口）
13	保护装置工作电源		（招标人填写）
14	电气主接线型式		（招标人填写）
15	变压器接线方式		（招标人填写）
16	配置后备保护功能的侧数		（招标人填写）
17	站控层 MMS 接口数量与类型		（招标人填写）
18	SV（采样值）点对点接口类型 （IEC 60044－8 接口；IEC 61850－9－2 接口； 常规模拟量输入）		（招标人填写）
19	SV（采样值）点对点接口数量		（招标人填写）
20	过程层 GOOSE 组网接口数量		（招标人填写）
21	过程层 GOOSE 点对点接口数量		（招标人填写）
22	对时方式		（招标人填写）
23	非电量保护装置是否与智能终端功能集成，及 对智能终端功能的要求		（招标人填写）
24	普通柜可选技术参数		（招标人填写）
25	智能柜技术参数要求		（招标人填写）
26	其他 1		（招标人填写）
27	其他 2		（招标人填写）
28	其他 3		（招标人填写）

表 2　智能变电站 750kV 非电量保护技术参数特性表

序号	参 数 名 称	单位	标准参数值
1	动作于跳闸的非电量保护启动功率	W	＞5
2	启动电压	V	直流操作电压的 55%～70%
3	动作时间	ms	10～35（额定直流电源电压下）

表3　打印机技术参数特性表

序号	参 数 名 称	单位	标准参数值
1	工作电源	V	220AC
2	接口型式		与保护装置配套

表4　保护柜（非智能控制柜）技术参数特性表

序号	参 数 名 称	单位	标准参数值
1	尺寸	mm	高度：2260； 宽度：800； 深度：600
2	颜色		GSB05－1426－2001，77号， GY09 冰灰橘纹

5　组件材料配置表

组件材料配置表包括元件名称、规格形式参数、单位、数量和产地等信息，具体内容和格式根据招标项目情况编制。

6　使用环境条件表

典型智能变电站750kV变压器保护使用环境条件见表5。特殊环境要求根据项目情况编制。

表5　使 用 环 境 条 件 表

项目单位：				项目名称：
序号	名 称 项 目		单位	标准参数值
1	电源的频率		Hz	50
2	温度	最高气温	℃	+45
		最低气温	℃	－5
		最大日温差	K	+25
3	湿度	日相对湿度平均值	%	≤95
		月相对湿度平均值	%	≤90
4	海拔		m	≤2000
5	耐受地震能力	水平加速度	m/s²	0.3g
		垂直加速度	m/s²	0.15g
6	保护装置是否组屏		组屏/单装置	（项目单位提供）
7	安装方式		集中/分散	（项目单位提供）

注：标准参数值为正常使用条件，超出此值时为特殊使用条件，项目单位可根据工程实际使用条件进行修改。

ICS 29.240.01

K 45

Q/GDW

国家电网有限公司企业标准

Q/GDW 13200.1—2018

代替 Q/GDW 13200.1—2014

智能变电站 66kV 站用变压器
保 护 采 购 标 准
第 1 部分：通用技术规范

Purchasing standard for 66kV substation transformer
protection in smart substation
Part 1: General technical specification

2019-06-28发布   2019-06-28实施

国家电网有限公司   发 布

目　　次

前　　言

为规范智能变电站 66kV 站用变压器保护的采购要求，制定本部分。

《智能变电站 66kV 站用变压器保护采购标准》分为 4 个部分：

——第 1 部分：通用技术规范；

——第 2 部分：专用技术规范。

本部分为《智能变电站 66kV 站用变压器保护采购标准》的第 1 部分。

本部分代替 Q/GDW 13200.1—2014，与 Q/GDW 13200.1—2014 相比，主要技术性差异如下：

——增加或替换自 2014 年以来新发布的国家、行业和国网企业标准与本采购规范相关的标准。

——提升设备工作温度、环境温度和大气压力要求，增加"远方操作"和"保护检修状态"硬压板及相关要求。

——依据 10kV～110kV 的已发布的最新六统一规范 Q/GDW 10766，修改保护功能配置要求，增加了大电流闭锁重合闸、TV 断线过流、明确三段过流带复压方向闭锁。

——增加"保护设备识别代码及出厂信息表"的要求。

——执行十八项反措要求修改保护屏柜绝缘相关要求。

——增加了保护柜内电压回路和多路直流电源引入的要求。

本部分由国家电网有限公司物资部提出并解释。

本部分由国家电网有限公司科技部归口。

本部分起草单位：国网江苏省电力有限公司、南瑞集团有限公司（国网电力科学研究院有限公司）。

本部分主要起草人：张琼、胡钰林、郐俊林、饶丹、王汉林、岳嵩、黄浩声、孙伟毅。

本部分 2014 年 9 月首次发布，2018 年 12 月第一次修订。

本部分在执行过程中的意见或建议反馈至国家电网有限公司科技部。

智能变电站66kV站用变压器保护采购标准
第1部分：通用技术规范

1 范围

本部分规定了智能变电站66kV站用变压器保护采购标准招标的总则、技术参数和性能要求、试验、包装、运输、交货及工厂检验和监造的一般要求。

本部分适用于智能变电站66kV站用变压器保护招标。

2 规范性引用文件

下列文件对于本文件的应用是必不可少的。凡是注日期的引用文件，仅所注日期的版本适用于本文件。凡是不注日期的引用文件，其最新版本（包括所有的修改单）适用于本文件。

GB/T 191　包装储运图示标志

GB/T 2423（所有部分）　电工电子产品环境试验

GB/T 7261　继电保护和安全自动装置基本试验方法

GB/T 11287　电气继电器　第21部分：量度继电器和保护装置的振动、冲击、碰撞和地震试验　第1篇：振动试验（正弦）

GB/T 14285　继电保护和安全自动装置技术规程

GB/T 14537　量度继电器和保护装置的冲击与碰撞试验

GB/T 14598.3　电气继电器　第5部分：量度继电器和保护装置的绝缘配合要求和试验

GB/T 14598.9　量度继电器和保护装置　第22-3部分：电气骚扰试验　辐射电磁场抗扰度

GB/T 14598.10　量度继电器和保护装置　第22-4部分：电气骚扰试验　电快速瞬变/脉冲群抗扰度试验

GB/T 14598.13　电气继电器　第22-1部分：量度继电器和保护装置的电气骚扰试验　1MHz脉冲群抗扰度试验

GB/T 14598.14　量度继电器和保护装置　第22-2部分：电气骚扰试验　静电放电试验

GB/T 14598.17　电气继电器　第22-6部分：量度继电器和保护装置的电气骚扰试验——射频场感应的传导骚扰的抗扰度

GB/T 14598.18　量度继电器和保护装置　第22-5部分：电气骚扰试验　浪涌抗扰度试验

GB/T 14598.19　电气继电器　第22-7部分：量度继电器和保护装置的电气骚扰试验——工频抗扰度试验

GB/T 17626.1　电磁兼容　试验和测量技术　抗扰度试验总论

GB/T 17626.2　电磁兼容　试验和测量技术　静电放电抗扰度试验

GB/T 17626.3　电磁兼容　试验和测量技术　射频电磁场辐射抗扰度试验

GB/T 17626.4　电磁兼容　试验和测量技术　电快速瞬变脉冲群抗扰度试验

GB/T 17626.5　电磁兼容　试验和测量技术　浪涌（冲击）抗扰度试验

GB/T 17626.6　电磁兼容　试验和测量技术　射频场感应的传导骚扰抗扰度

GB/T 17626.8　电磁兼容　试验和测量技术　工频磁场抗扰度试验

GB/T 17626.9　电磁兼容　试验和测量技术　脉冲磁场抗扰度试验

GB/T 17626.10 电磁兼容 试验和测量技术 阻尼振荡磁场抗扰度试验

GB/T 18663.3 电子设备机械结构 公制系列和英制系列的试验 第3部分：机柜、机架和插箱的电磁屏蔽性能试验

GB/T 20840.8 互感器 第8部分：电子式电流互感器

GB/T 22386 电力系统暂态数据交换通用格式

GB/T 25931 网络测量和控制系统的精确时钟同步协议

GB/T 26864 电力系统继电保护产品动模试验

DL/T 478 继电保护及安全自动装置通用技术条件

DL/T 720 电力系统继电保护柜、屏通用技术条件

DL/T 769 电力系统微机继电保护技术导则

DL/T 860（所有部分） 变电站通信网络和系统

DL/T 860.81 变电站通信网络和系统 第8－1部分：特定通信服务映射（SCSM）对 MMS（ISO 9506－1 和 ISO 9506－2）及 ISO/IEC 8802

DL/T 860.92 变电站通信网络和系统 第9－2部分：特定通信服务映射（SCSM）映射到 ISO/IEC 8802－3 的采样值

DL/T 995 继电保护和电网安全自动装置检验规程

DL/T 5136 火力发电厂、变电站二次接线设计技术规程

Q/GDW 383 智能变电站技术导则

Q/GDW 414 变电站智能化改造技术规范

Q/GDW 428 智能变电站智能终端技术规范

Q/GDW 441 智能变电站继电保护技术规范

Q/GDW 1396 IEC 61850 工程继电保护应用模型

Q/GDW 1426 智能变电站合并单元技术规范

Q/GDW 1430 智能变电站智能控制柜技术规范

Q/GDW 10393 110（66）kV～220kV 智能变电站设计规范

Q/GDW 10394 330kV～750kV 智能变电站设计规范

Q/GDW 10767—2015 10kV～110（66）kV 元件保护及辅助装置标准化设计规范

Q/GDW 13001—2014 高海拔外绝缘配置技术规范

3 术语和定义

下列术语和定义适用于本文件。

3.1

招标人 bidder

提出招标项目，进行招标的法人或其他组织。

3.2

投标人 tenderer

响应招标、参加投标竞争的法人或者其他组织。

3.3

卖方 seller

提供本部分货物和技术服务的法人或其他组织，包括其法定的承继者。

3.4

买方 buyer

购买本部分货物和技术服务的法人或其他组织，包括其法定的承继者和经许可的受让人。

4 总则

4.1 一般性要求

4.1.1 卖方提供的智能变电站继电保护及相关设备应符合 Q/GDW 441 的要求。

智能变电站继电保护与站控层信息交互采用 DL/T 860 标准,跳合闸命令和联闭锁信息可通过直接电缆连接或 GOOSE 机制传输。卖方提供的继电保护及相关设备所采用的技术应遵循 Q/GDW 441 及本部分中与之对应的部分。

4.1.2 卖方提供的智能变电站继电保护及相关设备应符合 Q/GDW 10767 的要求。

智能变电站继电保护装置的动作信息、告警信息、状态变位信息、中间节点信息、日志记录、人机界面信息等信息输出符合 Q/GDW 11010 的要求。

4.1.3 本部分提出的是最低限度的要求,并未对一切技术细节作出规定,也未充分引述有关标准的条文,投标人应提供符合本部分和工业标准的优质产品。

4.1.4 如果投标人没有以书面形式对本部分的条文提出异议,则表示投标人提供的设备完全符合本部分的要求;如有异议,应在报价书中以"对规范书的意见和同规范书的差异"为标题的专门章节中加以详细描述。

4.1.5 本部分所使用的标准如遇与投标人所执行的标准不一致时按较高的标准执行。

4.1.6 本部分经招、投标双方确认后作为订货合同的技术附件,与合同正文具有同等效力。

4.2 卖方职责

卖方的工作范围将包括下列内容,但不仅仅限于此内容:

a) 提供标书内所有设备及设计说明书及制造方面的说明;

b) 提供国家或电力工业检验检测机构出具的型式试验报告、动模试验报告和 IEC 61850 的一致性测试报告,以便确认供货设备能否满足所有的性能要求;

c) 提供与投标设备版本相符的安装及使用说明书;

d) 提供试验和检验的标准,包括试验报告和试验数据;

e) 提供图纸,制造和质量保证过程的一览表以及标书规定的其他资料;

f) 提供设备管理和运行所需有关资料;

g) 所提供设备应发运到规定的目的地;

h) 在更换所用的准则、标准、规程或修改设备技术数据时,卖方应接受买方的选择;

i) 现场服务。

4.3 应满足的标准

装置至少应满足 GB/T 191、GB/T 2423(所有部分)、GB/T 7261、GB/T 11287、GB/T 14285、GB/T 14537、GB/T 14598.3、GB/T 14598.9、GB/T 14598.10、GB/T 14598.13、GB/T 14598.14、GB/T 14598.17、GB/T 14598.18、GB/T 14598.19、GB/T 17626.1、GB/T 17626.2、GB/T 17626.3、GB/T 17626.4、GB/T 17626.5、GB/T 17626.6、GB/T 17626.8、GB/T 17626.9、GB/T 17626.10、GB/T 18663.3、GB/T 20840.8、GB/T 22386、GB/T 25931、GB/T 26864、DL/T 478、DL/T 720、DL/T 769、DL/T 860(所有部分)、DL/T 860.81、DL/T 860.92、DL/T 995、DL/T 5136、Q/GDW 383、Q/GDW 10393、Q/GDW 10394、Q/GDW 1396、Q/GDW 414、Q/GDW 1426、Q/GDW 428、Q/GDW 1430、Q/GDW 441、Q/GDW 10767、Q/GDW 13001—2014 中所列标准的最新版本要求,但不限于上述所列标准。

4.4 应满足的文件

该类设备技术标准应满足国家法律法规及国家电网有限公司标准化成果中相关条款要求。下列文件中相应的条款规定均适用于本文件,其最新版本(包括所有的修改单)适用于本文件。包括:

a) 《电力监控系统安全防护规定》;

b) 《国家电网有限公司十八项电网重大反事故措施(2018 年修订版)》;

c）《国家电网有限公司输变电工程通用设计》；

d）《国家电网公司关于加快推进电力监控系统网络安全管理平台建设的通知》；

e）《国家电网继电保护柜、屏制造规范》。

5 技术参数和性能要求

5.1 使用环境条件

5.1.1 设备储存温度：−25℃～+70℃。

5.1.2 设备工作温度：−10℃～+55℃。

5.1.3 大气压力：80kPa～106kPa。

5.1.4 相对湿度：5%～95%。

5.1.5 抗地震能力：地面水平加速度 0.3g，垂直加速度 0.15g，同时作用。

5.2 保护装置额定参数

5.2.1 额定直流电源：220V/110V。

5.2.2 模拟量输入：额定交流电流，5A/1A；额定交流电压，100V/$\sqrt{3}$（相电压）、100V（线电压）。

5.2.3 数字量输入：额定电流，01CFH 或 00E7H；额定电压，2D41H。

5.2.4 额定频率：50Hz。

5.2.5 打印机工作电源：交流 220V，50Hz。

5.3 装置功率消耗

5.3.1 装置交流消耗：交流电流回路功率消耗每相不大于 0.5VA（I_N=1A）或 1VA（I_N=5A），交流电压回路功率消耗（额定电压下）每相不大于 1VA，卖方投标时必须提供确切数值。

5.3.2 装置直流消耗：当正常工作时，不大于 30W；当保护动作时，不大于 50W。卖方投标时必须提供确切数值。

5.4 66kV 站用变压器保护总的技术要求

5.4.1 本节规定了跳合闸命令和联闭锁信息通过 GOOSE 机制传输和（或）电压、电流量通过电子式互感器及 MU 采集的保护设备的技术要求。

通过传统互感器、电缆直接采样的装置，交流采样及交流二次回路的技术要求应符合已有的相应规范和标准以及《国家电网有限公司物资采购标准 继电保护及自动装置卷》相关部分要求。

通过电缆直接跳闸的装置，跳合闸及二次回路的技术要求应符合已有的相应规范和标准以及《国家电网有限公司物资采购标准 继电保护及自动装置卷》相关部分要求。

5.4.2 环境温度在 −10℃～+55℃时，装置应能满足本部分所规定的精度。

5.4.3 除出口继电器外，装置内的任一元件损坏时，装置不应误动作跳闸。

5.4.4 保护装置不应依赖于外部对时系统实现其保护功能。

5.4.5 66kV 电压等级的过程层 SV 与 GOOSE 共网，过程层网络和站控层网络应完全独立，

5.4.6 继电保护设备与本间隔智能终端之间通信应采用 GOOSE 点对点通信方式；继电保护之间的联闭锁信息宜采用 GOOSE 网络传输方式。

5.4.7 保护装置宜独立分散、就地安装，保护装置安装运行环境应满足相关标准技术要求。

5.4.8 66kV 电压等级保护就地安装时，保护装置宜集成智能终端等功能。

5.4.9 保护直接采样，直接跳断路器。

5.4.10 保护装置采样同步应由保护装置实现，装置 SV 采样值接口支持 GB/T 20840.8 或 DL/T 860.92 协议，在工程应用时应能灵活配置。

5.4.11 保护装置应自动补偿电子式互感器的采样响应延迟，当响应延时发生变化时应闭锁采自不同 MU 且有采样同步要求的保护。保护装置的采样输入接口数据的采样频率宜为 4000Hz。

5.4.12 保护装置的交流量信息应具备自描述功能。

5.4.13　保护装置应处理 MU 上送的数据品质位（无效、检修等），及时准确提供告警信息。在异常状态下，利用 MU 的信息合理地进行保护功能的退出和保留，瞬时闭锁可能误动的保护，延时告警，并在数据恢复正常之后尽快恢复被闭锁的保护功能，不闭锁与该异常采样数据无关的保护功能。接入两个及以上 MU 的保护装置应按 MU 设置"MU 投入"软压板。

5.4.14　当采用电子式互感器时，保护装置应针对电子式互感器特点优化相关保护算法，提高保护性能。

5.4.15　保护装置应采取措施，防止输入的双 A/D 数据之一异常时误动作。

5.4.16　除检修压板可采用硬压板外，保护装置应采用软压板，满足远方操作的要求。检修压板投入时，上送带品质位信息，保护装置应有明显显示（面板指示灯和界面显示）。参数、配置文件仅在检修压板投入时才可下装，下装时应闭锁保护。

5.4.17　保护装置应同时支持 GOOSE 点对点和网络方式传输，传输协议遵循 DL/T 860.81。

5.4.18　保护装置应具备 MMS 接口与站控层设备通信。保护装置向站控层提供的信息符合 Q/GDW 1396。

5.4.19　保护装置的交流电流、交流电压及保护设备参数的显示、打印、整定应能支持一次值，上送信息应采用一次值。

5.4.20　保护装置宜采用 SV 和 GOOSE 合一的网口，与 MMS 接口相互独立。

5.4.21　保护装置应具备通信中断、异常等状态的检测和告警功能。装置应提供装置故障（含失电）硬接点输出。

5.4.22　保护装置宜通过 IRIG－B（DC）码对时，也可采用 GB/T 25931 进行网络对时，对时精度应满足要求。

5.4.23　对保护装置 ICD 文件与 CID 文件的要求如下：

　　a)　ICD、CID 文件符合统一的模型要求，适用于通用的配置工具和静态检测、分析软件；

　　b)　ICD 文件应完整描述 IED 提供的数据模型及服务，采用模块化设计，包含版本信息；

　　c)　CID 文件应完整描述 IED 的实例化信息，应包含版本信息。

5.4.24　保护装置信息交互要求如下：

　　a)　智能变电站继电保护应满足运行维护、监视控制及无人值班、智能电网调度等信息交互的要求。

　　b)　继电保护设备应该支持在线和离线获取模型，离线获取和在线召唤的模型应保持一致。定值模型应包含描述、定值单位、定值上限、定值下限等信息。

　　c)　继电保护设备应将检修压板状态上送站控层。当继电保护设备检修压板投入时，上送报文中信号的品质 q 的"Test 位"应置位。

　　d)　继电保护设备应支持取代服务，取代数据的上送报文中，信号的品质 q 的"取代位"应置位。

　　e)　继电保护设备应能够支持不小于 16 个客户端的 TCP/IP 访问连接，应能够支持 10 个报告实例。

5.4.25　保护装置交互信息内容如下：

　　a)　继电保护设备应支持上送采样值、开关量、压板状态、设备参数、定值区号及定值、自检信息、异常告警信息、保护动作事件及参数（故障相别、跳闸相别和测距）、录波报告信息、装置硬件信息、装置软件版本信息、装置日志信息等数据；

　　b)　继电保护设备主动上送的信息应包括开关量变位信息、异常告警信息和保护动作事件信息等；

　　c)　继电保护设备应支持远方投退压板、修改定值、切换定值区、设备复归功能，并具备权限管理功能；

　　d)　继电保护设备的自检信息应包括硬件损坏、功能异常、与过程层设备通信状况等；

　　e)　继电保护设备应支持远方召唤至少最近 8 次录波报告的功能。

5.4.26　在雷击过电压、一次回路操作、系统故障及其他强干扰作用下，不应误动和拒动。保护装置静电放电试验、快速瞬变干扰试验、高频干扰试验、脉冲群干扰试验、辐射电磁场干扰试验、冲击电压试验和绝缘试验应至少符合本部分的相关标准。保护装置调试端口应带有光电隔离装置。

5.4.27 保护柜中的插件应接触可靠，并且有良好的互换性，以便检修时能迅速更换。

5.4.28 保护装置应具有直流电源快速小开关，与保护装置安装在同一柜上。保护装置的逻辑回路应由独立的直流/直流变换器供电。直流电压消失时，保护装置不应误动作。直流电源电压在 80%～115%额定值范围内变化时，保护装置应正确工作。在直流电源恢复（包括缓慢地恢复）到 $80\%U_\mathrm{N}$ 时，直流逆变电源应能自动启动。直流电源纹波系数小于或等于 5%时，保护装置应正确工作。拉合直流电源以及插拔熔丝发生重复击穿火花时，保护装置不应误动作。直流电源回路出现各种异常情况（如短路、断线、接地等）时保护装置不应误动作。

5.4.29 所提供保护设备的软件版本及校验码应与买方进行确认，并提供配套的使用说明书和相关的定值清单。

5.5 66kV 站用变压器保护装置具体要求

5.5.1 装置保护功能要求

66kV 站用变保护由电流速断保护、零序电流保护、过电流保护及本体非电量保护组成。各项功能指标应满足相关的电力行业标准或国家标准的要求。

5.5.2 装置 MMS、SV、GOOSE 接口要求

装置应具备站控层 MMS 接口至少 2 个；对采用 MU 数字量输入装置，应具备 SV（采样值）点对点接口至少 1 个；对采用过程层 GOOSE 的装置，应具备 GOOSE 组网接口至少 1 个、点对点接口至少1 个。装置具体接口数量，招标人在专用技术规范中明确。

5.6 柜结构的技术要求

5.6.1 对智能控制柜，技术要求详见 Q/GDW 1430，并遵循以下要求：

　　a) 控制柜应装有截面为 100mm² 的铜接地母线（不要求与柜体绝缘），接地母线末端应装好可靠的压接式端子，以备接到电站的接地网上。柜体应采用双层结构，循环通风；

　　b) 同一保护柜内若有多路直流电源引入，应接入不同安装单元端子排，且每路电源正、负极之间应有端子隔开。控制柜内设备的安排及端子排的布置，应保证各套保护的独立性，在一套保护检修时不影响其他任何一套保护系统的正常运行；

　　c) 控制柜应具备温度、湿度的采集、调节功能，柜内温度控制在－10℃～＋50℃，相对湿度保持在 90%以下，并可上送温度、湿度信息；

　　d) 控制柜应能满足 GB/T 18663.3 变电站户外防电磁干扰的要求。

5.6.2 对非智能普通屏柜，屏体要求详见《国家电网继电保护柜、屏制造规范》，并遵循已发布的《国家电网有限公司物资采购标准　继电保护及自动装置卷》相关部分规定。

5.6.2.1 微机保护和控制装置的屏柜下部应设有截面积不小于100mm² 的铜排（不要求与保护屏绝缘）。

5.6.2.2 保护柜内电压回路每相及 N 相端子均应采用多个连接端子（不少于 3 个）。

5.6.2.3 同一保护柜内若有多路直流电源引入，应接入不同安装单元端子排。

5.6.3 屏柜内部配线、端子排、接地铜排、屏柜上安装辅助设备等应符合相关规程、标准与反事故措施的规定。

6 试验

6.1 工厂试验

卖方提供的设备试验标准应符合国家、行业及 IEC 的有关标准，并提供每一种型式产品的型式试验报告和 IEC 61850 一致性测试报告。

卖方提供的每一套设备出厂之前都应按国家和行业标准以及工厂规定的调试大纲进行出厂检查、性能试验，试验报告应随产品提供。当需做动态模拟试验或数字仿真试验时，模拟系统的接线和参数由卖方与买方在试验前协商确定，按实际系统参数进行试验。

6.2 系统联调试验

卖方应按买方需求配合完成买方组织的保护装置功能验证与系统联调试验。

6.3 现场试验

现场实际设备接入后，应按照 DL/T 995 的要求，在一次设备不带电和带电试运行时做现场试验，卖方应配合完成保护装置的现场调试及投运试验。现场投运前和试运行中发现的设备缺陷和元件损坏，卖方应及时无偿修理或更换，直至符合本部分要求。

6.4 继电保护专业检测

卖方依据国家电网有限公司继电保护专业检测标准参加继电保护专业检测，并提供每一种型式产品的专业检测报告。

7 技术服务、设计联络、工厂检验和监造

7.1 技术文件

7.1.1 卖方提供的技术文件应提供买方所要求的性能信息，并对其可靠性和一致性负责，卖方所提供的技术文件（包括资料和数据）将成为合同一部分。

7.1.2 卖方应随投标书一起提供一般性技术文件，并且应是与投标产品一致的最新版本，投标时应提供的技术文件如下：

　　a）　产品的技术说明书；

　　b）　产品的型式试验报告和动模试验报告；

　　c）　产品的用户运行证明；

　　d）　产品的软件版本等。

7.1.3 卖方应在签约后 3 周内向买方提供设计用的技术文件如下：

　　a）　产品的技术说明书；

　　b）　产品及保护屏原理框图及说明，模件或继电器的原理接线图及其工作原理说明；

　　c）　装置的 ICD（IED 装置能力描述）文件、保护装置虚端子连接图；

　　d）　组屏的正面布置图、屏内设备布置图、端子排图及图例说明；

　　e）　保护屏所用的辅助继电器和选择开关采用的标准；

　　f）　保护屏的安装尺寸图，包括屏的尺寸和质量、基础螺栓的位置和尺寸等。

7.1.4 签约后双方遵循的原则如下：

　　a）　在收到买方最终认可图纸前，卖方所购买的材料或制造所发生的费用及其风险全由卖方单独承担；

　　b）　生产的成品应符合合同的技术规范。买方对图纸的确认并不能解除卖方对其图纸的完善性和准确性应承担的责任；

　　c）　设计方在收到图纸后 3 周内返回主要确认意见，并根据需要召开设计联络会。卖方在提供确认图纸时必须提供为审核该图纸所需的资料。买方有权要求卖方对其图纸中的任一装置任一部件做必要修改，在设计图纸完成之前应保留设计方对卖方图纸的其他确认权限，而买方不需承担额外费用。

7.1.5 在收到确认意见后，卖方应在规定时间内向买方提供技术文件如下：

　　a）　7.1.3 所列的修改后的正式技术文件；

　　b）　保护装置的内部接线图及图例说明，保护屏内部接线图及其说明（包括屏内布置及内部端子排图）；

　　c）　保护装置的软件版本号和校验码；

　　d）　产品的使用说明书，包括保护装置的现场调试大纲、整定值表和整定计算说明及计算算例等；

　　e）　通信规约和解释文本及装置调试软件和后台分析软件，以便与计算机监控系统和继电保护故障

信息系统联调。

7.1.6 设备供货时提供技术文件和资料如下：

a) 设备的开箱资料清单；

b) 产品的技术说明书、使用说明书和组屏图纸；

c) 出厂调试试验报告；

d) 产品质量检验合格证书；

e) 合同规定的出厂验收试验报告和动模试验报告和一致性测试报告等；

f) 保护设备识别代码及出厂信息表。

7.1.7 技术文件的格式和分送要求如下：

a) 全部图纸应为 A4 幅面，并有完整图标，采用国标单位制；

b) 提供的技术文件除纸质文件外，还应包括一份电子文档，并提供可供修改的最终图纸电子文件（图形文件能够被 PC 机 AutoCAD for Windows 2000 版支持）；

c) 技术文件（图纸和资料）分送单位、套数和地址根据项目单位要求提供。

7.2 设计联络会议

7.2.1 若有必要，买方在收到卖方签字的第一批文件后 3 周内将举行设计联络会议。设计联络会议内容如下：

a) 卖方应对修改后的供确认的资料和图纸进行详细的解释，并应解答买方对这些资料和图纸所提的问题，经过共同讨论，买方给予确认，以便卖方绘制正式图纸提供给买方；

b) 卖方应介绍合同产品已有的运行经验；

c) 卖方应提供验收大纲、工程参数表；

d) 买方或设计方应确认保护装置的 SV 采样值接口、GOOSE 接口及 MMS 接口的类型与数量；

e) 设计联络会应确定通信信息的具体内容。

7.2.2 会议需要签订会议纪要，该纪要将作为合同的组成部分。

7.3 工厂验收和现场验收

要求满足国家电网有限公司企业标准中关于工厂验收（现场）的规范。

7.4 质量保证

7.4.1 卖方应保证制造过程中的所有工艺、材料、试验等（包括卖方的外购件在内）均应符合本部分的规定。若买方根据运行经验指定卖方提供某种外购零部件，卖方应积极配合。卖方对所购配套部件设备质量负责，采购前向买方提供主要国产元器件报价表，采购中应进行严格的质量检验，交货时应向买方提供其产品质量合格证书及有关安装使用等技术文件资料。

7.4.2 对于采用属于引进技术的设备、元器件，卖方在采购前应向买方提供主要进口元器件报价表。引进的设备、元器件应符合引进国的技术标准或 IEC 标准，当标准与本部分有矛盾时，卖方应将处理意见书面通知买方，由买卖双方协商解决。假若卖方有更优越或更为经济的设计和材料，足以使卖方的产品更为安全、可靠、灵活、适应时，卖方可提出并经买方的认可，然而应遵循现行的国家工业标准，并且有成熟的设计和工艺要求以及工程实践经验。

7.4.3 双方签订合同后，卖方应按工程设计及施工进度分批提交技术文件和图纸，必要时，买卖双方尚应进行技术联络，以讨论合同范围内的有关技术问题。

7.4.4 卖方保证所提供的设备应为由最适宜的原材料并采用先进工艺制成且未经使用过的全新产品，保证产品的质量、规格和性能与投标文件所述一致。

7.4.5 卖方提供的保护设备运行使用寿命不应小于 15 年。

7.4.6 卖方保证所提供的设备在各个方面符合招标文件规定的质量、规格和性能。在合同规定的质量保证期内（保护设备到货后 24 个月或 SAT 后 18 个月），对由于产品设计、制造和材料、外购零部件的缺陷而造成所供设备的任何破坏、缺陷故障，当卖方收到买方的书面通知后，在 2 天内免费负责修理或更换有缺陷的设备（包括运输费、税收等），以达到本部分的要求。质量保证期以合同商务部分为准。质量保证期后发生质量问题，卖方应提供免费维修服务，包括硬件更换和软件版本升级。

7.5 项目管理

合同签订后，卖方应指定负责本工程的项目经理，负责卖方在工程全过程的各项工作，如工程进度、设计制造、图纸文件、包装运输、现场安装、调试验收等。

7.6 现场服务

7.6.1 在设备安装调试过程中视买方工作情况卖方及时派出工程技术服务人员，以提供现场服务。卖方派出人员在现场负责技术指导，并协助买方安装、调试。同时，买方为卖方的现场派出人员提供工作和生活的便利条件。

7.6.2 当变电站内保护设备分批投运时，卖方应按合同规定及时派出工程技术人员到达现场服务。

7.6.3 根据买方的安排，卖方安排适当时间对设备的正确安装和试验给予技术培训。

7.7 售后服务

7.7.1 现场投运前和试运行中发现的设备缺陷和元件损坏，卖方应及时无偿修理或更换，直至符合规范要求。保修期内产品出现不符合功能要求和技术指标要求时，卖方应在 4h 内响应，并在 24h 内负责修理或更换。保修期外产品出现异常、设备缺陷、元件损坏或不正确动作，现场无法处理时，卖方接到买方通知后，应在 4h 内响应，并立即派出工程技术人员在 24h 内到达现场处理。

7.7.2 对反事故措施以及软件版本的升级等，卖方应提供技术服务。

7.8 备品备件、专用工具、试验仪器

7.8.1 对每套保护，卖方应提供必要的备品备件。

7.8.2 卖方应提供安装、运行、检修所需的专用工具，包括专用调试、测试设备。

———————————

ICS 29.240

Q/GDW

国家电网公司企业标准

Q/GDW 13200.2—2014

智能变电站66kV站用变压器
保 护 采 购 标 准
第2部分：专用技术规范

Purchasing standard for 66kV substation transformer
protection in smart substation
Part 2: Special technical specification

2014-09-30发布　　　　　　　　　　　　　　2014-09-30实施

国家电网公司　发布

目　次

前　　言

《智能变电站66kV站用变压器保护采购标准》分为2个部分：

——第1部分：通用技术规范；

——第2部分：专用技术规范。

本部分为《智能变电站66kV站用变压器保护采购标准》的第2部分。

本部分由国家电网公司物资部提出并解释。

本部分由国家电网公司科技部归口。

本部分起草单位：南瑞集团有限公司（国网电力科学研究院）。

本部分主要起草人：姚成、曹团结、沈健、周劭亮、陆奕、蒋雷海、张海滨、刘小宝、鲁文、伍小刚。

本部分首次发布。

本部分在执行过程中的意见或建议反馈至国家电网公司科技部。

智能变电站 66kV 站用变压器保护采购标准
第 2 部分：专用技术规范

1 范围

本部分规定了智能变电站 66kV 站用变压器保护招标的标准技术参数、项目需求及投标人响应的相关内容。

本部分适用于智能变电站 66kV 站用变压器保护招标。

2 规范性引用文件

下列文件对于本文件的应用是必不可少的。凡是注日期的引用文件，仅所注日期的版本适用于本文件。凡是不注日期的引用文件，其最新版本（包括所有的修改单）适用于本文件。

Q/GDW 13200.1 智能变电站 66kV 站用变压器保护采购标准 第 1 部分：通用技术规范

3 术语和定义

下列术语和定义适用于本文件。

3.1

招标人 bidder

提出招标项目，进行招标的法人或其他组织。

3.2

投标人 tenderer

响应招标、参加投标竞争的法人或者其他组织。

3.3

卖方 seller

提供本部分货物和技术服务的法人或其他组织，包括其法定的承继者。

3.4

买方 buyer

购买本部分货物和技术服务的法人或其他组织，包括其法定的承继者和经许可的受让人。

4 标准技术参数

技术参数特性表是国家电网公司对采购设备的基础技术参数要求，在招投标过程中，投标人应依据招标文件，对技术参数特性表中标准参数值进行响应。智能变电站 66kV 站用变压器保护、打印机、保护柜技术参数特性见表 1～表 3。物资必须满足 Q/GDW 13200.1 的要求。

表 1 智能变电站 66kV 站用变保护技术参数特性表

序号	参 数 名 称	单位	标准参数值
1	电流定值误差		不超过±5%
2	光纤接口接收灵敏度	dBm	≤−20（串行光接口）； ≤−30（以太网光接口）

表 1（续）

序号	参 数 名 称	单位	标准参数值
3	光纤接口发送功率	dBm	≥−10（串行光接口）； ≥−20（以太网光接口）
4	装置工作电源	V	（招标人填写）
5	SV（采样值）点对点接口类型 （IEC 60044−8 接口；IEC 61850−9−2 接口； 常规模拟量输入）		（招标人填写）
6	SV（采样值）点对点接口数量		（招标人填写）
7	过程层 GOOSE 组网接口数量		（招标人填写）
8	过程层 GOOSE 点对点接口数量		（招标人填写）
9	站控层 MMS 接口数量与类型		（招标人填写）
10	对时方式		（招标人填写）
11	普通柜可选技术参数		（招标人填写）
12	智能柜技术参数要求		（招标人填写）
13	其他 1		（招标人填写）
14	其他 2		（招标人填写）

表 2　打印机技术参数特性表

序号	参 数 名 称	单位	标准参数值
1	工作电源	V	220AC
2	接口型式		与保护装置配套

表 3　保护柜（非智能控制柜）技术参数特性表

序号	参 数 名 称	单位	标准参数值
1	尺寸	mm	高度：2260； 宽度：800； 深度：600
2	颜色		GSB05−1426−2001，77 号， GY09 冰灰橘纹

5　组件材料配置表

组件材料配置表包括元件名称、规格形式参数、单位、数量和产地等信息，具体内容和格式根据招标项目情况编制。

6　使用环境条件表

典型智能变电站 66kV 站用变压器保护使用环境条件见表 4。特殊环境要求根据项目情况编制。

表4　使 用 环 境 条 件 表

项目单位：				项目名称：
序号	名　称　项　目		单位	标准参数值
1	电源的频率		Hz	50
2	温度	最高气温	℃	＋45
		最低气温	℃	－5
		最大日温差	K	＋25
3	湿度	日相对湿度平均值	%	≤95
		月相对湿度平均值	%	≤90
4	海拔		m	≤2000
5	耐受地震能力	水平加速度	m/s²	0.3g
		垂直加速度	m/s²	0.15g
6	保护装置是否组屏		组屏/单装置	（项目单位提供）
7	安装方式		集中/分散	（项目单位提供）
注：标准参数值为正常使用条件，超出此值时为特殊使用条件，可根据工程实际使用条件行修改。				

ICS 29.240.01
K 45

Q/GDW

国家电网有限公司企业标准

Q/GDW 13201.1—2018
代替 Q/GDW 13201.1—2014

智能变电站 220kV～750kV 断路器保护采购标准 第 1 部分：通用技术规范

Purchasing standard for 220kV～750kV breaker protection in smart substation
Part 1: General technical specification

2019-06-28发布   2019-06-28实施

国家电网有限公司   发 布

目　次

前　言

为规范智能变电站 220kV～750kV 断路器保护的采购要求，制定本部分。

《智能变电站 220kV～750kV 断路器保护采购标准》分为 2 个部分：

—— 第 1 部分：通用技术规范；

—— 第 2 部分：专用技术规范。

本部分为《智能变电站 220kV～750kV 断路器保护采购标准》的第 1 部分。

本部分代替 Q/GDW 13201.1—2014，与 Q/GDW 13201.1—2014 相比，主要技术性差异如下：

—— 增加或替换自 2014 年以来新发布的国家、行业和国网企业标准与本采购规范相关的标准。

—— 提升设备工作温度、环境温度和大气压力要求，增加"远方操作"和"保护检修状态"硬压板及相关要求。

—— 依据最新规范 Q/GDW 1161 完善修改保护装置相关功能要求。

—— 增加"保护设备识别代码及出厂信息表"的要求。

—— 执行十八项反措要求修改保护屏柜绝缘相关要求。

—— 增加多路直流电源引入的要求

本部分由国家电网有限公司物资部提出并解释。

本部分由国家电网有限公司科技部归口。

本部分起草单位：国网江苏省电力有限公司、南瑞集团有限公司（国网电力科学研究院有限公司）。

本部分主要起草人：余洪、吴通华、姚刚、洪丰、岳嵩、黄浩声。

本部分 2014 年 9 月首次发布，2018 年 12 月第一次修订。

本部分在执行过程中的意见或建议反馈至国家电网有限公司科技部。

智能变电站220kV～750kV断路器保护采购标准
第1部分：通用技术规范

1 范围

本部分规定了智能变电站220kV～750kV断路器保护招标的总则、技术参数和性能要求、试验、包装、运输、交货及工厂检验和监造的一般要求。

本部分适用于智能变电站220kV～750kV断路器保护招标。

2 规范性引用文件

下列文件对于本文件的应用是必不可少的。凡是注日期的引用文件，仅注日期的版本适用于本文件。凡是不注日期的引用文件，其最新版本（包括所有的修改单）适用于本文件。

GB/T 191 包装储运图示标志

GB/T 2423（所有部分） 电工电子产品环境试验

GB/T 7261 继电保护和安全自动装置基本试验方法

GB/T 11287 电气继电器 第21部分：量度继电器和保护装置的振动、冲击、碰撞和地震试验 第1篇：振动试验（正弦）

GB/T 14285 继电保护和安全自动装置技术规程

GB/T 14537 量度继电器和保护装置的冲击与碰撞试验

GB/T 14598.3 电气继电器 第5部分：量度继电器和保护装置的绝缘配合要求和试验

GB/T 14598.9 量度继电器和保护装置 第22-3部分：电气骚扰试验 辐射电磁场抗扰度

GB/T 14598.10 量度继电器和保护装置 第22-4部分：电气骚扰试验 电快速瞬变/脉冲群抗扰度试验

GB/T 14598.13 电气继电器 第22-1部分：量度继电器和保护装置的电气骚扰试验 1MHz脉冲群抗扰度试验

GB/T 14598.14 量度继电器和保护装置 第22-2部分：电气骚扰试验 静电放电试验

GB/T 14598.17 电气继电器 第22-6部分：量度继电器和保护装置的电气骚扰试验—射频场感应的传导骚扰抗扰度

GB/T 14598.18 量度继电器和保护装置 第22-5部分：电气骚扰试验 浪涌抗扰度试验

GB/T 14598.19 电气继电器 第22-7部分：量度继电器和保护装置的电气骚扰试验—工频抗扰度试验

GB/T 15145 输电线路保护装置通用技术条件

GB/T 18663.3 电子设备机械结构 公制系列和英制系列的试验 第3部分：机柜、机架和插箱的电磁屏蔽性能试验

GB/T 20840.8 互感器 第8部分：电子式电流互感器

GB/T 22386 电力系统暂态数据交换通用格式

GB/T 25931 网络测量和控制系统的精确时钟同步协议

GB/T 26864 电力系统继电保护产品动模试验

DL/T 478 继电保护和安全自动装置通用技术条件

DL/T 559 220kV～750kV电网继电保护装置运行整定规程

DL/T 587　微机继电保护装置运行管理规程

DL/Z 713　500kV 变电所保护和控制设备抗扰度要求

DL/T 720　电力系统继电保护柜、屏通用技术条件

DL/T 769　电力系统微机继电保护技术导则

DL/T 860（所有部分）　变电站通信网络和系统

DL/T 860.81　变电站通信网络和系统　第 8－1 部分：特定通信服务映射（SCSM）对 MMS（ISO 9506－1 和 ISO 9506－2）及 ISO/IEC 8802

DL/T 860.92　变电站通信网络和系统　第 9－2 部分：特定通信服务映射（SCSM）映射到 ISO/IEC 8802－3 的采样值

DL/T 886　750kV 电力系统继电保护技术导则

DL/T 995　继电保护和电网安全自动装置检验规程

DL/T 5136　火力发电厂、变电站二次接线设计技术规程

DL/T 5218　220kV～500kV 变电所设计技术规程

Q/GDW 383　智能变电站技术导则

Q/GDW 428　智能变电站智能终端技术规范

Q/GDW 441　智能变电站继电保护技术规范

Q/GDW 1161　线路保护及辅助装置标准化设计规范

Q/GDW 1396　IEC 61850 工程继电保护应用模型

Q/GDW 1426　智能变电站合并单元技术规范

Q/GDW 1430　智能变电站智能控制柜技术规范

Q/GDW 10393　110（66）kV～220kV 智能变电站设计规范

Q/GDW 10394　330kV～750kV 智能变电站设计规范

Q/GDW 11010　继电保护信息规范

Q/GDW 13001—2014　高海拔外绝缘配置技术规范

3　术语和定义

下列术语和定义适用于本文件。

3.1

招标人　bidder

提出招标项目，进行招标的法人或其他组织。

3.2

投标人　tenderer

响应招标、参加投标竞争的法人或者其他组织。

3.3

卖方　seller

提供本部分货物和技术服务的法人或其他组织，包括其法定的承继者。

3.4

买方　buyer

购买本部分货物和技术服务的法人或其他组织，包括其法定的承继者和经许可的受让人。

4　总则

4.1　一般性要求

4.1.1　卖方提供的智能变电站继电保护及相关设备应符合 Q/GDW 441 的要求。

智能变电站继电保护与站控层信息交互采用 DL/T 860 标准，跳合闸命令和联闭锁信息可通过直接电缆连接或 GOOSE 机制传输。卖方提供的继电保护及相关设备所采用的技术应遵循 Q/GDW 441 及本部分中与之对应的部分。

4.1.2 卖方提供的变电站继电保护及相关设备应符合 Q/GDW 1161 的要求。

变电站继电保护装置的动作信息、告警信息、状态变位信息、中间节点信息、日志记录、人机界面信息等信息输出符合 Q/GDW 11010 的要求。

4.1.3 本部分提出的是最低限度的要求，并未对一切技术细节作出规定，也未充分引述有关标准的条文，投标人应提供符合本部分和工业标准的优质产品。

4.1.4 如果投标人没有以书面形式对本部分的条文提出异议，则表示投标人提供的设备完全符合本部分的要求。如有异议，应在报价书中以"对规范书的意见和同规范书的差异"为标题的专门章节中加以详细描述。

4.1.5 本部分所使用的标准如遇与投标人所执行的标准不一致按较高的标准执行。

4.1.6 本部分经招、投标双方确认后作为订货合同的技术附件，与合同正文具有同等效力。

4.2 卖方职责

卖方的工作范围应包括但不仅限于下列内容：

a) 提供标书内所有设备及设计说明书及制造方面的说明；

b) 提供国家或电力行业级检验检测机构出具的动模试验报告、型式试验报告和 IEC 61850 的一致性测试报告，以便确认供货设备能否满足所有的性能要求；

c) 提供与投标设备版本相符的安装及使用说明书；

d) 提供试验和检验的标准，包括试验报告和试验数据；

e) 提供图纸，制造和质量保证过程的一览表以及标书规定的其他资料；

f) 提供设备管理和运行所需有关资料；

g) 所提供设备应发运到规定的目的地；

h) 在更换所用的准则、标准、规程或修改设备技术数据时，卖方应接受买方的选择；

i) 现场服务。

4.3 应满足的标准

装置至少应满足 GB/T 191、GB/T 2423（所有部分）、GB/T 7261、GB/T 11287、GB/T 14285、GB/T 14537、GB/T 14598.3、GB/T 14598.9、GB/T 14598.10、GB/T 14598.13、GB/T 14598.14、GB/T 14598.17、GB/T 14598.18、GB/T 14598.19、GB/T 15145、GB/T 18663.3、GB/T 20840.8、GB/T 22386、GB/T 25931、GB/T 26864、DL/T 478、DL/T 559、DL/T 587、DL/Z 713、DL/T 720、DL/T 769、DL/T 860（所有部分）、DL/T 860.81、DL/T 860.92、DL/T 886、DL/T 995、DL/T 5136、DL/T 5218、Q/GDW 1161、Q/GDW 383、Q/GDW 10393、Q/GDW 10394、Q/GDW 1396、Q/GDW 1426、Q/GDW 428、Q/GDW 1430、Q/GDW 441、Q/GDW 11010、Q/GDW 13001—2014 中所列标准的最新版本要求，但不限于上述所列标准。

4.4 应满足的文件

该类设备技术标准应满足国家法律法规及国家电网有限公司标准化成果中相关条款要求。下列文件中相应的条款规定均适用于本文件，其最新版本（包括所有的修改单）适用于本文件。包括：

a) 《电力监控系统安全防护规定》；

b) 《国家电网有限公司十八项电网重大反事故措施（2018 年修订版）》；

c) 《国家电网有限公司输变电工程通用设计》；

d) 《国家电网公司关于加快推进电力监控系统网络安全管理平台建设的通知》；

e) 《国家电网继电保护柜、屏制造规范》。

5 技术参数和性能要求

5.1 使用环境条件

5.1.1 设备储存温度：−25℃～+70℃。

5.1.2 设备工作温度：－10℃～＋55℃。

5.1.3 大气压力：80kPa～106kPa。

5.1.4 相对湿度：5%～95%。

5.1.5 抗地震能力：地面水平加速度0.3g，垂直加速度0.15g，同时作用。

5.2 保护装置额定参数

5.2.1 额定直流电源：220V/110V。

5.2.2 模拟量输入：额定交流电流：5A/1A；额定交流电压，100V/$\sqrt{3}$（相电压）、100V（线电压）、300V（开口三角电压）。

5.2.3 数字量输入：额定电流，01CFH或00E7H；额定电压，2D41H。

5.2.4 额定频率：50Hz。

5.2.5 打印机工作电源：交流220V、50Hz。

5.3 装置功率消耗

5.3.1 装置交流消耗：交流电流回路功率消耗每相不大于0.5VA，交流电压回路功率消耗（额定电压下）每相不大于0.5VA。卖方投标时必须提供确切数值。

5.3.2 装置直流消耗：当正常工作时，不大于50W；当保护动作时，不大于80W。卖方投标时必须提供确切数值，并在技术规范专用部分的"投标人技术偏差表"中列出。

5.4 3/2 接线断路器保护总的技术要求

5.4.1 本条规定了跳合闸命令和联闭锁信息通过GOOSE机制传输和（或）电压、电流量通过电子式互感器及MU采集的保护设备的技术要求。

通过传统互感器、电缆直接采样的装置，保护装置交流采样及交流二次回路的技术要求，应符合已有的相应规范和标准以及《国家电网有限公司物资采购标准 继电保护及自动装置卷》相关部分要求。

通过电缆直接跳闸装置，装置跳合闸及二次回路的技术要求，应符合已有的相应规范和标准以及《国家电网有限公司物资采购标准 继电保护及自动装置卷》相关部分要求。

5.4.2 环境温度在－10℃～＋55℃时，保护装置应满足本部分所规定的精度。

5.4.3 220kV及以上电压等级断路器保护系统应遵循双重化配置原则，每套保护系统装置功能独立完备、安全可靠。配置要求如下：

    a) 每套完整、独立的保护装置应能处理可能发生的所有类型的故障。两套保护之间不应有任何电气联系，当一套保护异常或退出时不应影响另一套保护的运行。

    b) 两套保护的电压（电流）采样值应分别取自相互独立的MU。

    c) 双重化配置保护使用的GOOSE网络应遵循相互独立的原则，当一个网络异常或退出时不应影响另一个网络的运行。

    d) 两套保护的跳闸回路应与两个智能终端分别一一对应；两个智能终端应与断路器的两个跳闸线圈分别一一对应。

    e) 双重化的两套保护及其相关设备（电子式互感器、MU、智能终端、网络设备、跳闸线圈等）的直流电源应一一对应。

5.4.4 除出口继电器外，装置内的任一元件损坏时，装置不应误动作跳闸。

5.4.5 保护装置不应依赖于外部对时系统实现其保护功能。

5.4.6 330kV及以上电压等级过程层GOOSE网络、站控层MMS网络应完全独立，过程层网络和站控层网络应完全独立，，断路器保护装置接入不同网络时，应采用相互独立的数据接口控制器。

5.4.7 保护装置、智能终端等智能电子设备间的相互启动、相互闭锁、位置状态等交换信息通过GOOSE网络传输，双重化配置的保护之间不直接交换信息。

5.4.8 断路器保护按断路器双重化配置，每套保护包含失灵保护及重合闸等功能。

5.4.9 断路器保护跳本断路器采用点对点直接跳闸。本断路器失灵时，经GOOSE网络通过相邻断路器保护或母线保护跳相邻断路器。

5.4.10 保护装置采样同步应由保护装置实现，装置 SV 采样值接口支持 GB/T 20840.8 或 DL/T 860.92 协议，在工程应用时应能灵活配置。

5.4.11 保护装置应自动补偿电子式互感器的采样响应延迟，当响应延时发生变化时应闭锁采自不同 MU 且有采样同步要求的保护。保护装置的采样输入接口数据的采样频率宜为 4000Hz。

5.4.12 保护装置的交流量信息应具备自描述功能。

5.4.13 保护装置应处理 MU 上送的数据品质位（无效、检修等），及时准确提供告警信息。在异常状态下，利用 MU 的信息合理地进行保护功能的退出和保留，瞬时闭锁可能误动的保护，延时告警，并在数据恢复正常之后尽快恢复被闭锁的保护功能，不闭锁与该异常采样数据无关的保护功能。接入两个及以上 MU 的保护装置应按 MU 设置"MU 投入"软压板。

5.4.14 当采用电子式互感器时，保护装置应针对电子式互感器特点优化相关保护算法，提高保护性能。

5.4.15 保护装置应采取措施，防止输入的双 A/D 数据之一异常时误动作。

5.4.16 保护装置只设"远方操作"和"保护检修状态"硬压板，保护功能投退不设硬压板，如下：

    a) "远方操作"只设硬压板。"远方投退压板"、"远方切换定值区"和"远方修改定值"只设软压板，只能在装置本地操作，三者功能相互独立，分别与"远方操作" 硬压板采用"与门" 逻辑。当"远方操作"硬压板投入后，上述三个软压板远方功能才有效；

    b) "保护检修状态" 只设硬压板，当该压板投入时，保护装置报文上送带品质位信息，保护装置应有明显显示（面板指示灯和界面显示）。"保护检修状态"硬压板遥信不置检修标志。参数、配置文件仅在检修压板投入时才可下装，下装时应闭锁保护；

    c) 保护功能投退不设硬压板。

5.4.17 保护装置应同时支持 GOOSE 点对点和网络方式传输，传输协议遵循 DL/T 860.81。

5.4.18 保护装置采样值接口和 GOOSE 接口数量应满足工程的需要。

5.4.19 保护装置应具备 MMS 接口与站控层设备通信。保护装置向站控层提供的信息符合 Q/GDW 1396。

5.4.20 保护装置的交流电流、交流电压及保护设备参数的显示、打印、整定应能支持一次值，上送信息应采用一次值。

5.4.21 保护装置内部 MMS 接口、GOOSE 接口、SV 接口应采用相互独立的数据接口控制器接入网络。

5.4.22 保护装置应具备通信中断、异常等状态的检测和告警功能。装置应提供装置故障（含失电）硬接点输出。

5.4.23 保护装置宜通过 IRIG－B（DC）码对时，也可采用 GB/T 25931 标准进行网络对时，对时精度应满足要求。

5.4.24 对保护装置 ICD 文件与 CID 文件的要求如下：

    a) ICD、CID 文件符合统一的模型要求，适用于通用的配置工具和静态检测、分析软件；

    b) ICD 文件应完整描述 IED 提供的数据模型及服务，采用模块化设计，包含版本信息；

    c) CID 文件应完整描述本 IED 的实例化信息，应包含版本信息。

5.4.25 保护装置信息交互要求如下：

    a) 智能变电站继电保护应满足运行维护、监视控制及无人值班、智能电网调度等信息交互的要求。

    b) 继电保护设备应支持在线和离线获取模型，离线获取和在线召唤的模型应保持一致。定值模型应包含描述、定值单位、定值上限、定值下限等信息。

    c) 继电保护设备应将检修压板状态上送站控层。当继电保护设备检修压板投入时，上送报文中信号的品质 q 的"Test 位"应置位。

    d) 继电保护设备应支持取代服务，取代数据的上送报文中，信号的品质 q 的"取代位"应置位。

    e) 继电保护设备应能够支持不小于 16 个客户端的 TCP/IP 访问连接，应能够支持 10 个报告实例。

5.4.26 保护装置交互信息内容要求如下：

    a）继电保护设备应支持上送采样值、开关量、压板状态、设备参数、定值区号及定值、自检信息、异常告警信息、保护动作事件及参数（故障相别、跳闸相别和测距）、录波报告信息、装置硬件信息、装置软件版本信息、装置日志信息等数据；

    b）继电保护设备主动上送的信息应包括开关量变位信息、异常告警信息和保护动作事件信息等；

    c）继电保护设备应支持远方投退压板、修改定值、切换定值区、设备复归功能，并具备权限管理功能；

    d）继电保护设备的自检信息应包括硬件损坏、功能异常、与过程层设备通信状况等；

    e）继电保护设备应支持远方召唤至少最近 8 次录波报告的功能。

5.4.27 雷击过电压、一次回路操作、系统故障及其他强干扰作用下，不应误动和拒动。保护装置快速瞬变干扰试验、高频干扰试验，辐射电磁场干扰试验、冲击电压试验、静电放电试验和绝缘试验应符合本部分的相关标准。保护装置调试端口应带有光电隔离装置。

5.4.28 保护柜中的插件应接触可靠，并且有良好的互换性，以便检修时能迅速更换。

5.4.29 保护装置应具有直流电源快速小开关，与保护装置安装在同一柜上。保护装置的逻辑回路应由独立的直流/直流变换器供电。直流电压消失时，保护装置不应误动作。直流电源电压在 80%～115%额定值范围内变化时，保护装置应正确工作。在直流电源恢复（包括缓慢地恢复）到 80%UN 时，直流逆变电源应能自动启动。直流电源纹波系数小于或等于 5%时，保护装置应正确工作。拉合直流电源以及插拔熔丝发生重复击穿火花时，保护装置不应误动作。直流电源回路出现各种异常情况（如短路、断线、接地等）时保护装置不应误动作。

5.4.30 所提供保护设备的软件版本及校验码应与买方进行确认，并提供配套的使用说明书和相关的定值清单。

5.5 3/2 接线断路器保护装置具体要求

5.5.1 3/2 接线断路器保护装置的要求

3/2 接线断路器保护装置的要求如下：

    a）3/2 接线断路器保护应具备断路器失灵保护、充电过电流保护、死区保护、三相不一致保护、和自动重合闸功能。保护装置应具有 TV 断线、TA 断线报警功能。各项功能指标应满足相关的电力行业标准或国家标准的要求。

    b）设置相电流元件，零、负序电流元件，发电机—变压器组单元设置低功率因数元件。保护装置内部设置"有无电流"的相电流元件判别元件，其最小电流门槛值应大于保护装置的最小精确工作电流（$0.05I_N$）。

5.5.1.1 保护的功能要求如下：

    a）失灵保护误动作后果比较严重，且 3/2 断路器接线的失灵保护无电压闭锁，根据具体情况，应采取措施，防止由于开关量逻辑输入异常导致失灵保护误启动，失灵保护应采用不同的启动方式。

    启动方式如下：

    1）任一分相跳闸接点逻辑开入后经电流突变量或零序电流启动并展宽后启动失灵；

    2）三相跳闸触点逻辑开入后不经电流突变量或零序电流启动失灵；

    3）失灵保护动作经母线差动保护出口时，应在母线差动保护装置中设置灵敏的不需整定的电流元件并带 50ms 的固定延时。

    b）失灵保护不设功能投/退压板；

    c）断路器保护跳本断路器采用点对点直接跳闸。本断路器失灵时，经 GOOSE 网络通过相邻断路器保护或母线保护跳相邻断路器。

5.5.1.2 充电过电流保护包含两段相过电流和一段零序过电流，每段相电流过电流和零序过电流保护延时可分别整定。充电过电流保护经充电过电流保护投入压板和整定值中相应段保护投入控制字投退。

5.5.1.3 三相不一致保护可增加零、负序电流闭锁，其定值可以和失灵保护的零、负序电流定值相同，均按躲过最大负荷时的不平衡电流整定。

5.5.1.4 自动重合闸的技术要求如下：

a） 自动重合闸由保护跳闸启动，断路器无故障跳闸应启动重合闸。

自动重合闸由分相和三相跳闸启动回路启动；三相自动重合闸应有同期检查和无电压检查；重合闸装置应能将启动信号定时自保持。

b） 重合闸方式如下：

　　1） 当不使用用于重合闸检线路侧电压和检同期的电压元件时，相应的电压异常不应报警；

　　2） 检同期重合闸所采用的线路电压应是自适应的，用户可自行选择任意相间或相电压；

　　3） 取消"重合闸方式转换开关"，自动重合闸仅设置"停用重合闸"功能压板，重合闸方式通过控制字实现，见表1；

表 1　重合闸方式

重合闸方式	整定方式	备　注
单相重合闸	0，1	单相跳闸单相重合闸方式
三相重合闸	0，1	含有条件的特殊重合方式
禁止重合闸	0，1	仅放电，禁止本装置重合，不沟通三跳
停用重合闸	0，1	既放电，又闭锁重合闸，并沟通三跳

　　4） 单相重合闸、三相重合闸、禁止重合闸和停用重合闸有且只能有一项置"1"，如不满足此要求，保护装置报警并按停用重合闸处理；

　　5） 重合闸装置应有"断路器操作压力降低闭锁重合闸"的逻辑回路，该回路应保证只检查断路器跳闸前的操作压力。

c） 重合闸装置应有外部闭锁重合闸的逻辑输入回路，用于在手动跳闸、手动合闸、母线故障、变压器故障、断路器失灵、断路器三相不一致、远方跳闸、延时段保护动作、断路器操作压力降低等情况下接入闭锁重合闸触点。三相重合闸元件启动后，应闭锁单相重合闸时间元件。

d） 重合闸过程中出现的非全相运行状态，如有可能引起本线路或其他线路的保护装置误动作时，应采取措施予以防止。

e） 3/2 断路器接线"沟通三跳"功能由断路器保护实现。断路器保护失电时，由断路器三相不一致保护跳闸。

5.5.2 装置 MMS、SV、GOOSE 接口要求

装置应具备站控层 MMS 接口至少 2 个；对采用 MU 数字量输入装置，应具备 SV（采样值）点对点接口至少 2 个；对采用过程层 GOOSE 的装置，应具备 GOOSE 组网接口至少 1 个，点对点接口至少 2 个。装置具体接口数量，买方在设计联络阶段确认。

5.6 柜结构的技术要求

5.6.1 对智能控制柜，技术要求详见 Q/GDW 430，并遵循以下要求。

5.6.1.1 控制柜应装有截面为 100mm^2 的铜接地母线（不要求与柜体绝缘），接地母线末端应装好可靠的压接式端子，以备接到电站的接地网上。柜体应采用双层结构，循环通风。

5.6.1.2 同一保护柜内若有多路直流电源引入，应接入不同安装单元端子排，且每路电源正、负极之间

应有端子隔开。控制柜内设备的安排及端子排的布置，应保证各套保护的独立性，在一套保护检修时不影响其他任何一套保护系统的正常运行。

5.6.1.3 控制柜应具备温度、湿度的采集、调节功能，柜内温度控制在－10℃～＋50℃，相对湿度保持在90%以下，并可上送温度、湿度信息。

5.6.1.4 控制柜应能满足 GB/T 18663.3 变电站户外防电磁干扰的要求。

5.6.2 对非智能普通屏柜，屏体要求详见《国家电网继电保护柜、屏制造规范》，并遵循已发布的《国家电网有限公司物资采购标准 继电保护及自动化卷》相关部分规定。

5.6.2.1 微机保护和控制装置的屏柜下部应设有截面积不小于100mm²的铜排（不要求与保护屏绝缘）。

5.6.2.2 保护柜内电压回路每相及 N 相端子均应采用多个连接端子（不少于3个）。

5.6.2.3 同一保护柜内若有多路直流电源引入，应接入不同安装单元端子排。

5.6.3 无论何种屏柜内，其内部配线、端子排、接地铜排、屏柜上安装辅助设备等应符合相关规程、标准与反事故措施的规定。

6 试验

6.1 工厂试验

卖方提供的设备试验标准应符合国家、行业及 IEC 的有关标准，并提供每一种型式产品的动模试验报告、型式试验报告和 IEC 61850 一致性测试报告。

卖方提供的每一套设备出厂之前都应按国家和行业标准以及工厂规定的调试大纲进行出厂检查、性能试验，试验报告应随产品提供。当需做动态模拟试验或数字仿真试验时，模拟系统的接线和参数由卖方与买方在试验前协商确定，按实际系统参数进行试验。

6.2 系统联调试验

卖方应按买方需求配合完成买方组织的保护装置功能验证与系统联调试验。

6.3 现场试验

现场实际设备接入后，应按照 DL/T 995 在一次设备不带电和带电试运行时做现场试验，卖方应配合完成保护装置的现场调试及投运试验。现场投运前和试运行中发现的设备缺陷和元件损坏，卖方应及时无偿修理或更换，直至符合本部分要求。

6.4 继电保护专业检测

卖方依据国家电网有限公司继电保护专业检测标准参加继电保护专业检测，并提供每一种型式产品的专业检测报告。

7 技术服务、设计联络、工厂检验和监造

7.1 技术文件

7.1.1 卖方提供的技术文件应提供买方所要求的性能信息，并对其可靠性和一致性负责，卖方所提供的技术文件（包括资料和数据）将成为合同一部分。

7.1.2 卖方应随投标书一起提供一般性技术文件，并且应是与投标产品一致的最新版本，投标时应提供的技术文件如下：

 a) 产品的技术说明书；

 b) 产品的型式试验报告、动模试验报告和一致性测试报告；

 c) 产品的用户运行证明；

 d) 产品的软件版本等。

7.1.3 卖方应在签约后3周内向买方提供设计用的技术文件如下：

a) 产品的技术说明书；

b) 产品及保护屏原理框图及说明，模件或继电器的原理接线图及其工作原理说明；

c) 装置的 ICD（IED 装置能力描述）文件、保护装置虚端子连接图；

d) 组屏的正面布置图、屏内设备布置图、端子排图及图例说明；

e) 保护屏所用的辅助继电器和选择开关采用的标准；

f) 保护屏的安装尺寸图，包括屏的尺寸和质量、基础螺栓的位置和尺寸等。

7.1.4 签约后双方遵循的原则如下：

a) 在收到买方最终认可图纸前，卖方所购买的材料或制造所发生的费用及其风险全由卖方单独承担；

b) 生产的成品应符合合同的技术规范。买方对图纸的确认并不能解除卖方对其图纸的完善性和准确性应承担的责任；

c) 设计方在收到图纸后 3 周内返回主要确认意见，并根据需要召开设计联络会。卖方在提供确认图纸时必须提供为审核该图纸所需的资料。买方有权要求卖方对其图纸中的任一装置任一部件作必要修改，在设计图纸完成之前应保留设计方对卖方图纸的其他确认权限，而买方不需承担额外费用。

7.1.5 在收到确认意见后，卖方应在规定时间内向买方提供的技术文件如下：

a) 7.1.3 所列的修改后的正式技术文件；

b) 保护装置的内部接线图及图例说明，保护屏内部接线图及其说明（包括屏内布置及内部端子排图）；

c) 保护装置的软件版本号和校验码；

d) 产品的使用说明书，包括保护装置的现场调试大纲、整定值表和整定计算说明及计算算例等；

e) 通信规约和解释文本及装置调试软件和后台分析软件，以便与计算机监控系统和继电保护故障信息系统联调。

7.1.6 设备供货时提供的技术文件和资料如下：

a) 设备的开箱资料清单；

b) 产品的技术说明书、使用说明书和组屏图纸；

c) 出厂调试试验报告；

d) 产品质量检验合格证书；

e) 合同规定的出厂验收试验报告和动模试验报告和一致性测试报告等；

f) 保护设备识别代码及出厂信息表。

7.1.7 技术文件的格式和分送要求如下：

a) 全部图纸应为 A4 幅面，并有完整图标，采用国标单位制；

b) 提供的技术文件除纸质文件外，还应包括一份电子文档，并提供可供修改的最终图纸电子文件（图形文件能够被 PC 机 AutoCAD for Windows 2000 版支持）；

c) 技术文件（图纸和资料）分送单位、套数和地址根据项目单位要求提供。

7.2 设计联络会议

7.2.1 若有必要，买方在收到卖方签字的第一批文件后 3 周内将举行设计联络会议。设计联络会议内容如下：

a) 卖方应对修改后的供确认的资料和图纸进行详细的解释，并应解答买方对这些资料和图纸所提的问题，经过共同讨论，买方给予确认，以便卖方绘制正式图纸提供给买方；

b） 卖方应介绍合同产品已有的运行经验；

c） 卖方应提供验收大纲、工程参数表；

d） 买方或设计方应确认保护装置的 SV 采样值接口、GOOSE 接口及 MMS 接口的类型与数量；

e） 设计联络会应确定通信信息的具体内容。

7.2.2 会议应签订会议纪要，并作为合同的组成部分。

7.3 工厂验收和现场验收

要求满足国家电网有限公司企业标准中关于工厂验收（现场）的规范。

7.4 质量保证

7.4.1 卖方应保证制造过程中的所有工艺、材料、试验等（包括卖方的外购件在内）均应符合本部分的规定。若买方根据运行经验指定卖方提供某种外购零部件，卖方应积极配合。卖方对所购配套部件设备质量负责，采购前向买方提供主要国产元器件报价表，采购中应进行严格的质量检验，交货时应向买方提供其产品质量合格证书及有关安装使用等技术文件资料。

7.4.2 对于采用属于引进技术的设备、元器件，卖方在采购前应向买方提供主要进口元器件报价表。引进的设备、元器件应符合引进国的技术标准或 IEC 标准，当标准与本部分有矛盾时，卖方应将处理意见书面通知买方，由买卖双方协商解决。假若卖方有更优越或更为经济的设计和材料，足以使卖方的产品更为安全、可靠、灵活、适应时，卖方可提出并经买方的认可，然而应遵循现行的国家工业标准，并且有成熟的设计和工艺要求以及工程实践经验。

7.4.3 双方签订合同后，卖方应按工程设计及施工进度分批提交技术文件和图纸，必要时，买卖双方应进行技术联络，以讨论合同范围内的有关技术问题。

7.4.4 卖方保证所提供的设备应为由最适宜的原材料并采用先进工艺制成且未经使用过的全新产品，保证产品的质量、规格和性能与投标文件所述一致。

7.4.5 卖方提供的保护设备运行使用寿命不应小于 15 年。

7.4.6 卖方保证所提供的设备在各个方面符合招标文件规定的质量、规格和性能。在合同规定的质量保证期内（保护设备到货后 24 个月或 SAT 后 18 个月），对由于产品设计、制造和材料、外购零部件的缺陷而造成所供设备的任何破坏、缺陷故障，当卖方收到买方的书面通知后，在 2 天内免费负责修理或更换有缺陷的设备（包括运输费、税收等），以达到本部分的要求。质量保证期以合同商务部分为准。

质量保证期后发生质量问题，卖方应提供免费维修服务，包括硬件更换和软件版本升级。

7.5 项目管理

合同签订后，卖方应指定负责本工程的项目经理，负责卖方在工程全过程的各项工作，如工程进度、设计制造、图纸文件、包装运输、现场安装、调试验收等。

7.6 现场服务

现场服务内容如下：

a） 在设备安装调试过程中视买方工作情况卖方及时派出工程技术服务人员，以提供现场服务。卖方派出人员在现场负责技术指导，并协助买方安装、调试。同时，买方为卖方的现场派出人员提供工作和生活的便利条件；

b） 当变电站内保护设备分批投运时，卖方应按合同规定及时派出工程技术人员到达现场服务；

c） 根据买方的安排，卖方安排适当时间对设备的正确安装和试验给予技术培训。

7.7 售后服务

7.7.1 现场投运前和试运行中发现的设备缺陷和元件损坏，卖方应及时无偿修理或更换，直至符合规范要求。保修期内产品出现不符合功能要求和技术指标要求时，卖方应在 4h 内响应，并在 24h 内负责修

理或更换。保修期外产品出现异常、设备缺陷、元件损坏或不正确动作，现场无法处理时，卖方接到买方通知后，应在 4h 内响应，并立即派出工程技术人员在 24h 内到达现场处理。

7.7.2 对反事故措施以及软件版本的升级等，卖方应提供技术服务。

7.8 备品备件、专用工具、试验仪器

7.8.1 对每套保护，卖方应提供必要的备品备件。

7.8.2 卖方应提供安装、运行、检修所需的专用工具，包括专用调试、测试设备。

ICS 29.240

Q/GDW

国家电网公司企业标准

Q/GDW 13201.2－2014

智能变电站220kV～750kV 断路器保护采购标准 第2部分：专用技术规范

Purchasing standard for 220kV～750kV breaker protection in smart substation
Part 2: Special technical specification

2014-09-30发布　　　　　　　　　　　　　2014-09-30实施

国家电网公司　　发　布

目　次

前　言

《智能变电站 220kV～750kV 断路器保护采购标准》分为 2 个部分：

——第 1 部分：通用技术规范；

——第 2 部分：专用技术规范。

本部分为《智能变电站 220kV～750kV 断路器保护采购标准》的第 2 部分。

本部分由国家电网公司物资部提出并解释。

本部分由国家电网公司科技部归口。

本部分起草单位：南瑞集团有限公司（国网电力科学研究院）。

本部分主要起草人：曹团结、姚成、潘书燕、苏理、龙锋、刘小宝、余洪、彭和平、伍小刚、赵景涛。

本部分首次发布。

本部分在执行过程中的意见或建议反馈至国家电网公司科技部。

智能变电站 220kV～750kV 断路器保护采购标准
第 2 部分：专用技术规范

1 范围

本部分规定了智能变电站 220kV～750kV 断路器保护招标的标准技术参数、项目需求及投标人响应的相关内容。

本部分适用于智能变电站 220kV～750kV 断路器保护招标。

2 规范性引用文件

下列文件对于本文件的应用是必不可少的。凡是注日期的引用文件，仅注日期的版本适用于本文件。凡是不注日期的引用文件，其最新版本（包括所有的修改单）适用于本文件。

Q/GDW 13201.1 智能变电站 220kV～750kV 断路器保护采购标准 第 1 部分：通用技术规范

3 术语和定义

下列术语和定义适用于本文件。

3.1

招标人 bidder

提出招标项目，进行招标的法人或其他组织。

3.2

投标人 tenderer

响应招标、参加投标竞争的法人或者其他组织。

3.3

卖方 seller

提供本部分货物和技术服务的法人或其他组织，包括其法定的承继者。

3.4

买方 buyer

购买本部分货物和技术服务的法人或其他组织，包括其法定的承继者和经许可的受让人。

4 标准技术参数

技术参数特性表是国家电网公司对采购设备的基础技术参数要求，在招投标过程中，投标人应依据招标文件，对技术参数特性表中标准参数值进行响应。智能变电站 220kV～750kV 断路器保护、打印机、保护柜技术参数特性见表 1～表 3。物资必须满足 Q/GDW 13201.1 的要求。

表 1 智能变电站 220kV～750kV 断路器保护技术参数特性表

序号	参 数 名 称	单位	标准参数值
1	失灵保护的启动回路在故障切除后的返回时间	ms	≤20
2	过电流保护Ⅰ段动作时间	ms	≤30（1.2 倍整定值）
3	电流差动动作时间	ms	≤25（2 倍整定值）

表1（续）

序号	参 数 名 称	单位	标准参数值
4	光纤接口接收灵敏度	dBm	≤－20（串行光接口）； ≤－30（以太网光接口）
5	光纤接口发送功率	dBm	≥－10（串行光接口）； ≥－20（以太网光接口）
6	装置工作电源	V	（招标人填写）
7	站控层 MMS 接口数量与类型		（招标人填写）
8	SV（采样值）点对点接口类型 （IEC 60044-8 接口；IEC 61850-9-2 接口； 常规模拟量输入）		（招标人填写）
9	SV（采样值）点对点接口数量		（招标人填写）
10	过程层 GOOSE 组网接口数量		（招标人填写）
11	过程层 GOOSE 点对点接口数量		（招标人填写）
12	对时方式		（招标人填写）
13	断路器保护装置是否包含短引线保护功能		（招标人填写）
14	普通柜可选技术参数		（招标人填写）
15	智能柜技术参数要求		（招标人填写）
16	其他 1		（招标人填写）
17	其他 2		（招标人填写）
18	其他 3		（招标人填写）

表2　打印机技术参数特性表

序号	参 数 名 称	单位	标准参数值
1	工作电源	V	220AC
2	接口型式		与保护装置配套

表3　保护柜（非智能控制柜）技术参数特性表

序号	参 数 名 称	单位	标准参数值
1	尺寸	mm	高度：2260； 宽度：800； 深度：600
2	颜色		GSB05－1426－2001，77 号， GY09 冰灰橘纹

5 组件材料配置表

组件材料配置表包括元件名称、规格形式参数、单位、数量和产地等信息，具体内容和格式根据招

标项目情况编制。

6 使用环境条件表

典型智能变电站 220kV～750kV 断路器保护使用环境条件见表 4。特殊环境要求根据项目情况编制。

表 4 使 用 环 境 条 件 表

项目单位：			项目名称：	
序号	名　称　项　目		单位	标准参数值
1	电源的频率		Hz	50
2	温度	最高气温	℃	+45
		最低气温	℃	−5
		最大日温差	K	+25
3	湿度	日相对湿度平均值	%	≤95
		月相对湿度平均值	%	≤90
4	海拔		m	≤2000
5	耐受地震能力	水平加速度	m/s²	0.3g
		垂直加速度	m/s²	0.15g
6	保护装置是否组屏		组屏/单装置	（项目单位提供）
7	安装方式		集中/分散	（项目单位提供）
注：标准参数值为正常使用条件，超出此值时为特殊使用条件，可根据工程实际使用条件进行修改。				

ICS 29.240.01
K 45

Q/GDW

国家电网有限公司企业标准

Q/GDW 13202.1—2018
代替 Q/GDW 13202.1—2014

智能变电站 35kV 及以下
电容器保护采购标准
第 1 部分：通用技术规范

Purchasing standard for 35kV capacitor protection in smart substation
Part 1: General technical specification

2019-06-28发布
2019-06-28实施

国家电网有限公司　发 布

目　　次

前　　言

为规范智能变电站 35kV 及以下电容器保护的采购要求，制定本部分。

《智能变电站 35kV 及以下电容器保护采购标准》分为 2 个部分：

——第 1 部分：通用技术规范；

——第 2 部分：专用技术规范；

本部分为《智能变电站 35kV 及以下电容器保护采购标准》的第 1 部分。

本部分代替 Q/GDW 13202.1—2014，与 Q/GDW 13202.1—2014 相比，主要技术性差异如下：

——增加或替换自 2014 年以来新发布的国家、行业和国网企业标准与本采购规范相关的标准。

——提升设备工作温度、环境温度和大气压力要求，增加"远方操作"和"保护检修状态"硬压板及相关要求。

——依据 10kV～110kV 的已发布的最新六统一规范 Q/GDW 10767，修改保护功能配置要求，增加零序过流和非电量保护。遥测量：增加了 $\cos\varphi$、f。

——增加"保护设备识别代码及出厂信息表"的要求。

——执行十八项反措要求修改保护屏柜绝缘相关要求。

——增加了保护柜内电压回路和多路直流电源引入的要求。

本部分由国家电网有限公司物资部提出并解释。

本部分由国家电网有限公司科技部归口。

本部分起草单位：国网江苏省电力有限公司、南瑞集团有限公司（国网电力科学研究院有限公司）。

本部分主要起草人：沈宇龙、周劲亮、罗华煜、潘爱峰、包亚卓、宋爽、邱涛。

本部分 2014 年 9 月首次发布，2018 年 12 月第一次修订。

本部分在执行过程中的意见或建议反馈至国家电网有限公司科技部。

智能变电站35kV及以下电容器保护采购标准
第1部分：通用技术规范

1 范围

本部分规定了智能变电站35kV及以下电容器保护招标的总则、技术参数和性能要求、试验、包装、运输、交货及工厂检验和监造的一般要求。

本部分适用于智能变电站35kV及以下电容器保护招标。

2 规范性引用文件

下列文件对于本文件的应用是必不可少的。凡是注日期的引用文件，仅注日期的版本适用于本文件。凡是不注日期的引用文件，其最新版本（包括所有的修改单）适用于本文件。

GB/T 191　包装储运图示标志

GB/T 2423（所有部分）　电工电子产品环境试验

GB/T 7261　继电保护和安全自动装置基本试验方法

GB/T 11287　电气继电器　第21部分：量度继电器和保护装置的振动、冲击、碰撞和地震试验　第1篇：振动试验（正弦）

GB/T 14285　继电保护和安全自动装置技术规程

GB/T 14537　量度继电器和保护装置的冲击与碰撞试验

GB/T 14598.3　电气继电器　第5部分：量度继电器和保护装置的绝缘配合要求和试验

GB/T 14598.9　量度继电器和保护装置　第22-3部分：电气骚扰试验　辐射电磁场抗扰度

GB/T 14598.10　量度继电器和保护装置　第22-4部分：电气骚扰试验　电快速瞬变/脉冲群抗扰度试验

GB/T 14598.13　电气继电器　第22-1部分：量度继电器和保护装置的电气骚扰试验　1MHz脉冲群抗扰度试验

GB/T 14598.14　量度继电器和保护装置　第22-2部分：电气骚扰试验　静电放电试验

GB/T 14598.17　电气继电器　第22-6部分：量度继电器和保护装置的电气骚扰试验—射频场感应的传导骚扰的抗扰度

GB/T 14598.18　量度继电器和保护装置　第22-5部分：电气骚扰试验　浪涌抗扰度试验

GB/T 14598.19　电气继电器　第22-7部分：量度继电器和保护装置的电气骚扰试验—工频抗扰度试验

GB/T 17626.8　电磁兼容　试验和测量技术　工频磁场抗扰度试验

GB/T 17626.9　电磁兼容　试验和测量技术　脉冲磁场抗扰度试验

GB/T 17626.10　电磁兼容　试验和测量技术　阻尼振荡磁场抗扰度试验

GB/T 18663.3　电子设备机械结构　公制系列和英制系列的试验　第3部分：机柜、机架和插箱的电磁屏蔽性能试验

GB/T 22386　电力系统暂态数据交换通用格式

GB/T 25931　网络测量和控制系统的精确时钟同步协议

GB/T 26864　电力系统继电保护产品动模试验

DL/T 478　继电保护及安全自动装置通用技术条件

DL/T 720　电力系统继电保护柜、屏通用技术条件

DL/T 769　电力系统微机继电保护技术导则

DL/T 860（所有部分）　变电站通信网络和系统

DL/T 995　继电保护和电网安全自动装置检验规程

DL/T 5136　火力发电厂、变电站二次接线设计技术规程

Q/GDW 383　智能变电站技术导则

Q/GDW 414　变电站智能化改造技术规范

Q/GDW 441　智能变电站继电保护技术规范

Q/GDW 1396　IEC 61850 工程继电保护应用模型

Q/GDW 1430　智能变电站智能控制柜技术规范

Q/GDW 10393　110（66）kV～220kV 智能变电站设计规范

Q/GDW 10767—2015　10kV～110（66）kV 元件保护及辅助装置标准化设计规范

Q/GDW 11768　35kV 及以下开关柜继电保护装置通用技术条件

Q/GDW 13001—2014　高海拔外绝缘配置技术规范

3　术语和定义

下列术语和定义适用于本文件。

3.1

招标人　bidder

提出招标项目，进行招标的法人或其他组织。

3.2

投标人　tenderer

响应招标、参加投标竞争的法人或者其他组织。

3.3

卖方　seller

提供本部分货物和技术服务的法人或其他组织，包括其法定的承继者。

3.4

买方　buyer

购买本部分货物和技术服务的法人或其他组织，包括其法定的承继者和经许可的受让人。

4　总则

4.1　一般性要求

4.1.1　卖方提供的智能变电站继电保护及相关设备应符合 Q/GDW 441 的要求。

智能变电站继电保护与站控层信息交互采用 DL/T 860 标准，跳合闸命令和联闭锁信息可通过直接电缆连接或 GOOSE 机制传输。卖方提供的继电保护及相关设备所采用的技术应遵循 Q/GDW 441 及本部分中与之对应的部分。

4.1.2　卖方提供的变电站继电保护及相关设备应符合 Q/GDW 10767 的要求。

变电站继电保护装置的动作信息、告警信息、状态变位信息、中间节点信息、日志记录、人机界面信息等信息输出符合 Q/GDW 11010 的要求。

4.1.3　本部分提出的是最低限度的要求，并未对一切技术细节作出规定，也未充分引述有关标准的条文，投标人应提供符合本部分和工业标准的优质产品。

4.1.4　如果投标人没有以书面形式对本部分的条文提出异议，则表示投标人提供的设备完全符合本部分

的要求；如有异议，应在报价书中以"对规范书的意见和同规范书的差异"为标题的专门章节中加以详细描述。

4.1.5 本部分所使用的标准如遇与投标人所执行的标准不一致时按较高的标准执行。

4.1.6 本部分经招、投标双方确认后作为订货合同的技术附件，与合同正文具有同等效力。

4.2 卖方职责

卖方的工作范围应包括但不仅限于下列内容：

a) 提供标书内所有设备及设计说明书及制造方面的说明；

b) 提供国家或电力工业检验检测机构出具的型式试验报告和 IEC 61850 的一致性测试报告，以便确认供货设备能否满足所有的性能要求；

c) 提供与投标设备版本相符的安装、使用说明书；

d) 提供试验和检验的标准，包括试验报告和试验数据；

e) 提供图纸，制造和质量保证过程的一览表以及标书规定的其他资料；

f) 提供设备管理和运行所需有关资料；

g) 所提供设备应发运到规定的目的地；

h) 在更换所用的准则、标准、规程或修改设备技术数据时，卖方应受需方的选择；

i) 现场服务。

4.3 应满足的标准

装置至少应满足 GB/T 191、GB/T 2423（所有部分）、GB/T 7261、GB/T 11287、GB/T 14285、GB/T 14537、GB/T 14598.3、GB/T 14598.9、GB/T 14598.10、GB/T 14598.13、GB/T 14598.14、GB/T 14598.17、GB/T 14598.18、GB/T 14598.19、GB/T 17626.8、GB/T 17626.9、GB/T 17626.10、GB/T 18663.3、GB/T 22386、GB/T 25931、GB/T 26864、DL/T 478、DL/T 720、DL/T 769、DL/T 860（所有部分）、DL/T 995、DL/T 5136、Q/GDW 383、Q/GDW 10393、Q/GDW 1396、Q/GDW 414、Q/GDW 1430、Q/GDW 441、Q/GDW 10767、Q/GDW 11768、Q/GDW 13001—2014 中所列标准的最新版本要求，但不限于上述所列标准。

4.4 应满足的文件

该类设备技术标准应满足国家法律法规及国家电网有限公司标准化成果中相关条款要求。下列文件中相应的条款规定均适用于本文件，其最新版本（包括所有的修改单）适用于本文件。包括：

a) 《电力监控系统安全防护规定》；

b) 《国家电网有限公司十八项电网重大反事故措施（2018 年修订版）》；

c) 《国家电网有限公司输变电工程通用设计》；

d) 《国家电网公司关于加快推进电力监控系统网络安全管理平台建设的通知》；

e) 《国家电网继电保护柜、屏制造规范》。

5 技术参数和性能要求

5.1 使用环境条件

5.1.1 设备储存温度：−25℃～+70℃。

5.1.2 设备工作温度：−10℃～+55℃。

5.1.3 大气压力：80kPa～106kPa。

5.1.4 相对湿度：5%～95%。

5.1.5 抗地震能力：地面水平加速度 0.3g，垂直加速度 0.15g，同时作用。

5.2 保护装置额定参数

5.2.1 额定直流电源：220V（110V）。

5.2.2 额定交流电流：5A（1A）。

5.2.3 额定交流电压：100V/$\sqrt{3}$（相电压）。

5.2.4 额定频率：50Hz。

5.2.5 打印机工作电源：交流 220V，50Hz。

5.3 装置功率消耗

5.3.1 装置交流消耗：交流电流回路功率消耗每相不大于 0.5VA（I_N＝1A）或 1VA（I_N＝5A），交流电压回路功率消耗（额定电压下）每相不大于 1VA，卖方投标时必须提供确切数值。

5.3.2 装置直流消耗：当正常工作时，不大于 30W；当保护动作时，不大于 50W。卖方投标时必须提供确切数值。

5.4 35kV 及以下电容器保护总的技术要求

5.4.1 环境温度在 −10℃～＋55℃时，装置应能满足本部分所规定的精度。

5.4.2 在雷击过电压、一次回路操作、系统故障及其他强干扰作用下，不应误动和拒动。保护装置静电放电试验、快速瞬变干扰试验、高频干扰试验、脉冲群干扰试验、辐射电磁场干扰试验、冲击电压试验和绝缘试验应至少符合 IEC 标准。装置调试端口应带有光电隔离。

5.4.3 保护装置与其他装置之间的输入和输出回路，应采用光电耦合或继电器触点进行连接，不应有直接的电气联系。

5.4.4 保护装置中的插件应接触可靠，并且有良好的互换性，以便检修时能迅速更换。

5.4.5 保护装置应具有直流电源快速小开关，与保护装置安装在同一柜上。保护装置的逻辑回路应由独立的直流/直流变换器供电。直流电压消失时，保护装置不应误动，同时应有输出触点以启动告警信号。直流回路应有监视直流回路电压消失的告警信号继电器。直流电源电压在 80%～115%额定值范围内变化时，保护装置应正确工作。在直流电源恢复（包括缓慢的恢复）到 80%U_N 时，直流逆变电源应能自动启动。直流电源纹波系数≤5%时，保护装置应正确工作。拉合直流电源以及插拔熔丝发生重复击穿火花时，保护装置不应误动作。直流电源回路出现各种异常情况（如短路、断线、接地等）时保护装置不应误动作。

5.4.6 应提供标准的试验插件及试验插头，以便对各套保护装置的输入和输出回路进行隔离或能通入电流、电压进行试验。另外，对每面柜的出口跳闸、闭锁信号等输入、输出回路应在柜面上有隔离措施，以便在运行中分别断开。隔离及试验部件应考虑操作的方便性，隔离压板标签栏位置应安装在隔离件本体或隔离件下部。

5.4.7 保护装置应有监视及自诊断功能来监测异常及交直流消失等现象，以便在动作后启动告警信号、远动信号、事件记录等。

5.4.8 保护装置中用于远动信号和事件记录信号的触点不应保持。

5.4.9 除出口继电器外，装置内的任一元件损坏时，装置不应误动作跳闸。

5.4.10 跳闸出口回路采用有触点继电器。跳闸出口继电器触点应有足够容量，跳闸出口继电器触点的长期允许通过电流不应小于 5A，在电感负荷的直流电路（τ＜5ms）中的断开容量为 50W。信号继电器触点的长期允许通过电流不应小于 2A，在电感负荷的直流电路（τ＜5ms）中的断开容量为 30W。

5.4.11 对于保护装置间不经附加判据直接启动跳闸的开入量，应经抗干扰继电器重动后开入；抗干扰继电器的启动功率应大于 5W，动作电压在额定直流电源电压的 55%～70%范围内，额定直流电源电压下动作时间为 10ms～35ms，应具有抗 220V 工频电压干扰的能力。

5.4.12 保护装置与站控层设备通信，标准采用 DL/T 860，应满足运行维护、监视控制及无人值班、智能电网调度等信息交互的要求。保护装置向站控层提供的信息符合 Q/GDW 1396。

5.4.13 保护装置应具备远方修改定值功能、软压板远方投退和定值区远方切换功能和保护检修功能，具体要求如下：

    a）"远方操作"只设硬压板。"远方投退压板"、"远方切换定值区"和"远方修改定值"只设软压板，只能在装置本地操作，三者功能相互独立，分别与"远方操作"硬压板采用"与门"逻辑。当"远方操作"硬压板投入后，上述三个软压板远方功能才有效；

b）"保护检修状态"只设硬压板，当该压板投入时，保护装置报文上送带品质位信息。"保护检修状态"硬压板遥信不置检修标志；保护装置应有明显显示（面板指示灯和界面显示）。参数、配置文件仅在检修压板投入时才可下装，下装时应闭锁保护。

5.4.14 保护装置宜通过 IRIG－B（DC）码对时，也可采用 GB/T 25931 标准进行网络对时，对时精度应满足要求。

5.4.15 测控功能要求：

5.4.15.1 具有实时数据采集与处理、控制操作及信息显示等功能，对监控运行设备的信息进行采集、转换、处理和传送，通过网络传给站控层，同时接收站控层发来的控制操作命令，经过有效的判断等，最后对设备进行操作控制，也可独立完成对断路器、隔离开关的控制操作。

5.4.15.2 实时数据采集与处理

a）采集信号种类

遥测量至少包括：U_a，U_b，U_c，I_a，I_b，I_c，P，Q，$\cos\varphi$，f；

遥信量至少包括：保护动作，装置故障，装置异常告警，断路器分、合闸位置，断路器机构信号，远方/就地开关位置，装置压板投退信号等。

b）采集信号的处理

对所采集的输入量进行数据滤波、有效性检查、故障判断、信号接点消抖等处理、变换后，再通过网络传送。

c）信号输入方式

模拟量输入：采用交流采样，计算 I、U、P、Q、f、$\cos\varphi$；

开关量输入：无源触点输入。

5.4.15.3 控制操作

a）操作说明。控制方式为三级控制：就地控制、站控层控制、远方遥控。操作命令的优先级为：就地控制→站控层控制→远方遥控。同一时间只允许一种控制方式有效。对任何操作方式，应保证只有在本次操作步骤完成后，才能进行下一步操作。

在屏柜上设"就地/远方"转换开关（带钥匙），任何时候只允许一种模式有效。"就地"位置，通过人工按键实现一对一的操作。

所有的遥控采用选择、校核、执行方式，且在本装置内实现，并有相应的记录信息。

b）控制输出的触点要求：提供 1 组合闸触点，1 组分闸触点。

5.4.15.4 事件记录

a）事件顺序记录：断路器状态变位、保护动作等事件顺序记录；

b）遥控操作记录：记录遥控操作命令来源、操作时间、操作内容。

5.5 35kV 及以下电容器保护装置技术要求

5.5.1 装置功能要求如下：

a）35kV 及以下电容器保护由过电流保护、零序过流保护、过电压保护、低电压保护、三相不平衡电压＋不平衡电流保护或三相桥差电流保护＋开口三角电压保护、非电量保护、闭锁 VQC 等保护组成，保护电容器的内部短路和接地故障。装置应带有跳合闸操作回路。各项功能指标应满足相关的电力行业标准或国家标准的要求。

b）三相操作板/箱应具有一组三相跳闸回路及合闸回路，跳闸应具有自保持回路。应具有手跳和手合输入回路。

c）操作板/箱应具有防跳回路，防止断路器发生多次重合。操作板/箱的防跳回路应能够方便的取消。

d）跳、合闸应分别具有监视回路，且分别引上端子。跳闸位置监视与合闸回路的连接应便于断开。

e）操作板/箱应具有足够的输出触点供发中央信号、远动信号和事件记录。

5.5.2 保护装置显示故障报告应简洁明了。

5.6 柜结构的技术要求

5.6.1 对智能控制柜，技术要求详见 Q/GDW 1430，并遵循以下要求。

5.6.1.1 控制柜应装有 100mm² 截面的铜接地母线（不要求与柜体绝缘），接地母线末端应装好可靠的压接式端子，以备接到电站的接地网上。柜体应采用双层结构，循环通风。

5.6.1.2 同一保护柜内若有多路直流电源引入，应接入不同安装单元端子排，且每路电源正、负极之间应有端子隔开。控制柜内设备的安排及端子排的布置，应保证各套保护的独立性，在一套保护检修时不影响其他任何一套保护系统的正常运行。

5.6.1.3 控制柜应具备温度、湿度的采集、调节功能，柜内温度控制在－10℃～＋50℃，湿度保持在 90%以下，并可上送温度、湿度信息。

5.6.1.4 控制柜应能满足 GB/T 18663.3 变电站户外防电磁干扰的要求。

5.6.2 对非智能普通屏柜，屏体要求详见《国家电网继电保护柜、屏制造规范》，并遵循已发布的《国家电网有限公司物资采购标准　继电保护及自动装置卷》相关部分规定。

5.6.2.1 微机保护和控制装置的屏柜下部应设有截面积不小于 100mm² 的铜排（不要求与保护屏绝缘）。

5.6.2.2 保护柜内电压回路每相及 N 相端子均应采用多个连接端子（不少于 3 个）。

5.6.2.3 同一保护柜内若有多路直流电源引入，应接入不同安装单元端子排。

5.6.3 屏柜内部配线、端子排、接地铜排、屏柜上安装辅助设备等应符合相关规程、标准与反事故措施的规定。

6 试验

6.1 工厂试验

卖方提供的设备试验标准应符合国家、行业及 IEC 的有关标准，并提供每一种型式产品的型式试验报告和 IEC 61850 一致性测试报告。

卖方提供的每一套设备出厂之前都应按国家和行业标准以及工厂规定的调试大纲进行出厂检查、性能试验，试验报告应随产品提供。当需做动态模拟试验或数字仿真试验时，模拟系统的接线和参数由卖方与买方在试验前协商确定，按实际系统参数进行试验。

6.2 系统联调试验

卖方应按买方需求配合完成买方组织的保护装置功能验证与系统联调试验。

6.3 现场试验

现场实际设备接入后，应按照 DL/T 995 的要求，在一次设备不带电和带电试运行时做现场试验，卖方应配合完成保护装置的现场调试及投运试验。现场投运前和试运行中发现的设备缺陷和元件损坏，卖方应及时无偿修理或更换，直至符合规范要求。

6.4 继电保护专业检测

卖方依据国家电网有限公司继电保护专业检测标准参加继电保护专业检测，并提供每一种型式产品的专业检测报告。

7 技术服务、设计联络、工厂检验和监造

7.1 技术文件

7.1.1 卖方提供的技术文件应提供买方所要求的性能信息，并对其可靠性和一致性负责，卖方所提供的技术文件（包括资料和数据）将成为合同一部分。

7.1.2 卖方应随投标书一起提供一般性技术文件，并且应是与投标产品一致的最新版本，投标时应提供的技术文件如下：

　　a）产品的技术说明书；

b) 产品的型式试验报告；

c) 产品的用户运行证明；

d) 产品的软件版本等。

7.1.3 卖方应在签约后 3 周内向买方提供设计用的技术文件如下：

a) 产品的技术说明书；

b) 产品及保护屏原理框图及说明，模件或继电器的原理接线图及其工作原理说明；

c) 装置的 ICD（IED 装置能力描述）文件、保护装置虚端子连接图；

d) 组屏的正面布置图、屏内设备布置图、端子排图及图例说明；

e) 保护屏所用的辅助继电器和选择开关采用的标准；

f) 保护屏的安装尺寸图，包括屏的尺寸和重量、基础螺栓的位置和尺寸等。

7.1.4 签约后双方遵循的原则如下：

a) 在收到买方最终认可图纸前，卖方所购买的材料或制造所发生的费用及其风险全由卖方单独承担；

b) 生产的成品应符合合同的技术规范。买方对图纸的确认并不能解除卖方对其图纸的完善性和准确性应承担的责任；

c) 设计方在收到图纸后 3 周内返回主要确认意见，并根据需要召开设计联络会。卖方在提供确认图纸时必须提供为审核该张图纸所需的资料。买方有权要求卖方对其图纸中的任一装置任一部件作必要修改，在设计图纸完成之前应保留设计方对卖方图纸的其他确认权限，而买方不需承担额外费用。

7.1.5 在收到确认意见后，卖方应在规定时间内向买方提供的技术文件如下：

a) 7.1.3 所列的修改后的正式技术文件；

b) 保护装置的内部接线及图例说明，保护屏内部接线图及其说明（包括屏内布置及内部端子排图）；

c) 保护装置的软件版本号和校验码；

d) 产品的使用说明书，包括保护装置的现场调试大纲、整定值表和整定计算说明及计算算例等；

e) 通信规约和解释文本及装置调试软件和后台分析软件，以便与计算机监控系统和继电保护故障信息系统联调。

7.1.6 设备供货时提供的技术文件和资料如下：

a) 设备的开箱资料清单；

b) 产品的技术说明书、使用说明书和组屏图纸；

c) 出厂调试试验报告；

d) 产品质量检验合格证书；

e) 合同规定的出厂验收试验报告和一致性测试报告等；

f) 保护设备识别代码及出厂信息表。

7.1.7 技术文件的格式和分送要求如下：

a) 全部图纸应为 A4 幅面，并有完整图标，采用国标单位制；

b) 提供的技术文件除纸质文件外，还应包括一份电子文档，并提供可供修改的最终图纸电子文件（图形文件能够被 PC 机 AutoCAD for Windows 2000 版支持）；

c) 技术文件（图纸和资料）分送单位、套数和地址根据项目单位要求提供。

7.2 设计联络会议

7.2.1 若有必要，买方在收到卖方签字的第一批文件后的 3 周内将举行设计联络会议。设计联络会议内容如下：

a) 卖方应对修改后的供确认的资料和图纸进行详细的解释，并应解答买方对这些资料和图纸所提的问题，经过共同讨论，买方给予确认，以便卖方绘制正式图纸提供给买方；

b) 卖方应介绍合同产品已有的运行经验；

c) 卖方应提供验收大纲，工程参数表；

d) 买方或设计方应确认保护装置的 GOOSE 接口及 MMS 接口的类型与数量；

e) 设计联络会应确定通信信息的具体内容。

7.2.2 会议应签订会议纪要，并作为合同的组成部分。

7.3 工厂验收和现场验收

要求满足国家电网有限公司企业标准中关于工厂验收（现场）的规范。

7.4 质量保证

7.4.1 卖方应保证制造过程中的所有工艺、材料、试验等（包括卖方的外购件在内）均应符合本部分的规定。若买方根据运行经验指定卖方提供某种外购零部件，卖方应积极配合。卖方对所购配套部件设备质量负责，采购前向买方提供主要国产元器件报价表，采购中应进行严格的质量检验，交货时应向买方提供其产品质量合格证书及有关安装使用等技术文件资料。

7.4.2 对于采用属于引进技术的设备、元器件，卖方在采购前应向买方提供主要进口元器件报价表。引进的设备、元器件应符合引进国的技术标准或 IEC 标准，当标准与本部分有矛盾时，卖方应将处理意见书面通知买方，由买卖双方协商解决。假若卖方有更优越或更为经济的设计和材料，足以使卖方的产品更为安全、可靠、灵活、适应时，卖方可提出并经买方的认可，然而应遵循现行的国家工业标准，并且有成熟的设计和工艺要求以及工程实践经验。

7.4.3 双方签订合同后，卖方应按工程设计及施工进度分批提交技术文件和图纸，必要时，买卖双方应进行技术联络，以讨论合同范围内的有关技术问题。

7.4.4 卖方保证所提供的设备应为由最适宜的原材料并采用先进工艺制成、且未经使用过的全新产品；保证产品的质量、规格和性能与投标文件所述一致。

7.4.5 卖方提供的保护设备运行使用寿命不应小于 15 年。

7.4.6 卖方保证所提供的设备在各个方面符合招标文件规定的质量、规格和性能。在合同规定的质量保证期内（保护设备到货后 24 个月或 SAT 后 18 个月），卖方对由于产品设计、制造和材料、外购零部件的缺陷而造成所供设备的任何破坏、缺陷故障，当卖方收到买方的书面通知后，卖方在 2 天内免费负责修理或更换有缺陷的设备（包括运输费、税收等），以达到本部分的要求。质保期以合同商务部分为准。

质保期后发生质量问题，卖方应提供免费维修服务，包括硬件更换和软件版本升级。

7.5 项目管理

合同签订后，卖方应指定负责本工程的项目经理，负责卖方在工程全过程的各项工作，如工程进度、设计制造、图纸文件、包装运输、现场安装、调试验收等。

7.6 现场服务

现场服务内容如下：

a) 在设备安装调试过程中视买方工作情况卖方及时派出工程技术服务人员，以提供现场服务。卖方派出人员在现场负责技术指导，并协助买方安装、调试。同时，买方为卖方的现场派出人员提供工作和生活的便利条件；

b) 当变电站内保护设备分批投运时，卖方应按合同规定及时派工程技术人员到达现场服务；

c) 根据买方的安排，卖方安排适当时间对设备的正确安装和试验给予技术培训。

7.7 售后服务

7.7.1 现场投运前和试运行中发现的设备缺陷和元件损坏，卖方应及时无偿修理或更换，直至符合规范要求。保修期内产品出现不符合功能要求和技术指标要求，卖方应在 4h 内响应，并在 24h 内负责修理或更换。保修期外产品出现异常、设备缺陷、元件损坏或不正确动作，现场无法处理时，卖方接到买方通知后，也应在 4h 内响应，并立即派出工程技术人员在 24h 内到达现场处理。

7.7.2 对反事故措施以及软件版本的升级等，应提供技术服务。

7.8 备品备件、专用工具、试验仪器

7.8.1 对每套保护，卖方应提供必要的备品备件。

7.8.2 卖方应提供安装、运行、检修所需的专用工具，包括专用调试、测试设备。

ICS 29.240

Q/GDW

国家电网公司企业标准

Q/GDW　13202.2 — 2014

智能变电站 35kV 及以下
电容器保护采购标准
第 2 部分：专用技术规范

Purchasing standard for 35kV capacitor protection
in smart substation
Part 2: Special technical specification

2014-09-30发布　　　　　　　　　　　　　　　　　2014-09-30实施

国家电网公司　　发　布

目　次

前　言

《智能变电站 35kV 及以下电容器保护采购标准》分为 2 个部分：

——第 1 部分：通用技术规范；

——第 2 部分：专用技术规范。

本部分为《智能变电站 35kV 及以下电容器保护采购标准》的第 2 部分。

本部分由国家电网公司物资部提出并解释。

本部分由国家电网公司科技部归口。

本部分起草单位：南瑞集团有限公司（国网电力科学研究院）。

本部分主要起草人：姚成、曹团结、沈健、周劭亮、陆奕、蒋雷海、赵景涛、刘小宝、鲁文、伍小刚。

本部分首次发布。

本部分在执行过程中的意见或建议反馈至国家电网公司科技部。

智能变电站 35kV 及以下电容器保护采购标准
第 2 部分：专用技术规范

1 范围

本部分规定了智能变电站 35kV 及以下电容器保护招标的标准技术参数、项目需求及投标人响应的相关内容。

本部分适用于智能变电站 35kV 及以下电容器保护招标。

2 规范性引用文件

下列文件对于本文件的应用是必不可少的。凡是注日期的引用文件，仅注日期的版本适用于本文件。凡是不注日期的引用文件，其最新版本（包括所有的修改单）适用于本文件。

Q/GDW 13202.1　智能变电站 35kV 及以下电容器保护采购标准　第 1 部分：通用技术规范

3 术语和定义

下列术语和定义适用于本文件。

3.1

招标人　bidder

提出招标项目，进行招标的法人或其他组织。

3.2

投标人　tenderer

响应招标、参加投标竞争的法人或者其他组织。

3.3

卖方　seller

提供本部分货物和技术服务的法人或其他组织，包括其法定的承继者。

3.4

买方　buyer

购买本部分货物和技术服务的法人或其他组织，包括其法定的承继者和经许可的受让人。

4 标准技术参数

技术参数特性表是国家电网公司对采购设备的基础技术参数要求，在招投标过程中，投标人应依据招标文件，对技术参数特性表中标准参数值进行响应。智能变电站 35kV 及以下电容器保护、打印机、保护柜技术参数特性见表 1～表 3。物资必须满足 Q/GDW 13202.1 的要求。

表 1　智能变电站 35kV 及以下电容器保护技术参数特性表

序号	参　数　名　称	单位	标准参数值
1	电流定值误差		≤5%
2	电压定值误差		≤5%
3	时限定值误差	ms	≤40

表 1（续）

序号	参 数 名 称	单位	标准参数值
4	电流量、电压量测量误差	％	≤0.2
5	有功功率、无功功率测量误差	％	≤0.5
6	电网频率测量误差	Hz	≤0.02
7	遥控命令输出正确率		100%
8	事件顺序记录分辨率（SOE）	ms	≤2
9	交流电压回路功率消耗（每相）	VA	≤1
10	交流电流回路功率消耗（每相）	VA	≤0.5（I_N＝1A）； ≤1（I_N＝5A）
11	装置直流消耗	W	≤30（工作时）； ≤50（动作时）
12	跳闸触点容量		长期允许通过电流≥5A； 触点断开容量为≥50W
13	其他触点容量		长期允许通过电流≥2A； 触点断开容量为≥30W
14	光纤接口接收灵敏度	dBm	≤−30（以太网光接口）
15	光纤接口发送功率	dBm	≥−20（以太网光接口）
16	装置工作电源	V	（招标人填写）
17	TA 二次额定电流	A	（招标人填写）
18	断路器跳闸线圈电流	A	（招标人填写）
19	断路器合闸线圈电流	A	（招标人填写）
20	普通柜可选技术参数		（招标人填写）
21	智能柜技术参数要求		（招标人填写）
22	GOOSE 接口数量		（招标人填写）
23	其他		（招标人填写）

表 2　打印机技术参数特性表

序号	参 数 名 称	单位	标准参数值
1	工作电源	V	220AC
2	接口型式		与保护装置配套

表 3　保护柜（非智能控制柜）技术参数特性表

序号	参 数 名 称	单位	标准参数值
1	尺寸	mm	高度：2260； 宽度：800； 深度：600
2	颜色		GSB05−1426−2001，77 号， GY09 冰灰橘纹

5 组件材料配置表

组件材料配置表包括元件名称、规格形式参数、单位、数量和产地等信息，具体内容和格式根据招标项目情况编制。

6 使用环境条件表

典型智能变电站 35kV 及以下电容器保护使用环境条件见表 4。特殊环境要求根据项目情况进行编制。

表 4 使 用 环 境 条 件 表

项目单位：				项目名称：
序号	名　称　项　目		单位	标准参数值
1	电源的频率		Hz	50
2	温度	最高气温	℃	＋45
		最低气温	℃	－5
		最大日温差	K	＋25
3	湿度	日相对湿度平均值	%	≤95
		月相对湿度平均值	%	≤90
4	海拔		m	≤2000
5	耐受地震能力	水平加速度	m/s²	0.3g
		垂直加速度	m/s²	0.15g
6	保护装置是否组屏		组屏/单装置	（项目单位提供）
7	安装方式		集中/分散	（项目单位提供）
注：标准参数值为正常使用条件，超出此值时为特殊使用条件，可根据工程实际使用条件进行修改。				

ICS 29.240.01
K 45

Q/GDW

国家电网有限公司企业标准

Q/GDW 13203.1—2018
代替 Q/GDW 13203.1—2014

智能变电站 66kV 电容器保护采购标准 第 1 部分：通用技术规范

Purchasing standard for 66kV capacitor protection in smart substation
Part 1: General technical specification

2019-06-28发布   2019-06-28实施

国家电网有限公司   发　布

目　次

前　　言

为规范智能变电站 66kV 电容器保护的采购要求，制定本部分。

《智能变电站 66kV 电容器保护采购标准》分为 2 个部分：

——第 1 部分：通用技术规范；

——第 2 部分：专用技术规范；

本部分为《智能变电站 66kV 电容器保护采购标准》的第 1 部分。

本部分代替 Q/GDW 13203.1—2014，与 Q/GDW 13203.1—2014 相比，主要技术性差异如下：

——增加或替换自 2014 年以来新发布的国家、行业和国网企业标准与本采购规范相关的标准。

——提升设备工作温度、环境温度和大气压力要求，增加"远方操作"和"保护检修状态"硬压板
　　及相关要求。

——依据 10kV～110kV 的已发布的最新六统一规范 Q/GDW 10767，修改保护功能配置要求，明确
　　本体保护为本体非电量保护。

——增加"保护设备识别代码及出厂信息表"的要求。

——执行十八项反措要求修改保护屏柜绝缘相关要求。

——增加了保护柜内电压回路和多路直流电源引入的要求。删除了保护装置就地化安装的要求。

本部分由国家电网有限公司物资部提出并解释。

本部分由国家电网有限公司科技部归口。

本部分起草单位：国网江苏省电力有限公司、南瑞集团有限公司（国网电力科学研究院有限公司）。

本部分主要起草人：沈宇龙、徐乐、滕春涛、刘庆祎、岳嵩、黄浩声。

本部分 2014 年 9 月首次发布，2018 年 12 月第一次修订。

本部分在执行过程中的意见或建议反馈至国家电网有限公司科技部。

智能变电站66kV电容器保护采购标准
第1部分：通用技术规范

1 范围

本部分规定了智能变电站66kV电容器保护招标的总则、技术参数和性能要求、试验、包装、运输、交货及工厂检验和监造的一般要求。

本部分适用于智能变电站66kV电容器保护招标。

2 规范性引用文件

下列文件对于本文件的应用是必不可少的。凡是注日期的引用文件，仅注日期的版本适用于本文件。凡是不注日期的引用文件，其最新版本（包括所有的修改单）适用于本文件。

GB/T 191 包装储运图示标志

GB/T 2423（所有部分） 电工电子产品环境试验

GB/T 7261 继电保护和安全自动装置基本试验方法

GB/T 11287 电气继电器 第21部分：量度继电器和保护装置的振动、冲击、碰撞和地震试验 第1篇：振动试验（正弦）

GB/T 14285 继电保护和安全自动装置技术规程

GB/T 14537 量度继电器和保护装置的冲击与碰撞试验

GB/T 14598.3 电气继电器 第5部分：量度继电器和保护装置的绝缘配合要求和试验

GB/T 14598.9 量度继电器和保护装置 第22-3部分：电气骚扰试验 辐射电磁场抗扰度

GB/T 14598.10 量度继电器和保护装置 第22-4部分：电气骚扰试验 电快速瞬变/脉冲群抗扰度试验

GB/T 14598.13 电气继电器 第22-1部分：量度继电器和保护装置的电气骚扰试验 1MHz脉冲群抗扰度试验

GB/T 14598.14 量度继电器和保护装置 第22-2部分：电气骚扰试验 静电放电试验

GB/T 14598.17 电气继电器 第22-6部分：量度继电器和保护装置的电气骚扰试验—射频场感应的传导骚扰抗扰度

GB/T 14598.18 量度继电器和保护装置 第22-5部分：电气骚扰试验 浪涌抗扰度试验

GB/T 14598.19 电气继电器 第22-7部分：量度继电器和保护装置的电气骚扰试验—工频抗扰度试验

GB/T 17626.1 电磁兼容 试验和测量技术 抗扰度试验总论

GB/T 17626.2 电磁兼容 试验和测量技术 静电放电抗扰度试验

GB/T 17626.3 电磁兼容 试验和测量技术 射频电磁场辐射抗扰度试验

GB/T 17626.4 电磁兼容 试验和测量技术 电快速瞬变脉冲群抗扰度试验

GB/T 17626.5 电磁兼容 试验和测量技术 浪涌（冲击）抗扰度试验

GB/T 17626.6 电磁兼容 试验和测量技术 射频场感应的传导骚扰抗扰度

GB/T 17626.8 电磁兼容 试验和测量技术 工频磁场抗扰度试验

GB/T 17626.9 电磁兼容 试验和测量技术 脉冲磁场抗扰度试验

GB/T 17626.10　电磁兼容　试验和测量技术　阻尼振荡磁场抗扰度试验

GB/T 17626.11　电磁兼容　试验和测量技术　电压暂降、短时中断和电压变化的抗扰度试验

GB/T 17626.12　电磁兼容　试验和测量技术　振荡波抗扰度试验

GB/T 20840.8　互感器　第 8 部分：电子式电流互感器

GB/T 22386　电力系统暂态数据交换通用格式

GB/T 25931　网络测量和控制系统的精确时钟同步协议

GB/T 26864　电力系统继电保护产品动模试验

DL/T 478　继电保护和安全自动装置通用技术条件

DL/T 720　电力系统继电保护柜、屏通用技术条件

DL/T 769　电力系统微机继电保护技术导则

DL/T 860（所有部分）　变电站通信网络和系统

DL/T 860.81　变电站通信网络和系统　第 8－1 部分：特定通信服务映射（SCSM）对 MMS（ISO 9506－1 和 ISO 9506－2）及 ISO/IEC 8802

DL/T 860.92　变电站通信网络和系统　第 9－2 部分：特定通信服务映射（SCSM）映射到 ISO/IEC 8802－3 的采样值

DL/T 995　继电保护和电网安全自动装置检验规程

DL/T 5136　火力发电厂、变电站二次接线设计技术规程

Q/GDW 383　智能变电站技术导则

Q/GDW 414　变电站智能化改造技术规范

Q/GDW 428　智能变电站智能终端技术规范

Q/GDW 441　智能变电站继电保护技术规范

Q/GDW 1396　IEC 61850 工程继电保护应用模型

Q/GDW 1426　智能变电站合并单元技术规范

Q/GDW 1430　智能变电站智能控制柜技术规范

Q/GDW 10393　110（66）kV～220kV 智能变电站设计规范

Q/GDW 10394　330kV～750kV 智能变电站设计规范

Q/GDW 10767—2015　10kV～110（66）kV 元件保护及辅助装置标准化设计规范

Q/GDW 13001—2014　高海拔外绝缘配置技术规范

3　术语和定义

下列术语和定义适用于本文件。

3.1

招标人　bidder

提出招标项目，进行招标的法人或其他组织。

3.2

投标人　tenderer

响应招标、参加投标竞争的法人或者其他组织。

3.3

卖方　seller

提供本部分货物和技术服务的法人或其他组织，包括其法定的承继者。

3.4

买方　buyer

购买本部分货物和技术服务的法人或其他组织，包括其法定的承继者和经许可的受让人。

4 总则

4.1 一般性要求

4.1.1 卖方提供的智能变电站继电保护及相关设备应符合 Q/GDW 441 的要求。

智能变电站继电保护与站控层信息交互采用 DL/T 860 标准，跳合闸命令和联闭锁信息可通过直接电缆连接或 GOOSE 机制传输。卖方提供的继电保护及相关设备所采用的技术应遵循 Q/GDW 441 及本部分中与之对应的部分。

4.1.2 卖方提供的变电站继电保护及相关设备应符合 Q/GDW 10767 的要求。

变电站继电保护装置的动作信息、告警信息、状态变位信息、中间节点信息、日志记录、人机界面信息等信息输出符合 Q/GDW 11010 的要求。

4.1.3 本部分提出的是最低限度的要求，并未对一切技术细节作出规定，也未充分引述有关标准的条文，投标人应提供符合本部分和工业标准的优质产品。

4.1.4 如果投标人没有以书面形式对本部分的条文提出异议，则表示投标人提供的设备完全符合本部分的要求；如有异议，应在报价书中以"对规范书的意见和同规范书的差异"为标题的专门章节中加以详细描述。

4.1.5 本部分所使用的标准如遇与投标人所执行的标准不一致时按较高的标准执行。

4.1.6 本部分经招、投标双方确认后作为订货合同的技术附件，与合同正文具有同等效力。

4.2 卖方职责

卖方的工作范围应包括但不仅限于下列内容：

a) 提供标书内所有设备及设计说明书及制造方面的说明；

b) 提供国家或电力工业检验检测机构出具的型式试验报告和 IEC 61850 的一致性测试报告，以便确认供货设备能否满足所有的性能要求；

c) 提供与投标设备版本相符的安装、使用说明书；

d) 提供试验和检验的标准，包括试验报告和试验数据；

e) 提供图纸，制造和质量保证过程的一览表以及标书规定的其他资料；

f) 提供设备管理和运行所需有关资料；

g) 所提供设备应发运到规定的目的地；

h) 在更换所用的准则、标准、规程或修改设备技术数据时，卖方应受需方的选择；

i) 现场服务。

4.3 应满足的标准

装置至少应满足 GB/T 191、GB/T 2423（所有部分）、GB/T 7261、GB/T 11287、GB/T 14285、GB/T 14537、GB/T 14598.3、GB/T 14598.9、GB/T 14598.10、GB/T 14598.13、GB/T 14598.14、GB/T 14598.17、GB/T 14598.18、GB/T 14598.19、GB/T 17626.1、GB/T 17626.2、GB/T 17626.3、GB/T 17626.4、GB/T 17626.5、GB/T 17626.6、GB/T 17626.8、GB/T 17626.9、GB/T 17626.10、GB/T 17626.11、GB/T 17626.12、GB/T 20840.8、GB/T 22386、GB/T 25931、GB/T 26864、DL/T 478、DL/T 720、DL/T 769、DL/T 860（所有部分）、DL/T 860.81、DL/T 860.92、DL/T 995、DL/T 5136、Q/GDW 383、Q/GDW 10393、Q/GDW 10394、Q/GDW 1396、Q/GDW 414、Q/GDW 1426、Q/GDW 428、Q/GDW 1430、Q/GDW 441、Q/GDW 10767、Q/GDW 13001—2014 中所列标准的最新版本要求，但不限于上述所列标准。

4.4 应满足的文件

该类设备技术标准应满足国家法律法规及国家电网有限公司标准化成果中相关条款要求。下列文件中相应的条款规定均适用于本文件，其最新版本（包括所有的修改单）适用于本文件。包括：

a) 《电力监控系统安全防护规定》；

b) 《国家电网有限公司十八项电网重大反事故措施（2018 年修订版）》；

c）《国家电网有限公司输变电工程通用设计》；

d）《国家电网公司关于加快推进电力监控系统网络安全管理平台建设的通知》；

e）《国家电网继电保护柜、屏制造规范》。

5　技术参数和性能要求

5.1　使用环境条件

5.1.1　设备储存温度：－25℃～＋70℃。

5.1.2　设备工作温度：－10℃～＋55℃。

5.1.3　大气压力：80kPa～106kPa。

5.1.4　相对湿度：5%～95%。

5.1.5　抗地震能力：地面水平加速度 0.3g，垂直加速度 0.15g，同时作用。

5.2　保护装置额定参数

5.2.1　额定直流电源：220V（110V）。

5.2.2　额定交流电流：5A（1A）。

5.2.3　额定交流电压：100V/$\sqrt{3}$ （相电压）。

5.2.4　额定频率：50Hz。

5.2.5　打印机工作电源：交流 220V，50Hz。

5.3　装置功率消耗

5.3.1　装置交流消耗：交流电流回路功率消耗每相不大于 0.5VA（I_N＝1A）或 1VA（I_N＝5A），交流电压回路功率消耗（额定电压下）每相不大于 1VA，卖方投标时必须提供确切数值。

5.3.2　装置直流消耗：当正常工作时，不大于 30W；当保护动作时，不大于 50W。卖方投标时必须提供确切数值。

5.4　66kV 电容器保护总的技术要求

5.4.1　本节规定了跳合闸命令和联闭锁信息通过 GOOSE 机制传输和（或）电压、电流量通过电子式互感器及 MU 采集的保护设备的技术要求。

通过传统互感器、电缆直接采样的装置，交流采样及交流二次回路的技术要求应符合已有的相应规范和标准以及《国家电网有限公司物资采购标准　继电保护及自动装置卷》相关部分要求。

通过电缆直接跳闸的装置，跳合闸及二次回路的技术要求应符合已有的相应规范和标准以及《国家电网有限公司物资采购标准　继电保护及自动装置卷》相关部分要求。

5.4.2　环境温度在－10℃～＋55℃时，装置应能满足本部分所规定的精度。

5.4.3　除出口继电器外，装置内的任一元件损坏时，装置不应误动作跳闸。

5.4.4　保护装置不应依赖于外部对时系统实现其保护功能。

5.4.5　66kV 电压等级的过程层 SV 与 GOOSE 共网，过程层网络和站控层网络应完全独立。

5.4.6　继电保护设备与本间隔智能终端之间通信应采用 GOOSE 点对点通信方式；继电保护之间的联闭锁信息宜采用 GOOSE 网络传输方式。

5.4.7　双母线电压切换功能由合并单元实现。

5.4.8　保护装置宜独立分散、就地安装，保护装置安装运行环境应满足相关标准技术要求。

5.4.9　66kV 电压等级保护就地安装时，保护装置宜集成智能终端等功能。

5.4.10　保护直接采样，直接跳断路器。

5.4.11　保护装置采样同步应由保护装置实现，装置 SV 采样值接口支持 GB/T 20840.8 或 DL/T 860.92 协议，在工程应用时应能灵活配置。

5.4.12　保护装置应自动补偿电子式互感器的采样响应延迟，当响应延时发生变化时应闭锁采自不同 MU 且有采样同步要求的保护。保护装置的采样输入接口数据的采样频率宜为 4000Hz。

5.4.13 保护装置的交流量信息应具备自描述功能。

5.4.14 保护装置应处理 MU 上送的数据品质位（无效、检修等），及时准确提供告警信息。在异常状态下，利用 MU 的信息合理地进行保护功能的退出和保留，瞬时闭锁可能误动的保护，延时告警，并在数据恢复正常之后尽快恢复被闭锁的保护功能，不闭锁与该异常采样数据无关的保护功能。接入两个及以上 MU 的保护装置应按 MU 设置"MU 投入"软压板。

5.4.15 当采用电子式互感器时，保护装置应针对电子式互感器特点优化相关保护算法，提高保护性能。

5.4.16 保护装置应采取措施，防止输入的双 A/D 数据之一异常时误动作。

5.4.17 除检修压板可采用硬压板外，保护装置应采用软压板，满足远方操作的要求。检修压板投入时，上送带品质位信息，保护装置应有明显显示（面板指示灯和界面显示）。参数、配置文件仅在检修压板投入时才可下装，下装时应闭锁保护。

5.4.18 保护装置应同时支持 GOOSE 点对点和网络方式传输，传输协议遵循 DL/T 860.81。

5.4.19 保护装置应具备 MMS 接口与站控层设备通信。保护装置向站控层提供的信息符合 Q/GDW 1396。

5.4.20 保护装置的交流电流、交流电压及保护设备参数的显示、打印、整定应能支持一次值，上送信息应采用一次值。

5.4.21 保护装置宜采用 SV 和 GOOSE 合一的网口，与 MMS 接口相互独立。

5.4.22 保护装置应具备通信中断、异常等状态的检测和告警功能。装置应提供装置故障（含失电）无源触点输出。

5.4.23 保护装置宜通过 IRIG－B（DC）码对时，也可采用 GB/T 25931 进行网络对时，对时精度应满足要求。

5.4.24 对保护装置 ICD 文件与 CID 文件的要求如下：
  a）ICD、CID 文件符合统一的模型要求，适用于通用的配置工具和静态检测、分析软件；
  b）ICD 文件应完整描述 IED 提供的数据模型及服务，采用模块化设计，包含版本信息；
  c）CID 文件应完整描述 IED 的实例化信息，应包含版本信息。

5.4.25 保护装置信息交互要求如下：
  a）智能变电站继电保护应满足运行维护、监视控制及无人值班、智能电网调度等信息交互的要求。
  b）继电保护设备应支持在线和离线获取模型，离线获取和在线召唤的模型应保持一致。定值模型应包含描述、定值单位、定值上限、定值下限等信息。
  c）继电保护设备应将检修压板状态上送站控层。当继电保护设备检修压板投入时，上送报文中信号的品质 q 的"Test 位"应置位。
  d）继电保护设备应支持取代服务，取代数据的上送报文中，信号的品质 q 的"取代位"应置位。
  e）继电保护设备应能够支持不小于 16 个客户端的 TCP/IP 访问连接，应能够支持 10 个报告实例。

5.4.26 保护装置交互信息内容如下：
  a）继电保护设备应支持上送采样值、开关量、压板状态、设备参数、定值区号及定值、自检信息、异常告警信息、保护动作事件及参数（故障相别、跳闸相别和测距）、录波报告信息、装置硬件信息、装置软件版本信息、装置日志信息等数据；
  b）继电保护设备主动上送的信息应包括开关量变位信息、异常告警信息和保护动作事件信息等；
  c）继电保护设备应支持远方投退压板、修改定值、切换定值区、设备复归功能，并具备权限管理功能；
  d）继电保护设备的自检信息应包括硬件损坏、功能异常、与过程层设备通信状况等；
  e）继电保护设备应支持远方召唤至少最近 8 次录波报告的功能。

5.4.27 在雷击过电压、一次回路操作、系统故障及其他强干扰作用下，不应误动和拒动。保护装置静电放电试验、快速瞬变干扰试验、高频干扰试验、脉冲群干扰试验、辐射电磁场干扰试验、冲击电压试验和绝缘试验应至少符合本部分的相关标准。保护装置调试端口应带有光电隔离装置。

5.4.28 保护柜中的插件应接触可靠，并且有良好的互换性，以便检修时能迅速更换。

5.4.29 保护装置应具有直流电源快速小开关，与保护装置安装在同一柜上。保护装置的逻辑回路应由独立的直流/直流变换器供电。直流电压消失时，保护装置不应误动作。直流电源电压在 80%～115%额定值范围内变化时，保护装置应正确工作。在直流电源恢复（包括缓慢地恢复）到 80%UN 时，直流逆变电源应能自动启动。直流电源纹波系数小于或等于 5%时，保护装置应正确工作。拉合直流电源以及插拔熔丝发生重复击穿火花时，保护装置不应误动作。直流电源回路出现各种异常情况（如短路、断线、接地等）时保护装置不应误动作。

5.4.30 所提供保护设备的软件版本及校验码应与买方进行确认，并提供配套的使用说明书和相关的定值清单。

5.5 66kV 电容器保护装置技术要求

5.5.1 装置保护功能要求

66kV 电容器保护由过电流保护、零序过流保护、过电压保护、低电压保护、三相不平衡电压＋不平衡电流保护或三相桥差电流保护＋开口三角电压保护、非电量保护等保护组成，保护电容器的内部短路和接地故障。

5.5.2 装置 MMS、SV、GOOSE 接口要求

装置应具备站控层 MMS 接口至少 2 个；对采用 MU 数字量输入装置，应具备 SV（采样值）点对点接口至少 1 个；对采用过程层 GOOSE 的装置，应具备 GOOSE 组网接口至少 1 个、点对点接口至少 1 个。装置具体接口数量，招标人在专用技术规范中明确。

5.6 柜结构的技术要求

5.6.1 对智能控制柜，技术要求详见 Q/GDW 1430，并遵循以下要求：

5.6.1.1 控制柜应装有截面为 100mm² 的铜接地母线（不要求与柜体绝缘），接地母线末端应装好可靠的压接式端子，以备接到电站的接地网上。柜体应采用双层结构，循环通风；

5.6.1.2 同一保护柜内若有多路直流电源引入，应接入不同安装单元端子排，且每路电源正、负极之间应有端子隔开。控制柜内设备的安排及端子排的布置，应保证各套保护的独立性，在一套保护检修时不影响其他任何一套保护系统的正常运行；

5.6.1.3 控制柜应具备温度、湿度的采集、调节功能，柜内温度控制在－10℃～＋50℃，相对湿度保持在 90%以下，并可上送温度、湿度信息；

5.6.1.4 控制柜应能满足 GB/T 18663.3 变电站户外防电磁干扰的要求。

5.6.2 对非智能普通屏柜，屏体要求详见《国家电网继电保护柜、屏制造规范》，并遵循已发布的《国家电网有限公司物资采购标准　继电保护及自动装置卷》相关部分规定。

5.6.2.1 微机保护和控制装置的屏柜下部应设有截面积不小于 100mm² 的铜排（不要求与保护屏绝缘）。

5.6.2.2 保护柜内电压回路每相及 N 相端子均应采用多个连接端子（不少于 3 个）。

5.6.2.3 同一保护柜内若有多路直流电源引入，应接入不同安装单元端子排。

5.6.3 屏柜内部配线、端子排、接地铜排、屏柜上安装辅助设备等应符合相关规程、标准与反事故措施的规定。

6 试验

6.1 工厂试验

卖方提供的设备试验标准应符合国家、行业及 IEC 的有关标准，并提供每一种型式产品的型式试验报告和 IEC 61850 一致性测试报告。

卖方提供的每一套设备出厂之前都应按国家和行业标准以及工厂规定的调试大纲进行出厂检查、性能试验，试验报告应随产品提供。当需做动态模拟试验或数字仿真试验时，模拟系统的接线和参数由卖

方与买方在试验前协商确定，按实际系统参数进行试验。

6.2 系统联调试验

卖方应按买方需求配合完成买方组织的保护装置功能验证与系统联调试验。

6.3 现场试验

现场实际设备接入后，应按照 DL/T 995 的要求，在一次设备不带电和带电试运行时做现场试验，卖方应配合完成保护装置的现场调试及投运试验。现场投运前和试运行中发现的设备缺陷和元件损坏，卖方应及时无偿修理或更换，直至符合规范要求。

6.4 继电保护专业检测

卖方依据国家电网有限公司继电保护专业检测标准参加继电保护专业检测，并提供每一种型式产品的专业检测报告。

7 技术服务、设计联络、工厂检验和监造

7.1 技术文件

7.1.1 卖方提供的技术文件应提供买方所要求的性能信息，并对其可靠性和一致性负责，卖方所提供的技术文件（包括资料和数据）将成为合同一部分。

7.1.2 卖方应随投标书一起提供一般性技术文件，并且应是与投标产品一致的最新版本，投标时应提供的技术文件如下：

  a）产品的技术说明书；
  b）产品的型式试验报告和动模试验报告；
  c）产品的用户运行证明；
  d）产品的软件版本等。

7.1.3 卖方应在签约后 3 周内向买方提供设计用的技术文件如下：

  a）产品的技术说明书；
  b）产品及保护屏原理框图及说明，模件或继电器的原理接线图及其工作原理说明；
  c）装置的 ICD（IED 装置能力描述）文件、保护装置虚端子连接图；
  d）组屏的正面布置图、屏内设备布置图、端子排图及图例说明；
  e）保护屏所用的辅助继电器和选择开关采用的标准；
  f）保护屏的安装尺寸图，包括屏的尺寸和重量、基础螺栓的位置和尺寸等。

7.1.4 签约后双方遵循的原则如下：

  a）在收到买方最终认可图纸前，卖方所购买的材料或制造所发生的费用及其风险全由卖方单独承担；
  b）生产的成品应符合合同的技术规范。买方对图纸的确认并不能解除卖方对其图纸的完善性和准确性应承担的责任；
  c）设计方在收到图纸后 3 周内返回主要确认意见，并根据需要召开设计联络会。卖方在提供确认图纸时必须提供为审核该张图纸所需的资料。买方有权要求卖方对其图纸中的任一装置任一部件作必要修改，在设计图纸完成之前应保留设计方对卖方图纸的其他确认权限，而买方不需承担额外费用。

7.1.5 在收到确认意见后，卖方应在规定时间内向买方提供的技术文件如下：

  a）7.1.3 所列的修改后的正式技术文件；
  b）保护装置的内部接线及图例说明，保护屏内部接线图及其说明（包括屏内布置及内部端子排图）；
  c）保护装置的软件版本号和校验码；
  d）产品的使用说明书，包括保护装置的现场调试大纲、整定值表和整定计算说明及计算算例等；

e) 通信规约和解释文本及装置调试软件和后台分析软件，以便与计算机监控系统和继电保护故障信息系统联调。

7.1.6 设备供货时提供的技术文件和资料如下：

a) 设备的开箱资料清单；

b) 产品的技术说明书、使用说明书和组屏图纸；

c) 出厂调试试验报告；

d) 产品质量检验合格证书；

e) 合同规定的出厂验收试验报告和一致性测试报告等；

f) 保护设备识别代码及出厂信息表。

7.1.7 技术文件的格式和分送要求如下：

a) 全部图纸应为 A4 幅面，并有完整图标，采用国标单位制；

b) 提供的技术文件除纸质文件外，还应包括一份电子文档，并提供可供修改的最终图纸电子文件（图形文件能够被 PC 机 AutoCAD for Windows 2000 版支持）；

c) 技术文件（图纸和资料）分送单位、套数和地址根据项目单位要求提供。

7.2 设计联络会议

7.2.1 若有必要，买方在收到卖方签字的第一批文件后的 3 周内将举行设计联络会议。设计联络会议内容如下：

a) 卖方应对修改后的供确认的资料和图纸进行详细的解释，并应解答买方对这些资料和图纸所提的问题，经过共同讨论，买方给予确认，以便卖方绘制正式图纸提供给买方；

b) 卖方应介绍合同产品已有的运行经验；

c) 卖方应提供验收大纲，工程参数表；

d) 买方或设计方应确认保护装置的 GOOSE 接口及 MMS 接口的类型与数量；

e) 设计联络会应确定通信信息的具体内容。

7.2.2 会议应签订会议纪要，并作为合同的组成部分。

7.3 工厂验收和现场验收

要求满足国家电网有限公司企业标准中关于工厂验收（现场）的规范。

7.4 质量保证

7.4.1 卖方应保证制造过程中的所有工艺、材料、试验等（包括卖方的外购件在内）均应符合本部分的规定。若买方根据运行经验指定卖方提供某种外购零部件，卖方应积极配合。卖方对所购配套部件设备质量负责，采购前向买方提供主要国产元器件报价表，采购中应进行严格的质量检验，交货时应向买方提供其产品质量合格证书及有关安装使用等技术文件资料。

7.4.2 对于采用属于引进技术的设备、元器件，卖方在采购前应向买方提供主要进口元器件报价表。引进的设备、元器件应符合引进国的技术标准或 IEC 标准，当标准与本部分有矛盾时，卖方应将处理意见书面通知买方，由买卖双方协商解决。假若卖方有更优越或更为经济的设计和材料，足以使卖方的产品更为安全、可靠、灵活、适应时，卖方可提出并经买方的认可，然而应遵循现行的国家工业标准，并且有成熟的设计和工艺要求以及工程实践经验。

7.4.3 双方签订合同后，卖方应按工程设计及施工进度分批提交技术文件和图纸，必要时，买卖双方应进行技术联络，以讨论合同范围内的有关技术问题。

7.4.4 卖方保证所提供的设备应为由最适宜的原材料并采用先进工艺制成、且未经使用过的全新产品；保证产品的质量、规格和性能与投标文件所述一致。

7.4.5 卖方提供的保护设备运行使用寿命不应小于 15 年。

7.4.6 卖方保证所提供的设备在各个方面符合招标文件规定的质量、规格和性能。在合同规定的质量保证期内（保护设备到货后 24 个月或 SAT 后 18 个月），卖方对由于产品设计、制造和材料、外购零部件的缺陷而造成所供设备的任何破坏、缺陷故障，当卖方收到买方的书面通知后，卖方在 2 天内免费负责修理或更换有缺陷的设备（包括运输费、税收等），以达到本部分的要求。质保期以合同商务部分为准。

质保期后发生质量问题，卖方应提供免费维修服务，包括硬件更换和软件版本升级。

7.5 项目管理

合同签订后，卖方应指定负责本工程的项目经理，负责卖方在工程全过程的各项工作，如工程进度、设计制造、图纸文件、包装运输、现场安装、调试验收等。

7.6 现场服务

现场服务内容如下：

a) 在设备安装调试过程中视买方工作情况卖方及时派出工程技术服务人员，以提供现场服务。卖方派出人员在现场负责技术指导，并协助买方安装、调试。同时，买方为卖方的现场派出人员提供工作和生活的便利条件；

b) 当变电站内保护设备分批投运时，卖方应按合同规定及时派工程技术人员到达现场服务；

c) 根据买方的安排，卖方安排适当时间对设备的正确安装和试验给予技术培训。

7.7 售后服务

7.7.1 现场投运前和试运行中发现的设备缺陷和元件损坏，卖方应及时无偿修理或更换，直至符合规范要求。保修期内产品出现不符合功能要求和技术指标要求，卖方应在 4h 内响应，并在 24h 内负责修理或更换。保修期外产品出现异常、设备缺陷、元件损坏或不正确动作，现场无法处理时，卖方接到买方通知后，也应在 4h 内响应，并立即派出工程技术人员在 24h 内到达现场处理。

7.7.2 对反事故措施以及软件版本的升级等，应提供技术服务。

7.8 备品备件、专用工具、试验仪器

7.8.1 对每套保护，卖方应提供必要的备品备件。

7.8.2 卖方应提供安装、运行、检修所需的专用工具，包括专用调试、测试设备。

ICS 29.240

Q/GDW

国家电网公司企业标准

Q／GDW 13203.2 — 2014

智能变电站 66kV 电容器保护采购标准
第 2 部分：专用技术规范

Purchasing standard for 66kV capacitor protection in smart substation
Part 2: Special technical specification

2014-09-30发布   2014-09-30实施

国家电网公司   发 布

目　　次

前　　言

《智能变电站 66kV 电容器保护采购标准》分为 2 个部分：

——第 1 部分：通用技术规范；

——第 2 部分：专用技术规范。

本部分为《智能变电站 66kV 电容器保护采购标准》的第 2 部分。

本部分由国家电网公司物资部提出并解释。

本部分由国家电网公司科技部归口。

本部分起草单位：南瑞集团有限公司（国网电力科学研究院）。

本部分主要起草人：姚成、曹团结、沈健、周劭亮、陆奕、蒋雷海、赵景涛、刘小宝、鲁文、伍小刚。

本部分首次发布。

本部分在执行过程中的意见或建议反馈至国家电网公司科技部。

智能变电站 66kV 电容器保护采购标准
第 2 部分：专用技术规范

1 范围

本部分规定了智能变电站 66kV 电容器保护招标的标准技术参数、项目需求及投标人响应的相关内容。

本部分适用于智能变电站 66kV 电容器保护招标。

2 规范性引用文件

下列文件对于本文件的应用是必不可少的。凡是注日期的引用文件，仅注日期的版本适用于本文件。凡是不注日期的引用文件，其最新版本（包括所有的修改单）适用于本文件。

Q/GDW 13203.1 智能变电站 66kV 电容器保护采购标准 第 1 部分：通用技术规范

3 术语和定义

下列术语和定义适用于本文件。

3.1
招标人 bidder
提出招标项目，进行招标的法人或其他组织。

3.2
投标人 tenderer
响应招标、参加投标竞争的法人或者其他组织。

3.3
卖方 seller
提供本部分货物和技术服务的法人或其他组织，包括其法定的承继者。

3.4
买方 buyer
购买本部分货物和技术服务的法人或其他组织，包括其法定的承继者和经许可的受让人。

4 标准技术参数

技术参数特性表是国家电网公司对采购设备的基础技术参数要求，在招投标过程中，投标人应依据招标文件，对技术参数特性表中标准参数值进行响应。智能变电站 66kV 电容器保护、打印机、保护柜技术参数特性见表 1～表 3。物资必须满足 Q/GDW 13203.1 的要求。

表 1 智能变电站 66kV 电容器保护技术参数特性表

序号	参 数 名 称	单位	标准参数值
1	电流定值误差		不超过±5%
2	电压定值误差		不超过±5%
3	光纤接口接收灵敏度	dBm	≤−20（串行光接口）； ≤−30（以太网光接口）

表1（续）

序号	参 数 名 称	单位	标准参数值
4	光纤接口发送功率	dBm	≥－10（串行光接口）； ≥－20（以太网光接口）
5	装置工作电源		（招标人填写）
6	SV（采样值）点对点接口类型 （IEC 60044－8 接口；IEC 61850－9－2 接口； 常规模拟量输入）		（招标人填写）
7	SV（采样值）点对点接口数量		（招标人填写）
8	过程层 GOOSE 组网接口数量		（招标人填写）
9	过程层 GOOSE 点对点接口数量		（招标人填写）
10	站控层 MMS 接口数量与类型		（招标人填写）
11	对时方式		（招标人填写）
12	普通柜可选技术参数		（招标人填写）
13	智能柜技术参数要求		（招标人填写）
14	其他 1		（招标人填写）
15	其他 2		（招标人填写）

表 2　打印机技术参数特性表

序号	参 数 名 称	单位	标准参数值
1	工作电源	V	220AC
2	接口型式		与保护装置配套

表 3　保护柜（非智能柜）技术参数特性表

序号	参 数 名 称	单位	标准参数值
1	尺寸	mm	高度：2260； 宽度：800； 深度：600
2	颜色		GSB05－1426－2001，77 号， GY09 冰灰橘纹

5　组件材料配置表

组件材料配置表包括元件名称、规格形式参数、单位、数量和产地等信息，具体内容和格式根据招标项目情况编制。

6　使用环境条件表

典型智能变电站 66kV 电容器保护使用环境条件见表4。特殊环境要求根据项目情况编制。

表4 使 用 环 境 条 件 表

项目单位：				项目名称：
序号	名 称 项 目		单位	标准参数值
1	电源的频率		Hz	50
2	温度	最高气温	℃	＋45
		最低气温	℃	－5
		最大日温差	K	＋25
3	湿度	日相对湿度平均值	%	≤95
		月相对湿度平均值	%	≤90
4	海拔		m	≤2000
5	耐受地震能力	水平加速度	m/s²	0.3g
		垂直加速度	m/s²	0.15g
6	保护装置是否组屏		组屏/单装置	（项目单位提供）
7	安装方式		集中/分散	（项目单位提供）
注：标准参数值为正常使用条件，超出此值时为特殊使用条件，可根据工程实际使用条件进行修改。				

ICS 29.240.01
K 45

Q/GDW

国家电网有限公司企业标准

Q/GDW 13204.1—2018
代替 Q/GDW 13204.1—2014

智能变电站 35kV 及以下电抗器
保 护 采 购 标 准
第 1 部分：通用技术规范

Purchasing standard for 35kV lower voltage reaction protection in smart substation
Part 1: General technical specification

2019-06-28发布 2019-06-28实施

国家电网有限公司 发 布

目　次

前　言

为规范智能变电站 35kV 及以下电抗器保护的采购要求，制定本部分。

《智能变电站 35kV 及以下电抗器保护采购标准》分为 2 个部分：

——第 1 部分：通用技术规范；

——第 2 部分：专用技术规范；

本部分为《智能变电站 35kV 及以下电抗器保护采购标准》的第 1 部分。

本部分代替 Q/GDW 13204.1—2014，与 Q/GDW 13204.1—2014 相比，主要技术性差异如下：

——增加或替换自 2014 年以来新发布的国家、行业和国网企业标准与本采购规范相关的标准。

——提升设备工作温度、环境温度和大气压力要求，增加"远方操作"和"保护检修状态"硬压板及相关要求。

——依据 10kV～110kV 的已发布的最新六统一规范 Q/GDW 10767，修改保护功能配置要求，增加零序过流和非电量保护。遥测量：增加了 $\cos\varphi$、f。

——增加"保护设备识别代码及出厂信息表"的要求。

——执行十八项反措要求修改保护屏柜绝缘相关要求。

——增加了保护柜内电压回路和多路直流电源引入的要求。

本部分由国家电网有限公司物资部提出并解释。

本部分由国家电网有限公司科技部归口。

本部分起草单位：国网江苏省电力有限公司、南瑞集团有限公司（国网电力科学研究院有限公司）。

本部分主要起草人：刘辉、邓庆、赵金城、江小兵、包亚卓、宋爽、邱涛、李明哲。

本部分 2014 年 9 月首次发布，2018 年 12 月第一次修订。

本部分在执行过程中的意见或建议反馈至国家电网有限公司科技部。

智能变电站 35kV 及以下电抗器保护采购标准
第 1 部分：通用技术规范

1 范围

本部分规定了智能变电站 35kV 及以下电抗器保护招标的总则、技术参数和性能要求、试验、包装、运输、交货及工厂检验和监造的一般要求。

本部分适用于智能变电站 35kV 及以下电抗器保护招标。

2 规范性引用文件

下列文件对于本文件的应用是必不可少的。凡是注日期的引用文件，仅注日期的版本适用于本文件。凡是不注日期的引用文件，其最新版本（包括所有的修改单）适用于本文件。

GB/T 191　包装储运图示标志

GB/T 2423（所有部分）　电工电子产品环境试验

GB/T 7261　继电保护和安全自动装置基本试验方法

GB/T 11287　电气继电器　第 21 部分：量度继电器和保护装置的振动、冲击、碰撞和地震试验　第 1 篇：振动试验（正弦）

GB/T 14285　继电保护和安全自动装置技术规程

GB/T 14537　量度继电器和保护装置的冲击与碰撞试验

GB/T 14598.3　电气继电器　第 5 部分：量度继电器和保护装置的绝缘配合要求和试验

GB/T 14598.9　量度继电器和保护装置　第 22-3 部分：电气骚扰试验　辐射电磁场抗扰度

GB/T 14598.10　量度继电器和保护装置　第 22-4 部分：电气骚扰试验　电快速瞬变/脉冲群抗扰度试验

GB/T 14598.11　量度继电器和保护装置　第 11 部分：辅助电源端口电压暂降、短时中断、电压变化和波纹

GB/T 14598.13　电气继电器　第 22-1 部分：量度继电器和保护装置的电气骚扰试验　1MHz 脉冲群抗扰度试验

GB/T 14598.14　量度继电器和保护装置　第 22-2 部分：电气骚扰试验　静电放电试验

GB/T 14598.17　电气继电器　第 22-6 部分：量度继电器和保护装置的电气骚扰试验—射频场感应的传导骚扰的抗扰度

GB/T 14598.18　量度继电器和保护装置　第 22-5 部分：电气骚扰试验　浪涌抗扰度试验

GB/T 14598.19　电气继电器　第 22-7 部分：量度继电器和保护装置的电气骚扰试验　工频抗扰度试验

GB/T 17626.8　电磁兼容　试验和测量技术　工频磁场抗扰度试验

GB/T 17626.9　电磁兼容　试验和测量技术　脉冲磁场抗扰度试验

GB/T 17626.10　电磁兼容　试验和测量技术　阻尼振荡磁场抗扰度试验

GB/T 18663.3　电子设备机械结构　公制系列和英制系列的试验　第 3 部分：机柜、机架和插箱的电磁屏蔽性能试验

GB/T 22386　电力系统暂态数据交换通用格式

GB/T 25931　网络测量和控制系统的精确时钟同步协议

GB/T 26864　电力系统继电保护产品动模试验

DL/T 478　继电保护和安全自动装置通用技术条件

DL/T 667　远动设备及系统　第 5 部分：传输规约　第 103 篇：继电保护设备信息接口配套标准

DL/T 720　电力系统继电保护柜、屏通用技术条件

DL/T 769　电力系统微机继电保护技术导则

DL/T 860（所有部分）　变电站通信网络和系统

DL/T 995　继电保护和电网安全自动装置检验规程

DL/T 5136　火力发电厂、变电站二次接线设计技术规程

Q/GDW 383　智能变电站技术导则

Q/GDW 414　变电站智能化改造技术规范

Q/GDW 441　智能变电站继电保护技术规范

Q/GDW 1396　IEC 61850 工程继电保护应用模型

Q/GDW 1430　智能变电站智能控制柜技术规范

Q/GDW 10393　110（66）kV～220kV 智能变电站设计规范

Q/GDW 10767—2015　10kV～110（66）kV 元件保护及辅助装置标准化设计规范

Q/GDW 11768　35kV 及以下开关柜继电保护装置通用技术条件

Q/GDW 13001—2014　高海拔外绝缘配置技术规范

3　术语和定义

下列术语和定义适用于本文件。

3.1

招标人　bidder

提出招标项目，进行招标的法人或其他组织。

3.2

投标人　tenderer

响应招标、参加投标竞争的法人或者其他组织。

3.3

卖方　seller

提供本部分货物和技术服务的法人或其他组织，包括其法定的承继者。

3.4

买方　buyer

购买本部分货物和技术服务的法人或其他组织，包括其法定的承继者和经许可的受让人。

4　总则

4.1　一般性要求

4.1.1　卖方提供的智能变电站继电保护及相关设备应符合 Q/GDW 441 的要求。

智能变电站继电保护与站控层信息交互采用 DL/T 860 标准，跳合闸命令和联闭锁信息可通过直接电缆连接或 GOOSE 机制传输。卖方提供的继电保护及相关设备所采用的技术应遵循 Q/GDW 441 及本部分中与之对应的部分。

4.1.2　卖方提供的变电站继电保护及相关设备应符合 Q/GDW 10767 的要求。

变电站继电保护装置的动作信息、告警信息、状态变位信息、中间节点信息、日志记录、人机界面信息等信息输出符合 Q/GDW 11010 的要求。

4.1.3 本部分提出的是最低限度的要求，并未对一切技术细节作出规定，也未充分引述有关标准的条文，投标人应提供符合本部分和工业标准的优质产品。

4.1.4 如果投标人没有以书面形式对本部分的条文提出异议，则表示投标人提供的设备完全符合本部分的要求；如有异议，应在报价书中以"对规范书的意见和同规范书的差异"为标题的专门章节中加以详细描述。

4.1.5 本部分所使用的标准如遇与投标人所执行的标准不一致时按较高的标准执行。

4.1.6 本部分经招、投标双方确认后作为订货合同的技术附件，与合同正文具有同等效力。

4.2 卖方职责

卖方的工作范围应包括但不仅限于下列内容：

a） 提供标书内所有设备及设计说明书及制造方面的说明；

b） 提供国家或电力工业检验检测机构出具的型式试验报告和 IEC 61850 的一致性测试报告，以便确认供货设备能否满足所有的性能要求；

c） 提供与投标设备版本相符的安装、使用说明书；

d） 提供试验和检验的标准，包括试验报告和试验数据；

e） 提供图纸，制造和质量保证过程的一览表以及标书规定的其他资料；

f） 提供设备管理和运行所需有关资料；

g） 所提供设备应发运到规定的目的地；

h） 在更换所用的准则、标准、规程或修改设备技术数据时，卖方应受需方的选择；

i） 现场服务。

4.3 应满足的标准

装置至少应满足 GB/T 191、GB/T 2423（所有部分）、GB/T 7261、GB/T 11287、GB/T 14285、GB/T 14537、 GB/T 14598.3 、 GB/T 14598.9 、 GB/T 14598.10 、 GB/T 14598.11 、 GB/T 14598.13 、GB/T 14598.14 、 GB/T 14598.17 、 GB/T 14598.18 、 GB/T 14598.19 、 GB/T 17626.8 、 GB/T 17626.9 、GB/T 17626.10、GB 18663.3、GB/T 22386、GB/T 25931、GB/T 26864、DL/T 478、DL/T 667、DL/T 720、DL/T 769、DL/T 860（所有部分）、DL/T 995、DL/T 5136、Q/GDW 383、Q/GDW 10393、Q/GDW 1396、Q/GDW 414、Q/GDW 1430、Q/GDW 441、Q/GDW 10767、Q/GDW 11768、Q/GDW 13001—2014 中所列标准的最新版本要求，但不限于上述所列标准。

4.4 应满足的文件

该类设备技术标准应满足国家法律法规及国家电网有限公司标准化成果中相关条款要求。下列文件中相应的条款规定均适用于本文件，其最新版本（包括所有的修改单）适用于本文件。包括：

a） 《电力监控系统安全防护规定》；

b） 《国家电网有限公司十八项电网重大反事故措施（2018 年修订版）》；

c） 《国家电网有限公司输变电工程通用设计》；

d） 《国家电网公司关于加快推进电力监控系统网络安全管理平台建设的通知》；

e） 《国家电网继电保护柜、屏制造规范》。

5 技术参数和性能要求

5.1 使用环境条件

5.1.1 设备储存温度：−25℃～+70℃。

5.1.2 设备工作温度：−10℃～+55℃。

5.1.3 大气压力：80kPa～106kPa。

5.1.4 相对湿度：5%～95%。

5.1.5 抗地震能力：地面水平加速度 0.3g，垂直加速度 0.15g，同时作用。

5.2 保护装置额定参数

5.2.1 额定直流电源：220V（110V）。

5.2.2 额定交流电流：5A（1A）。

5.2.3 额定交流电压：100V/$\sqrt{3}$（相电压）。

5.2.4 额定频率：50Hz。

5.2.5 打印机工作电源：交流 220V，50Hz。

5.3 装置功率消耗

5.3.1 装置交流消耗：交流电流回路功率消耗每相不大于 0.5VA（I_N＝1A）或 1VA（I_N＝5A），交流电压回路功率消耗（额定电压下）每相不大于1VA，卖方投标时必须提供确切数值。

5.3.2 装置直流消耗：当正常工作时，不大于 30W；当保护动作时，不大于 50W。卖方投标时必须提供确切数值。

5.4 35kV 及以下电抗器保护总的技术要求

5.4.1 环境温度在－10℃～＋55℃时，装置应能满足本部分所规定的精度。

5.4.2 在雷击过电压、一次回路操作、系统故障及其他强干扰作用下，不应误动和拒动。保护装置静电放电试验、快速瞬变干扰试验、高频干扰试验、脉冲群干扰试验、辐射电磁场干扰试验、冲击电压试验和绝缘试验应至少符合 IEC 标准。装置调试端口应带有光电隔离。

5.4.3 保护装置与其他装置之间的输入和输出回路，应采用光电耦合或继电器触点进行连接，不应有直接的电气联系。

5.4.4 保护装置中的插件应接触可靠，并且有良好的互换性，以便检修时能迅速更换。

5.4.5 保护装置应具有直流电源快速小开关，与保护装置安装在同一柜上。保护装置的逻辑回路应由独立的直流/直流变换器供电。直流电压消失时，保护装置不应误动，同时应有输出触点以启动告警信号。直流回路应有监视直流回路电压消失的告警信号继电器。直流电源电压在 80%～115%额定值范围内变化时，保护装置应正确工作。在直流电源恢复（包括缓慢的恢复）到 80%U_N 时，直流逆变电源应能自动启动。直流电源纹波系数≤5%时，保护装置应正确工作。拉合直流电源以及插拔熔丝发生重复击穿火花时，保护装置不应误动作。直流电源回路出现各种异常情况（如短路、断线、接地等）时保护装置不应误动作。

5.4.6 应提供标准的试验插件及试验插头，以便对各套保护装置的输入和输出回路进行隔离或能通入电流、电压进行试验。另外，对每面柜的出口跳闸、闭锁信号等输入、输出回路应在柜面上有隔离措施，以便在运行中分别断开。隔离及试验部件应考虑操作的方便性，隔离压板标签栏位置应安装在隔离件本体或隔离件下部。

5.4.7 保护装置应有监视及自诊断功能来监测异常及交直流消失等现象，以便在动作后启动告警信号、远动信号、事件记录等。

5.4.8 保护装置中用于远动信号和事件记录信号的触点不应保持。

5.4.9 除出口继电器外，装置内的任一元件损坏时，装置不应误动作跳闸。

5.4.10 跳闸出口回路采用有触点继电器。跳闸出口继电器触点应有足够容量，跳闸出口继电器触点的长期允许通过电流不应小于 5A，在电感负荷的直流电路（τ＜5ms）中的断开容量为 50W。信号继电器触点的长期允许通过电流不应小于 2A，在电感负荷的直流电路（τ＜5ms）中的断开容量为 30W。

5.4.11 对于保护装置间不经附加判据直接启动跳闸的开入量，应经抗干扰继电器重动后开入；抗干扰继电器的启动功率应大于 5W，动作电压在额定直流电源电压的 55%～70%范围内，额定直流电源电压下动作时间为 10ms～35ms，应具有抗 220V 工频电压干扰的能力。

5.4.12 保护装置与站控层设备通信，标准采用 DL/T 860，应满足运行维护、监视控制及无人值班、智能电网调度等信息交互的要求。保护装置向站控层提供的信息符合 Q/GDW 1396。

5.4.13 保护装置应具备远方修改定值功能、软压板远方投退和定值区远方切换功能和保护检修功能，具体要求如下：

    a） "远方操作"只设硬压板。"远方投退压板"、"远方切换定值区"和"远方修改定值"只设软压板，只能在装置本地操作，三者功能相互独立，分别与"远方操作"硬压板采用"与门"逻辑。当"远方操作"硬压板投入后，上述三个软压板远方功能才有效；

    b） "保护检修状态"只设硬压板，当该压板投入时，保护装置报文上送带品质位信息。"保护检修状态"硬压板遥信不置检修标志；保护装置应有明显显示（面板指示灯和界面显示）。参数、配置文件仅在检修压板投入时才可下装，下装时应闭锁保护。

5.4.14 保护装置宜通过 IRIG－B（DC）码对时，也可采用 GB/T 25931 标准进行网络对时，对时精度应满足要求。

5.4.15 测控功能要求

5.4.15.1 具有实时数据采集与处理、控制操作及信息显示等功能，对监控运行设备的信息进行采集、转换、处理和传送，通过网络传给站控层，同时接收站控层发来的控制操作命令，经过有效的判断等，最后对设备进行操作控制，也可独立完成对断路器、隔离开关的控制操作。

5.4.15.2 实时数据采集与处理

    a） 采集信号种类：

遥测量至少包括：U_a，U_b，U_c，I_a，I_b，I_c，P，Q、$\cos\varphi$、f；

遥信量至少包括：保护动作，装置故障，装置异常告警，断路器分、合闸位置，断路器机构信号，远方/就地开关位置，装置压板投退信号等。

    b） 采集信号的处理：

对所采集的输入量进行数据滤波、有效性检查、故障判断、信号触点消抖等处理、变换后，再通过网络传送。

    c） 信号输入方式：

模拟量输入：采用交流采样，计算 I、U、P、Q、f、$\cos\varphi$；

开关量输入：无源触点输入。

5.4.15.3 控制操作

    a） 操作说明。控制方式为三级控制：就地控制、站控层控制、远方遥控。操作命令的优先级为：就地控制→站控层控制→远方遥控。同一时间只允许一种控制方式有效。对任何操作方式，应保证只有在本次操作步骤完成后，才能进行下一步操作。

在屏柜上设"就地/远方"转换开关（带钥匙），任何时候只允许一种模式有效；"就地"位置，通过人工按键实现一对一的操作。

所有的遥控采用选择、校核、执行方式，且在本装置内实现，并有相应的记录信息。

    b） 控制输出的触点要求：提供 1 组合闸触点，1 组分闸触点。

5.4.15.4 事件记录

    a） 事件顺序记录：断路器状态变位、保护动作等事件顺序记录；

    b） 遥控操作记录：记录遥控操作命令来源、操作时间、操作内容。

5.5 35kV 及以下电抗器保护装置技术要求

5.5.1 装置功能要求如下：

母联（分段）保护装置中应包括母线充电保护，并带可长期投入的带延时的过流保护与零序过电流保护。各项功能指标应满足相关的电力行业标准或国家标准的要求。

母联（分段）断路器操作箱的功能要求如下：

    a） 35kV 及以下电抗器保护由过电流保护、零序过流保护、过负荷告警及其本体非电量保护组成，保护并联电抗器的内部短路和接地故障。装置应带有跳合闸操作回路。各项功能指标应满足相关的电力行业标准或国家标准的要求。

b） 三相操作板/箱应具有一组三相跳闸回路及合闸回路，跳闸应具有自保持回路。应具有手跳和手合输入回路。

c） 操作板/箱应具有防跳回路，防止断路器发生多次重合。操作板/箱的防跳回路应能够方便的取消。

d） 跳合闸应分别具有监视回路，且分别引上端子。跳闸位置监视与合闸回路的连接应便于断开。

e） 操作板/箱应具有足够的输出触点供发中央信号、远动信号和事件记录。测控功能要求

5.5.2 保护装置显示故障报告应简洁明了。

5.5.3 打印机的交流电源：220V。

5.5.4 每面保护屏有多台保护装置时安装一台打印机，切换使用。

5.6 柜结构的技术要求

5.6.1 对智能控制柜的技术要求详见 Q/GDW 1430，并遵循以下要求：

5.6.1.1 控制柜应装有 100mm² 截面的铜接地母线（不要求与柜体绝缘），接地母线末端应装好可靠的压接式端子，以备接到电站的接地网上。柜体应采用双层结构，循环通风。

5.6.1.2 同一保护柜内若有多路直流电源引入，应接入不同安装单元端子排，且每路电源正、负极之间应有端子隔开。控制柜内设备的安排及端子排的布置，应保证各套保护的独立性，在一套保护检修时不影响其他任何一套保护系统的正常运行。

5.6.1.3 控制柜应具备温度、湿度的采集、调节功能，柜内温度控制在 $-10℃\sim+50℃$，湿度保持在 90% 以下，并可上送温度、湿度信息。

5.6.1.4 控制柜应能满足 GB/T 18663.3 变电站户外防电磁干扰的要求。

5.6.2 对非智能普通屏柜，屏体要求详见《国家电网继电保护柜、屏制造规范》，并遵循已发布的《国家电网有限公司物资采购标准 继电保护及自动装置卷》相关部分规定。

5.6.2.1 微机保护和控制装置的屏柜下部应设有截面积不小于 100mm² 的铜排（不要求与保护屏绝缘）。

5.6.2.2 保护柜内电压回路每相及 N 相端子均应采用多个连接端子（不少于 3 个）。

5.6.2.3 同一保护柜内若有多路直流电源引入，应接入不同安装单元端子排。

5.6.3 屏柜内部配线、端子排、接地铜排、屏柜上安装辅助设备等应符合相关规程、标准与反事故措施的规定。

6 试验

6.1 工厂试验

卖方提供的设备试验标准应符合国家、行业及 IEC 的有关标准，并提供每一种型式产品的型式试验报告和 IEC 61850 一致性测试报告。

卖方提供的每一套设备出厂之前都应按国家和行业标准以及工厂规定的调试大纲进行出厂检查、性能试验，试验报告应随产品提供。当需做动态模拟试验或数字仿真试验时，模拟系统的接线和参数由卖方与买方在试验前协商确定，按实际系统参数进行试验。

6.2 系统联调试验

卖方应按买方需求配合完成买方组织的保护装置功能验证与系统联调试验。

6.3 现场试验

现场实际设备接入后，应按照 DL/T 995 的要求，在一次设备不带电和带电试运行时做现场试验，卖方应配合完成保护装置的现场调试及投运试验。现场投运前和试运行中发现的设备缺陷和元件损坏，卖方应及时无偿修理或更换，直至符合规范要求。

6.4 继电保护专业检测

卖方依据国家电网有限公司继电保护专业检测标准参加继电保护专业检测，并提供每一种型式产品的专业检测报告。

7 技术服务、设计联络、工厂检验和监造

7.1 技术文件

7.1.1 卖方提供的技术文件应提供买方所要求的性能信息，并对其可靠性和一致性负责，卖方所提供的技术文件（包括资料和数据）将成为合同一部分。

7.1.2 卖方应随投标书一起提供一般性技术文件，并且应是与投标产品一致的最新版本，投标时应提供的技术文件如下：

  a) 产品的技术说明书；

  b) 产品的型式试验报告；

  c) 产品的用户运行证明；

  d) 产品的软件版本等。

7.1.3 卖方应在签约后3周内向买方提供设计用的技术文件如下：

  a) 产品的技术说明书；

  b) 产品及保护屏原理框图及说明，模件或继电器的原理接线图及其工作原理说明；

  c) 装置的ICD（IED装置能力描述）文件、保护装置虚端子连接图；

  d) 组屏的正面布置图、屏内设备布置图、端子排图及图例说明；

  e) 保护屏所用的辅助继电器和选择开关采用的标准；

  f) 保护屏的安装尺寸图，包括屏的尺寸和重量、基础螺栓的位置和尺寸等。

7.1.4 签约后双方遵循的原则如下：

  a) 在收到买方最终认可图纸前，卖方所购买的材料或制造所发生的费用及其风险全由卖方单独承担；

  b) 生产的成品应符合合同的技术规范。买方对图纸的确认并不能解除卖方对其图纸的完善性和准确性应承担的责任；

  c) 设计方在收到图纸后3周内返回主要确认意见，并根据需要召开设计联络会。卖方在提供确认图纸时必须提供为审核该张图纸所需的资料。买方有权要求卖方对其图纸中的任一装置任一部件作必要修改，在设计图纸完成之前应保留设计方对卖方图纸的其他确认权限，而买方不需承担额外费用。

7.1.5 在收到确认意见后，卖方应在规定时间内向买方提供的技术文件如下：

  a) 7.1.3所列的修改后的正式技术文件；

  b) 保护装置的内部接线及图例说明，保护屏内部接线图及其说明（包括屏内布置及内部端子排图）；

  c) 保护装置的软件版本号和校验码；

  d) 产品的使用说明书，包括保护装置的现场调试大纲、整定值表和整定计算说明及计算算例等；

  e) 通信规约和解释文本及装置调试软件和后台分析软件，以便与计算机监控系统和继电保护故障信息系统联调。

7.1.6 设备供货时提供的技术文件和资料如下：

  a) 设备的开箱资料清单；

  b) 产品的技术说明书、使用说明书和组屏图纸；

  c) 出厂调试试验报告；

  d) 产品质量检验合格证书；

  e) 合同规定的出厂验收试验报告和一致性测试报告等；

  f) 保护设备识别代码及出厂信息表。

7.1.7 技术文件的格式和分送要求如下：

a) 全部图纸应为 A4 幅面，并有完整图标，采用国标单位制；

b) 提供的技术文件除纸质文件外，还应包括一份电子文档，并提供可供修改的最终图纸电子文件（图形文件能够被 PC 机 AutoCAD for Windows 2000 版支持）；

c) 技术文件（图纸和资料）分送单位、套数和地址根据项目单位要求提供。

7.2 设计联络会议

7.2.1 若有必要，买方在收到卖方签字的第一批文件后的 3 周内将举行设计联络会议。设计联络会议内容如下：

a) 卖方应对修改后的供确认的资料和图纸进行详细的解释，并应解答买方对这些资料和图纸所提的问题，经过共同讨论，买方给予确认，以便卖方绘制正式图纸提供给买方；

b) 卖方应介绍合同产品已有的运行经验；

c) 卖方应提供验收大纲，工程参数表；

d) 买方或设计方应确认保护装置的 GOOSE 接口及 MMS 接口的类型与数量；

e) 设计联络会应确定通信信息的具体内容。

7.2.2 会议应签订会议纪要，并作为合同的组成部分。

7.3 工厂验收和现场验收

要求满足国家电网有限公司企业标准中关于工厂验收（现场）的规范。

7.4 质量保证

7.4.1 卖方应保证制造过程中的所有工艺、材料、试验等（包括卖方的外购件在内）均应符合本部分的规定。若买方根据运行经验指定卖方提供某种外购零部件，卖方应积极配合。卖方对所购配套部件设备质量负责，采购前向买方提供主要国产元器件报价表，采购中应进行严格的质量检验，交货时应向买方提供其产品质量合格证书及有关安装使用等技术文件资料。

7.4.2 对于采用属于引进技术的设备、元器件，卖方在采购前应向买方提供主要进口元器件报价表。引进的设备、元器件应符合引进国的技术标准或 IEC 标准，当标准与本部分有矛盾时，卖方应将处理意见书面通知买方，由买卖双方协商解决。假若卖方有更优越或更为经济的设计和材料，足以使卖方的产品更为安全、可靠、灵活、适应时，卖方可提出并经买方的认可，然而应遵循现行的国家工业标准，并且有成熟的设计和工艺要求以及工程实践经验。

7.4.3 双方签订合同后，卖方应按工程设计及施工进度分批提交技术文件和图纸，必要时，买卖双方应进行技术联络，以讨论合同范围内的有关技术问题。

7.4.4 卖方保证所提供的设备应为由最适宜的原材料并采用先进工艺制成、且未经使用过的全新产品；保证产品的质量、规格和性能与投标文件所述一致。

7.4.5 卖方提供的保护设备运行使用寿命不应小于 15 年。

7.4.6 卖方保证所提供的设备在各个方面符合招标文件规定的质量、规格和性能。在合同规定的质量保证期内（保护设备到货后 24 个月或 SAT 后 18 个月），卖方对由于产品设计、制造和材料、外购零部件的缺陷而造成所供设备的任何破坏、缺陷故障，当卖方收到买方的书面通知后，卖方在 2 天内免费负责修理或更换有缺陷的设备（包括运输费、税收等），以达到本部分的要求。质保期以合同商务部分为准。

质保期后发生质量问题，卖方应提供免费维修服务，包括硬件更换和软件版本升级。

7.5 项目管理

合同签订后，卖方应指定负责本工程的项目经理，负责卖方在工程全过程的各项工作，如工程进度、设计制造、图纸文件、包装运输、现场安装、调试验收等。

7.6 现场服务

现场服务内容如下：

a) 在设备安装调试过程中视买方工作情况卖方及时派出工程技术服务人员，以提供现场服务。卖方派出人员在现场负责技术指导，并协助买方安装、调试。同时，买方为卖方的现场派出人员提供工作和生活的便利条件；

b） 当变电站内保护设备分批投运时，卖方应按合同规定及时派工程技术人员到达现场服务；

c） 根据买方的安排，卖方安排适当时间对设备的正确安装和试验给予技术培训。

7.7 售后服务

7.7.1 现场投运前和试运行中发现的设备缺陷和元件损坏，卖方应及时无偿修理或更换，直至符合规范要求。保修期内产品出现不符合功能要求和技术指标要求，卖方应在 4h 内响应，并在 24h 内负责修理或更换。保修期外产品出现异常、设备缺陷、元件损坏或不正确动作，现场无法处理时，卖方接到买方通知后，也应在 4h 内响应，并立即派出工程技术人员在 24h 内到达现场处理。

7.7.2 对反事故措施以及软件版本的升级等，应提供技术服务。

7.8 备品备件、专用工具、试验仪器

7.8.1 对每套保护，卖方应提供必要的备品备件。

7.8.2 卖方应提供安装、运行、检修所需的专用工具，包括专用调试、测试设备。

ICS 29.240

Q/GDW

国家电网公司企业标准

Q/GDW 13204.2—2014

智能变电站 35kV 及以下电抗器
保 护 采 购 标 准
第 2 部分：专用技术规范

Purchasing standard for 35kV lower voltage reaction protection in smart substation
Part 2: Special technical specification

2014-09-30发布   2014-09-30实施

国家电网公司   发 布

目　次

前　言

《智能变电站 35kV 及以下电抗器保护采购标准》分为 2 个部分：
——第 1 部分：通用技术规范；
——第 2 部分：专用技术规范。
本部分为《智能变电站 35kV 及以下电抗器保护采购标准》的第 2 部分。
本部分由国家电网公司物资部提出并解释。
本部分由国家电网公司科技部归口。
本部分起草单位：南瑞集团有限公司（国网电力科学研究院）。
本部分主要起草人：姚成、曹团结、沈健、周劲亮、陆奕、蒋雷海、赵景涛、刘小宝、鲁文、伍小刚。
本部分首次发布。
本部分在执行过程中的意见或建议反馈至国家电网公司科技部。

智能变电站 35kV 及以下电抗器保护采购标准

第 2 部分：专用技术规范

1 范围

本部分规定了智能变电站 35kV 及以下电抗器保护招标的标准技术参数、项目需求及投标人响应的相关内容。

本部分适用于智能变电站 35kV 及以下电抗器保护招标。

2 规范性引用文件

下列文件对于本文件的应用是必不可少的。凡是注日期的引用文件，仅注日期的版本适用于本文件。凡是不注日期的引用文件，其最新版本（包括所有的修改单）适用于本文件。

Q/GDW 13204.1　智能变电站 35kV 及以下电抗器保护采购标准　第 1 部分：通用技术规范

3 术语和定义

下列术语和定义适用于本文件。

3.1

招标人　bidder

提出招标项目，进行招标的法人或其他组织。

3.2

投标人　tenderer

响应招标、参加投标竞争的法人或者其他组织。

3.3

卖方　seller

提供本部分货物和技术服务的法人或其他组织，包括其法定的承继者。

3.4

买方　buyer

购买本部分货物和技术服务的法人或其他组织，包括其法定的承继者和经许可的受让人。

4 标准技术参数

技术参数特性表是国家电网公司对采购设备的基础技术参数要求，在招投标过程中，投标人应依据招标文件，对技术参数特性表中标准参数值进行响应。智能变电站 35kV 及以下电抗器保护、打印机、保护柜技术参数特性见表 1～表 3。物资必须满足 Q/GDW 13204.1 的要求。

表 1　智能变电站 35kV 及以下电抗器保护技术参数特性

序号	参　数　名　称	单位	标准参数值
1	电流定值误差		≤5%
2	电压定值误差		≤5%
3	时限定值误差	ms	≤40

表1（续）

序号	参 数 名 称	单位	标准参数值
4	电流量、电压量测量误差	％	≤0.2
5	有功功率、无功功率测量误差	％	≤0.5
6	电网频率测量误差	Hz	≤0.02
7	遥控命令输出正确率		100％
8	事件顺序记录分辨率（SOE）	ms	≤2
9	交流电压回路功率消耗（每相）	VA	≤1
10	交流电流回路功率消耗（每相）	VA	≤0.5（I_N＝1A）； ≤1（I_N＝5A）
11	装置直流消耗	W	≤50（工作时）； ≤80（动作时）
12	跳闸触点容量		长期允许通过电流≥5A； 触点断开容量为≥50W
13	其他触点容量		长期允许通过电流≥2A； 触点断开容量为≥30W
14	光纤接口接收灵敏度	dBm	≤－30（以太网光接口）
15	光纤接口发送功率	dBm	≥－20（以太网光接口）
16	装置工作电源	V	（招标人填写）
17	TA 二次额定电流	A	（招标人填写）
18	断路器跳闸线圈电流	A	（招标人填写）
19	断路器合闸线圈电流	A	（招标人填写）
20	普通柜可选技术参数		（招标人填写）
21	智能柜技术参数要求		（招标人填写）
22	GOOSE 接口数量		（招标人填写）
23	站控层 MMS 接口数量与类型		（招标人填写）
24	对时方式		（招标人填写）
25	其他		（招标人填写）

表2 打印机技术参数特性表

序号	参 数 名 称	单位	标准参数值
1	工作电源	V	220AC
2	接口型式		与保护装置配套

表3 保护柜（非智能控制柜）技术参数特性表

序号	参 数 名 称	单位	标准参数值
1	尺寸	mm	高度：2260； 宽度：800； 深度：600
2	颜色		GSB05－1426－2001，77 号， GY09 冰灰橘纹

5 组件材料配置表

组件材料配置表包括元件名称、规格形式参数、单位、数量和产地等信息，具体内容和格式根据招标项目情况编制。

6 使用环境条件表

典型智能变电站 35kV 及以下电抗器保护使用环境条件见表4。特殊环境要求根据项目情况编制。

表 4 使 用 环 境 条 件 表

项目单位：				项目名称：
序号	名 称 项 目		单位	标准参数值
1	电源的频率		Hz	50
2	温度	最高气温	℃	+45
		最低气温	℃	−5
		最大日温差	K	+25
3	湿度	日相对湿度平均值	%	≤95
		月相对湿度平均值	%	≤90
4	海拔		m	≤2000
5	耐受地震能力	水平加速度	m/s²	0.3g
		垂直加速度	m/s²	0.15g
6	保护装置是否组屏		组屏/单装置	（项目单位提供）
7	安装方式		集中/分散	（项目单位提供）
注：标准参数值为正常使用条件，超出此值时为特殊使用条件，可根据工程实际使用条件进行修改。				

ICS 29.240.01
K 45

Q/GDW

国家电网有限公司企业标准

Q/GDW 13205.1—2018
代替 Q/GDW 13205.1—2014

智能变电站 66kV 电抗器保护采购标准
第 1 部分：通用技术规范

Purchasing standard for 66kV reaction protection in smart substation
Part 1: General technical specification

2019-06-28发布

2019-06-28实施

国家电网有限公司　发布

目　次

前　　言

为规范智能变电站 66kV 电抗器保护的采购要求，制定本部分。

《智能变电站 66kV 电抗器保护采购标准》分为 2 个部分：

—— 第 1 部分：通用技术规范；

—— 第 2 部分：专用技术规范。

本部分为《智能变电站 66kV 电抗器保护采购标准》的第 1 部分。

本部分代替 Q/GDW 13205.1—2014，与 Q/GDW 13205.1—2014 相比，主要技术性差异如下：

—— 增加或替换自 2014 年以来新发布的国家、行业和国网企业标准与本采购规范相关的标准。

—— 提升设备工作温度、环境温度和大气压力要求，增加"远方操作"和"保护检修状态"硬压板及相关要求。

—— 依据 10kV～110kV 的已发布的最新六统一规范 Q/GDW 10767，修改保护功能配置要求，增加零序过流和非电量保护。遥测量：增加了 $\cos\varphi$，f。

—— 增加"保护设备识别代码及出厂信息表"的要求。

—— 执行十八项反措要求修改保护屏柜绝缘相关要求。

—— 增加了保护柜内电压回路和多路直流电源引入的要求。删除了保护装置就地化安装的要求。

本部分由国家电网有限公司物资部提出并解释。

本部分由国家电网有限公司科技部归口。

本部分起草单位：国网江苏省电力有限公司、南瑞集团有限公司（国网电力科学研究院有限公司）。

本部分主要起草人：周劲亮、刘辉、邹志扬、吴敏、岳嵩、黄浩声。

本部分 2014 年 9 月首次发布，2018 年 12 月第一次修订。

本部分在执行过程中的意见或建议反馈至国家电网有限公司科技部。

智能变电站66kV电抗器保护采购标准
第1部分：通用技术规范

1 范围

本部分规定了智能变电站66kV电抗器保护招标的总则、技术参数和性能要求、试验、包装、运输、交货及工厂检验和监造的一般要求。

本部分适用于智能变电站66kV电抗器保护招标。

2 规范性引用文件

下列文件对于本文件的应用是必不可少的。凡是注日期的引用文件，仅注日期的版本适用于本文件。凡是不注日期的引用文件，其最新版本（包括所有的修改单）适用于本文件。

GB/T 191 包装储运图示标志

GB/T 2423（所有部分） 电工电子产品环境试验

GB/T 7261 继电保护和安全自动装置基本试验方法

GB/T 11287 电气继电器 第21部分：量度继电器和保护装置的振动、冲击、碰撞和地震试验 第1篇：振动试验（正弦）

GB/T 14285 继电保护和安全自动装置技术规程

GB/T 14537 量度继电器和保护装置的冲击与碰撞试验

GB/T 14598.3 电气继电器 第5部分：量度继电器和保护装置的绝缘配合要求和试验

GB/T 14598.9 量度继电器和保护装置 第22-3部分：电气骚扰试验 辐射电磁场抗扰度

GB/T 14598.10 量度继电器和保护装置 第22-4部分：电气骚扰试验 电快速瞬变/脉冲群抗扰度试验

GB/T 14598.11 量度继电器和保护装置 第11部分：辅助电源端口电压暂降、短时中断、电压变化和波纹

GB/T 14598.13 电气继电器 第22-1部分：量度继电器和保护装置的电气骚扰试验 1MHz脉冲群抗扰度试验

GB/T 14598.14 量度继电器和保护装置 第22-2部分：电气骚扰试验 静电放电试验

GB/T 14598.17 电气继电器 第22-6部分：量度继电器和保护装置的电气骚扰试验—射频场感应的传导骚扰的抗扰度

GB/T 14598.18 量度继电器和保护装置 第22-5部分：电气骚扰试验 浪涌抗扰度试验

GB/T 14598.19 电气继电器 第22-7部分：量度继电器和保护装置的电气骚扰试验—工频抗扰度试验

GB/T 17626.1 电磁兼容 试验和测量技术 抗扰度试验总论

GB/T 17626.2 电磁兼容 试验和测量技术 静电放电抗扰度试验

GB/T 17626.3 电磁兼容 试验和测量技术 射频电磁场辐射抗扰度试验

GB/T 17626.4 电磁兼容 试验和测量技术 电快速瞬变脉冲群抗扰度试验

GB/T 17626.5 电磁兼容 试验和测量技术 浪涌（冲击）抗扰度试验

GB/T 17626.6 电磁兼容 试验和测量技术 射频场感应的传导骚扰抗扰度

GB/T 17626.8　电磁兼容　试验和测量技术　工频磁场抗扰度试验

GB/T 17626.9　电磁兼容　试验和测量技术　脉冲磁场抗扰度试验

GB/T 17626.10　电磁兼容　试验和测量技术　阻尼振荡磁场抗扰度试验

GB/T 18663.3　电子设备机械结构　公制系列和英制系列的试验　第3部分：机柜、机架和插箱的电磁屏蔽性能试验

GB/T 20840.8　互感器　第8部分：电子式电流互感器

GB/T 22386　电力系统暂态数据交换通用格式

GB/T 25931　网络测量和控制系统的精确时钟同步协议

GB/T 26864　电力系统继电保护产品动模试验

DL/T 478　继电保护和安全自动装置通用技术条件

DL/T 720　电力系统继电保护柜、屏通用技术条件

DL/T 769　电力系统微机继电保护技术导则

DL/T 860（所有部分）　变电站通信网络和系统

DL/T 860.81　变电站通信网络和系统　第8-1部分：特定通信服务映射（SCSM）对MMS（ISO 9506-1和ISO 9506-2）及ISO/IEC 8802

DL/T 860.92　变电站通信网络和系统　第9-2部分：特定通信服务映射（SCSM）映射到ISO/IEC 8802-3的采样值

DL/T 995　继电保护和电网安全自动装置检验规程

DL/T 5136　火力发电厂、变电站二次接线设计技术规程

Q/GDW 383　智能变电站技术导则

Q/GDW 414　变电站智能化改造技术规范

Q/GDW 428　智能变电站智能终端技术规范

Q/GDW 441　智能变电站继电保护技术规范

Q/GDW 1396　IEC 61850工程继电保护应用模型

Q/GDW 1426　智能变电站合并单元技术规范

Q/GDW 1430　智能变电站智能控制柜技术规范

Q/GDW 10393　110（66）kV～220kV智能变电站设计规范

Q/GDW 10394　330kV～750kV智能变电站设计规范

Q/GDW 10767—2015　10kV～110（66）kV元件保护及辅助装置标准化设计规范

Q/GDW 13001—2014　高海拔外绝缘配置技术规范

3　术语和定义

下列术语和定义适用于本文件。

3.1

招标人　bidder

提出招标项目，进行招标的法人或其他组织。

3.2

投标人　tenderer

响应招标、参加投标竞争的法人或者其他组织。

3.3

卖方　seller

提供本部分货物和技术服务的法人或其他组织，包括其法定的承继者。

3.4

买方　buyer

购买本部分货物和技术服务的法人或其他组织，包括其法定的承继者和经许可的受让人。

4　总则

4.1　一般性要求

4.1.1　卖方提供的智能变电站继电保护及相关设备应符合 Q/GDW 441 的要求。

智能变电站继电保护与站控层信息交互采用 DL/T 860 标准，跳合闸命令和联闭锁信息可通过直接电缆连接或 GOOSE 机制传输。卖方提供的继电保护及相关设备所采用的技术应遵循 Q/GDW 441 及本部分中与之对应的部分。

4.1.2　卖方提供的变电站继电保护及相关设备应符合 Q/GDW 10767 的要求。

变电站继电保护装置的动作信息、告警信息、状态变位信息、中间节点信息、日志记录、人机界面信息等信息输出符合 Q/GDW 11010 的要求。

4.1.3　本部分提出的是最低限度的要求，并未对一切技术细节作出规定，也未充分引述有关标准的条文，投标人应提供符合本部分和工业标准的优质产品。

4.1.4　如果投标人没有以书面形式对本部分的条文提出异议，则表示投标人提供的设备完全符合本部分的要求；如有异议，应在报价书中以"对规范书的意见和同规范书的差异"为标题的专门章节中加以详细描述。

4.1.5　本部分所使用的标准如遇与投标人所执行的标准不一致时按较高的标准执行。

4.1.6　本部分经招、投标双方确认后作为订货合同的技术附件，与合同正文具有同等效力。

4.2　卖方职责

卖方的工作范围应包括但不仅限于下列内容：

a）　提供标书内所有设备及设计说明书及制造方面的说明；

b）　提供国家或电力工业检验检测机构出具的型式试验报告和 IEC 61850 的一致性测试报告，以便确认供货设备能否满足所有的性能要求；

c）　提供与投标设备版本相符的安装、使用说明书；

d）　提供试验和检验的标准，包括试验报告和试验数据；

e）　提供图纸，制造和质量保证过程的一览表以及标书规定的其他资料；

f）　提供设备管理和运行所需有关资料；

g）　所提供设备应发运到规定的目的地；

h）　在更换所用的准则、标准、规程或修改设备技术数据时，卖方应受需方的选择；

i）　现场服务。

4.3　应满足的标准

装置至少应满足 GB/T 191、GB/T 2423（所有部分）、GB/T 7261、GB/T 11287、GB/T 14285、GB/T 14537、GB/T 14598.3、GB/T 14598.9、GB/T 14598.10、GB/T 14598.11、GB/T 14598.13、GB/T 14598.14、GB/T 14598.17、GB/T 14598.18、GB/T 14598.19、GB/T 17626.1、GB/T 17626.2、GB/T 17626.3、GB/T 17626.4、GB/T 17626.5、GB/T 17626.6、GB/T 17626.8、GB/T 17626.9、GB/T 17626.10、GB 18663.3、GB/T 20840.8、GB/T 22386、GB/T 25931、GB/T 26864、DL/T 478、DL/T 720、DL/T 769、DL/T 860（所有部分）、DL/T 860.81、DL/T 860.92、DL/T 995、DL/T 5136、Q/GDW 383、Q/GDW 10393、Q/GDW 10394、Q/GDW 1396、Q/GDW 414、Q/GDW 1426、Q/GDW 428、Q/GDW 1430、Q/GDW 441、Q/GDW 10767、Q/GDW 13001—2014 中所列标准的最新版本要求，但不限于上述所列标准。

4.4　应满足的文件

该类设备技术标准应满足国家法律法规及国家电网有限公司标准化成果中相关条款要求。下列文件中相应的条款规定均适用于本文件，其最新版本（包括所有的修改单）适用于本文件。包括：

a)　《电力监控系统安全防护规定》；

b)　《国家电网有限公司十八项电网重大反事故措施（2018年修订版）》；

c)　《国家电网有限公司输变电工程通用设计》；

d)　《国家电网公司关于加快推进电力监控系统网络安全管理平台建设的通知》；

e)　《国家电网继电保护柜、屏制造规范》。

5　技术参数和性能要求

5.1　使用环境条件

5.1.1　设备储存温度：$-25℃\sim+70℃$。

5.1.2　设备工作温度：$-10℃\sim+55℃$。

5.1.3　大气压力：$80kPa\sim106kPa$。

5.1.4　相对湿度：$5\%\sim95\%$。

5.1.5　抗地震能力：地面水平加速度 $0.3g$，垂直加速度 $0.15g$，同时作用。

5.2　保护装置额定参数

5.2.1　额定直流电源：220V（110V）。

5.2.2　额定交流电流：5A（1A）。

5.2.3　额定交流电压：$100V/\sqrt{3}$（相电压）。

5.2.4　额定频率：50Hz。

5.2.5　打印机工作电源：交流220V，50Hz。

5.3　装置功率消耗

5.3.1　装置交流消耗：交流电流回路功率消耗每相不大于 0.5VA（$I_N=1A$）或 1VA（$I_N=5A$），交流电压回路功率消耗（额定电压下）每相不大于1VA，卖方投标时必须提供确切数值。

5.3.2　装置直流消耗：当正常工作时，不大于30W；当保护动作时，不大于50W。卖方投标时必须提供确切数值。

5.4　66kV 电抗器保护总的技术要求

5.4.1　本节规定了跳合闸命令和联闭锁信息通过 GOOSE 机制传输和（或）电压、电流量通过电子式互感器及 MU 采集的保护设备的技术要求。

通过传统互感器、电缆直接采样的装置，交流采样及交流二次回路的技术要求应符合已有的相应规范和标准以及《国家电网有限公司物资采购标准　继电保护及自动装置卷》相关部分要求。

通过电缆直接跳闸的装置，跳合闸及二次回路的技术要求应符合已有的相应规范和标准以及《国家电网有限公司物资采购标准　继电保护及自动装置卷》相关部分要求。

5.4.2　环境温度在 $-10℃\sim+55℃$ 时，装置应能满足本部分所规定的精度。

5.4.3　除出口继电器外，装置内的任一元件损坏时，装置不应误动作跳闸。

5.4.4　保护装置不应依赖于外部对时系统实现其保护功能。

5.4.5　66kV 电压等级的过程层 SV 与 GOOSE 共网，过程层网络和站控层网络应完全独立。

5.4.6　继电保护设备与本间隔智能终端之间通信应采用 GOOSE 点对点通信方式；继电保护之间的联闭锁信息宜采用 GOOSE 网络传输方式。

5.4.7　保护装置宜独立分散、就地安装，保护装置安装运行环境应满足相关标准技术要求。

5.4.8　66kV 电压等级保护就地安装时，保护装置宜集成智能终端等功能。

5.4.9　保护直接采样，直接跳断路器。

5.4.10　保护装置采样同步应由保护装置实现，装置 SV 采样值接口支持 GB/T 20840.8 或 DL/T 860.92 协议，在工程应用时应能灵活配置。

5.4.11 保护装置应自动补偿电子式互感器的采样响应延迟，当响应延时发生变化时应闭锁采自不同 MU 且有采样同步要求的保护。保护装置的采样输入接口数据的采样频率宜为 4000Hz。

5.4.12 保护装置的交流量信息应具备自描述功能。

5.4.13 保护装置应处理 MU 上送的数据品质位（无效、检修等），及时准确提供告警信息。在异常状态下，利用 MU 的信息合理地进行保护功能的退出和保留，瞬时闭锁可能误动的保护，延时告警，并在数据恢复正常之后尽快恢复被闭锁的保护功能，不闭锁与该异常采样数据无关的保护功能。接入两个及以上 MU 的保护装置应按 MU 设置"MU 投入"软压板。

5.4.14 当采用电子式互感器时，保护装置应针对电子式互感器特点优化相关保护算法，提高保护性能。

5.4.15 保护装置应采取措施，防止输入的双 A/D 数据之一异常时误动作。

5.4.16 除检修压板可采用硬压板外，保护装置应采用软压板，满足远方操作的要求。检修压板投入时，上送带品质位信息，保护装置应有明显显示（面板指示灯和界面显示）。参数、配置文件仅在检修压板投入时才可下装，下装时应闭锁保护。

5.4.17 保护装置应同时支持 GOOSE 点对点和网络方式传输，传输协议遵循 DL/T 860.81。

5.4.18 保护装置应具备 MMS 接口与站控层设备通信。保护装置向站控层提供的信息符合 Q/GDW 1396。

5.4.19 保护装置的交流电流、交流电压及保护设备参数的显示、打印、整定应能支持一次值，上送信息应采用一次值。

5.4.20 保护装置宜采用 SV 和 GOOSE 合一的网口，与 MMS 接口相互独立。

5.4.21 保护装置应具备通信中断、异常等状态的检测和告警功能。装置应提供装置故障（含失电）硬接点输出。

5.4.22 保护装置宜通过 IRIG－B（DC）码对时，也可采用 GB/T 25931 进行网络对时，对时精度应满足要求。

5.4.23 对保护装置 ICD 文件与 CID 文件的要求如下：
  a）ICD、CID 文件符合统一的模型要求，适用于通用的配置工具和静态检测、分析软件；
  b）ICD 文件应完整描述 IED 提供的数据模型及服务，采用模块化设计，包含版本信息；
  c）CID 文件应完整描述 IED 的实例化信息，应包含版本信息。

5.4.24 保护装置信息交互要求如下：
  a）智能变电站继电保护应满足运行维护、监视控制及无人值班、智能电网调度等信息交互的要求。
  b）继电保护设备应支持在线和离线获取模型，离线获取和在线召唤的模型应保持一致。定值模型应包含描述、定值单位、定值上限、定值下限等信息。
  c）继电保护设备应将检修压板状态上送站控层。当继电保护设备检修压板投入时，上送报文中信号的品质 q 的"Test 位"应置位。
  d）继电保护设备应支持取代服务，取代数据的上送报文中，信号的品质 q 的"取代位"应置位。
  e）继电保护设备应能够支持不小于 16 个客户端的 TCP/IP 访问连接，应能够支持 10 个报告实例。

5.4.25 保护装置交互信息内容如下：
  a）继电保护设备应支持上送采样值、开关量、压板状态、设备参数、定值区号及定值、自检信息、异常告警信息、保护动作事件及参数（故障相别、跳闸相别和测距）、录波报告信息、装置硬件信息、装置软件版本信息、装置日志信息等数据；
  b）继电保护设备主动上送的信息应包括开关量变位信息、异常告警信息和保护动作事件信息等；
  c）继电保护设备应支持远方投退压板、修改定值、切换定值区、设备复归功能，并具备权限管理功能；
  d）继电保护设备的自检信息应包括硬件损坏、功能异常、与过程层设备通信状况等；
  e）继电保护设备应支持远方召唤至少最近 8 次录波报告的功能。

5.4.26 在雷击过电压、一次回路操作、系统故障及其他强干扰作用下，不应误动和拒动。保护装置静电放电试验、快速瞬变干扰试验、高频干扰试验、脉冲群干扰试验、辐射电磁场干扰试验、冲击电压试验和绝缘试验应至少符合本部分的相关标准。保护装置调试端口应带有光电隔离装置。

5.4.27 保护柜中的插件应接触可靠，并且有良好的互换性，以便检修时能迅速更换。

5.4.28 保护装置应具有直流电源快速小开关，与保护装置安装在同一柜上。保护装置的逻辑回路应由独立的直流/直流变换器供电。直流电压消失时，保护装置不应误动作。直流电源电压在 80%～115%额定值范围内变化时，保护装置应正确工作。在直流电源恢复（包括缓慢地恢复）到 80%UN 时，直流逆变电源应能自动启动。直流电源纹波系数小于或等于 5%时，保护装置应正确工作。拉合直流电源以及插拔熔丝发生重复击穿火花时，保护装置不应误动作。直流电源回路出现各种异常情况（如短路、断线、接地等）时保护装置不应误动作。

5.4.29 所提供保护设备的软件版本及校验码应与买方进行确认，并提供配套的使用说明书和相关的定值清单。

5.5 66kV 电抗器保护装置技术要求

5.5.1 装置保护功能要求

66kV 电抗器保护由过电流保护、零序过流保护、过负荷告警及其本体非电量保护组成，保护并联电抗器的内部短路和接地故障。各项功能指标应满足相关的电力行业标准或国家标准的要求。

5.5.2 装置 MMS、SV、GOOSE 接口要求

装置应具备站控层 MMS 接口至少 2 个；对采用 MU 数字量输入装置，应具备 SV（采样值）点对点接口至少 1 个；对采用过程层 GOOSE 的装置，应具备 GOOSE 组网接口至少 1 个、点对点接口至少 1 个。装置具体接口数量，招标人在专用技术规范中明确。

5.6 柜结构的技术要求

5.6.1 对智能控制柜，技术要求详见 Q/GDW 1430，并遵循以下要求。

5.6.1.1 控制柜应装有 100mm² 截面的铜接地母线（不要求与柜体绝缘），接地母线末端应装好可靠的压接式端子，以备接到电站的接地网上。柜体应采用双层结构，循环通风。

5.6.1.2 同一保护柜内若有多路直流电源引入，应接入不同安装单元端子排，且每路电源正、负极之间应有端子隔开。控制柜内设备的安排及端子排的布置，应保证各套保护的独立性，在一套保护检修时不影响其他任何一套保护系统的正常运行。

5.6.1.3 控制柜应具备温度、湿度的采集、调节功能，柜内温度控制在 −10℃～+50℃，湿度保持在 90%以下，并可上送温度、湿度信息。

5.6.1.4 控制柜应能满足 GB/T 18663.3 变电站户外防电磁干扰的要求。

5.6.2 对非智能普通屏柜，屏体要求详见《国家电网继电保护柜、屏制造规范》，并遵循已发布的《国家电网有限公司物资采购标准 继电保护及自动装置卷》相关部分规定。

5.6.2.1 微机保护和控制装置的屏柜下部应设有截面积不小于 100mm² 的铜排（不要求与保护屏绝缘）。

5.6.2.2 保护柜内电压回路每相及 N 相端子均应采用多个连接端子（不少于 3 个）。

5.6.2.3 同一保护柜内若有多路直流电源引入，应接入不同安装单元端子排。

5.6.3 屏柜内部配线、端子排、接地铜排、屏柜上安装辅助设备等应符合相关规程、标准与反事故措施的规定。

6 试验

6.1 工厂试验

卖方提供的设备试验标准应符合国家、行业及 IEC 的有关标准，并提供每一种型式产品的型式试验报告和 IEC 61850 一致性测试报告。

卖方提供的每一套设备出厂之前都应按国家和行业标准以及工厂规定的调试大纲进行出厂检查、性

能试验，试验报告应随产品提供。当需做动态模拟试验或数字仿真试验时，模拟系统的接线和参数由卖方与买方在试验前协商确定，按实际系统参数进行试验。

6.2 系统联调试验

卖方应按买方需求配合完成买方组织的保护装置功能验证与系统联调试验。

6.3 现场试验

现场实际设备接入后，应按照 DL/T 995 的要求，在一次设备不带电和带电试运行时做现场试验，卖方应配合完成保护装置的现场调试及投运试验。现场投运前和试运行中发现的设备缺陷和元件损坏，卖方应及时无偿修理或更换，直至符合规范要求。

6.4 继电保护专业检测

卖方依据国家电网有限公司继电保护专业检测标准参加继电保护专业检测，并提供每一种型式产品的专业检测报告。

7 技术服务、设计联络、工厂检验和监造

7.1 技术文件

7.1.1 卖方提供的技术文件应提供买方所要求的性能信息，并对其可靠性和一致性负责，卖方所提供的技术文件（包括资料和数据）将成为合同一部分。

7.1.2 卖方应随投标书一起提供一般性技术文件，并且应是与投标产品一致的最新版本，投标时应提供的技术文件如下：

　　a） 产品的技术说明书；

　　b） 产品的型式试验报告和动模试验报告；

　　c） 产品的用户运行证明；

　　d） 产品的软件版本等。

7.1.3 卖方应在签约后 3 周内向买方提供设计用的技术文件如下：

　　a） 产品的技术说明书；

　　b） 产品及保护屏原理框图及说明，模件或继电器的原理接线图及其工作原理说明；

　　c） 装置的 ICD（IED 装置能力描述）文件、保护装置虚端子连接图；

　　d） 组屏的正面布置图、屏内设备布置图、端子排图及图例说明；

　　e） 保护屏所用的辅助继电器和选择开关采用的标准；

　　f） 保护屏的安装尺寸图，包括屏的尺寸和重量、基础螺栓的位置和尺寸等。

7.1.4 签约后双方遵循的原则如下：

　　a） 在收到买方最终认可图纸前，卖方所购买的材料或制造所发生的费用及其风险全由卖方单独承担；

　　b） 生产的成品应符合合同的技术规范。买方对图纸的确认并不能解除卖方对其图纸的完善性和准确性应承担的责任；

　　c） 设计方在收到图纸后 3 周内返回主要确认意见，并根据需要召开设计联络会。卖方在提供确认图纸时必须提供为审核该张图纸所需的资料。买方有权要求卖方对其图纸中的任一装置任一部件作必要修改，在设计图纸完成之前应保留设计方对卖方图纸的其他确认权限，而买方不需承担额外费用。

7.1.5 在收到确认意见后，卖方应在规定时间内向买方提供的技术文件如下：

　　a） 7.1.3 所列的修改后的正式技术文件；

　　b） 保护装置的内部接线及图例说明，保护屏内部接线图及其说明（包括屏内布置及内部端子排图）；

　　c） 保护装置的软件版本号和校验码；

d) 产品的使用说明书，包括保护装置的现场调试大纲、整定值表和整定计算说明及计算算例等；

e) 通信规约和解释文本及装置调试软件和后台分析软件，以便与计算机监控系统和继电保护故障信息系统联调。

7.1.6 设备供货时提供的技术文件和资料如下：

a) 设备的开箱资料清单；

b) 产品的技术说明书、使用说明书和组屏图纸；

c) 出厂调试试验报告；

d) 产品质量检验合格证书；

e) 合同规定的出厂验收试验报告和一致性测试报告等；

f) 保护设备识别代码及出厂信息表。

7.1.7 技术文件的格式和分送要求如下：

a) 全部图纸应为 A4 幅面，并有完整图标，采用国标单位制；

b) 提供的技术文件除纸质文件外，还应包括一份电子文档，并提供可供修改的最终图纸电子文件（图形文件能够被 PC 机 AutoCAD for Windows 2000 版支持）；

c) 技术文件（图纸和资料）分送单位、套数和地址根据项目单位要求提供。

7.2 设计联络会议

7.2.1 若有必要，买方在收到卖方签字的第一批文件后的 3 周内将举行设计联络会议。设计联络会议内容如下：

a) 卖方应对修改后的供确认的资料和图纸进行详细的解释，并应解答买方对这些资料和图纸所提的问题，经过共同讨论，买方给予确认，以便卖方绘制正式图纸提供给买方；

b) 卖方应介绍合同产品已有的运行经验；

c) 卖方应提供验收大纲，工程参数表；

d) 买方或设计方应确认保护装置的 GOOSE 接口及 MMS 接口的类型与数量；

e) 设计联络会应确定通信信息的具体内容。

7.2.2 会议应签订会议纪要，并作为合同的组成部分。

7.3 工厂验收和现场验收

要求满足国家电网有限公司企业标准中关于工厂验收（现场）的规范。

7.4 质量保证

7.4.1 卖方应保证制造过程中的所有工艺、材料、试验等（包括卖方的外购件在内）均应符合本部分的规定。若买方根据运行经验指定卖方提供某种外购零部件，卖方应积极配合。卖方对所购配套部件设备质量负责，采购前向买方提供主要国产元器件报价表，采购中应进行严格的质量检验，交货时应向买方提供其产品质量合格证书及有关安装使用等技术文件资料。

7.4.2 对于采用属于引进技术的设备、元器件，卖方在采购前应向买方提供主要进口元器件报价表。引进的设备、元器件应符合引进国的技术标准或 IEC 标准，当标准与本部分有矛盾时，卖方应将处理意见书面通知买方，由买卖双方协商解决。假若卖方有更优越或更为经济的设计和材料，足以使卖方的产品更为安全、可靠、灵活、适应时，卖方可提出并经买方的认可，然而应遵循现行的国家工业标准，并且有成熟的设计和工艺要求以及工程实践经验。

7.4.3 双方签订合同后，卖方应按工程设计及施工进度分批提交技术文件和图纸，必要时，买卖双方应进行技术联络，以讨论合同范围内的有关技术问题。

7.4.4 卖方保证所提供的设备应为由最适宜的原材料并采用先进工艺制成、且未经使用过的全新产品；保证产品的质量、规格和性能与投标文件所述一致。

7.4.5 卖方提供的保护设备运行使用寿命不应小于 15 年。

7.4.6 卖方保证所提供的设备在各个方面符合招标文件规定的质量、规格和性能。在合同规定的质量保证期内（保护设备到货后 24 个月或 SAT 后 18 个月），卖方对由于产品设计、制造和材料、外购零部件的缺陷而造成所供设备的任何破坏、缺陷故障，当卖方收到买方的书面通知后，卖方在 2 天内免费负责修理或更换有缺陷的设备（包括运输费、税收等），以达到本部分的要求。质保期以合同商务部分为准。

质保期后发生质量问题，卖方应提供免费维修服务，包括硬件更换和软件版本升级。

7.5 项目管理

合同签订后，卖方应指定负责本工程的项目经理，负责卖方在工程全过程的各项工作，如工程进度、设计制造、图纸文件、包装运输、现场安装、调试验收等。

7.6 现场服务

现场服务内容如下：

a) 在设备安装调试过程中视买方工作情况卖方及时派出工程技术服务人员，以提供现场服务。卖方派出人员在现场负责技术指导，并协助买方安装、调试。同时，买方为卖方的现场派出人员提供工作和生活的便利条件；

b) 当变电站内保护设备分批投运时，卖方应按合同规定及时派工程技术人员到达现场服务；

c) 根据买方的安排，卖方安排适当时间对设备的正确安装和试验给予技术培训。

7.7 售后服务

7.7.1 现场投运前和试运行中发现的设备缺陷和元件损坏，卖方应及时无偿修理或更换，直至符合规范要求。保修期内产品出现不符合功能要求和技术指标要求，卖方应在 4h 内响应，并在 24h 内负责修理或更换。保修期外产品出现异常、设备缺陷、元件损坏或不正确动作，现场无法处理时，卖方接到买方通知后，也应在 4h 内响应，并立即派出工程技术人员在 24h 内到达现场处理。

7.7.2 对反事故措施以及软件版本的升级等，应提供技术服务。

7.8 备品备件、专用工具、试验仪器

7.8.1 对每套保护，卖方应提供必要的备品备件。

7.8.2 卖方应提供安装、运行、检修所需的专用工具，包括专用调试、测试设备。

ICS 29.240

Q/GDW

国家电网公司企业标准

Q/GDW 13205.2—2014

智能变电站66kV电抗器保护采购标准
第2部分：专用技术规范

Purchasing standard for 66kV reaction protection in smart substation
Part 2: Special technical specification

2014-09-30发布   2014-09-30实施

国家电网公司   发布

目　　次

前　言

《智能变电站66kV电抗器保护采购标准》分为2个部分：

——第1部分：通用技术规范；

——第2部分：专用技术规范。

本部分为《智能变电站66kV电抗器保护采购标准》的第2部分。

本部分由国家电网公司物资部提出并解释。

本部分由国家电网公司科技部归口。

本部分起草单位：南瑞集团有限公司（国网电力科学研究院）。

本部分主要起草人：姚成、曹团结、沈健、周劲亮、陆奕、蒋雷海、赵景涛、刘小宝、鲁文、石卫军。

本部分首次发布。

本部分在执行过程中的意见或建议反馈至国家电网公司科技部。

智能变电站 66kV 电抗器保护采购标准
第 2 部分：专用技术规范

1 范围

本部分规定了智能变电站 66kV 电抗器保护招标的标准技术参数、项目需求及投标人响应的相关内容。

本部分适用于智能变电站 66kV 电抗器保护招标。

2 规范性引用文件

下列文件对于本文件的应用是必不可少的。凡是注日期的引用文件，仅注日期的版本适用于本文件。凡是不注日期的引用文件，其最新版本（包括所有的修改单）适用于本文件。

Q/GDW 13205.1　智能变电站 66kV 电抗器保护采购标准　第 1 部分：通用技术规范

3 术语和定义

下列术语和定义适用于本文件。

3.1

招标人　bidder

提出招标项目，进行招标的法人或其他组织。

3.2

投标人　tenderer

响应招标、参加投标竞争的法人或者其他组织。

3.3

卖方　seller

提供本部分货物和技术服务的法人或其他组织，包括其法定的承继者。

3.4

买方　buyer

购买本部分货物和技术服务的法人或其他组织，包括其法定的承继者和经许可的受让人。

4 标准技术参数

技术参数特性表是国家电网公司对采购设备的基础技术参数要求，在招投标过程中，投标人应依据招标文件，对技术参数特性表中标准参数值进行响应。智能变电站 66kV 电抗器保护、打印机、保护柜技术参数特性见表 1～表 3。物资必须满足 Q/GDW 13205.1 的要求。

表 1　智能变电站 66kV 电抗器保护技术参数特性表

序号	参 数 名 称	单位	标准参数值
1	电流定值误差		不超过±5%
2	光纤接口接收灵敏度	dBm	≤－20（串行光接口）； ≤－30（以太网光接口）

表1（续）

序号	参 数 名 称	单位	标准参数值
3	光纤接口发送功率	dBm	≥－10（串行光接口）； ≥－20（以太网光接口）
4	装置工作电源		（招标人填写）
5	SV（采样值）点对点接口类型 （IEC 60044－8 接口；IEC 61850－9－2 接口； 常规模拟量输入）		（招标人填写）
6	SV（采样值）点对点接口数量		（招标人填写）
7	过程层 GOOSE 组网接口数量		（招标人填写）
8	过程层 GOOSE 点对点接口数量		（招标人填写）
9	站控层 MMS 接口数量与类型		（招标人填写）
10	对时方式		（招标人填写）
11	普通柜可选技术参数		（招标人填写）
12	智能柜技术参数要求		（招标人填写）
13	其他 1		（招标人填写）
14	其他 2		（招标人填写）

表 2 打印机技术参数特性表

序号	参 数 名 称	单位	标准参数值
1	工作电源	V	220AC
2	接口型式		与保护装置配套

表 3 保护柜（非智能控制柜）技术参数特性表

序号	参 数 名 称	单位	标准参数值
1	尺寸	mm	高度：2260； 宽度：800； 深度：600
2	颜色		GSB05－1426－2001，77 号， GY09 冰灰橘纹

5 组件材料配置表

组件材料配置表包括元件名称、规格形式参数、单位、数量和产地等信息，具体内容和格式根据招标项目情况编制。

6 使用环境条件表

典型智能变电站 66kV 电抗器保护使用环境条件见表4。特殊环境要求根据项目情况编制。

表 4　使用环境条件表

项目单位：				项目名称：
序号	名　称　项　目		单位	标准参数值
1	电源的频率		Hz	50
2	温度	最高气温	℃	+45
		最低气温	℃	−5
		最大日温差	K	+25
3	湿度	日相对湿度平均值	%	≤95
		月相对湿度平均值	%	≤90
4	海拔		m	≤2000
5	耐受地震能力	水平加速度	m/s^2	0.3g
		垂直加速度	m/s^2	0.15g
6	保护装置是否组屏		组屏/单装置	（项目单位提供）
7	安装方式		集中/分散	（项目单位提供）
注：标准参数值为正常使用条件，超出此值时为特殊使用条件，可根据工程实际使用条件进行修改。				

ICS 29.240.01
K 45

Q/GDW

国家电网有限公司企业标准

Q／GDW 13206.1 — 2018
代替 Q／GDW 13206.1 — 2014

智能变电站 220kV～750kV 高压并联电抗器保护采购标准
第 1 部分：通用技术规范

Purchasing standard for 220kV～750kV high voltage shunt reaction protection in smart substation

Part 1: General technical specification

2019-06-28发布　　　　　　　　　　　　　　2019-06-28实施

国家电网有限公司　　发　布

目　次

前　言

为规范智能变电站 220kV～750kV 高压并联电抗器保护的采购要求，制定本部分。

《智能变电站 220kV～750kV 高压并联电抗器保护采购标准》分为 2 个部分：

——第 1 部分：通用技术规范；

——第 2 部分：专用技术规范。

本部分为《智能变电站 220kV～750kV 高压并联电抗器保护采购标准》的第 1 部分。

本部分代替 Q/GDW 13206.1—2014，与 Q/GDW 13206.1—2014 相比，主要技术性差异如下：

——增加或替换自 2014 年以来新发布的国家、行业和国网企业标准与本采购规范相关的标准。

——提升设备工作温度、环境温度和大气压力要求。

——依据最新规范 Q/GDW 1175 删除了主电抗器零序差动保护，及相关的功能要求。

——增加"保护设备识别代码及出厂信息表"的要求。

——运维检修等部门的意见 增加了保护柜内电压回路和多路直流电源引入的要求。

——删除了保护装置就地化安装的要求。

本部分由国家电网有限公司物资部提出并解释。

本部分由国家电网有限公司科技部归口。

本部分起草单位：国网江苏省电力有限公司、南瑞集团有限公司（国网电力科学研究院有限公司）。

本部分主要起草人：谭凌、李志坚、郝后堂、陈石通、吴崇昊、岳嵩、黄浩声、宋爽、王健。

本部分 2014 年 9 月首次发布，2018 年 12 月第一次修订。

本部分在执行过程中的意见或建议反馈至国家电网有限公司科技部。

智能变电站220kV～750kV高压并联电抗器保护采购标准
第1部分：通用技术规范

1 范围

本部分规定了智能变电站220kV～750kV高压并联电抗器保护招标的总则、技术参数和性能要求、试验、包装、运输、交货及工厂检验和监造的一般要求。

本部分适用于智能变电站220kV～750kV高压并联电抗器保护招标。

2 规范性引用文件

下列文件对于本文件的应用是必不可少的。凡是注日期的引用文件，仅注日期的版本适用于本文件。凡是不注日期的引用文件，其最新版本（包括所有的修改单）适用于本文件。

GB/T 191 包装储运图示标志

GB/T 2423（所有部分） 电工电子产品环境试验

GB/T 7261 继电保护和安全自动装置基本试验方法

GB/T 11287 电气继电器 第21部分：量度继电器和保护装置的振动、冲击、碰撞和地震试验 第1篇：振动试验（正弦）

GB/T 14285 继电保护和安全自动装置技术规程

GB/T 14537 量度继电器和保护装置的冲击与碰撞试验

GB/T 14598.3 电气继电器 第5部分：量度继电器和保护装置的绝缘配合要求和试验

GB/T 14598.9 量度继电器和保护装置 第22-3部分：电气骚扰试验 辐射电磁场抗扰度

GB/T 14598.10 量度继电器和保护装置 第22-4部分：电气骚扰试验 电快速瞬变/脉冲群抗扰度试验

GB/T 14598.13 电气继电器 第22-1部分：量度继电器和保护装置的电气骚扰试验 1MHz脉冲群抗扰度试验

GB/T 14598.14 量度继电器和保护装置 第22-2部分：电气骚扰试验 静电放电试验

GB/T 14598.17 电气继电器 第22-6部分：量度继电器和保护装置的电气骚扰试验—射频场感应的传导骚扰的抗扰度

GB/T 14598.18 量度继电器和保护装置 第22-5部分：电气骚扰试验 浪涌抗扰度试验

GB/T 14598.19 电气继电器 第22-7部分：量度继电器和保护装置的电气骚扰试验—工频抗扰度试验

GB/T 18663.3 电子设备机械结构 公制系列和英制系列的试验 第3部分：机柜、机架和插箱的电磁屏蔽性能试验

GB/T 20840.8 互感器 第8部分：电子式电流互感器

GB/T 22386 电力系统暂态数据交换通用格式

GB/T 25931 网络测量和控制系统的精确时钟同步协议

GB/T 26864 电力系统继电保护产品动模试验

DL/T 478 继电保护及安全自动装置通用技术条件

DL/T 559 220kV～750kV电网继电保护装置运行整定规程

DL/T 587　微机继电保护装置运行管理规程

DL/Z 713　500kV 变电所保护和控制设备抗扰度要求

DL/T 720　电力系统继电保护柜、屏通用技术条件

DL/T 769　电力系统微机继电保护技术导则

DL/T 860（所有部分）　变电站通信网络和系统

DL/T 860.81　变电站通信网络和系统　第 8－1 部分：特定通信服务映射（SCSM）对 MMS（ISO 9506－1 和 ISO 9506－2）及 ISO/IEC 8802

DL/T 860.92　变电站通信网络和系统　第 9－2 部分：特定通信服务映射（SCSM）映射到 ISO/IEC 8802－3 的采样值

DL/T 886　750kV 电力系统继电保护技术导则

DL/T 995　继电保护和电网安全自动装置检验规程

DL/T 5136　火力发电厂、变电站二次接线设计技术规程

DL/T 5218　220kV～500kV 变电站设计技术规程

Q/GDW 1175　变压器、高压并联电抗器和母线保护及辅助装置标准化设计规范

Q/GDW 383　智能变电站技术导则

Q/GDW 414　变电站智能化改造技术规范

Q/GDW 428　智能变电站智能终端技术规范

Q/GDW 441　智能变电站继电保护技术规范

Q/GDW 1396　IEC 61850 工程继电保护应用模型

Q/GDW 1430　智能变电站智能控制柜技术规范

Q/ GDW 1808　智能变电站继电保护通用技术条件

Q/GDW 10393　110（66）kV～220kV 智能变电站设计规范

Q/GDW 10394　330kV～750kV 智能变电站设计规范

Q/GDW 11010　继电保护信息规范

Q/GDW 13001—2014　高海拔外绝缘配置技术规范

3　术语和定义

下列术语和定义适用于本文件。

3.1

招标人　bidder

提出招标项目，进行招标的法人或其他组织。

3.2

投标人　tenderer

响应招标、参加投标竞争的法人或者其他组织。

3.3

卖方　seller

提供本部分货物和技术服务的法人或其他组织，包括其法定的承继者。

3.4

买方　buyer

购买本部分货物和技术服务的法人或其他组织，包括其法定的承继者和经许可的受让人。

4　总则

4.1　一般性要求

4.1.1　卖方提供的智能变电站继电保护及相关设备应符合 Q/GDW 441 的要求。

智能变电站继电保护与站控层信息交互采用 DL/T 860 标准，跳合闸命令和联闭锁信息可通过直接电缆连接或 GOOSE 机制传输。供方提供的继电保护及相关设备所采用的技术应遵循 Q/GDW 441 及本部分中与之对应的部分。

4.1.2　卖方提供的变电站继电保护及相关设备应符合 Q/GDW 1175 的要求。

变电站继电保护装置的动作信息、告警信息、状态变位信息、中间节点信息、日志记录、人机界面信息等信息输出符合 Q/GDW 11010 的要求。

4.1.3　本部分提出的是最低限度的要求，并未对一切技术细节作出规定，也未充分引述有关标准的条文，投标人应提供符合本部分和工业标准的优质产品。

4.1.4　如果投标人没有以书面形式对本部分的条文提出异议，则表示投标人提供的设备完全符合本部分的要求；如有异议，应在报价书中以"对规范书的意见和同规范书的差异"为标题的专门章节中加以详细描述。

4.1.5　本部分所使用的标准如遇与投标人所执行的标准不一致按较高的标准执行。

4.1.6　本部分经招、投标双方确认后作为订货合同的技术附件，与合同正文具有同等效力。

4.2　供方职责

卖方的工作范围应包括但不仅限于下列内容：

a)　提供标书内所有设备及设计说明书及制造方面的说明；

b)　提供国家或电力行业级检验检测机构出具的动模试验报告、型式试验报告和 IEC 61850 的一致性测试报告，以便确认供货设备能否满足所有的性能要求；

c)　提供与投标设备版本相符的安装及使用说明书；

d)　提供试验和检验的标准，包括试验报告和试验数据；

e)　提供图纸，制造和质量保证过程的一览表以及标书规定的其他资料；

f)　提供设备管理和运行所需有关资料；

g)　所提供设备应发运到规定的目的地；

h)　在更换所用的准则、标准、规程或修改设备技术数据时，供方应接受需方的选择；

i)　现场服务。

4.3　应满足的标准

装置至少应满足 GB/T 191、GB/T 2423（所有部分）、GB/T 7261、GB/T 11287、GB/T 14285、GB/T 14537、GB/T 14598.3、GB/T 14598.9、GB/T 14598.10、GB/T 14598.13、GB/T 14598.14、GB/T 14598.17、GB/T 14598.18、GB/T 14598.19、GB/T 18663.3、GB/T 26864、GB/T 22386、GB/T 25931、GB/T 20840.8、DL/T 478、DL/T 559、DL/T 587、DL/Z 713、DL/T 720、DL/T 769、DL/T 860（所有部分）、DL/T 860.81、DL/T 860.92、DL/T 886、DL/T 995、DL/T 5136、DL/T 5218、Q/GDW 1175、Q/GDW 383、Q/GDW 10393、Q/GDW 10394、Q/GDW 1396、Q/GDW 414、Q/GDW 428、Q/GDW 1430、Q/GDW 441、Q/GDW 11010、Q/ GDW 1808、Q/GDW 13001—2014 中所列标准的最新版本要求，但不限于上述所列标准。

4.4　应满足的文件

该类设备技术标准应满足国家法律法规及国家电网有限公司标准化成果中相关条款要求。下列文件中相应的条款规定均适用于本文件，其最新版本（包括所有的修改单）适用于本文件。包括：

a)　《电力监控系统安全防护规定》；

b)　《国家电网有限公司十八项电网重大反事故措施（2018 年修订版）》；

c) 《国家电网有限公司输变电工程通用设计》；

d) 《国家电网公司关于加快推进电力监控系统网络安全管理平台建设的通知》；

e) 《国家电网继电保护柜、屏制造规范》。

5 技术参数和性能要求

5.1 使用环境条件

5.1.1 设备储存温度：−25℃～+70℃。

5.1.2 设备工作温度：−10℃～+55℃。

5.1.3 大气压力：80kPa～106kPa。

5.1.4 相对湿度：5%～95%。

5.1.5 抗地震能力：地面水平加速度 0.3g，垂直加速度 0.15g，同时作用。

5.2 保护装置额定参数

5.2.1 额定直流电源：220V/110V。

5.2.2 模拟量输入额定交流电流：5A/1A；额定交流电压：100V/$\sqrt{3}$（相电压）。

5.2.3 数字量输入额定电流：01CFH 或 00E7H；额定电压：2D41H。

5.2.4 额定频率：50Hz。

5.2.5 打印机工作电源：交流 220V，50Hz。

5.3 装置功率消耗

5.3.1 装置交流消耗：交流电流回路功率消耗每相不大于 0.5VA，交流电压回路功率消耗（额定电压下）每相不大于 0.5VA，卖方投标时应提供确切数值。

5.3.2 装置直流消耗：当正常工作时，不大于 50W；当保护动作时，不大于 80W。卖方投标时应提供确切数值。

5.4 高压并联电抗器保护总的技术要求

5.4.1 本节规定了跳合闸命令和联闭锁信息通过 GOOSE 机制传输和（或）电压电流量通过电子式互感器及 MU 采集的保护设备的技术要求。

通过传统互感器、电缆直接采样的装置，装置交流采样及交流二次回路的技术要求，应符合已有的相应规范和标准以及《国家电网有限公司物资采购标准 继电保护及自动装置卷》相关部分要求。

通过电缆直接跳闸装置，装置跳合闸及二次回路的技术要求，应符合已有的相应规范和标准以及《国家电网有限公司物资采购标准 继电保护及自动装置卷》相关部分要求。

5.4.2 环境温度在−10℃～+55℃时，装置应能正常工作并且满足本部分所规定的精度。

5.4.3 220kV 及以上电压等级高压并联电抗器保护系统应遵循双重化配置原则，每套保护系统装置功能独立完备、安全可靠。

    a) 每套完整、独立的保护装置应能处理可能发生的所有类型的故障。两套保护之间不应有任何电气联系，当一套保护异常或退出时不应影响另一套保护的运行。

    b) 两套保护的电压（电流）采样值应分别取自相互独立的 MU。

    c) 双重化配置保护使用的 GOOSE 网络应遵循相互独立的原则，当一个网络异常或退出时不应影响另一个网络的运行。

    d) 两套保护的跳闸回路应与两个智能终端分别一一对应；两个智能终端应与断路器的两个跳闸线圈分别一一对应。

    e) 双重化的两套保护及其相关设备（电子式互感器、MU、智能终端、网络设备、跳闸线圈等）的直流电源应一一对应。

    f) 双重化配置的保护应使用主、后一体化的保护装置。

5.4.4 除出口继电器外，装置内的任一元件损坏时，装置不应误动作跳闸。

5.4.5 保护装置不应依赖于外部对时系统实现其保护功能。

5.4.6 330kV 及以上电压等级的过程层 GOOSE 网络、站控层 MMS 网络应完全独立，220kV 电压等级过程层 SV 与 GOOSE 共网，过程层网络与站控层 MMS 网络应完全独立。

5.4.7 保护装置、智能终端等智能电子设备间的相互启动、相互闭锁、位置状态等交换信息通过 GOOSE 网络传输，双重化配置的保护之间不直接交换信息。

5.4.8 双母线电压切换功能由合并单元实现。

5.4.9 高压并联电抗器电量保护按双重化配置，每套保护包含完整的主、后备保护功能；高压并联电抗器非电量保护采用就地直接电缆跳闸，并通过相应断路器的两套智能终端发送 GOOSE 报文，实现远跳。

5.4.10 高压并联电抗器配置独立的电流互感器，主电抗器首端、末端电流互感器共用一个 MU。

5.4.11 保护装置采样同步应由保护装置实现，装置 SV 采样值接口支持 GB/T 20840.8 或 DL/T 860 协议，在工程应用时应能灵活配置。

5.4.12 保护装置应自动补偿电子式互感器的采样响应延迟，当响应延时发生变化时应闭锁采自不同 MU 且有采样同步要求的保护。保护装置的采样输入接口数据的采样频率宜为 4000Hz。

5.4.13 保护装置的交流量信息应具备自描述功能。

5.4.14 保护装置应处理 MU 上送的数据品质位（无效、检修等），及时准确提供告警信息。在异常状态下，利用 MU 的信息合理地进行保护功能的退出和保留，瞬时闭锁可能误动的保护，延时告警，并在数据恢复正常之后尽快恢复被闭锁的保护功能，不闭锁与该异常采样数据无关的保护功能。接入两个及以上 MU 的保护装置应按 MU 设置"MU 投入"软压板。

5.4.15 当采用电子式互感器时，保护装置应针对电子式互感器特点优化相关保护算法、提高保护性能。

5.4.16 保护装置应采取措施，防止输入的双 A/D 数据之一异常时误动作。

5.4.17 除检修压板可采用硬压板外，保护装置应采用软压板，满足远方操作的要求。检修压板投入时，上送带品质位信息，保护装置应有明显显示（面板指示灯和界面显示）。参数、配置文件仅在检修压板投入时才可下装，下装时应闭锁保护。

5.4.18 保护装置应同时支持 GOOSE 点对点和网络方式传输，传输协议遵循 DL/T 860。

5.4.19 保护装置采样值接口和 GOOSE 接口数量应满足工程的需要。

5.4.20 保护装置应具备 MMS 接口与站控层设备通信。保护装置向站控层提供的信息符合 Q/GDW 1396。

5.4.21 保护装置的交流电流、交流电压及保护设备参数的显示、打印、整定应能支持一次值，上送信息应采用一次值。

5.4.22 保护装置内部 MMS 接口、GOOSE 接口、SV 接口应采用相互独立的数据接口控制器接入网络。

5.4.23 保护装置应具备通信中断、异常等状态的检测和告警功能。装置应提供装置故障（含失电）硬接点输出。

5.4.24 保护装置宜通过 IRIG-B（DC）码对时，也可采用 GB/T 25931 标准进行网络对时，对时精度应满足要求。

5.4.25 对保护装置 ICD 文件与 CID 文件的要求如下：

　　a）ICD、CID 文件符合统一的模型要求，适用于通用的配置工具和静态检测、分析软件；

　　b）ICD 文件应完整描述 IED 提供的数据模型及服务，采用模块化设计，包含版本信息；

　　c）CID 文件应完整描述本 IED 的实例化信息，应包含版本信息。

5.4.26 保护装置信息交互要求如下：

　　a）智能变电站继电保护应满足运行维护、监视控制及无人值班、智能电网调度等信息交互的要求。

　　b）继电保护设备应支持在线和离线获取模型，离线获取和在线召唤的模型应保持一致。定值模型应包含描述、定值单位、定值上限、定值下限等信息。

　　c）继电保护设备应将检修压板状态上送站控层；当继电保护设备检修压板投入时，上送报文中信号的品质 q 的"Test 位"应置位。

d) 继电保护设备应支持取代服务，取代数据的上送报文中，信号的品质 q 的"取代位"应置位。

e) 继电保护设备应能够支持不小于 16 个客户端的 TCP/IP 访问连接；应能够支持 10 个报告实例。

5.4.27 保护装置交互信息内容如下：

a) 继电保护设备应支持上送采样值、开关量、压板状态、设备参数、定值区号及定值、自检信息、异常告警信息、保护动作事件及参数（故障相别、跳闸相别和测距）、录波报告信息、装置硬件信息、装置软件版本信息、装置日志信息等数据；

b) 继电保护设备主动上送的信息应包括开关量变位信息、异常告警信息和保护动作事件信息等；

c) 继电保护设备应支持远方投退压板、修改定值、切换定值区、设备复归功能，并具备权限管理功能；

d) 继电保护设备的自检信息应包括硬件损坏、功能异常、与过程层设备通信状况等；

e) 继电保护设备应支持远方召唤至少最近八次录波报告的功能。

5.4.28 雷击过电压、一次回路操作、系统故障及其他强干扰作用下，不应误动和拒动。保护装置静电放电试验、快速瞬变干扰试验、高频干扰试验、脉冲群干扰试验、辐射电磁场干扰试验、冲击电压试验和绝缘试验应符合本部分的相关标准。装置调试端口应带有光电隔离。

5.4.29 保护柜中的插件应接触可靠，并且有良好的互换性，以便检修时能迅速更换。

5.4.30 保护装置应具有直流电源快速小开关，与保护装置安装在同一柜上。保护装置的逻辑回路应由独立的直流/直流变换器供电。直流电压消失时，装置不应误动。直流电源电压在 80%～115%额定值范围内变化时，保护装置应正确工作。在直流电源恢复（包括缓慢地恢复）到 80%U_N 时，直流逆变电源应能自动启动。直流电源纹波系数≤5%时，保护装置应正确工作。拉合直流电源以及插拔熔丝发生重复击穿火花时，保护装置不应误动作。直流电源回路出现各种异常情况（如短路、断线、接地等）时保护装置不应误动作。

5.4.31 所提供保护设备的软件版本及校验码应与买方进行确认，并提供配套的使用说明书和相关的定值清单。

5.5 高压并联电抗器保护装置具体要求

5.5.1 高压并联电抗器保护配置。配置双重化的主、后备保护一体电抗器电气量微机型保护和一套非电量微机型保护。各种保护的要求如下：

5.5.1.1 主保护包括：

a) 主电抗器差动保护；

b) 主电抗器匝间保护。

5.5.1.2 主电抗器后备保护包括：

a) 主电抗器过电流保护；

b) 主电抗器零序过电流保护；

c) 主电抗器过负荷保护。

5.5.1.3 小电抗器后备保护包括：

a) 小电抗器过电流保护；

b) 小电抗器过负荷保护。

小电抗器过电流、过负荷保护，优先采用主电抗器末端三相电流。

对于母线电抗器，无小电抗器后备保护。

5.5.1.4 非电量保护包括：电抗器本体内部的瓦斯、温度以及冷却系统故障等，均应设有信号和保护装置。本体保护跳闸不启动断路器失灵保护。

其主要功能和技术要求如下：

a) 非电量保护动作信息通过本体智能终端上送过程层 GOOSE 网；

b） 重瓦斯保护作用于跳闸，其余非电量保护宜作用于信号；

c） 作用于跳闸的非电量保护，启动功率应大于 5W，动作电压在额定直流电源电压的 55%～70% 范围内，额定直流电源电压下动作时间为 10ms～35ms，应具有抗 220V 工频干扰电压的能力；

d） 主电抗器 A、B、C 相非电量分相输入，作用于跳闸的非电量保护三相共用一个功能压板，中性点小电抗器非电量保护具有独立的输入、输出和信号回路。

5.5.2　电量保护装置 MMS、SV、GOOSE 接口要求：装置应具备站控层 MMS 接口至少 2 个；对采用 MU 数字量输入装置，应具备 SV（采样值）点对点接口 2 个；对采用过程层 GOOSE 的装置，应具备 GOOSE 组网接口 1 个、点对点接口 2 个。装置具体接口数量，买方在设计联络阶段确认。

5.6　柜结构的技术要求

5.6.1　对智能控制柜，技术要求详见 Q/GDW 430，并遵循以下要求。

5.6.1.1　控制柜应装有 100mm² 截面的铜接地母线，并与柜体绝缘，接地母线末端应装好可靠的压接式端子，以备接到电站的接地网上。柜体应采用双层结构，循环通风。

5.6.1.2　控制柜内设备的安排及端子排的布置，应保证各套保护的独立性，在一套保护检修时不影响其他任何一套保护系统的正常运行。

5.6.1.3　控制柜应具备温度、湿度的采集、调节功能，柜内温度控制在－10℃～＋50℃，湿度保持在 90% 以下，并可上送温度、湿度信息。

5.6.1.4　控制柜应能满足 GB/T 18663.3 要求。

5.6.2　对非智能普通屏柜，屏体要求详见《国家电网继电保护柜、屏制造规范》，并遵循已发布的《国家电网有限公司物资采购标准　继电保护及自动装置卷》相关部分规定。

5.6.2.1　微机保护和控制装置的屏柜下部应设有截面积不小于 100mm² 的铜排（不要求与保护屏绝缘）。

5.6.2.2　保护柜内电压回路每相及 N 相端子均应采用多个连接端子（不少于 3 个）。

5.6.2.3　同一保护柜内若有多路直流电源引入，应接入不同安装单元端子排。

5.6.3　屏柜内部配线、端子排、接地铜排、屏柜上安装辅助设备等应符合相关规程、标准与反措的规定。

6　试验

6.1　工厂试验

卖方提供的设备试验标准应符合国家、行业及 IEC 的有关标准，并提供每一种型式产品的动模试验报告、型式试验报告和 DL/T 860 一致性测试报告。

卖方提供的每一套设备出厂之前都应按国家和行业标准以及工厂规定的调试大纲进行出厂检查、性能试验，试验报告应随产品提供。当需做动态模拟试验或数字仿真试验时，模拟系统的接线和参数由卖方与买方在试验前协商确定，按实际系统参数进行试验。

6.2　系统联调试验

卖方应按买方需求配合完成买方组织的保护装置功能验证与系统联调试验。

6.3　现场试验

现场实际设备接入后，应按照 DL/T 995 的要求，在一次设备不带电和带电试运行时做现场试验，卖方应配合完成保护装置的现场调试及投运试验。现场投运前和试运行中发现的设备缺陷和元件损坏，卖方应及时无偿修理或更换，直至符合本部分要求。

6.4　继电保护专业检测

卖方依据国家电网有限公司继电保护专业检测标准参加继电保护专业检测，并提供每一种型式产品的专业检测报告。

7 技术服务、设计联络、工厂检验和监造

7.1 技术文件

7.1.1 卖方提供的技术文件应提供买方所要求的性能信息，并对其可靠性和一致性负责，卖方所提供的技术文件（包括资料和数据）将成为合同一部分。

7.1.2 卖方应随投标书一起提供一般性技术文件，并且应是与投标产品一致的最新版本，投标时应提供的技术文件如下：

a) 产品的技术说明书；

b) 产品的型式试验报告、动模报告和一致性测试报告等；

c) 产品的用户运行证明；

d) 产品的软件版本等。

7.1.3 卖方应在签约后3周内向买方提供设计用的技术文件如下：

a) 产品的技术说明书；

b) 产品及保护屏原理框图及说明，模件或继电器的原理接线图及其工作原理说明；

c) 装置的ICD（IED装置能力描述）文件、保护装置虚端子连接图；

d) 组屏的正面布置图、屏内设备布置图、端子排图及图例说明；

e) 保护屏所用的辅助继电器和选择开关采用的标准；

f) 保护屏的安装尺寸图，包括屏的尺寸和重量、基础螺栓的位置和尺寸等。

7.1.4 签约后双方遵循的原则如下：

a) 在收到买方最终认可图纸前，卖方所购买的材料或制造所发生的费用及其风险全由卖方单独承担；

b) 生产的成品应符合合同的技术规范。买方对图纸的确认并不能解除卖方对其图纸的完善性和准确性应承担的责任；

c) 设计方在收到图纸后3周内返回主要确认意见，并根据需要召开设计联络会。卖方在提供确认图纸时必须提供为审核该图纸所需的资料。买方有权要求卖方对其图纸中的任一装置任一部件作必要修改，在设计图纸完成之前应保留设计方对卖方图纸的其他确认权限，而买方不需承担额外费用。

7.1.5 在收到确认意见后，卖方应在规定时间内向买方提供的技术文件如下：

a) 7.1.3所列的修改后的正式技术文件；

b) 保护装置的内部接线及图例说明，保护屏内部接线图及其说明（包括屏内布置及内部端子排图）；

c) 保护装置的软件版本号和校验码；

d) 产品的使用说明书，包括保护装置的现场调试大纲、整定值表和整定计算说明及计算算例等；

e) 通信规约和解释文本及装置调试软件和后台分析软件，以便与计算机监控系统和继电保护故障信息系统联调。

7.1.6 设备供货时提供的技术文件和资料如下：

a) 设备的开箱资料清单；

b) 产品的技术说明书、使用说明书和组屏图纸；

c) 出厂调试试验报告；

d) 产品质量检验合格证书；

e) 合同规定的出厂验收试验报告和动模报告和一致性测试报告；

f) 保护设备识别代码及出厂信息表等。

7.1.7 技术文件格式和分送要求如下：

a） 全部图纸应为 A4 幅面，并有完整图标，采用国标单位制；

b） 提供的技术文件除纸质文件外，还应包括一份电子文档，并提供可供修改的最终图纸电子文件（图形文件能够被 PC 机 AutoCAD for Windows 2000 版支持）；

c） 技术文件（图纸和资料）分送单位、套数和地址根据项目单位要求提供。

7.2 设计联络会议

7.2.1 若有必要，买方在收到卖方签字的第一批文件后的 3 周内将举行设计联络会议。设计联络会议内容如下：

a） 卖方应对修改后的供确认的资料和图纸进行详细的解释，并应解答买方对这些资料和图纸所提的问题，经过共同讨论，买方给予确认，以便卖方绘制正式图纸提供给买方；

b） 卖方应介绍合同产品已有的运行经验；

c） 卖方应提供验收大纲，工程参数表；

d） 买方或设计方应确认保护装置的 SV 采样值接口、GOOSE 接口及 MMS 接口的类型与数量；

e） 设计联络会应确定通信信息的具体内容。

7.2.2 会议应签订会议纪要，并作为合同的组成部分。

7.3 工厂验收和现场验收

要求满足国家电网有限公司企业标准中关于工厂验收（现场）的规范。

7.4 质量保证

7.4.1 卖方应保证制造过程中的所有工艺、材料、试验等（包括卖方的外购件在内）均应符合本部分的规定。若买方根据运行经验指定卖方提供某种外购零部件，卖方应积极配合。卖方对所购配套部件设备质量负责，采购前向买方提供主要国产元器件报价表，采购中应进行严格的质量检验，交货时应向买方提供其产品质量合格证书及有关安装使用等技术文件资料。

7.4.2 对于采用属于引进技术的设备、元器件，卖方在采购前应向买方提供主要进口元器件报价表。引进的设备、元器件应符合引进国的技术标准或 IEC 标准，当标准与本部分有矛盾时，卖方应将处理意见书面通知买方，由买卖双方协商解决。假若卖方有更优越或更为经济的设计和材料，足以使卖方的产品更为安全、可靠、灵活、适应时，卖方可提出并经买方的认可，然而应遵循现行的国家工业标准，并且有成熟的设计和工艺要求以及工程实践经验。

7.4.3 双方签订合同后，卖方应按工程设计及施工进度分批提交技术文件和图纸，必要时，买卖双方应进行技术联络，以讨论合同范围内的有关技术问题。

7.4.4 卖方保证所提供的设备应为由最适宜的原材料并采用先进工艺制成且未经使用过的全新产品；保证产品的质量、规格和性能与投标文件所述一致。

7.4.5 卖方提供的保护设备运行使用寿命不应小于 15 年。

7.4.6 卖方保证所提供的设备在各个方面符合招标文件规定的质量、规格和性能。在合同规定的质量保证期内（保护设备到货后 24 个月或 SAT 后 18 个月），卖方对由于产品设计、制造和材料、外购零部件的缺陷而造成所供设备的任何破坏、缺陷故障，当卖方收到买方的书面通知后，卖方在 2 天内免费负责修理或更换有缺陷的设备（包括运输费、税收等），以达到本部分的要求。质保期以合同商务部分为准。

质保期后发生质量问题，卖方应提供免费维修服务，包括硬件更换和软件版本升级。

7.5 项目管理

合同签订后，卖方应指定负责本工程的项目经理，负责卖方在工程全过程的各项工作，如工程进度、设计制造、图纸文件、包装运输、现场安装、调试验收等。

7.6 现场服务

现场服务内容如下：

a） 在设备安装调试过程中视买方工作情况卖方及时派出工程技术服务人员，以提供现场服务。卖方派出人员在现场负责技术指导，并协助买方安装、调试。同时，买方为卖方的现场派出人员提供工作和生活的便利条件；

b） 当变电站内保护设备分批投运时，卖方应按合同规定及时派工程技术人员到达现场服务；

c） 根据买方的安排，卖方安排适当时间对设备的正确安装和试验给予技术培训。

7.7 售后服务

7.7.1 现场投运前和试运行中发现的设备缺陷和元件损坏，卖方应及时无偿修理或更换，直至符合规范要求。保修期内产品出现不符合功能要求和技术指标要求，卖方应在 4h 内响应，并在 24h 内负责修理或更换。保修期外产品出现异常、设备缺陷、元件损坏或不正确动作，现场无法处理时，卖方接到买方通知后，应在 4h 内响应，并立即派出工程技术人员在 24h 内到达现场处理。

7.7.2 对反事故措施以及软件版本的升级等，应提供技术服务。

7.8 备品备件、专用工具、试验仪器

7.8.1 对每套保护，卖方应提供必要的备品备件。

7.8.2 卖方应提供安装、运行、检修所需的专用工具，包括专用调试、测试设备。

———————

ICS 29.240.01
K 45

Q/GDW

国家电网有限公司企业标准

Q/GDW 13206.2－2018
代替 Q/GDW 13206.2－2014

智能变电站220kV～750kV高压并联电抗器保护采购标准

第2部分：专用技术规范

Purchasing standard for 220kV～750kV high voltage shunt reaction protection
in smart substation
Part 2: Special technical specification

2019-06-28发布   2019-06-28实施

国家电网有限公司   发 布

目　次

前　言

为规范智能变电站 220kV～750kV 高压并联电抗器保护的采购要求，制定本部分。

《智能变电站 220kV～750kV 高压并联电抗器保护采购标准》分为 2 个部分：

——第 1 部分：通用技术规范；

——第 2 部分：专用技术规范。

本部分为《智能变电站 220kV～750kV 高压并联电抗器保护采购标准》的第 2 部分。

本部分代替 Q/GDW 13206.2—2014，与 Q/GDW 13206.2—2014 相比，主要技术性差异如下：

——删除了"主电抗器零序差动保护"内容。

本部分由国家电网有限公司物资部提出并解释。

本部分由国家电网有限公司科技部归口。

本部分起草单位：国网江苏省电力有限公司、南瑞集团有限公司（国网电力科学研究院有限公司）。

本部分主要起草人：谭凌、李志坚、郝后堂、岳嵩、黄浩声、宋爽。

本部分 2014 年 9 月首次发布，2018 年 12 月第一次修订。

本部分在执行过程中的意见或建议反馈至国家电网有限公司科技部。

智能变电站 220kV～750kV 高压并联电抗器保护采购标准
第 2 部分：专用技术规范

1 范围

本部分规定了智能变电站 220kV～750kV 高压并联电抗器保护招标的标准技术参数、项目需求及投标人响应的相关内容。

本部分适用于智能变电站 220kV～750kV 高压并联电抗器保护招标。

2 规范性引用文件

下列文件对于本文件的应用是必不可少的。凡是注日期的引用文件，仅注日期的版本适用于本文件。凡是不注日期的引用文件，其最新版本（包括所有的修改单）适用于本文件。

Q/GDW 13206.1　智能变电站 220kV～750kV 高压并联电抗器保护采购标准　第 1 部分：通用技术规范

3 术语和定义

下列术语和定义适用于本文件。

3.1

招标人　bidder

提出招标项目，进行招标的法人或其他组织。

3.2

投标人　tenderer

响应招标、参加投标竞争的法人或者其他组织。

3.3

卖方　seller

提供本部分货物和技术服务的法人或其他组织，包括其法定的承继者。

3.4

买方　buyer

购买本部分货物和技术服务的法人或其他组织，包括其法定的承继者和经许可的受让人。

4 标准技术参数

技术参数特性表是国家电网有限公司对采购设备的基础技术参数要求，在招投标过程中，投标人应依据招标文件，对技术参数特性表中标准参数值进行响应。智能变电站 220kV～750kV 高压并联电抗器保护非电量保护、打印机、保护柜技术参数特性见表 1～表 4。物资必须满足 Q/GDW 13206.1 的要求。

表 1　智能变电站 220kV～750kV 高压并联电抗器保护技术参数特性

序号	参 数 名 称	单位	标准参数值
1	差动速断动作时间	ms	≤20（2 倍整定值）
2	差动动作时间	ms	≤30（2 倍整定值）

表 1（续）

序号	参 数 名 称	单位	标准参数值
3	匝间动作时间	ms	≤60
4	差动速断动作精度误差		不超过±5%
5	后备保护定值误差		不超过±5%
6	光纤接口接收灵敏度	dBm	≤−20（串行光接口）； ≤−30（以太网光接口）
7	光纤接口发送功率	dBm	≥−10（串行光接口）； ≥−20（以太网光接口）
8	装置工作电源		（招标人填写）
9	站控层 MMS 接口数量与类型		（招标人填写）
10	SV（采样值）点对点接口类型 （IEC 60044−8 接口；IEC 61850−9−2 接口； 常规模拟量输入）		（招标人填写）
11	SV（采样值）点对点接口数量		（招标人填写）
12	过程层 GOOSE 组网接口数量		（招标人填写）
13	过程层 GOOSE 点对点接口数量		（招标人填写）
14	对时方式		（招标人填写）
15	非电量保护装置是否与智能终端功能集成， 及对智能终端功能的要求		（招标人填写）
16	普通柜可选技术参数		（招标人填写）
17	智能柜技术参数要求		（招标人填写）
18	其他 1		（招标人填写）
19	其他 2		（招标人填写）
20	其他 3		（招标人填写）

表 2 非电量保护技术特性参数表

序号	参 数 名 称	单位	标准参数值
1	动作于跳闸的非电量保护启动功率	W	>5
2	启动电压	V	直流操作电压的 55%～70%
3	动作时间	ms	10ms～35ms（额定直流电源电压下）

表 3 打印机技术特性参数表

序号	参 数 名 称	单位	标准参数值
1	工作电源	V	220AC
2	接口型式		与保护装置配套

表 4　保护柜（非智能控制柜）技术特性参数表

序号	参 数 名 称	单位	标准参数值
1	尺寸	mm	高度：2260； 宽度：800； 深度：600
2	颜色		GSB05－1426－2001，77 号，GY09 冰灰橘纹

5　组件材料配置表

组件材料配置表包括元件名称、规格形式参数、单位、数量和产地等信息，具体内容和格式根据招标项目情况进行编制。

6　使用环境条件表

典型智能变电站 220kV～750kV 高压并联电抗器保护使用环境条件见表 5。特殊环境要求根据项目情况编制。

表 5　使 用 环 境 条 件 表

项目单位：				项目名称：
序号	名 称 项 目		单位	标准参数值
1	电源的频率		Hz	50
2	温度	最高气温	℃	+45
		最低气温	℃	－5
		最大日温差	K	+25
3	湿度	日相对湿度平均值	%	≤95
		月相对湿度平均值	%	≤90
4	海拔		m	≤2000
5	耐受地震能力	水平加速度	m/s²	0.3g
		垂直加速度	m/s²	0.15g
6	保护装置是否组屏		组屏/单装置	（项目单位提供）
7	安装方式		集中/分散	（项目单位提供）
注：标准参数值为正常使用条件，超出此值时为特殊使用条件，可根据工程实际使用条件进行修改。				

ICS 29.240.01
K 45

Q/GDW

国家电网有限公司企业标准

Q/GDW 13207.1—2018
代替 Q/GDW 13207.1—2014

智能变电站 220kV～750kV 短引线
保 护 采 购 标 准
第 1 部分：通用技术规范

Purchasing standard for 220kV～750kV stub protection
in smart substation
Part 1: General technical specification

2019-06-28发布 2019-06-28实施

国家电网有限公司 发 布

目　次

前　言

为规范智能变电站 220kV～750kV 短引线保护的采购要求，制定本部分。

《智能变电站 220kV～750kV 短引线保护采购标准》分为 2 个部分：

——第 1 部分：通用技术规范；

——第 2 部分：专用技术规范。

本部分为《智能变电站 220kV～750kV 短引线保护采购标准》的第 1 部分。

本部分代替 Q/GDW 13207.1—2014，与 Q/GDW 13207.1—2014 相比，主要技术性差异如下：

——增加或替换自 2014 年以来新发布的国家、行业和国网企业标准与本采购规范相关的标准。

—— 提升设备工作温度、环境温度和大气压力要求，增加"远方操作"和"保护检修状态"硬压板及相关要求。

——依据最新规范 Q/GDW 1161 增加保护功能经压板投退要求。

——增加"保护设备识别代码及出厂信息表"的要求。

——执行十八项反措要求修改保护屏柜绝缘相关要求。

——增加多路直流电源引入的要求。

——删除了保护装置就地化安装的要求。

本部分由国家电网有限公司物资部提出并解释。

本部分由国家电网有限公司科技部归口。

本部分起草单位：国网江苏省电力有限公司、南瑞集团有限公司（国网电力科学研究院有限公司）。

本部分主要起草人：余洪、梁臣、杨平怡、纪浩然、陈石通、岳嵩、黄浩声、徐鑫。

本部分 2014 年 9 月首次发布，2018 年 12 月第一次修订。

本部分在执行过程中的意见或建议反馈至国家电网有限公司科技部。

智能变电站 220kV～750kV 短引线保护采购标准
第 1 部分：通用技术规范

1 范围

本部分规定了智能变电站 220kV～750kV 短引线保护招标的总则、技术参数和性能要求、试验、包装、运输、交货及工厂检验和监造的一般要求。

本部分适用于智能变电站 220kV～750kV 短引线保护招标。

2 规范性引用文件

下列文件对于本文件的应用是必不可少的。凡是注日期的引用文件，仅注日期的版本适用于本文件。凡是不注日期的引用文件，其最新版本（包括所有的修改单）适用于本文件。

GB/T 191　包装储运图示标志

GB/T 2423（所有部分）　电工电子产品环境试验

GB/T 7261　继电保护和安全自动装置基本试验方法

GB/T 11287　电气继电器　第 21 部分：量度继电器和保护装置的振动、冲击、碰撞和地震试验　第 1 篇：振动试验（正弦）

GB/T 14285　继电保护和安全自动装置技术规程

GB/T 14537　量度继电器和保护装置的冲击和碰撞试验

GB/T 15145　输电线路保护装置通用技术条件

GB/T 14598.3　电气继电器　第 5 部分：量度继电器与保护装置的绝缘配合要求和试验

GB/T 14598.9　量度继电器和保护装置　第 22-3 部分：电气骚扰试验　辐射电磁场抗扰度

GB/T 14598.10　量度继电器和保护装置　第 22-4 部分：电气骚扰试验　电快速瞬变/脉冲群抗扰度试验

GB/T 14598.13　电气继电器　第 22-1 部分：量度继电器和保护装置的电气骚扰试验　1MHz 脉冲群抗扰度试验

GB/T 14598.14　量度继电器和保护装置　第 22-2 部分：电气骚扰试验　静电放电试验

GB/T 14598.17　电气继电器　第 22-6 部分：量度继电器和保护装置的电气骚扰试验—射频场感应的传导骚扰的抗扰度

GB/T 14598.18　量度继电器和保护装置　第 22-5 部分：电气骚扰试验　浪涌抗扰度试验

GB/T 14598.19　电气继电器　第 22-7 部分：量度继电器和保护装置的电气骚扰试验—工频抗扰度试验

GB/T 18663.3　电子设备机械结构　公制系列和英制系列的试验　第 3 部分：机柜、机架和插箱的电磁屏蔽性能试验

GB/T 20840.8　互感器　第 8 部分：电子式电流互感器

GB/T 22386　电力系统暂态数据交换通用格式

GB/T 25931　网络测量和控制系统的精确时钟同步协议

GB/T 26864　电力系统继电保护产品动模试验

DL/T 478　继电保护及安全自动装置通用技术条件

DL/T 559　220kV～750kV 电网继电保护装置运行整定规程

DL/T 587 微机继电保护装置运行管理规程

DL/Z 713 500kV 变电所保护和控制设备抗扰度要求

DL/T 720 电力系统继电保护柜、屏通用技术条件

DL/T 769 电力系统微机继电保护技术导则

DL/T 860（所有部分） 变电站通信网络和系统

DL/T 886 750kV 电力系统继电保护技术导则

DL/T 5136 火力发电厂、变电站二次接线设计技术规程

DL/T 5218 220kV～500kV 变电站设计技术规程

DL/T 995 继电保护和电网安全自动装置检验规程

Q/GDW 383 智能变电站技术导则

Q/GDW 428 智能变电站智能终端技术规范

Q/GDW 441 智能变电站继电保护技术规范

Q/GDW 1161 线路保护及辅助装置标准化设计规范

Q/GDW 1396 IEC 61850 工程继电保护应用模型

Q/GDW 1430 智能变电站智能控制柜技术规范

Q/GDW 10393 110（66）kV～220kV 智能变电站设计规范

Q/GDW 10394 330kV～750kV 智能变电站设计规范

Q/GDW 11010 继电保护信息规范

Q/GDW 13001—2014 高海拔外绝缘配置技术规范

3 术语和定义

下列术语和定义适用于本文件。

3.1

招标人 bidder

提出招标项目，进行招标的法人或其他组织。

3.2

投标人 tenderer

响应招标、参加投标竞争的法人或者其他组织。

3.3

卖方 seller

提供本部分货物和技术服务的法人或其他组织，包括其法定的承继者。

3.4

买方 buyer

购买本部分货物和技术服务的法人或其他组织，包括其法定的承继者和经许可的受让人。

4 总则

4.1 一般性要求

4.1.1 卖方提供的智能变电站继电保护及相关设备应符合 Q/GDW 441—2010 的要求。

4.1.2 智能变电站继电保护与站控层信息交互采用 DL/T 860 标准，跳合闸命令和联闭锁信息可通过直接电缆连接或 GOOSE 机制传输。卖方提供的继电保护及相关设备所采用的技术应遵循 Q/GDW 441 及本部分中与之对应的部分。

4.1.3 卖方提供的变电站继电保护及相关设备应符合 Q/GDW 1161 的要求。

4.1.4 变电站继电保护装置的动作信息、告警信息、状态变位信息、中间节点信息、日志记录、人机界

面信息等信息输出符合 Q/GDW 11010 的要求。

4.1.5 本部分提出的是最低限度的要求，并未对一切技术细节作出规定，也未充分引述有关标准的条文，投标人应提供符合本部分和工业标准的优质产品。

4.1.6 如果投标人没有以书面形式对本部分的条文提出异议，则表示投标人提供的设备完全符合本部分的要求；如有异议，应在报价书中以"对规范书的意见和同规范书的差异"为标题的专门章节中加以详细描述。

4.1.7 本部分所使用的标准如遇与投标人所执行的标准不一致按较高的标准执行。

4.1.8 本部分经招、投标双方确认后作为订货合同的技术附件，与合同正文具有同等效力。

4.2 卖方职责

卖方的工作范围应包括但不仅限于下列内容：

a) 提供标书内所有设备及设计说明书及制造方面的说明；

b) 提供国家或电力行业级检验检测机构出具的动模试验报告、型式试验报告和 DL/T 860 的一致性测试报告，以便确认供货设备能否满足所有的性能要求；

c) 提供与投标设备版本相符的安装及使用说明书；

d) 提供试验和检验的标准，包括试验报告和试验数据；

e) 提供图纸，制造和质量保证过程的一览表以及标书规定的其他资料；

f) 提供设备管理和运行所需有关资料；

g) 所提供设备应发运到规定的目的地；

h) 在更换所用的准则、标准、规程或修改设备技术数据时，卖方应接受买方的选择；

i) 现场服务。

4.3 应满足的标准

装置至少应满足 GB/T 191、GB/T 2423（所有部分）、GB/T 7261、GB/T 11287、GB/T 14285、GB/T 14537、GB/T 15145、GB/T 14598.3、GB/T 14598.9、GB/T 14598.10、GB/T 14598.13、GB/T 14598.14、GB/T 14598.17、GB/T 14598.18、GB/T 14598.19、GB 18663.3、GB/T 20840.8、GB/T 22386、GB/T 25931、GB/T 26864、DL/T 478、DL/T 559、DL/T 587、DL/Z 713、DL/T 720、DL/T 769、DL/T 860（所有部分）、DL/T 886、DL/T 5136、DL/T 5218、DL/T 995、Q/GDW 1161、Q/GDW 383、Q/GDW 10393、Q/GDW 10394、Q/GDW 1396、Q/GDW 428、Q/GDW 1430、Q/GDW 441、Q/GDW 11010、Q/GDW 13001—2014 中所列标准的最新版本要求，但不限于上述所列标准。

4.4 应满足的文件

该类设备技术标准应满足国家法律法规及国家电网有限公司标准化成果中相关条款要求。下列文件中相应的条款规定均适用于本文件，其最新版本（包括所有的修改单）适用于本文件。包括：

a)《电力监控系统安全防护规定》；

b)《国家电网有限公司十八项电网重大反事故措施（2018 年修订版）》；

c)《国家电网有限公司输变电工程通用设计》；

d)《国家电网公司关于加快推进电力监控系统网络安全管理平台建设的通知》；

e)《国家电网继电保护柜、屏制造规范》。

5 技术参数和性能要求

5.1 使用环境条件

5.1.1 设备储存温度：−25℃～+70℃。

5.1.2 设备工作温度：−10℃～+55℃。

5.1.3 大气压力：80kPa～106kPa。

5.1.4 相对湿度：5%～95%。

5.1.5　抗地震能力：地面水平加速度 $0.3g$，垂直加速度 $0.15g$，同时作用。

5.2　保护装置额定参数

5.2.1　额定直流电源：220V/110V。

5.2.2　模拟量输入：额定交流电流，5A/1A；额定交流电压，100V/$\sqrt{3}$（相电压）、100V（线电压）、300V（开口三角电压）。

5.2.3　数字量输入：额定电流，01CFH 或 00E7H；额定电压，2D41H。

5.2.4　额定频率：50Hz。

5.2.5　打印机工作电源：交流 220V，50Hz。

5.3　装置功率消耗

5.3.1　装置交流消耗：交流电流回路功率消耗每相不大于 0.5VA，交流电压回路功率消耗（额定电压下）每相不大于 0.5VA，卖方投标时必须提供确切数值。

5.3.2　装置直流消耗：当正常工作时，不大于 50W；当保护动作时，不大于 80W。卖方投标时必须提供确切数值。

5.4　短引线保护总的技术要求

5.4.1　本节规定了跳合闸命令和联闭锁信息通过 GOOSE 机制传输和（或）电压电流量通过电子式互感器及 MU 采集的保护设备的技术要求。

5.4.2　通过传统互感器、电缆直接采样的装置，装置交流采样及交流二次回路的技术要求，应符合已有的相应规范和标准以及《国家电网有限公司物资采购标准　继电保护及自动装置卷》相关部分要求。

5.4.3　通过电缆直接跳闸装置，装置跳合闸及二次回路的技术要求，应符合已有的相应规范和标准以及《国家电网有限公司物资采购标准　继电保护及自动装置卷》相关部分要求。

5.4.4　环境温度在 $-10℃～+55℃$ 时，装置应满足本部分所规定的精度。

5.4.5　220kV 及以上电压等级短引线保护系统应遵循双重化配置原则，每套保护系统装置功能独立完备、安全可靠。

  a)　每套完整、独立的保护装置应能处理可能发生的所有类型的故障。两套保护之间不应有任何电气联系，当一套保护异常或退出时不应影响另一套保护的运行。

  b)　两套保护的电压（电流）采样值应分别取自相互独立的 MU。

  c)　双重化配置保护使用的 GOOSE 网络应遵循相互独立的原则，当一个网络异常或退出时不应影响另一个网络的运行。

  d)　两套保护的跳闸回路应与两个智能终端分别一一对应；两个智能终端应与断路器的两个跳闸线圈分别一一对应。

  e)　双重化的两套保护及其相关设备（电子式互感器、MU、智能终端、网络设备、跳闸线圈等）的直流电源应一一对应。

  f)　双重化配置的保护应使用主、后一体化的保护装置。

5.4.6　除出口继电器外，装置内的任一元件损坏时，装置不应误动作跳闸。

5.4.7　保护装置不应依赖于外部对时系统实现其保护功能。

5.4.8　220kV 及以上电压等级的过程层 GOOSE 网络、站控层 MMS 网络应完全独立，保护装置接入不同网络时，应采用相互独立的数据接口控制器。

5.4.9　保护装置、智能终端等智能电子设备间的相互启动、相互闭锁、位置状态等交换信息，通过 GOOSE 网络传输，双重化配置的保护之间不直接交换信息。

5.4.10　短引线保护可独立设置，也可包含在边断路器保护内。

5.4.11　保护装置采样同步应由保护装置实现，装置 SV 采样值接口支持 GB/T 20840.8 或 DL/T 860 协议，在工程应用时应能灵活配置。

5.4.12　保护装置应自动补偿电子式互感器的采样响应延迟，当响应延时发生变化时应闭锁采自不同

MU 且有采样同步要求的保护。保护装置的采样输入接口数据的采样频率宜为 4000Hz。

5.4.13 保护装置的交流量信息应具备自描述功能。

5.4.14 保护装置应处理 MU 上送的数据品质位（无效、检修等），及时准确提供告警信息。在异常状态下，利用 MU 的信息合理地进行保护功能的退出和保留，瞬时闭锁可能误动的保护，延时告警，并在数据恢复正常之后尽快恢复被闭锁的保护功能，不闭锁与该异常采样数据无关的保护功能。接入两个及以上 MU 的保护装置应按 MU 设置"MU 投入"软压板。

5.4.15 当采用电子式互感器时，保护装置应针对电子式互感器特点优化相关保护算法、提高保护性能。

5.4.16 保护装置应采取措施，防止输入的双 A/D 数据之一异常时误动作。

5.4.17 保护装置只设"远方操作"和"保护检修状态"硬压板，保护功能投退不设硬压板，如下：

a) "远方操作"只设硬压板。"远方投退压板"、"远方切换定值区"和"远方修改定值"只设软压板，只能在装置本地操作，三者功能相互独立，分别与"远方操作"硬压板采用"与门"逻辑。当"远方操作"硬压板投入后，上述三个软压板远方功能才有效；

b) "保护检修状态"只设硬压板，当该压板投入时，保护装置报文上送带品质位信息，保护装置应有明显显示（面板指示灯和界面显示）。"保护检修状态"硬压板遥信不置检修标志。参数、配置文件仅在检修压板投入时才可下装，下装时应闭锁保护；

c) 保护功能投退不设硬压板。

5.4.18 保护装置应同时支持 GOOSE 点对点和网络方式传输，传输协议遵循 DL/T 860.81。

5.4.19 保护装置采样值接口和 GOOSE 接口数量应满足工程的需要。

5.4.20 保护装置应具备 MMS 接口与站控层设备通信。保护装置向站控层提供的信息符合 Q/GDW 1396。

5.4.21 保护装置的交流电流、交流电压、保护设备参数的显示、打印、整定应能支持一次值，上送信息应采用一次值。

5.4.22 保护装置内部 MMS 接口、GOOSE 接口、SV 接口应采用相互独立的数据接口控制器接入网络。

5.4.23 保护装置应具备通信中断、异常等状态的检测和告警功能。装置应提供装置故障（含失电）硬接点输出。

5.4.24 保护装置宜通过 IRIG－B（DC）码对时，也可采用 GB/T 25931 标准进行网络对时，对时精度应满足要求。

5.4.25 对保护装置 ICD 文件与 CID 文件的要求如下：

a) ICD、CID 文件符合统一的模型要求，适用于通用的配置工具和静态检测、分析软件；

b) ICD 文件应完整描述 IED 提供的数据模型及服务，采用模块化设计，包含版本信息；

c) CID 文件应完整描述本 IED 的实例化信息，应包含版本信息。

5.4.26 保护装置信息交互要求如下：

a) 智能变电站继电保护应满足运行维护、监视控制及无人值班、智能电网调度等信息交互的要求。

b) 继电保护设备应支持在线和离线获取模型，离线获取和在线召唤的模型应保持一致。定值模型应包含描述、定值单位、定值上限、定值下限等信息。

c) 继电保护设备应将检修压板状态上送站控层；当继电保护设备检修压板投入时，上送报文中信号的品质 q 的"Test 位"应置位。

d) 继电保护设备应支持取代服务，取代数据的上送报文中，信号的品质 q 的"取代位"应置位。

e) 继电保护设备应能够支持不小于 16 个客户端的 TCP/IP 访问连接；应能够支持 10 个报告实例。

5.4.27 保护装置交互信息内容如下：

a) 继电保护设备应支持上送采样值、开关量、压板状态、设备参数、定值区号及定值、自检信息、异常告警信息、保护动作事件及参数（故障相别、跳闸相别和测距）、录波报告信息、装置硬件信息、装置软件版本信息、装置日志信息等数据；

b） 继电保护设备主动上送的信息应包括开关量变位信息、异常告警信息和保护动作事件信息等；

c） 继电保护设备应支持远方投退压板、修改定值、切换定值区、设备复归功能，并具备权限管理功能；

d） 继电保护设备的自检信息应包括硬件损坏、功能异常、与过程层设备通信状况等；

e） 继电保护设备应支持远方召唤至少最近 8 次录波报告的功能。

5.4.28 雷击过电压、一次回路操作、系统故障及其他强干扰作用下，不应误动和拒动。装置快速瞬变干扰试验、高频干扰试验、辐射电磁场干扰试验、冲击电压试验、静电放电试验和绝缘试验应符合本部分的相关标准。装置调试端口应带有光电隔离。

5.4.29 保护柜中的插件应接触可靠，并且有良好的互换性，以便检修时能迅速更换。

5.4.30 保护装置应具有直流电源快速小开关，与保护装置安装在同一柜上。保护装置的逻辑回路应由独立的直流/直流变换器供电。直流电压消失时，装置不应误动。直流电源电压在 80%～115%额定值范围内变化时，保护装置应正确工作。在直流电源恢复（包括缓慢地恢复）到 80%U_N 时，直流逆变电源应能自动启动。直流电源纹波系数≤5%时，保护装置应正确工作。拉合直流电源以及插拔熔丝发生重复击穿火花时，保护装置不应误动作。直流电源回路出现各种异常情况（如短路、断线、接地等）时保护装置不应误动作。

5.4.31 所提供保护设备的软件版本及校验码应与买方进行确认，并提供配套的使用说明书和相关的定值清单。

5.5 短引线保护装置具体要求

5.5.1 装置保护功能要求如下：

a） 短引线保护应采用比率差动保护方式、两段过电流保护方式；

b） 对 3/2 断路器主接线形式，当某元件退出运行时，在该间隔两组断路器之间发生故障时短引线保护应能有选择地切除故障；

c） 短引线保护采用功能压板投退，不采用刀闸位置投退；

d） 短引线保护在系统稳态和暂态引起的谐波分量和直流分量影响下不应误动作。

5.5.2 装置 MMS、SV、GOOSE 接口要求：装置应具备站控层 MMS 接口至少 2 个；对采用 MU 数字量输入装置，应具备 SV（采样值）点对点接口至少 2 个；对采用过程层 GOOSE 的装置，应具备 GOOSE 组网接口至少 1 个、点对点接口至少 2 个。装置具体接口数量，买方在设计联络阶段确认。

5.6 柜结构的技术要求

5.6.1 对智能控制柜，技术要求详见 Q/GDW 430，并遵循以下要求。

5.6.1.1 控制柜应装有 100mm² 截面的铜接地母线（不要求与柜体绝缘），接地母线末端应装好可靠的压接式端子，以备接到电站的接地网上。柜体应采用双层结构，循环通风。

5.6.1.2 同一保护柜内若有多路直流电源引入，应接入不同安装单元端子排，且每路电源正、负极之间应有端子隔开。控制柜内设备的安排及端子排的布置，应保证各套保护的独立性，在一套保护检修时不影响其他任何一套保护系统的正常运行。

5.6.1.3 控制柜应具备温度、湿度的采集、调节功能，柜内温度控制在－10℃～＋50℃，湿度保持在 90%以下，并可通过智能终端 GOOSE 接口上送温度、湿度信息。

5.6.1.4 控制柜应能满足 GB/T 18663.3 变电站户外防电磁干扰的要求。

5.6.2 对非智能普通屏柜，屏体要求详见《国家电网继电保护柜、屏制造规范》，并遵循已发布的《国家电网有限公司物资采购标准 继电保护及自动装置卷》相关部分规定。

5.6.2.1 微机保护和控制装置的屏柜下部应设有截面积不小于 100mm² 的铜排（不要求与保护屏绝缘）。

5.6.2.2 保护柜内电压回路每相及 N 相端子均应采用多个连接端子（不少于 3 个）。

5.6.2.3 同一保护柜内若有多路直流电源引入，应接入不同安装单元端子排。

5.6.3 屏柜内部配线、端子排、接地铜排、屏柜上安装辅助设备等应符合相关规程、标准与反措的规定。

6 试验

6.1 工厂试验

卖方提供的设备试验标准应符合国家、行业及 IEC 的有关标准，并提供每一种型式产品的动模试验报告、型式试验报告和 DL/T 860 一致性测试报告。

卖方提供的每一套设备出厂之前都应按国家和行业标准以及工厂规定的调试大纲进行出厂检查、性能试验，试验报告应随产品提供。当需做动态模拟试验或数字仿真试验时，模拟系统的接线和参数由卖方与买方在试验前协商确定，按实际系统参数进行试验。

6.2 系统联调试验

卖方应按买方需求配合完成买方组织的保护装置功能验证与系统联调试验。

6.3 现场试验

现场实际设备接入后，应按照 DL/T 995 的要求，在一次设备不带电和带电试运行时做现场试验，卖方应配合完成保护装置的现场调试及投运试验。现场投运前和试运行中发现的设备缺陷和元件损坏，卖方应及时无偿修理或更换，直至本部分要求。

6.4 继电保护专业检测

卖方依据国家电网有限公司继电保护专业检测标准参加继电保护专业检测，并提供每一种型式产品的专业检测报告。

7 技术服务、设计联络、工厂检验和监造

7.1 技术文件

7.1.1 卖方提供的技术文件应提供买方所要求的性能信息，并对其可靠性和一致性负责，卖方所提供的技术文件（包括资料和数据）将成为合同一部分。

7.1.2 卖方应随投标书一起提供一般性技术文件，并且应是与投标产品一致的最新版本，投标时应提供的技术文件如下：

    a）产品的技术说明书；

    b）产品的型式试验报告、动模试验报告和一致性测试报告；

    c）产品的用户运行证明；

    d）产品的软件版本等。

7.1.3 卖方应在签约后 3 周内向买方提供设计用的技术文件如下：

    a）产品的技术说明书；

    b）产品及保护屏原理框图及说明，模件或继电器的原理接线图及其工作原理说明；

    c）装置的 ICD（IED 装置能力描述）文件、保护装置虚端子连接图；

    d）组屏的正面布置图、屏内设备布置图、端子排图及图例说明；

    e）保护屏所用的辅助继电器和选择开关采用的标准；

    f）保护屏的安装尺寸图，包括屏的尺寸和重量、基础螺栓的位置和尺寸等。

7.1.4 签约后双方遵循的原则如下：

    a）在收到买方最终认可图纸前，卖方所购买的材料或制造所发生的费用及其风险全由卖方单独承担；

    b）生产的成品应符合合同的技术规范。买方对图纸的确认并不能解除卖方对其图纸的完善性和准确性应承担的责任；

    c）设计方在收到图纸后 3 周内返回主要确认意见，并根据需要召开设计联络会。卖方在提供确认图纸时必须提供为审核该图纸所需的资料。买方有权要求卖方对其图纸中的任一装置任一部件作必要修改，在设计图纸完成之前应保留设计方对卖方图纸的其他确认权限，而买方不需承担额外费用。

7.1.5　在收到确认意见后，卖方应在规定时间内向买方提供的技术文件如下：

a)　7.1.3 所列的修改后的正式技术文件；

b)　保护装置的内部接线及图例说明，保护屏内部接线图及其说明（包括屏内布置及内部端子排图）；

c)　保护装置的软件版本号和校验码；

d)　产品的使用说明书，包括保护装置的现场调试大纲、整定值表和整定计算说明及计算算例等；

e)　通信规约和解释文本及装置调试软件和后台分析软件，以便与计算机监控系统和继电保护故障信息系统联调。

7.1.6　设备供货时提供的技术文件和资料如下：

a)　设备的开箱资料清单；

b)　产品的技术说明书、使用说明书和组屏图纸；

c)　出厂调试试验报告；

d)　产品质量检验合格证书；

e)　合同规定的出厂验收试验报告和动模报告和一致性测试报告等；

f)　保护设备识别代码及出厂信息表。

7.1.7　技术文件的格式和分送要求如下：

a)　全部图纸应为 A4 幅面，并有完整图标，采用国标单位制；

b)　提供的技术文件除纸质文件外，还应包括一份电子文档，并提供可供修改的最终图纸电子文件（图形文件能够被 PC 机 AutoCAD for Windows 2000 版支持）；

c)　技术文件（图纸和资料）分送单位、套数和地址根据项目单位要求提供。

7.2　设计联络会议

7.2.1　若有必要，买方在收到卖方签字的第一批文件后的 3 周内将举行设计联络会议。设计联络会议内容如下：

a)　卖方应对修改后的供确认的资料和图纸进行详细的解释，并应解答买方对这些资料和图纸所提的问题，经过共同讨论，买方给予确认，以便卖方绘制正式图纸提供给买方；

b)　卖方应介绍合同产品已有的运行经验；

c)　卖方应提供验收大纲，工程参数表；

d)　买方或设计方应确认保护装置的 SV 采样值接口、GOOSE 接口及 MMS 接口的类型与数量；

e)　设计联络会应确定通信信息的具体内容。

7.2.2　会议应签订会议纪要，并作为合同的组成部分。

7.3　工厂验收和现场验收

要求满足国家电网有限公司企业标准中关于工厂验收（现场）的规范。

7.4　质量保证

7.4.1　卖方应保证制造过程中的所有工艺、材料、试验等（包括卖方的外购件在内）均应符合本部分的规定。若买方根据运行经验指定卖方提供某种外购零部件，卖方应积极配合。卖方对所购配套部件设备质量负责，采购前向买方提供主要国产元器件报价表，采购中应进行严格的质量检验，交货时应向买方提供其产品质量合格证书及有关安装使用等技术文件资料。

7.4.2　对于采用属于引进技术的设备、元器件，卖方在采购前应向买方提供主要进口元器件报价表。引进的设备、元器件应符合引进国的技术标准或 IEC 标准，当标准与本部分有矛盾时，卖方应将处理意见书面通知买方，由买卖双方协商解决。假若卖方有更优越或更为经济的设计和材料，足以使卖方的产品更为安全、可靠、灵活、适应时，卖方可提出并经买方的认可，然而应遵循现行的国家工业标准，并且有成熟的设计和工艺要求以及工程实践经验。

7.4.3　双方签订合同后，卖方应按工程设计及施工进度分批提交技术文件和图纸，必要时，买卖双方应进行技术联络，以讨论合同范围内的有关技术问题。

7.4.4 卖方保证所提供的设备应为由最适宜的原材料并采用先进工艺制成、且未经使用过的全新产品；保证产品的质量、规格和性能与投标文件所述一致。

7.4.5 卖方提供的保护设备运行使用寿命不应小于 15 年。

7.4.6 卖方保证所提供的设备在各个方面符合招标文件规定的质量、规格和性能。在合同规定的质量保证期内（保护设备到货后 24 个月或 SAT 后 18 个月），对由于产品设计、制造和材料、外购零部件的缺陷而造成所供设备的任何破坏、缺陷故障，当卖方收到买方的书面通知后，卖方在 2 天内免费负责修理或更换有缺陷的设备（包括运输费、税收等），以达到本部分的要求。质保期以合同商务部分为准。

质保期后发生质量问题，卖方应提供免费维修服务，包括硬件更换和软件版本升级。

7.5 项目管理

合同签订后，卖方应指定负责本工程的项目经理，负责卖方在工程全过程的各项工作，如工程进度、设计制造、图纸文件、包装运输、现场安装、调试验收等。

7.6 现场服务

现场服务内容如下：

a) 在设备安装调试过程中视买方工作情况卖方及时派出工程技术服务人员，以提供现场服务。卖方派出人员在现场负责技术指导，并协助买方安装、调试。同时，买方为卖方的现场派出人员提供工作和生活的便利条件；

b) 当变电站内保护设备分批投运时，卖方应按合同规定及时派工程技术人员到达现场服务；

c) 根据买方的安排，卖方安排适当时间对设备的正确安装和试验给予技术培训。

7.7 售后服务

7.7.1 现场投运前和试运行中发现的设备缺陷和元件损坏，卖方应及时无偿修理或更换，直至符合规范要求。保修期内产品出现不符合功能要求和技术指标要求时，卖方应在 4h 内响应，并在 24h 内负责修理或更换。保修期外产品出现异常、设备缺陷、元件损坏或不正确动作，现场无法处理时，卖方接到买方通知后，应在 4h 内响应，并立即派出工程技术人员在 24h 内到达现场处理。

7.7.2 对反事故措施以及软件版本的升级等，卖方应提供技术服务。

7.8 备品备件、专用工具、试验仪器

7.8.1 对每套保护，卖方应提供必要的备品备件。

7.8.2 卖方应提供安装、运行、检修所需的专用工具，包括专用调试、测试设备。

ICS 29.240

Q/GDW

国家电网公司企业标准

Q/GDW 13207.2—2014

智能变电站 220kV～750kV 短引线
保 护 采 购 标 准
第 2 部分：专用技术规范

Purchasing standard for 220kV～750kV stub protection
in smart substation
Part 2: Special technical specification

2014-09-30发布 2014-09-30实施

国家电网公司 发 布

目　次

前　言

《智能变电站 220kV～750kV 短引线保护采购标准》分为 2 个部分：
——第 1 部分：通用技术规范；
——第 2 部分：专用技术规范。
本部分为《智能变电站 220kV～750kV 短引线保护采购标准》的第 2 部分。
本部分由国家电网公司物资部提出并解释。
本部分由国家电网公司科技部归口。
本部分起草单位：南瑞集团有限公司（国网电力科学研究院）。
本部分主要起草人：曹团结、姚成、潘书燕、苏理、龙锋、刘小宝、余洪、彭和平、周劭亮、赵景涛。
本部分首次发布。
本部分在执行过程中的意见或建议反馈至国家电网公司科技部。

智能变电站 220kV～750kV 短引线保护采购标准
第 2 部分：专用技术规范

1 范围

本部分规定了智能变电站 220kV～750kV 短引线保护招标的标准技术参数、项目需求及投标人响应的相关内容。

本部分适用于智能变电站 220kV～750kV 短引线保护招标。

2 规范性引用文件

下列文件对于本文件的应用是必不可少的。凡是注日期的引用文件，仅注日期的版本适用于本文件。凡是不注日期的引用文件，其最新版本（包括所有的修改单）适用于本文件。

Q/GDW 13207.1　智能变电站 220kV～750kV 短引线保护采购标准　第 1 部分：通用技术规范

3 术语和定义

下列术语和定义适用于本文件。

3.1

招标人　bidder

提出招标项目，进行招标的法人或其他组织。

3.2

投标人　tenderer

响应招标、参加投标竞争的法人或者其他组织。

3.3

卖方　seller

提供本部分货物和技术服务的法人或其他组织，包括其法定的承继者。

3.4

买方　buyer

购买本部分货物和技术服务的法人或其他组织，包括其法定的承继者和经许可的受让人。

4 标准技术参数

技术参数特性表是国家电网公司对采购设备的基础技术参数要求，在招投标过程中，投标人应依据招标文件，对技术参数特性表中标准参数值进行响应。智能变电站 220kV～750kV 短引线保护、打印机、保护柜技术参数特性见表 1～表 3。物资必须满足 Q/GDW 13207.1 的要求。

表 1　智能变电站 220kV～750kV 短引线保护技术参数特性表

序号	参 数 名 称	单位	标准参数值
1	电流差动动作时间	ms	≤25（2 倍整定值）
2	过电流 I 段动作时间	ms	≤30（1.2 倍整定值）
3	光纤接口接收灵敏度	dBm	≤－20（串行光接口）； ≤－30（以太网光接口）

表1（续）

序号	参 数 名 称	单位	标准参数值
4	光纤接口发送功率	dBm	≥－10（串行光接口）； ≥－20（以太网光接口）
5	装置工作电源	V	（招标人填写）
6	站控层MMS接口数量与类型		（招标人填写）
7	SV（采样值）点对点接口类型 （IEC 60044－8 接口；IEC 61850－9－2 接口； 常规模拟量输入）		（招标人填写）
8	SV（采样值）点对点接口数量		（招标人填写）
9	过程层GOOSE组网接口数量		（招标人填写）
10	过程层GOOSE点对点接口数量		（招标人填写）
11	对时方式		（招标人填写）
12	普通柜可选技术参数		（招标人填写）
13	智能柜技术参数要求		（招标人填写）
14	其他1		（招标人填写）
15	其他2		（招标人填写）

表2 打印机技术参数特性表

序号	参 数 名 称	单位	标准参数值
1	工作电源	V	220AC
2	接口型式		与保护装置配套

表3 保护柜（非智能控制柜）技术参数特性表

序号	参 数 名 称	单位	标准参数值
1	尺寸	mm	高度：2260； 宽度：800； 深度：600
2	颜色		GSB05－1426－2001，77号，GY09 冰灰橘纹

5 组件材料配置表

组件材料配置表包括元件名称、规格形式参数、单位、数量和产地等信息，具体内容和格式根据招标项目情况编制。

6 使用环境条件表

典型智能变电站220kV～750kV短引线保护使用环境条件见表4。特殊环境要求根据项目情况编制。

表 4　使用环境条件表

序号	名　称　项　目		单位	标准参数值
项目单位：			项目名称：	
1	电源的频率		Hz	50
2	温度	最高气温	℃	+45
		最低气温	℃	−5
		最大日温差	K	+25
3	湿度	日相对湿度平均值	%	≤95
		月相对湿度平均值	%	≤90
4	海拔		m	≤2000
5	耐受地震能力	水平加速度	m/s²	0.3g
		垂直加速度	m/s²	0.15g
6	保护装置是否组屏		组屏/单装置	（项目单位提供）
7	安装方式		集中/分散	（项目单位提供）
注：标准参数值为正常使用条件，超出此值时为特殊使用条件，可根据工程实际使用条件进行修改。				

ICS 29.240.01
K 45

Q/GDW

国家电网有限公司企业标准

Q/GDW 13208.1 — 2018
代替 Q/GDW 13208.1 — 2014

智能变电站 35kV 及以下母联（分段）
保 护 采 购 标 准
第 1 部分：通用技术规范

Purchasing standard for 35kV lower voltage bus coupler (bus section)
protection in smart substation
Part 1: General technical specification

2019-06-28发布   2019-06-28实施

国家电网有限公司   发 布

目 次

前　言

为规范智能变电站 35kV 及以下母联（分段）保护的采购要求，制定本部分。

《智能变电站 35kV 及以下母联（分段）保护采购标准》分为 2 个部分：

——第 1 部分：通用技术规范；

——第 2 部分：专用技术规范；

本部分为《智能变电站 35kV 及以下母联（分段）保护采购标准》的第 1 部分。

本部分代替 Q/GDW 13208.1—2014，与 Q/GDW 13208.1—2014 相比，主要技术性差异如下：

——增加或替换自 2014 年以来新发布的国家、行业和国网企业标准与本采购规范相关的标准。

——提升设备工作温度、环境温度和大气压力要求，增加"远方操作"和"保护检修状态"硬压板及相关要求。

——依据最新规范 Q/GDW 10767 完善修改保护装置相关功能要求。

——增加"保护设备识别代码及出厂信息表"的要求。

——执行十八项反措要求修改保护屏柜绝缘相关要求。

——增加多路直流电源引入的要求。

本部分由国家电网有限公司物资部提出并解释。

本部分由国家电网有限公司科技部归口。

本部分起草单位：国网江苏省电力有限公司、南瑞集团有限公司（国网电力科学研究院有限公司）。

本部分主要起草人：刘辉、周劭亮、郑文彬、丁刚慧、包亚卓、宋爽、邱涛。

本部分 2014 年 9 月首次发布，2018 年 12 月第一次修订。

本部分在执行过程中的意见或建议反馈至国家电网有限公司科技部。

智能变电站 35kV 及以下母联（分段）保护采购标准
第 1 部分：通用技术规范

1 范围

本部分规定了智能变电站 35kV 及以下母联（分段）保护招标的总则、技术参数和性能要求、试验、包装、运输、交货及工厂检验和监造的一般要求。

本部分适用于智能变电站 35kV 及以下母联（分段）保护招标。

2 规范性引用文件

下列文件对于本文件的应用是必不可少的。凡是注日期的引用文件，仅注日期的版本适用于本文件。凡是不注日期的引用文件，其最新版本（包括所有的修改单）适用于本文件。

GB/T 191　包装储运图示标志

GB/T 2423（所有部分）　电工电子产品环境试验

GB/T 7261　继电保护和安全自动装置基本试验方法

GB/T 11287　电气继电器　第 21 部分：量度继电器和保护装置的振动、冲击、碰撞和地震试验　第 1 篇：振动试验（正弦）

GB/T 14285　继电保护和安全自动装置技术规程

GB/T 14537　量度继电器和保护装置的冲击与碰撞试验

GB/T 14598.3　电气继电器　第 5 部分：量度继电器和保护装置的绝缘配合要求和试验

GB/T 14598.9　量度继电器和保护装置　第 22－3 部分：电气骚扰试验　辐射电磁场抗扰度

GB/T 14598.10　量度继电器和保护装置　第 22－4 部分：电气骚扰试验　电快速瞬变/脉冲群抗扰度试验

GB/T 14598.13　电气继电器　第 22－1 部分：量度继电器和保护装置的电气骚扰试验　1MHz 脉冲群抗扰度试验

GB/T 14598.14　量度继电器和保护装置　第 22－2 部分：电气骚扰试验　静电放电试验

GB/T 14598.17　电气继电器　第 22－6 部分：量度继电器和保护装置的电气骚扰试验—射频场感应的传导骚扰的抗扰度

GB/T 14598.18　量度继电器和保护装置　第 22－5 部分：电气骚扰试验　浪涌抗扰度试验

GB/T 14598.19　电气继电器　第 22－7 部分：量度继电器和保护装置的电气骚扰试验—工频抗扰度试验

GB/T 17626.8　电磁兼容　试验和测量技术　工频磁场抗扰度试验

GB/T 17626.9　电磁兼容　试验和测量技术　脉冲磁场抗扰度试验

GB/T 17626.10　电磁兼容　试验和测量技术　阻尼振荡磁场抗扰度试验

GB/T 18663.3　电子设备机械结构　公制系列和英制系列的试验　第 3 部分：机柜、机架和插箱的电磁屏蔽性能试验

GB/T 22386　电力系统暂态数据交换通用格式

GB/T 25931　网络测量和控制系统的精确时钟同步协议

GB/T 26864　电力系统继电保护产品动模试验

DL/T 478　继电保护及安全自动装置通用技术条件

DL/T 720　电力系统继电保护柜、屏通用技术条件

DL/T 769　电力系统微机继电保护技术导则

DL/T 860（所有部分）　变电站通信网络和系统（IEC 61850，IDT）

DL/T 5136　火力发电厂、变电站二次接线设计技术规程

Q/GDW 161　线路保护及辅助装置标准化设计规范

Q/GDW 383　智能变电站技术导则

Q/GDW 414　变电站智能化改造技术规范

Q/GDW 441　智能变电站继电保护技术规范

Q/GDW 1396　IEC 61850 工程继电保护应用模型

Q/GDW 1430　智能变电站智能控制柜技术规范

Q/GDW 10767　10kV～110（66）kV 元件保护及辅助装置标准化设计规范

Q/GDW 11768　35kV 及以下开关柜继电保护装置通用技术条件

Q/GDW 13001—2014　高海拔外绝缘配置技术规范

3 术语和定义

下列术语和定义适用于本文件。

3.1

招标人　bidder

提出招标项目，进行招标的法人或其他组织。

3.2

投标人　tenderer

响应招标、参加投标竞争的法人或者其他组织。

3.3

卖方　seller

提供本部分货物和技术服务的法人或其他组织，包括其法定的承继者。

3.4

买方　buyer

购买本部分货物和技术服务的法人或其他组织，包括其法定的承继者和经许可的受让人。

4 总则

4.1 一般性要求

4.1.1　卖方提供的智能变电站继电保护及相关设备应符合 Q/GDW 441 的要求。

智能变电站继电保护与站控层信息交互采用 DL/T 860 标准，跳合闸命令和联闭锁信息可通过直接电缆连接或 GOOSE 机制传输。卖方提供的继电保护及相关设备所采用的技术应遵循 Q/GDW 441 及本部分中与之对应的部分。

4.1.2　卖方提供的变电站继电保护及相关设备应符合 Q/GDW 10767 的要求。

变电站继电保护装置的动作信息、告警信息、状态变位信息、中间节点信息、日志记录、人机界面信息等信息输出符合 Q/GDW 11010 的要求。

4.1.3　本部分提出的是最低限度的要求，并未对一切技术细节作出规定，也未充分引述有关标准的条文，投标人应提供符合本部分和工业标准的优质产品。

4.1.4　如果投标人没有以书面形式对本部分的条文提出异议，则表示投标人提供的设备完全符合本部分的要求；如有异议，应在报价书中以"对规范书的意见和同规范书的差异"为标题的专门章节中加以详

细描述。

4.1.5 本部分所使用的标准如遇与投标人所执行的标准不一致时按较高的标准执行。

4.1.6 本部分经招、投标双方确认后作为订货合同的技术附件，与合同正文具有同等效力。

4.2 卖方职责

卖方的工作范围应包括但不仅限于下列内容：

a） 提供标书内所有设备及设计说明书及制造方面的说明；

b） 提供国家或电力工业检验检测机构出具的型式试验报告和 IEC 61850 的一致性测试报告，以便确认供货设备能否满足所有的性能要求；

c） 提供与投标设备版本相符的安装、使用说明书；

d） 提供试验和检验的标准，包括试验报告和试验数据；

e） 提供图纸，制造和质量保证过程的一览表以及标书规定的其他资料；

f） 提供设备管理和运行所需有关资料；

g） 所提供设备应发运到规定的目的地；

h） 在更换所用的准则、标准、规程或修改设备技术数据时，卖方应受需方的选择；

i） 现场服务。

4.3 应满足的标准

装置至少应满足 GB/T 191、GB/T 2423、GB/T 7261、GB/T 11287、GB/T 14285、GB/T 14537、GB/T 14598.3、GB/T 14598.9、GB/T 14598.10、GB/T 14598.13、GB/T 14598.14、GB/T 14598.17、GB/T 14598.18、GB/T 14598.19、GB/T 17626.8、GB/T 17626.9、GB/T 17626.10、GB/T 18663.3、GB/T 22386、GB/T 25931、GB/T 26864、DL/T 478、DL/T 720、DL/T 769、DL/T 860（所有部分）、DL/T 5136、Q/GDW 383、Q/GDW1396、Q/GDW 414、Q/GDW 1430、Q/GDW 441、Q/GDW 10767、Q/GDW 11768、Q/GDW 13001—2014 最新版本要求，但不限于上述所列标准。

4.4 应满足的文件

该类设备技术标准应满足国家法律法规及国家电网有限公司标准化成果中相关条款要求。下列文件中相应的条款规定均适用于本文件，其最新版本（包括所有的修改单）适用于本文件。包括：

a） 《电力监控系统安全防护规定》；

b） 《国家电网有限公司十八项电网重大反事故措施（2018 年修订版）》；

c） 《国家电网有限公司输变电工程通用设计》；

d） 《国家电网公司关于加快推进电力监控系统网络安全管理平台建设的通知》；

e） 《国家电网继电保护柜、屏制造规范》。

5 技术参数和性能要求

5.1 使用环境条件

5.1.1 设备储存温度：$-25℃\sim+70℃$。

5.1.2 设备工作温度：$-10℃\sim+55℃$。

5.1.3 大气压力：80kPa～106kPa。

5.1.4 相对湿度：5%～95%。

5.1.5 抗地震能力：地面水平加速度 $0.3g$，垂直加速度 $0.15g$，同时作用。

5.2 保护装置额定参数

5.2.1 额定直流电源：220V（110V）。

5.2.2 额定交流电流：5A（1A）。

5.2.3 额定交流电压：$100V/\sqrt{3}$（相电压）。

5.2.4 额定频率：50Hz。

5.2.5　打印机工作电源：交流 220V，50Hz。

5.3　装置功率消耗

5.3.1　装置交流消耗：交流电流回路功率消耗每相不大于 0.5VA（I_N=1A）或 1VA（I_N=5A），交流电压回路功率消耗（额定电压下）每相不大于 1VA，卖方投标时必须提供确切数值。

5.3.2　装置直流消耗：当正常工作时，不大于 30W；当保护动作时，不大于 50W。卖方投标时必须提供确切数值。

5.4　35kV 及以下母联（分段）保护总的技术要求

5.4.1　环境温度在 −10℃～+55℃时，装置应能满足本部分所规定的精度。

5.4.2　在雷击过电压、一次回路操作、系统故障及其他强干扰作用下，不应误动和拒动。保护装置静电放电试验、快速瞬变干扰试验、高频干扰试验、脉冲群干扰试验、辐射电磁场干扰试验、冲击电压试验和绝缘试验应至少符合 IEC 标准。装置调试端口应带有光电隔离。

5.4.3　保护装置与其他装置之间的输入和输出回路，应采用光电耦合或继电器触点进行连接，不应有直接的电气联系。

5.4.4　保护装置中的插件应接触可靠，并且有良好的互换性，以便检修时能迅速更换。

5.4.5　保护装置应具有直流电源快速小开关，与保护装置安装在同一柜上。保护装置的逻辑回路应由独立的直流/直流变换器供电。直流电压消失时，保护装置不应误动，同时应有输出触点以启动告警信号。直流回路应有监视直流回路电压消失的告警信号继电器。直流电源电压在 80%～115%额定值范围内变化时，保护装置应正确工作。在直流电源恢复（包括缓慢的恢复）到 80%U_N 时，直流逆变电源应能自动启动。直流电源纹波系数≤5%时，保护装置应正确工作。拉合直流电源以及插拔熔丝发生重复击穿火花时，保护装置不应误动作。直流电源回路出现各种异常情况（如短路、断线、接地等）时保护装置不应误动作。

5.4.6　应提供标准的试验插件及试验插头，以便对各套保护装置的输入和输出回路进行隔离或能通入电流、电压进行试验。另外，对每面柜的出口跳闸、闭锁信号等输入、输出回路应在柜面上有隔离措施，以便在运行中分别断开。隔离及试验部件应考虑操作的方便性，隔离压板标签栏位置应安装在隔离件本体或隔离件下部。

5.4.7　保护装置应有监视及自诊断功能来监测异常及交直流消失等现象，以便在动作后启动告警信号、远动信号、事件记录等。

5.4.8　保护装置中用于远动信号和事件记录信号的触点不应保持。

5.4.9　除出口继电器外，装置内的任一元件损坏时，装置不应误动作跳闸。

5.4.10　跳闸出口回路采用有触点继电器。跳闸出口继电器触点应有足够容量，跳闸出口继电器触点的长期允许通过电流不应小于 5A，在电感负荷的直流电路（τ<5ms）中的断开容量为 50W。信号继电器触点的长期允许通过电流不应小于 2A，在电感负荷的直流电路（τ<5ms）中的断开容量为 30W。

5.4.11　对于保护装置间不经附加判据直接启动跳闸的开入量，应经抗干扰继电器重动后开入；抗干扰继电器的启动功率应大于 5W，动作电压在额定直流电源电压的 55%～70%范围内，额定直流电源电压下动作时间为 10ms～35ms，应具有抗 220V 工频电压干扰的能力。

5.4.12　保护装置与站控层设备通信，标准采用 DL/T 860，应满足运行维护、监视控制及无人值班、智能电网调度等信息交互的要求。保护装置向站控层提供的信息符合 Q/GDW 1396。

5.4.13　保护装置应具备远方修改定值功能、软压板远方投退和定值区远方切换功能和保护检修功能，具体要求如下：

　　a）"远方操作"只设硬压板。"远方投退压板"、"远方切换定值区"和"远方修改定值"只设软压板，只能在装置本地操作，三者功能相互独立，分别与"远方操作"硬压板采用"与门"逻辑。当"远方操作"硬压板投入后，上述三个软压板远方功能才有效；

　　b）"保护检修状态"只设硬压板，当该压板投入时，保护装置报文上送带品质位信息。"保护检修状态"硬压板遥信不置检修标志；保护装置应有明显显示（面板指示灯和界面显示）。参数、配置文件仅在检修压板投入时才可下装，下装时应闭锁保护。

5.4.14 保护装置宜通过 IRIG–B（DC）码对时，也可采用 GB/T 25931 标准进行网络对时，对时精度应满足要求。

5.5 35kV 及以下母联（分段）保护装置技术要求

5.5.1 保护功能要求。母联（分段）保护宜单独组屏（若配置有备自投、电压并列装置，也可以与备自投、电压并列装置共组一面屏）。每面母联（分段）保护屏配置一套专用的、具备瞬时和延时跳闸功能的过电流保护装置（含操作功能）。

母联（分段）保护装置中应包括母线充电保护，并带可长期投入的带延时的过流保护与零序过电流保护。各项功能指标应满足相关的电力行业标准或国家标准的要求。

母联（分段）断路器操作箱的功能要求如下：

a) 操作箱应具有断路器的一组三相跳闸回路及一组三相合闸回路，跳闸应具有自保持回路；

b) 操作箱应具有手跳、手合输入回路；

c) 操作箱应设有合闸位置、跳闸位置及操作电源监视回路；

d) 操作箱应具有防跳功能，可方便取消。

5.5.2 测控功能要求

5.5.2.1 具有实时数据采集与处理、控制操作及信息显示等功能，对监控运行设备的信息进行采集、转换、处理和传送，通过网络传给站控层，同时接收站控层发来的控制操作命令，经过有效的判断等，最后对设备进行操作控制，也可独立完成对断路器、隔离开关的控制操作。

5.5.2.2 实时数据采集与处理

a) 采集信号种类

遥测量：I_a, I_b, I_c；U_a, U_b, U_c；P、Q、$\cos\varphi$、f；

遥信量：保护动作，装置故障，装置异常告警，断路器分、合闸位置，断路器机构信号，远方/就地开关位置，装置压板投退信号等。

b) 采集信号的处理

对所采集的输入量进行数据滤波、有效性检查、故障判断、信号接点消抖等处理、变换后，再通过网络传送。

c) 信号输入方式

模拟量输入：采用交流采样，计算 I、f；

开关量输入：无源触点输入。

5.5.2.3 控制操作

a) 操作说明。控制方式为三级控制：就地控制、站控层控制、远方遥控。操作命令的优先级为：就地控制→站控层控制→远方遥控。同一时间只允许一种控制方式有效。对任何操作方式，应保证只有在本次操作步骤完成后，才能进行下一步操作。

在屏柜上设"就地/远方"转换开关（带钥匙），任何时候只允许一种模式有效；"就地"位置，通过人工按键实现一对一的操作。

所有的遥控采用选择、校核、执行方式，且在本装置内实现，并有相应的记录信息。

b) 控制输出的触点要求。提供 1 组合闸触点，1 组分闸触点。

5.5.2.4 事件记录

a) 事件顺序记录：断路器状态变位、保护动作等事件顺序记录；

b) 遥控操作记录：记录遥控操作命令来源、操作时间、操作内容。

5.5.3 保护装置显示故障报告应简洁明了。

5.5.4 打印机的交流电源：220V。

5.5.5 每面保护屏有多台保护装置时安装一台打印机，切换使用。

5.6 柜结构的技术要求

5.6.1 对智能控制柜，技术要求详见 Q/GDW 1430，并遵循以下要求。

5.6.1.1 控制柜应装有 100mm² 截面的铜接地母线（不要求与柜体绝缘），接地母线末端应装好可靠的压接式端子，以备接到电站的接地网上。柜体应采用双层结构，循环通风。

5.6.1.2 同一保护柜内若有多路直流电源引入，应接入不同安装单元端子排，且每路电源正、负极之间应有端子隔开。控制柜内设备的安排及端子排的布置，应保证各套保护的独立性，在一套保护检修时不影响其他任何一套保护系统的正常运行。

5.6.1.3 控制柜应具备温度、湿度的采集、调节功能，柜内温度控制在 −10℃～+50℃，湿度保持在 90% 以下，并可上送温度、湿度信息。

5.6.1.4 控制柜应能满足 GB/T 18663.3 变电站户外防电磁干扰的要求。

5.6.2 对非智能普通屏柜，屏体要求详见《国家电网继电保护柜、屏制造规范》，并遵循已发布的《国家电网有限公司物资采购标准　继电保护及自动装置卷》相关部分规定。

5.6.2.1 微机保护和控制装置的屏柜下部应设有截面积不小于 100mm² 的铜排（不要求与保护屏绝缘）。

5.6.2.2 保护柜内电压回路每相及 N 相端子均应采用多个连接端子（不少于 3 个）。

5.6.2.3 同一保护柜内若有多路直流电源引入，应接入不同安装单元端子排。

5.6.3 屏柜内部配线、端子排、接地铜排、屏柜上安装辅助设备等应符合相关规程、标准与反事故措施的规定。

6 试验

6.1 工厂试验

卖方提供的设备试验标准应符合国家、行业及 IEC 的有关标准，并提供每一种型式产品的型式试验报告和 IEC 61850 一致性测试报告。

卖方提供的每一套设备出厂之前都应按国家和行业标准以及工厂规定的调试大纲进行出厂检查、性能试验，试验报告应随产品提供。当需做动态模拟试验或数字仿真试验时，模拟系统的接线和参数由卖方与买方在试验前协商确定，按实际系统参数进行试验。

6.2 系统联调试验

卖方应按买方需求配合完成买方组织的保护装置功能验证与系统联调试验。

6.3 现场试验

现场实际设备接入后，应按照 DL/T 995 的要求，在一次设备不带电和带电试运行时做现场试验，卖方应配合完成保护装置的现场调试及投运试验。现场投运前和试运行中发现的设备缺陷和元件损坏，卖方应及时无偿修理或更换，直至符合规范要求。

6.4 继电保护专业检测

卖方依据国家电网有限公司继电保护专业检测标准参加继电保护专业检测，并提供每一种型式产品的专业检测报告。

7 技术服务、设计联络、工厂检验和监造

7.1 技术文件

7.1.1 卖方提供的技术文件应提供买方所要求的性能信息，并对其可靠性和一致性负责，卖方所提供的技术文件（包括资料和数据）将成为合同一部分。

7.1.2 卖方应随投标书一起提供一般性技术文件，并且应是与投标产品一致的最新版本，投标时应提供的技术文件如下：

　　a）　产品的技术说明书；

b) 产品的型式试验报告；

c) 产品的用户运行证明；

d) 产品的软件版本等。

7.1.3 卖方应在签约后 3 周内向买方提供设计用的技术文件如下：

a) 产品的技术说明书；

b) 产品及保护屏原理框图及说明，模件或继电器的原理接线图及其工作原理说明；

c) 装置的 ICD（IED 装置能力描述）文件、保护装置虚端子连接图；

d) 组屏的正面布置图、屏内设备布置图、端子排图及图例说明；

e) 保护屏所用的辅助继电器和选择开关采用的标准；

f) 保护屏的安装尺寸图，包括屏的尺寸和重量、基础螺栓的位置和尺寸等。

7.1.4 签约后双方遵循的原则如下：

a) 在收到买方最终认可图纸前，卖方所购买的材料或制造所发生的费用及其风险全由卖方单独承担；

b) 生产的成品应符合合同的技术规范。买方对图纸的确认并不能解除卖方对其图纸的完善性和准确性应承担的责任；

c) 设计方在收到图纸后 3 周内返回主要确认意见，并根据需要召开设计联络会。卖方在提供确认图纸时必须提供为审核该张图纸所需的资料。买方有权要求卖方对其图纸中的任一装置任一部件作必要修改，在设计图纸完成之前应保留设计方对卖方图纸的其他确认权限，而买方不需承担额外费用。

7.1.5 在收到确认意见后，卖方应在规定时间内向买方提供的技术文件如下：

a) 7.1.3 所列的修改后的正式技术文件；

b) 保护装置的内部接线及图例说明，保护屏内部接线图及其说明（包括屏内布置及内部端子排图）；

c) 保护装置的软件版本号和校验码；

d) 产品的使用说明书，包括保护装置的现场调试大纲、整定值表和整定计算说明及计算算例等；

e) 通信规约和解释文本及装置调试软件和后台分析软件，以便与计算机监控系统和继电保护故障信息系统联调。

7.1.6 设备供货时提供的技术文件和资料如下：

a) 设备的开箱资料清单；

b) 产品的技术说明书、使用说明书和组屏图纸；

c) 出厂调试试验报告；

d) 产品质量检验合格证书；

e) 合同规定的出厂验收试验报告和一致性测试报告等；

f) 保护设备识别代码及出厂信息表。

7.1.7 技术文件的格式和分送要求如下：

a) 全部图纸应为 A4 幅面，并有完整图标，采用国标单位制；

b) 提供的技术文件除纸质文件外，还应包括一份电子文档，并提供可供修改的最终图纸电子文件（图形文件能够被 PC 机 AutoCAD for Windows 2000 版支持）；

c) 技术文件（图纸和资料）分送单位、套数和地址根据项目单位要求提供。

7.2 设计联络会议

7.2.1 若有必要，买方在收到卖方签字的第一批文件后的 3 周内将举行设计联络会议。设计联络会议内容如下：

a) 卖方应对修改后的供确认的资料和图纸进行详细的解释，并应解答买方对这些资料和图纸所提的问题，经过共同讨论，买方给予确认，以便卖方绘制正式图纸提供给买方；

b) 卖方应介绍合同产品已有的运行经验；

c) 卖方应提供验收大纲，工程参数表；

d) 买方或设计方应确认保护装置的 GOOSE 接口及 MMS 接口的类型与数量；

e) 设计联络会应确定通信信息的具体内容。

7.2.2 会议应签订会议纪要，并作为合同的组成部分。

7.3 工厂验收和现场验收

要求满足国家电网有限公司企业标准中关于工厂验收（现场）的规范。

7.4 质量保证

7.4.1 卖方应保证制造过程中的所有工艺、材料、试验等（包括卖方的外购件在内）均应符合本部分的规定。若买方根据运行经验指定卖方提供某种外购零部件，卖方应积极配合。卖方对所购配套部件设备质量负责，采购前向买方提供主要国产元器件报价表，采购中应进行严格的质量检验，交货时应向买方提供其产品质量合格证书及有关安装使用等技术文件资料。

7.4.2 对于采用属于引进技术的设备、元器件，卖方在采购前应向买方提供主要进口元器件报价表。引进的设备、元器件应符合引进国的技术标准或 IEC 标准，当标准与本部分有矛盾时，卖方应将处理意见书面通知买方，由买卖双方协商解决。假若卖方有更优越或更为经济的设计和材料，足以使卖方的产品更为安全、可靠、灵活、适应时，卖方可提出并经买方的认可，然而应遵循现行的国家工业标准，并且有成熟的设计和工艺要求以及工程实践经验。

7.4.3 双方签订合同后，卖方应按工程设计及施工进度分批提交技术文件和图纸，必要时，买卖双方应进行技术联络，以讨论合同范围内的有关技术问题。

7.4.4 卖方保证所提供的设备应为由最适宜的原材料并采用先进工艺制成、且未经使用过的全新产品；保证产品的质量、规格和性能与投标文件所述一致。

7.4.5 卖方提供的保护设备运行使用寿命不应小于 15 年。

7.4.6 卖方保证所提供的设备在各个方面符合招标文件规定的质量、规格和性能。在合同规定的质量保证期内（保护设备到货后 24 个月或 SAT 后 18 个月），卖方对由于产品设计、制造和材料、外购零部件的缺陷而造成所供设备的任何破坏、缺陷故障，当卖方收到买方的书面通知后，卖方在 2 天内免费负责修理或更换有缺陷的设备（包括运输费、税收等），以达到本部分的要求。质保期以合同商务部分为准。

质保期后发生质量问题，卖方应提供免费维修服务，包括硬件更换和软件版本升级。

7.5 项目管理

合同签订后，卖方应指定负责本工程的项目经理，负责卖方在工程全过程的各项工作，如工程进度、设计制造、图纸文件、包装运输、现场安装、调试验收等。

7.6 现场服务

现场服务内容如下：

a) 在设备安装调试过程中视买方工作情况卖方及时派出工程技术服务人员，以提供现场服务。卖方派出人员在现场负责技术指导，并协助买方安装、调试。同时，买方为卖方的现场派出人员提供工作和生活的便利条件；

b) 当变电站内保护设备分批投运时，卖方应按合同规定及时派工程技术人员到达现场服务；

c) 根据买方的安排，卖方安排适当时间对设备的正确安装和试验给予技术培训。

7.7 售后服务

7.7.1 现场投运前和试运行中发现的设备缺陷和元件损坏，卖方应及时无偿修理或更换，直至符合规范要求。保修期内产品出现不符合功能要求和技术指标要求，卖方应在 4h 内响应，并在 24h 内负责修理或更换。保修期外产品出现异常、设备缺陷、元件损坏或不正确动作，现场无法处理时，卖方接到买方通知后，也应在 4h 内响应，并立即派出工程技术人员在 24h 内到达现场处理。

7.7.2 对反事故措施以及软件版本的升级等，应提供技术服务。

7.8 备品备件、专用工具、试验仪器

7.8.1 对每套保护，卖方应提供必要的备品备件。

7.8.2 卖方应提供安装、运行、检修所需的专用工具，包括专用调试、测试设备。

ICS 29.240

Q/GDW

国家电网公司企业标准

Q／GDW 13208.2—2014

智能变电站35kV及以下母联（分段）
保 护 采 购 标 准
第2部分：专用技术规范

Purchasing standard for 35kV lower voltage bus coupler (bus section)
protection in smart substation
Part 2: Special technical specification

2014-09-30发布   2014-09-30实施

国家电网公司   发布

目　次

前　言

《智能变电站 35kV 及以下母联（分段）保护采购标准》分为 2 个部分：

——第 1 部分：通用技术规范；

——第 2 部分：专用技术规范。

本部分为《智能变电站 35kV 及以下母联（分段）保护采购标准》的第 2 部分。

本部分由国家电网公司物资部提出并解释。

本部分由国家电网公司科技部归口。

本部分起草单位：南瑞集团有限公司（国网电力科学研究院）。

本部分主要起草人：姚成、沈健、周劲亮、陆奕、蒋雷海、赵景涛、刘小宝、鲁文、石卫军、代攀。

本部分首次发布。

本部分在执行过程中的意见或建议反馈至国家电网公司科技部。

智能变电站 35kV 及以下母联（分段）保护采购标准
第 2 部分：专用技术规范

1 范围

本部分规定了智能变电站 35kV 及以下母联（分段）保护招标的标准技术参数、项目需求及投标人响应的相关内容。

本部分适用于智能变电站 35kV 及以下母联（分段）保护招标。

2 规范性引用文件

下列文件对于本文件的应用是必不可少的。凡是注日期的引用文件，仅注日期的版本适用于本文件。凡是不注日期的引用文件，其最新版本（包括所有的修改单）适用于本文件。

Q/GDW 13208.1　智能变电站 35kV 及以下母联（分段）保护采购标准　第 1 部分：通用技术规范

3 术语和定义

下列术语和定义适用于本文件。

3.1

招标人　bidder

提出招标项目，进行招标的法人或其他组织。

3.2

投标人　tenderer

响应招标、参加投标竞争的法人或者其他组织。

3.3

卖方　seller

提供本部分货物和技术服务的法人或其他组织，包括其法定的承继者。

3.4

买方　buyer

购买本部分货物和技术服务的法人或其他组织，包括其法定的承继者和经许可的受让人。

4 标准技术参数

技术参数特性表是国家电网公司对采购设备的基础技术参数要求，在招投标过程中，投标人应依据招标文件，对技术参数特性表中标准参数值进行响应。智能变电站 35kV 及以下母联（分段）保护、打印机、保护柜技术参数特性见表 1～表 3。物资必须满足 Q/GDW 13208.1 的要求。

表 1　智能变电站 35kV 及以下母联（分段）保护技术参数特性表

序号	参 数 名 称	单位	标准参数值
1	电流定值误差		≤5%
2	电压定值误差		≤5%
3	时限定值误差	ms	≤40

表1（续）

序号	参 数 名 称	单位	标准参数值
4	电流量测量误差	%	≤0.2
5	遥控命令输出正确率		100%
6	事件顺序记录分辨率（SOE）	ms	≤2
7	交流电压回路过负荷能力		$1.2U_N$，连续工作；$1.4U_N$，10s
8	交流电流回路过负荷能力		$2I_N$，连续工作；$10I_N$，10s；$40I_N$，1s
9	交流电压回路功率消耗（每相）	VA	≤1
10	交流电流回路功率消耗（每相）	VA	≤0.5（I_N=1A）； ≤1（I_N=5A）
11	装置直流消耗	W	≤50（工作时）； ≤80（动作时）
12	跳闸触点容量		长期允许通过电流不小于5A； 触点断开容量为不小于50W
13	其他触点容量		长期允许通过电流不小于2A； 触点断开容量为不小于30W
14	光纤接口接收灵敏度	dBm	≤−30（以太网光接口）
15	光纤接口发送功率	dBm	≥−20（以太网光接口）
16	装置工作电源	V	（招标人填写）
17	TA二次额定电流	A	（招标人填写）
18	断路器跳闸线圈电流	A	（招标人填写）
19	断路器合闸线圈电流	A	（招标人填写）
20	普通柜可选技术参数		（招标人填写）
21	智能柜技术参数要求		（招标人填写）
22	GOOSE接口数量		（招标人填写）
23	其他		（招标人填写）

表2 打印机技术参数特性表

序号	参 数 名 称	单位	标准参数值
1	工作电源	V	220AC
2	接口型式		与保护装置配套

表3 保护柜（非智能控制柜）技术参数特性表

序号	参 数 名 称	单位	标准参数值
1	尺寸	mm	高度：2260； 宽度：800； 深度：600
2	颜色		GSB05−1426−2001，77号，GY09冰灰橘纹

5 组件材料配置表

组件材料配置表包括元件名称、规格形式参数、单位、数量和产地等信息，具体内容和格式根据招标项目情况编制。

6 使用环境条件表

典型智能变电站 35kV 及以下母联（分段）保护使用环境条件见表 4。特殊环境要求根据项目情况编制。

表 4 使 用 环 境 条 件 表

项目单位：				项目名称：
序号	名 称 项 目		单位	标准参数值
1	电源的频率		Hz	50
2	温度	最高气温	℃	+45
		最低气温	℃	−5
		最大日温差	K	+25
3	湿度	日相对湿度平均值	%	≤95
		月相对湿度平均值	%	≤90
4	海拔		m	≤2000
5	耐受地震能力	水平加速度	m/s^2	0.3g
		垂直加速度	m/s^2	0.15g
6	保护装置是否组屏		组屏/单装置	（项目单位提供）
7	安装方式		集中/分散	（项目单位提供）
注：标准参数值为正常使用条件，超出此值时为特殊使用条件。				

ICS 29.240.01
K 45

Q/GDW

国家电网有限公司企业标准

Q/GDW 13209.1—2018
代替 Q/GDW 13209.1—2014

智能变电站 66kV 母联（分段）
保 护 采 购 标 准
第 1 部分：通用技术规范

Purchasing standard for 66kV bus coupler (bus section)
protection in smart substation
Part 1: General technical specification

2019-06-28发布   2019-06-28实施

国家电网有限公司   发 布

目　次

前　言

为规范智能变电站 66kV 母联（分段）保护的采购要求，制定本部分。

《智能变电站 66kV 母联（分段）保护采购标准》分为 2 个部分：

——第 1 部分：通用技术规范；

——第 2 部分：专用技术规范。

本部分为《智能变电站 66kV 母联（分段）保护采购标准》的第 1 部分。

本部分代替 Q/GDW 13209.1—2014，与 Q/GDW 13209.1—2014 相比，主要技术性差异如下：

——修改了 5.4.16 章节，修改了"远方操作"和"保护检修状态"硬压板的要求。

——删除了 5.4 章，保护装置就地化安装的要求。

本部分由国家电网有限公司物资部提出并解释。

本部分由国家电网有限公司科技部归口。

本部分起草单位：国网江苏省电力有限公司、南瑞集团有限公司（国网电力科学研究院有限公司）。

本部分主要起草人：余洪、梁臣、孙良凯、杨平怡、纪浩然、岳嵩、黄浩声。

本部分 2014 年 9 月首次发布，2018 年 12 月第一次修订。

本部分在执行过程中的意见或建议反馈至国家电网有限公司科技部。

智能变电站 66kV 母联（分段）保护采购标准
第 1 部分：通用技术规范

1 范围

本部分规定了智能变电站 66kV 母联（分段）保护招标的总则、技术参数和性能要求、试验、包装、运输、交货及工厂检验和监造的一般要求。

本部分适用于智能变电站 66kV 母联（分段）保护招标。

2 规范性引用文件

下列文件对于本文件的应用是必不可少的。凡是注日期的引用文件，仅注日期的版本适用于本文件。凡是不注日期的引用文件，其最新版本（包括所有的修改单）适用于本文件。

GB/T 191　包装储运图示标志

GB/T 2423（所有部分）　电工电子产品环境试验

GB/T 7261　继电器和继电保护装置基本试验方法

GB/T 11287　电气继电器　第 21 部分：量度继电器和保护装置的振动、冲击、碰撞和地震试验　第 1 篇：振动试验（正弦）

GB/T 14285　继电保护和安全自动装置技术规程

GB/T 14537　量度继电器和保护装置的冲击与碰撞试验

GB/T 14598.3　电气继电器　第 5 部分：量度继电器和保护装置的绝缘配合要求和试验

GB/T 14598.9　量度继电器和保护装置　第 22－3 部分：电气骚扰试验　辐射电磁场抗扰度

GB/T 14598.10　量度继电器和保护装置　第 22－4 部分：电气骚扰试验　电快速瞬变/脉冲群抗扰度试验

GB/T 14598.13　电气继电器　第 22－1 部分：量度继电器和保护装置的电气骚扰试验　1MHz 脉冲群抗扰度试验

GB/T 14598.14　量度继电器和保护装置　第 22－2 部分：电气骚扰试验　静电放电试验

GB/T 14598.17　电气继电器　第 22－6 部分：量度继电器和保护装置的电气骚扰试验—射频场感应的传导骚扰的抗扰度

GB/T 14598.18　量度继电器和保护装置　第 22－5 部分：电气骚扰试验　浪涌抗扰度试验

GB/T 14598.19　电气继电器　第 22－7 部分：量度继电器和保护装置的电气骚扰试验—工频抗扰度试验

GB/T 17626.1　电磁兼容　试验和测量技术　抗扰度试验总论

GB/T 17626.2　电磁兼容　试验和测量技术　静电放电抗扰度试验

GB/T 17626.3　电磁兼容　试验和测量技术　射频电磁场辐射抗扰度试验

GB/T 17626.4　电磁兼容　试验和测量技术　电快速瞬变脉冲群抗扰度试验

GB/T 17626.5　电磁兼容　试验和测量技术　浪涌（冲击）抗扰度试验

GB/T 17626.6　电磁兼容　试验和测量技术　射频场感应的传导骚扰抗扰度

GB/T 17626.8　电磁兼容　试验和测量技术　工频磁场抗扰度试验

GB/T 17626.9　电磁兼容　试验和测量技术　脉冲磁场抗扰度试验

GB/T 17626.10　电磁兼容　试验和测量技术　阻尼振荡磁场抗扰度试验

GB/T 17626.11　电磁兼容　试验和测量技术　电压暂降、短时中断和电压变化抗扰度试验

GB/T 17626.12　电磁兼容　试验和测量技术　振荡波抗扰度试验

GB/T 18663.3　电子设备机械结构　公制系列和英制系列的试验　第3部分：机柜、机架和插箱的电磁屏蔽性能试验

GB/T 20840.8　互感器　第8部分：电子式电流互感器

GB/T 22386　电力系统暂态数据交换通用格式

GB/T 25931　网络测量和控制系统的精确时钟同步协议

GB/T 26864　电力系统继电保护产品动模试验

DL/T 478　继电保护及安全自动装置通用技术条件

DL/T 720　电力系统继电保护柜、屏通用技术条件

DL/T 769　电力系统微机继电保护技术导则

DL/T 860（所有部分）　变电站通信网络和系统

DL/T 995　继电保护和电网安全自动装置检验规程

DL/T 5136　火力发电厂、变电站二次接线设计技术规程

Q/GDW 383　智能变电站技术导则

Q/GDW 414　变电站智能化改造技术规范

Q/GDW 428　智能变电站智能终端技术规范

Q/GDW 441　智能变电站继电保护技术规范

Q/GDW 1396　IEC 61850工程继电保护应用模型

Q/GDW 1426　智能变电站合并单元技术规范

Q/GDW 1430　智能变电站智能控制柜技术规范

Q/GDW 10393　110（66）kV～220kV 智能变电站设计规范

Q/GDW 10394　330kV～750kV 智能变电站设计规范

Q/GDW 10767　10kV～110（66）kV 元件保护及辅助装置标准化设计规范

Q/GDW 11010　继电保护信息规范

Q/GDW 13001—2014　高海拔外绝缘配置技术规范

3　术语和定义

下列术语和定义适用于本文件。

3.1

招标人　bidder

提出招标项目，进行招标的法人或其他组织。

3.2

投标人　tenderer

响应招标、参加投标竞争的法人或者其他组织。

3.3

卖方　seller

提供本部分货物和技术服务的法人或其他组织，包括其法定的承继者。

3.4

买方　buyer

购买本部分货物和技术服务的法人或其他组织，包括其法定的承继者和经许可的受让人。

4 总则

4.1 一般性要求

4.1.1 卖方提供的智能变电站继电保护及相关设备应符合 Q/GDW 441 的要求。

智能变电站继电保护与站控层信息交互采用 DL/T 860 标准，跳合闸命令和联闭锁信息可通过直接电缆连接或 GOOSE 机制传输。卖方提供的继电保护及相关设备所采用的技术应遵循 Q/GDW 441 标准及本部分中与之对应的部分。

4.1.2 卖方提供的变电站继电保护及相关设备应符合 Q/GDW 10767 的要求。

变电站继电保护装置的动作信息、告警信息、状态变位信息、中间节点信息、日志记录、人机界面信息等信息输出符合 Q/GDW 11010 的要求。

4.1.3 本部分提出的是最低限度的要求，并未对一切技术细节作出规定，也未充分引述有关标准的条文，投标人应提供符合本部分和工业标准的优质产品。

4.1.4 如果投标人没有以书面形式对本部分的条文提出异议，则表示投标人提供的设备完全符合本部分的要求；如有异议，应在报价书中以"对规范书的意见和同规范书的差异"为标题的专门章节中加以详细描述。

4.1.5 本部分所使用的标准如遇与投标人所执行的标准不一致时按较高的标准执行。

4.1.6 本部分经招、投标双方确认后作为订货合同的技术附件，与合同正文具有同等效力。

4.2 卖方职责

卖方的工作范围应包括但不仅限于下列内容：

a) 提供标书内所有设备及设计说明书及制造方面的说明；

b) 提供国家或电力工业检验检测机构出具的型式试验报告、动模试验和 DL/860 的一致性测试报告，以便确认供货设备能否满足所有的性能要求；

c) 提供与投标设备版本相符的安装及使用说明书；

d) 提供试验和检验的标准，包括试验报告和试验数据；

e) 提供图纸，制造和质量保证过程的一览表以及标书规定的其他资料；

f) 提供设备管理和运行所需有关资料；

g) 所提供设备应发运到规定的目的地；

h) 在更换所用的准则、标准、规程或修改设备技术数据时，卖方应接受需方的选择；

i) 现场服务。

4.3 应满足的标准

装置至少应满足 GB/T 191、GB/T 2423、GB/T 7261、GB/T 11287、GB/T 14285、GB/T 14537、GB/T 14598.3、GB/T 14598.9、GB/T 14598.10、GB/T 14598.13、GB/T 14598.14、GB/T 14598.17、GB/T 14598.18、GB/T 14598.19、GB/T 17626.1、GB/T 17626.2、GB/T 17626.3、GB/T 17626.4、GB/T 17626.5、GB/T 17626.6、GB/T 17626.8、GB/T 17626.9、GB/T 17626.10、GB/T 17626.11、GB/T 17626.12、GB/T 18663.3、GB/T 20840.8、GB/T 22386、GB/T 25931、GB/T 26864、DL/T 478、DL/T 720、DL/T 769、DL/T 860（所有部分）、DL/T 995、DL/T 5136、Q/GDW 414、Q/GDW 428、Q/GDW 441、Q/GDW 1396、Q/GDW 1426、Q/GDW 1430、Q/GDW 10393、Q/GDW 10394、Q/GDW 10767、Q/GDW 11010、Q/GDW 13001—2014 最新版本要求，但不限于上述所列标准。

4.4 应满足的文件

该类设备技术标准应满足国家法律法规及国家电网有限公司标准化成果中相关条款要求。下列文件中相应的条款规定均适用于本文件，其最新版本（包括所有的修改单）适用于本文件。包括：

a) 《电力监控系统安全防护规定》；

b) 《国家电网有限公司十八项电网重大反事故措施（2018 年修订版）》；

c）《国家电网有限公司输变电工程通用设计》；

d）《国家电网公司关于加快推进电力监控系统网络安全管理平台建设的通知》；

e）《国家电网继电保护柜、屏制造规范》。

5 技术参数和性能要求

5.1 使用环境条件

5.1.1 设备储存温度：$-25℃\sim+70℃$。

5.1.2 设备工作温度：$-10℃\sim+55℃$。

5.1.3 大气压力：$80kPa\sim106kPa$。

5.1.4 相对湿度：$5\%\sim95\%$。

5.1.5 抗地震能力：地面水平加速度 $0.3g$，垂直加速度 $0.15g$，同时作用。

5.2 保护装置额定参数

5.2.1 额定直流电源：220V/110V。

5.2.2 模拟量输入：额定交流电流，5A/1A；额定交流电压，$100V/\sqrt{3}$（相电压）、100V（线电压）。

5.2.3 数字量输入：额定电流，01CFH 或 00E7H；额定电压，2D41H。

5.2.4 额定频率：50Hz。

5.2.5 打印机工作电源：交流 220V，50Hz。

5.3 装置功率消耗

5.3.1 装置交流消耗：交流电流回路功率消耗每相不大于 0.5VA（$I_N=1A$）或 1VA（$I_N=5A$），交流电压回路功率消耗（额定电压下）每相不大于 1VA，卖方投标时必须提供确切数值。

5.3.2 装置直流消耗：当正常工作时，不大于 30W；当保护动作时，不大于 50W。卖方投标时必须提供确切数值，并在专用技术规范的技术偏差表中列出。

5.4 66kV 母联（分段）保护总的技术要求

5.4.1 本节规定了跳合闸命令和联闭锁信息通过 GOOSE 机制传输和（或）电压、电流量通过电子式互感器及 MU 采集的保护设备的技术要求。

通过传统互感器、电缆直接采样的装置，交流采样及交流二次回路的技术要求应符合已有的相应规范和标准以及《国家电网有限公司物资采购标准 继电保护及自动装置卷》相关部分要求。

通过电缆直接跳闸的装置，跳合闸及二次回路的技术要求应符合已有的相应规范和标准以及《国家电网有限公司物资采购标准 继电保护及自动装置卷》相关部分要求。

5.4.2 环境温度在 $-10℃\sim+55℃$ 时，装置应能满足本部分所规定的精度。

5.4.3 除出口继电器外，装置内的任一元件损坏时，装置不应误动作跳闸。

5.4.4 保护装置不应依赖于外部对时系统实现其保护功能。

5.4.5 66kV 电压等级的过程层 SV 与 GOOSE 共网，过程层网络和站控层网络应完全独立。

5.4.6 继电保护设备与本间隔智能终端之间通信应采用 GOOSE 点对点通信方式；继电保护之间的联闭锁信息宜采用 GOOSE 网络传输方式。

5.4.7 保护装置宜独立分散、就地安装，保护装置安装运行环境应满足相关标准技术要求。

5.4.8 66kV 电压等级保护就地安装时，保护装置宜集成智能终端等功能。

5.4.9 保护直接采样，直接跳断路器。

5.4.10 保护装置采样同步应由保护装置实现，装置 SV 采样值接口支持 GB/T 20840.8 或 DL/T 860.92 协议，在工程应用时应能灵活配置。

5.4.11 保护装置应自动补偿电子式互感器的采样响应延迟，当响应延时发生变化时应闭锁采自不同 MU 且有采样同步要求的保护。保护装置的采样输入接口数据的采样频率宜为 4000Hz。

5.4.12 保护装置的交流量信息应具备自描述功能。

5.4.13 保护装置应处理 MU 上送的数据品质位（无效、检修等），及时准确提供告警信息。在异常状态下，利用 MU 的信息合理地进行保护功能的退出和保留，瞬时闭锁可能误动的保护，延时告警，并在数据恢复正常之后尽快恢复被闭锁的保护功能，不闭锁与该异常采样数据无关的保护功能。接入两个及以上 MU 的保护装置应按 MU 设置"MU 投入"软压板。

5.4.14 当采用电子式互感器时，保护装置应针对电子式互感器特点优化相关保护算法，提高保护性能。

5.4.15 保护装置应采取措施，防止输入的双 A/D 数据之一异常时误动作。

5.4.16 保护装置只设"远方操作"和"保护检修状态"硬压板，保护功能投退不设硬压板，如下：

    a）"远方操作"只设硬压板。"远方投退压板"、"远方切换定值区"和"远方修改定值"只设软压板，只能在装置本地操作，三者功能相互独立，分别与"远方操作" 硬压板采用"与门" 逻辑。当"远方操作"硬压板投入后，上述三个软压板远方功能才有效；

    b）"保护检修状态" 只设硬压板，当该压板投入时，保护装置报文上送带品质位信息，保护装置应有明显显示（面板指示灯和界面显示）。"保护检修状态"硬压板遥信不置检修标志。参数、配置文件仅在检修压板投入时才可下装，下装时应闭锁保护；

    c）保护功能投退不设硬压板。

5.4.17 保护装置应同时支持 GOOSE 点对点和网络方式传输，传输协议遵循 DL/T 860.81。

5.4.18 保护装置应具备 MMS 接口与站控层设备通信。保护装置向站控层提供的信息符合 Q/GDW 396。

5.4.19 保护装置的交流电流、交流电压及保护设备参数的显示、打印、整定应能支持一次值，上送信息应采用一次值。

5.4.20 保护装置内部 MMS 接口、GOOSE 接口、SV 接口应采用相互独立的数据接口控制器接入网络。

5.4.21 保护装置应具备通信中断、异常等状态的检测和告警功能。装置应提供装置故障（含失电）硬接点输出。

5.4.22 保护装置宜通过 IRIG－B（DC）码对时，也可采用 GB/T 25931 进行网络对时，对时精度应满足要求。

5.4.23 对保护装置 ICD 文件与 CID 文件的要求如下：

    a）ICD、CID 文件符合统一的模型要求，适用于通用的配置工具和静态检测、分析软件；

    b）ICD 文件应完整描述 IED 提供的数据模型及服务，采用模块化设计，包含版本信息；

    c）CID 文件应完整描述 IED 的实例化信息，应包含版本信息。

5.4.24 保护装置信息交互要求如下：

    a）智能变电站继电保护应满足运行维护、监视控制及无人值班、智能电网调度等信息交互的要求。

    b）继电保护设备应支持在线和离线获取模型，离线获取和在线召唤的模型应保持一致。定值模型应包含描述、定值单位、定值上限、定值下限等信息。

    c）继电保护设备应将检修压板状态上送站控层。当继电保护设备检修压板投入时，上送报文中信号的品质 q 的"Test 位"应置位。

    d）继电保护设备应支持取代服务，取代数据的上送报文中，信号的品质 q 的"取代位"应置位。

    e）继电保护设备应能够支持不小于 16 个客户端的 TCP/IP 访问连接，应能够支持 10 个报告实例。

5.4.25 保护装置交互信息内容如下：

    a）继电保护设备应支持上送采样值、开关量、压板状态、设备参数、定值区号及定值、自检信息、异常告警信息、保护动作事件及参数（故障相别、跳闸相别和测距）、录波报告信息、装置硬件信息、装置软件版本信息、装置日志信息等数据；

    b）继电保护设备主动上送的信息应包括开关量变位信息、异常告警信息和保护动作事件信息等；

    c）继电保护设备应支持远方投退压板、修改定值、切换定值区、设备复归功能，并具备权限管理功能；

    d）继电保护设备的自检信息应包括硬件损坏、功能异常、与过程层设备通信状况等；

e） 继电保护设备应支持远方召唤至少最近 8 次录波报告的功能。

5.4.26 在雷击过电压、一次回路操作、系统故障及其他强干扰作用下，不应误动和拒动。保护装置静电放电试验、快速瞬变干扰试验、高频干扰试验、脉冲群干扰试验、辐射电磁场干扰试验、冲击电压试验和绝缘试验应至少符合本部分的相关标准。保护装置调试端口应带有光电隔离装置。

5.4.27 保护柜中的插件应接触可靠，并且有良好的互换性，以便检修时能迅速更换。

5.4.28 保护装置应具有直流电源快速小开关，与保护装置安装在同一柜上。保护装置的逻辑回路应由独立的直流/直流变换器供电。直流电压消失时，保护装置不应误动作。直流电源电压在 80%～115%额定值范围内变化时，保护装置应正确工作。在直流电源恢复（包括缓慢地恢复）到 80%U_N 时，直流逆变电源应能自动启动。直流电源纹波系数小于等于 5%时，保护装置应正确工作。拉合直流电源以及插拔熔丝发生重复击穿火花时，保护装置不应误动作。直流电源回路出现各种异常情况（如短路、断线、接地等）时保护装置不应误动作。

5.4.29 所提供保护设备的软件版本及校验码应与买方进行确认，并提供配套的使用说明书和相关的定值清单。

5.5 66kV 母联（分段）保护装置具体要求

5.5.1 装置保护功能要求

66kV 母联（分段）配置一套专用的、具备瞬时和延时跳闸功能的过电流保护。

母联（分段）保护中应包括母线充电保护，并带可长期投入的带延时的过电流保护。延时过电流保护、充电保护分别经压板控制，充电保护应经电压闭锁。各项功能指标应满足相关的电力行业标准或国家标准的要求。

5.5.2 装置 MMS、SV、GOOSE 接口要求

装置应具备站控层 MMS 接口至少 2 个；对采用 MU 数字量输入装置，应具备 SV（采样值）点对点接口至少 1 个；对采用过程层 GOOSE 的装置，应具备 GOOSE 组网接口至少 1 个、点对点接口至少 1 个。装置具体接口数量，招标人在专用技术规范中明确。

5.6 柜结构的技术要求

5.6.1 对智能控制柜，技术要求详见 Q/GDW 1430，并遵循以下要求：

a） 控制柜应装有截面为 100mm² 的铜接地母线（不要求与柜体绝缘），接地母线末端应装好可靠的压接式端子，以备接到电站的接地网上。柜体应采用双层结构，循环通风；

b） 同一保护柜内若有多路直流电源引入，应接入不同安装单元端子排，且每路电源正、负极之间应有端子隔开。控制柜内设备的安排及端子排的布置，应保证各套保护的独立性，在一套保护检修时不影响其他任何一套保护系统的正常运行；

c） 控制柜应具备温度、湿度的采集、调节功能，柜内温度控制在 −10℃～+50℃，相对湿度保持在 90%以下，并可上送温度、湿度信息；

d） 控制柜应能满足 GB/T 18663.3 变电站户外防电磁干扰的要求。

5.6.2 对非智能普通屏柜，屏体要求详见《国家电网继电保护柜、屏制造规范》，并遵循已发布的《国家电网有限公司物资采购标准 继电保护及自动装置卷》相关部分规定。

5.6.2.1 微机保护和控制装置的屏柜下部应设有截面积不小于 100mm² 的铜排（不要求与保护屏绝缘）。

5.6.2.2 保护柜内电压回路每相及 N 相端子均应采用多个连接端子（不少于 3 个）。

5.6.2.3 同一保护柜内若有多路直流电源引入，应接入不同安装单元端子排。5.6.3 屏柜内部配线、端子排、接地铜排、屏柜上安装辅助设备等应符合相关规程、标准与反事故措施的规定。

6 试验

6.1 工厂试验

卖方提供的设备试验标准应符合国家、行业及 IEC 的有关标准，并提供每一种动模试验报告、型式

试验报告和 IEC 61850 一致性测试报告。

卖方提供的每一套设备出厂之前都应按国家和行业标准以及工厂规定的调试大纲进行出厂检查、性能试验，试验报告应随产品提供。当需做动态模拟试验或数字仿真试验时，模拟系统的接线和参数由卖方与买方在试验前协商确定，按实际系统参数进行试验。

6.2 系统联调试验

卖方应按买方需求配合完成买方组织的保护装置功能验证与系统联调试验。

6.3 现场试验

现场实际设备接入后，应按照 DL/T 995 的要求，在一次设备不带电和带电试运行时做现场试验，卖方应配合完成保护装置的现场调试及投运试验。现场投运前和试运行中发现的设备缺陷和元件损坏，卖方应及时无偿修理或更换，直至符合本部分要求。

6.4 继电保护专业检测

卖方依据国家电网有限公司继电保护专业检测标准参加继电保护专业检测，并提供每一种型式产品的专业检测报告。

7 技术服务、设计联络、工厂检验和监造

7.1 技术文件

7.1.1 卖方提供的技术文件应提供买方所要求的性能信息，并对其可靠性和一致性负责，卖方所提供的技术文件（包括资料和数据）将成为合同一部分。

7.1.2 卖方应随投标书一起提供一般性技术文件，并且应是与投标产品一致的最新版本：

    a) 产品的技术说明书；

    b) 产品的型式试验报告和动模试验报告；

    c) 产品的鉴定证书和（或）生产许可证；

    d) 产品的用户运行证明；

    e) 产品的软件版本等。

7.1.3 卖方应在签约后 2 周内向买方提供设计用的技术文件：

    a) 产品的技术说明书；

    b) 产品及保护屏原理框图及说明，模件或继电器的原理接线图及其工作原理说明；

    c) 组屏的正面布置图、屏内设备布置图、端子排图及图例说明；

    d) 保护屏所用的辅助继电器和选择开关采用的标准；

    e) 保护屏的安装尺寸图，包括屏的尺寸和重量、基础螺栓的位置和尺寸等。

7.1.4 在收到买方最终认可图纸前，卖方所购买的材料或制造所发生的费用及其风险全由卖方单独承担。

7.1.5 生产的成品应符合合同的技术规范。买方对图纸的确认并不能解除卖方对其图纸的完善性和准确性应承担的责任。

7.1.6 设计方在收到图纸后 2 周内返回主要确认意见，并根据需要召开设计联络会。卖方在提供确认图纸时应提供为审核该张图纸所需的资料。买方有权要求卖方对其图纸中的任一装置任一部件作必要修改，在设计图纸完成之前应保留设计方对卖方图纸的其他确认权限，而买方不需承担额外费用。

7.1.7 在收到确认意见后，卖方应在规定时间内向买方提供下列技术文件：

    a) 7.1.3 所列的修改后的正式技术文件；

    b) 保护装置的内部接线及图例说明，保护屏内部接线图及其说明（包括屏内布置及内部端子排图）；

    c) 保护装置的软件版本号和校验码；

    d) 产品的使用说明书，包括保护装置的现场调试大纲、整定值表和整定计算说明及计算算例等；

e) 通信规约和解释文本及装置调试软件和后台分析软件，以便与计算机监控系统和继电保护故障信息系统联调。

7.1.8 设备供货时提供下列技术文件和资料：

a) 设备的开箱资料清单；

b) 产品的技术说明书、使用说明书和组屏图纸；

c) 出厂调试试验报告；

d) 产品质量检验合格证书；

e) 合同规定的出厂验收试验报告和动模报告等；

f) 保护设备识别代码及出厂信息表。

7.1.9 技术文件的格式和分送要求如下：

a) 全部图纸应为 A4 幅面，并有完整图标，采用国标单位制；

b) 提供的技术文件除纸质文件外，还应包括一份电子文档，并提供可供修改的最终图纸电子文件（图形文件能够被 PC 机 AutoCAD for Windows 2000 版支持）；

c) 技术文件（图纸和资料）分送单位、套数和地址根据项目单位要求提供。

7.2 设计联络会议

7.2.1 若有必要，买方在收到卖方签字的第一批文件后的 2 周内将举行设计联络会议。设计联络会议内容如下：

a) 卖方应对修改后的供确认的资料和图纸进行详细的解释，并应解答买方对这些资料和图纸所提的问题，经过共同讨论，买方给予确认，以便卖方绘制正式图纸提供给买方；

b) 卖方应介绍合同产品已有的运行经验；

c) 卖方应提供验收大纲，工程参数表。

7.2.2 会议应签订会议纪要，并作为合同的组成部分。

7.3 工厂验收和现场验收

要求满足国家电网有限公司企业标准中关于工厂验收（现场）的规范。

7.4 质量保证

7.4.1 卖方应保证制造过程中的所有工艺、材料、试验等（包括卖方的外购零部件在内）均应符合本部分的规定。若买方根据运行经验指定卖方提供某种外购零部件，卖方应积极配合。卖方对所购配套部件设备质量负责，采购前向买方提供主要国产元器件报价表，采购中应进行严格的质量检验，交货时应向买方提供其产品质量合格证书及有关安装使用说明书等技术文件资料。

7.4.2 对于采用属于引进技术的设备、元器件，卖方在采购前应向买方提供主要进口元器件报价表。引进的设备、元器件应符合引进国的技术标准或 IEC 标准，当标准与本部分有矛盾时，卖方应将处理意见书面通知买方，由买卖双方协商解决。假若卖方有更优越或更为经济的设计和材料，足以使卖方的产品更为安全、可靠、灵活、适应时，卖方可提出并经买方的认可，然而应遵循现行的国家工业标准，并且有成熟的设计和工艺要求以及工程实践经验。

7.4.3 双方签订合同后，卖方应按工程设计及施工进度分批提交技术文件和图纸，必要时，买卖双方应进行技术联络，以讨论合同范围内的有关技术问题。

7.4.4 卖方保证所提供的设备应为由最适宜的原材料并采用先进工艺制成、且未经使用过的全新产品；保证产品的质量、规格和性能与投标文件所述一致。

7.4.5 卖方提供的保护设备运行使用寿命不应小于 15 年。

7.4.6 卖方保证所提供的设备在各个方面符合招标文件规定的质量、规格和性能。在合同规定的质量保证期内（保护设备到货后 24 个月或 SAT 后 18 个月），卖方对由于产品设计、制造和材料、外购零部件的缺陷而造成所供设备的任何破坏、缺陷故障，当卖方收到买方的书面通知后，卖方在 2 天内免费负责修理或更换有缺陷的设备（包括运输费、税收等），以达到本部分的要求。质保期以合同商务部分为准。

7.4.7 质保期后发生质量问题，卖方应提供免费维修服务，包括硬件更换和软件版本升级。

7.5 项目管理

合同签订后，卖方应指定负责本工程的项目经理，负责卖方在工程全过程的各项工作，如工程进度、设计制造、图纸文件、包装运输、现场安装、调试验收等。

7.6 现场服务

7.6.1 在设备安装调试过程中视买方工作情况卖方及时派出工程技术服务人员，以提供现场服务。卖方派出人员在现场负责技术指导，并协助买方安装、调试。同时，买方为卖方的现场派出人员提供工作和生活的便利条件。

7.6.2 当变电站内保护设备分批投运时，卖方应按合同规定及时派工程技术人员到达现场服务。

7.6.3 根据买方的安排，卖方安排适当时间对设备的正确安装和试验给予技术培训。

7.7 售后服务

7.7.1 现场投运前和试运行中发现的设备缺陷和元件损坏，卖方应及时无偿修理或更换，直至符合规范要求。保修期内产品出现不符合功能要求和技术指标要求，卖方应在 4h 内响应，并在 24h 内负责修理或更换。保修期外产品出现异常、设备缺陷、元件损坏或不正确动作，现场无法处理时，卖方接到买方通知后，也应在 4h 内响应，并立即派出工程技术人员在 24h 内到达现场处理。

7.7.2 对反事故措施以及软件版本的升级等，应提供技术服务。

7.8 备品备件、专用工具、试验仪器

7.8.1 对每套保护，卖方应提供必要的备品备件。

7.8.2 卖方应提供安装、运行、检修所需的专用工具，包括专用调试、测试设备。

ICS 29.240

Q/GDW

国家电网公司企业标准

Q/GDW 13209.2—2014

智能变电站66kV母联（分段）
保护采购标准
第2部分：专用技术规范

Purchasing standard for 66kV bus coupler (bus section)
protection in smart substation
Part 2: Special technical specification

2014-09-30发布   2014-09-30实施

国家电网公司   发布

目　　次

前　言

《智能变电站 66kV 母联（分段）保护采购标准》分为 2 个部分：

——第 1 部分：通用技术规范；

——第 2 部分：专用技术规范。

本部分为《智能变电站 66kV 母联（分段）保护采购标准》的第 2 部分。

本部分由国家电网公司物资部提出并解释。

本部分由国家电网公司科技部归口。

本部分起草单位：南瑞集团有限公司（国网电力科学研究院）。

本部分主要起草人：姚成、沈健、周劭亮、陆奕、蒋雷海、赵景涛、刘小宝、鲁文、石卫军、代攀。

本部分首次发布。

本部分在执行过程中的意见或建议反馈至国家电网公司科技部。

智能变电站 66kV 母联（分段）保护采购标准
第 2 部分：专用技术规范

1 范围

本部分规定了智能变电站 66kV 母联（分段）保护招标的标准技术参数、项目需求及投标人响应的相关内容。

本部分适用于智能变电站 66kV 母联（分段）保护招标。

2 规范性引用文件

下列文件对于本文件的应用是必不可少的。凡是注日期的引用文件，仅注日期的版本适用于本文件。凡是不注日期的引用文件，其最新版本（包括所有的修改单）适用于本文件。

Q/GDW 13209.1 智能变电站 66kV 母联（分段）保护采购标准 第 1 部分：通用技术规范

3 术语和定义

下列术语和定义适用于本文件。

3.1

招标人 bidder

提出招标项目，进行招标的法人或其他组织。

3.2

投标人 tenderer

响应招标、参加投标竞争的法人或者其他组织。

3.3

卖方 seller

提供本部分货物和技术服务的法人或其他组织，包括其法定的承继者。

3.4

买方 buyer

购买本部分货物和技术服务的法人或其他组织，包括其法定的承继者和经许可的受让人。

4 标准技术参数

技术参数特性表是国家电网公司对采购设备的基础技术参数要求，在招投标过程中，投标人应依据招标文件，对技术参数特性表中标准参数值进行响应。智能变电站 66kV 母联（分段）保护、打印机、保护柜技术参数特性见表 1～表 3。物资必须满足 Q/GDW 13209.1 的要求。

表 1 智能变电站 66kV 母联（分段）保护技术参数特性表

序号	参 数 名 称	单位	标准参数值
1	电流定值误差		不超过±5%
2	光纤接口接收灵敏度	dBm	≤−20（串行光接口） ≤−30（以太网光接口）

表1（续）

序号	参 数 名 称	单位	标准参数值
3	光纤接口发送功率	dBm	≥－10（串行光接口） ≥－20（以太网光接口）
4	装置工作电源	V	（招标人填写）
5	SV（采样值）点对点接口类型 （IEC 60044－8 接口；IEC 61850－9－2 接口； 常规模拟量输入）		（招标人填写）
6	SV（采样值）点对点接口数量		（招标人填写）
7	过程层 GOOSE 组网接口数量		（招标人填写）
8	过程层 GOOSE 点对点接口数量		（招标人填写）
9	站控层 MMS 接口数量与类型		（招标人填写）
10	对时方式		（招标人填写）
11	普通柜可选技术参数		（招标人填写）
12	智能柜技术参数要求		（招标人填写）
13	其他 1		（招标人填写）
14	其他 2		（招标人填写）

表2 打印机技术参数特性表

序号	参 数 名 称	单位	标准参数值
1	工作电源	V	220AC
2	接口型式		与保护装置配套

表3 保护柜（非智能控制柜）技术参数特性表

序号	参 数 名 称	单位	标准参数值
1	尺寸	mm	高度：2260； 宽度：800； 深度：600
2	颜色		GSB05－1426－2001，77 号，GY09 冰灰橘纹

5 组件材料配置表

组件材料配置表包括元件名称、规格形式参数、单位、数量和产地等信息，具体内容和格式根据招标项目情况编制。

6 使用环境条件表

典型智能变电站 66kV 母联（分段）保护使用环境条件见表 4。特殊环境要求根据项目情况编制。

表 4　使用环境条件表

项目单位：				项目名称：
序号	名　称　项　目		单位	标准参数值
1	电源的频率		Hz	50
2	温度	最高气温	℃	+45
		最低气温	℃	−5
		最大日温差	K	+25
3	湿度	日相对湿度平均值	%	≤95
		月相对湿度平均值	%	≤90
4	海拔高度		m	≤2000
5	抗振能力	水平加速度	m/s²	0.3g
		垂直加速度	m/s²	0.15g
6	保护装置是否组屏		组屏/单装置	（项目单位提供）
7	安装方式		集中/分散	（项目单位提供）
注：标准参数值为正常使用条件，超出此值时为特殊使用条件，可根据工程实际使用条件进行修改。				

ICS 29.240.01
K 45

Q/GDW

国家电网有限公司企业标准

Q／GDW 13210.1—2018
代替 Q／GDW 13210.1—2014

智能变电站 110kV 母联（分段）
保 护 采 购 标 准
第 1 部分：通用技术规范

Purchasing standard for 110kV bus coupler (bus section)
protection in smart substation
Part 1: General technical specification

2019-06-28发布   2019-06-28实施

国家电网有限公司   发 布

目　　次

前　言

为规范智能变电站 110kV 母联（分段）保护的采购要求，制定本部分。

《智能变电站 110kV 母联（分段）保护采购标准》分为 2 个部分：

——第 1 部分：通用技术规范；

——第 2 部分：专用技术规范。

本部分为《智能变电站 110kV 母联（分段）保护采购标准》的第 1 部分。

本部分代替 Q/GDW 13210.1—2014，与 Q/GDW 13210.1—2014 相比，主要技术性差异如下：

——修改了 5.4.15 章节，修改了"远方操作"和"保护检修状态"硬压板的要求。

——删除了 5.4 章，保护装置就地化安装的要求。

本部分由国家电网有限公司物资部提出并解释。

本部分由国家电网有限公司科技部归口。

本部分起草单位：国网江苏省电力有限公司、南瑞集团有限公司（国网电力科学研究院有限公司）。

本部分主要起草人：余洪、梁臣、孙良凯、陈石通、纪浩然、杨平怡、包亚卓、宋爽、邱涛。

本部分 2014 年 9 月首次发布，2018 年 12 月第一次修订。

本部分在执行过程中的意见或建议反馈至国家电网有限公司科技部。

智能变电站110kV母联（分段）保护采购标准
第1部分：通用技术规范

1 范围

本部分规定了智能变电站110kV母联（分段）保护招标的总则、技术参数和性能要求、试验、包装、运输、交货及工厂检验和监造的一般要求。

本部分适用于智能变电站110kV母联（分段）保护招标。

2 规范性引用文件

下列文件对于本文件的应用是必不可少的。凡是注日期的引用文件，仅注日期的版本适用于本文件。凡是不注日期的引用文件，其最新版本（包括所有的修改单）适用于本文件。

GB/T 191 包装储运图示标志

GB/T 2423（所有部分） 电工电子产品环境试验

GB/T 7261 继电器和继电保护装置基本试验方法

GB/T 11287 电气继电器 第21部分：量度继电器和保护装置的振动、冲击、碰撞和地震试验 第1篇：振动试验（正弦）

GB/T 14285 继电保护和安全自动装置技术规程

GB/T 14537 量度继电器和保护装置的冲击与碰撞试验

GB/T 14598.9 量度继电器和保护装置 第22-3部分：电气骚扰试验 辐射电磁场抗扰度

GB/T 14598.10 量度继电器和保护装置 第22-4部分：电气骚扰试验 电快速瞬变/脉冲群抗扰度试验

GB/T 14598.13 电气继电器 第22-1部分：量度继电器和保护装置的电气骚扰试验 1MHz脉冲群抗扰度试验

GB/T 14598.14 量度继电器和保护装置 第22-2部分：电气骚扰试验 静电放电试验

GB/T 14598.17 电气继电器 第22-6部分：量度继电器和保护装置的电气骚扰试验—射频场感应的传导骚扰的抗扰度

GB/T 14598.3 电气继电器 第5部分：量度继电器和保护装置的绝缘配合要求和试验

GB/T 14598.18 量度继电器和保护装置 第22-5部分：电气骚扰试验 浪涌抗扰度试验

GB/T 14598.19 电气继电器 第22-7部分：量度继电器和保护装置的电气骚扰试验—工频抗扰度试验

GB/T 15145 输电线路保护装置通用技术条件

GB/T 17626.1 电磁兼容 试验和测量技术 抗扰度试验总论

GB/T 17626.2 电磁兼容 试验和测量技术 静电放电抗扰度试验

GB/T 17626.3 电磁兼容 试验和测量技术 射频电磁场辐射抗扰度试验

GB/T 17626.4 电磁兼容 试验和测量技术 浪涌（冲击）抗扰度试验

GB/T 17626.5 电磁兼容 试验和测量技术 电快速瞬变脉冲群抗扰度试验

GB/T 17626.6 电磁兼容 试验和测量技术 射频场感应的传导骚扰抗扰度

GB/T 17626.8 电磁兼容 试验和测量技术 工频磁场的抗扰度试验

GB/T 17626.9　电磁兼容　试验和测量技术　脉冲磁场的抗扰度试验

GB/T 17626.10　电磁兼容　试验和测量技术　阻尼振荡磁场的抗扰度试验

GB/T 17626.11　电磁兼容　试验和测量技术　电压暂降、短时中断和电压变化抗扰度试验

GB/T 17626.12　电磁兼容　试验和测量技术　振荡波抗扰度试验

GB/T 18663.3　电子设备机械结构　公制系列和英制系列的试验　第 3 部分：机柜、机架和插箱的电磁屏蔽性能试验

GB/T 20840.8　互感器　第 8 部分：电子式电流互感器

GB/T 22386　电力系统暂态数据交换通用格式

GB/T 25931　网络测量和控制系统的精确时钟同步协议

GB/T 26864　电力系统继电保护产品动模试验

DL/T 478　继电保护及安全自动装置通用技术条件

DL/T 480　静态电流相位比较式纵联保护装置技术条件

DL/T 720　电力系统继电保护柜、屏通用技术条件

DL/T 769　电力系统微机继电保护技术导则

DL/T 860（所有部分）　变电站通信网络和系统

DL/T 995　继电保护和电网安全自动装置检验规程

DL/T 5136　火力发电厂、变电站二次接线设计技术规程

Q/GDW 383　智能变电站技术导则

Q/GDW 414　变电站智能化改造技术规范

Q/GDW 428　智能变电站智能终端技术规范

Q/GDW 441　智能变电站继电保护技术规范

Q/GDW 1396　IEC 61850 工程继电保护应用模型

Q/GDW 1430　智能变电站智能控制柜技术规范

Q/GDW 10393　110（66）kV～220kV　智能变电站设计规范

Q/GDW 10394　330kV～750kV　智能变电站设计规范

Q/GDW 10767　10kV～110（66）kV　元件保护及辅助装置标准化设计规范

Q/GDW 11010　继电保护信息规范

Q/GDW 13001—2014　高海拔外绝缘配置技术规范

3　术语和定义

下列术语和定义适用于本文件。

3.1

招标人　bidder

提出招标项目，进行招标的法人或其他组织。

3.2

投标人　tenderer

响应招标、参加投标竞争的法人或者其他组织。

3.3

卖方　seller

提供本部分货物和技术服务的法人或其他组织，包括其法定的承继者。

3.4

买方　buyer

购买本部分货物和技术服务的法人或其他组织，包括其法定的承继者和经许可的受让人。

4 总则

4.1 一般性要求

4.1.1 卖方提供的智能变电站继电保护及相关设备应符合 Q/GDW 441 的要求。

智能变电站继电保护与站控层信息交互采用 DL/T 860 标准，跳合闸命令和联闭锁信息可通过直接电缆连接或 GOOSE 机制传输。卖方提供的继电保护及相关设备所采用的技术应遵循 Q/GDW 441 及本部分中与之对应的部分。

4.1.2 卖方提供的变电站继电保护及相关设备应符合 Q/GDW 10767 的要求。

变电站继电保护装置的动作信息、告警信息、状态变位信息、中间节点信息、日志记录、人机界面信息等信息输出符合 Q/GDW 11010 的要求。

4.1.3 本部分提出的是最低限度的要求，并未对一切技术细节作出规定，也未充分引述有关标准的条文，投标人应提供符合本部分和工业标准的优质产品。

4.1.4 如果投标人没有以书面形式对本部分的条文提出异议，则表示投标人提供的设备完全符合本部分的要求；如有异议，应在报价书中以"对规范书的意见和同规范书的差异"为标题的专门章节中加以详细描述。

4.1.5 本部分所使用的标准如遇与投标人所执行的标准不一致按较高的标准执行。

4.1.6 本部分经招、投标双方确认后作为订货合同的技术附件，与合同正文具有同等效力。

4.2 卖方职责

卖方的工作范围应包括但不仅限于下列内容：

a) 提供标书内所有设备及设计说明书及制造方面的说明；

b) 提供国家或电力行业级检验检测机构出具的型式试验报告、动模试验报告和 IEC 61850 的一致性测试报告，以便确认供货设备能否满足所有的性能要求；

c) 提供与投标设备版本相符的安装、使用说明书；

d) 提供试验和检验的标准，包括试验报告和试验数据；

e) 提供图纸，制造和质量保证过程的一览表以及标书规定的其他资料；

f) 提供设备管理和运行所需有关资料；

g) 所提供设备应发运到规定的目的地；

h) 在更换所用的准则、标准、规程或修改设备技术数据时，卖方应接受需方的选择；

i) 现场服务。

4.3 应满足的标准

装置应至少满足 GB/T 191、GB/T 2423（所有部分）、GB/T 7261、GB/T 11287、GB/T 14285、GB/T 14537、 GB/T 14598.9 、 GB/T 14598.10 、 GB/T 14598.13 、 GB/T 14598.14 、 GB/T 14598.17 、 GB/T 14598.3、GB/T 14598.18、GB/T 14598.19、GB/T 15145、GB/T 17626.1、GB/T 17626.2、GB/T 17626.3、 GB/T 17626.4、GB/T 17626.5、GB/T 17626.6、GB/T 17626.8、GB/T 17626.9、GB/T 17626.10、GB/T 17626.11、 GB/T 17626.12、 GB/T 18663.3、 GB/T 20840.8、 GB/T 22386、 GB/T 25931、 GB/T 26864、 DL/T 478、 DL/T 480、DL/T 720、DL/T 769、DL/T 860（所有部分）、DL/T 995、DL/T 5136、Q/GDW 383、Q/GDW 414、 Q/GDW 428、Q/GDW 441、Q/GDW 1396、Q/GDW 1430、Q/GDW 10393、Q/GDW 10394、Q/GDW 10767、 Q/GDW 11010、Q/GDW 13001—2014 最新版本要求，但不限于上述所列标准。

4.4 应满足的文件

该类设备技术标准应满足国家法律法规及国家电网有限公司标准化成果中相关条款要求。下列文件中相应的条款规定均适用于本文件，其最新版本（包括所有的修改单）适用于本文件。包括：

a) 《电力监控系统安全防护规定》；

b) 《国家电网有限公司十八项电网重大反事故措施（2018 年修订版）》；

c）《国家电网有限公司输变电工程通用设计》；

d）《国家电网公司关于加快推进电力监控系统网络安全管理平台建设的通知》；

e）《国家电网继电保护柜、屏制造规范》。

5 技术参数和性能要求

5.1 使用环境条件

5.1.1 设备储存温度：−25℃～+70℃。

5.1.2 设备工作温度：−10℃～+55℃。

5.1.3 大气压力：80kPa～106kPa。

5.1.4 相对湿度：5%～95%。

5.1.5 抗地震能力：地面水平加速度0.3g，垂直加速度0.15g，同时作用。

5.2 保护装置额定参数

5.2.1 额定直流电源：220V/110V。

5.2.2 模拟量输入：额定交流电流，5A/1A；额定交流电压，100V/$\sqrt{3}$（相电压）、100V（线电压）、300V（开口三角电压）。

5.2.3 数字量输入：额定电流，01CFH 或 00E7H；额定电压，2D41H。

5.2.4 额定频率：50Hz。

5.2.5 打印机工作电源：交流220V，50Hz。

5.3 装置功率消耗

5.3.1 装置交流消耗：交流电流回路功率消耗每相不大于 0.5VA（I_N=1A）或 1VA（I_N=5A），交流电压回路功率消耗（额定电压下）每相不大于 1VA，卖方投标时必须提供确切数值。

5.3.2 装置直流消耗：当正常工作时，不大于 50W；当保护动作时，不大于 80W。卖方投标时必须提供确切数值，并在专用技术规范的技术偏差表中列出。

5.4 110kV 母联（分段）保护装置总的技术要求

5.4.1 本节规定了跳合闸命令和联闭锁信息通过 GOOSE 机制传输和（或）电压电流量通过电子式互感器及 MU 采集的保护设备的技术要求。

通过传统互感器、电缆直接采样的装置，装置交流采样及交流二次回路的技术要求，应符合已有的相应规范和标准以及《国家电网有限公司物资采购标准 继电保护及自动装置卷》相关部分要求。

通过电缆直接跳闸装置，装置跳合闸及二次回路的技术要求，应符合已有的相应规范和标准以及《国家电网有限公司物资采购标准 继电保护及自动装置卷》相关部分要求。

5.4.2 环境温度在−10℃～+55℃时，装置应能满足本部分所规定的精度。

5.4.3 母联（分段）保护跳母联（分段）断路器采用点对点直接跳闸方式。

5.4.4 除出口继电器外，装置内的任一元件损坏时，装置不应误动作跳闸。

5.4.5 保护装置不应依赖于外部对时系统实现其保护功能。

5.4.6 110kV 电压等级的过程层 SV 与 GOOSE 共网，过程层网络和站控层网络应完全独立。

5.4.7 保护装置、智能终端等智能电子设备间的相互启动、相互闭锁、位置状态等交换信息通过 GOOSE 网络传输。

5.4.8 母联（分段）保护直接采样，直接跳母联（分段）断路器。

5.4.9 保护装置采样同步应由保护装置实现，装置 SV 采样值接口支持 GB/T 20840.8 或 DL/T 860.92 协议，在工程应用时应能灵活配置。

5.4.10 保护装置应自动补偿电子式互感器的采样响应延迟，当响应延时发生变化时应闭锁采自不同 MU 且有采样同步要求的保护。保护装置的采样输入接口数据的采样频率宜为 4000Hz。

5.4.11 保护装置的交流量信息应具备自描述功能。

5.4.12 保护装置应处理 MU 上送的数据品质位（无效、检修等），及时准确提供告警信息。在异常状态下，利用 MU 的信息合理地进行保护功能的退出和保留，瞬时闭锁可能误动的保护，延时告警，并在数据恢复正常之后尽快恢复被闭锁的保护功能，不闭锁与该异常采样数据无关的保护功能。

5.4.13 当采用电子式互感器时，保护装置应针对电子式互感器特点优化相关保护算法、提高保护性能。

5.4.14 保护装置应采取措施，防止输入的双 A/D 数据之一异常时误动作。

5.4.15 保护装置只设"远方操作"和"保护检修状态"硬压板，保护功能投退不设硬压板，如下：

　　a) "远方操作"只设硬压板。"远方投退压板"、"远方切换定值区"和"远方修改定值"只设软压板，只能在装置本地操作，三者功能相互独立，分别与"远方操作"硬压板采用"与门"逻辑。当"远方操作"硬压板投入后，上述三个软压板远方功能才有效；

　　b) "保护检修状态" 只设硬压板，当该压板投入时，保护装置报文上送带品质位信息，保护装置应有明显显示（面板指示灯和界面显示）。"保护检修状态"硬压板遥信不置检修标志。参数、配置文件仅在检修压板投入时才可下装，下装时应闭锁保护；

　　c) 保护功能投退不设硬压板。

5.4.16 保护装置应同时支持 GOOSE 点对点和网络方式传输，传输协议遵循 DL/T 860.81。

5.4.17 保护装置采样值接口和 GOOSE 接口数量应满足工程的需要。

5.4.18 保护装置应具备 MMS 接口与站控层设备通信。保护装置向站控层提供的信息符合 Q/GDW 396。

5.4.19 保护装置的交流电流及保护设备参数的显示、打印、整定应能支持一次值，上送信息应采用一次值。

5.4.20 保护装置内部 MMS 接口、GOOSE 接口、SV 接口应采用相互独立的数据接口控制器接入网络。

5.4.21 保护装置应具备通信中断、异常等状态的检测和告警功能。装置应提供装置故障（含失电）硬接点输出。

5.4.22 保护装置宜通过 IRIG－B（DC）码对时，也可采用 GB/T 25931 标准进行网络对时，对时精度应满足要求。

5.4.23 110kV 电压等级应采用保护测控集成装置。

5.4.24 对保护装置 ICD 文件与 CID 文件的要求如下：

　　a) ICD、CID 文件符合统一的模型要求，适用于通用的配置工具和静态检测、分析软件；

　　b) ICD 文件应完整描述 IED 提供的数据模型及服务，采用模块化设计，包含版本信息；

　　c) CID 文件应完整描述本 IED 的实例化信息，应包含版本信息。

5.4.25 保护装置信息交互要求如下：

　　a) 智能变电站继电保护应满足运行维护、监视控制及无人值班、智能电网调度等信息交互的要求。

　　b) 继电保护设备应支持在线和离线获取模型，离线获取和在线召唤的模型应保持一致。定值模型应包含描述、定值单位、定值上限、定值下限等信息。

　　c) 继电保护设备应将检修压板状态上送站控层；当继电保护设备检修压板投入时，上送报文中信号的品质 q 的"Test 位"应置位。

　　d) 继电保护设备应支持取代服务，取代数据的上送报文中，信号的品质 q 的"取代位"应置位。

　　e) 继电保护设备应能够支持不小于 16 个客户端的 TCP/IP 访问连接，应能够支持 10 个报告实例。

5.4.26 保护装置交互信息内容如下：

　　a) 变电站配置信息应包括 ICD 文件、SSD 文件、SCD 文件和 CID 文件；

　　b) 继电保护设备应支持上送采样值、开关量、压板状态、设备参数、定值区号及定值、自检信息、异常告警信息、保护动作事件及参数（故障相别、跳闸相别和测距）、录波报告信息、装置硬件信息、装置软件版本信息、装置日志信息等数据；

　　c) 继电保护设备主动上送的信息应包括开关量变位信息、异常告警信息和保护动作事件信息等；

d) 继电保护设备应支持远方投退压板、修改定值、切换定值区、设备复归功能，并具备权限管理功能；

e) 继电保护设备的自检信息应包括硬件损坏、功能异常、与过程层设备通信状况等；

f) 继电保护设备应支持远方召唤至少最近 8 次录波报告的功能。

5.4.27 雷击过电压、一次回路操作、系统故障及其他强干扰作用下，不应误动和拒动。装置静电放电试验、快速瞬变干扰试验、高频干扰试验，脉冲群干扰试验、辐射电磁场干扰试验、冲击电压试验和绝缘试验应符合本部分的相关标准。装置调试端口应带有光电隔离。

5.4.28 保护柜中的插件应接触可靠，并且有良好的互换性，以便检修时能迅速更换。

5.4.29 保护装置应具有直流电源快速小开关，与保护装置安装在同一柜上。保护装置的逻辑回路应由独立的直流/直流变换器供电。直流电压消失时，装置不应误动。直流电源电压在 80%～115%额定值范围内变化时，保护装置应正确工作。在直流电源恢复（包括缓慢地恢复）到 80%U_N 时，直流逆变电源应能自动启动。直流电源纹波系数≤5%时，保护装置应正确工作。拉合直流电源以及插拔熔丝发生重复击穿火花时，保护装置不应误动作。直流电源回路出现各种异常情况（如短路、断线、接地等）时保护装置不应误动作。

5.4.30 所提供保护设备的软件版本及校验码应与买方进行确认，并提供配套的使用说明书和相关的定值清单。

5.4.31 测控功能要求。对集成测控功能的装置，还应满足以下功能要求。

5.4.31.1 具有实时数据采集与处理、控制操作及信息显示等功能，对监控运行设备的信息进行采集、转换、处理和传送，通过网络传给站控层，同时接收站控层发来的控制操作命令，经过有效的判断等，最后对设备进行操作控制，也可独立完成对断路器、隔离开关的控制操作。

5.4.31.2 实时数据采集与处理

a) 采集信号种类

遥测量：U_a，U_b，U_c，I_a，I_b，I_c，P，Q；

遥信量：保护动作，装置故障，装置异常告警，断路器分、合闸位置，断路器机构信号，远方/就地开关位置，装置压板投退信号等；

b) 采集信号的处理：对所采集的输入量进行数据滤波、有效性检查、故障判断、信号接点消抖等处理、变换后，再通过网络传送；

c) 信号输入方式

交流量输入：模拟量或数字量，计算 I、U、P、Q、f、$\cos\varphi$；

开关量输入：无源触点输入或数字量。

5.4.31.3 控制操作

a) 操作说明。控制方式为三级控制：就地控制、站控层控制、远方遥控。操作命令的优先级为：就地控制→站控层控制→远方遥控。同一时间只允许一种控制方式有效。对任何操作方式，应保证只有在本次操作步骤完成后，才能进行下一步操作。

在屏柜上设"就地/远方"转换开关（带钥匙），任何时候只允许一种模式有效；"就地"位置，通过人工按键实现一对一的操作。

所有的遥控采用选择、校核、执行方式，且在本装置内实现，并有相应的记录信息；

b) 控制输出的触点要求。提供 1 组合闸触点，1 组分闸触点。

5.4.31.4 事件记录

a) 事件顺序记录：断路器状态变位、保护动作等事件顺序记录；

b) 遥控操作记录：记录遥控操作命令来源、操作时间、操作内容。

5.4.31.5 技术指标要求

a) 电流量、电压量测量误差≤0.2%，有功功率、无功功率测量误差≤0.5%；

b) 电网频率测量误差≤0.01Hz；

c) 模拟量越死区传送整定最小值≥0.1%（额定值），并逐点可调；

d) 事件顺序记录分辨率（SOE）≤1ms；

e) 模拟量越死区传送时间（至站控层）≤2s；

f) 状态量变位传送时间（至站控层）≤1s；

g) 模拟量信息响应时间（从 I/O 输入端至远动通信设备出口）≤3s；

h) 状态量变化响应时间（从 I/O 输入端至远动通信设备出口）≤2s；

i) 控制执行命令从生成到输出的时间≤1s；

j) 控制操作正确率 100%；

k) 装置平均无故障间隔时间≥30 000h；

l) 模数转换分辨率≥14 位。

5.4.31.6 其他要求。MU 数字量接入的保护测控集成装置，其保护、测控功能应由独立板卡分别实现。

5.5 110kV 母联（分段）保护装置具体要求

5.5.1 装置保护功能要求。母联（分段）保护装置中应包括母线充电保护，并带可长期投入的带延时的过电流保护与零序过电流保护，延时过电流保护、充电保护分别经压板控制，充电保护应经电压闭锁。各项功能指标应满足相关的电力行业标准或国家标准的要求。

5.5.2 保护装置显示故障报告应简洁明了。

5.5.3 装置 MMS、SV、GOOSE 接口要求。装置应具备站控层 MMS 接口至少 2 个；对采用 MU 数字量输入装置，应具备 SV（采样值）点对点接口至少 1 个；对采用过程层 GOOSE 的装置，应具备 GOOSE 组网接口至少 1 个、点对点接口至少 1 个。装置具体接口数量，买方在设计联络阶段确认。

5.6 柜结构的技术要求

5.6.1 对智能控制柜，技术要求详见 Q/GDW 1430，并遵循以下要求。

5.6.1.1 控制柜应装有 100mm² 截面的铜接地母线（不要求与柜体绝缘），接地母线末端应装好可靠的压接式端子，以备接到电站的接地网上。柜体应采用双层结构，循环通风。

5.6.1.2 同一保护柜内若有多路直流电源引入，应接入不同安装单元端子排，且每路电源正、负极之间应有端子隔开。控制柜内设备的安排及端子排的布置，应保证各套保护的独立性，在一套保护检修时不影响其他任何一套保护系统的正常运行。

5.6.1.3 控制柜应具备温度、湿度的采集、调节功能，柜内温度控制在－10℃～＋50℃，湿度保持在 90% 以下，并可上送温度、湿度信息。

5.6.1.4 控制柜应能满足 GB/T 18663.3 变电站户外防电磁干扰的要求。

5.6.2 对非智能普通屏柜，屏体要求详见《国家电网继电保护柜、屏制造规范》，并遵循已发布的《国家电网有限公司物资采购标准 继电保护及自动装置卷》相关部分规定。

5.6.2.1 微机保护和控制装置的屏柜下部应设有截面积不小于 100mm² 的铜排（不要求与保护屏绝缘）。

5.6.2.2 保护柜内电压回路每相及 N 相端子均应采用多个连接端子（不少于 3 个）。

5.6.2.3 同一保护柜内若有多路直流电源引入，应接入不同安装单元端子排。

5.6.3 屏柜内部配线、端子排、接地铜排、屏柜上安装辅助设备等应符合相关规程、标准与反事故措施的规定。

6 试验

6.1 工厂试验

卖方提供的设备试验标准应符合国家、行业及 IEC 的有关标准，并提供每一种型式产品的动模试验报告、型式试验报告和 DL/T860 一致性测试报告。

卖方提供的每一套设备出厂之前都应按国家和行业标准以及工厂规定的调试大纲进行出厂检查、性

能试验，试验报告应随产品提供。当需做动态模拟试验或数字仿真试验时，模拟系统的接线和参数由卖方与买方在试验前协商确定，按实际系统参数进行试验。

6.2 系统联调试验

卖方应按买方需求配合完成买方组织的保护装置功能验证与系统联调试验。

6.3 现场试验

现场实际设备接入后，应按照 DL/T 995 在一次设备不带电和带电试运行时做现场试验，卖方应配合完成保护装置的现场调试及投运试验。现场投运前和试运行中发现的设备缺陷和元件损坏，卖方应及时无偿修理或更换，直至符合本部分要求。

6.4 继电保护专业检测

卖方依据国家电网有限公司继电保护专业检测标准参加继电保护专业检测，并提供每一种型式产品的专业检测报告。

7 技术服务、设计联络、工厂检验和监造

7.1 技术文件

7.1.1 卖方提供的技术文件应提供买方所要求的性能信息，并对其可靠性和一致性负责，卖方所提供的技术文件（包括资料和数据）将成为合同一部分。

7.1.2 卖方应随投标书一起提供一般性技术文件，并且应是与投标产品一致的最新版本：

 a） 产品的技术说明书；

 b） 产品的型式试验报告和动模试验报告；

 c） 产品的鉴定证书和（或）生产许可证；

 d） 产品的用户运行证明；

 e） 产品的软件版本等。

7.1.3 卖方应在签约后 2 周内向买方提供设计用的技术文件：

 a） 产品的技术说明书；

 b） 产品及保护屏原理框图及说明，模件或继电器的原理接线图及其工作原理说明；

 c） 组屏的正面布置图、屏内设备布置图、端子排图及图例说明；

 d） 保护屏所用的辅助继电器和选择开关采用的标准；

 e） 保护屏的安装尺寸图，包括屏的尺寸和重量、基础螺栓的位置和尺寸等。

7.1.4 在收到买方最终认可图纸前，卖方所购买的材料或制造所发生的费用及其风险全由卖方单独承担。

7.1.5 生产的成品应符合合同的技术规范。买方对图纸的确认并不能解除卖方对其图纸的完善性和准确性应承担的责任。

7.1.6 设计方在收到图纸后 2 周内返回主要确认意见，并根据需要召开设计联络会。卖方在提供确认图纸时应提供为审核该张图纸所需的资料。买方有权要求卖方对其图纸中的任一装置任一部件作必要修改，在设计图纸完成之前应保留设计方对卖方图纸的其他确认权限，而买方不需承担额外费用。

7.1.7 在收到确认意见后，卖方应在规定时间内向买方提供下列技术文件：

 a） 7.1.3 所列的修改后的正式技术文件；

 b） 保护装置的内部接线及图例说明，保护屏内部接线图及其说明（包括屏内布置及内部端子排图）；

 c） 保护装置的软件版本号和校验码；

 d） 产品的使用说明书，包括保护装置的现场调试大纲、整定值表和整定计算说明及计算算例等；

 e） 通信规约和解释文本及装置调试软件和后台分析软件，以便与计算机监控系统和继电保护故障信息系统联调。

7.1.8 设备供货时提供下列技术文件和资料：

a)   设备的开箱资料清单；

b)   产品的技术说明书、使用说明书和组屏图纸；

c)   出厂调试试验报告；

d)   产品质量检验合格证书；

e)   合同规定的出厂验收试验报告和动模报告等；

f)   保护设备识别代码及出厂信息表。

7.1.9   技术文件的格式和分送要求如下：

a)   全部图纸应为 A4 幅面，并有完整图标，采用国标单位制；

b)   提供的技术文件除纸质文件外，还应包括一份电子文档，并提供可供修改的最终图纸电子文件（图形文件能够被 PC 机 AutoCAD for Windows 2000 版支持）；

c)   技术文件（图纸和资料）分送单位、套数和地址根据项目单位要求提供。

7.2   设计联络会议

7.2.1   若有必要，买方在收到卖方签字的第一批文件后的 2 周内将举行设计联络会议。设计联络会议内容如下：

a)   卖方应对修改后的供确认的资料和图纸进行详细的解释，并应解答买方对这些资料和图纸所提的问题，经过共同讨论，买方给予确认，以便卖方绘制正式图纸提供给买方；

b)   卖方应介绍合同产品已有的运行经验；

c)   卖方应提供验收大纲，工程参数表。

7.2.2   会议应签订会议纪要，并作为合同的组成部分。

7.3   工厂验收和现场验收

要求满足国家电网有限公司企业标准中关于工厂验收（现场）的规范。

7.4   质量保证

7.4.1   卖方应保证制造过程中的所有工艺、材料、试验等（包括卖方的外购零部件在内）均应符合本部分的规定。若买方根据运行经验指定卖方提供某种外购零部件，卖方应积极配合。卖方对所购配套部件设备质量负责，采购前向买方提供主要国产元器件报价表，采购中应进行严格的质量检验，交货时应向买方提供其产品质量合格证书及有关安装使用说明书等技术文件资料。

7.4.2   对于采用属于引进技术的设备、元器件，卖方在采购前应向买方提供主要进口元器件报价表。引进的设备、元器件应符合引进国的技术标准或 IEC 标准，当标准与本部分有矛盾时，卖方应将处理意见书面通知买方，由买卖双方协商解决。假若卖方有更优越或更为经济的设计和材料，足以使卖方的产品更为安全、可靠、灵活、适应时，卖方可提出并经买方的认可，然而应遵循现行的国家工业标准，并且有成熟的设计和工艺要求以及工程实践经验。

7.4.3   双方签订合同后，卖方应按工程设计及施工进度分批提交技术文件和图纸，必要时，买卖双方应进行技术联络，以讨论合同范围内的有关技术问题。

7.4.4   卖方保证所提供的设备应为由最适宜的原材料并采用先进工艺制成、且未经使用过的全新产品；保证产品的质量、规格和性能与投标文件所述一致。

7.4.5   卖方提供的保护设备运行使用寿命不应小于 15 年。

7.4.6   卖方保证所提供的设备在各个方面符合招标文件规定的质量、规格和性能。在合同规定的质量保证期内（保护设备到货后 24 个月或 SAT 后 18 个月），卖方对由于产品设计、制造和材料、外购零部件的缺陷而造成所供设备的任何破坏、缺陷故障，当卖方收到买方的书面通知后，卖方在 2 天内免费负责修理或更换有缺陷的设备（包括运输费、税收等），以达到本部分的要求。质保期以合同商务部分为准。

7.4.7   质保期后发生质量问题，卖方应提供免费维修服务，包括硬件更换和软件版本升级。

7.5   项目管理

合同签订后，卖方应指定负责本工程的项目经理，负责卖方在工程全过程的各项工作，如工程进度、设计制造、图纸文件、包装运输、现场安装、调试验收等。

7.6 现场服务

7.6.1 在设备安装调试过程中视买方工作情况卖方及时派出工程技术服务人员，以提供现场服务。卖方派出人员在现场负责技术指导，并协助买方安装、调试。同时，买方为卖方的现场派出人员提供工作和生活的便利条件。

7.6.2 当变电站内保护设备分批投运时，卖方应按合同规定及时派工程技术人员到达现场服务。

7.6.3 根据买方的安排，卖方安排适当时间对设备的正确安装和试验给予技术培训。

7.7 售后服务

7.7.1 现场投运前和试运行中发现的设备缺陷和元件损坏，卖方应及时无偿修理或更换，直至符合规范要求。保修期内产品出现不符合功能要求和技术指标要求，卖方应在 4h 内响应，并在 24h 内负责修理或更换。保修期外产品出现异常、设备缺陷、元件损坏或不正确动作，现场无法处理时，卖方接到买方通知后，也应在 4h 内响应，并立即派出工程技术人员在 24h 内到达现场处理。

7.7.2 对反事故措施以及软件版本的升级等，应提供技术服务。

7.8 备品备件、专用工具、试验仪器

7.8.1 对每套保护，卖方应提供必要的备品备件。

7.8.2 卖方应提供安装、运行、检修所需的专用工具，包括专用调试、测试设备。

ICS 29.240

Q/GDW

国家电网公司企业标准

Q/GDW 13210.2—2014

智能变电站 110kV 母联（分段）
保 护 采 购 标 准
第 2 部分：专用技术规范

Purchasing standard for 110kV bus coupler (bus section)
protection in smart substation
Part 2: Special technical specification

2014-09-30发布

2014-09-30实施

国家电网公司 发 布

目　次

Q／GDW 13210.2—2014

<h1 style="text-align:center">前　　言</h1>

《智能变电站 110kV 母联（分段）保护采购标准》分为 2 个部分：

——第 1 部分：通用技术规范；

——第 2 部分：专用技术规范。

本部分为《智能变电站 110kV 母联（分段）保护采购标准》的第 2 部分。

本部分由国家电网公司物资部提出并解释。

本部分由国家电网公司科技部归口。

本部分起草单位：南瑞集团有限公司（国网电力科学研究院）。

本部分主要起草人：曹团结、姚成、周劭亮、陆奕、蒋雷海、赵景涛、刘小宝、鲁文、伍小刚、代攀。

本部分首次发布。

本部分在执行过程中的意见或建议反馈至国家电网公司科技部。

智能变电站110kV母联（分段）保护采购标准
第2部分：专用技术规范

1 范围

本部分规定了智能变电站110kV母联（分段）保护招标的标准技术参数、项目需求及投标人响应的相关内容。

本部分适用于智能变电站110kV母联（分段）保护招标。

2 规范性引用文件

下列文件对于本文件的应用是必不可少的。凡是注日期的引用文件，仅注日期的版本适用于本文件。凡是不注日期的引用文件，其最新版本（包括所有的修改单）适用于本文件。

Q/GDW 13210.1 智能变电站110kV母联（分段）保护采购标准 第1部分：通用技术规范

3 术语和定义

下列术语和定义适用于本文件。

3.1
招标人 bidder
提出招标项目，进行招标的法人或其他组织。

3.2
投标人 tenderer
响应招标、参加投标竞争的法人或者其他组织。

3.3
卖方 seller
提供本部分货物和技术服务的法人或其他组织，包括其法定的承继者。

3.4
买方 buyer
购买本部分货物和技术服务的法人或其他组织，包括其法定的承继者和经许可的受让人。

4 标准技术参数

技术参数特性表是国家电网公司对采购设备的基础技术参数要求，在招投标过程中，投标人应依据招标文件，对技术参数特性表中标准参数值进行响应。智能变电站110kV母联（分段）保护、打印机、保护柜技术参数特性见表1～表3。物资必须满足Q/GDW 13210.1的要求。

表1 智能变电站110kV母联（分段）保护技术参数特性表

序号	参 数 名 称	单位	标准参数值
1	过电流Ⅰ段动作时间	ms	不大于30ms（1.2倍整定值）
2	测量电流、电压量误差		≤0.2
3	有功功率、无功功率测量误差		≤0.5

表1（续）

序号	参 数 名 称	单位	标准参数值
4	电网频率测量误差	Hz	≤0.01
5	事件顺序记录（SOE）分辨率	ms	≤1
6	状态量变位传送时间（至站控层）	s	≤1
7	控制执行命令从生成到输出的时间	s	≤1
8	光纤接口接收灵敏度	dBm	≤－20（串行光接口）； ≤－30（以太网光接口）
9	光纤接口发送功率	dBm	≥－10（串行光接口）； ≥－20（以太网光接口）
10	装置工作电源	V	（招标人填写）
11	SV（采样值）点对点接口类型 （IEC 61850－9－2 接口；模拟量输入）		（招标人填写）
12	SV（采样值）点对点接口数量		（招标人填写）
13	过程层 GOOSE 组网接口数量		（招标人填写）
14	过程层 GOOSE 点对点接口数量		（招标人填写）
15	站控层 MMS 接口数量与类型		（招标人填写）
16	对时方式		（招标人填写）
17	普通柜可选技术参数		（招标人填写）
18	智能柜技术参数要求		（招标人填写）
19	其他 1		（招标人填写）
20	其他 2		（招标人填写）

表2　打印机技术参数特性表

序号	参 数 名 称	单位	标准参数值
1	工作电源	V	220AC
2	接口型式		与保护装置配套

表3　保护柜（非智能控制柜）技术参数特性表

序号	参 数 名 称	单位	标准参数值
1	尺寸	mm	高度：2260； 宽度：800； 深度：600
2	颜色		GSB05－1426－2001，77 号，GY09 冰灰橘纹

5　组件材料配置表

组件材料配置表包括元件名称、规格形式参数、单位、数量和产地等信息，具体内容和格式根据招标项目情况编制。

6 使用环境条件表

典型智能变电站 110kV 母联（分段）保护使用环境条件见表 4。特殊环境要求根据项目情况编制。

表 4 使 用 环 境 条 件 表

项目单位：			项目名称：	
序号	名 称 项 目		单位	标准参数值
1	电源的频率		Hz	50
2	温度	最高气温	℃	+45
		最低气温	℃	−5
		最大日温差	K	+25
3	湿度	日相对湿度平均值	%	≤95
		月相对湿度平均值	%	≤90
4	海拔		m	≤2000
5	耐受地震能力	水平加速度	m/s²	0.3g
		垂直加速度	m/s²	0.15g
6	保护装置是否组屏		组屏/单装置	（项目单位提供）
7	安装方式		集中/分散	（项目单位提供）
注：标准参数值为正常使用条件，超出此值时为特殊使用条件，可根据工程实际使用条件进行修改。				

ICS 29.240.01
K 45

Q/GDW

国家电网有限公司企业标准

Q/GDW 13211.1—2018
代替 Q/GDW 13211.1—2014

智能变电站 220kV～750kV 母联（分段）保护采购标准

第 1 部分：通用技术规范

Purchasing standard for 220kV～750kV bus coupler (bus section)
protection in smart substation
Part 1: General technical specification

2019-06-28发布   2019-06-28实施

国家电网有限公司   发布

目　　次

前　　言

为规范智能变电站 220kV～750kV 母联（分段）保护的采购要求，制定本部分。

《智能变电站 220kV～750kV 母联（分段）保护采购标准》分为 2 个部分：

——第 1 部分：通用技术规范；

——第 2 部分：专用技术规范。

本部分为《智能变电站 220kV～750kV 母联（分段）保护采购标准》的第 1 部分。

本部分代替 Q/GDW 13211.1—2014，与 Q/GDW 13211.1—2014 相比，主要技术性差异如下：

——修改了 5.4.16 章节，修改了"远方操作"和"保护检修状态"硬压板的要求。

——删除了 5.4 章，保护装置就地化安装的要求。

本部分由国家电网有限公司物资部提出并解释。

本部分由国家电网有限公司科技部归口。

本部分起草单位：国网江苏省电力有限公司、南瑞集团有限公司（国网电力科学研究院有限公司）。

本部分主要起草人：余洪、梁臣、孙良凯、纪浩然、杨平怡、岳嵩、黄浩声。

本部分 2014 年 9 月首次发布，2018 年 12 月第一次修订。

本部分在执行过程中的意见或建议反馈至国家电网有限公司科技部。

智能变电站 220kV～750kV 母联（分段）保护采购标准
第 1 部分：通用技术规范

1 范围

本部分规定了智能变电站 220kV～750kV 母联（分段）保护招标的总则、技术参数和性能要求、试验、包装、运输、交货及工厂检验和监造的一般要求。

本部分适用于智能变电站 220kV～750kV 母联（分段）保护招标。

2 规范性引用文件

下列文件对于本文件的应用是必不可少的。凡是注日期的引用文件，仅注日期的版本适用于本文件。凡是不注日期的引用文件，其最新版本（包括所有的修改单）适用于本文件。

GB/T 191　包装储运图示标志

GB/T 2423（所有部分）　电工电子产品环境试验

GB/T 7261　继电保护和安全自动装置基本试验方法

GB/T 11287　电气继电器　第 21 部分：量度继电器和保护装置的振动、冲击、碰撞和地震试验

GB/T 14285　继电保护和安全自动装置技术规程

GB/T 14537　量度继电器和保护装置的冲击与碰撞试验

GB/T 14598.3　电气继电器　第 5 部分：量度继电器和保护装置的绝缘配合要求和试验

GB/T 14598.9　量度继电器和保护装置　第 22－3 部分：电气骚扰试验　辐射电磁场抗扰度

GB/T 14598.10　量度继电器和保护装置　第 22－4 部分：电气骚扰试验　电快速瞬变/脉冲群抗扰度试验

GB/T 14598.13　电气继电器　第 22－1 部分：1MHz 脉冲群抗扰度试验

GB/T 14598.14　量度继电器和保护装置　第 22－2 部分：电气骚扰试验　静电放电试验

GB/T 14598.17　电气继电器　第 22－6 部分：量度继电器和保护装置的电气骚扰试验—射频场感应的传导骚扰的抗扰度

GB/T 14598.18　量度继电器和保护装置　第 22－5 部分：电气骚扰试验　浪涌抗扰度试验

GB/T 14598.19　电气继电器　第 22－7 部分：量度继电器和保护装置的电气骚扰试验—工频抗扰度试验

GB/T 15145　输电线路保护装置通用技术条件

GB/T 18663.3　电子设备机械结构　公制系列和英制系列的试验　第 3 部分：机柜、机架和插箱的电磁屏蔽性能试验

GB/T 20840.8　互感器　第 8 部分：电子式电流互感器

GB/T 22386　电力系统暂态数据交换通用格式

GB/T 25931　网络测量和控制系统的精确时钟同步协议

GB/T 26864　电力系统继电保护产品动模试验

DL/T 478　继电保护及安全自动装置通用技术条件

DL/T 559　220kV～750kV 电网继电保护装置运行整定规程

DL/T 587　微机继电保护装置运行管理规程

DL/T 713　500kV 变电所保护与控制设备抗扰度要求

DL/T 720　电力系统继电保护柜、屏通用技术条件

DL/T 769　电力系统微机继电保护技术导则

DL/T 860（所有部分）　变电站通信网络和系统

DL/T 886　750kV 电力系统继电保护

DL/T 871　电力系统继电保护产品动模试验

DL/T 995　继电保护和电网安全自动装置检验规程

DL/T 5136　火力发电厂、变电站二次接线设计技术规程

DL/T 5218　220kV～500kV 变电所设计技术规程

Q/GDW 383　智能变电站技术导则

Q/GDW 414　变电站智能化改造技术规范

Q/GDW 428　智能变电站智能终端技术规范

Q/GDW 441　智能变电站继电保护技术规范

Q/GDW 1175　变压器、高压并联电抗器和母线保护及辅助装置标准化设计规范

Q/GDW 1396　IEC 61850 工程继电保护应用模型

Q/GDW 1430　智能变电站智能控制柜技术规范

Q/GDW 10393　110（66）kV～220kV 智能变电站设计规范

Q/GDW 10394　330kV～750kV 智能变电站设计规范

Q/GDW 11010　继电保护信息规范

Q/GDW 13001—2014　高海拔外绝缘配置技术规范

3　术语和定义

下列术语和定义适用于本文件。

3.1

招标人　bidder

提出招标项目，进行招标的法人或其他组织。

3.2

投标人　tenderer

响应招标、参加投标竞争的法人或者其他组织。

3.3

卖方　seller

提供本部分货物和技术服务的法人或其他组织，包括其法定的承继者。

3.4

买方　buyer

购买本部分货物和技术服务的法人或其他组织，包括其法定的承继者和经许可的受让人。

4　总则

4.1　一般性要求

4.1.1　卖方提供的智能变电站继电保护及相关设备应符合 Q/GDW 441 的要求。

　　智能变电站继电保护与站控层信息交互采用 DL/T 860 标准，跳合闸命令和联闭锁信息可通过直接电缆连接或 GOOSE 机制传输。卖方提供的继电保护及相关设备所采用的技术应遵循 Q/GDW 441 及本部分中与之对应的部分。

4.1.2　卖方提供的变电站继电保护及相关设备应符合 Q/GDW 1175 的要求。

4.1.3 变电站继电保护装置的动作信息、告警信息、状态变位信息、中间节点信息、日志记录、人机界面信息等信息输出符合 Q/GDW 11010 的要求。

4.1.4 本部分提出的是最低限度的要求，并未对一切技术细节作出规定，也未充分引述有关标准的条文，投标人应提供符合本部分和工业标准的优质产品。

4.1.5 如果投标人没有以书面形式对本部分的条文提出异议，则表示投标人提供的设备完全符合本部分的要求；如有异议，应在报价书中以"对规范书的意见和同规范书的差异"为标题的专门章节中加以详细描述。

4.1.6 本部分所使用的标准如遇与投标人所执行的标准不一致按较高的标准执行。

4.1.7 本部分经招、投标双方确认后作为订货合同的技术附件，与合同正文具有同等效力。

4.2 卖方职责

卖方的工作范围应包括但不仅限于下列内容：

a) 提供标书内所有设备及设计说明书及制造方面的说明；

b) 提供国家或电力行业级检验检测机构出具的型式试验报告、动模试验报告和 IEC 61850 的一致性测试报告，以便确认供货设备能否满足所有的性能要求；

c) 提供与投标设备版本相符的安装及使用说明书；

d) 提供试验和检验的标准，包括试验报告和试验数据；

e) 提供图纸，制造和质量保证过程的一览表以及标书规定的其他资料；

f) 提供设备管理和运行所需有关资料；

g) 所提供设备应发运到规定的目的地；

h) 在更换所用的准则、标准、规程或修改设备技术数据时，卖方应接受需方的选择；

i) 现场服务。

4.3 应满足的标准

装置至少应满足 GB/T 191、GB/T 2423（所有部分）、GB/T 7261、GB/T 11287、GB/T 14285、GB/T 14537、GB/T 14598.3、GB/T 14598.9、GB/T 14598.10、GB/T 14598.13、GB/T 14598.14、GB/T 14598.17、GB/T 14598.18、GB/T 14598.19、GB/T 15145、GB/T 18663.3、GB/T 20840.8、GB/T 22386、GB/T 25931、GB/T 26864、DL/T 478、DL/T 559、DL/T 587、DL/T 713、DL/T 720、DL/T 769、DL/T 860、DL/T 886、DL/T 871、DL/T 995、DL/T 5136、DL/T 5218、Q/GDW 383、Q/GDW 414、Q/GDW 428、Q/GDW 441、Q/GDW 1175、Q/GDW 1396、Q/GDW 1430、Q/GDW 10393、Q/GDW 10394、Q/GDW 11010、Q/GDW 13001—2014 最新版本要求，但不限于上述所列标准。

4.4 应满足的文件

该类设备技术标准应满足国家法律法规及国家电网有限公司标准化成果中相关条款要求。下列文件中相应的条款规定均适用于本文件，其最新版本（包括所有的修改单）适用于本文件。包括：

a) 《电力监控系统安全防护规定》；

b) 《国家电网有限公司十八项电网重大反事故措施（2018 年修订版）》；

c) 《国家电网有限公司输变电工程通用设计》；

d) 《国家电网公司关于加快推进电力监控系统网络安全管理平台建设的通知》；

e) 《国家电网继电保护柜、屏制造规范》。

5 技术参数和性能要求

5.1 使用环境条件

5.1.1 设备储存温度：−25℃～+70℃。

5.1.2 设备工作温度：−10℃～+55℃。

5.1.3 大气压力：80kPa～106kPa。

5.1.4 相对湿度：5%～95%。

5.1.5 抗地震能力：地面水平加速度0.3g，垂直加速度0.15g，同时作用。

5.2 保护装置额定参数

5.2.1 额定直流电源：220V/110V。

5.2.2 模拟量输入：额定交流电流，5A/1A。

5.2.3 数字量输入：额定电流，01CFH 或 00E7H；额定电压，2D41H。

5.2.4 额定频率：50Hz。

5.2.5 打印机工作电源：交流220V，50Hz。

5.3 装置功率消耗

5.3.1 装置交流消耗：交流电流回路功率消耗每相不大于 0.5VA（I_N=1A）或 1VA（I_N=5A），交流电压回路功率消耗（额定电压下）每相不大于 0.5VA，卖方投标时必须提供确切数值。

5.3.2 装置直流消耗：当正常工作时，不大于 50W；当保护动作时，不大于 80W。卖方投标时必须提供确切数值，并在专用技术规范的"投标人技术偏差表"中列出。

5.4 母联（分段）保护总的技术要求

5.4.1 本节规定了跳合闸命令和联闭锁信息通过GOOSE机制传输和（或）电压电流量通过电子式互感器及MU采集的保护设备的技术要求。

通过传统互感器、电缆直接采样的装置，装置交流采样及交流二次回路的技术要求，应符合已有的相应规范和标准以及《国家电网有限公司物资采购标准 继电保护及自动装置卷》相关部分要求。

通过电缆直接跳闸装置，装置跳合闸及二次回路的技术要求，应符合已有的相应规范和标准以及《国家电网有限公司物资采购标准 继电保护及自动装置卷》相关部分要求。

5.4.2 环境温度在 -10℃～+55℃时，装置应能满足本部分所规定的精度。

5.4.3 220kV 及以上电压等级母联（分段）保护系统应遵循双重化配置原则，每套保护系统装置功能独立完备、安全可靠。

 a）每套完整、独立的保护装置应能处理可能发生的所有类型的故障。两套保护之间不应有任何电气联系，当一套保护异常或退出时不应影响另一套保护的运行。

 b）两套保护的电流采样值应分别取自相互独立的MU。

 c）双重化配置保护使用的GOOSE网络应遵循相互独立的原则，当一个网络异常或退出时不应影响另一个网络的运行。

 d）两套保护的跳闸回路应与两个智能终端分别一一对应；两个智能终端应与断路器的两个跳闸线圈分别一一对应。

 e）双重化的两套保护及其相关设备（电子式互感器、MU、智能终端、网络设备、跳闸线圈等）的直流电源应一一对应。

5.4.4 除出口继电器外，装置内的任一元件损坏时，装置不应误动作跳闸。

5.4.5 保护装置不应依赖于外部对时系统实现其保护功能。

5.4.6 220kV 电压等级过程层 SV 与 GOOSE 共网，过程层网络和站控层网络应完全独立。330kV 及以上电压等级过程层 GOOSE 网络、站控层 MMS 网络应完全独立。

5.4.7 保护装置、智能终端等智能电子设备间的相互启动、相互闭锁、位置状态等交换信息；通过 GOOSE 网络传输，双重化配置的保护之间不直接交换信息。

5.4.8 220kV 及以上母联（分段）断路器按双重化配置母联（分段）保护、合并单元、智能终端。

5.4.9 母联（分段）保护跳母联（分段）断路器采用点对点直接跳闸方式；母联（分段）保护启动母线失灵可采用 GOOSE 网络传输。

5.4.10 保护装置采样同步应由保护装置实现，装置 SV 采样值接口支持 GB/T 20840.8 或 DL/T 860.92 协议，在工程应用时应能灵活配置。

5.4.11　保护装置应自动补偿电子式互感器的采样响应延迟，当响应延时发生变化时应闭锁采自不同MU 且有采样同步要求的保护。保护装置的采样输入接口数据的采样频率宜为 4000Hz。

5.4.12　保护装置的交流量信息应具备自描述功能。

5.4.13　保护装置应处理 MU 上送的数据品质位（无效、检修等），及时准确提供告警信息。在异常状态下，利用 MU 的信息合理地进行保护功能的退出和保留，瞬时闭锁可能误动的保护，延时告警，并在数据恢复正常之后尽快恢复被闭锁的保护功能，不闭锁与该异常采样数据无关的保护功能。接入两个及以上 MU 的保护装置应按 MU 设置"MU 投入"软压板。

5.4.14　当采用电子式互感器时，保护装置应针对电子式互感器特点优化相关保护算法、提高保护性能。

5.4.15　保护装置应采取措施，防止输入的双 A/D 数据之一异常时误动作。

5.4.16　保护装置只设"远方操作"和"保护检修状态"硬压板，保护功能投退不设硬压板，如下：

a)　"远方操作"只设硬压板。"远方投退压板"、"远方切换定值区"和"远方修改定值"只设软压板，只能在装置本地操作，三者功能相互独立，分别与"远方操作" 硬压板采用"与门" 逻辑。当"远方操作"硬压板投入后，上述三个软压板远方功能才有效；

b)　"保护检修状态" 只设硬压板，当该压板投入时，保护装置报文上送带品质位信息，保护装置应有明显显示（面板指示灯和界面显示）。"保护检修状态"硬压板遥信不置检修标志。参数、配置文件仅在检修压板投入时才可下装，下装时应闭锁保护；

c)　保护功能投退不设硬压板。

5.4.17　保护装置应同时支持 GOOSE 点对点和网络方式传输，传输协议遵循 DL/T 860.81。

5.4.18　保护装置采样值接口和 GOOSE 接口数量应满足工程的需要。

5.4.19　保护装置应具备 MMS 接口与站控层设备通信。保护装置向站控层提供的信息符合 Q/GDW 1396。

5.4.20　保护装置的交流电流、交流电压及保护设备参数的显示、打印、整定可支持一次值，上送信息可采用一次值。

5.4.21　保护装置内部 MMS 接口、GOOSE 接口、SV 接口应采用相互独立的数据接口控制器接入网络。

5.4.22　保护装置应具备通信中断、异常等状态的检测和告警功能。装置应提供装置故障（含失电）硬接点输出。

5.4.23　保护装置宜通过 IRIG－B（DC）码对时，也可采用 GB/T 25931 标准进行网络对时，对时精度应满足要求。

5.4.24　对保护装置 ICD 文件与 CID 文件的要求如下：

a)　ICD、CID 文件符合统一的模型要求，适用于通用的配置工具和静态检测、分析软件；

b)　ICD 文件应完整描述 IED 提供的数据模型及服务，采用模块化设计，包含版本信息；

c)　CID 文件应完整描述本 IED 的实例化信息，应包含版本信息。

5.4.25　保护装置信息交互要求如下：

a)　智能变电站继电保护应满足运行维护、监视控制及无人值班、智能电网调度等信息交互的要求。

b)　继电保护设备应支持在线和离线获取模型，离线获取和在线召唤的模型应保持一致。定值模型应包含描述、定值单位、定值上限、定值下限等信息。

c)　继电保护设备应将检修压板状态上送站控层；当继电保护设备检修压板投入时，上送报文中信号的品质 q 的"Test 位"应置位。

d)　继电保护设备应支持取代服务，取代数据的上送报文中，信号的品质 q 的"取代位"应置位。

e)　继电保护设备应能够支持不小于 16 个客户端的 TCP/IP 访问连接；应能够支持 10 个报告实例。

5.4.26　保护装置交互信息内容如下：

a)　继电保护设备应支持上送采样值、开关量、压板状态、设备参数、定值区号及定值、自检信息、异常告警信息、保护动作事件及参数（故障相别、跳闸相别和测距）、录波报告信息、装置硬件信息、装置软件版本信息、装置日志信息等数据；

b） 继电保护设备主动上送的信息应包括开关量变位信息、异常告警信息和保护动作事件信息等；

c） 继电保护设备应支持远方投退压板、修改定值、切换定值区、设备复归功能，并具备权限管理功能；

d） 继电保护设备的自检信息应包括硬件损坏、功能异常、与过程层设备通信状况等；

e） 继电保护设备应支持远方召唤至少最近八次录波报告的功能。

5.4.27 雷击过电压、一次回路操作、系统故障及其他强干扰作用下，不应误动和拒动。装置静电放电试验快速瞬变干扰试验、高频干扰试验、辐射电磁场干扰试验、冲击电压试验和绝缘试验应符合本部分的相关标准。装置调试端口应带有光电隔离。

5.4.28 保护柜中的插件应接触可靠，并且有良好的互换性，以便检修时能迅速更换。

5.4.29 保护装置应具有直流电源快速小开关，与保护装置安装在同一柜上。保护装置的逻辑回路应由独立的直流/直流变换器供电。直流电压消失时，装置不应误动。直流电源电压在 80%～115%额定值范围内变化时，保护装置应正确工作。在直流电源恢复（包括缓慢地恢复）到 80%U_N 时，直流逆变电源应能自动启动。直流电源纹波系数≤5%时，保护装置应正确工作。拉合直流电源以及插拔熔丝发生重复击穿火花时，保护装置不应误动作。直流电源回路出现各种异常情况（如短路、断线、接地等）时保护装置不应误动作。

5.4.30 所提供保护设备的软件版本及校验码应与买方进行确认，并提供配套的使用说明书和相关的定值清单。

5.5 母联（分段）保护装置具体要求

5.5.1 母联/分段断路器保护单独组屏。母联（分段）断路器应配置独立于母线保护的充电过流保护装置，充电过流保护应具有两段过电流保护和一段零序过流保护。

5.5.2 装置 MMS、SV、GOOSE 接口要求：装置应具备站控层 MMS 接口至少 2 个；对采用 MU 数字量输入装置，应具备 SV（采样值）点对点接口至少 2 个；对采用过程层 GOOSE 的装置，应具备 GOOSE 组网接口 1 个、点对点接口至少 1 个。装置具体接口数量，买方在设计联络阶段确认。

5.6 柜结构的技术要求

5.6.1 对智能控制柜，技术要求详见 Q/GDW 1430，并遵循以下要求。

5.6.1.1 控制柜应装有 100mm² 截面的铜接地母线（不要求与柜体绝缘），接地母线末端应装好可靠的压接式端子，以备接到电站的接地网上。柜体应采用双层结构，循环通风。

5.6.1.2 同一保护柜内若有多路直流电源引入，应接入不同安装单元端子排，且每路电源正、负极之间应有端子隔开。控制柜内设备的安排及端子排的布置，应保证各套保护的独立性，在一套保护检修时不影响其他任何一套保护系统的正常运行。

5.6.1.3 控制柜应具备温度、湿度的采集、调节功能，柜内温度控制在 －10℃～＋50℃，湿度保持在 90%以下，并可上送温度、湿度信息。

5.6.1.4 控制柜应能满足 GB/T 18663.3 变电站户外防电磁干扰的要求。

5.6.2 对非智能普通屏柜，屏体要求详见《国家电网继电保护柜、屏制造规范》，并遵循已发布的《国家电网有限公司物资采购标准 继电保护及自动装置卷》相关部分规定。

5.6.2.1 微机保护和控制装置的屏柜下部应设有截面积不小于 100mm² 的铜排（不要求与保护屏绝缘）。

5.6.2.2 保护柜内电压回路每相及 N 相端子均应采用多个连接端子（不少于 3 个）。

5.6.2.3 同一保护柜内若有多路直流电源引入，应接入不同安装单元端子排。

5.6.3 屏柜内部配线、端子排、接地铜排、屏柜上安装辅助设备等应符合相关规程、标准与反措的规定。

6 试验

6.1 工厂试验

卖方提供的设备试验标准应符合国家、行业及 IEC 的有关标准，并提供每一种型式产品的动模试验报告、型式试验报告和 DL/T 860 一致性测试报告。

卖方提供的每一套设备出厂之前都应按国家和行业标准以及工厂规定的调试大纲进行出厂检查、性能试验，试验报告应随产品提供。当需做动态模拟试验或数字仿真试验时，模拟系统的接线和参数由卖方与买方在试验前协商确定，按实际系统参数进行试验。

6.2 系统联调试验

卖方应按买方需求配合完成买方组织的保护装置功能验证与系统联调试验。

6.3 现场试验

现场实际设备接入后，应按照 DL/T 995 的要求，在一次设备不带电和带电试运行时做现场试验，卖方应配合完成保护装置的现场调试及投运试验。现场投运前和试运行中发现的设备缺陷和元件损坏，卖方应及时无偿修理或更换，直至符合本部分要求。

6.4 继电保护专业检测

卖方依据国家电网有限公司继电保护专业检测标准参加继电保护专业检测，并提供每一种型式产品的专业检测报告。

7 技术服务、设计联络、工厂检验和监造

7.1 技术文件

7.1.1 卖方提供的技术文件应提供买方所要求的性能信息，并对其可靠性和一致性负责，卖方所提供的技术文件（包括资料和数据）将成为合同一部分。

7.1.2 卖方应随投标书一起提供一般性技术文件，并且应是与投标产品一致的最新版本：

    a) 产品的技术说明书；

    b) 产品的型式试验报告和动模试验报告；

    c) 产品的鉴定证书和（或）生产许可证；

    d) 产品的用户运行证明；

    e) 产品的软件版本等。

7.1.3 卖方应在签约后 2 周内向买方提供设计用的技术文件：

    a) 产品的技术说明书；

    b) 产品及保护屏原理框图及说明，模件或继电器的原理接线图及其工作原理说明；

    c) 组屏的正面布置图、屏内设备布置图、端子排图及图例说明；

    d) 保护屏所用的辅助继电器和选择开关采用的标准；

    e) 保护屏的安装尺寸图，包括屏的尺寸和重量、基础螺栓的位置和尺寸等。

7.1.4 在收到买方最终认可图纸前，卖方所购买的材料或制造所发生的费用及其风险全由卖方单独承担。

7.1.5 生产的成品应符合合同的技术规范。买方对图纸的确认并不能解除卖方对其图纸的完善性和准确性应承担的责任。

7.1.6 设计方在收到图纸后 2 周内返回主要确认意见，并根据需要召开设计联络会。卖方在提供确认图纸时应提供为审核该张图纸所需的资料。买方有权要求卖方对其图纸中的任一装置任一部件作必要修改，在设计图纸完成之前应保留设计方对卖方图纸的其他确认权限，而买方不需承担额外费用。

7.1.7 在收到确认意见后，卖方应在规定时间内向买方提供下列技术文件：

    a) 7.1.3 所列的修改后的正式技术文件；

    b) 保护装置的内部接线及图例说明，保护屏内部接线图及其说明（包括屏内布置及内部端子排图）；

    c) 保护装置的软件版本号和校验码；

    d) 产品的使用说明书，包括保护装置的现场调试大纲、整定值表和整定计算说明及计算算例等；

    e) 通信规约和解释文本及装置调试软件和后台分析软件，以便与计算机监控系统和继电保护故障信息系统联调。

7.1.8 设备供货时提供下列技术文件和资料：

  a) 设备的开箱资料清单；

  b) 产品的技术说明书、使用说明书和组屏图纸；

  c) 出厂调试试验报告；

  d) 产品质量检验合格证书；

  e) 合同规定的出厂验收试验报告和动模报告等；

  f) 保护设备识别代码及出厂信息表。

7.1.9 技术文件的格式和分送要求如下：

  a) 全部图纸应为 A4 幅面，并有完整图标，采用国标单位制；

  b) 提供的技术文件除纸质文件外，还应包括一份电子文档，并提供可供修改的最终图纸电子文件（图形文件能够被 PC 机 AutoCAD for Windows 2000 版支持）；

  c) 技术文件（图纸和资料）分送单位、套数和地址根据项目单位要求提供。

7.2 设计联络会议

7.2.1 若有必要，买方在收到卖方签字的第一批文件后的 2 周内将举行设计联络会议。设计联络会议内容如下：

  a) 卖方应对修改后的供确认的资料和图纸进行详细的解释，并应解答买方对这些资料和图纸所提的问题，经过共同讨论，买方给予确认，以便卖方绘制正式图纸提供给买方；

  b) 卖方应介绍合同产品已有的运行经验；

  c) 卖方应提供验收大纲，工程参数表。

7.2.2 会议应签订会议纪要，并作为合同的组成部分。

7.3 工厂验收和现场验收

要求满足国家电网有限公司企业标准中关于工厂验收（现场）的规范。

7.4 质量保证

7.4.1 卖方应保证制造过程中的所有工艺、材料、试验等（包括卖方的外购零部件在内）均应符合本部分的规定。若买方根据运行经验指定卖方提供某种外购零部件，卖方应积极配合。卖方对所购配套部件设备质量负责，采购前向买方提供主要国产元器件报价表，采购中应进行严格的质量检验，交货时应向买方提供其产品质量合格证书及有关安装使用说明书等技术文件资料。

7.4.2 对于采用属于引进技术的设备、元器件，卖方在采购前应向买方提供主要进口元器件报价表。引进的设备、元器件应符合引进国的技术标准或 IEC 标准，当标准与本部分有矛盾时，卖方应将处理意见书面通知买方，由买卖双方协商解决。假若卖方有更优越或更为经济的设计和材料，足以使卖方的产品更为安全、可靠、灵活、适应时，卖方可提出并经买方的认可，然而应遵循现行的国家工业标准，并且有成熟的设计和工艺要求以及工程实践经验。

7.4.3 双方签订合同后，卖方应按工程设计及施工进度分批提交技术文件和图纸，必要时，买卖双方应进行技术联络，以讨论合同范围内的有关技术问题。

7.4.4 卖方保证所提供的设备应为由最适宜的原材料并采用先进工艺制成、且未经使用过的全新产品；保证产品的质量、规格和性能与投标文件所述一致。

7.4.5 卖方提供的保护设备运行使用寿命不应小于 15 年。

7.4.6 卖方保证所提供的设备在各个方面符合招标文件规定的质量、规格和性能。在合同规定的质量保证期内（保护设备到货后 24 个月或 SAT 后 18 个月），卖方对由于产品设计、制造和材料、外购零部件的缺陷而造成所供设备的任何破坏、缺陷故障，当卖方收到买方的书面通知后，卖方在 2 天内免费负责修理或更换有缺陷的设备（包括运输费、税收等），以达到本部分的要求。质保期以合同商务部分为准。

7.4.7 质保期后发生质量问题，卖方应提供免费维修服务，包括硬件更换和软件版本升级。

7.5 项目管理

合同签订后，卖方应指定负责本工程的项目经理，负责卖方在工程全过程的各项工作，如工程进度、设计制造、图纸文件、包装运输、现场安装、调试验收等。

7.6 现场服务

7.6.1 在设备安装调试过程中视买方工作情况卖方及时派出工程技术服务人员，以提供现场服务。卖方派出人员在现场负责技术指导，并协助买方安装、调试。同时，买方为卖方的现场派出人员提供工作和生活的便利条件。

7.6.2 当变电站内保护设备分批投运时，卖方应按合同规定及时派工程技术人员到达现场服务。

7.6.3 根据买方的安排，卖方安排适当时间对设备的正确安装和试验给予技术培训。

7.7 售后服务

7.7.1 现场投运前和试运行中发现的设备缺陷和元件损坏，卖方应及时无偿修理或更换，直至符合规范要求。保修期内产品出现不符合功能要求和技术指标要求，卖方应在 4h 内响应，并在 24h 内负责修理或更换。保修期外产品出现异常、设备缺陷、元件损坏或不正确动作，现场无法处理时，卖方接到买方通知后，也应在 4h 内响应，并立即派出工程技术人员在 24h 内到达现场处理。

7.7.2 对反事故措施以及软件版本的升级等，应提供技术服务。

7.8 备品备件、专用工具、试验仪器

7.8.1 对每套保护，卖方应提供必要的备品备件。

7.8.2 卖方应提供安装、运行、检修所需的专用工具，包括专用调试、测试设备。

————————

ICS 29.240

Q/GDW

国家电网公司企业标准

Q/GDW 13211.2 — 2014

智能变电站 220kV～750kV 母联（分段）保护采购标准

第 2 部分：专用技术规范

Purchasing standard for 220kV～750kV bus coupler (bus section)
protection in smart substation
Part 2: Special technical specification

2014-09-30发布

2014-09-30实施

国家电网公司 发 布

目　次

前　言

《智能变电站 220kV～750kV 母联（分段）保护采购标准》分为 2 个部分：

——第 1 部分：通用技术规范；

——第 2 部分：专用技术规范。

本部分为《智能变电站 220kV～750kV 母联（分段）保护采购标准》的第 2 部分。

本部分由国家电网公司物资部提出并解释。

本部分由国家电网公司科技部归口。

本部分起草单位：南瑞集团有限公司（国网电力科学研究院）。

本部分主要起草人：曹团结、姚成、周劭亮、陆奕、蒋雷海、赵景涛、刘小宝、鲁文、伍小刚、代攀。

本部分首次发布。

本部分在执行过程中的意见或建议反馈至国家电网公司科技部。

智能变电站 220kV～750kV 母联（分段）保护采购标准
第 2 部分：专用技术规范

1 范围

本部分规定了智能变电站 220kV～750kV 母联（分段）保护招标的标准技术参数、项目需求及投标人响应的相关内容。

本部分适用于智能变电站 220kV～750kV 母联（分段）保护招标。

2 规范性引用文件

下列文件对于本文件的应用是必不可少的。凡是注日期的引用文件，仅注日期的版本适用于本文件。凡是不注日期的引用文件，其最新版本（包括所有的修改单）适用于本文件。

Q/GDW 13211.1　智能变电站 220kV～750kV 母联（分段）保护采购标准　第 1 部分：通用技术规范

3 术语和定义

下列术语和定义适用于本文件。

3.1
招标人　bidder
提出招标项目，进行招标的法人或其他组织。

3.2
投标人　tenderer
响应招标、参加投标竞争的法人或者其他组织。

3.3
卖方　seller
提供本部分货物和技术服务的法人或其他组织，包括其法定的承继者。

3.4
买方　buyer
购买本部分货物和技术服务的法人或其他组织，包括其法定的承继者和经许可的受让人。

4 标准技术参数

技术参数特性表是国家电网公司对采购设备的基础技术参数要求，在招投标过程中，投标人应依据招标文件，对技术参数特性表中标准参数值进行响应。智能变电站 220kV～750kV 母联（分段）保护、打印机、保护柜技术参数特性见表 1～表 3。物资必须满足 Q/GDW 13211.1 的要求。

表 1　智能变电站 220kV～750kV 母联（分段）保护技术参数特性表

序号	参 数 名 称	单位	标准参数值
1	过电流 I 段动作时间	ms	≤30（1.2 倍整定值）
2	光纤接口接收灵敏度	dBm	≤－20（串行光接口）； ≤－30（以太网光接口）

表1（续）

序号	参 数 名 称	单位	标准参数值
3	光纤接口发送功率	dBm	≥－10（串行光接口）； ≥－20（以太网光接口）
4	装置工作电源	V	（招标人填写）
5	站控层 MMS 接口数量与类型		（招标人填写）
6	SV（采样值）点对点接口类型 （IEC 60044－8 接口；IEC 61850－9－2 接口； 常规模拟量输入）		（招标人填写）
7	SV（采样值）点对点接口数量		（招标人填写）
8	过程层 GOOSE 组网接口数量		（招标人填写）
9	过程层 GOOSE 点对点接口数量		（招标人填写）
10	对时方式		（招标人填写）
11	智能终端的过程层 GOOSE 接口数量		（招标人填写）
12	普通柜可选技术参数		（招标人填写）
13	智能柜技术参数要求		（招标人填写）
14	其他 1		（招标人填写）
15	其他 2		（招标人填写）

表2 打印机技术参数特性表

序号	参 数 名 称	单位	标准参数值
1	工作电源	V	220AC
2	接口型式		与保护装置配套

表3 保护柜（非智能控制柜）技术参数特性表

序号	参 数 名 称	单位	标准参数值
1	尺寸	mm	高度：2260； 宽度：800； 深度：600
2	颜色		GSB05－1426－2001，77 号，GY09 冰灰橘纹

5 组件材料配置表

组件材料配置表包括元件名称、规格形式参数、单位、数量和产地等信息，具体内容和格式根据招标项目情况编制。

6 使用环境条件表

典型智能变电站 220kV～750kV 母联（分段）保护使用环境条件见表4。特殊环境要求根据项目情况编制。

表 4　使 用 环 境 条 件 表

项目单位：				项目名称：
序号	名 称 项 目		单位	标准参数值
1	电源的频率		Hz	50
2	温度	最高气温	℃	+45
		最低气温	℃	−5
		最大日温差	K	+25
3	湿度	日相对湿度平均值	%	≤95
		月相对湿度平均值	%	≤90
4	海拔		m	≤2000
5	耐受地震能力	水平加速度	m/s²	0.3g
		垂直加速度	m/s²	0.15g
6	保护装置是否组屏		组屏/单装置	（项目单位提供）
7	安装方式		集中/分散	（项目单位提供）
注：标准参数值为正常使用条件，超出此值时为特殊使用条件，可根据工程实际使用条件进行修改。				

ICS 29.240.01
K 45

Q/GDW

国家电网有限公司企业标准

Q/GDW 13212.1—2018
代替 Q/GDW 13212.1—2014

智能变电站 35kV 及以下站用变压器/
接地变压器保护采购标准
第 1 部分：通用技术规范

Purchasing standard for 35kV lower voltage substation transformer/
grounding transformer protection in smart substation
Part 1: General technical specification

2019-06-28发布　　　　　　　　　　　　　　2019-06-28实施

国家电网有限公司　　发　布

目　次

前　言

为规范智能变电站 35kV 及以下站用变压器/接地变压器保护的采购要求，制定本部分。

《智能变电站 35kV 及以下站用变压器/接地变压器保护采购标准》分为 2 个部分：

——第 1 部分：通用技术规范；

——第 2 部分：专用技术规范；

本部分为《智能变电站 35kV 及以下站用变压器/接地变压器保护采购标准》的第 1 部分。

本部分代替 Q/GDW 13212.1—2014，与 Q/GDW 13212.1—2014 相比，主要技术性差异如下：

——增加或替换自 2014 年以来新发布的国家、行业和国网企业标准与本采购规范相关的标准。

——提升设备工作温度、环境温度和大气压力要求，增加"远方操作"和"保护检修状态"硬压板及相关要求

——依据 10kV～110kV 的已发布的最新六统一规范 Q/GDW 10767，修改保护功能配置要求，明确本体保护为本体非电量保护。遥测量：增加了 $\cos\varphi$、f。

——增加"保护设备识别代码及出厂信息表"的要求。

——执行十八项反措要求修改保护屏柜绝缘相关要求。

——增加了保护柜内电压回路和多路直流电源引入的要求。

本部分由国家电网有限公司物资部提出并解释。

本部分由国家电网有限公司科技部归口。

本部分起草单位：国网江苏省电力有限公司、南瑞集团有限公司（国网电力科学研究院有限公司）。

本部分主要起草人：张琼、周劲亮、但春林、程明、包亚卓、宋爽、邱涛、杨子彤。

本部分 2014 年 9 月首次发布，2018 年 12 月第一次修订。

本部分在执行过程中的意见或建议反馈至国家电网有限公司科技部。

智能变电站35kV及以下站用变压器/接地变压器保护采购标准
第1部分：通用技术规范

1 范围

本部分规定了智能变电站35kV及以下站用变压器/接地变压器保护采购标准招标的总则、技术参数和性能要求、试验、包装、运输、交货及工厂检验和监造的一般要求。

本部分适用于智能变电站35kV及以下站用变压器/接地变压器保护招标。

2 规范性引用文件

下列文件对于本文件的应用是必不可少的。凡是注日期的引用文件，仅注日期的版本适用于本文件。凡是不注日期的引用文件，其最新版本（包括所有的修改单）适用于本文件。

GB/T 191 包装储运图示标志

GB/T 2423（所有部分） 电工电子产品环境试验

GB/T 7261 继电保护和安全自动装置基本试验方法

GB/T 11287 电气继电器 第21部分：量度继电器和保护装置的振动、冲击、碰撞和地震试验 第1篇：振动试验（正弦）

GB/T 14285 继电保护和安全自动装置技术规程

GB/T 14537 量度继电器和保护装置的冲击与碰撞试验

GB/T 14598.3 电气继电器 第5部分：量度继电器和保护装置的绝缘配合要求和试验

GB/T 14598.9 量度继电器和保护装置 第22-3部分：电气骚扰试验 辐射电磁场抗扰度

GB/T 14598.10 量度继电器和保护装置 第22-4部分：电气骚扰试验 电快速瞬变/脉冲群抗扰度试验

GB/T 14598.13 电气继电器 第22-1部分：量度继电器和保护装置的电气骚扰试验 1MHz脉冲群抗扰度试验

GB/T 14598.14 量度继电器和保护装置 第22-2部分：电气骚扰试验 静电放电试验

GB/T 14598.17 电气继电器 第22-6部分：量度继电器和保护装置的电气骚扰试验—射频场感应的传导骚扰的抗扰度

GB/T 14598.18 量度继电器和保护装置 第22-5部分：电气骚扰试验 浪涌抗扰度试验

GB/T 14598.19 电气继电器 第22-7部分：量度继电器和保护装置的电气骚扰试验—工频抗扰度试验

GB/T 17626.8 电磁兼容 试验和测量技术 工频磁场抗扰度试验

GB/T 17626.9 电磁兼容 试验和测量技术 脉冲磁场抗扰度试验

GB/T 17626.10 电磁兼容 试验和测量技术 阻尼振荡磁场抗扰度试验

GB/T 18663.3 电子设备机械结构 公制系列和英制系列的试验 第3部分：机柜、机架和插箱的电磁屏蔽性能试验

GB/T 22386 电力系统暂态数据交换通用格式

GB/T 25931 网络测量和控制系统的精确时钟同步协议

GB/T 26864 电力系统继电保护产品动模试验

DL/T 478　继电保护及安全自动装置通用技术条件

DL/T 720　电力系统继电保护柜、屏通用技术条件

DL/T 769　电力系统微机继电保护技术导则

DL/T 860（所有部分）　变电站通信网络和系统

DL/T 995　继电保护和电网安全自动装置检验规程

DL/T 5136　火力发电厂、变电站二次接线设计技术规程

Q/GDW 383　智能变电站技术导则

Q/GDW 414　变电站智能化改造技术规范

Q/GDW 441　智能变电站继电保护技术规范

Q/GDW 1396　IEC 61850 工程继电保护应用模型

Q/GDW 1430　智能变电站智能控制柜技术规范

Q/GDW 10393　110（66）kV～220kV 智能变电站设计规范

Q/GDW 10767　10kV～110（66）kV 元件保护及辅助装置标准化设计规范

Q/GDW 11768　35kV 及以下开关柜继电保护装置通用技术条件

Q/GDW 13001—2014　高海拔外绝缘配置技术规范

3　术语和定义

下列术语和定义适用于本文件。

3.1

招标人　bidder

提出招标项目，进行招标的法人或其他组织。

3.2

投标人　tenderer

响应招标、参加投标竞争的法人或者其他组织。

3.3

卖方　seller

提供本部分货物和技术服务的法人或其他组织，包括其法定的承继者。

3.4

买方　buyer

购买本部分货物和技术服务的法人或其他组织，包括其法定的承继者和经许可的受让人。

4　总则

4.1　一般性要求

4.1.1　卖方提供的智能变电站继电保护及相关设备应符合 Q/GDW 441 的要求。

智能变电站继电保护与站控层信息交互采用 DL/T 860 标准，跳合闸命令和联闭锁信息可通过直接电缆连接或 GOOSE 机制传输。卖方提供的继电保护及相关设备所采用的技术应遵循 Q/GDW 441 及本部分中与之对应的部分。

4.1.2　卖方提供的变电站继电保护及相关设备应符合 Q/GDW 10767 的要求。

变电站继电保护装置的动作信息、告警信息、状态变位信息、中间节点信息、日志记录、人机界面信息等信息输出符合 Q/GDW 11010 的要求。

4.1.3　本部分提出的是最低限度的要求，并未对一切技术细节做出规定，也未充分引述有关标准的条文，投标人应提供符合本部分和工业标准的优质产品。

4.1.4　如果投标人没有以书面形式对本部分的条文提出异议，则表示投标人提供的设备完全符合本部分

的要求；如有异议，应在报价书中以"对规范的意见和同规范的差异"为标题的专门章节中加以详细描述。

4.1.5 本部分所使用的标准如遇与投标人所执行的标准不一致时按较高的标准执行。

4.1.6 本部分经招、投标双方确认后作为订货合同的技术附件，与合同正文具有同等效力。

4.2 卖方职责

卖方的工作范围应包括但不仅限于下列内容：

a) 提供标书内所有设备及设计说明书及制造方面的说明；

b) 提供国家或电力工业检验检测机构出具的型式试验报告和 IEC 61850 的一致性测试报告，以便确认供货设备能否满足所有的性能要求；

c) 提供与投标设备版本相符的安装、使用说明书；

d) 提供试验和检验的标准，包括试验报告和试验数据；

e) 提供图纸，制造和质量保证过程的一览表以及标书规定的其他资料；

f) 提供设备管理和运行所需有关资料；

g) 所提供设备应发运到规定的目的地；

h) 在更换所用的准则、标准、规程或修改设备技术数据时，卖方应受需方的选择；

i) 现场服务。

4.3 应满足的标准

装置至少应满足 GB/T 191、GB/T 2423、GB/T 7261、GB/T 11287、GB/T 14285、GB/T 14537、GB/T 14598.3、 GB/T 14598.9、GB/T 14598.10、GB/T 14598.13、GB/T 14598.14、GB/T 14598.17、GB/T 14598.18、 GB/T 14598.19、GB/T 17626.8、GB/T 17626.9、GB/T 17626.10、GB/T 18663.3、GB/T 22386 、GB/T 25931、GB/T 26864、DL/T 478、DL/T 720、DL/T 769、DL/T 860（所有部分）、DL/T 995 、DL/T 5136、Q/GDW 383、Q/GDW 1396、Q/GDW 414、Q/GDW 441、Q/GDW 1430、Q/GDW 10393、Q/GDW 10767、Q/GDW 11768、Q/GDW 13001—2014 最新版本要求，但不限于上述所列标准。

4.4 应满足的文件

该类设备技术标准应满足国家法律法规及国家电网有限公司标准化成果中相关条款要求。下列文件中相应的条款规定均适用于本文件，其最新版本（包括所有的修改单）适用于本文件。包括：

a) 《电力监控系统安全防护规定》；

b) 《国家电网有限公司十八项电网重大反事故措施（2018 年修订版）》；

c) 《国家电网有限公司输变电工程通用设计》；

d) 《国家电网公司关于加快推进电力监控系统网络安全管理平台建设的通知》；

e) 《国家电网继电保护柜、屏制造规范》。

5 技术参数和性能要求

5.1 使用环境条件

5.1.1 设备储存温度：-25℃～+70℃。

5.1.2 设备工作温度：-10℃～+55℃。

5.1.3 大气压力：80kPa～106kPa。

5.1.4 相对湿度：5%～95%。

5.1.5 抗地震能力：地面水平加速度 $0.3g$，垂直加速度 $0.15g$，同时作用。

5.2 保护装置额定参数

5.2.1 额定直流电源：220V（110V）。

5.2.2 额定交流电流：5A（1A）。

5.2.3 额定交流电压：100V/$\sqrt{3}$（相电压）。

5.2.4 额定频率：50Hz。

5.2.5 打印机工作电源：交流 220V，50Hz。

5.3 装置功率消耗

5.3.1 装置交流消耗：交流电流回路功率消耗每相不大于 0.5VA（I_N=1A）或 1VA（I_N=5A），交流电压回路功率消耗（额定电压下）每相不大于 1VA，卖方投标时必须提供确切数值。

5.3.2 装置直流消耗：当正常工作时，不大于 30W；当保护动作时，不大于 50W。卖方投标时必须提供确切数值。

5.4 35kV 及以下站用变压器/接地变压器保护总的技术要求

5.4.1 环境温度在 −10℃～+55℃时，装置应能满足本部分所规定的精度。

5.4.2 在雷击过电压、一次回路操作、系统故障及其他强干扰作用下，不应误动和拒动。保护装置静电放电试验、快速瞬变干扰试验、高频干扰试验、脉冲群干扰试验、辐射电磁场干扰试验、冲击电压试验和绝缘试验应至少符合 IEC 标准。装置调试端口应带有光电隔离。

5.4.3 保护装置与其他装置之间的输入和输出回路，应采用光电耦合或继电器触点进行连接，不应有直接的电气联系。

5.4.4 保护装置中的插件应接触可靠，并且有良好的互换性，以便检修时能迅速更换。

5.4.5 保护装置应具有直流电源快速小开关，与保护装置安装在同一柜上。保护装置的逻辑回路应由独立的直流/直流变换器供电。直流电压消失时，保护装置不应误动，同时应有输出触点以启动告警信号。直流回路应有监视直流回路电压消失的告警信号继电器。直流电源电压在 80%～115%额定值范围内变化时，保护装置应正确工作。在直流电源恢复（包括缓慢的恢复）到 80%U_N 时，直流逆变电源应能自动启动。直流电源纹波系数≤5%时，保护装置应正确工作。拉合直流电源以及插拔熔丝发生重复击穿火花时，保护装置不应误动作。直流电源回路出现各种异常情况（如短路、断线、接地等）时保护装置不应误动作。

5.4.6 应提供标准的试验插件及试验插头，以便对各套保护装置的输入和输出回路进行隔离或能通入电流、电压进行试验。另外，对每面柜的出口跳闸、闭锁信号等输入、输出回路应在柜面上有隔离措施，以便在运行中分别断开。隔离及试验部件应考虑操作的方便性，隔离压板标签栏位置应安装在隔离件本体或隔离件下部。

5.4.7 保护装置应有监视及自诊断功能来监测异常及交直流消失等现象，以便在动作后启动告警信号、远动信号、事件记录等。

5.4.8 保护装置中用于远动信号和事件记录信号的触点不应保持。

5.4.9 除出口继电器外，装置内的任一元件损坏时，装置不应误动作跳闸。

5.4.10 跳闸出口回路采用有触点继电器。跳闸出口继电器触点应有足够容量，跳闸出口继电器触点的长期允许通过电流不应小于 5A，在电感负荷的直流电路（τ<5ms）中的断开容量为 50W。信号继电器触点的长期允许通过电流不应小于 2A，在电感负荷的直流电路（τ<5ms）中的断开容量为 30W。

5.4.11 对于保护装置间不经附加判据直接启动跳闸的开入量，应经抗干扰继电器重动后开入；抗干扰继电器的启动功率应大于 5W，动作电压在额定直流电源电压的 55%～70%范围内，额定直流电源电压下动作时间为 10ms～35ms，应具有抗 220V 工频电压干扰的能力。

5.4.12 保护装置与站控层设备通信，标准采用 DL/T 860，应满足运行维护、监视控制及无人值班、智能电网调度等信息交互的要求。保护装置向站控层提供的信息符合 Q/GDW 1396 的要求。

5.4.13 保护装置应具备远方修改定值功能、软压板远方投退和定值区远方切换功能和保护检修功能，具体要求如下：

    a）"远方操作"只设硬压板。"远方投退压板"、"远方切换定值区"和"远方修改定值"只设软压板，只能在装置本地操作，三者功能相互独立，分别与"远方操作"硬压板采用"与门"逻辑。当"远方操作"硬压板投入后，上述三个软压板远方功能才有效；

    b）"保护检修状态"只设硬压板，当该压板投入时，保护装置报文上送带品质位信息。"保护检修状态"硬压板遥信不置检修标志；保护装置应有明显显示（面板指示灯和界面显示）。参数、配置文件仅在检修压板投入时才可下装，下装时应闭锁保护。

5.4.14 保护装置宜通过 IRIG-B（DC）码对时，也可采用 GB/T 25931 标准进行网络对时，对时精度应满足要求。

5.4.15 测控功能要求

5.4.15.1 具有实时数据采集与处理、控制操作及信息显示等功能，对监控运行设备的信息进行采集、转换、处理和传送，通过网络传给站控层，同时接收站控层发来的控制操作命令，经过有效的判断等，最后对设备进行操作控制，也可独立完成对断路器、隔离开关的控制操作。

5.4.15.2 实时数据采集与处理

a) 采集信号种类

遥测量至少包括：U_a，U_b，U_c，I_a，I_b，I_c，P，Q、$\cos\varphi$、f；

遥信量至少包括：保护动作，装置故障，装置异常告警，断路器分、合闸位置，断路器机构信号，远方/就地开关位置，装置压板投退信号等。

b) 采集信号的处理

对所采集的输入量进行数据滤波、有效性检查、故障判断、信号触点消抖等处理、变换后，再通过网络传送。

c) 信号输入方式分

模拟量输入：采用交流采样，计算 I、U、P、Q、f、$\cos\varphi$；

开关量输入：无源触点输入。

5.4.15.3 控制操作

a) 操作说明。控制方式为三级控制：就地控制、站控层控制、远方遥控。操作命令的优先级为：就地控制→站控层控制→远方遥控。同一时间只允许一种控制方式有效。对任何操作方式，应保证只有在本次操作步骤完成后，才能进行下一步操作。

在屏柜上设"就地/远方"转换开关（带钥匙），任何时候只允许一种模式有效；"就地"位置，通过人工按键实现一对一的操作。

所有的遥控采用选择、校核、执行方式，且在本装置内实现，并有相应的记录信息。

b) 控制输出的触点要求：提供 1 组合闸触点，1 组分闸触点。

5.4.15.4 事件记录

a) 事件顺序记录：断路器状态变位、保护动作等事件顺序记录；

b) 遥控操作记录：记录遥控操作命令来源、操作时间、操作内容。

5.5 35kV 及以下站用变压器/接地变压器保护装置技术要求

5.5.1 装置功能要求

a) 35kV 及以下站用变压器/接地变压器保护由电流速断保护、零序电流保护、过电流保护及本体非电量保护组成。装置应带有跳合闸操作回路。各项功能指标应满足相关的电力行业标准或国家标准的要求。

b) 三相操作板/箱应具有一组三相跳闸回路及合闸回路，跳闸应具有自保持回路。应具有手跳和手合输入回路。

c) 操作板/箱应具有防跳回路，防止断路器发生多次重合。操作板/箱的防跳回路应能够方便的取消。

d) 跳合闸应分别具有监视回路，且分别引上端子。跳闸位置监视与合闸回路的连接应便于断开。

e) 操作板/箱应具有足够的输出接点供发中央信号、远动信号和事件记录。

5.5.2 保护装置显示故障报告应简洁明了。

5.5.3 打印机的交流电源：220V。

5.5.4 每面保护屏有多台保护装置时安装一台打印机，切换使用。

5.6 柜结构的技术要求

5.6.1 对智能控制柜，技术要求详见 Q/GDW 1430，并遵循以下要求。

5.6.1.1 控制柜应装有 100mm² 截面的铜接地母线（不要求与柜体绝缘），接地母线末端应装好可靠的压接式端子，以备接到电站的接地网上。柜体应采用双层结构，循环通风。

5.6.1.2 同一保护柜内若有多路直流电源引入，应接入不同安装单元端子排，且每路电源正、负极之间应有端子隔开。控制柜内设备的安排及端子排的布置，应保证各套保护的独立性，在一套保护检修时不影响其他任何一套保护系统的正常运行。

5.6.1.3 控制柜应具备温度、湿度的采集、调节功能，柜内温度控制在 －10℃～＋50℃，湿度保持在 90%以下，并可上送温度、湿度信息。

5.6.1.4 控制柜应能满足 GB/T 18663.3 变电站户外防电磁干扰的要求。

5.6.2 对非智能普通屏柜，屏体要求详见《国家电网继电保护柜、屏制造规范》，并遵循已发布的《国家电网有限公司物资采购标准 继电保护及自动装置卷》相关部分规定。

5.6.2.1 微机保护和控制装置的屏柜下部应设有截面积不小于 100mm² 的铜排（不要求与保护屏绝缘）。

5.6.2.2 保护柜内电压回路每相及 N 相端子均应采用多个连接端子（不少于 3 个）。

5.6.2.3 同一保护柜内若有多路直流电源引入，应接入不同安装单元端子排。

5.6.3 屏柜内部配线、端子排、接地铜排、屏柜上安装辅助设备等应符合相关规程、标准与反事故措施的规定。

6 试验

6.1 工厂试验

卖方提供的设备试验标准应符合国家、行业及 IEC 的有关标准，并提供每一种型式产品的型式试验报告和 DL/T 860 一致性测试报告。

卖方提供的每一套设备出厂之前都应按国家和行业标准以及工厂规定的调试大纲进行出厂检查、性能试验，试验报告应随产品提供。当需做动态模拟试验或数字仿真试验时，模拟系统的接线和参数由卖方与买方在试验前协商确定，按实际系统参数进行试验。

6.2 系统联调试验

卖方应按买方需求配合完成买方组织的保护装置功能验证与系统联调试验。

6.3 现场试验

现场实际设备接入后，应按照 DL/T 995 的要求，在一次设备不带电和带电试运行时做现场试验，卖方应配合完成保护装置的现场调试及投运试验。现场投运前和试运行中发现的设备缺陷和元件损坏，卖方应及时无偿修理或更换，直至符合规范要求。

6.4 继电保护专业检测

卖方依据国家电网有限公司继电保护专业检测标准参加继电保护专业检测，并提供每一种型式产品的专业检测报告。

7 技术服务、设计联络、工厂检验和监造

7.1 技术文件

7.1.1 卖方提供的技术文件应提供买方所要求的性能信息，并对其可靠性和一致性负责，卖方所提供的技术文件（包括资料和数据）将成为合同一部分。

7.1.2 投标时卖方应随投标书一起提供一般性技术文件，并且应是与投标产品一致的最新版本，技术文件应包含：

　　a) 产品的技术说明书；

b） 产品的型式试验报告、动模试验报告和一致性测试报告等；

c） 产品的用户运行证明；

d） 产品的软件版本等。

7.1.3 签约后卖方应在签约后 3 周内向买方提供设计用的技术文件，技术文件应包含：

a） 产品的技术说明书；

b） 产品及保护屏原理框图及说明，模件或继电器的原理接线图及其工作原理说明；

c） 装置的 ICD（IED 装置能力描述）文件、保护装置虚端子连接图；

d） 组屏的正面布置图、屏内设备布置图、端子排图及图例说明；

e） 保护屏所用的辅助继电器和选择开关采用的标准；

f） 保护屏的安装尺寸图，包括屏的尺寸和重量、基础螺栓的位置和尺寸等。

7.1.4 签约后双方遵循的原则如下：

a） 在收到买方最终认可图纸前，卖方所购买的材料或制造所发生的费用及其风险全由卖方单独承担；

b） 生产的成品应符合合同的技术规范。买方对图纸的确认并不能解除卖方对其图纸的完善性和准确性应承担的责任；

c） 设计方在收到图纸后 3 周内返回主要确认意见，并根据需要召开设计联络会。卖方在提供确认图纸时必须提供为审核该张图纸所需的资料。买方有权要求卖方对其图纸中的任一装置任一部件作必要修改，在设计图纸完成之前应保留设计方对卖方图纸的其他确认权限，而买方不需承担额外费用。

7.1.5 在收到确认意见后，卖方应在规定时间内向买方提供的技术文件如下：

a） 7.1.3 所列的修改后的正式技术文件；

b） 保护装置的内部接线及图例说明，保护屏内部接线图及其说明（包括屏内布置及内部端子排图）；

c） 保护装置的软件版本号和校验码；

d） 产品的使用说明书，包括保护装置的现场调试大纲、整定值表和整定计算说明及计算算例等；

e） 通信规约和解释文本及装置调试软件和后台分析软件，以便与计算机监控系统和继电保护故障信息系统联调。

7.1.6 设备供货时提供的技术文件和资料如下：

a） 设备的开箱资料清单；

b） 产品的技术说明书、使用说明书和组屏图纸；

c） 出厂调试试验报告；

d） 产品质量检验合格证书；

e） 合同规定的出厂验收试验报告和一致性测试报告等；

f） 保护设备识别代码及出厂信息表。

7.1.7 技术文件的格式和分送要求如下：

a） 全部图纸应为 A4 幅面，并有完整图标，采用国标单位制；

b） 提供的技术文件除纸质文件外，还应包括一份电子文档，并提供可供修改的最终图纸电子文件（图形文件能够被 PC 机 AutoCAD for Windows 2000 版支持）；

c） 技术文件（图纸和资料）分送单位、套数和地址根据项目单位要求提供。

7.2 设计联络会议

7.2.1 若有必要，买方在收到卖方签字的第一批文件后的 3 周内将举行设计联络会议。设计联络会议内容如下：

a) 卖方应对修改后的供确认的资料和图纸进行详细的解释，并应解答买方对这些资料和图纸所提的问题，经过共同讨论，买方给予确认，以便卖方绘制正式图纸提供给买方；

b) 卖方应介绍合同产品已有的运行经验；

c) 卖方应提供验收大纲，工程参数表；

d) 买方或设计方应确认保护装置的 GOOSE 接口及 MMS 接口的类型与数量；

e) 设计联络会应确定通信信息的具体内容。

7.2.2 会议应签订会议纪要，并作为合同的组成部分。

7.3 工厂验收和现场验收

要求满足国家电网有限公司企业标准中关于工厂验收（现场）的规范。

7.4 质量保证

7.4.1 卖方应保证制造过程中的所有工艺、材料、试验等（包括卖方的外购件在内）均应符合本部分的规定。若买方根据运行经验指定卖方提供某种外购零部件，卖方应积极配合。卖方对所购配套部件设备质量负责，采购前向买方提供主要国产元器件报价表，采购中应进行严格的质量检验，交货时应向买方提供其产品质量合格证书及有关安装使用等技术文件资料。

7.4.2 对于采用属于引进技术的设备、元器件，卖方在采购前应向买方提供主要进口元器件报价表。引进的设备、元器件应符合引进国的技术标准或 IEC 标准，当标准与本部分有矛盾时，卖方应将处理意见书面通知买方，由买卖双方协商解决。假若卖方有更优越或更为经济的设计和材料，足以使卖方的产品更为安全、可靠、灵活、适应时，卖方可提出并经买方的认可，然而应遵循现行的国家工业标准，并且有成熟的设计和工艺要求以及工程实践经验。

7.4.3 双方签订合同后，卖方应按工程设计及施工进度分批提交技术文件和图纸，必要时，买卖双方应进行技术联络，以讨论合同范围内的有关技术问题。

7.4.4 卖方保证所提供的设备应为由最适宜的原材料并采用先进工艺制成且未经使用过的全新产品，保证产品的质量、规格和性能与投标文件所述一致。

7.4.5 卖方提供的保护设备运行使用寿命不应小于 15 年。

7.4.6 卖方保证所提供的设备在各个方面符合招标文件规定的质量、规格和性能。在合同规定的质量保证期内（保护设备到货后 24 个月或 SAT 后 18 个月），卖方对由于产品设计、制造和材料、外购零部件的缺陷而造成所供设备的任何破坏、缺陷故障，当卖方收到买方的书面通知后，卖方在 2 天内免费负责修理或更换有缺陷的设备（包括运输费、税收等），以达到本部分的要求。质保期以合同商务部分为准。

质保期后发生质量问题，卖方应提供免费维修服务，包括硬件更换和软件版本升级。

7.5 项目管理

合同签订后，卖方应指定负责本工程的项目经理，负责卖方在工程全过程的各项工作，如工程进度、设计制造、图纸文件、包装运输、现场安装、调试验收等。

7.6 现场服务

现场服务内容如下：

a) 在设备安装调试过程中视买方工作情况卖方及时派出工程技术服务人员，以提供现场服务。卖方派出人员在现场负责技术指导，并协助买方安装、调试。同时，买方为卖方的现场派出人员提供工作和生活的便利条件；

b) 当变电站内保护设备分批投运时，卖方应按合同规定及时派工程技术人员到达现场服务；

c) 根据买方的安排，卖方安排适当时间对设备的正确安装和试验给予技术培训。

7.7 售后服务

7.7.1 现场投运前和试运行中发现的设备缺陷和元件损坏，卖方应及时无偿修理或更换，直至符合规范要求。保修期内产品出现不符合功能要求和技术指标要求，卖方应在 4h 内响应，并在 24h 内负责修理或更换。保修期外产品出现异常、设备缺陷、元件损坏或不正确动作，现场无法处理时，卖方接到买方通知后，也应在 4h 内响应，并立即派出工程技术人员在 24h 内到达现场处理。

7.7.2 对反事故措施以及软件版本的升级等，应提供技术服务。

7.8 备品备件、专用工具、试验仪器

7.8.1 对每套保护，卖方应提供必要的备品备件。

7.8.2 卖方应提供安装、运行、检修所需的专用工具，包括专用调试、测试设备。

ICS 29.240

Q/GDW

国家电网公司企业标准

Q/GDW 13212.2—2014

智能变电站 35kV 及以下站用变压器/接地变压器保护采购标准
第 2 部分：专用技术规范

Purchasing standard for 35kV lower voltage substation transformer/
grounding transformer protection in smart substation
Part 2: Special technical specification

2014-09-30发布

2014-09-30实施

国家电网公司 发 布

目　　次

前　　言

《智能变电站 35kV 及以下站用变压器/接地变压器保护采购标准》分为 2 个部分：
——第 1 部分：通用技术规范；
——第 2 部分：专用技术规范。
本部分为《智能变电站 35kV 及以下站用变压器/接地变压器保护采购标准》的第 2 部分。
本部分由国家电网公司物资部提出并解释。
本部分由国家电网公司科技部归口。
本部分起草单位：南瑞集团有限公司（国网电力科学研究院）。
本部分主要起草人：姚成、曹团结、陆奕、沈健、周劲亮、彭和平、张青杰、杨朝菁、张海滨、苏理。
本部分首次发布。
本部分在执行过程中的意见或建议反馈至国家电网公司科技部。

智能变电站 35kV 及以下站用变压器/接地变压器保护采购标准
第 2 部分：专用技术规范

1 范围

本部分规定了智能变电站 35kV 及以下站用变压器/接地变压器保护招标的标准技术参数、项目需求及投标人响应的相关内容。

本部分适用于智能变电站 35kV 及以下站用变压器/接地变压器保护招标。

2 规范性引用文件

下列文件对于本文件的应用是必不可少的。凡是注日期的引用文件，仅注日期的版本适用于本文件。凡是不注日期的引用文件，其最新版本（包括所有的修改单）适用于本文件。

Q/GDW 13212.1 智能变电站 35kV 及以下站用变压器/接地变压器保护采购标准 第 1 部分：通用技术规范

3 术语和定义

下列术语和定义适用于本文件。

3.1

招标人 bidder
提出招标项目，进行招标的法人或其他组织。

3.2

投标人 tenderer
响应招标、参加投标竞争的法人或者其他组织。

3.3

卖方 seller
提供本部分货物和技术服务的法人或其他组织，包括其法定的承继者。

3.4

买方 buyer
购买本部分货物和技术服务的法人或其他组织，包括其法定的承继者和经许可的受让人。

4 标准技术参数

技术参数特性表是国家电网公司对采购设备的基础技术参数要求，在招投标过程中，投标人应依据招标文件，对技术参数特性表中标准参数值进行响应。智能变电站 35kV 及以下站用变压器/接地变压器保护、打印机、保护柜技术参数特性见表 1～表 3。物资必须满足 Q/GDW 13212.1 的要求。

表 1 35kV 及以下站用变压器/接地变压器保护技术参数特性表

序号	参 数 名 称	单位	标准参数值
1	电流定值误差		≤5%
2	电压定值误差		≤5%

表1（续）

序号	参　数　名　称	单位	标准参数值
3	时限定值误差	ms	≤40
4	电流量、电压量测量误差	%	≤0.2
5	有功功率、无功功率测量误差	%	≤0.5
6	电网频率测量误差	Hz	≤0.02
7	遥控命令输出正确率		100%
8	事件顺序记录分辨率（SOE）	ms	≤2
9	交流电压回路功率消耗（每相）	VA	≤1
10	交流电流回路功率消耗（每相）	VA	≤0.5（I_N=1A）； ≤1（I_N=5A）
11	装置直流消耗	W	≤30（工作时）； ≤50（动作时）
12	跳闸触点容量		长期允许通过电流≥5A； 触点断开容量为≥50W
13	其他触点容量		长期允许通过电流≥2A； 触点断开容量为≥30W
14	光纤接口接收灵敏度	dBm	≤－30（以太网光接口）
15	光纤接口发送功率	dBm	≥－20（以太网光接口）
16	装置工作电源	V	（招标人填写）
17	TA二次额定电流	A	（招标人填写）
18	断路器跳闸线圈电流	A	（招标人填写）
19	断路器合闸线圈电流	A	（招标人填写）
20	普通柜可选技术参数		（招标人填写）
21	智能柜技术参数要求		（招标人填写）
22	GOOSE接口数量		（招标人填写）
23	其他		

表2　打印机技术参数特性表

序号	参　数　名　称	单位	标准参数值
1	工作电源	V	220AC
2	接口型式		与保护装置配套

表3　保护柜（非智能控制柜）技术参数特性表

序号	参　数　名　称	单位	标准参数值
1	尺寸	mm	高度：2260； 宽度：800； 深度：600
2	颜色		GSB05－1426－2001，77号，GY09冰灰橘纹

5 组件材料配置表

组件材料配置表包括元件名称、规格形式参数、单位、数量和产地等信息，具体内容和格式根据招标项目情况编制。

6 使用环境条件表

典型智能变电站 35kV 及以下站用变压器/接地变压器保护使用环境条件见表 4。特殊环境要求根据项目情况编制。

表 4 使 用 环 境 条 件 表

项目单位：				项目名称：
序号	名 称 项 目		单位	标准参数值
1	电源的频率		Hz	50
2	温度	最高气温	℃	+45
		最低气温	℃	−5
		最大日温差	K	+25
3	湿度	日相对湿度平均值	%	≤95
		月相对湿度平均值	%	≤90
4	海拔		m	≤2000
5	耐受地震能力	水平加速度	m/s²	0.3g
		垂直加速度	m/s²	0.15g
6	保护装置是否组屏		组屏/单装置	（项目单位提供）
7	安装方式		集中/分散	（项目单位提供）
注：标准参数值为正常使用条件，超出此值时为特殊使用条件，可根据工程实际使用条件进行修改。				

ICS 29.240
K 45

Q/GDW

国家电网有限公司企业标准

Q/GDW 13213.1 — 2018
代替 Q/GDW 13213.1 — 2014

智能变电站 35kV 及以下备用电源
自动投入装置采购标准
第 1 部分：通用技术规范

Purchasing standard for 35kV lower voltage reversed auto-switch-on
device in smart substation
Part 1: General technical specification

2019-06-28发布   2019-06-28实施

国家电网有限公司   发 布

目　次

前　　言

为规范智能变电站 35kV 及以下备用电源自动投入装置的采购要求，制定本部分。

《智能变电站 35kV 及以下备用电源自动投入装置采购标准》分为 2 个部分：

——第 1 部分：通用技术规范；

——第 2 部分：专用技术规范。

本部分为《智能变电站 35kV 及以下备用电源自动投入装置采购标准》的第 1 部分。

本部分代替 Q/GDW 13213.1—2014，与 Q/GDW 13213.1—2014 相比，主要技术性差异如下：

——2 规范性引用文件 增加了 Q/GDW 10766 10kV～110（66）kV 线路保护及辅助装置标准化设计
　　规范。

——5.4.8 按 Q/GDW 10766 标准要求，保护信号输出接点去除了自保持功能要求。

——5.4.12 按 Q/GDW 10766 标准，细化了保护装置远方和检修功能的描述。

本部分由国家电网有限公司物资部提出并解释。

本部分由国家电网有限公司科技部归口。

本部分起草单位：国网江苏省电力有限公司、南瑞集团有限公司（国网电力科学研究院有限公司）。

本部分主要起草人：仲雅霓、韩伟、唐凯、王猛、郄朝辉、包亚卓、宋爽、邱涛。

本部分 2014 年 9 月首次发布，2018 年 12 月第一次修订。

本部分在执行过程中的意见或建议反馈至国家电网有限公司科技部。

智能变电站35kV及以下备用电源自动投入装置采购标准
第1部分：通用技术规范

1 范围

本部分规定了智能变电站35kV及以下备用电源自动投入装置采购标准招标的总则、技术参数和性能要求、试验、包装、运输、交货及工厂检验和监造的一般要求。

本部分适用于智能变电站35kV及以下备用电源自动投入装置招标。

2 规范性引用文件

下列文件对于本文件的应用是必不可少的。凡是注日期的引用文件，仅注日期的版本适用于本文件。凡是不注日期的引用文件，其最新版本（包括所有的修改单）适用于本文件。

GB/T 191　包装储运图示标志

GB/T 2423（所有部分）　电工电子产品环境试验

GB/T 7261　继电保护和安全自动装置基本试验方法

GB/T 11287　电气继电器　第21部分：量度继电器和保护装置的振动、冲击、碰撞和地震试验　第1篇：振动试验（正弦）

GB/T 14285　继电保护和安全自动装置技术规程

GB/T 14537　量度继电器和保护装置的冲击与碰撞试验

GB/T 14598.3　电气继电器　第5部分：量度继电器和保护装置的绝缘配合要求和试验

GB/T 14598.9　量度继电器和保护装置　第22-3部分：电气骚扰试验　辐射电磁场抗扰度

GB/T 14598.10　量度继电器和保护装置　第22-4部分：电气骚扰试验——电快速瞬变/脉冲群抗扰度试验

GB/T 14598.13　电气继电器　第22-1部分：量度继电器和保护装置的电气骚扰试验　1MHz脉冲群抗扰度试验

GB/T 14598.14　量度继电器和保护装置　第22-2部分：电气骚扰试验　静电放电试验

GB/T 14598.17　电气继电器　第22-6部分：量度继电器和保护装置的电气骚扰试验——射频场感应的传导骚扰的抗扰度

GB/T 14598.18　量度继电器和保护装置　第22-5部分：电气骚扰试验——浪涌抗扰度试验

GB/T 14598.19　电气继电器　第22-7部分：量度继电器和保护装置的电气骚扰试验——工频抗扰度试验

GB/T 17626.8　电磁兼容　试验和测量技术　工频磁场抗扰度试验

GB/T 17626.9　电磁兼容　试验和测量技术　脉冲磁场抗扰度试验

GB/T 17626.10　电磁兼容　试验和测量技术　阻尼振荡磁场抗扰度试验

GB/T 18663.3　电子设备机械结构　公制系列和英制系列的试验　第3部分：机柜、机架和插箱的电磁屏蔽性能试验

GB/T 25931　网络测量和控制系统的精确时钟同步协议

DL/T 478　继电保护及安全自动装置通用技术条件

DL/T 720　电力系统继电保护柜、屏通用技术条件

DL/T 769　电力系统微机继电保护技术导则

DL/T 860（所有部分）　变电站通信网络和系统

DL/T 995　继电保护和电网安全自动装置检验规程

DL/T 5136　火力发电厂、变电站二次接线设计技术规程

Q/GDW 383　智能变电站技术导则

Q/GDW 414　变电站智能化改造技术规范

Q/GDW 441　智能变电站继电保护技术规范

Q/GDW 1396　IEC 61850 工程继电保护应用模型

Q/GDW 1430　智能变电站智能控制柜技术规范

Q/GDW 10393　110（66）kV～220kV 智能变电站设计规范

Q/GDW 10766　10kV～110（66）kV 线路保护及辅助装置标准化设计规范

Q/GDW 11010　继电保护信息规范

Q/GDW 11768　35kV 及以下开关柜继电保护装置通用技术条件

Q/GDW 13001—2014　高海拔外绝缘配置技术规范

3　术语和定义

下列术语和定义适用于本文件。

3.1

招标人　bidder

提出招标项目，进行招标的法人或其他组织。

3.2

投标人　tenderer

响应招标、参加投标竞争的法人或者其他组织。

3.3

卖方　seller

提供本部分货物和技术服务的法人或其他组织，包括其法定的承继者。

3.4

买方　buyer

购买本部分货物和技术服务的法人或其他组织，包括其法定的承继者和经许可的受让人。

4　总则

4.1　一般性要求

4.1.1　卖方提供的智能变电站继电保护及相关设备应符合 Q/GDW 441 的要求。

智能变电站继电保护与站控层信息交互采用 DL/T 860 标准，跳合闸命令和联闭锁信息可通过直接电缆连接或 GOOSE 机制传输。卖方提供的继电保护及相关设备所采用的技术应遵循 Q/GDW 441 及本部分中与之对应的部分。

4.1.2　卖方提供的变电站继电保护及相关设备应符合 Q/GDW 10766 的要求。变电站继电保护装置的动作信息、告警信息、状态变位信息、中间节点信息、日志记录、人机界面信息等信息输出符合 Q/GDW 11010 的要求。

4.1.3　本部分提出的是最低限度的要求，并未对一切技术细节做出规定，也未充分引述有关标准的条文，投标人应提供符合本部分和工业标准的优质产品。

4.1.4　如果投标人没有以书面形式对本部分的条文提出异议，则表示投标人提供的设备完全符合本部分的要求；如有异议，应在报价书中以"对规范书的意见和同规范书的差异"为标题的专门章节中加以详

细描述。

4.1.5 本部分所使用的标准如遇与投标人所执行的标准不一致时按较高的标准执行。

4.1.6 本部分经招、投标双方确认后作为订货合同的技术附件，与合同正文具有同等效力。

4.2 卖方职责

卖方的工作范围应包括但不仅限于下列内容：

a) 提供标书内所有设备及设计说明书及制造方面的说明；

b) 提供国家或电力行业级检验检测机构出具的动模试验报告、型式试验报告和DL/T 860的一致性测试报告，以便确认供货设备能否满足所有的性能要求；

c) 提供与投标设备版本相符的安装及使用说明书；

d) 提供试验和检验的标准，包括试验报告和试验数据；

e) 提供图纸，制造和质量保证过程的一览表以及标书规定的其他资料；

f) 提供设备管理和运行所需有关资料；

g) 所提供设备应发运到规定的目的地；

h) 在更换所用的准则、标准、规程或修改设备技术数据时，卖方应受需方的选择；

i) 现场服务。

4.3 应满足的标准

装置至少应满足GB/T 191、GB/T 2423、GB/T 7261、GB/T 11287、GB/T 14285、GB/T 14537、GB/T 14598.3、GB/T 14598.9、GB/T 14598.10、GB/T 14598.13、GB/T 14598.14、GB/T 14598.17、GB/T 14598.18、GB/T 14598.19、GB/T 17626.8、GB/T 17626.9、GB/T 17626.10、GB/T 18663.3、GB/T 25931、DL/T 478、DL/T 720、DL/T 769、DL/T 860、DL/T 995、DL/T 5136、Q/GDW 383、Q/GDW 414、Q/GDW 441、Q/GDW 1396、Q/GDW 1430、Q/GDW 11010、Q/GDW 10393、Q/GDW 10766、Q/GDW 11768、Q/GDW 13001—2014中所列标准的最新版本要求，但不限于上述所列标准。

4.4 应满足的文件

该类设备技术标准应满足国家法律法规及国家电网有限公司标准化成果中相关条款要求。下列文件中相应的条款规定均适用于本文件，其最新版本（包括所有的修改单）适用于本文件。包括：

a) 《电力监控系统安全防护规定》；

b) 《国家电网有限公司十八项电网重大反事故措施（2018年修订版）》；

c) 《国家电网有限公司输变电工程通用设计》；

d) 《国家电网公司关于加快推进电力监控系统网络安全管理平台建设的通知》；

e) 《国家电网继电保护柜、屏制造规范》。

5 技术参数和性能要求

5.1 使用环境条件

5.1.1 设备储存温度：−25℃～＋70℃。

5.1.2 设备工作温度：−10℃～＋55℃。

5.1.3 大气压力：80kPa～106kPa。

5.1.4 相对湿度：5%～95%。

5.1.5 抗地震能力：地面水平加速度$0.3g$，垂直加速度$0.15g$，同时作用。

5.2 保护装置额定参数

5.2.1 额定直流电源：220V/110V。

5.2.2 额定交流电流：5A/1A。

5.2.3 额定交流电压：100V/$\sqrt{3}$（相电压）、100V（线电压）。

5.2.4 额定频率：50Hz。

5.2.5 打印机工作电源：交流 220V，50Hz。

5.3 装置功率消耗

5.3.1 装置交流消耗：交流电流回路功率消耗每相不大于 0.5VA（I_N＝1A）或 1VA（I_N＝5A），交流电压回路功率消耗（额定电压下）每相不大于 1VA，卖方投标时应提供确切数值。

5.3.2 装置直流消耗：当正常工作时，不大于 50W；当保护动作时，不大于 80W。卖方投标时必须提供确切数值。

5.4 智能变电站 35kV 及以下备用电源自动投入装置总的技术要求

5.4.1 环境温度在 −10℃～＋55℃时，装置应能满足本部分所规定的精度。

5.4.2 在雷击过电压、一次回路操作、系统故障及其他强干扰作用下，不应误动和拒动。保护装置静电放电试验、快速瞬变干扰试验、高频干扰试验、脉冲群干扰试验、辐射电磁场干扰试验、冲击电压试验和绝缘试验应至少符合 IEC 标准。装置调试端口应带有光电隔离。

5.4.3 装置与其他装置之间的输入和输出回路，应采用光电耦合或继电器触点进行连接，不应有直接的电气联系。

5.4.4 装置中的插件应接触可靠，并且有良好的互换性，以便检修时能迅速更换。

5.4.5 装置应具有直流电源快速小开关，与装置安装在同一屏柜上。装置的逻辑回路应由独立的直流/直流变换器供电。直流电压消失时，装置不应误动，同时应有输出接点以启动告警信号。直流回路应有监视直流回路电压消失的告警信号继电器。直流电源电压在 80%～115% 额定值范围内变化时，装置应正确工作。在直流电源恢复（包括缓慢的恢复）到 80%U_N 时，直流逆变电源应能自动启动。直流电源纹波系数≤5%时，装置应正确工作。拉合直流电源以及插拔熔丝发生重复击穿火花时，装置不应误动作。直流电源回路出现各种异常情况（如短路、断线、接地等）时装置不应误动作。

5.4.6 应提供标准的试验插件及试验插头，以便对各套装置的输入和输出回路进行隔离或能通入电流、电压进行试验。另外，对每面柜的出口跳闸、闭锁备自投等输入、输出回路应在柜面上有隔离措施，以便在运行中分别断开。隔离及试验部件应考虑操作的方便性，隔离压板标签栏位置应安装在隔离件本体或隔离件下部。

5.4.7 保护装置应有监视及自诊断功能来监测异常及交直流消失等现象，以便在动作后启动告警信号、远动信号、事件记录等。

5.4.8 装置中用于远动信号和事件记录信号的接点不应保持。

5.4.9 除出口继电器外，装置内的任一元件损坏时，装置不应误动作跳闸。

5.4.10 跳、合闸出口回路采用有触点继电器。跳、合闸出口继电器触点应有足够容量，跳、合闸出口继电器触点的长期允许通过电流不应小于 5A，在电感负荷的直流电路（τ＜5ms）中的断开容量为 50W。信号继电器触点的长期允许通过电流不应小于 2A，在电感负荷的直流电路（τ＜5ms）中的断开容量为 30W。

5.4.11 装置与站控层设备通信，标准采用 DL/T 860，应满足运行维护、监视控制及无人值班、智能电网调度等信息交互的要求。保护装置向站控层提供的信息符合 Q/GDW 396 的要求。

5.4.12 保护装置应具备远方修改定值功能、软压板远方投退和定值区远方切换功能和保护检修功能，具体要求如下：

　　a) "远方操作"只设硬压板。"远方投退压板"、"远方切换定值区"和"远方修改定值"只设软压板，只能在装置本地操作，三者功能相互独立，分别与"远方操作"硬压板采用"与门"逻辑。当"远方操作"硬压板投入后，上述三个软压板远方功能才有效；

　　b) "保护检修状态"只设硬压板，当该压板投入时，保护装置报文上送带品质位信息。"保护检修状态"硬压板遥信不置检修标志；保护装置应有明显显示（面板指示灯和界面显示）。参数、配置文件仅在检修压板投入时才可下装，下装时应闭锁保护

5.4.13 保护装置宜通过 IRIG−B（DC）码对时，也可采用 GB/T 25931 标准进行网络对时，对时精度应满足要求。

5.5 35kV 及以下备用电源自动投入装置的技术要求

5.5.1 备用电源自动投入功能的具体技术要求。

5.5.1.1 备用电源自动投入装置应确保工作电源断路器断开后方可使备用电源投入。

5.5.1.2 备用电源断路器的合闸脉冲命令只允许动作一次，下一次动作应在相应充电条件满足后才能允许。

5.5.1.3 当电压互感器二次回路断线时，装置不应动作，并发出断线信号。

5.5.1.4 备用电源自动投入装置应有防止过负荷和电动机自启动所引起误动作的闭锁措施。

5.5.1.5 备用电源自动投入装置应有电源自动投于故障母线或故障设备的保护措施。

5.5.1.6 备用电源自动投入装置动作后，应有相应动作信号发出。

5.5.1.7 备用电源自动投入装置若含有保护功能，应遵循相关保护装置的技术标准的规定。

5.5.1.8 备用电源自动投入装置应有自检功能，当自检到异常时，应发信号，并有防止误出口措施。

5.5.1.9 当人工切除工作电源电压或有闭锁条件时，备用电源自动投入装置不应动作。

5.5.1.10 备用电源自动投入装置具有自适应功能，应能根据用户要求，实现桥备投、变压器备投、分段备投和进线备投、小电源联切、过负荷减载。特殊的备自投动作逻辑在专用技术规范中明确。

5.6 柜结构的技术要求

5.6.1 对智能控制柜，技术要求详见 Q/GDW 430，并遵循以下要求。

5.6.1.1 控制柜应装有 $100mm^2$ 截面的铜接地母线（不要求与柜体绝缘），接地母线末端应装好可靠的压接式端子，以备接到电站的接地网上。柜体应采用双层结构，循环通风。

5.6.1.2 同一保护柜内若有多路直流电源引入，应接入不同安装单元端子排，且每路电源正、负极之间应有端子隔开。控制柜内设备的安排及端子排的布置，应保证各套保护的独立性，在一套保护检修时不影响其他任何一套保护系统的正常运行。

5.6.1.3 控制柜应具备温度、湿度的采集、调节功能，柜内温度控制在 $-10℃～+50℃$，湿度保持在 90% 以下，并可上送温度、湿度信息。

5.6.1.4 控制柜应能满足 GB/T 18663.3 变电站户外防电磁干扰的要求。

5.6.2 对非智能普通屏柜，屏体要求详见《国家电网继电保护柜、屏制造规范》，并遵循已发布的《国家电网有限公司物资采购标准 继电保护及自动装置卷》相关部分规定。

5.6.2.1 微机保护和控制装置的屏柜下部应设有截面积不小于 $100mm^2$ 的铜排（不要求与保护屏绝缘）。

5.6.2.2 保护柜内电压回路每相及 N 相端子均应采用多个连接端子（不少于 3 个）。

5.6.2.3 同一保护柜内若有多路直流电源引入，应接入不同安装单元端子排。

5.6.3 屏柜内部配线、端子排、接地铜排、屏柜上安装辅助设备等应符合相关规程、标准与反事故措施的规定。

6 试验

6.1 工厂试验

卖方提供的设备试验标准应符合国家、行业及 IEC 的有关标准，并提供每一种型式产品的型式试验报告和 DL/T 860 一致性测试报告。

卖方提供的每一套设备出厂之前都应按国家和行业标准以及工厂规定的调试大纲进行出厂检查、性能试验，试验报告应随产品提供。当需做动态模拟试验或数字仿真试验时，模拟系统的接线和参数由卖方与买方在试验前协商确定，按实际系统参数进行试验。

6.2 系统联调试验

卖方应按买方需求配合完成买方组织的保护装置功能验证与系统联调试验。

6.3 现场试验

现场实际设备接入后，应按照 DL/T 995 的要求，在一次设备不带电和带电试运行时做现场试验，卖方应配合完成保护装置的现场调试及投运试验。现场投运前和试运行中发现的设备缺陷和元件损坏，卖方应及时无偿修理或更换，直至符合本部分要求。

6.4 继电保护专业检测

卖方依据国家电网有限公司继电保护专业检测标准参加继电保护专业检测，并提供每一种型式产品的专业检测报告。

7 技术服务、设计联络、工厂检验和监造

7.1 技术文件

7.1.1 卖方提供的技术文件应提供买方所要求的性能信息，并对其可靠性和一致性负责，卖方所提供的技术文件（包括资料和数据）将成为合同一部分。

7.1.2 卖方应随投标书一起提供一般性技术文件，并且应是与投标产品一致的最新版本，投标时应提供的技术文件如下：

a) 产品的技术说明书；
b) 产品的型式试验报告、动模试验报告和一致性测试报告等；
c) 产品的用户运行证明；
d) 产品的软件版本等。

7.1.3 卖方应在签约后 3 周内向买方提供设计用的技术文件如下：

a) 产品的技术说明书；
b) 产品及保护屏原理框图及说明，模件或继电器的原理接线图及其工作原理说明；
c) 装置的 ICD（IED 装置能力描述）文件、保护装置虚端子连接图；
d) 组屏的正面布置图、屏内设备布置图、端子排图及图例说明；
e) 保护屏所用的辅助继电器和选择开关采用的标准；
f) 保护屏的安装尺寸图，包括屏的尺寸和重量、基础螺栓的位置和尺寸等。

7.1.4 签约后双方遵循的原则如下：

a) 在收到买方最终认可图纸前，卖方所购买的材料或制造所发生的费用及其风险全由卖方单独承担；
b) 生产的成品应符合合同的技术规范。买方对图纸的确认并不能解除卖方对其图纸的完善性和准确性应承担的责任；
c) 设计方在收到图纸后 3 周内返回主要确认意见，并根据需要召开设计联络会。卖方在提供确认图纸时必须提供为审核该张图纸所需的资料。买方有权要求卖方对其图纸中的任一装置任一部件作必要修改，在设计图纸完成之前应保留设计方对卖方图纸的其他确认权限，而买方不需承担额外费用。

7.1.5 在收到确认意见后，卖方应在规定时间内向买方提供的技术文件如下：

a) 7.1.3 所列的修改后的正式技术文件；
b) 保护装置的内部接线及图例说明，保护屏内部接线图及其说明（包括屏内布置及内部端子排图）；
c) 保护装置的软件版本号和校验码；
d) 产品的使用说明书，包括保护装置的现场调试大纲、整定值表和整定计算说明及计算算例等；
e) 通信规约和解释文本及装置调试软件和后台分析软件，以便与计算机监控系统和继电保护故障信息系统联调。

7.1.6 设备供货时提供的技术文件和资料如下：

a) 设备的开箱资料清单；
b) 产品的技术说明书、使用说明书和组屏图纸；

c) 出厂调试试验报告；

d) 产品质量检验合格证书；

e) 合同规定的出厂验收试验报告和一致性测试报告等；

f) 保护设备识别代码及出厂信息表。

7.1.7 技术文件格式和分送要求如下：

a) 全部图纸应为A4幅面，并有完整图标，采用国标单位制；

b) 提供的技术文件除纸质文件外，还应包括一份电子文档，并提供可供修改的最终图纸电子文件（图形文件能够被 PC 机 AutoCAD for Windows 2000 版支持）；

c) 技术文件（图纸和资料）分送单位、套数和地址根据项目单位要求提供。

7.2 设计联络会议

7.2.1 若有必要，买方在收到卖方签字的第一批文件后的3周内将举行设计联络会议。

设计联络会议内容如下：

a) 卖方应对修改后的供确认的资料和图纸进行详细的解释，并应解答买方对这些资料和图纸所提的问题，经过共同讨论，买方给予确认，以便卖方绘制正式图纸提供给买方；

b) 卖方应介绍合同产品已有的运行经验；

c) 卖方应提供验收大纲，工程参数表；

d) 买方或设计方应确认保护装置的 GOOSE 接口及 MMS 接口的类型与数量；

e) 设计联络会应确定通信信息的具体内容。

7.2.2 会议应签订会议纪要，并作为合同的组成部分。

7.3 工厂验收和现场验收

要求满足国家电网有限公司企业标准中关于工厂验收（现场）的规范。

7.4 质量保证

7.4.1 卖方应保证制造过程中的所有工艺、材料、试验等（包括卖方的外购件在内）均应符合本部分的规定。若买方根据运行经验指定卖方提供某种外购零部件，卖方应积极配合。卖方对所购配套部件设备质量负责，采购前向买方提供主要国产元器件报价表，采购中应进行严格的质量检验，交货时应向买方提供其产品质量合格证书及有关安装使用等技术文件资料。

7.4.2 对于采用属于引进技术的设备、元器件，卖方在采购前应向买方提供主要进口元器件报价表。引进的设备、元器件应符合引进国的技术标准或 IEC 标准，当标准与本部分有矛盾时，卖方应将处理意见书面通知买方，由买卖双方协商解决。假若卖方有更优越或更为经济的设计和材料，足以使卖方的产品更为安全、可靠、灵活、适应时，卖方可提出并经买方的认可，然而应遵循现行的国家工业标准，并且有成熟的设计和工艺要求以及工程实践经验。

7.4.3 双方签订合同后，卖方应按工程设计及施工进度分批提交技术文件和图纸，必要时，买卖双方应进行技术联络，以讨论合同范围内的有关技术问题。

7.4.4 卖方保证所提供的设备应为由最适宜的原材料并采用先进工艺制成、且未经使用过的全新产品；保证产品的质量、规格和性能与投标文件所述一致。

7.4.5 卖方提供的保护设备运行使用寿命不应小于15年。

7.4.6 卖方保证所提供的设备在各个方面符合招标文件规定的质量、规格和性能。在合同规定的质量保证期内（保护设备到货后24个月或 SAT 后18个月），卖方对由于产品设计、制造和材料、外购零部件的缺陷而造成所供设备的任何破坏、缺陷故障，当卖方收到买方的书面通知后，卖方在2天内免费负责修理或更换有缺陷的设备（包括运输费、税收等），以达到本部分的要求。质保期以合同商务部分为准。

质保期后发生质量问题，卖方应提供免费维修服务，包括硬件更换和软件版本升级。

7.5 项目管理

合同签订后，卖方应指定负责本工程的项目经理，负责卖方在工程全过程的各项工作，如工程进度、设计制造、图纸文件、包装运输、现场安装、调试验收等。

7.6 现场服务

现场服务内容如下：

a) 在设备安装调试过程中视买方工作情况卖方及时派出工程技术服务人员，以提供现场服务。卖方派出人员在现场负责技术指导，并协助买方安装、调试。同时，买方为卖方的现场派出人员提供工作和生活的便利条件；

b) 当变电站内保护设备分批投运时，卖方应按合同规定及时派工程技术人员到达现场服务；

c) 根据买方的安排，卖方安排适当时间对设备的正确安装和试验给予技术培训。

7.7 售后服务

7.7.1 现场投运前和试运行中发现的设备缺陷和元件损坏，卖方应及时无偿修理或更换，直至符合规范要求。保修期内产品出现不符合功能要求和技术指标要求，卖方应在 4h 内响应，并在 24h 内负责修理或更换。保修期外产品出现异常、设备缺陷、元件损坏或不正确动作，现场无法处理时，卖方接到买方通知后，也应在 4h 内响应，并立即派出工程技术人员在 24h 内到达现场处理。

7.7.2 对反事故措施以及软件版本的升级等，应提供技术服务。

7.8 备品备件、专用工具、试验仪器

7.8.1 对每套保护，卖方应提供必要的备品备件。

7.8.2 卖方应提供安装、运行、检修所需的专用工具，包括专用调试、测试设备。

ICS 29.240
K 45

Q/GDW

国家电网有限公司企业标准

Q/GDW 13213.2 — 2018
代替 Q/GDW 13213.2 — 2014

智能变电站 35kV 及以下备用电源
自动投入装置采购标准
第 2 部分：专用技术规范

Purchasing standard for 35kV lower voltage reversed auto-switch-on
device smart substation
Part 2: Special technical specification

2019-06-28发布

2019-06-28实施

国家电网有限公司   发 布

目　次

前　言

为规范智能变电站 35kV 及以下备用电源自动投入装置的采购要求，制定本部分。

《智能变电站 35kV 及以下备用电源自动投入装置采购标准》分为 2 个部分：

——第 1 部分：通用技术规范；

——第 2 部分：专用技术规范。

本部分为《智能变电站 35kV 及以下备用电源自动投入装置采购标准》的第 2 部分。

本部分代替 Q/GDW 13213.2—2014，与 Q/GDW 13213.2—2014 相比，主要技术性差异如下：

——表 1 去除了遥测和遥控要求

本部分由国家电网有限公司物资部提出并解释。

本部分由国家电网有限公司科技部归口。

本部分起草单位：国网江苏省电力有限公司、南瑞集团有限公司（国网电力科学研究院有限公司）。

本部分主要起草人：仲雅霓、韩伟、唐凯、王猛、郄朝辉、包亚卓、宋爽、邱涛、朱雨辰。

本部分 2014 年 9 月首次发布，2018 年 12 月第一次修订。

本部分在执行过程中的意见或建议反馈至国家电网有限公司科技部。

智能变电站 35kV 及以下备用电源自动投入装置采购标准
第 2 部分：专用技术规范

1 范围

本部分规定了智能变电站 35kV 及以下备用电源自动投入装置招标的标准技术参数、项目需求及投标人响应的相关内容。

本部分适用于智能变电站 35kV 及以下备用电源自动投入装置招标。

2 规范性引用文件

下列文件对于本文件的应用是必不可少的。凡是注日期的引用文件，仅注日期的版本适用于本文件。凡是不注日期的引用文件，其最新版本（包括所有的修改单）适用于本文件。

Q/GDW 13213.1　智能变电站 35kV 及以下备用电源自动投入装置采购标准　第 1 部分：通用技术规范

3 术语和定义

下列术语和定义适用于本文件。

3.1
招标人　bidder
提出招标项目，进行招标的法人或其他组织。

3.2
投标人　tenderer
响应招标、参加投标竞争的法人或者其他组织。

3.3
卖方　seller
提供本部分货物和技术服务的法人或其他组织，包括其法定的承继者。

3.4
买方　buyer
购买本部分货物和技术服务的法人或其他组织，包括其法定的承继者和经许可的受让人。

4 标准技术参数

技术参数特性表是国家电网有限公司对采购设备的基础技术参数要求，在招投标过程中，投标人应依据招标文件，对技术参数特性表中标准参数值进行响应。智能变电站 35kV 及以下备用电源自动投入装置、打印机、保护柜技术参数特性见表 1～表 3。物资必须满足 Q/GDW 13213.1 的要求。

表 1　35kV 及以下备用电源自动投入装置技术参数特性表

序号	参 数 名 称	单位	标准参数值
1	电流定值误差		≤5%
2	电压定值误差		≤5%

表 1（续）

序号	参 数 名 称	单位	标准参数值
3	时限定值误差	ms	≤40
4	事件顺序记录分辨率（SOE）	ms	≤2
5	交流电压回路功率损耗（每相）	VA	≤1
6	交流电流回路功率损耗（每相）	VA	≤0.5（I_N=1A）； ≤1（I_N=5A）
7	装置直流消耗	W	≤50（工作时）； ≤80（动作时）
8	跳闸触点容量		长期允许通过电流≥5A； 触点断开容量为≥50W
9	其他触点容量		长期允许通过电流≥2A； 触点断开容量为≥30W
10	光纤接口接收灵敏度	dBm	≤−30（以太网光接口）
11	光纤接口发送功率	dBm	≥−20（以太网光接口）
12	装置工作电源	V	（招标人填写）
13	TA 二次额定电流	A	（招标人填写）
14	普通柜可选技术参数		（招标人填写）
15	智能柜技术参数要求		（招标人填写）
16	GOOSE 接口数量		（招标人填写）
17	对时方式		（招标人填写）
18	站控层 MMS 接口数量与类型		（招标人填写）
19	其他		（招标人填写）

表 2　打印机技术参数特性表

序号	参 数 名 称	单位	标准参数值
1	工作电源	V	220 AC
2	接口型式		与保护装置配套

表 3　保护柜（非智能柜）技术参数特性表

序号	参 数 名 称	单位	标准参数值
1	尺寸	mm	高度：2260； 宽度：800； 深度：600
2	颜色		GSB05−1426−2001，77 号，GY09 冰灰桔纹

5　组件材料配置表

组件材料配置表包括元件名称、规格形式参数、单位、数量和产地等信息，具体内容和格式根据招标项目情况进行编制。

6 使用环境条件表

典型智能变电站 35kV 及以下备用电源自动投入装置使用环境条件见表 4。特殊环境要求根据项目情况进行编制。

表 4 使用环境条件表

项目单位：				项目名称：
序号	名 称 项 目		单位	标准参数值
1	电源的频率		Hz	50
2	温度	最高温度	℃	＋55
		最低温度	℃	－10
		最大日温差	K	＋25
3	湿度	日相对湿度平均值	%	≤95
		月相对湿度平均值		≤90
4	海拔高度		m	≤2000
5	抗振能力	水平加速度	m/s^2	0.3g
		垂直加速度	m/s^2	0.15g
6	保护装置是否组屏		组屏/单装置	（项目单位提供）
7	安装方式		集中/分散	（项目单位提供）
注：标准参数值为正常使用条件，超出此值时为特殊使用条件，可根据工程实际使用条件进行修改。				

ICS 29.240
K 45

Q/GDW

国家电网有限公司企业标准

Q／GDW 13214.1 — 2018
代替 Q／GDW 13214.1 — 2014

智能变电站 66kV 备用电源
自动投入装置采购标准
第 1 部分：通用技术规范

Purchasing standard for 66kV reversed auto-switch-on device
in smart substation
Part 1: General technical specification

2019-06-28发布   2019-06-28实施

国家电网有限公司   发 布

目 次

前　言

为规范智能变电站 66kV 备用电源自动投入装置的采购要求，制定本部分。

《智能变电站 66kV 备用电源自动投入装置采购标准》分为 2 个部分：

——第 1 部分：通用技术规范；

——第 2 部分：专用技术规范。

本部分为《智能变电站 66kV 备用电源自动投入装置采购标准》的第 1 部分。

本部分代替 Q/GDW 13214.1—2014，与 Q/GDW 13214.1—2014 相比，主要技术性差异如下：

——2 规范性引用文件 增加了 Q/GDW 10766 10kV～110（66）kV 线路保护及辅助装置标准化设计规范。

——5.4.18 按 Q/GDW 10766 标准，细化了保护装置远方和检修功能的描述。

——删除了 5.4 章，保护装置就地化安装的要求。

本部分由国家电网有限公司物资部提出并解释。

本部分由国家电网有限公司科技部归口。

本部分起草单位：国网江苏省电力有限公司、南瑞集团有限公司（国网电力科学研究院有限公司）。

本部分主要起草人：唐凯、王猛、魏洁茹、陈力、岳嵩、黄浩声。

本部分 2014 年 9 月首次发布，2018 年 12 月第一次修订。

本部分在执行过程中的意见或建议反馈至国家电网有限公司科技部。

智能变电站 66kV 备用电源自动投入装置采购标准
第 1 部分：通用技术规范

1 范围

本部分规定了智能变电站 66kV 备用电源自动投入装置采购标准招标的总则、技术参数和性能要求、试验、包装、运输、交货及工厂检验和监造的一般要求。

本部分适用于智能变电站 66kV 备用电源自动投入装置招标。

2 规范性引用文件

下列文件对于本文件的应用是必不可少的。凡是注日期的引用文件，仅注日期的版本适用于本文件。凡是不注日期的引用文件，其最新版本（包括所有的修改单）适用于本文件。

GB/T 191 包装储运图示标志

GB/T 2423（所有部分） 电工电子产品环境试验

GB/T 7261 继电保护和安全自动装置基本试验方法

GB/T 11287 电气继电器 第 21 部分：量度继电器和保护装置的振动、冲击、碰撞和地震试验 第 1 篇：振动试验（正弦）

GB/T 14285 继电保护和安全自动装置技术规程

GB/T 14537 量度继电器和保护装置的冲击与碰撞试验

GB/T 14598.3 电气继电器 第 5 部分：量度继电器和保护装置的绝缘配合要求和试验

GB/T 14598.9 量度继电器和保护装置 第 22－3 部分：电气骚扰试验 辐射电磁场抗扰度

GB/T 14598.10 量度继电器和保护装置 第 22－4 部分：电气骚扰试验 电快速瞬变/脉冲群抗扰度试验

GB/T 14598.13 电气继电器 第 22－1 部分：量度继电器和保护装置的电气骚扰试验 1MHz 脉冲群抗扰度试验

GB/T 14598.14 量度继电器和保护装置 第 22－2 部分：电气骚扰试验 静电放电试验

GB/T 14598.17 电气继电器 第 22－6 部分：量度继电器和保护装置的电气骚扰试验—射频场感应的传导骚扰的抗扰度

GB/T 14598.18 量度继电器和保护装置 第 22－5 部分：电气骚扰试验 浪涌抗扰度试验

GB/T 14598.19 电气继电器 第 22－7 部分：量度继电器和保护装置的电气骚扰试验—工频抗扰度试验

GB/T 17626.1 电磁兼容 试验和测量技术 抗扰度试验总论

GB/T 17626.2 电磁兼容 试验和测量技术 静电放电抗扰度试验

GB/T 17626.3 电磁兼容 试验和测量技术 射频电磁场辐射抗扰度试验

GB/T 17626.4 电磁兼容 试验和测量技术 电快速瞬变脉冲群抗扰度试验

GB/T 17626.5 电磁兼容 试验和测量技术 浪涌（冲击）抗扰度试验

GB/T 17626.6 电磁兼容 试验和测量技术 射频场感应的传导骚扰抗扰度

GB/T 17626.8 电磁兼容 试验和测量技术 工频磁场抗扰度试验

GB/T 17626.9 电磁兼容 试验和测量技术 脉冲磁场抗扰度试验

GB/T 17626.10 电磁兼容 试验和测量技术 阻尼振荡磁场抗扰度试验

GB/T 18663.3　电子设备机械结构　公制系列和英制系列的试验　第 3 部分：机柜、机架和插箱的电磁屏蔽性能试验

GB/T 20840.8　互感器　第 8 部分：电子式电流互感器

GB/T 25931　网络测量和控制系统的精确时钟同步协议

DL/T 478　继电保护及安全自动装置通用技术条件

DL/T 526　静态备用电源自动投入装置技术条件

DL/T 720　电力系统继电保护柜、屏通用技术条件

DL/T 769　电力系统微机继电保护技术导则

DL/T 860（所有部分）　变电站通信网络和系统

DL/T 995　继电保护和电网安全自动装置检验规程

DL/T 5136　火力发电厂、变电站二次接线设计技术规程

Q/GDW 383　智能变电站技术导则

Q/GDW 414　变电站智能化改造技术规范

Q/GDW 428　智能变电站智能终端技术规范

Q/GDW 441　智能变电站继电保护技术规范

Q/GDW 1140　交流采样测量装置运行检验管理规程

Q/GDW 1396　IEC 61850 工程继电保护应用模型

Q/GDW 1426　智能变电站合并单元技术规范

Q/GDW 1430　智能变电站智能控制柜技术规范

Q/GDW 11010　继电保护信息规范

Q/GDW 10393　110（66）kV～220kV 智能变电站设计规范

Q/GDW 10394　330kV～750kV 智能变电站设计规范

Q/GDW 10766　10kV～110（66）kV 线路保护及辅助装置标准化设计规范

Q/GDW 13001—2014　高海拔外绝缘配置技术规范

3　术语和定义

下列术语和定义适用于本文件。

3.1

招标人　bidder

提出招标项目，进行招标的法人或其他组织。

3.2

投标人　tenderer

响应招标、参加投标竞争的法人或者其他组织。

3.3

卖方　seller

提供本部分货物和技术服务的法人或其他组织，包括其法定的承继者。

3.4

买方　buyer

购买本部分货物和技术服务的法人或其他组织，包括其法定的承继者和经许可的受让人。

4　总则

4.1　一般性要求

4.1.1　卖方提供的智能变电站继电保护及相关设备应符合 Q/GDW 441 的要求。

　　智能变电站继电保护与站控层信息交互采用 DL/T 860 标准，跳合闸命令和联闭锁信息可通过直接电缆连接或 GOOSE 机制传输。卖方提供的继电保护及相关设备所采用的技术应遵循 Q/GDW 441 及本部分中与之对应的部分。

4.1.2　卖方提供的变电站继电保护及相关设备应符合 Q/GDW 10766 的要求。变电站继电保护装置的动作信息、告警信息、状态变位信息、中间节点信息、日志记录、人机界面信息等信息输出符合 Q/GDW 11010 的要求。

4.1.3　本部分提出的是最低限度的要求，并未对一切技术细节作出规定，也未充分引述有关标准的条文，投标人应提供符合本部分和工业标准的优质产品。

4.1.4　如果投标人没有以书面形式对本部分的条文提出异议，则表示投标人提供的设备完全符合本部分的要求；如有异议，应在报价书中以"对规范书的意见和同规范书的差异"为标题的专门章节中加以详细描述。

4.1.5　本部分所使用的标准如遇与投标人所执行的标准不一致时按较高的标准执行。

4.1.6　本部分经招、投标双方确认后作为订货合同的技术附件，与合同正文具有同等效力。

4.2　卖方职责

卖方的工作范围应包括但不仅限于下列内容：

a)　提供标书内所有设备及设计说明书及制造方面的说明；

b)　提供国家或电力工业检验检测机构出具的型式试验报告和 DL/T 860 的一致性测试报告，以便确认供货设备能否满足所有的性能要求；

c)　提供与投标设备版本相符的安装、使用说明书；

d)　提供试验和检验的标准，包括试验报告和试验数据；

e)　提供图纸，制造和质量保证过程的一览表以及标书规定的其他资料；

f)　提供设备管理和运行所需有关资料；

g)　所提供设备应发运到规定的目的地；

h)　在更换所用的准则、标准、规程或修改设备技术数据时，卖方应受需方的选择；

i)　现场服务。

4.3　应满足的标准

装置至少应满足 GB/T 191、GB/T 2423、GB/T 7261、GB/T 11287、GB/T 14285、GB/T 14537 、GB/T 14598.3、GB/T 14598.9、GB/T 14598.10、GB/T 14598.13、GB/T 14598.14、GB/T 14598.17、GB/T 14598.18、GB/T 14598.19、GB/T 17626.1、GB/T 17626.2、GB/T 17626.3、GB/T 17626.4 、GB/T 17626.5、GB/T 17626.6、GB/T 17626.8、GB/T 17626.9、GB/T 17626.10、GB/T 18663.3 、GB/T 20840.8、GB/T 25931、DL/T 478、DL/T 526、DL/T 720、DL/T 769、DL/T 860、DL/T 995、DL/T 5136、Q/GDW 383、Q/GDW 　414、Q/GDW 428、Q/GDW 441、Q/GDW 1140、Q/GDW 1396、Q/GDW 1426、Q/GDW 1430、Q/GDW 11010、Q/GDW 10393、Q/GDW 10394、Q/GDW 10766、 Q/GDW 13001—2014 中所列标准的最新版本要求，但不限于上述所列标准。

4.4　应满足的文件

该类设备技术标准应满足国家法律法规及国家电网有限公司标准化成果中相关条款要求。下列文件中相应的条款规定均适用于本文件，其最新版本（包括所有的修改单）适用于本文件。包括：

a)　《电力监控系统安全防护规定》；

b)　《国家电网有限公司十八项电网重大反事故措施（2018 年修订版）》；

c)　《国家电网有限公司输变电工程通用设计》；

d)　《国家电网公司关于加快推进电力监控系统网络安全管理平台建设的通知》；

e)　《国家电网继电保护柜、屏制造规范》。

5 技术参数和性能要求

5.1 使用环境条件

5.1.1 设备储存温度：$-25℃\sim+70℃$。

5.1.2 设备工作温度：$-10℃\sim+55℃$。

5.1.3 大气压力：$80kPa\sim106kPa$。

5.1.4 相对湿度：$5\%\sim95\%$。

5.1.5 抗地震能力：地面水平加速度$0.3g$，垂直加速度$0.15g$，同时作用。

5.2 保护装置额定参数

5.2.1 额定直流电源：220V/110V。

5.2.2 模拟量输入：额定交流电流，5A/1A；额定交流电压，$100V/\sqrt{3}$（相电压）、100V（线电压）。

5.2.3 数字量输入：额定电流，01CFH 或 00E7H；额定电压，2D41H。

5.2.4 额定频率：50Hz。

5.2.5 打印机工作电源：交流 220V，50Hz。

5.3 装置功率消耗

5.3.1 装置交流消耗：交流电流回路功率消耗每相不大于 0.5VA（I_N=1A）或 1VA（I_N=5A），交流电压回路功率消耗（额定电压下）每相不大于 1VA，卖方投标时必须提供确切数值。

5.3.2 装置直流消耗：当正常工作时，不大于 50W；当保护动作时，不大于 80W。卖方投标时必须提供确切数值。

5.4 66kV 备用电源自动投入装置总的技术要求

5.4.1 本节规定了跳合闸命令和联闭锁信息通过 GOOSE 机制传输和（或）电压、电流量通过电子式互感器及 MU 采集的保护设备的技术要求。

通过传统互感器、电缆直接采样的装置，交流采样及交流二次回路的技术要求应符合已有的相应规范和标准以及《国家电网有限公司物资采购标准 继电保护及自动装置卷》相关部分要求。

通过电缆直接跳闸的装置，跳合闸及二次回路的技术要求应符合已有的相应规范和标准以及《国家电网有限公司物资采购标准 继电保护及自动装置卷》相关部分要求。

5.4.2 环境温度在$-10℃\sim+55℃$时，装置应能满足本部分所规定的精度。

5.4.3 除出口继电器外，装置内的任一元件损坏时，装置不应误动作跳闸。

5.4.4 装置不应依赖于外部对时系统实现其保护功能。

5.4.5 66kV 电压等级的过程层 SV 与 GOOSE 共网，过程层网络和站控层网络应完全独立。装置接入不同网络时，应采用相互独立的数据接口控制器。

5.4.6 装置采样同步应由装置实现，装置 SV 采样值接口支持 GB/T 20840.8 或 DL/T 860.92 协议，在工程应用时应能灵活配置。

5.4.7 装置应自动补偿电子式互感器的采样响应延迟，当响应延时发生变化时应闭锁采自不同 MU 且有采样同步要求的功能。装置的采样输入接口数据的采样频率宜为 4000Hz。

5.4.8 装置的交流量信息应具备自描述功能。

5.4.9 装置应处理 MU 上送的数据品质位（无效、检修等），及时准确提供告警信息。在异常状态下，利用 MU 的信息合理地进行保护功能的退出和保留，瞬时闭锁可能误动的功能，延时告警，并在数据恢复正常之后尽快恢复被闭锁的功能，不闭锁与该异常采样数据无关的功能。

5.4.10 当采用电子式互感器时，装置应针对电子式互感器特点优化相关算法、提高装置性能。

5.4.11 装置应采取措施，防止输入的双 A/D 数据之一异常时误动作。

5.4.12 除检修压板可采用硬压板外，装置应采用软压板，满足远方操作的要求。检修压板投入时，上送带品质位信息，装置应有明显显示（面板指示灯和界面显示）。参数、配置文件仅在检修压板投入时才可下装，下装时应闭锁保护。

5.4.13 装置应具备 MMS 接口与站控层设备通信。装置向站控层提供的信息符合相关标准要求。

5.4.14 装置的交流电流、交流电压及保护设备参数的显示、打印、整定应能支持一次值，上送信息应采用一次值。

5.4.15 装置内部 MMS 接口、GOOSE 接口、SV 接口应采用相互独立的数据接口控制器接入网络。

5.4.16 装置应具备通信中断、异常等状态的检测和告警功能。装置应提供装置故障（含失电）无源触点输出。

5.4.17 保护装置应同时支持 GOOSE 点对点和网络方式传输，传输协议遵循 DL/T 860.81。

5.4.18 装置宜通过 IRIG－B（DC）码对时，也可采用 GB/T 25931 标准进行网络对时，对时精度应满足要求。

5.4.19 保护装置应具备远方修改定值功能、软压板远方投退和定值区远方切换功能和保护检修功能，具体要求如下：

    a）"远方操作"只设硬压板。"远方投退压板"、"远方切换定值区"和"远方修改定值"只设软压板，只能在装置本地操作，三者功能相互独立，分别与"远方操作"硬压板采用"与门"逻辑。当"远方操作"硬压板投入后，上述三个软压板远方功能才有效；

    b）"保护检修状态"只设硬压板，当该压板投入时，保护装置报文上送带品质位信息。"保护检修状态"硬压板遥信不置检修标志；保护装置应有明显显示（面板指示灯和界面显示）。参数、配置文件仅在检修压板投入时才可下装，下装时应闭锁保护

5.4.20 对装置 ICD 文件与 CID 文件的要求如下：

    a）ICD、CID 文件符合统一的模型要求，适用于通用的配置工具和静态检测、分析软件；

    b）ICD 文件应完整描述 IED 提供的数据模型及服务，采用模块化设计，包含版本信息；

    c）CID 文件应完整描述本 IED 的实例化信息，应包含版本信息。

5.4.21 装置信息交互要求如下：

    a）应满足运行维护、监视控制及无人值班、智能电网调度等信息交互的要求。

    b）设备应支持在线和离线获取模型，离线获取和在线召唤的模型应保持一致。定值模型应包含描述、定值单位、定值上限、定值下限等信息。

    c）设备应将检修压板状态上送站控层；当设备检修压板投入时，上送报文中信号的品质 q 的"Test 位"应置位。

    d）设备应支持取代服务，取代数据的上送报文中，信号的品质 q 的"取代位"应置位。

    e）设备应能够支持不小于 16 个客户端的 TCP/IP 访问连接；应能够支持 10 个报告实例。

5.4.22 装置交互信息内容如下：

    a）设备应支持上送采样值、开关量、压板状态、设备参数、定值区号及定值、自检信息、异常告警信息、动作事件及参数、录波报告信息、装置硬件信息、装置软件版本信息、装置日志信息等数据；

    b）设备主动上送的信息应包括开关量变位信息、异常告警信息和动作事件信息等；

    c）设备应支持远方投退压板、修改定值、切换定值区、设备复归功能，并具备权限管理功能；

    d）设备的自检信息应包括硬件损坏、功能异常、与过程层设备通信状况等；

    e）设备应支持远方召唤至少最近 8 次录波报告的功能。

5.4.23 雷击过电压、一次回路操作、系统故障及其他强干扰作用下，不应误动和拒动。保护装置静电放电试验、快速瞬变干扰试验、高频干扰试验、脉冲群干扰试验、辐射电磁场干扰试验、冲击电压试验和绝缘试验应至少符合本部分的相关标准。装置调试端口应带有光电隔离。

5.4.24 控制柜中的插件应接触可靠，并且有良好的互换性，以便检修时能迅速更换。

5.4.25 装置应具有直流电源快速小开关，与装置安装在同一屏柜上。装置的逻辑回路应由独立的直流/

直流变换器供电。直流电压消失时，装置不应误动。直流电源电压在 80%～115%额定值范围内变化时，保护装置应正确工作。在直流电源恢复（包括缓慢地恢复）到 80%U_N时，直流逆变电源应能自动启动。直流电源纹波系数≤5%时，装置应正确工作。拉合直流电源以及插拔熔丝发生重复击穿火花时，保护装置不应误动作。直流电源回路出现各种异常情况（如短路、断线、接地等）时装置不应误动作。

5.4.26 所提供保护设备的软件版本及校验码应与买方进行确认，并提供配套的使用说明书和相关的定值清单。

5.5 66kV 备用电源自动投入装置具体要求

5.5.1 备用电源自动投入功能要求如下：

a） 备用电源自动投入装置应确保工作电源断路器断开后方可使备用电源投入；

b） 备用电源断路器的合闸脉冲命令只允许动作一次，下一次动作应在相应充电条件满足后才能允许；

c） 当电压互感器二次回路断线时，装置不应动作，并发出断线信号；

d） 备用电源自动投入装置应有防止过负荷和电动机自启动所引起误动作的闭锁措施；

e） 备用电源自动投入装置应有电源自动投于故障母线或故障设备的保护措施；

f） 备用电源自动投入装置动作后，应有相应动作信号发出；

g） 备用电源自动投入装置若含有保护功能，应遵循相关保护装置的技术标准的规定；

h） 备用电源自动投入装置应有自检功能，当自检到异常时，应发信号，并有防止误出口措施；

i） 当人工切除工作电源电压或有闭锁条件时，备用电源自动投入装置不应动作；

j） 备用电源自动投入装置具有自适应功能，应能根据用户要求，实现桥备投、变压器备投、母联（分段）备投和进线备投、小电源联切、过负荷减载。特殊的备自投动作逻辑在专用技术规范中明确。

5.5.2 装置 MMS、SV、GOOSE 接口要求。装置应具备站控层 MMS 接口至少 2 个；对采用 MU 数字量输入装置，应具备 SV（采样值）点对点接口 2～4 个；对采用过程层 GOOSE 的装置，应具备 GOOSE 组网接口至少 1 个、点对点接口 2～4 个。装置具体接口数量，招标人在专用技术规范中明确。

5.6 柜结构的技术要求

5.6.1 对智能控制柜，技术要求详见 Q/GDW 430，并遵循如下要求：

a） 控制柜应装有 $100mm^2$ 截面的铜接地母线（不要求与柜体绝缘），接地母线末端应装好可靠的压接式端子，以备接到电站的接地网上。柜体应采用双层结构，循环通风；

b） 同一保护柜内若有多路直流电源引入，应接入不同安装单元端子排，且每路电源正、负极之间应有端子隔开。控制柜内设备的安排及端子排的布置，应保证各套保护的独立性，在一套保护检修时不影响其他任何一套保护系统的正常运行；

c） 控制柜应具备温度、湿度的采集、调节功能，柜内温度控制在 −10℃～+50℃，相对湿度保持在 90%以下，并可上送温度、湿度信息；

d） 控制柜应能满足 GB/T 18663.3 的要求。

5.6.2 对非智能普通屏柜，屏体要求详见《国家电网继电保护柜、屏制造规范》，并遵循已发布的《国家电网有限公司物资采购标准 继电保护及自动装置卷》相关部分规定。

5.6.2.1 微机保护和控制装置的屏柜下部应设有截面积不小于 $100mm^2$ 的铜排（不要求与保护屏绝缘）。

5.6.2.2 保护柜内电压回路每相及 N 相端子均应采用多个连接端子（不少于 3 个）。

5.6.2.3 同一保护柜内若有多路直流电源引入，应接入不同安装单元端子排。

5.6.3 屏柜内部配线、端子排、接地铜排、屏柜上安装辅助设备等应符合相关规程、标准与反措的规定。

6 试验

6.1 工厂试验

卖方提供的设备试验标准应符合国家、行业及 IEC 的有关标准，并提供每一种型式产品的型式试验报告和 DL/T 860 一致性测试报告。

卖方提供的每一套设备出厂之前都应按国家和行业标准以及工厂规定的调试大纲进行出厂检查、性能试验，试验报告应随产品提供。当需做动态模拟试验或数字仿真试验时，模拟系统的接线和参数由卖方与买方在试验前协商确定，按实际系统参数进行试验。

6.2 系统联调试验

卖方应按买方需求配合完成买方组织的保护装置功能验证与系统联调试验。

6.3 现场试验

现场实际设备接入后，应按照 DL/T 995 的要求，在一次设备不带电和带电试运行时做现场试验，卖方应配合完成保护装置的现场调试及投运试验。现场投运前和试运行中发现的设备缺陷和元件损坏，卖方应及时无偿修理或更换，直至符合本部分要求。

6.4 继电保护专业检测

卖方依据国家电网有限公司继电保护专业检测标准参加继电保护专业检测，并提供每一种型式产品的专业检测报告。

7 技术服务、设计联络、工厂检验和监造

7.1 技术文件

7.1.1 卖方提供的技术文件应提供买方所要求的性能信息，并对其可靠性和一致性负责，卖方所提供的技术文件（包括资料和数据）将成为合同一部分。

7.1.2 卖方应随投标书一起提供一般性技术文件，并且应是与投标产品一致的最新版本，投标时应提供的技术文件如下：

    a) 产品的技术说明书；

    b) 产品的型式试验报告、动模试验报告和一致性测试报告等；

    c) 产品的用户运行证明；

    d) 产品的软件版本等。

7.1.3 卖方应在签约后 3 周内向买方提供设计用的技术文件如下：

    a) 产品的技术说明书；

    b) 产品及保护屏原理框图及说明，模件或继电器的原理接线图及其工作原理说明；

    c) 装置的 ICD（IED 装置能力描述）文件、保护装置虚端子连接图；

    d) 组屏的正面布置图、屏内设备布置图、端子排图及图例说明；

    e) 保护屏所用的辅助继电器和选择开关采用的标准；

    f) 保护屏的安装尺寸图，包括屏的尺寸和重量、基础螺栓的位置和尺寸等。

7.1.4 签约后双方遵循的原则如下：

    a) 在收到买方最终认可图纸前，卖方所购买的材料或制造所发生的费用及其风险全由卖方单独承担；

    b) 生产的成品应符合合同的技术规范。买方对图纸的确认并不能解除卖方对其图纸的完善性和准确性应承担的责任；

    c) 设计方在收到图纸后 3 周内返回主要确认意见，并根据需要召开设计联络会。卖方在提供确认图纸时必须提供为审核该张图纸所需的资料。买方有权要求卖方对其图纸中的任一装置任一部件作必要修改，在设计图纸完成之前应保留设计方对卖方图纸的其他确认权限，而买方不需承担额外费用。

7.1.5 在收到确认意见后，卖方应在规定时间内向买方提供的技术文件如下：

    a) 7.1.3 所列的修改后的正式技术文件；

    b) 保护装置的内部接线及图例说明，保护屏内部接线图及其说明（包括屏内布置及内部端子排图）；

c) 保护装置的软件版本号和校验码；

d) 产品的使用说明书，包括保护装置的现场调试大纲、整定值表和整定计算说明及计算算例等；

e) 通信规约和解释文本及装置调试软件和后台分析软件，以便与计算机监控系统和继电保护故障信息系统联调。

7.1.6 设备供货时提供的技术文件和资料如下：

a) 设备的开箱资料清单；

b) 产品的技术说明书、使用说明书和组屏图纸；

c) 出厂调试试验报告；

d) 产品质量检验合格证书；

e) 合同规定的出厂验收试验报告和一致性测试报告等；

f) 保护设备识别代码及出厂信息表。

7.1.7 技术文件的格式和分送要求如下：

a) 全部图纸应为 A4 幅面，并有完整图标，采用国标单位制；

b) 提供的技术文件除纸质文件外，还应包括一份电子文档，并提供可供修改的最终图纸电子文件（图形文件能够被 PC 机 AutoCAD for Windows 2000 版支持）；

c) 技术文件（图纸和资料）分送单位、套数和地址根据项目单位要求提供。

7.2 设计联络会议

7.2.1 若有必要，买方在收到卖方签字的第一批文件后的 2 周内将举行设计联络会议。设计联络会议内容如下：

a) 卖方应对修改后的供确认的资料和图纸进行详细的解释，并应解答买方对这些资料和图纸所提的问题，经过共同讨论，买方给予确认，以便卖方绘制正式图纸提供给买方；

b) 卖方应介绍合同产品已有的运行经验；

c) 卖方应提供验收大纲，工程参数表；

d) 买方或设计方应确认保护装置的 GOOSE 接口及 MMS 接口的类型与数量；

e) 设计联络会应确定通信信息的具体内容。

7.2.2 会议应签订会议纪要，并作为合同的组成部分。

7.3 工厂验收和现场验收

要求满足国家电网有限公司企业标准中关于工厂验收（现场）的规范。

7.4 质量保证

7.4.1 卖方应保证制造过程中的所有工艺、材料、试验等（包括卖方的外购零部件在内）均应符合本部分的规定。若买方根据运行经验指定卖方提供某种外购零部件，卖方应积极配合。卖方对所购配套部件设备质量负责，采购前向买方提供主要国产元器件报价表，采购中应进行严格的质量检验，交货时应向买方提供其产品质量合格证书及有关安装使用说明书等技术文件资料。

7.4.2 对于采用属于引进技术的设备、元器件，卖方在采购前应向买方提供主要进口元器件报价表。引进的设备、元器件应符合引进国的技术标准或 IEC 标准，当标准与本部分有矛盾时，卖方应将处理意见书面通知买方，由买卖双方协商解决。假若卖方有更优越或更为经济的设计和材料，足以使卖方的产品更为安全、可靠、灵活、适应时，卖方可提出并经买方的认可，然而应遵循现行的国家工业标准，并且有成熟的设计和工艺要求以及工程实践经验。

7.4.3 双方签订合同后，卖方应按工程设计及施工进度分批提交技术文件和图纸，必要时，买卖双方应进行技术联络，以讨论合同范围内的有关技术问题。

7.4.4 卖方保证所提供的设备应为由最适宜的原材料并采用先进工艺制成、且未经使用过的全新产品；保证产品的质量、规格和性能与投标文件所述一致。

7.4.5 卖方提供的保护设备运行使用寿命不应小于 15 年。

7.4.6 卖方保证所提供的设备在各个方面符合招标文件规定的质量、规格和性能。在合同规定的质量保证期内（保护设备到货后 24 个月或 SAT 后 18 个月），卖方对由于产品设计、制造和材料、外购零部件的缺陷而造成所供设备的任何破坏、缺陷故障，当卖方收到买方的书面通知后，卖方在 2 天内免费负责修理或更换有缺陷的设备（包括运输费、税收等），以达到本部分的要求。质保期以合同商务部分为准。

质保期后发生质量问题，卖方应提供免费维修服务，包括硬件更换和软件版本升级。

7.5 项目管理

合同签订后，卖方应指定负责本工程的项目经理，负责卖方在工程全过程的各项工作，如工程进度、设计制造、图纸文件、包装运输、现场安装、调试验收等。

7.6 现场服务

现场服务内容如下：

a) 在设备安装调试过程中视买方工作情况卖方及时派出工程技术服务人员，以提供现场服务。卖方派出人员在现场负责技术指导，并协助买方安装、调试。同时，买方为卖方的现场派出人员提供工作和生活的便利条件；

b) 当变电站内保护设备分批投运时，卖方应按合同规定及时派工程技术人员到达现场服务；

c) 根据买方的安排，卖方安排适当时间对设备的正确安装和试验给予技术培训。

7.7 售后服务

7.7.1 现场投运前和试运行中发现的设备缺陷和元件损坏，卖方应及时无偿修理或更换，直至符合规范要求。保修期内产品出现不符合功能要求和技术指标要求，卖方应在 4h 内响应，并在 24h 内负责修理或更换。保修期外产品出现异常、设备缺陷、元件损坏或不正确动作，现场无法处理时，卖方接到买方通知后，也应在 4h 内响应，并立即派出工程技术人员在 24h 内到达现场处理。

7.7.2 对反事故措施以及软件版本的升级等，应提供技术服务。

7.8 备品备件、专用工具、试验仪器

7.8.1 对每套保护，卖方应提供必要的备品备件。

7.8.2 卖方应提供安装、运行、检修所需的专用工具，包括专用调试、测试设备。

ICS 29.240
K 45

Q/GDW

国家电网有限公司企业标准

Q/GDW 13214.2—2018
代替 Q/GDW 13214.2—2014

智能变电站 66kV 备用电源
自动投入装置采购标准
第 2 部分：专用技术规范

Purchasing standard for 66kV reversed auto-switch-on device
in smart substation
Part 2: Special technical specification

2019-06-28发布   2019-06-28实施

国家电网有限公司   发布

目　次

前　言

为规范智能变电站 66kV 备用电源自动投入装置的采购要求，制定本部分。

《智能变电站 66kV 备用电源自动投入装置采购标准》分为 2 个部分：

——第 1 部分：通用技术规范；

——第 2 部分：专用技术规范。

本部分为《智能变电站 66kV 备用电源自动投入装置采购标准》的第 2 部分。

本部分代替 Q/GDW 13214.2—2014，与 Q/GDW 13214.2—2014 相比，主要技术性差异如下：

——表 1 增加了时限定值误差要求。

本部分由国家电网有限公司物资部提出并解释。

本部分由国家电网有限公司科技部归口。

本部分起草单位：国网江苏省电力有限公司、南瑞集团有限公司（国网电力科学研究院有限公司）。

本部分主要起草人：唐凯、王猛、魏洁茹、陈力、岳嵩、黄浩声。

本部分 2014 年 9 月首次发布，2018 年 12 月第一次修订。

本部分在执行过程中的意见或建议反馈至国家电网有限公司科技部。

智能变电站 66kV 备用电源自动投入装置采购标准
第 2 部分：专用技术规范

1 范围

本部分规定了智能变电站 66kV 备用电源自动投入装置招标的标准技术参数、项目需求及投标人响应的相关内容。

本部分适用于智能变电站 66kV 备用电源自动投入装置招标。

2 规范性引用文件

下列文件对于本文件的应用是必不可少的。凡是注日期的引用文件，仅注日期的版本适用于本文件。凡是不注日期的引用文件，其最新版本（包括所有的修改单）适用于本文件。

Q/GDW 13214.1 智能变电站 66kV 备用电源自动投入装置采购标准 第 1 部分：通用技术规范

3 术语和定义

下列术语和定义适用于本文件。

3.1

招标人 bidder

提出招标项目，进行招标的法人或其他组织。

3.2

投标人 tenderer

响应招标、参加投标竞争的法人或者其他组织。

3.3

卖方 seller

提供本部分货物和技术服务的法人或其他组织，包括其法定的承继者。

3.4

买方 buyer

购买本部分货物和技术服务的法人或其他组织，包括其法定的承继者和经许可的受让人。

4 标准技术参数

技术参数特性表是国家电网有限公司对采购设备的基础技术参数要求，在招投标过程中，投标人应依据招标文件，对技术参数特性表中标准参数值进行响应。智能变电站 66kV 备用电源自动投入装置、打印机、保护柜技术参数特性见表 1～表 3。物资必须满足 Q/GDW 13214.1 的要求。

表 1 智能站 66kV 备用电源自动投入装置技术参数特性表

序号	参 数 名 称	单位	标准参数值
1	电流定值误差		≤5%
2	电压定值误差		≤5%
3	时限定值误差	ms	≤40

表1（续）

序号	参 数 名 称	单位	标准参数值
4	光纤接口接收灵敏度	dBm	≤－20（串行光接口）； ≤－30（以太网光接口）
5	光纤接口发送功率	dBm	≥－10（串行光接口）； ≥－20（以太网光接口）
6	装置工作电源	V	（招标人填写）
7	SV（采样值）点对点接口类型 （IEC 60044－8 接口；IEC 61850－9－2 接口； 常规模拟量输入）		（招标人填写）
8	SV（采样值）点对点接口数量		（招标人填写）
9	过程层 GOOSE 组网接口数量		（招标人填写）
10	过程层 GOOSE 点对点接口数量		（招标人填写）
11	站控层 MMS 接口数量与类型		（招标人填写）
12	对时方式		（招标人填写）
13	普通柜可选技术参数		（招标人填写）
14	智能柜技术参数要求		（招标人填写）
15	其他 1		（招标人填写）
16	其他 2		（招标人填写）

表 2　打印机技术参数特性表

序号	参 数 名 称	单位	标准参数值
1	工作电源	V	220 AC
2	接口型式		与保护装置配套

表 3　保护柜（非智能柜）技术参数特性表

序号	参 数 名 称	单位	标准参数值
1	尺寸	mm	高度：2260； 宽度：800； 深度：600
2	颜色		GSB05－1426－2001，77 号，GY09 冰灰桔纹

5　组件材料配置表

组件材料配置表包括元件名称、规格形式参数、单位、数量和产地等信息，具体内容和格式根据招标项目情况进行编制。

6　使用环境条件表

典型智能变电站 66kV 备用电源自动投入装置使用环境条件见表 4。特殊环境要求根据项目情况编制。

表 4 使 用 环 境 条 件 表

项目单位：				项目名称：
序号	名 称 项 目		单位	标准参数值
1	电源的频率		Hz	50
2	温度	最高温度	℃	＋55
		最低温度	℃	－10
		最大日温差	K	＋25
3	湿度	日相对湿度平均值	％	≤95
		月相对湿度平均值		≤90
4	海拔		m	≤2000
5	耐受地震能力	水平加速度	m/s²	0.3g
		垂直加速度	m/s²	0.15g
6	保护装置是否组屏		组屏/单装置	（项目单位提供）
7	安装方式		集中/分散	（项目单位提供）
注：标准参数值为正常使用条件，超出此值时为特殊使用条件，可根据工程实际使用条件进行修改。				

ICS 29.240
K 45

Q/GDW

国家电网有限公司企业标准

Q/GDW 13215.1—2018
代替 Q/GDW 13215.1—2014

智能变电站 110kV 备用电源
自动投入装置采购标准
第 1 部分：通用技术规范

Purchasing standard for 110kV reversed auto-switch-on device
in smart substation
Part 1: General technical specification

2019-06-28发布

2019-06-28实施

国家电网有限公司 发布

目　次

前　言

为规范智能变电站 110kV 备用电源自动投入装置的采购要求，制定本部分。

《智能变电站 110kV 备用电源自动投入装置采购标准》分为 2 个部分：

——第 1 部分：通用技术规范；

——第 2 部分：专用技术规范。

本部分为《智能变电站 110kV 备用电源自动投入装置采购标准》的第 1 部分。

本部分代替 Q/GDW 13215.1—2014，与 Q/GDW 13215.1—2014 相比，主要技术性差异如下：

——2 规范性引用文件 增加了 Q/GDW 10766《10kV～110（66）kV 线路保护及辅助装置标准化设计规范》。

——5.4.2 环境温度的上下限修改为和本系列标准中其他装置一致。

——5.4.18 按 Q/GDW 10766 标准，细化了保护装置远方和检修功能的描述。

——删除了 5.4 章，保护装置就地化安装的要求。

——5.5.9 增加小电源联切、过负荷减载要求。

本部分由国家电网有限公司物资部提出并解释。

本部分由国家电网有限公司科技部归口。

本部分起草单位：国网江苏省电力有限公司、南瑞集团有限公司（国网电力科学研究院有限公司）。

本部分主要起草人：王猛、韩伟、仲雅霓、陈石通、魏洁茹、包亚卓、宋爽、邱涛。

本部分 2014 年 9 月首次发布，2018 年 12 月第一次修订。

本部分在执行过程中的意见或建议反馈至国家电网有限公司科技部。

智能变电站110kV备用电源自动投入装置采购标准
第1部分：通用技术规范

1 范围

本部分规定了智能变电站 110kV 备用电源自动投入装置采购标准招标的总则、技术参数和性能要求、试验、包装、运输、交货及工厂检验和监造的一般要求。

本部分适用于智能变电站 110kV 备用电源自动投入装置招标。

2 规范性引用文件

下列文件对于本文件的应用是必不可少的。凡是注日期的引用文件，仅注日期的版本适用于本文件。凡是不注日期的引用文件，其最新版本（包括所有的修改单）适用于本文件。

GB/T 191　包装储运图示标志

GB/T 2423（所有部分）　电工电子产品环境试验

GB/T 7261　继电器和继电保护装置基本试验方法

GB/T 11287　电气继电器　第 21 部分：量度继电器和保护装置的振动、冲击、碰撞和地震试验　第 1 篇：振动试验（正弦）

GB/T 14285　继电保护和安全自动装置技术规程

GB/T 14537　量度继电器和保护装置的冲击与碰撞试验

GB/T 14598.9　量度继电器和保护装置　第 22－3 部分：电气骚扰试验　辐射电磁场抗扰度

GB/T 14598.10　量度继电器和保护装置　第 22－4 部分：电气骚扰试验　电快速瞬变/脉冲群抗扰度试验

GB/T 14598.13　电气继电器　第 22－1 部分：量度继电器和保护装置的电气骚扰试验　1MHz 脉冲群抗扰度试验

GB/T 14598.14　量度继电器和保护装置　第 22－2 部分：电气骚扰试验　静电放电试验

GB/T 14598.17　电气继电器　第 22－6 部分：量度继电器和保护装置的电气骚扰试验——射频场感应的传导骚扰的抗扰度

GB/T 14598.18　量度继电器和保护装置　第 22－5 部分：电气骚扰试验　浪涌抗扰度试验

GB/T 14598.19　电气继电器　第 22－7 部分：量度继电器和保护装置的电气骚扰试验——工频抗扰度试验

GB/T 17626.1　电磁兼容　试验和测量技术　电磁兼容试验和测量技术抗扰度试验总论

GB/T 17626.2　电磁兼容　试验和测量技术　静电放电抗扰度试验

GB/T 17626.3　电磁兼容　试验和测量技术　射频电磁场辐射抗扰度试验

GB/T 17626.4　电磁兼容　试验和测量技术　浪涌（冲击）抗扰度试验

GB/T 17626.5　电磁兼容　试验和测量技术　电快速瞬变脉冲群抗扰度试验

GB/T 17626.6　电磁兼容　试验和测量技术　射频场感应的传导骚扰抗扰度

GB/T 17626.8　电磁兼容　试验和测量技术　工频磁场的抗扰度试验

GB/T 17626.9　电磁兼容　试验和测量技术　脉冲磁场的抗扰度试验

GB/T 17626.10　电磁兼容　试验和测量技术　阻尼振荡磁场的抗扰度试验

GB/T 17626.11　电磁兼容　试验和测量技术　电压暂降、短时中断和电压变化抗扰度试验

GB/T 17626.12　电磁兼容　试验和测量技术　振荡波抗扰度试验

GB/T 18663.3　电子设备机械结构　公制系列和英制系列的试验　第 3 部分：机柜、机架和插箱的电磁屏蔽性能试验

GB/T 20840.8　互感器　第 8 部分：电子式电流互感器

GB/T 25931　网络测量和控制系统的精确时钟同步协议

DL/T 478　保护及安全自动装置通用技术条件

DL/T 526　静态备用电源自动投入装置技术条件

DL/T 720　电力系统继电保护柜、屏通用技术条件

DL/T 769　电力系统微机继电保护技术导则

DL/T 860（所有部分）　变电站通信网络和系统

DL/T 5136　火力发电厂、变电站二次接线设计技术规程

Q/GDW 383　智能变电站技术导则

Q/GDW 414　变电站智能化改造技术规范

Q/GDW 441　智能变电站继电保护技术规范

Q/GDW 1396　IEC 61850 工程继电保护应用模型

Q/GDW 1430　智能变电站智能控制柜技术规范

Q/GDW 10393　110（66）kV～220kV　智能变电站设计规范

Q/GDW 10394　330kV～750kV　智能变电站设计规范

Q/GDW 10766　10kV～110（66）kV 线路保护及辅助装置标准化设计规范

Q/GDW 11010　继电保护信息规范

Q/GDW 13001—2014　高海拔外绝缘配置技术规范

3　术语和定义

下列术语和定义适用于本文件。

3.1
招标人　bidder

提出招标项目，进行招标的法人或其他组织。

3.2
投标人　tenderer

响应招标、参加投标竞争的法人或者其他组织。

3.3
卖方　seller

提供本部分货物和技术服务的法人或其他组织，包括其法定的承继者。

3.4
买方　buyer

购买本部分货物和技术服务的法人或其他组织，包括其法定的承继者和经许可的受让人。

4　总则

4.1　一般性要求

4.1.1　卖方提供的智能变电站继电保护及相关设备应符合 Q/GDW 441 的要求。

智能变电站继电保护与站控层信息交互采用 DL/T 860 标准，跳合闸命令和联闭锁信息可通过直接电缆连接或 GOOSE 机制传输。卖方提供的继电保护及相关设备所采用的技术应遵循 Q/GDW 441 及本

部分中与之对应的部分。

4.1.2 卖方提供的变电站继电保护及相关设备应符合 Q/GDW 10766 的要求。变电站继电保护装置的动作信息、告警信息、状态变位信息、中间节点信息、日志记录、人机界面信息等信息输出符合 Q/GDW 11010 的要求。

4.1.3 本部分提出的是最低限度的要求，并未对一切技术细节做出规定，也未充分引述有关标准的条文，投标人应提供符合本部分和工业标准的优质产品。

4.1.4 如果投标人没有以书面形式对本部分的条文提出异议，则表示投标人提供的设备完全符合本部分的要求；如有异议，应在报价书中以"对规范的意见和同规范的差异"为标题的专门章节中加以详细描述。

4.1.5 本部分所使用的标准如遇与投标人所执行的标准不一致时按较高的标准执行。

4.1.6 本部分经招、投标双方确认后作为订货合同的技术附件，与合同正文具有同等效力。

4.2 卖方职责

卖方的工作范围应包括但不仅限于下列内容：

a) 提供标书内所有设备及设计说明书及制造方面的说明；

b) 提供国家或电力工业检验检测机构出具的型式试验报告和 DL/T 860 的一致性测试报告，以便确认供货设备能否满足所有的性能要求；

c) 提供与投标设备版本相符的安装、使用说明书；

d) 提供试验和检验的标准，包括试验报告和试验数据；

e) 提供图纸，制造和质量保证过程的一览表以及标书规定的其他资料；

f) 提供设备管理和运行所需有关资料；

g) 所提供设备应发运到规定的目的地；

h) 在更换所用的准则、标准、规程或修改设备技术数据时，卖方应受需方的选择；

i) 现场服务。

4.3 应满足的标准

装置至少应满足 GB/T 191、GB/T 2423、GB/T 7261、GB/T 11287、GB/T 14285、GB/T 14537、GB/T 14598.9、GB/T 14598.10、GB/T 14598.13、GB/T 14598.14、GB/T 14598.17、GB/T 14598.18、GB/T 14598.19、GB/T 17626.8、GB/T 17626.9、GB/T 17626.1、GB/T 17626.2、GB/T 17626.3、GB/T 17626.4、GB/T 17626.5、GB/T 17626.6、GB/T 17626.8、GB/T 17626.9、GB/T 17626.10、GB/T 17626.11、GB/T 17626.12、GB/T 18663.3、GB/T 20840.8、GB/T 25931、DL/T 478、DL/T 526、DL/T 720、DL/T 769、DL/T 860、DL/T 5136、Q/GDW 383、Q/GDW 414、Q/GDW 441、Q/GDW 1396、Q/GDW 1430、Q/GDW 10393、Q/GDW 10394、Q/GDW 11010、Q/GDW 10766、Q/GDW 13001—2014 中所列标准的最新版本要求，但不限于上述所列标准。

4.4 应满足的文件

该类设备技术标准应满足国家法律法规及国家电网有限公司标准化成果中相关条款要求。下列文件中相应的条款规定均适用于本文件，其最新版本（包括所有的修改单）适用于本文件。包括：

a) 《电力监控系统安全防护规定》；

b) 《国家电网有限公司十八项电网重大反事故措施（2018 年修订版）》；

c) 《国家电网有限公司输变电工程通用设计》；

d) 《国家电网公司关于加快推进电力监控系统网络安全管理平台建设的通知》；

e) 《国家电网继电保护柜、屏制造规范》。

5 技术参数和性能要求

5.1 使用环境条件

5.1.1 设备储存温度：−25℃～+70℃。

5.1.2 设备工作温度：－10℃～＋55℃。

5.1.3 大气压力：80kPa～106kPa。

5.1.4 相对湿度：5%～95%。

5.1.5 抗地震能力：地面水平加速度0.3g，垂直加速度0.15g，同时作用。

5.2 保护装置额定参数

5.2.1 额定直流电源：220V/110V。

5.2.2 模拟量输入：额定交流电流，5A/1A；额定交流电压，100V/$\sqrt{3}$（相电压）、100V（线电压）。

5.2.3 数字量输入：额定电流，01CFH或00E7H；额定电压，2D41H。

5.2.4 额定频率：50Hz。

5.2.5 打印机工作电源：交流220V，50Hz。

5.3 装置功率消耗

5.3.1 装置交流消耗：交流电流回路功率消耗每相不大于 0.5VA（I_N＝1A）或 1VA（I_N＝5A），交流电压回路功率消耗（额定电压下）每相不大于 1VA，卖方投标时应提供确切数值。

5.3.2 装置直流消耗：当正常工作时，不大于 50W；当保护动作时，不大于 80W。卖方投标时必须提供确切数值。

5.4 110kV 备用电源自动投入装置总的技术要求

5.4.1 本节规定了跳合闸命令和联闭锁信息通过 GOOSE 机制传输和（或）电压、电流量通过电子式互感器及 MU 采集的保护设备的技术要求。

通过传统互感器、电缆直接采样的装置，交流采样及交流二次回路的技术要求应符合已有的相应规范和标准以及《国家电网有限公司物资采购标准 继电保护及自动装置卷》相关部分要求。

通过电缆直接跳闸的装置，跳合闸及二次回路的技术要求应符合已有的相应规范和标准以及《国家电网有限公司物资采购标准 继电保护及自动装置卷》相关部分要求。

5.4.2 环境温度在－10℃～＋55℃时，装置应能满足本部分所规定的精度。

5.4.3 除出口继电器外，装置内的任一元件损坏时，装置不应误动作跳闸。

5.4.4 装置不应依赖于外部对时系统实现其保护功能。

5.4.5 110kV 电压等级的过程层 SV 与 GOOSE 共网，过程层网络和站控层网络应完全独立。装置接入不同网络时，应采用相互独立的数据接口控制器。

5.4.6 装置采样同步应由装置实现，装置 SV 采样值接口支持 GB/T 20840.8 或 DL/T 860.92 协议，在工程应用时应能灵活配置。

5.4.7 装置应自动补偿电子式互感器的采样响应延迟，当响应延时发生变化时应闭锁采自不同 MU 且有采样同步要求的功能。装置的采样输入接口数据的采样频率宜为 4000Hz。

5.4.8 装置的交流量信息应具备自描述功能。

5.4.9 装置应处理 MU 上送的数据品质位（无效、检修等），及时准确提供告警信息。在异常状态下，利用 MU 的信息合理地进行保护功能的退出和保留，瞬时闭锁可能误动的功能，延时告警，并在数据恢复正常之后尽快恢复被闭锁的功能，不闭锁与该异常采样数据无关的功能。

5.4.10 当采用电子式互感器时，装置应针对电子式互感器特点优化相关算法、提高装置性能。

5.4.11 装置应采取措施，防止输入的双 A/D 数据之一异常时误动作。

5.4.12 除检修压板可采用硬压板外，装置应采用软压板，满足远方操作的要求。检修压板投入时，上送带品质位信息，装置应有明显显示（面板指示灯和界面显示）。参数、配置文件仅在检修压板投入时才可下装，下装时应闭锁保护。

5.4.13 装置采样值接口和 GOOSE 接口数量应满足工程的需要。

5.4.14 装置应具备 MMS 接口与站控层设备通信。装置向站控层提供的信息符合相关标准要求。

5.4.15 装置的交流电流、交流电压及保护设备参数的显示、打印、整定应能支持一次值，上送信息应采用一次值。

5.4.16　装置内部 MMS 接口、GOOSE 接口、SV 接口应采用相互独立的数据接口控制器接入网络。

5.4.17　装置应具备通信中断、异常等状态的检测和告警功能。装置应提供装置故障（含失电）无源触点输出。

5.4.18　装置宜通过 IRIG　B（DC）码对时，也可采用 GB/T 25931 标准进行网络对时，对时精度应满足要求。

5.4.19　保护装置应具备远方修改定值功能、软压板远方投退和定值区远方切换功能和保护检修功能，具体要求如下：

　　a)　"远方操作"只设硬压板。"远方投退压板"、"远方切换定值区"和"远方修改定值"只设软压板，只能在装置本地操作，三者功能相互独立，分别与"远方操作"硬压板采用"与门"逻辑。当"远方操作"硬压板投入后，上述三个软压板远方功能才有效；

　　b)　"保护检修状态"只设硬压板，当该压板投入时，保护装置报文上送带品质位信息。"保护检修状态"硬压板遥信不置检修标志；保护装置应有明显显示（面板指示灯和界面显示）。参数、配置文件仅在检修压板投入时才可下装，下装时应闭锁保护

5.4.20　对装置 ICD 文件与 CID 文件的要求如下：

　　a)　ICD、CID 文件符合统一的模型要求，适用于通用的配置工具和静态检测、分析软件；

　　b)　ICD 文件应完整描述 IED 提供的数据模型及服务，采用模块化设计，包含版本信息；

　　c)　CID 文件应完整描述本 IED 的实例化信息，应包含版本信息。

5.4.21　装置信息交互要求如下：

　　a)　应满足运行维护、监视控制及无人值班、智能电网调度等信息交互的要求。

　　b)　设备应支持在线和离线获取模型，离线获取和在线召唤的模型应保持一致。定值模型应包含描述、定值单位、定值上限、定值下限等信息。

　　c)　设备应将检修压板状态上送站控层；当设备检修压板投入时，上送报文中信号的品质 q 的"Test位"应置位。

　　d)　设备应支持取代服务，取代数据的上送报文中，信号的品质 q 的"取代位"应置位。

　　e)　设备应能够支持不小于 16 个客户端的 TCP/IP 访问连接；应能够支持 10 个报告实例。

5.4.22　装置交互信息内容如下：

　　a)　设备应支持上送采样值、开关量、压板状态、设备参数、定值区号及定值、自检信息、异常告警信息、动作事件及参数、录波报告信息、装置硬件信息、装置软件版本信息、装置日志信息等数据；

　　b)　设备主动上送的信息应包括开关量变位信息、异常告警信息和动作事件信息等；

　　c)　设备应支持远方投退压板、修改定值、切换定值区、设备复归功能，并具备权限管理功能；

　　d)　设备的自检信息应包括硬件损坏、功能异常、与过程层设备通信状况等；

　　e)　设备应支持远方召唤至少最近 8 次录波报告的功能。

5.4.23　雷击过电压、一次回路操作、系统故障及其他强干扰作用下，不应误动和拒动。装置静电放电试验、快速瞬变干扰试验、高频干扰试验，脉冲群干扰试验、辐射电磁场干扰试验、冲击电压试验和绝缘试验应符合本部分的相关标准。装置调试端口应带有光电隔离。

5.4.24　控制柜中的插件应接触可靠，并且有良好的互换性，以便检修时能迅速更换。

5.4.25　装置应具有直流电源快速小开关，与装置安装在同一屏柜上。装置的逻辑回路应由独立的直流/直流变换器供电。直流电压消失时，装置不应误动。直流电源电压在 80%～115% 额定值范围内变化时，保护装置应正确工作。在直流电源恢复（包括缓慢地恢复）到 80%U_N 时，直流逆变电源应能自动启动。直流电源纹波系数 ≤5% 时，装置应正确工作。拉合直流电源以及插拔熔丝发生重复击穿火花时，保护装置不应误动作。直流电源回路出现各种异常情况（如短路、断线、接地等）时装置不应误动作。

5.4.26 所提供保护设备的软件版本及校验码应与买方进行确认，并提供配套的使用说明书和相关的定值清单。

5.5 110kV 备用电源自动投入装置的具体技术要求

5.5.1 备用电源自动投入装置应确保工作电源断路器断开后方可使备用电源投入。

5.5.2 备用电源断路器的合闸命令只允许动作一次，下一次动作应在相应充电条件满足后才能允许。

5.5.3 当电压互感器二次回路断线时，装置不应动作，并发出断线信号。

5.5.4 备用电源自动投入装置应有防止过负荷和电动机自启动所引起误动作的闭锁措施。

5.5.5 备用电源自动投入装置应有电源自动投于故障母线或故障设备的保护措施。

5.5.6 备用电源自动投入装置动作后，应有相应动作信号发出。

5.5.7 备用电源自动投入装置若含有保护功能，应遵循相关保护装置的技术标准的规定。

5.5.8 备用电源自动投入装置应有自检功能，当自检到异常时，应发信号，并有防止误出口措施。

5.5.9 备用电源自动投入装置具有自适应功能，应能根据用户要求，实现桥备投、变压器备投、分段备投和进线备投、小电源联切、过负荷减载。特殊的备自投动作逻辑在专用技术规范中明确。

5.5.10 装置 MMS、SV、GOOSE 接口要求。装置应具备站控层 MMS 接口至少 2 个；对采用 MU 数字量输入装置，应具备 SV（采样值）点对点接口 2～4 个；对采用过程层 GOOSE 的装置，应具备 GOOSE 组网接口至少 1 个、点对点接口 2～4 个。装置具体接口数量，买方在设计联络阶段确认。

5.6 柜结构的技术要求

5.6.1 对智能控制柜，技术要求详见 Q/GDW 430 并遵循以下要求。

5.6.1.1 控制柜应装有 $100mm^2$ 截面的铜接地母线不要求与柜体绝缘，接地母线末端应装好可靠的压接式端子，以备接到电站的接地网上。柜体应采用双层结构，循环通风。

5.6.1.2 同一保护柜内若有多路直流电源引入，应接入不同安装单元端子排，且每路电源正、负极之间应有端子隔开。控制柜内设备的安排及端子排的布置，应保证各套保护的独立性，在一套保护检修时不影响其他任何一套保护系统的正常运行。

5.6.1.3 控制柜应具备温度、湿度的采集、调节功能，柜内温度控制在 −10℃～＋50℃，湿度保持在 90%以下，并可上送温度、湿度信息。

5.6.1.4 控制柜应能满足 GB/T 18663.3 变电站户外防电磁干扰的要求。

5.6.2 对非智能普通屏柜，屏体要求详见《国家电网继电保护柜、屏制造规范》，并遵循已发布的《国家电网有限公司物资采购标准 继电保护及自动装置卷》相关部分规定。

5.6.2.1 微机保护和控制装置的屏柜下部应设有截面积不小于 $100mm^2$ 的铜排（不要求与保护屏绝缘）。

5.6.2.2 保护柜内电压回路每相及 N 相端子均应采用多个连接端子（不少于 3 个）。

5.6.2.3 同一保护柜内若有多路直流电源引入，应接入不同安装单元端子排。

5.6.3 屏柜内部配线、端子排、接地铜排、屏柜上安装辅助设备等应符合相关规程、标准与反事故措施的规定。

6 试验

6.1 工厂试验

卖方提供的设备试验标准应符合国家、行业及 IEC 的有关标准，并提供每一种型式产品的型式试验报告和 DL/T 860 一致性测试报告。

卖方提供的每一套设备出厂之前都应按国家和行业标准以及工厂规定的调试大纲进行出厂检查、性能试验，试验报告应随产品提供。当需做动态模拟试验或数字仿真试验时，模拟系统的接线和参数由卖方与买方在试验前协商确定，按实际系统参数进行试验。

6.2 系统联调试验

卖方应按买方需求配合完成买方组织的保护装置功能验证与系统联调试验。

6.3 现场试验

现场实际设备接入后，应按照 DL/T 995 的要求，在一次设备不带电和带电试运行时做现场试验，卖方应配合完成保护装置的现场调试及投运试验。现场投运前和试运行中发现的设备缺陷和元件损坏，卖方应及时无偿修理或更换，直至符合本部分要求。

6.4 继电保护专业检测

卖方依据国家电网有限公司继电保护专业检测标准参加继电保护专业检测，并提供每一种型式产品的专业检测报告。

7 技术服务、设计联络、工厂检验和监造

7.1 技术文件

7.1.1 卖方提供的技术文件应提供买方所要求的性能信息，并对其可靠性和一致性负责，卖方所提供的技术文件（包括资料和数据）将成为合同一部分。

7.1.2 卖方应随投标书一起提供一般性技术文件，并且应是与投标产品一致的最新版本，投标时应提供的技术文件如下：

    a) 产品的技术说明书；

    b) 产品的型式试验报告、动模试验报告和一致性测试报告等；

    c) 产品的用户运行证明；

    d) 产品的软件版本等。

7.1.3 卖方应在签约后 3 周内向买方提供设计用的技术文件如下：

    a) 产品的技术说明书；

    b) 产品及保护屏原理框图及说明，模件或继电器的原理接线图及其工作原理说明；

    c) 装置的 ICD（IED 装置能力描述）文件、保护装置虚端子连接图；

    d) 组屏的正面布置图、屏内设备布置图、端子排图及图例说明；

    e) 保护屏所用的辅助继电器和选择开关采用的标准；

    f) 保护屏的安装尺寸图，包括屏的尺寸和重量、基础螺栓的位置和尺寸等。

7.1.4 签约后双方遵循的原则如下：

    a) 在收到买方最终认可图纸前，卖方所购买的材料或制造所发生的费用及其风险全由卖方单独承担；

    b) 生产的成品应符合合同的技术规范。买方对图纸的确认并不能解除卖方对其图纸的完善性和准确性应承担的责任；

    c) 设计方在收到图纸后 3 周内返回主要确认意见，并根据需要召开设计联络会。卖方在提供确认图纸时必须提供为审核该张图纸所需的资料。买方有权要求卖方对其图纸中的任一装置任一部件作必要修改，在设计图纸完成之前应保留设计方对卖方图纸的其他确认权限，而买方不需承担额外费用。

7.1.5 在收到确认意见后，卖方应在规定时间内向买方提供的技术文件如下：

    a) 7.1.3 所列的修改后的正式技术文件；

    b) 保护装置的内部接线及图例说明，保护屏内部接线图及其说明（包括屏内布置及内部端子排图）；

    c) 保护装置的软件版本号和校验码；

    d) 产品的使用说明书，包括保护装置的现场调试大纲、整定值表和整定计算说明及计算算例等；

    e) 通信规约和解释文本及装置调试软件和后台分析软件，以便与计算机监控系统和继电保护故障信息系统联调。

7.1.6 设备供货时提供的技术文件和资料如下：

a) 设备的开箱资料清单；

b) 产品的技术说明书、使用说明书和组屏图纸；

c) 出厂调试试验报告；

d) 产品质量检验合格证书；

e) 合同规定的出厂验收试验报告和一致性测试报告等。

f) 保护设备识别代码及出厂信息表。

7.1.7 技术文件格式和分送要求如下：

a) 全部图纸应为 A4 幅面，并有完整图标，采用国标单位制；

b) 提供的技术文件除纸质文件外，还应包括一份电子文档，并提供可供修改的最终图纸电子文件（图形文件能够被 PC 机 AutoCAD for Windows 2000 版支持）；

c) 技术文件（图纸和资料）分送单位、套数和地址根据项目单位要求提供。

7.2 设计联络会议

7.2.1 若有必要，买方在收到卖方签字的第一批文件后的 3 周内将举行设计联络会议。设计联络会议设计联络会议内容：

a) 卖方应对修改后的供确认的资料和图纸进行详细的解释，并应解答买方对这些资料和图纸所提的问题，经过共同讨论，买方给予确认，以便卖方绘制正式图纸提供给买方；

b) 卖方应介绍合同产品已有的运行经验；

c) 卖方应提供验收大纲，工程参数表；

d) 买方或设计方应确认保护装置的 GOOSE 接口及 MMS 接口的类型与数量；

e) 设计联络会应确定通信信息的具体内容。

7.2.2 会议应签订会议纪要，并作为合同的组成部分。

7.3 工厂验收和现场验收

要求满足国家电网有限公司企业标准中关于工厂验收（现场）的规范。

7.4 质量保证

7.4.1 卖方应保证制造过程中的所有工艺、材料、试验等（包括卖方的外购零部件在内）均应符合本部分的规定。若买方根据运行经验指定卖方提供某种外购零部件，卖方应积极配合。卖方对所购配套部件设备质量负责，采购前向买方提供主要国产元器件报价表，采购中应进行严格的质量检验，交货时应向买方提供其产品质量合格证书及有关安装使用说明书等技术文件资料。

7.4.2 对于采用属于引进技术的设备、元器件，卖方在采购前应向买方提供主要进口元器件报价表。引进的设备、元器件应符合引进国的技术标准或 IEC 标准，当标准与本部分有矛盾时，卖方应将处理意见书面通知买方，由买卖双方协商解决。假若卖方有更优越或更为经济的设计和材料，足以使卖方的产品更为安全、可靠、灵活、适应时，卖方可提出并经买方的认可，然而应遵循现行的国家工业标准，并且有成熟的设计和工艺要求以及工程实践经验。

7.4.3 双方签订合同后，卖方应按工程设计及施工进度分批提交技术文件和图纸，必要时，买卖双方应进行技术联络，以讨论合同范围内的有关技术问题。

7.4.4 卖方保证所提供的设备应为由最适宜的原材料并采用先进工艺制成、且未经使用过的全新产品；保证产品的质量、规格和性能与投标文件所述一致。

7.4.5 卖方提供的保护设备运行使用寿命不应小于 15 年。

7.4.6 卖方保证所提供的设备在各个方面符合招标文件规定的质量、规格和性能。在合同规定的质量保证期内（保护设备到货后 24 个月或 SAT 后 18 个月），卖方对由于产品设计、制造和材料、外购零部件的缺陷而造成所供设备的任何破坏、缺陷故障，当卖方收到买方的书面通知后，卖方在 2 天内免费负责修理或更换有缺陷的设备（包括运输费、税收等），以达到本部分的要求。质保期以合同商务部分为准。

质保期后发生质量问题，卖方应提供免费维修服务，包括硬件更换和软件版本升级。

7.5 项目管理

合同签订后，卖方应指定负责本工程的项目经理，负责卖方在工程全过程的各项工作，如工程进度、设计制造、图纸文件、包装运输、现场安装、调试验收等。

7.6 现场服务

现场服务内容如下：

a) 在设备安装调试过程中视买方工作情况卖方及时派出工程技术服务人员，以提供现场服务。卖方派出人员在现场负责技术指导，并协助买方安装、调试。同时，买方为卖方的现场派出人员提供工作和生活的便利条件；

b) 当变电站内保护设备分批投运时，卖方应按合同规定及时派工程技术人员到达现场服务；

c) 根据买方的安排，卖方安排适当时间对设备的正确安装和试验给予技术培训。

7.7 售后服务

7.7.1 现场投运前和试运行中发现的设备缺陷和元件损坏，卖方应及时无偿修理或更换，直至符合规范要求。保修期内产品出现不符合功能要求和技术指标要求，卖方应在 4h 内响应，并在 24h 内负责修理或更换。保修期外产品出现异常、设备缺陷、元件损坏或不正确动作，现场无法处理时，卖方接到买方通知后，也应在 4h 内响应，并立即派出工程技术人员在 24h 内到达现场处理。

7.7.2 对反事故措施以及软件版本的升级等，应提供技术服务。

7.8 备品备件、专用工具、试验仪器

7.8.1 对每套保护，卖方应提供必要的备品备件。

7.8.2 卖方应提供安装、运行、检修所需的专用工具，包括专用调试、测试设备。

ICS 29.240
K 45

Q/GDW

国家电网有限公司企业标准

Q/GDW 13215.2—2018
代替 Q/GDW 13215.2—2014

智能变电站110kV备用电源
自动投入装置采购标准
第2部分：专用技术规范

Purchasing standard for 110kV reversed auto-switch-on device
in smart substation
Part 2: Special technical specification

2019-06-28发布   2019-06-28实施

国家电网有限公司   发布

目　次

前　言

为规范智能变电站 110kV 备用电源自动投入装置的采购要求，制定本部分。

《智能变电站 110kV 备用电源自动投入装置采购标准》分为 2 个部分：

——第 1 部分：通用技术规范；

——第 2 部分：专用技术规范。

本部分为《智能变电站 110kV 备用电源自动投入装置采购标准》的第 2 部分。

本部分代替 Q/GDW 13215.2—2014，与 Q/GDW 13215.2—2014 相比，主要技术性差异如下：

——表 1 增加了时限定值误差要求。

本部分由国家电网有限公司物资部提出并解释。

本部分由国家电网有限公司科技部归口。

本部分起草单位：国网江苏省电力有限公司、南瑞集团有限公司（国网电力科学研究院有限公司）。

本部分主要起草人：王猛、韩伟、仲雅霓、魏洁茹、包亚卓、宋爽、邱涛、时薇薇。

本部分 2014 年 9 月首次发布，2018 年 12 月第一次修订。

本部分在执行过程中的意见或建议反馈至国家电网有限公司科技部。

智能变电站 110kV 备用电源自动投入装置采购标准
第 2 部分：专用技术规范

1 范围

本部分规定了智能变电站 110kV 备用电源自动投入装置招标的标准技术参数、项目需求及投标人响应的相关内容。

本部分适用于智能变电站 110kV 备用电源自动投入装置招标。

2 规范性引用文件

下列文件对于本文件的应用是必不可少的。凡是注日期的引用文件，仅注日期的版本适用于本文件。凡是不注日期的引用文件，其最新版本（包括所有的修改单）适用于本文件。

Q/GDW 13215.1 智能变电站 110kV 备用电源自动投入装置采购标准 第 1 部分：通用技术规范

3 术语和定义

下列术语和定义适用于本文件。

3.1

招标人 bidder

提出招标项目，进行招标的法人或其他组织。

3.2

投标人 tenderer

响应招标、参加投标竞争的法人或者其他组织。

3.3

卖方 seller

提供本部分货物和技术服务的法人或其他组织，包括其法定的承继者。

3.4

买方 buyer

购买本部分货物和技术服务的法人或其他组织，包括其法定的承继者和经许可的受让人。

4 标准技术参数

技术参数特性表是国家电网有限公司对采购设备的基础技术参数要求，在招投标过程中，投标人应依据招标文件，对技术参数特性表中标准参数值进行响应。智能变电站 110kV 备用电源自动投入装置、打印机、保护柜技术参数特性见表 1～表 3。物资必须满足 Q/GDW 13215.1 的要求。

表 1 110kV 备用电源自动投入装置技术参数特性表

序号	参 数 名 称	单位	标准参数值
1	电流定值误差		不超过±5%
2	电压定值误差		不超过±5%
3	时限定值误差	ms	≤40

表 1（续）

序号	参 数 名 称	单位	标准参数值
4	光纤接口接收灵敏度	dBm	≤ -20（串行光接口）； ≤ -30（以太网光接口）
5	光纤接口发送功率	dBm	≥ -10（串行光接口）； ≥ -20（以太网光接口）
6	装置工作电源	V	（招标人填写）
7	站控层 MMS 接口数量与类型		（招标人填写）
8	SV（采样值）点对点接口类型 （IEC 60044 - 8 接口；IEC 61850 - 9 - 2 接口； 模拟量输入）		（招标人填写）
9	SV（采样值）点对点接口数量		（招标人填写）
10	过程层 GOOSE 组网接口数量		（招标人填写）
11	过程层 GOOSE 点对点接口数量		（招标人填写）
12	对时方式		（招标人填写）
13	普通柜可选技术参数		（招标人填写）
14	智能柜技术参数要求		（招标人填写）
15	其他 1		（招标人填写）
16	其他 2		（招标人填写）

表 2　打印机技术参数特性表

序号	参 数 名 称	单位	标准参数值
1	工作电源	V	220 AC
2	接口型式		与保护装置配套

表 3　保护柜（非智能柜）技术参数特性表

序号	参 数 名 称	单位	标准参数值
1	尺寸	mm	高度：2260； 宽度：800； 深度：600
2	颜色		GSB05 - 1426 - 2001，77 号，GY09 冰灰桔纹

5　组件材料配置表

组件材料配置表包括元件名称、规格形式参数、单位、数量和产地等信息，具体内容和格式根据招标项目情况进行编制。

6　使用环境条件表

典型智能变电站 66kV 备用电源自动投入装置使用环境条件见表 4。特殊环境要求根据项目情况编制。

表 4 使 用 环 境 条 件 表

项目单位：				项目名称：
序号	名 称 项 目		单位	标准参数值
1	电源的频率		Hz	50
2	温度	最高温度	℃	＋55
		最低温度	℃	－10
		最大日温差	K	＋25
3	湿度	日相对湿度平均值	％	≤95
		月相对湿度平均值		≤90
4	海拔		m	≤2000
5	耐受地震能力	水平加速度	m/s^2	0.3g
		垂直加速度	m/s^2	0.15g
6	保护装置是否组屏		组屏/单装置	（项目单位提供）
7	安装方式		集中/分散	（项目单位提供）
注：标准参数值为正常使用条件，超出此值时为特殊使用条件，可根据工程实际使用条件进行修改。				